哈利勒·纪伯伦：
他的生活和世界

Kahlil Gibran : His life and world

【美】简·纪伯伦
哈利勒·纪伯伦　著

马　征译

中国社会科学出版社

图字:01－2011－2474

图书在版编目(CIP)数据

哈利勒·纪伯伦:他的生活和世界/(美)简·纪伯伦,(美)哈利勒·纪伯伦著;马征译.—北京:中国社会科学出版社,2016.7

书名原文:Kahlil Gibran:His Life and World,Interlink Books,1998

ISBN 978－7－5161－8526－1

Ⅰ.①哈… Ⅱ.①简…②哈…③马… Ⅲ.①纪伯伦,K.(1883—1931)—传记 Ⅳ.①K837.125.6

中国版本图书馆CIP数据核字(2016)第155251号

出 版 人	赵剑英
责任编辑	李炳青
责任校对	张依婧
责任印制	李寡寡

出　　版	中国社会科学出版社
社　　址	北京鼓楼西大街甲158号
邮　　编	100720
网　　址	http://www.csspw.cn
发 行 部	010－84083685
门 市 部	010－84029450
经　　销	新华书店及其他书店

印刷装订	北京君升印刷有限公司
版　　次	2016年7月第1版
印　　次	2016年7月第1次印刷

开　　本	710×1000　1/16
印　　张	33.5
插　　页	2
字　　数	550千字
定　　价	98.00元

　　阿拉伯语言和文化的翻译得到了美国米勒斯维尔大学的阿布德尔哈迪·哈拉瓦教授（Abdelhadi Halawa）的鼎力协助，特此致谢！

译者序
作为历史、思想和文化标本的纪伯伦

与 20 世纪 20 年代美国现代艺术家心目中那位"空降"于纽约、讲着流利英语、风度翩翩、举止得体的"世界公民"形象不同，更与一些美国评论者在纪伯伦成名后所渲染的"生来好运""在爱、美和富足的氛围中长大成人"这一"纪伯伦神话"① 不同，纪伯伦是 20 世纪初期第一代阿拉伯移民的缩影，在某种意义上，他的成长史代表了 20 世纪早期阿拉伯移民的奋斗史。

1883 年 1 月 6 日，纪伯伦出生于黎巴嫩的小山村贝舍里，这个小山村世代变换，文化更迭，埃及人、巴比伦人、亚述人、波斯人、罗马人、拜占庭人、十字军东征时的欧洲人、阿拉伯人和土耳其人都曾统治过这里，但这里的人们却"幸免于侵扰，孑然不变，他们传承着自己的田园生活，生老病死，世代沿袭"，② 这里从 5 世纪开始信奉基督教马龙派，而 19 世纪 40 年代以前的贝舍里，与中东的其他地区近似，基督徒与穆斯林之间的宗教屠杀并未出现，他们之间的通婚、交往非常普遍，纪伯伦母亲的祖父一代，便是穆斯林。③ 纪伯伦成长的这种宗教和文化多元背景，从根本上解释了纪伯伦文学中的宗教和文化的统一性思想。

童年的纪伯伦生活在一个缺少稳定和爱的家庭环境中，父亲老纪伯伦自负任性，好赌善饮，而母亲卡米拉公然违抗，毫不妥协。于是，童

---

① 见本书第二十二章。
② 见本书第一章。
③ 同上。

年时代的纪伯伦便从乡村美景和内心世界汲取力量,贝舍里乡村四处可见的山峦、遗迹、河流与雪松林,激发了他浪漫主义的想象,成年后,这些美景成为他作品中田园诗般的绝美回忆。而这里世代口耳相传的基督教的传说与奇迹,传奇、故事和歌谣使古代圣徒和圣人的故事成为纪伯伦后来创作的一个重要资源。

1895年6月,因丈夫被捕、房产没收而深感耻辱的卡米拉,带着两子两女加入了世纪之交的移民大军,哈利勒·纪伯伦是卡米拉的次子,时年12岁。与众多早期阿拉伯移民一样,他们居住于美国第二大移民聚居区波士顿南恩顿(South End)边上的奥利佛(Oliver Place),现在的奥利佛是"中国城"的一部分,当时居住着来自地中海沿岸的移民,贫穷、低贱而又拥挤不堪。①

纪伯伦终身视这段棚户区经历为"污点"而闭口不谈,甚至"用想象的故事来虚饰奥利佛区的悲惨生活",在他编织的故事中,他有着出身高贵的父母和享有特权的童年,他甚至在脑海中以某种方式抹去了自己早年的真实生活。② 但这个充斥着贫穷、疾病和死亡的移民区,确实是纪伯伦美国生活的起点,在这样的环境中,美国的公立教育制度和慈善制度,成为众多移民孩子"汇入美国洪流"最重要的媒介。

1895年9月30日,作为家中唯一一位入学的孩子,纪伯伦进入居住区附近的昆西学校读书,昆西学校的生源复杂,涵盖了居住于南恩顿的爱尔兰人、美国人和犹太人,还有少量的中欧、东欧和中国人。③ 纪伯伦进入一个"专为需要零起点学习英语的移民孩子设置"的不分级的班,在这个至少有六种不同语言的班级里,纪伯伦成绩优异,尤其在素描和绘画方面表现突出。

在波士顿移民区丰富、庞杂、来自不同国度的街区文化中,在世纪之交波士顿城市"犹抱琵琶半遮面"的现代大众文化中,少年纪伯伦接触到了完全不同于黎巴嫩山村的一个"新世界",然而,如果不是19世纪90年代以后美国"新慈善"事业的发展,纪伯伦或许会难以摆脱

---

① 见本书第二章《城市旷野》。
② 同上。
③ 同上。

"小商贩"的命运。

　　19 世纪 90 年代是美国"新慈善"革新的开创时期，"新慈善"主要建立在"重建"的原则上，其目标是"从这个区域自身的物质和所蕴含的内在生命力出发，建构更好的生活"。① 1896 年 11 月 25 日，慈善工作者杰西·弗莱蒙特·比尔小姐给富有的波士顿文化名人弗雷德·霍兰德·戴伊写了一封推荐信，推荐纪伯伦这名展现出绘画天赋的移民孩子，她的推荐信贴切地映射出那个时代的纪伯伦作为一名移民孩子的"幸运"：

　　我亲爱的戴伊先生：

　　……不知你是否碰巧有一位搞艺术的朋友，可能会对一个叫哈利勒·纪——的叙利亚男孩儿感兴趣。他与任何社团都没有联系，因此，无论谁和这小伙子交朋友，他都能按自己的评判和智慧来规划他的未来。去年冬天，他闲逛到泰勒街上，上了一次绘画课，他所表现出的绘画才能，足以使皮尔斯小姐相信，如果有人愿意帮助他得到艺术方面的教育，他有一天就能够以更好的方式谋生，而不是在大街上卖火柴或报纸。

　　如果我们不去立即帮助他，他将来很可能会成为一个街头混混。他与家人居住于奥利佛，极度贫困，如果他没有其他更好的选择，他的家人会在法律允许时，让这小男孩儿工作以贴补家用。明年他就 14 岁了，超出了上学的年龄，因此情况允许的话，我们特别希望让这小家伙儿今年能开始绘画。

　　　　　　　　　　　　　　　　　　　（本书第二章　城市旷野）

　　弗雷德·霍兰德·戴伊是响应"新慈善"号召、经常拜访南恩顿移民区的文化名人之一，是 1890 年代活跃于波士顿"病态世纪末"的波西米亚艺术群体的核心成员，这是一个"遭人非议的灵性群体"，"夜半宴饮，放纵调情"，视行为和艺术为一体，以行为描画艺术，视艺术为灵魂的给养。戴伊的写作技巧和语言表达庸常，却具有非凡的现

---

　　①　见本书第二章《城市旷野》。

代审美力，是推动美国现代主义运动"小杂志"的早期创办者。在戴伊起到重要推动作用的小杂志《桃心花木》（The Mahogany，1892年1—7月）末期刊载的一段话，形象地表明了纪伯伦即将进入的世界，这个世界以"对物质主义的轻蔑"和"以反叛寻求精神的救赎"而著称，而这将成为纪伯伦文学和艺术精神的基点：

> 世界出于自身的利益，以过快的速度运行。对于那些要改良这自以为是的19世纪文明的人来说，这速度显得尤其快……我们一直尝试着去变革这个世界，扭转人们疯狂的拜金主义，我们抽雪茄，阅读奥斯卡·王尔德；我们反对电车、自行车和豪威尔斯先生；我们玩儿通灵，因为我们发现那很有趣；我们褒扬乔治·梅瑞迪斯先生，因为我们对他怀有诚挚的敬意；我们歌颂香烟和咖啡，并非由于它们自身的缘故，而是由于它们代表了对这个时代的反抗，这个时代将生活变成特快列车，并使人未老先衰。
>
> （本书第三章　病态世纪末）

戴伊引领纪伯伦进入的这个弥漫着现代主义精神的精英群体，将会对纪伯伦的文学理念和生活态度产生根本的影响。他在作品中对精神和空灵世界神秘主义的描绘、弥漫着浓浓思乡情绪的东方图景、他在波西米亚式的生活方式、他要"手捧着火焰""不眨眼地看太阳"的生活态度——是对中产阶级价值观和幸福观的叛离，这些文学、艺术和生活观念从根本上来自于他少年时代所见到的波士顿的现代主义者们。

1893年，戴伊和赫伯特·科普兰合作，成立了"科普兰和戴伊"出版公司，在五年半的运行时间里，公司共出版了98本书，不仅引介了莱昂纳尔·约翰生、爱丽丝·梅尼尔、威廉·巴特勒·叶芝等英国诗人的作品，与英国出版商合作出版了马修斯和莱恩主编的十卷本《黄皮书》，而且还推介了斯蒂芬·克雷恩等现代美国作家的作品。当时的纪伯伦几乎不懂英语和阿拉伯语，但戴伊经常给他读书，在他的引导下，纪伯伦发现了文学、艺术和思想的世界。比利时作家梅特林克的《谦卑者的财富》、英国学者约翰·兰普里尔的古典神学著作《古典辞典》、布莱克、比尔兹利和波恩·琼斯的文学和艺术作品对纪伯伦影响最大。有艺术天赋的纪伯伦，甚至在 14 岁时就参与了"科普兰和戴伊"出版社所发行图书的封面设计，而通过出版社的活动和戴伊的引荐，纪伯伦得以自由出入于波士顿精英艺术家群体，这个群体波西米亚式的生活方式、先锋性的文学和艺术理念预示了纪伯伦此后一生的生活、文学和艺术精神：

> （戴伊）悉心培植的百合花和玫瑰，并未生长在贫瘠的土地上，小哈利勒将会把这些最初和最重要的艺术影响，移植到他自己简朴的雪松之茎上。多年以后，当人们已遗忘艾里斯·布朗的《牧地草》、泰伯神父的《诗集》和露易斯·奎尼的《路标》，年轻的哈利勒却仍能回忆起他们的精神并效仿他们。移民所造成的文化混杂，将对哈利勒·纪伯伦产生复杂的影响，而这些都来自弗雷德·霍兰德·戴伊的遗赠。
>
> （本书第三章　病态世纪末）

更为重要的是，戴伊通过他的摄影艺术，还向纪伯伦展示了另一个世界，这个世界来自西方人对黎巴嫩和近东经久不息的浪漫主义想象，从根本上塑成了纪伯伦的人格和创作基调。

戴伊前往移民聚居区，并不仅仅出于慈善的目的，还有一个更重要的原因。他喜欢移民区那"令人炫目的地方色彩，街区孩子们的多种族特点给予他灵感，促使他尝试彩色摄影的新艺术实验。意大利人、中国人、黑人和地中海人都令他着迷，他秉着严肃的态度，去寻找新的和有趣的模特"。当时的戴伊所进行的摄影实验之一，是要找到"最具有震撼力、不寻常和奇异生动的模特类型——黑人、白人和黄种人，在相机前摆各种姿势"。

戴伊对纪伯伦这位"安静、橄榄色皮肤、褐色眼睛"的叙利亚男孩儿自然特别满意，而他的拍摄给少年哈利勒留下了微妙却又是难以磨灭的精神印迹，这一精神印迹将会持续在纪伯伦一生的文学创作中：

> ……戴伊让他穿上神秘的阿拉伯长袍，就像他让亚美尼亚人裹上头巾，让黑人穿上埃塞俄比亚华服，让中国人拿着长笛，让日本

人穿上和服。这些孩子们并不仅仅将这当作假扮游戏，经由戴伊的镜头，这些贫民区的流浪儿发生了魔幻般的转型。他们变成了"亚美尼亚王子""埃塞俄比亚头领"和"年轻的酋长"，这些称谓赋予孩子们从未有过的特权和高贵感。而哈利勒尤其强化了这一自我形象，并幻想着自己高贵的出身，以此来抵御现实的窘迫。在戴伊高贵的标签下，他不再是一个生活在黑暗街区的贫民窟中的孩子，他在戴伊铂金镶框的照片中所看到的闪光的自我形象，蕴涵着更丰富的内容，这一年里，他竭力使自己符合戴伊照片中的形象。

（本书第四章　年轻的酋长）

1898 年，纪伯伦返回黎巴嫩，在贝鲁特马龙派教会学校"马德拉赛特·阿·希克玛学院"学习阿拉伯语，已在波士顿艺术圈见闻广博的他，在黎巴嫩表现出令人印象深刻的自信，通过学习，他的阿拉伯语写作水平得到显著提高，赢得了"校园诗人"的称号。

1902 年，在黎巴嫩完成阿拉伯语学习的纪伯伦回到美国，在途经巴黎时得知妹妹桑塔娜的死讯。随后一年的时间里，刚回到家中的纪伯伦，亲眼目睹了哥哥和母亲因患病而离世。在他生命中最痛苦的岁月，美国浪漫主义女诗人约瑟芬·普林斯顿·皮勃迪给予了纪伯伦精神上的抚慰。这位美丽的"缪斯女神"认为纪伯伦"具有不可战胜的创造精神"，她帮助纪伯伦举办第一次画展，允许纪伯伦走进自己的私密世界，他们之间所营造的那个浪漫的理想世界，帮纪伯伦挨过了他生命中最无助的时光。而更重要的是，她对纪伯伦的浪漫主义想象，映射了西方人对"圣经所述之地"经久不息的记忆，也映照了纪伯伦这位黎巴嫩"天才"多得"贵人襄助"的秘密。

1902 年 12 月，初识纪伯伦的约瑟芬瞬间被纪伯伦吸引，她在日记中写道："我最好的朋友将会成为什么？这是最难以预料的事，其中有三个理由：这男孩儿是叙利亚人；他也是一位绝对富有天才的先知；我不记得第三个理由，但理由远远不止三个。"约瑟芬经常在日记和书信中称呼纪伯伦为"我的天才""先知"……

事实上，当约瑟芬最初看到纪伯伦给她的画像，当她听戴伊讲述纪伯伦来自黎巴嫩的东方身份，她便已相信"这个男孩儿生来就是一名先知"，当时已出版一部诗集的约瑟芬在日记中写下了对这位 15 岁男孩儿的最初印象，这段话很能代表纪伯伦所遇到的一位位美国庇护者和崇拜者的心理：

> ……我明白，他（戴伊）和我一样相信——这男孩儿生来就是一位先知，确实如此。他的画比任何事物都清楚地表明了这一点，这年轻人无法逃避。你满怀欣赏和喜悦的欢欣，（这是）极大的精神拥有。通过每一幅草图和每一种感觉，你能看到一位来自阿拉伯本土的有预言能力的智者。感谢我看到这些的那一天，因为我遇到了与上帝如此亲近的一个生灵，没有什么如此温暖过我的心，振奋了我那在黑暗中逐渐迷失的思想。

1902 年 10 月，纪伯伦要求与约瑟芬进一步发展男女之间的情谊，他们之间带有明显浪漫色彩的短暂关系结束了，这再次印证了约瑟芬对于纪伯伦的"爱"，是出于一位西方"恩主"对一位来自"圣地"的少年天才的赏识与浪漫想象，这与当时波士顿精英群体迷恋东方和神秘事物的风尚密不可分。然而，作为纪伯伦早期创作与生活中的"缪斯女神"，约瑟芬的感伤、浪漫和非凡的想象力，对纪伯伦的文学创作产生了不可低估的影响。

1903 年，纪伯伦暂时放弃了自己"仍然难以驾驭的"英语，开始在纽约的阿拉伯语报纸《移民》上发表阿拉伯语短文，1905 年，纪伯伦出版第一部阿拉伯语作品《音乐短章》。纪伯伦的阿拉伯语创作采取了口语的形式，受到阿拉伯移民读者的喜爱，本书作者的分析极富启发性：

> 贝鲁特的四年学院生活，没能完善纪伯伦的阿拉伯语写作能力，也没有记录表明，他与波士顿的任何一位阿拉伯语学者保持着友谊，的确，他与叙利亚群体没有形成密切的联系，于是，当他写下自己的思想，他被迫求助于农民的耳朵。他忽视传统词汇和古典阿拉伯语形式，从贝舍里孩童时代和南恩顿街区所体验过的普通语言中汲取资源。他使用口语，并非出于某种特殊的目的，而是由于

他疏离于正统的阿拉伯语文学，然而，他对作品语言独特和简约的处理方式，却吸引了成千上万的阿拉伯移民，他的很多读者几乎不认识自己的母语，因而他们能认同和接受纪伯伦无意中对阿拉伯语的现代化。

（本书第八章　奇怪的音乐）

1906 年，纪伯伦出版阿拉伯语小说集《草原新娘》，作品采用了现实主义手法，表现底层社会人物，表达反教会的主题，与当时阿拉伯文学的矫揉造作和形式主义形成了鲜明对照，迅即引起了纽约移民作家的注意。

1903 年，纪伯伦在戴伊的工作室第一次举办画展，同时也遇到了对他的人生与职业生涯产生重要影响的人物——玛丽·伊丽莎白·哈斯凯尔。哈斯凯尔小姐客观地记录自己生活的写日记习惯，将记录下她与纪伯伦延续一生的爱情、友谊与合作，为后人呈现珍贵的纪伯伦研究资料，而纪伯伦与玛丽持续一生的通信，不仅是研究纪伯伦创作和生活的重要文献，而且早已成为书写爱情、友谊的世界名篇，被翻译成多种语言并广为流传。当然，关于纪伯伦和玛丽之间的关系，也一直被纪伯伦传记作者们津津乐道，这位年长纪伯伦十岁的美国知识女性，与纪伯伦到底是一种什么样的关系呢？

首先，与其他纪伯伦早年的美国欣赏者一样，玛丽同样对纪伯伦的天赋深信不疑，她甚至用"转世轮回说"来描述纪伯伦的天才，在她看来，"布莱克死于 1827 年，罗塞蒂出生于 1828 年；罗塞蒂死于 1882 年，而纪伯伦生于 1883 年"。但与其他美国庇护者不同，玛丽打破了纪伯伦的"天才"神话，更为理性客观地看待纪伯伦，第七章《优雅和新奇头脑的画廊》记述了玛丽与此前纪伯伦众多的美国庇护者的差异：

此前的纪伯伦一直被一个矫揉造作的群体宠爱着，他从这个群体中学习，并受到约瑟芬的浪漫主义精神的滋养。而此时的他，可能厌倦了自己这种像猴子一样被耍弄的角色，他需要得到某个人实用性的分析和指导。玛丽·伊丽莎白·哈斯凯尔理智而又不易动感，于是，她便被赋予了这一新的角色。

玛丽开始审阅、修改纪伯伦阿拉伯语作品的英译稿，1908年春，纪伯伦将玛丽修改后的英文译作《死之美》发表在《移民》报纸，这是二人长期文字合作的开始。自此，玛丽将成为纪伯伦一生的经济资助者、文学和艺术上的崇拜者和合作者。

1908年7月1日，哈利勒在玛丽的资助下，前往巴黎学习艺术。在巴黎期间，纪伯伦出版了另一部阿拉伯语短篇小说集《叛逆的灵魂》，赢得了广泛关注，巩固了他在美国阿拉伯移民作家中的地位。

当时的巴黎是西方现代艺术的中心，各种各样的"先锋"艺术层出不穷，产生和吸引了众多世界级的艺术家。纪伯伦曾居住在巴黎著名的先锋派艺术家聚居地蒙特马高地，亲身感受了先锋艺术狂放自由的精神。纪伯伦从威廉·布莱克、尼采、卢梭、伏尔泰的作品中汲取营养，为后期的文学创作提供了思想储备。其中尤为重要的是布莱克和尼采的影响，在读了布莱克的作品后，纪伯伦感到他找到了"自己灵魂的姐妹"。而在纪伯伦看来，尼采的《查拉图斯特拉如是说》是"所有时代中最伟大的作品之一"。在巴黎学习期间，纪伯伦延续了他在早期波士顿时期所接受的象征主义作家的影响，选择性地接受了象征主义的绘画理念。在此期间，他开始着手一个雄心勃勃的计划——一系列"绘画作品，画出他们时代的伟大艺术家——现代艺术和文化的支柱……"这项延续一生的工程，使纪伯伦以独特的方式接触了众多现代艺术家、文学家和思想家。1910年6月，哈利勒结识了另一位移民作家艾敏·雷哈尼，年长的雷哈尼在当时的美国和阿拉伯文坛享有更大的知名度。

1910年，纪伯伦返回波士顿，向玛丽求婚，为了和玛丽的婚姻，纪伯伦做出种种努力，但年龄的差距和社会背景的悬殊，使玛丽对二人的婚姻摇摆不定，后来他回忆道，玛丽的冷静和毫无激情，沉重地打击了他的骄傲：

> 我从巴黎回来，全是对你的爱。我那么简单、率真和真诚地把全部的心灵给你，我只是一个孩子，将全部的我放在你的手里，但你却对我那么冷淡，忧心忡忡……在巴黎，我一直能感受到你的信任和温暖；我回到波士顿，仍然觉得你是那么甜蜜、善良和美

好——然而当那天我向你提到婚姻，你便开始伤害我。

这是纪伯伦第二次对婚姻的努力，但玛丽坚决地拒绝了他，经过理性的思考，选择了婚姻可能之外的恋人关系。在纪伯伦临去世前，他还曾对自己缔结婚姻做出了第三次努力，但仍然没有成功。纪伯伦一生的三次"求婚"和为稳定的婚姻生活所做出的努力，应为后人所诟病的纪伯伦的生活方式提供一种很好的反击：一个一味地追求波西米亚自由不羁的感情生活的纪伯伦，怎么会在一生中三次求婚呢？

玛丽曾在日记中忠实地记录了她和纪伯伦之间的关系，这段文字解释了二人最终在经济资助和工作合作中形成的灵魂伴侣关系，而也正是由于要达成更大的自我、结成这样的灵魂伴侣关系，二人克服了金钱关系所带来的困扰，结成了工作上的合作关系：

关于在金钱关系上我们的"小自我"所遭受的痛苦，我们比任何时候都谈得更坦白和全面——对我而言，那是我想要的那种爱的障碍，对他而言，他不确定在我未来的岁月里，我是否还会有足够的积蓄，他认为我正失去自我。他说，他的阿拉伯语作品并不比绘画作品少，那是给我的礼物——"你曾意识到这一点吗？"

"没有。"

"你给了我文学生命，因为我相信，如果我不能做这项工作，我无法活下去，"哈说。

"但如果你死了，你就不会遇到灾难，如果你不在我的生命里，我却还活着——那个生命要微小得多，那会是灾难。"

我们都那样看待我们的合作，从商业效果看，我们的合作很可笑，因为我们不断地变化——但从更大的方面看，那是一种智慧……我认为，我们几乎不再有对金钱的痛心……因为它只是为了使我们成为内心的伴侣，当我们一起朝着"大自我"成长，我们发现我们变得越来越完整。

（本书第十五章　征服纽约）

1911年5月，纪伯伦出于事业发展的考虑，迁居当时美国的新兴文化中心纽约，并居住在纽约的艺术家聚居区格林威治村。在这个新兴的现代主义艺术中心，纪伯伦得以和众多文化名人接触，这使他能敏锐地把握最前沿的文学趋势和时代脉搏，更为重要的是，通过迁居这个新兴都市，纪伯伦"逃离"了早期波士顿那个世纪末群体给他打下的文化烙印，传记作者通过无意中发现的史料，令人信服地分析了纪伯伦迁居纽约的心理原因：

> ……在理解纪伯伦作为一位不断发展的艺术家的人格特征时，更为关键的一点是，他总是不断地表现出对自己的双重文化和语言背景的焦虑。在当时的世纪之交，他的"东方"风格和气质，曾令波士顿的精英美学家们着迷，崇尚和追寻富有诱惑力的"欧玛尔·海亚姆文化"是一种风尚。然而，后来的纪伯伦不适应这种婆罗门式的家长作风，因为这使他畏惧自己会停滞不前。无疑，当他长大成人，他开始对自己一成不变的"叙利亚天才"的标签怀有敌意，他不再满足于做阿拉伯风尚的点缀品，也不愿再用行为去迎合"黎凡特"或"东方"英才的普遍概念，对于贬低自己和自己的文化，纪伯伦感到厌倦，他决定离开波士顿，到一个更为都市化、更少有先入之见的地方去，使他不再像早年一样认同"一成不变的东方"的普遍认识。事实上，近代的先验主义者，也就是那些喜爱他的外表和出身，并给他拍照的"灯塔山"的东方主义者，其实是他成功逃离的小群体。
>
> ——本书后记

1913年4月，阿拉伯社团第一份文艺类杂志《艺术》首期在纽约发行，杂志反映了纪伯伦的趣味与风格，他的设计、插图、散文诗和文章，令杂志别具一格，而他第一年在期刊上发表的很多诗作，成为后来《疯人》写作的核心。他还开始创作一系列关于前伊斯兰和伊斯兰诗人与哲学家的文章，并发表一些想象性的绘画作品。经由他的作品，阿 - 麦阿里、伊本·阿·法里德、伊本·哈尔丹、阿 - 加扎里、伊本 - 阿 - 穆卡法和伊本 - 西拿被介绍给了大多数阿拉伯基督徒读者。

1914年12月，在纽约第五大道的蒙特罗斯画廊所举办的画展，叩开了纪伯伦"征服纽约"的大门。1916年，著名的小杂志《七艺》（*Seven Arts*）创刊，这家刊物邀请了瓦尔多·弗兰克、凡·威克·布鲁克斯、罗伯特·弗罗斯特、罗伯特·埃特蒙德·琼斯等后来"名留青史"的美国作家参加，纪伯伦是顾问委员会中的唯一一名移民代表。而尤金·奥奈尔、D. H. 劳伦斯、舍伍德·安德森、西奥多·德莱赛、约翰·多斯·帕索斯和H. L. 门肯这些将成为"美国文学史中光芒四射的名字"，都是《七艺》杂志的作者。纪伯伦《疯人》中的大部分作品，最初都首先在《七艺》上发表，在《七艺》发表一系列作品，也使他开始得到纽约文学界的关注与认可。

1914—1919年的第一次世界大战期间，是纪伯伦精神和创作上的"双重时期"。一方面，民族主义立场使他希望借助于战争使黎巴嫩和叙利亚摆脱土耳其的统治；另一方面，他也支持他的那些持和平主义信念的美国朋友们，这两个世界的差距，成为他"每日不得不跨越的鸿沟"。他对两个世界的矛盾态度，表现在这一时期所创作的《疯人》与《先行者》中。1912年，他写给玛丽的一封信，充分表明了他在这一时期对待战争与和平的矛盾心态：

> 我一直因欧洲的这些过分冷静的话语而感到疲倦和恶心，因为他们自己拥有自由与平和，他们便认为整个世界都应该为之满足。玛丽，在幸福人们的乐观主义中，有一种冷酷。富有和幸福的人们反对巴尔干政权，因为他们害怕那可能会"打破了世界和平"——为什么他们不应该打破这虚伪的世界和平？他们已经在单方面的和平中遭受了太多的痛苦，我祈祷上帝，这次战争有可能会带来土耳其帝国的分解，以至于那些贫穷的、被压榨的近东国家能够再次存活……我不是爱国主义者，玛丽：我是一个过分的绝对主义者，绝对主义思想里没有国家——但我的心仍为叙利亚燃烧。命运一直对她太残酷了……她的众神已死，她的孩子离开她，到远方的国度寻找面包……然而，她却仍然活着——那是最痛苦的事情。

> （本书第十七章　战争年代）

玛丽协助纪伯伦进行英语文学创作的语言润饰和思想沟通，在这样一种合作关系中，1918 年 10 月，纪伯伦的第一部英语著作《疯人》出版，这部作品的出版，使纪伯伦在美国文学界声名鹊起，同时也标志着玛丽对纪伯伦长期英语语言训练的结束。随后，已停刊的《艺术》杂志的主编纳西布·阿里达出版了纪伯伦的阿拉伯语长诗《行列》，而 1920 年出版的《先行者》，其英语表述已经不再需要玛丽的任何校正，在玛丽看来，纪伯伦的英语是自己所见过的"最出色的"，"不需要改动一个字"，而在纪伯伦看来，他过去的一切写作，似乎都仅仅是培训他的学校，他要以自己的"全部存在""进入《先知》"。①

第一次世界大战爆发后，纪伯伦逐渐放弃了自己要直接参与战斗的政治幻想，将自己的艺术创作作为参加祖国战斗的"最好形式"，参与和组织了一系列具有政治色彩的救助活动。1919 年 2 月的巴黎和平会议期间，他告诉玛丽："无论巴黎发生什么，我和许多叙利亚人一起，会为我的国家而战斗。或许战斗的最好形式是绘画和写诗。"② 整个 20 世纪 20 年代早期，纪伯伦坚持这一主张。1920 年 4 月，著名的阿拉伯旅美作家团体"笔会"成立，纪伯伦任会长。1920 年《你有你的黎巴嫩，我有我的黎巴嫩》在《年轻女性》上发表，在随后四年间，纪伯伦还发表了系列相关思想的作品——通过语言、写作和人们的创造活动，使阿拉伯文化重获新生。

20 世纪 20 年代后，已在文学界得到广泛认可的纪伯伦，思想上发生了"质"的转变，在 1921 年写给玛丽的一封信中，他袒露了这种转变：伴随他一生的、追寻自我身份的痛苦和矛盾，已经让位于一种圆融的整体性目标：

> 我过去常常认为，我是另一个碎片——不同于其他一切生命——我所写的一切作品，都是要直接或间接地表达孤独。但那其实是错误的。没有任何一种东西是孤独和与众不同的。现在我明白，我是一个整体中的一部分——一个坛子的一个碎片，不是

---

① 见本书第十九章。
② 同上。

来自于另一个坛子的碎片。现在我已经找到了适合自己的地方，在某种方式上，我是那坛子——坛子是我。当我觉得自己总是与众不同和孤独的，我是自我中心的……现在当记起我过去总把自己当作疏离于社会的个体，我感到很羞愧，你知道，如果一个人在一个房间里，他可以探究房间的一角——或者让自己填满这个房间。填满这个房间更加困难，但却更为真实……当一个人确实接受了整个房间，或接受了整个生活，包括生活的苦难、与其他人的关系——那么，一个人就会发现自己在整体中的位置，一个人就能感受到整个生活。

（本书第二十章　不再分离）

　　这种整体性思想，使纪伯伦的生命达到更加圆融的状态，此后发表的《先知》《沙与沫》《人子耶稣》《大地之神》和《流浪者》，将不会再有《疯人》和《先行者》中的孤独和愤世色彩，生命的圆融和通达感，使纪伯伦的文学创作达到了纯然的"无我"之境，也正是这些并不被当时的先锋艺术界推崇的作品，因其对生命本然状态的"通融"表现，使纪伯伦成为一名作品跨越时空、广为流传的世界性作家。

　　纪伯伦关于《先知》的酝酿与构思，见诸玛丽 1912—1922 年的日记中，从一开始，纪伯伦便立意要写一部可以"留于身后的生命之作"，他对《先知》的写作一拖再拖，因为"……《先知》对我的生命意味着很多，在全部 37 年的时间里，我一直在创作着它——我已经有了一本阿拉伯语原作，是碎片化的形式。它包含了我甜蜜的内心生活……我已经开始（写作），它总是在我的内心世界，但我不能仓促地写，不能早一些完成它。"[1] 他称《先知》为"我职业生涯中的第一本书——我第一本真正的书，我丰硕的果实"。[2]

　　1923 年以后，由于阿拉伯文学界对纪伯伦文学的质疑，纪伯伦选择终止阿拉伯语文学创作，将全部精力用于英语文学写作。他搜集了自己的一些短篇格言——其中有很多已经用阿拉伯语或英语出版——为自

---

　　① 本书第十九章。
　　② 本书第二十章。

己的美国追随者们编成了一本现成的书：《沙与沫》。

1925 年，纪伯伦应邀参加以圣雄甘地为首的"新东方社团"（The New Orient），该社团具有国际化特点，纪伯伦与其他诸多著名的"世界公民"一起，成为该社团的高级官员，社团对他的评价表明了纪伯伦在当时纽约这个国际大都市达到了荣誉上的巅峰时期："在当今的西方，没有一位东方人比哈利勒·纪伯伦更真诚、可信和富有才华，并起着重要的作用。"

1926 年，纪伯伦创作了两部英语戏剧《拉撒路和他的爱人》和《盲人》，接着，纪伯伦着手完成"自己二十年的愿望"，开始创作自己"最有抱负的作品"，写关于耶稣的生平。1928 年，纪伯伦完成他篇幅最长的作品《人子耶稣》。与《先知》和《沙与沫》在批评界反响不佳不同，《人子耶稣》广受赞誉，评论者认为，这些"来自耶稣同时代人"的独白，使作品"独一无二"。1931 年 3 月，《大地之神》（the Earth Gods）出版，在他生命的最后三周，纪伯伦仍然在对《流浪者》（the Wanderer）进行最后的修订工作。1931 年 4 月 10 日晚间10：50，在被送入工作室附近的一家医院 12 个小时后，纪伯伦病逝。伴随着这位伟大诗人的逝去，"纪伯伦神话"在阿拉伯世界和美国达到顶峰，之后，关于他的遗嘱、画作和遗稿，在他的美国移民社团的亲友、格林威治村的故交和家乡贝舍里之间，产生了一系列纷争，《先知》的续写、改编延续至今……

纪伯伦在世时，便已经在美国和南美洲的阿拉伯移民群体中声名赫赫，阿拉伯移民视他为代言人。1929 年 1 月 5 日，美国的阿拉伯裔社团为纪伯伦发起了一个感谢晚宴，表彰他 25 年来对阿拉伯文学所做出的贡献，菲利普·希提的总结式发言概述了纪伯伦在阿拉伯移民群体和阿拉伯世界不可磨灭的影响力：

　　　　在某种方式上，纪伯伦给阿拉伯现代文学所带来的实际影响，要以两个标准来衡量，其一是阅读他的书的人们的数量；其二是近年来产生的大批"纪伯伦式""类似于纪伯伦"和"模仿纪伯伦"的人们，他们像雨后春笋般涌现出来，遍布阿拉伯世界，在当今的贝鲁特、开罗、巴格达、圣保罗或布宜诺斯艾利斯，你拿起任何一份阿拉伯语报纸，几乎都能发现有人在有意识地模仿纪伯伦。当然，这种神秘的、比喻的、想象的风格……并不是阿拉伯文学中的新现象……但我们今晚的主人公，通过他对这一艺术无可比拟的掌握，通过他纯粹和丰富的想象，通过他高尚和崇高的理想主义，通过他无与伦比的措辞和写作——无论是阿拉伯语还是英语——他的思想成为一种新流派，他成为这一思想的奠基者，当其他人运用空洞的词汇，惯于矫饰和因袭，纪伯伦却创造了思想的珍宝，那思想永恒、自然而又崇高。

（本书第二十二章　最后的岁月）

早在 1927 年年底，被病痛和死亡追逐的纪伯伦，写下了与这个世界告别的诗句，这些诗句是纪伯伦的生命写照：

遗憾啊
我们困倦得太快；
遗憾啊
我们睡去
在我们的歌声
飞扬到高空以前，
在我们的手
触摸到深处以前。

感谢主，
我们没有财产，
我们不是占有者。
我们没有伴侣，没有子嗣，没有亲属。
我们是行走在大地上的影子，
只有那些眼中藏着阴影的人们，能看到我们：
因而，我们为世人的笑声而悲叹。
我们是作为灵魂的存在，
你们说："多么奇怪。"

但我们说："你们——作为身体的存在，是那么奇怪。"再见。

（本书第二十二章　最后的岁月）

　　纪伯伦的个人奋斗经历，是一部早期阿拉伯移民在美国的奋斗史，他的移民动因和经历、移民后的生活和学习环境，是早期阿拉伯移民的缩影。其一，在他被贫穷、疾病和死亡追随的短暂生命岁月里，我们能感受到早期阿拉伯移民在异域他乡痛彻心扉的无奈，更能感受到一位有着强烈成功欲望和艺术天赋的青年"置之死地而后生"的坚决与抗争。其二，现代主义者的人生本身，便是他们的思想、文学和艺术。纪伯伦的生命存在本身，便标志了一种思想、一种文学、一种艺术，是现代主义的注解。其三，在文化的意义上，纪伯伦的人生、文学与艺术，交相辉映着西方人对"圣经所述"之"东方"既熟悉又遥远的怀恋与好奇，这一经久不息的文化想象，在根本上成就了纪伯伦的人生、文学和艺术。

为和谐的灵魂

目 录

前　言

文学史揭示了发起、推动或丰富文学潮流的众多作家，或者是那些以创作为文体引入重大变化的作家。新的文学潮流的发生，通常是由于旧潮流已经停滞不前，时代准备好迎接新的变化和方向。现代阿拉伯浪漫主义运动的发展便是如此，它公然挑战新古典主义，却并没有破坏新古典主义；事实上，新古典主义在20世纪20年代达到高潮，与此同时，浪漫主义运动也迅速发展，在30年代达至顶峰。

然而，文学催化剂却遵循不同的规律：他们不仅仅发起一次新的潮流，而且建立了一种全新的写作方式，他们通常是以寡敌众，出乎人们的意料。这些文学催化剂是那些创新性作家，他们改变自己时代和后世文学的发展方向。这些催化剂式的人物所引入的写作方式的急剧变革，不会徒劳无功，对于他们所发起的文学革命，他们时代的文学常能欣然接受。为了成功地实现变革，文学也必须要具备相应的延展性，具备吸纳重大转型的能量。但这并不意味着，文学催化剂所带来的急剧转变，是他们的同时代人已经预料到的、书写下的"不可避免的"文学事件。在一个对新理论和新概念开放的时代，文学能发展出足够的创新性，来治愈自身的疾病，提高贫弱的写作技能。但对于特定文类中的重大技巧实验，所产生的急剧的变革未必与写作技巧的推进与发展保持连续性。我们来进一步解释：新古典主义的刻板、重修辞和实用主义（例如，新古典主义诗人经常在一些特定场合写诗），形式与内容的平衡，尤其是客观的态度在诗歌中变得根深蒂固——这些特征使诗歌缺少流动性、情感魅力和主观内省的元素，使诗歌缺少自我揭示、自我表达和与个人生活、私密体验的深层联系，而浪漫主义恰恰为诗歌提供了这些特征。正是由于新古典主义在20世纪初停滞不前，陷入僵化，才不可避免地出现了浪漫主义，当然，浪漫主义的出现还有社会学与心理学的原因。而纪伯伦是现代阿拉伯文学浪漫主义运动的伟大先驱，他在美国这一遥远的阿拉伯文学运动的前哨，推动和加速了浪漫主义运动的诞生。美国和阿拉伯世界的其他阿拉伯诗人和纪伯伦共同促成了浪漫主义运动，验证了浪漫主义在艺术和社会发展中的必然性。但在现代阿拉伯文学史中，纪伯伦作为文学催化剂的事件，并不是指他引入了浪漫主义潮流。

使纪伯伦傲立于现代阿拉伯本土和美洲阿拉伯作家（美洲的阿拉伯文学已形成成熟、稳定的传统）的原因，是他在文学语言和风格上所进行的无与伦比的革命。在纪伯伦之前的很多年里，阿拉伯诗歌与文学的语言和风格一直在逐渐发生改变，但纪伯伦的出现，却在20世纪如此早的年代，便为文学的全新秩序和急剧变革吹响了号角。我们无从解释，纪伯伦为何能实现语言和风格这两方面的重大转变。如果浪漫主义本身不可避免，那么如果没有这独一无二的、孤独的、先知般的天才，阿拉伯文学便不会在语言表达和风格上发生巨大转变。一个时代富有活力的文学就如同纪伯伦文学，不断进行文学试验，不断产生艺术影响，并由此吸收和发展出新的方法。而这种发展可能会有两条推进线索，首先可以预见的线索是，由于一定时期内占主流的特定文学流派衰弱，为了克服这种衰弱，文学需要拥抱另一特定流派相反的特质，上面我们已解释了这一点。其次，还会发生不可预见的事件，这不可预见的事件的发生，仅仅是因为某个天才横空出世，这天才必然要拥有天赋、大胆、机遇和文学知识，他以全新的方式写作，方式新颖却健康，虽令人惊奇，却能得到同时代人的理解和吸收。

纯粹的浪漫主义的天赋、高超的想象力、狂热的冲动、追寻自由的激情、富有魔力的精神性——所有这一切构成了纪伯伦诗歌的个性。但更为重要的是，纪伯伦诗歌拥有大胆的创新性，他成功地创造了一种与他时代的任何一种文学都无关的风格，他只在语言中追寻精神和实质，从而建立了一种全新的表达方式——这一切探索了一种可能性，这是他的那些生活于阿拉伯世界的同时代人所不知道的，这些都一起改变了他的时代和后世的现代阿拉伯文学的声音与方向。

纪伯伦的创作风格以"纪伯伦体"享誉阿拉伯世界，"纪伯伦体"受到《圣经》的深刻影响，其特点是运用令人印象深刻的疑问句、呼格和美学上的重复，他还在散文诗创作中运用了浪漫主义宽广的韵律，常常给读者制造出某种神奇的催眠效果。他诗歌的韵律通常用高音，但也会疾徐有致，达到某种魔幻般的流动效果，如一阵疾风吹过。他作品中的词汇富有创新性，比喻精挑细选、新颖别致。纪伯伦曾这样谈到语言："复兴语言的唯一方式在诗人的心灵，在诗人的唇间和指间。"通过改变阿拉伯诗歌的基本语言，他彻底实现了语言变革。在纪伯伦生活的时代，古典主义僵化的语言形式仍根深蒂固地存在于阿拉伯诗歌实践中，而纪伯伦通过有穿透力的语言形式，将阿拉伯诗歌的语言表达推进到现代时期，实现了阿拉伯诗歌原本需要几代人才能实现的变革。为何纪伯伦能自由地进行文学实验？为何他得以保持纯粹的创新性而不受拘囿？原因之一是由于他在美国写作，远离阿拉伯本土文学的先哲们——那些固守传统的古典主义者道貌岸然，如鹰隼般俯瞰着所继承的文学原则，试图扼杀任何变革传统的尝试。经过纪伯伦的文学实验，阿拉伯诗歌的任何变革都成为可能，20世纪60年代以后，诗歌表现形式的所有冒险如潮水般涌来。而这些变革的发生，全因纪伯伦早在世纪之初所奠定的基础，这使诗歌得以远离既定模式，拥护大胆的实验精神。纪伯伦一方面尊重美学，另一方面又对根深蒂固的语言上的陈词滥调和过时的风格惯例所带来的滞后与刻板深恶痛绝，他的这两种感情水火不容。

致力于美学和文学技巧的变革，并非纪伯伦的唯一成就。创作技艺上的改变同样带来了新的社会观念，这最初反映在他那健康的渐进式阿拉伯社会理想上，此后，伴随着他完全转向英语创作，这一社会观念又表现在他那包含了全人类的普遍的人类观念中。在现代阿拉伯文学领域，一直存在很多主题上的革新；事实上，尽管在20世纪的特定时期，总会有特定主题占优势（例如，异端和反抗主题在50年代广泛传播，在70年代得到加强），而当成百上千的新才俊涌现出来，阿拉伯文学总是会呈现出多种多样的主题。然而，纪伯伦精神的外在表现——圣徒、先知和反叛者混合的产物——反映在他的阿拉伯语和英语两种创作中，却一直独一无二，给阅读者提供了历久弥新的灵感源泉。纪伯伦普世主义的观念，通过美学媒介生动有效地传达出来，这使他的作品长存至今。当我在70年代中期来到美国时，我发现纪伯伦在美国仍然继续受到欢迎，这一发现并不令我感到惊奇。如果一种文化总是关心物质上的获得，无处不在地追求盈利，那这种文化必然会被这位先知关于人类公平、怜悯和爱的写作吸引。通过包容一切的爱，纪伯伦表达了一种坚定的信仰，这是一种解决人类差异和冲突的可能性；通过在"一个宏伟设计中"融构社会问题、哲学和宗教，他的泛神论观念消泯了社会冲突，解决了"爱"这一理念不能解决的问题。纪伯伦作品中的主题大胆创新，那是一种接近自然的新方式，是诗歌乃至文学的一次全新的疏离，是一次精神的觉醒，也是一种包容一切的泛神论观念——自中世纪时代伟大的神秘主义时期，阿拉伯文学一直不知道这种观念。

纪伯伦是原动力和撼动者，即使是在群星璀璨、英才辈出的阿拉伯文学界，即使是在不断更新与丰富的阿拉伯文学的各种领域，纪伯伦仍然长存。在当今世界，当代阿拉伯文学或许是最丰富的文学之一，而它现在的很多成就来自于纪伯伦的开拓性成就。

萨尔玛·哈德拉·贾尤西

哈利勒·纪伯伦：他的生活和世界(序)

对我而言，探索哈利勒·纪伯伦的世界是一种需要，这需要开始于1932年，那年我才10岁。他一年前的离世，对我的家庭产生了极大影响。我的父亲努拉·纪伯伦是诗人的堂兄，他备感伤心落寞。他们一起在黎巴嫩长大，在哈利勒和妹妹玛丽安娜移居美国波士顿的10年后，我父亲也远渡重洋，来到美国。在那里，他遇到了他的堂妹、我的母亲罗丝·纪伯伦并与之结婚。哈利勒不仅做过他们的伴郎，还为他们的五个孩子一一起了名字——霍拉斯、苏珊、哈利勒、哈菲兹和塞尔玛。

我们在波士顿南恩顿区拥挤的黎巴嫩—叙利亚聚居区长大，经历了20世纪20年代的贫困，这使我们在后来的大萧条时期，几乎不能再感觉到贫穷的来临。在那令人沮丧的"棚户区"时代，唯一的安慰是已居住在纽约的纪伯伦的造访。我们也会举家出动，突然拜访"姑妈"玛丽安娜位于泰勒街的公寓，并且在那儿逗留数日，聚餐、大笑和交谈。

我仍记得他的房间，夜深时分，弥漫着浓浓的烟雾，萦绕着亚力克酒的甘草香味；我仍能听见阿拉伯乌德（鲁特琴）和奈伊（长笛）的旋律，这是四邻在向这位杰出作家和画家表达敬意。有很多个早晨，我都会给他泰勒街上的工作室送面包，当时的工作室只有哈利勒和他的妹妹。他同我交谈，鼓励我。一次，他给我一部坏了的钟表，让我重装零件。现在我还能想起他教我调色的颜料盒的样子，甚至当他坐在画架或写作桌前时，坐着的我看到他脚上的拖鞋。我仍能忆起那个特别生动的画面，我们都在他曾就读过的昆西中学上学，当时刚放学，我正急急跑开时，看到了他。他正穿过我们的社区中心——丹尼森屋前的马路，身着白西服，拄着手杖。他似乎远离我这晦暗的世界——然而，他却看见了我,用阿拉伯语冲我大喊,这才使我有点相信,他离我并不遥远。

他去世后,我们失去了一位可以给我们的生活带来想象力和格调的人。我珍藏起他送给我的小物品,但我怀念的,并不仅仅是这些物质上的礼物。他去世后,玛丽安娜离开这里,到了黎巴嫩。当她回来时,她家中曾有过的生机盎然,已被她的回忆和泪水取代。她是诗人唯一的至亲,与我们关系亲密,待我们和蔼可亲,我们视她为我们的女家长。

玛丽安娜搬离南恩顿区后,我们常乘着有轨电车,如同朝圣般,拜访她在波士顿牙买加平原的家。在一个周末,我曾与她一起,无意中破坏了众人敬仰的纪伯伦的证物。在玛丽安娜出国时,我们替她保存信件,其中一些是写给纪伯伦的,这些信件足够装满一个购物袋。她回来后,起初并不留意这些信,但在一个慵懒的午后,她让我和她一起浏览这些信件。她不会阅读,我充当她的眼睛。我翻阅大口袋,挑拣出一个信封,大声读出发信人的姓名和地址。如果她不认识发信人,我就把信封放在一边,不再打开。那天晚上,我们烧了大量未读的信件——大概有两百封,贴着来自世界各地的邮票。这些散发着香味、加了印签、封面装饰着凸起的花纹、被封着的信件,见证着我们所不知道的纪伯伦。但它们就这样被烧毁了,我站在那里,为自己的行为感到惊讶。

时光荏苒。我成了一名艺术专业的学生,继而成为一个艺术家。我不再迷恋纪伯伦这位有趣的亲戚,而逐渐开始关注我自己的学业和工作。然而,我却一直渴望理解这位我熟识的、与我同名的人。奇怪的是,关于他的出版物虽然日益增多,却很难使我达成心愿。那些书籍和文章,要么是令人尴尬的过誉之词,要么是骇人听闻的侮辱之语。我的好奇心只能从玛丽安娜陆续赠予我的纪伯伦的遗物中暂时得到满足:他的衣服、手表、打火机、颜料箱,珍藏在波士顿的绘画、信件和手稿,甚至他的"死亡面具"。然而,无论是拥有这些物品,还是倾听家族成员无尽的回忆,都不能解答我的疑问。一个一文不名的移民,如何适应了波士顿贫民窟,而且在短短几年内,在南恩顿贫民区和后湾的富人区之间,架起一座桥梁?我知道这并不像一位传记作者所言,是由于纪伯伦神奇的读写能力,或者是由于他开明的家庭环境。

随着我个人事业的发展,对纪伯伦身份的探求变得更急迫了。由于与他同名,又都从事相关的领域,周围不断有人向我询问他。这不可避免地给我带来了困扰，我甚至考虑过改名，但自尊心阻止了我。

1966 年，我度过了生命的困惑期，在职业上获得承认，得到了独立发展的空间，不再局限于家族的狭窄圈子，父亲将（纪伯伦的）文章、书籍、书信和玛丽安娜的礼物委托给我，我有了自己的家庭，于是，评价这些纪伯伦物品的时机到了。

我转向家族以外的一位受托人。多年前，玛丽安娜曾向我展示过纪伯伦的朋友和导师玛丽·哈斯凯尔·米尼斯的信件。在信中，她决定将纪伯伦写给她的全部书信和她的日记，赠给北卡罗来纳大学。于是，我开始将零散的材料串接起来。这时，我的妻子简也加入我的工作，我们开始研究 1904—1931 年的 615 封信和 47 篇日记。在两次通读这些材料的过程中，我们从新的视野了解了纪伯伦在波士顿的起步期和在纽约获得的成功。然而，虽然哈斯凯尔的日记串起了时间线索，但对于纪伯伦最初如何进入艺术和文学界，我们仍然无从知晓。

20 世纪 70 年代早期，我和妻子决定停止手头的工作，用全部时间投入研究，无论这研究需要多长时间。我们已有两条基本线索：一幅不平常的照片和一包书信。从我记事起，一幅漂亮的大照片就悬挂在玛丽安娜的沙发上方，照片上是少年纪伯伦，一身贝都因人的装扮。当我向玛丽安娜询问拍者，她告诉我，那是举止优雅、令人印象深刻的戴伊先生，但关于他的事迹，她却总是含糊其词。在众多传记作者那里，弗雷德·霍兰德·戴伊对诗人的重要性，仅限于他是纪伯伦 1904 年画展的工作室主人。然而，这幅画中出现的少年纪伯伦却使我们确信，在纪伯伦的更早年时期，戴伊起着重要的推动作用。而我们手中的大部分书信，则写于纪伯伦生命中最晦暗不明的岁月——那时，他的母亲、妹妹桑塔娜和同母异父的哥哥刚刚去世——这些信写给一位不明身份的"兄长"。但我们不知道玛丽安娜怎样收到这些信，她又为何如此精心地保留这些信。

于是，我们开始调查戴伊。当时在耶鲁大学阿尔弗雷德·斯蒂格利茨档案馆工作的彼得·巴奈尔，建议我们寻访诺伍德历史社团，也就是戴伊的故居。1972 年，在戴伊家中，我们开始了严肃的研究。当我们再次拜访这里时，我们核实：那堆用生硬的英语书写的信件，毫无疑问是写给戴伊的。尽管我们没有找到纪伯伦的更多书信（这让我们怀疑戴伊已将这些书信归还给诗人,或者在诗人去世后归还给玛丽安娜),但给戴伊的其他信件,表明了他早年对纪伯伦这位早熟少年的帮助。其中的一张便条,显示了扶持纪伯伦的关系链条。1896年,一位富有同情心的社会工作者,请求戴伊参与帮助"一个叙利亚小男孩儿哈利勒·纪",这封早期信件的发现,前所未有地推进了我们的研究进程。

同样是在戴伊的家中,我们发现了作家约瑟芬·普林斯顿·皮勃迪与时为出版商的戴伊之间的通信。早在她1898年的信中,就开始提到纪伯伦的名字。我们本以为,19世纪和20世纪之交作为摄影家、出版商和热心的收藏家的戴伊,只是一位不起眼的人物,不值得浓墨重写。事实却恰恰相反,虽然随着20世纪的日益喧嚣,戴伊的意义和作用已消失殆尽,但在纪伯伦遇到他时,他正引领时尚,富有趣味,同时也是一位实业家。

于是,约瑟芬·皮勃迪被列入我们的研究对象,我们开始寻找有关这位天才诗人和纪伯伦之间关系的材料。最终,在哈佛大学的休顿图书馆,我们找到了她保存完好的日记。这些日记从一个全新的维度,揭示了纪伯伦的生活经历。她以充满同情的笔调,记录了纪伯伦最悲惨的岁月。神话正逐渐变为现实。纪伯伦的故事,必然会成为他和同时代人的故事。为了精确地反映这个时期,并将他的生活与那个有意义的世界紧密联系起来,我们必须描述和再现戴伊、约瑟芬·普林斯顿·皮勃迪、玛丽·哈斯凯尔、查洛特·泰勒、艾米丽·米歇尔、爱敏·雷哈尼、罗斯·奥尼尔等人物,但这些人的面目至今仍模糊不清。

不可否认的是,纪伯伦的公众形象神秘莫测,他对自己的生活背景讳莫如深,并试图粉饰过去,这长期以来阻碍了对纪伯伦的严肃研究。这样,那些传记作者当然不得不以想象式的谈话,来虚构纪伯伦生活中的主要事件。而当我们发现了皮勃迪的日记和哈斯凯尔日记中丰富的材料,虚构也就变得毫无必要——出现在我们作品中的所有谈话和描述,都来自于见证者的记录或当时的书信。过去那些未被这些基本资料证实的隐晦的关系和事件,书中不再提及。大多数注释都采用了直接引用的方式。由于以往纪伯伦英文书信的编辑,存在着大量的语法和拼写错误,我们仍按原始手稿出版。我们只标出那些影响读者理解作品意义的明显错误,除此之外,不再单独标注。

　　我们可以找到约瑟芬·皮勃迪和玛丽·哈斯凯尔的两套日记，玛丽的日记属于更私密性的"每日一页"或"每日一行"类型。我们书中的内容大多倚重于这些私人记录。这些记录不像那种不自然的文学性日记，我们可以从中追索到拜访、邮件和日常生活的相关细节。遇到日记中玛丽以发音来代表人名时，我们直接改为正确的拼写。

　　在描述与纪伯伦相联系的阿拉伯世界时，我们遇到了一个很大的困难，那就是怎样恰当地处理人名地名。众所周知，现代直译法已经扬弃了 20 世纪早期将阿拉伯姓氏美国化的尝试，而且，将阿拉伯姓氏美国化，也通常会遭到学者的质疑。然而，基于报纸的用法和已成先例，我们书中的名字仍遵照当时的写法，希望学者们理解这一做法。

　　在对纪伯伦的生活进行研究时，我们遇到的最大困难，大概是他的双重性。对于两种语言、两个职业、两个时常冲突的社交圈，他有着截然不同的责任，这贯穿了他的生命历程。但过去的传记学家和历史学家却常有所偏好，顾此失彼。纪伯伦去世后，在中东出版的几百篇论文，都已分析了纪伯伦对现代阿拉伯文学的贡献。然而，数量寥寥且失于粗疏的美国人的研究，则关注纪伯伦在大众读者中的流行价值。我们将在作品中展现纪伯伦生活的多个世界及置身其中的他的生活方式。

　　许多人与我们分享了他们的回忆、故事和资料。最首要的当然是纪伯伦在波士顿的亲戚。他的妹妹玛丽安娜、努拉·纪伯伦、罗斯·纪伯伦、阿萨夫·乔治、玛伦·乔治、扎吉亚·拉姆（我母亲的姐姐，在提及时常称为罗丝·戴伯）和约瑟夫·拉姆，都对这项研究做出了极大贡献。纪伯伦晚年波士顿生活的亲历者玛丽·卡瓦吉（即玛丽·凯伦）也功不可没，她的轶闻和回忆对我们很有助益。

　　哈斯凯尔与纪伯伦之间的书信资料，大部分收录于米尼斯家族的档案中。在得到这些文档的过程中，教堂山的北卡罗来纳大学图书馆的"南方历史收藏馆"的全体员工，作出了最突出的贡献。与该馆主任J.伊萨克·库珀兰和手稿保管人卡洛林·A.沃利斯的通信，也使我们受益匪浅，同时也感谢他们的耐心和理解。

　　我们也要感谢理查德·泰勒·赫茨对我们的项目所给予的合作态度，他允许我们出版了之前未公开的玛丽·哈斯凯尔·米尼斯和查洛特

·泰勒·赫茨的文字材料，这些材料现存放于南方历史社团。

我们也要感谢很多图书馆的管理员，尤其是休顿图书馆的咨询助理卡洛林·E. 杰克曼，他提供的约瑟芬·普林斯顿·皮勃迪的资料和纪伯伦写给威特·拜纳和科林·罗斯福·罗宾逊的信，都极大地充实了我们的作品。

为了研究当时的报纸和杂志，我们在波士顿公立图书馆花费了两年时间，那里的很多员工热情地帮助了我们。我们也感谢波士顿图书馆的职员，尤其是艺术部助理唐纳德·C. 凯勒，他们为我们的工作出谋划策。

纽约公立图书馆的职员，尤其是东方部负责人约翰·L. 米什和他的助理弗朗西斯·W. 帕尔，值得我们感谢。我们也要感谢手稿和档案部的约翰·D. 斯丁森，我们从他那里得到了纪伯伦写给詹姆斯·奥本海姆的信件。

我们无法一一列出那些帮助过我们的图书馆工作人员和手稿保存者，有了他们，我们才能找到纪伯伦未出版的作品和其他相关资料。我们尤其要感谢印第安纳大学利利图书馆的戴维·A. 兰德尔，他在过去几年中始终如一地给予我们鼓励和建议。

我们也要特别感谢以下档案馆工作人员的关心：得克萨斯大学人文研究中心的主任助理戴维·法默；耶鲁大学贝耐克珍藏本和手稿图书馆馆长唐纳德·加鲁普；圣十字学院迪南德图书馆耶稣会的尤金·J. 哈灵顿牧师；纽瓦克公立图书馆的高级咨询员保拉·里奇顿博格；拉德克利夫学院的亚瑟和伊丽莎白·施·莱辛格美国妇女史图书馆的手稿管理员夏娃·莫斯利；弗吉尼亚大学阿尔德曼图书馆的手稿助理玛丽·费斯·蒲赛；米德尔伯里学院艾伯内西图书馆保管员 E. 罗森菲尔德；斯塔滕岛的瓦格纳学院霍尔曼图书馆，《马卡姆评论》的编辑约瑟夫·W. 斯莱德；威斯利学院图书馆档案员威尔玛·R. 斯莱特；国会图书馆（这里存有纪伯伦写给玛格丽特·李·克洛夫茨的书信）手稿编史员罗纳德·S. 威尔金森；以及达特茅斯学院贝克纪念馆的特藏室主管沃特·W. 怀特。

我们力图以丰富的图片资料，形象地展现纪伯伦的生活。在搜集图片资料的过程中，我们要感谢萨凡纳的泰尔法艺术和科学学院主任阿兰·麦克纳布及他的助理费伊·舍尔曼，他们准许我们复制了哈斯凯尔收藏的纪伯伦的艺术作品。我们还要感谢其他授权我们复制照片和艺术作品的人员：大不列颠皇家摄影协会的盖尔·布克兰德；国会图书馆的照片保管员杰拉德·C. 马多克斯；现代艺术博物馆爱德华·斯泰肯档案室的格雷丝·B. 梅尔；波士顿美术博物馆；弗格艺术博物馆；哈佛学院图书馆；纽约的"彼得·A. 茱莉和其儿子"；都市艺术博物馆；纽约的黎巴嫩旅游和信息中心以及纽约历史协会。

我们还要感谢生活中遇到的很多人。玛格丽特·埃尔登、米利亚姆和查尔斯·列侬以及时任诺伍德历史协会会长的乔治·马奥尼和弗朗西斯·莫里森，都给我们在戴伊故居的研究提供了极大便利。我们还要感谢詹姆斯·贝克、莉拉·卡波特·里维特、纳森奈尔·哈森福斯、安娜·E. 泰尼希尔、克莱伦斯·怀特和路斯·鲁伊尔·伍德伯里，他们帮助我们获得了戴伊的其他信息。

斯蒂芬·马克斯菲尔德·帕里什未出版的学位论文《波士顿和伦敦 90 年代潮流：弗雷德·霍兰德·戴伊、露易丝·伊墨金·吉尼和他们的艺术圈》，揭示了那个晦涩年代的氛围和精髓，我们在此特别致谢。

关于约瑟芬·普林斯顿·皮勃迪·马克斯的研究，是这项研究中最有价值的部分。这要归功于埃里森·P. 马克斯和莱昂纳尔·P. 马克斯慷慨贡献了皮勃迪的资料，我们因此向他们致以深深的谢意。同时，也要感谢韦尔兹利学院 1973 年的"一九六五"社团主席南希·李·刘易斯，他为我们找到了纪伯伦 1903 年第一次画展时的资料。

玛丽·哈斯凯尔是纪伯伦生命中重要的精神动力，而莎洛特·泰勒则在纪伯伦的早年纽约生活中起到重要的推动作用。为了描绘这些内容，我们与许多认识她们或发表过传记评论的人进行了交谈和通信。我们尤其要感谢以下诸位：伊丽莎白·贝尔彻、威廉·B. 克拉格特、阿德莱德·克里尔、威尔兹利女子学院毕业生协会的简·E. 克罗斯曼、苏珊娜·戴维斯·达勒姆、格特鲁德·埃尔斯纳、戴维·麦克林·格雷里博士、海蒂·舒曼·库恩、艾格尼丝·蒙根、马里恩·拉马尔·斯蒂华特、格莱迪斯和威廉·泰勒、维斯顿剑桥学院（过去的剑桥中学）的辅导员希尔达·沃什伯恩。

纪伯伦的多数朋友已去世，但我们却有幸能与他的几位朋友交谈或通信，他们能够回忆起纪伯伦在格林威治村时的生活。我们因此要感谢玛格丽特·李·克罗夫茨、爱丽丝·拉斐尔·埃克斯坦、菲利普·K.希提、侯普·迦兰·英格索尔、玛丽塔·罗森、玛塔和伯格·赖、多萝西·马迪、麦德林·梅森和米哈伊尔·努埃曼。

另外，还有一些人为我们理解纪伯伦的朋友交往做出了贡献，他们是亨利·布莱戈登、马尔科姆·S.麦凯夫人和玛德琳·范德普尔。我们还要特别感谢"罗斯·奥尼尔国际俱乐部"主席简·卡特维尔，她从自己大量的奥尼尔的材料中，帮我们找到了有关纪伯伦的资料，我们还要感谢玛西亚·沙利文的精诚合作，是她帮我们找到了芭芭拉·扬的背景资料。

在这本传记的写作过程中，阿尔弗雷德·A.克诺夫出版社的社长威廉·考什兰德多次与我们合作。我们要特别感谢他和阿尔弗雷德·A.克诺夫出版社向我们提供了纪伯伦写给他美国出版商的信件。

如果没有查尔斯·H.弗莱尼根的帮助，我们绝无可能将这些迥然而异的纪伯伦作品和相关材料编辑、组合在一起，她同时也为我们誊写了哈斯凯尔和皮勃迪的相关文章。宾夕法尼亚大学东方研究部的纳比拉·蒙戈恢复和翻译了我们所询问的大量阿拉伯语资料，除了特别注明的以外，相关内容都采用了她的翻译。对于这些忠实的工作者，我们一直心存感激。苏珊·霍尔库姆在纽约的多家图书馆长时间地为我们查找资料。我们也要感谢伊丽莎白·兰辛在教堂山北卡罗来纳大学图书馆珍本室的研究，以及马汀·鲁夫蒂在国家文献馆所做的工作。

还要提及几位好友。每当在研究中遇到难题，弗朗西斯科·卡博、里斯·克劳森、斯图亚特·登伯格和保罗·沃德·英格利诗总会予以解答。由莫顿·巴莱特和斯蒂芬·F.格罗厄拍摄的照片也对写作起到了很大作用。

我们向纽约书画协会的全体工作人员表达谢意。三年来，总编唐纳德·A.艾克兰德以真诚和热情，鼓励和支持了我们的工作。同时也感谢敏锐的编辑罗宾·布莱索，感谢设计师贝琪·比彻，感谢他们的耐心和专业。也感谢艾琳·布赖齐的辛苦打印。

最后，对渴望阅读我们所解读的纪伯伦的朋友们和无数陌生人表示谢意，对于这些人和更多渴望阅读这本书的人，我们深表谢意。

哈利勒·纪伯伦

贝舍里和黎巴嫩山（"阿拉伯美国石油公司"世界杂志，1940年7—8月）

第一章　贝舍里的贫困岁月

"没人知道我的出生日期"，哈利勒·纪伯伦曾说。在他的出生地黎巴嫩的贝舍里那个偏僻的乡村，出生与死亡就像四季轮回一样平常，这些事情仅仅是那些后来讲述故事的男人和女人们留存的一个记忆，与书写的历史无关。凭借着这些口耳相传的说法，我们尽可能准确地推断出：诗人出生于 1883 年 1 月 6 日。*①

那时的贝舍里仍保持着古老的风貌：几乎是一个自足安全的城堡，四面环绕着高耸、突兀的石山，它高出地中海海平面 5000 英尺，踞于今天黎巴嫩共和国 193 公里狭长地带的北端。这个古老的地方有着源远流长的历史，史前原始初民们居住的山洞仍留存至今。曾居住于此的腓尼基人引入了表音字母，此后数百年间，埃及人、巴比伦人、亚述人、波斯人、罗马人、拜占庭人、十字军东征时的欧洲人、阿拉伯人和土耳其人，都曾品尝过黎巴嫩大地的果实，见证过黎巴嫩人民的聪明才智。这座小山村历经沧桑，但她的人民却幸免于侵扰，孑然不变，他们传承着自己的田园生

---

* 缩写：格·巴：格特鲁德·巴里；杰·比：杰西·比尔；弗·戴：弗雷德·霍兰德·戴伊；玛·哈：玛丽·哈斯凯尔；哈·纪：哈利勒·纪伯伦；玛·纪：玛丽安娜·纪伯伦；努·纪：努拉·纪伯伦；露·奎：露易斯·奎尼；约·皮：约瑟芬·皮勃迪·马克斯；弗·皮：弗劳伦斯·皮尔斯；萨·萨：萨利姆·萨基斯；格·斯：格特鲁德·斯泰恩；格·斯·格：格特鲁德·斯泰因·格雷（她婚后的名字）；莎·泰：莎洛特·泰勒；芭·扬：芭芭拉·扬；作者（简和哈利勒·纪伯伦）所收集的包含了格特鲁德·巴里的全部手稿和材料。为了区分，几封巴里的信件在括号内以字母编号的形式标出。玛·哈的索引后标明了她在教堂山的信笺：注释 32—40 和 69—71 指"每日一行"日记，注释 41—68 指有关纪伯伦的日记。约·皮后加日期，指她在哈佛的日记；约·皮后加日记指她的"每日一行"日记，艾里森·P. 马克斯持有这些日记。除了专门标注的，杰·比、弗·戴和弗·皮的文字材料在诺伍德。作品的标题缩写，原作名见参考文献。加括号的日期由作者提供，或者由玛·哈随后提供。

① 玛丽安娜·纪伯伦重复向作者引述纪伯伦的话。然而，在纪伯伦重新设计自己的出生背景时，他的朋友玛丽·哈斯凯尔质疑了他，一份法国杂志怎么会发表他确切的出生年份是 1883 年，他反驳道："人们知道我的出生年份。"玛·哈45，1915 年 6 月 9 日。

活，生老病死，世代沿袭，在他们的世界，有一个恒久的存在，象征着他们生命的源泉，体现着他们生活的意义，永远与他们的生命存在息息相关：那若隐若现、白色的"山"的幻景。

在字面意义上，"白色"即闪米特词"lubnan"，它使人想起牛奶的白色。在黎巴嫩，绵延不绝的黎巴嫩山是整个地区的标志，它高大突兀，耸立于沧海之间。在这个仅有 1 万多平方公里的国度——面积约为新泽西州的一半——人们可以从每座房屋和村庄看到山峦。山下，历经千年的各种文化、宗教和语言自然地混融在一起，但山却是它们所拥有的共同之处——一年中有六个月，那白色的积雪覆盖着山顶，与常年在白色地平线中闪烁的沉积岩交相辉映，哈利勒·纪伯伦就出生在这山的怀抱中。

纪伯伦是她的母亲卡米拉的次子，在生下他时，她已经 30 岁了。卡米拉来自一个显赫的牧师家庭，但却嫁给了一个微不足道的小家族成员，在纪伯伦家族中，只有七八户居住在城市，而且无论是在产业界还是政界，都寂然无名。他们家族姓名的词根"纪伯"，与"几何"有关，它起源于 9 世纪阿拉伯数学家库瓦里兹米的一篇介绍等式的论文。9 世纪时，一位传教士在探讨专有名词的渊源时，曾提及一个男孩"叫纪伯或纪伯拉"，来强调这个词语言学上的演变，[1] 随着时间的推移，这一理论有了实质性内涵：哈利勒·纪伯伦也将自己的姓氏追溯至同样的渊源。

少数提及纪伯伦家族的记录表明，他们在 7 世纪末期来到贝舍里，没人确切地知道他们来自何处，家族内部流传着一种说法，他们来自一个懂占星术的家族，这个家族属于在巴比伦有显赫地位的古闪米特人。还有一个听起来更可信的版本：在 16 世纪，这些叫纪伯伦的人从叙利亚来到这里，定居于巴勒贝克附近的一个农场，1672 年迁居贝舍里。在纪伯伦的家族史中，似乎曾有一位教友，因宗教原因被判死刑，死于离贝舍里 40公里远的的黎波里。而另一个版本称，纪伯伦家族来自巴勒斯坦的亚克，在 1300 年移居巴士拉，一份现存的档案引用了主教鲍罗斯·马赛义德的话："那些被称为纪伯伦家族的人来自巴士拉，在 17 世纪迁徙到贝舍里。"[2]

足够的证据显示，成年以后的诗人有理由为自己编造一个体面的家

---

[1] 约瑟夫，见莱利《叙利亚家庭生活》，第 97 页。

[2] 卡拉姆：《关于纪伯伦·哈利勒·纪伯伦的演讲》，第 10 页。

世，因为他的上几代有诸多不尽如人意之处。他曾祖父的名字出现在一份请愿书中，这份请愿书表明，在1860年德鲁兹和基督徒的血腥大屠杀中，贝舍里城中的人们曾请求土耳其人的保护。塔努斯、萨义德和伊萨·纪伯伦都在请愿书上签了名，萨义德是米歇尔的父亲，而诗人的父亲哈利勒则是米歇尔之子。

这位哈利勒常恃强凌弱，还是一位赌徒，但却颇富魅力，他骄傲自负，常手持一个琥珀色的烟斗，以示自己身份高贵。在距离贝舍里56公里远的巴勒贝克附近的马辛，他拥有家族土地的一片胡桃林。他善变、性喜铺张，轻视体力劳动，他宁愿玩赌牌或下棋，也不愿意干农活，因为他认为干农活会降低身份。然而，从一个小男孩儿的视角出发，哈利勒·纪伯伦对他的父亲有不同的看法。在他看来，父亲骄傲霸气，是一位专横的"大人物"，他的出身被成年后的纪伯伦形容为"高贵"。然而实际上，恰恰是母亲卡米拉，将纪伯伦所说的这些带给了这个家庭，除此之外，她给予这个家庭的，还有她坚忍不拔的精神。

贝舍里盛行基督教马龙派，这古老教派的起源，可以追溯至5世纪。当时，叙利亚的早期基督徒宣誓效忠于一位富有传奇色彩的僧侣圣·马龙，在奥龙特斯河源头的一座修道院内，永久保存着关于他的记录。卡米拉·拉姆来自该教派的一个神甫家庭，尽管属于罗马教会，但马龙派的神甫却可以结婚，庞大的拉姆家族在当地2000人的小城中颇有势力，而优雅、可爱和意志坚强的卡米拉，是伊斯蒂凡·阿卜杜－艾尔－卡迪尔·拉姆最疼爱的小女儿。

关于卡米拉父亲出身的描述，最突出的特点是宗教融合。在19世纪，基督徒和穆斯林之间的结合，是一种很普遍的现象，两种宗教争端带来的屠杀是从1860年才开始的。据说，两位穆斯林骑师来到贝舍里，喜爱这座城市并定居下来，他们的名字是阿卜杜－艾尔－卡迪尔和阿卜杜－艾尔－萨拉姆，两人都因与拉姆家族联姻而皈依了基督教，并放弃了他们的穆斯林背景，改姓为拉姆。

伊斯蒂凡是阿卜杜－艾尔－卡迪尔的独子，他长大后成为一名神甫，女儿卡米拉到了适婚年龄时，便与堂兄汗拿订了婚。汗拿是伊斯蒂凡的兄弟阿卜杜－艾尔－萨拉姆的儿子，在贝舍里，这种家族内部的联姻非常普遍，因为随着世代的推移，家族的血统可以由此得到保持和加强，人们认为，与"我们中的一员"结婚，要强于与"他们中的一员"结婚，即使

"他们"是从邻近城市来的邻居。①

但事实证明，汗拿·阿卜杜-艾尔-萨拉姆·拉姆很不安分，而且不是一位可靠的伴侣。在家乡，除了不切实际的梦想，他几乎一无所有，无法维持自己和新娘的生活，在他抛弃妻子到山外的世界冒险时，卡米拉已为他生下一个儿子彼得。他为了摆脱物质匮乏的境况，到巴西寻找机遇，像许多容易染上疾病的早期移民一样，他因不适应异域的气候而染病死去，留下贝舍里的卡米拉和儿子彼得。

这一切发生时，卡米拉还不到30岁，此时的她，仍像一个聪慧有激情的女孩儿。一天，因手指受伤感染，她到卖草药和药剂的伊萨克·纪伯伦的小店购买药膏，在那儿遇到了伊萨克的侄子哈利勒，伊萨克介绍他们认识，卡米拉以她略带挑逗的机智，引起了这位手拿烟斗的英俊男人的注意。大概是在1879—1882年的某个时间——后人已经忘记了具体日期——他们结婚了。1883年，卡米拉生下她第二个儿子，没有任何存留下来的材料，记录他出生的时刻、日期甚至月份，或许碰巧有位识字的神甫记下来，但现存资料也已无法查到。依照传统，在他父亲的名字前加上祖父的姓氏，便是这孩子的名字，因此，他叫纪伯伦·哈利勒·纪伯伦。

卡米拉在药店遇到的这个男人，善变、自私而又难以驾驭，并不比她的第一任丈夫更值得信赖。在哈利勒出生后四年间，她又生下两个女儿玛丽安娜和桑塔娜，但这不断增加的家庭成员，却并未激励他们的父亲靠诚实劳动赢得报酬。他缺少上进心，不像乡村的人们那样热衷于庄稼活儿，却试图靠赌钱解决经济困境。对于老哈利勒来讲，甚至连维持家中的简易石头房都是个负担，房屋缺少修缮，开始一点点倾塌，他只好为家人在镇中心的公共用地上找到一处房子来居住，这处房子位于一栋四层楼房中，小镇上一位叫拉吉·贝克的官员，允许纪伯伦一家免费住宿，但条件是老哈利勒要为当地政府部门免费工作。

正是在这里，原本就摇摇欲坠的家庭基础逐渐开始瓦解。在贝舍里，贫穷很正常，但一无所有并缺少尊严，抛弃那残存的最后一点自尊，是件羞耻的事。卡米拉的态度向孩子们显示了她的自卑感，孩子们总能感到父母婚姻的不和谐："在两人的沟通之间，存在一种微妙的、无言的裂缝。"

---

① 回忆，努·纪。

青年哈利勒后来在忆起童年时谈道："我的父亲脾气傲慢专横，不是一个可爱的人。"①

老纪伯伦不负责任又行为铺张，没有受过正规教育的卡米拉却精于世事，摒弃了传统妇女的屈从地位。她了解自己的性格，拒绝承受苛刻丈夫的威吓，这样，个性很强的老哈利勒，不得不面对一位大胆妻子的公然违抗。他的妻子毫无顾忌地用诱惑的目光注视着村里的其他男人，并在当地集会和舞会上，随意炫耀自己富有磁性的歌喉和迷人的外表。她的行为令老哈利勒恼怒，他同样也以实际行动回敬了妻子，他奉行轻松自在的生活态度，面对家庭与日俱增的需求，并不收敛自己的欲望，他将胡桃林的极少收入，虚掷在赌桌上，放任自己饮酒、骂人和吹牛，并与一位酒肉兄弟艾德赜混，哥儿俩成为小城里的话题人物，以至于在老纪伯伦死后25年，贝舍里的村民在回忆起这两位混混儿的事迹时，仍将二人混为一谈。

这不是一个幸福的家庭，它缺少一个成长中的男孩儿精神幸福所需要的两项基本要素：安全和爱。然而，哈利勒却从他的周围环境和内心世界汲取了力量的源泉。乡村美景是他最重要的慰藉，这是一个可以激发任何男孩儿想象的地方，它给予他浪漫主义的梦想。在他的住处附近，巨大的山谷悬挂于石崖之间；城中穿过的四条河，激荡着清澈的浪花，倾泻着层层叠叠的瀑布。哈利勒极力搜寻的这些美景，将会给他留下毕生的回忆，甚至连名字都赋予这些景色一种魔幻和神秘感：瓦迪·卡迪沙：被赐福的山谷；奈尔·卡迪沙：被赐福的河流；奈尔·纳巴特：春天之河；奈尔·鲁瓦伊斯：领袖之河；奈尔·西蒙：西蒙之河。尽管尚处幼年，但这孩子已经陶醉于家乡的古老传说，水晶般的流水和常绿的树林，使他产生神圣感，成年后，这些美景成为他田园诗般的绝美回忆。

在他梦想的世界，身边的黎巴嫩雪松居于中心地位。就如同黎巴嫩的山峦，雪松既是黎巴嫩人的自然资源，也是一种象征，它们见证了那久已逝去的古老文明，简单质朴的农民注视着它们，产生敬畏感，并从中汲取精神力量。自从圣经时代，它们黑色的树影就与山中的白雪交相辉映，尽管雪松的数量在逐渐减少，但它们仍像那永恒的黎巴嫩山一样，亘古不变。

---

① 玛·哈41，1911年3月22日。

纪伯伦的家庭树,纪伯伦约 8 岁时画的钢笔画。"纪伯伦可爱的家庭树,
画得很可爱——很细致!也很美!"玛丽·哈斯凯尔写道,"当然只有男性
算在其中,'你看,当我画到自己时,我设计了一片有点儿不同的
树叶。'"他的名字在接近顶部的有锯齿的叶子上（作者）

对于像贝舍里这样与世隔绝的小城,雪松也使它与山海之外更广阔的
世界产生联系,几百年来,它们吸引旅人来拜访圣地,而这些旅人带来的
是异域的文明和文化。在 18 世纪和 19 世纪,欧洲人将这茂密的雪松林当
作他们的朝圣地,1836 年,一位朝圣者用语言记录下了自己的印象,这
些文字表明,在西方人的心目中,雪松有着怎样的浪漫主义内涵:

> 这些老树的树干上覆盖着旅人和其他观赏过它们的人们的名
> 字……它们周围环绕着厚厚的积雪,因而只有到了夏季中期,积雪开
> 始融化时,人们才能靠近它们。它们生长的土地崎岖不平,覆盖着岩
> 石和石块,狭缝中偶尔迸出繁茂的植物。它们长在高山之巅,四周环
> 绕着庄严的深谷、坚硬和陡峭的山坡、瀑布和寂静的幽谷,这些都蕴
> 藏着神圣,令人产生敬畏感。它们仿佛被置于辉煌和危险之所,看守

着时间与永恒——那是拥有神庙的久远岁月里忧伤和不死的记忆。那时，上帝居于他的子民之间，居于天使和被赐福的天地可见的荣光之中，这一切见证着他的爱。①

这表征了上帝之爱的神奇的自然界，强烈震撼了这个小男孩儿。哈利勒躲开家中父母无休止的争吵，从自然界寻求庇护和安慰。他在成年后理解了这种不受时间影响的精神，而这精神便来自这片土地，在这里，他以天然的童稚来膜拜诸神。他后来回忆了自己当年的感觉：

> 我记忆中第一次美妙的时刻，发生在 3 岁那年——一场暴雨——我扯下衣服冲进雨里——从那以后，我经常在暴雨中这样做……在我的童年生活中，还有其他美妙的时刻，赋予我新的感觉。你还记得你何时第一次看到大海吗？我是在 8 岁时第一次看到它……当时，母亲骑在马上，父亲和我骑在一头漂亮的塞浦路斯大驴上——白色的。我们行在山道上，当我们越过山巅，大海就在我们面前。那天恰好是海天一线，看不到地平线——海面上漂浮着东方的船舶——有四五只船正扬帆起航。当我们越过山时，突然，我仿佛看到无尽的天堂，船只在其中航行。我无法形容自己的感受……我还记得我曾被带到巴勒贝克的废墟——这是世界上最壮观的遗迹，那时我大约 9 岁。我们在巴勒贝克待了四天，离开时，我哭了。在那儿，我画了一本素描。②

哈利勒将这片土地想象成神圣的避难所。然而，他通过什么方式来表达这种感觉？了解这一点非常重要。他在哪儿学会了基本的读写能力？在 19 世纪末叶贝舍里这样的小山村，西方人所熟知的公立学校还没有出现，男人的识字率很低，大多数女人从未学过读或写。遍布各地的神甫给这里带来了唯一的教育，神甫选择性地教少数人怎样阅读和书写阿拉伯语，以及做基本的算数。但这些初浅的学习只出于一个目的：训练小男孩儿，以便他们能熟悉《圣经》经文和仪式，辅助教士的弥撒和宗教服务。尽管哈利勒的很多朋友和亲戚上过这种课，但在乱纷纷的纪伯伦家，没人愿意

---

① 约翰·卡恩：《叙利亚，圣地》（伦敦：费舍尔，1836 年），第 47 页。
② 玛·哈 59，1922 年 1 月 14 日。

给小哈利勒提供宗教教育,因此,在 12 岁以前,哈利勒并未受过正规的学校教育。

在以后的岁月中,当谈及他的早年教育,哈利勒总是含糊地提及"家庭教师",但就纪伯伦家庭的贫困状况来看,为这男孩儿请私人家庭教师的想法,明显不合情理。这或许是一种故意隐瞒,它隐藏了令人失望的童年这一"讨厌的"事实,真相是:从未有过一位教师或一间教室来规范他的基础教育,终其一生,诗人从未真正学会拼写。

然而,如果家庭教师是指年长、智慧,像朋友一样指导孩子,帮他学习知识并对他产生重要影响的人,那么,哈利勒·纪伯伦确实有一位家庭教师,他对哈利勒性格的形成,产生了不可低估的影响。他的名字是赛利姆·达赫尔,他究竟是谁,又怎样进入这小男孩儿的生活,至今仍是个谜。但这并不重要,此人清楚地觉察到这小男孩儿的孤独,并感觉到他对知识的渴求,了解这一点,就足够了。哈利勒有些不合群,但他却感激地接受了赛利姆的友谊,并明白那意味着什么。后来他回忆起赛利姆·达赫尔时,言语间充满了爱和尊敬,并认为他是一位真正富有创造力的人:

> 但有的人如此奇妙,以至于我怀疑他们是否是上帝所造的普通的生灵。你记得赛利姆·达赫尔吗?他是一位诗人、医生、画家和老师,然而,他却从不像一位艺术家那样写作和绘画。他以其他方式生活着,每个人心目中的他都不同,所有贝舍里人都不同,我也不同。人们都那么爱他,我也非常爱他,他让我觉得自己可以与他无话不谈。一次,我极自信地问他,如果一群知识渊博的外科医生聚在一起,他们是否就能想办法将人的头移植到马身上,做出人首马身的怪物来。那时我大概有 7 岁吧。[1]

哈利勒从赛利姆·达赫尔那儿学习了字母和语言的基础知识,但这位长者给予他的并不仅仅是这些——他打开了一个广阔的世界,并教会这男孩儿通过历史书、遍布陆地海洋的地图册和测量宇宙的科学仪器来发现这个世界。1913 年,哈利勒在写给赛利姆·达赫尔的挽歌中,公开表达了自己的感激之情:

---

[1]　玛·哈46,1915 年 11 月。

雪松之子死了，
起来呀，雪松的青年。

山之子死了，
父亲的剑，环绕着他。

年轻的圣徒啊，死去了，
不要哀悼他，
不要用泪水淹没他的尸体。
长存他的话语，
记着他的德行。
对每个人来说，总会有一天，
在那天，生命的美好
在人们的面庞上闪耀。①

对于那些深谙年轻人成长的老师们来说，哈利勒是一位难以捉摸却又富有吸引力的孩子。他离群索居，喜欢思考，他与其他孩子不同，总是神情严肃，但他有丰富的内心世界，并知道怎样去行动，他并不满足于只拥有梦想，而是试图将梦想变为现实。例如，他总是热衷于发明和制作自己从未有过的玩具——无论什么东西到了他手里，总能被他加以利用，有些作品甚至不像出自一个小孩儿之手。他曾满怀怀恋和甜蜜地回忆道：

小时候，我并不觉得忧伤。我只知道我渴望独处，喜欢制作玩具——他们从没让我玩儿过的玩具。

当我还是一个小男孩儿，5岁、6岁或7岁时，我有一间自己的小屋，屋里堆满了我收集的东西……那完全是一个杂物店……旧画框、几块干净的石头和指环，还有植物和铅笔——我有几百支铅笔——和那些我不舍得扔掉的小铅笔头，后来，又多了彩色铅笔。我信手涂鸦，画了几十张纸，纸用完后，我就在屋里的墙上画……我还

① 女士，1913年，玛·哈文件68。

写小文章。我还记得曾写过一位年老的穷人,他年迈而又命运悲惨——我一遍遍重复他是多么年迈和悲惨——然后,另一个人来帮助他,为他做善事——一个好撒玛利亚人的现实版本。

大约8岁时,我最喜欢的是铸造,用最简单和常见的金属——铅。我会用沙丁鱼罐头和沙子……我并不总是成功……但我用这种方法做神和女神,我喜欢这样。

我是那儿最忙碌的孩子——是的,确实如此,全镇的人都知道这一点。当我做完一样东西,我会将它展示出来,我喜欢自己不在跟前的时候,镇上的人来欣赏它。我的乐趣在于做东西的过程,虽然结果从未如我所愿……从我9岁或10岁时,就总是那样——因此,我从来不快乐。一次,我设计了一项大工程,一座花园,12平方米或13平方米————布置并做了准备,我还要用木头雕刻很多神和女神——每一位都要摆出相应的姿态。一切准备就绪后,我把他们排成一串,每位神的姿态各异……我对飞翔特别感兴趣,我买了很长的硬布料和绳子,做了一个大玩意儿,能飞离房顶。我做成了,但他们却不许我试一下……但我最感兴趣的是轮子,我自己做它们——水轮是其中的杰作,我做了一个用传动带带动许多小轮子的大轮子。但我总是不开心,因为我所能做到的,总是达不到我的设想。①

他所做的神和女神、机械装置、飞行工具——这些都表明了小哈利勒要设计一个他能够掌控的世界的愿望,同时也表明他性格的另外一面:作为男孩子,他富有行动力,而不是一个不切实际的梦想家。不仅如此,在他看来,这工作能带来爱,他发现,自己的作品和想法,总是会为他赢来赞扬和注意。通过工作来赢得尊敬,这种做法一直伴随着他,成为他生命中最关键的驱动力。当他来到认同天分和才能的美国,即使这种认同采取了最奇异的方式,他仍然设法通过自己的努力来获取认同。

这个阶段还发生了一些事,给他的生命留下了难以磨灭的印迹。在这家人去美国前不久,曾发生了一次事故,这次事故对纪伯伦意义重大,他后来讲述道:

---

① 玛·哈46,1915年8月27日;44,1913年8月29日;68,1924年6月1日;46,1916年7月26日。

那时我 10 岁或 11 岁，一天我和另一个男孩儿在一座修道院里，他是我的堂兄，年龄比我大一点儿。我们在一个离地 300 多米高的地方走……路上有扶手，但已经朽坏了——路、扶手和我们一起塌下——我们可能滑下 100 多米。表兄的腿骨折，我的头内部和头骨有几处摔伤和撕裂的伤口，肩膀也损伤了。后来肩膀治愈了——但仍有些倾斜——太高，过于前倾。因此，肩膀痊愈后，他们用近 30 米的绷带，给我捆成了一个真正的十字，我就那样被包裹着过了 40 天。我昏睡着，所有人都熬夜守着我，当他们再次打开肩膀的绷带时，我虚弱得不能打麻醉剂。如果伤得轻些，我可能会喊出声，但伤得太重，我不能喊叫，父母和我在一起，不停地向我说话，这让我放松些。[①]

这段灾祸的直白描述是真实的，他的堂兄努拉·纪伯伦还记得哈利勒肩膀恢复期的所有细节。然而，在诗人看来，这件事有某种神秘意蕴，一个普通的校正绷带，呈现出一个"十"字，而肩膀恢复的病痛期，整整持续了 40 天——恰好是基督在旷野中度过的时间，这样一种明晰的转换，表明了《圣经》传说是多么根深蒂固地影响着基督教马龙派教徒的思想。

山里人的生活渗透着很强的宗教意识，5 世纪，这些叙利亚的基督徒宣誓效忠僧侣圣·马龙，他们因此联结在一起。从那时开始，他们就按照自己教派的思想，过着内省的生活，并共同抵御外来者。685 年，他们的反叛曾闻名于世，他们公然违抗君士坦丁堡的拜占庭教会，并建立了效忠宗派创立主教约翰·马龙的独立组织，此举意义重大，两个教会的分裂延续至今。

正当拜占庭帝国的天主教会四分五裂之时，在东方涌现的另一种宗教（伊斯兰教），开始威胁到教会在地中海世界——从麦加到巴勒斯坦的广大区域——的统治。伊斯兰军队在"圣地"势不可当，他们征服、并在以后的几个世纪统治了这片区域。这里的基督徒中，为数不少的人甘愿接受伊斯兰信仰，但大多数人并没有屈从，他们交纳贡赋并退到山区的安全地带，在那里，他们坚守自己的信仰。在穆斯林统治时期，由于地处偏远地带，坚持马龙派信仰，加之好战的名声，这些基督徒得以独居一隅，保有独立

---

① 玛·哈 45，1915 年 6 月 30 日。

的信仰。

就马龙派教徒的语言来看，阿拉伯语取代了当地的阿拉米语和古叙利亚语，尽管他们从不能阅读《圣经》，但他们却口耳相传着基督教的传说与奇迹，传奇、故事和歌谣使古代圣徒和圣人的故事一代代地流传下来。对于一个生活在19世纪的黎巴嫩孩子来说，圣徒马龙的苦修、圣徒安东尼的驾临和圣徒乔治的事迹，就仿佛是发生在当时的事件，当地还留存着一些迹象——奇怪的、刻了字的石头，无处不在的山洞和神秘的洞穴，这些迹象的神秘色彩，都强化着那具有精神意味的民间传说。

因而，每当诗人纪伯伦忆起他早年的痛苦生活，他的第一反应就是用十字架来形容这种痛苦。十字架清楚有力地解释了他40天的康复期，他正像耶稣一样，在痛苦的旷野中度过了40天。终其一生，每当他要寻求一个恰当的比喻或意象，他总是会返回到这个《圣经》传统中，这浸染了福音书故事的早年经历，使他在诗中得以沟通东方与西方，并从中汲取表达精神体验的语言和灵感。

从政治上来看，哈利勒·纪伯伦童年时代的黎巴嫩，是奥斯曼帝国统治下的土耳其行省中最现代的地区。土耳其人对这里的统治可以追溯到1516年，他们当时第一次将帝国的边界扩张到安纳托利亚之外，与穆斯林的入侵一样，土耳其人的入侵，并未影响到黎巴嫩马龙派教徒的独立，因为自从1201年与罗马教皇接触，马龙派教徒就开始接受西方的影响，他们与罗马教会恢复了友好关系，并且在1736年的宗教会议上，二者实现了正式联合。这次宗教会议承认马龙派归属于罗马教会，但同时也允许它保留自己的仪式和牧师可以结婚的传统，然而，西化的趋势在不断加强，在黎巴嫩的偏远地区，建立了圣方济修会、卡尔迈勒派托钵僧和天主教遣使会的修道院。由于西方思想的冲击，黎巴嫩人原本就复杂的信仰变得更加支离破碎，但马龙派教徒仍然保持着独立，并继续发展壮大。此外，在黎巴嫩两位主张团结一致、抵御外来入侵的"铁腕"领导人的统治下，它还获得了相当程度的政治独立。

第一位统治者是法克尔·艾尔·丁二世，他来自德鲁兹教派。1590年，他发布命令，要求黎巴嫩的基督教和德鲁兹教派领导人联合，这在黎巴嫩的埃米尔中开了先例。德鲁兹教派综合了基督徒、穆斯林和犹太人的宗教思想，也不拒斥西方思想，这多半是由于教派领导人法克尔·艾尔·丁曾在卡西莫二世时期流亡于意大利的托斯卡纳五年。在那里，他亲身体会了西方外交、经济和管理的技艺，返回黎巴嫩后，他允许有进取心的马龙派教徒进入政府部门、接受政府赠地以及发布军事命令，他还允许西方的传教士、商人和教师及其西式机构进入黎巴嫩。

一个半世纪以后，另一位埃米尔巴舍尔二世再次发起了黎巴嫩的西化进程，他的统治期是 1788—1842 年，他使这个地区在这一时期迈进了现代阶段。巴舍尔极力削弱奥斯曼帝国的统治，增强自己的独立性，他打破了封建主义模式，引进现代西方的机器和工程技术，法纪严明并贯彻执行，在很多方面，巴舍尔的统治延长了黎巴嫩文化的繁盛期，但到了1830 年，外国的干涉再次使这片土地陷入冲突和纠纷之中，此外，巴舍尔日益严厉的暴政，点燃了新的民族主义情绪，于是，德鲁兹教徒、基督徒和穆斯林联合起来罢黜了他。

尽管事实最终表明，巴舍尔二世是一位暴君，但在许多黎巴嫩人的心目中，他依然是一位真正的民族英雄。听到这些故事的小哈利勒受到很大影响，随着他对祖国的感情日益强烈，在步入成年后，他逐渐将这位英雄埃米尔的性格，转换成了自己父亲的性格，在巴舍尔倒台后几年，由于黎巴嫩突遭厄运，使他的这种感情愈发强烈。

此时，欧洲的殖民主义浪潮正值高峰，巴舍尔二世又被罢黜流放，于是，欧洲列强打开了直接入侵黎巴嫩的道路，在外来压力的干涉下，黎巴嫩各团体之间的短暂联合开始逐渐瓦解。在德鲁兹教徒和基督徒曾达成谅解、认真遵守约定、共同治理的地区，猜忌和不信任开始产生。1845 年，这种骚动升级到了公开的敌对，一系列暴力冲突最终完全破坏了他们之间来之不易的联合。君士坦丁堡的土耳其政权出于自己统治的考虑，不仅对这种状况置之不理，还暗地里煽风点火，欧洲国家幕后操纵，英国人暗中联合了德鲁兹教徒，法国人则利用宗教分裂，公开宣称自己是马龙派教徒的保护者。

在随后 20 年的时间里，危机四伏和屠杀掠夺破坏了黎巴嫩的乡村，使农民的生活每况愈下。由于少数穆斯林狂热分子的报复行为，基督教世界对穆斯林心存怨恨和恐惧，大量基督徒离开自己的村庄。1860 年，在几个欧洲小政权的支持下，法国最终公开干涉黎巴嫩，法国军队强占贝鲁特 10 个月，希望扶持黎巴嫩政府立宪，但预期的和平从未实现。而在欧洲基督徒控制下的土耳其政权，与过去的统治一样，仍然腐败无能，精于盘剥。

哈利勒的家乡贝舍里，此时也正面临着拜占庭处心积虑的侵扰。于是，它再次恢复了求生的本能，切断了与外界的联系，借助于四周耸立的高山，保护自己久已有之的独立。此外，贝舍里人还建起一座高墙，抵抗来自西方世界的新的入侵者：美国新教传教士。

这些传教士致力于在东方基督徒中复兴"纯正"的基督教，并且从精神上征服穆斯林，这一劝信改宗运动此时正步入高潮。[①] 这些狂热的信徒来自新英格兰神学院，信奉"无私善行"学说，他们以波士顿为中心，将自己的理念散播于世界各地，而毗邻西方世界的黎凡特地区便成了他们施教的重点区域。他们起初试图居住在圣地巴勒斯坦，但疾病、死亡和当地人的敌意使他们未能如愿，他们最终选择贝鲁特作为传教的中心，并极力说服东方天主教徒回归正宗。在很多年里，他们的传教仅限于建立学校、提供亟须的医疗服务以及出版和散发阿拉伯文的《圣经》和小册子。穆斯林和基督徒皈依者的死亡，迫使他们明白，他们的努力终将一无所获，由于传播新约，他们也遭到了犹太人的抵制，无奈之下，这些福音传道者的行动只能流于形式。

在像贝舍里这样的小城里，这些从遥远的美国来的新教徒，甚至毫无立足之地。一份1826年马龙派教徒传阅的材料表明，他们拒绝与这些自称"圣经人士"的无神论者打交道。人们仍记得叙利亚第一位新教徒阿萨德·施迪亚克的命运——他被囚禁在贝舍里附近的一座修道院内，因异端信仰受尽折磨和侮辱而死。贝舍里顽强地抵抗新教的入侵，那些无数次试图为这个内陆带来启蒙、却又屡遭失败的传教士，只能轻蔑地将失败归罪于当地人的愚蠢："贝舍里，位于黎巴嫩雪松林附近"，一位教长在1874年的家信中写道，"此地的居民非常无知，以至于成为其他村庄的人们的笑柄"。[②]

对于小哈利勒·纪伯伦来说，虽然宗教迫害、偏见和暴行发生于他的上一代人，却仍活生生地存在于他的周围。他能亲身感受到宗教仇恨，尽管马龙派基督徒已不再被迫穿黑衣，且拥有了在法庭上念穆斯林证言的权利，也被允许拥有马匹，但上个时代大屠杀的恐怖记忆，仍困扰着小纪伯伦。因而，当他后来为祖国的分裂和敌对寻求解决方法时，他最终放弃了

① 阿布杜尔·拉提夫·提巴维：《美国在叙利亚的利益1800—1901》（牛津：克莱里登出版社，1961年），第16页。

② 约瑟普，第158页。

所有形式的权威，在他看来，一切权威都破坏人类的自由和发展。

由于知识的匮乏，哈利勒极力从赛利姆·达赫尔这样的人那里汲取知识，然而，他的童年还存在第二种匮乏——物质的匮乏。首先是食物的匮乏，家乡土地贫瘠，粮食生产不足。他出生时，黎巴嫩山边坚硬的石地已无法满足日益增长的人口需要，巴舍尔二世扶植起来的经济刚略有起色，便又陷入萧条期：黎巴嫩港的运输量因新苏伊士运河的开通而减少，日本的竞争威胁了蚕丝业，红酒出口业几乎被灾难性的霉菌病摧毁殆尽。这样，许多黎巴嫩人开始考虑通过移民来摆脱困境。卡米拉的第一任丈夫，也就是彼得的父亲，属于通过出国做小生意来寻求财富的第一批人，后来不断有一些贝舍里人效仿这种做法。1890 年，哈利勒的堂兄梅尔海姆·纪伯伦偕同妻子姆萨海娅、女儿罗丝与扎吉雅，首先抵达波士顿并定居，这是纪伯伦家族中第一个移民美国的家庭。

与此同时，小哈利勒的家庭遭到了致命一击。我们已无法知道事情的具体细节，因为纪伯伦家族的人并不愿将之公之于众，但事情的大致情况毫无争议。老纪伯伦——这位赌徒和浪荡子，可能至少由于自己干了蠢事，卷入了小镇上一宗政治欺诈案。

这件事起因于汗拿·达赫尔家族的拉吉·贝克，他是小镇的统治者，势力强大，贪污受贿，巧取豪夺，最终导致民众忍无可忍，愤怒的居民成立委员会，投靠了罗马教会，并要求贝克下台，罗马教会在其他地区的权威正受到挑战，就接受了他们的请求，审理案件并驱逐贝克。

哈利勒·纪伯伦不可避免地卷入了这场丑闻。他长期替上司收税，小镇上没人喜欢他，或许是滥用了拉吉·贝克的名义征收税赋，哈利勒·纪伯伦被控挪用公款，被捕并遭到审讯。

对于卡米拉——这位来自显赫家庭的骄傲的女儿来讲，这件事远远超出了她的承受限度。多年以后，她的儿子哈利勒仍记得："那个上午，当法院传讯他的父亲，人们如何涌向这座大大的老房子，他的母亲如何勇敢地站立着，面带微笑。三年以后，老纪伯伦被判有罪，除了身上的衣服，他们的全部财产充公……这样，即使仍住在这里，他们却成了寄居者。"①

父亲被捕时，哈利勒 8 岁。或许是由于年幼和天生的骄傲，他拒绝了解父亲被捕事件的所有细节——甚至他是否入狱，直至今日仍不得而知。

---

① 玛·哈41，1910 年 12 月 7 日。

无论怎样，意志坚强的母亲如今成了他生活的中心，在她的家人的建议下，美国成了理想的去处，因为那样可以逃脱丈夫的行为所带来的羞耻，小哈利勒后来还证实，在决定移民之前，她曾"竭尽全力地奔走，以使她清白的丈夫免于罪责"。[1] 老纪伯伦平静地目睹了整件事情，包括家人的离去。他甚至拿出一些钱来帮助家人的旅行，但遭到了卡米拉的坚决拒绝。据说，卡米拉是这样回答的："我的钱堪比你的体重。"这一反驳表明了纪伯伦家庭的分裂。[2]

在离开前不久，他们拍了一张照片，这是他们全家人的最后一张合影。老哈利勒·纪伯伦坐在中间，他的神情毫不畏缩，这表明了他在困境中绝不妥协的个性。他的左面是卡米拉，外表仍然迷人，却神情忧郁，他们的前面是大女儿玛丽安娜，她手里捧着一束花，遗憾的是，她旁边的照片一角撕裂了，看不到小桑塔娜。彼得在母亲身边站着，似乎随时准备踏入诱人的新世界，哈利勒精神抖擞地站着，左手拿着一支铅笔，右手握着一卷书，完全没有柔弱孤独的样子。

这张照片令人感动，它显示出在那困难的时期，母亲和孩子们混杂着痛苦和希望的复杂心情，他们的希望虽然渺茫，但置于他们生活的环境和故国的漫长历史中却意味深长。在铸成他们精神的古代传统中，阿拉伯词语"al-mahjar"（迁徙之地）用来形容圣徒所朝圣的城市，那时，寻求财富的腓尼基人将地中海地区的城市变成了自己的殖民地。1895 年，"迁徙之地"则用来形容"纽约"，在黎巴嫩"淘金"的移民大潮中，卡米拉和她的家庭只是其中之一。

1895 年 6 月 25 日，在经过了约 4000 公里的旅程后，卡米拉·纪伯伦和她的孩子们登上了美国的土地。[3] 这个家庭在美国将要经历的一切，无论是新生活的艰难，还是成功的辉煌，都将给这些充满期待的人留下难忘的回忆。

---

① 玛·哈 41，1910 年 12 月 7 日。

② 回忆，扎基亚·纪伯伦·拉姆和努·纪。

③ 在玛·纪 1931 年返回黎巴嫩时，她护照上的印章显示了她第一次进入美国的日期（登记证书，27256 号，卷宗 R－33017）。

纪伯伦一家去美国前在黎巴嫩的合影

第二章 城市旷野

卡米拉和她的孩子们终于踏上了美国的土地。他们首先体验了在艾里斯岛的漫长等待，每位移民都要在那里办理移民和入境手续，他们在那里度过了抵美后的第一个夜晚。十多年后，玛丽安娜仍然对当时的情景历历在目，他们通过了"胜利大逃亡"的最后一道关卡，次日继续向北方的波士顿进发。

对于纪伯伦一家来说，波士顿是一个合乎理性的选择。它是仅次于纽约的美国第二大叙利亚移民聚居区，梅尔海姆·纪伯伦一家和贝舍里其他亲友都居住于此。如今的奥利佛区是中国城的一部分，但在 20 世纪之交，它位于波士顿人口众多、贫穷的南恩顿区边缘，狭小、不起眼却又熙熙攘攘，那里聚集着来自地中海沿岸的移民。四周环绕的出租屋使它与周围的大街隔离开来，只有通过面朝海湾大街的两座高层建筑之间的狭窄砖路，才能到达这里。是移民们出于安全感，选择了这处像阿拉伯宫廷一样的隐蔽去处，以使他们感觉还生活在贝舍里那样的村镇上，还是官员们将他们分流至此，至今仍众说不一。但在这里，卡米拉必定能找到她熟悉的方言和习惯了的生活方式，并能得到与自己类似的移民的理解与认同。

由于南恩顿区与市中心相毗邻，当时的波士顿人并非没有注意到这里，然而，这里种类繁杂的文化，却也颇令波士顿人费解。不像意大利人聚居的北恩顿区，这里的居民来自不同的国家和地区，缺少稳定性和单一民族的身份认同感；它也不像远离市中心的查尔斯顿和多彻斯特区，缺少积极上进的中产阶级价值观。更令人不快的是，在 1892 年，这里所产生的社会问题，使之经常与臭名昭著的东伦敦贫民窟相提并论："然而，南恩顿区缺少让灰暗阴郁的东伦敦区生动起来的迷人魅力，那里的生活以贫穷、单调、乏味著称。"①

19 世纪 90 年代，社会工作者已经开始调查南恩顿区的生活状况，纪伯伦一家和成千上万人正面临着这种生活——拥挤的住房、疾病、贫穷和屈辱。这些早期的社会工作者做出了开创性贡献，他们往往出于清教徒的善意来进行客观的研究。罗伯特·伍兹在《城市旷野》一书中的描绘，向我们揭示了早期社会工作者对这个拥有四万居民的街区的态度：

> 这是离闹市最近的区域，却与城市里的繁华生活相距甚远，那些不负责任的人们能够自由出入这里，并将日常的平静和克制抛在一边，放任自己的邪恶冲动……南恩顿区最初是一片水域，后来它成了旧式美国家庭的居住地，现在它是众多民族共同的栖居地……在这些民族中，数量较少的爱尔兰人、犹太人、英裔美国人、美国人和黑人等民族占了人口的大部分；英国人、德国人、希腊人、亚美尼亚人、奥地利人和其他民族虽然数量更少，却很突出。如果我们将这个区外围的中国城和奥利佛区的叙利亚移民算入其中，我们就给这个不和谐的繁杂群体加上了恰当的最后一笔。②

在伍兹的文字描述中，叙利亚区似乎是随手所加，对于这些社会工作者而言，那确实是一个令人费解的区域。相比而言，他们能较容易地描述爱尔兰人和中欧人的生活方式，却不能解释这些深色皮肤的黎凡特人的行为——这些人自称基督徒，拨弄着奇形怪状的念珠，对于成为美国人，表现出令人生疑的抵触情绪。对于波士顿慈善联合会的管理者来讲，奥利佛区同样是一片陌生的区域，他们写道：

> 如果要从事某种职业，叙利亚人几乎都是沿街叫卖的小贩，一些人总在申请慈善资助，南恩顿区的叙利亚人很少居住在奥利佛区以外。与中国人类似，他们从来不是真正意义上的美国人，他们是所有外国人中最"外国"的，无论是身着东方服饰走在街上，还是在堆

---

① 罗伯特·伍兹评论：《大城市中的穷人》，见《威尔兹利序幕7》1892 年 5 月 14 日，第 391 页。

② 伍兹编：《城市旷野》，第 7、36、37 页。

满了土耳其烟斗的屋子里，他们都与我们迥然而异。他们热情好客，但也性情狡诈，在所有民族中，他们除了稀奇古怪之外，别无所长。[1]

卡米拉开始以预想的方式赚钱养家。她每天背负着一袋50磅重的花边和亚麻布，吃力地往返于后湾区的大房子间，有时甚至要到位于郊区的布鲁克林和剑桥区。当时，沿街叫卖是叙利亚移民的一种生活方式。在19世纪五六十年代，只有一些传教士偶尔来到这里，没人关注这些叙利亚移民，直至1878年才有清楚的记录表明，有一个新教家庭移居纽约。随后的10年，越来越多的叙利亚小商人逐渐流入美国，他们沿街叫卖用橄榄木做成的饰品，这些小物品因为与"圣地"的联系和本民族手工制作的多彩装饰而广受欢迎。这些徒步行走的人群向西推移，沿途在乡村集市和公开集会上找到兜售这些异国货物的市场，他们逐渐沿着迁移的线路居住下来，或者在中西部的农业城市定居，与此同时，他们也慢慢被周围的美国环境同化。

随后的叙利亚人有所改变。19世纪90年代，一些叙利亚人的小集团开始在一些城市形成，他们从这些城市向周围地区发展，所贩卖货物的种类也越来越多——干货、花边、五金器具，或者那些能满足美国人风尚的椅背套。这些叙利亚人与周围的环境格格不入，这不仅仅是由于他们的穿着、言谈或宗教，更是由于他们不喜欢辛苦劳作的态度，这与视工作为主要拯救手段的新英格兰伦理观有很大差异，甚至连那些有慈善心的社会工作者也难以理解他们：

他们来了……仿佛要横扫大街上的钱……他们不知道怎样去工作，因为在家乡，他们从不必坚持做任何事，只在高兴时或农作物需要时，他们才工作，他们从不做我们所谓的那种工作。他们不懂得有规律地安排一年的时间，甚至那些开始在工厂工作的人，也通常更喜爱沿街贩卖物品……他们几乎在波士顿周边的所有地区沿街叫卖……谁没有看见过这些头戴黑头巾、胳膊下挎着篮子的深色皮肤女人来回上下电车？波士顿又有多少家庭，没有看到过这些叙利亚人在他们家

---

① 　罗伯特·伍兹编：《城市旷野》，第46页。

门口叫卖所谓的叙利亚丝织品和东方货物（它们通常在巴黎和君士坦丁堡制作），或者看到她们的篮子里装满了针、别针和其他小商品？……他们看起来缺钱，衣服单薄，因长途跋涉而带脚伤。①

波士顿泰勒大街。从右方开始依次是：昆西学校两侧、雪松圣母马龙派教堂和纪伯伦一家生活的 76 号（拉德克利夫学院，施莱辛格图书馆）

在这些新英格兰清教徒眼里，可能叙利亚人最过分和令人厌恶的行为，是母亲们外出工作，而她们"无所事事的丈夫们"却留在家里照顾孩子。像卡米拉这样的女人，尽管只是一个小贩或苦工，却要负担家庭的开支——没什么比这更让美国人觉得不可思议的了。这种男女角色的颠倒，被认为是道德沦丧的第一步："如果一个人来到奥利佛区四处走走，几乎在一天的任何时候，他们都能看到那些无所事事的丈夫们。我们从没有让女人工作、男人赋闲在家的惯例，当女人和小伙子们跑到街上沿街叫

---

① 《20 世纪波士顿慈善联合会年度报告》1899 年，第 56、57 页。

卖，他们就很容易学坏，正如一位了解他们的人所说：'他们通常会走进那些声名狼藉的房子里。'那些购买他们商品和帮助他们的人，全在鼓励他们这样做。"①

与同时代的其他移民相比，居住于波士顿的500名叙利亚人似乎显得格外与众不同，他们也更容易被不公正地模式化："每当一位好心人买了他不想要的叙利亚货物——或者不调查具体情况，就赠给他们食物、衣服或为他们偿付医院的账单——他就是在鼓励乞讨、撒谎、懒散、粗心、暴露和'叙利亚人从我们街上横扫金钱'的未来趋势"，一份慈善联合会的报告这样写道。② 甚至奥利佛区恶劣的生存条件，也被责备为是由于叙利亚人天生的奸恶："展示穷困的欲望鼓励了他们身体和道德上不健康的生活方式……为了避免高房租，他们租住在过分拥挤的房屋里，肮脏与龌龊时刻伴随着他们，一些在公众场合不被允许的事情，却能出现在奥利佛区。"③

对于自己和自己家庭的污点，即使是一丝一毫，纪伯伦也总是很敏感。在这样一种环境下，时年12岁的他很快就明白：轻蔑与厌恶伴随着食物、衣服和药物的配发。在当时的情况下，他如何看待这种"仁慈"，我们永远不得而知，因为他后来从未提及过。不仅如此，他彻底否认自己曾在奥利佛区遭受过磨难和伤害，我们几乎无法了解他初到美国时所受到的早期影响和社会力量。在他初到美国的困境中，他开始形成关于个人生活和思想的一种矛盾心理，这种矛盾持续了他的一生。或许是由于自我的脆弱，让他无法承受家人平日里所受到的司空见惯的蔑视，他总是用想象的故事来虚饰奥利佛区的悲惨生活。在他的故事中，自己有出身高贵的父母和享有特权的童年，他甚至在脑海中以某种方式抹去了自己早年的真实生活，这在后来他与一位朋友的谈话中显露出来，这位朋友后来写道，"哈利勒抹去了他过去的全部生活"。④

公立学校体制成为哈利勒和许多其他移民孩子摆脱这种"讨厌境地"的主要途径之一，通过学习，他们成为能够工作和制造生产力的人。在每一个移民聚居区的附近，都会有一所学校，随时准备帮助那些移民孩子融

---

① 《20世纪波士顿慈善联合会年度报告》1899年，第58页。
② 同上书，第57页。
③ 同上书，第58页。
④ 玛·哈46，1915年9月19日。

入美国梦的洪流中。奥利佛区坐落于泰勒街，其中有一所昆西中学，这是一所男校，生源包括了南恩顿区复杂的种族。其中有三分之一的爱尔兰人，三分之一的美国人，剩余的三分之一是犹太人和"其他外国人"。这些"外国人"混杂了中欧和东欧人，也散见一些中国人。简短的记录告诉我们，正是在这样一种语言混杂的环境中，纪伯伦·哈利勒·纪伯伦第一次上学。[1]

此时，他的一个经历对他的生活极具标志性。不知是由于登记程序，还是由于职员对这个太"外国化"的名字不耐烦，他的名字被错误地缩写为哈利勒·纪伯伦。此后，除了几次尝试着继续称自己为纪伯伦·哈利勒·纪伯伦以外，这个逐渐美国化的小男孩儿，最终接受了这个美国官员们明显更爱听和爱看的名字。纪伯伦去世后，为了便于阿拉伯学界的接受，阿拉伯学者想恢复他的原名，但这一尝试却遭到了失败。世纪之交的简单现实也同样令人沮丧，"英语化"的不仅仅是名字，还有态度和行为。这种转变就如同一个人被实施了外科手术，它暗示着更深层的渗透，许多如纪伯伦一样的移民不小心成了牺牲品，但他们自己却并未意识到。

1895年9月30日，当哈利勒进校时，他刚在美国待了两个多月。他进了一个不分级的班，这个班专为那些需要零起点学习英语的移民孩子设置。这里的环境近似真空，因为学生们可能在用多于六种的语言聊天，在这种情况下，一个孩子如果"上进机智并模仿力强"[2]，他就进步很快，这也会成为他"值得尊敬的优点"。显然，哈利勒不仅达到了预期的成绩，而且由于他在素描和绘画上的突出表现，进一步引起了老师们的注意。他的家族中流传着一种说法：一次在上课时，他在黑板上向老师演示怎样画人物。这事不知是真是假，但多年以后，那些教育纪伯伦家族后代的美国和爱尔兰女教师们，仍然可以生动地回忆起纪伯伦。

在后来被问及"他生命中最困难的时期"这一问题时，哈利勒曾提及昆西学校和那些在他初来美国时帮助他适应环境的老师们。他答道："到波士顿的最初两年，是我最痛苦的时期，我只有学校的老师为伴。他们喜爱我，对我很友好，直到后来我上大学时，还能收到他们所有人的

---

① 现在波士顿亚伯拉罕·林肯学校的昆西中学记录表明："哈利勒·纪伯伦别名阿萨德，1895年9月30日入校，1898年9月22日离校，阿萨德的名字出处不详。"

② 伍兹，第40页。

信。你看,我在那儿上了那么多年学,他们确实爱我,我能感到这一点,但我们毫无共同之处。"[1]

在纪伯伦家里,只有哈利勒有上学的机会,玛丽安娜和桑塔娜都没能参与学校的训练。这一方面是由于中东文化中妇女隐居的传统;另一方面是由于家庭经济的困窘。她们既不会读也不会写,于是加入了一个新的家族事业:协助同母异父的哥哥彼得去管理一个商店。

对于这个家庭的商业活动来说,这是一个激动人心的扩展,而这完全归功于卡米拉的辛勤劳动、坚持和节约。在一年内,她存了足够的钱,为彼得在海湾街 61 号开了一个小干货店,玛丽安娜和桑塔娜到小店帮忙,负责销售货物。玛丽安娜曾回忆起这一时期的趣事——彼得忙碌时,她会从钱箱里偷拿一便士,姐妹俩就出去挥霍一番,买些叙利亚甜食和果汁冻。然而,尽管彼得忙忙碌碌,但小店的生意却从未红火过。

在纪伯伦家的孩子中,如果说会有一个在美国获得成功,看起来毫无疑问会是彼得。在所有孩子中,他最风度翩翩,最富有社交才能,也被公认为最英俊多才,他能满怀感情地用鲁特琴弹奏很多阿拉伯歌曲。人们喜欢他迷人的举止和轻松的生活方式,玛丽安娜和桑塔娜崇拜他,和其他人一样,她们都更喜欢彼得的自在轻松,而不是纪伯伦的内省性格,这并不是秘密。很多年后,玛丽安娜还甜蜜地回忆起彼得的活力和才能,并乐于告诉人们,当年她与活力四射的哥哥一起走在南恩顿的大街上,是何等的骄傲!

对于彼得在家里的受欢迎,哈利勒尤其表现出了认同和尊敬,"父亲非常爱他的继子彼得,比爱我更甚",他曾说道,"尽管没什么大想法,但他有一副好头脑,每个人都爱他,他是那么有礼貌、英俊、正直和温柔"。[2]

彼得轻松入世的性格,与小妹妹桑塔娜颇有些相像,此时的桑塔娜正开始显露出她的美丽和性格魅力。玛丽安娜曾回忆起孩童时代家里的"联盟":"玛丽安娜和哈利勒过去常常联合起来反对桑塔娜,因为每件东西都属于桑塔娜、桑塔娜。'她非常可爱,与我母亲一样,拥有那么迷人

---

① 玛·哈 46,1916 年 7 月 23 日。

② 玛·哈 41,1911 年 3 月 22 日;45,1915 年 4 月 11 日。

的嗓音'。"①

　　在美国的生活要克服很多问题，这其中不时伴随着贫穷和失望，尽管如此，这仍是一个充满友爱的亲密之家。卡米拉总是精力充沛，毫不气馁，并本能地尊重孩子们的精神发展，这在她对待哈利勒的态度上表现尤甚。关于这段经历，哈利勒有一些断断续续的印象和记忆，他与周围的社会生活有着深深的疏离感，从乡村来到城市旷野，他生活的环境突然发生了改变，于是，他便竭力从内心世界找到逃避的方式。对于自己这内向的儿子，卡米拉必定多有呵护，后来他总是回忆起母亲对自己的理解和同情，"我的母亲理解我的（离群）。当我还是一个孩子，9 岁到 13 岁吧，她会微笑着向刚进屋的人示意（一旁独处的我），然后将手指放在唇间，说，'嘘，他不在这儿。'"②

　　除了尊重纪伯伦的个性，卡米拉还教会了儿子独立的精神，并培养他在家族生意领域以外发展的愿望。她那与众不同的开放态度，使哈利勒能跨越联系紧密的奥利佛聚居区，去结识其他人。正是由于母亲的态度，哈利勒才能独立自由地与邻居交往，才得以在早年就与波士顿文艺界熟悉。哈利勒曾满怀感激地忆起她的智慧："我的母亲最与众不同……她总是做些小事，促使我去爱其他人——总是那样，把我从我们生活的小圈子里推出或推开一点儿，她不让我总待在她身边。12 岁时，她对我所说的话，直到现在我才懂——那些话就像预言，她能很棒地把握事情。"③

　　多姿多彩的南恩顿街区必定对哈利勒极具吸引力，因为那里满是即将成年的男孩儿，这种日益凸显的街区文化也引起了社会慈善工作者的关注。在他们看来，这些四处游荡的孩子不受约束、放荡、熟知街头文化，这表明他们的家庭也很混乱。通过观察这帮年轻人，他们发现："'街头流浪儿'的称谓可不是随便来的，因为这个地区的大多数孩子，在不睡觉时都在街头生活，大街'一丝不苟'地教育着他们。有时，在一个小街边，你会看到 100 个孩子在玩耍。在这种杂乱的街头生活中，通常会有各种躲避警察权威的方法，未成年人的流氓作风也很盛行。"④

　　虽然过分评估了这种"游荡恶习"的"犯罪趋势"，但社会工作者最

---

①　玛·哈 40，1911 年 4 月 29 日。

②　玛·哈 46，1915 年 9 月 19 日。

③　玛·哈 52，1920 年 9 月 3 日。

④　伍兹，第 234—235 页。

终还是承认："即使有'街头教育'，但仍有一小部分孩子尽力做到遵纪守法。"① 如果稍加留意，我们就会发现：纪伯伦家的孩子大概都属于后一类，成年后纪伯伦的回忆，证实了他少年时期的生活状态。很多年后，他离开波士顿在巴黎学习，一群鸟儿使他忆起了自己曾玩耍过的大街。当时，他要在拥挤的南恩顿街区上放风筝，但被一位警察阻止了，这件事或许能证明他并未参与那"混乱的街头生活"。

　　然而，纪伯伦虽不常参与街头生活，却也发展了自己的街头智慧。就像成千上万其他南恩顿区的移民孩子一样，这位来自黎巴嫩山的害羞、内向的乡村男孩儿，适应了新环境，并本能地找到了生存下去、进而在城市生活中获得成功的途径。

　　伴随着他的成长过程的，是城市的迅速扩张。南恩顿区涌现了各种各样有吸引力的事物，毫无疑问，青春的自由与好奇心，将哈利勒带到周围的众多娱乐项目中去。华盛顿街上有"一角钱大剧院"，以放映动人的情节剧著称；而它的竞争对手"大戏剧屋"，则以"娱乐适合女性和孩子……每日特价"这样的广告，宣传自己的歌舞剧表演；哥伦比亚剧院满足了那些想看爱尔兰喜剧的观众；除了各式各样的廉价剧院，奥利佛区周围还有无数的低级公共舞厅，以及"各样骗钱的小娱乐"——打靶场、品种很少的水族馆、那些城市空地上的旋转木马、蜡像展和街边的梦幻剧。正如当时留存下来的记载，"不和谐的音乐噪音、闪烁的电子灯、帐篷和小货摊俗丽的装饰"，与那"昏暗的灯光、肮脏的邻居"相互映衬。② 就在这丰富的街边世界，哈利勒第一次接触了美国文化，这里距他后来平等出入的、自视高尚的波士顿精雅文化区，只有几个街区。

　　然而，在南恩顿区和毗邻的后湾区之间，存在无形的、阻碍社会进步的屏障，这比地理上隔开它们的铁路更难以逾越。在毕肯街和英联邦大街的大厦里工作的、来自南恩顿的仆人，是这两个区域之间联系的主要纽带。罗伯特·伍兹恰当地形容了这两个地理上毗邻、文化却相去甚远的世界的裂痕："在后湾和南恩顿之间缺少友好往来，以至于两个区之间不通车，但这并不表明两个区之间毫无往来。偶尔'调查'南恩顿的后湾区人，可能会感到惊奇，因为他们会发现南恩顿人也常通过偷偷摸摸的隐秘

---

① 伍兹，第235页。
② 同上书，第184、197页。

方式，来窥探他们。"①

　　后湾区的居民并未完全忽视他们这些不走运的邻居。据资料记载，有慈善之心的波士顿居民数量庞大。其中，成立于1879年的波士顿慈善联合会影响很大，它得到了著名的圣公会神甫菲利普斯·布鲁克斯"火热激情"的强有力支持。19世纪90年代，伟大的改革家罗伯特·垂特·佩恩做出了开创性的举措，他引领联合会努力迈向"新慈善"。终于，有一位像佩恩这样对社会有清醒认识的领导者，认识到他们自己就是爱默生笔下的所谓的"愚蠢的慈善家"，并开始反思那些"杂乱的大众慈善……人们做所谓的善行，例如鼓励或慈善，就如同他们为平日不参加游行补偿罚金一样……这种苦行体现了他们的美德"。② 但这些有良知的人们意识到，并不仅仅只有金钱才能减轻人们的痛苦。

　　此时的南恩顿区，确实如爱德华·埃弗雷特·黑尔所形容的那样，是"基督教世界最慈善的区域"。"新慈善"的革新，主要建立在"重建"的原则上，其目标是"从这个区域自身的物质和所蕴含的内在生命力出发，建构更好的生活"。③ 邻居们的慈善新原则，引导这些移民抹掉自己的早年形象，即他们从事户外工作、与不体面的救济院关系密切。"新慈善"需要个人的参与，慈善者要"通过个人的友谊、商议和合作，帮助移民向上和向前"④。简言之，波士顿后湾区的人们将进入南恩顿贫民区，与这些移民一起，肩并肩地共同发展他们的家园。对哈利勒·纪伯伦来讲，"新慈善"的确意义深远。

　　履行这种新型慈善的主要手段是"安置屋"，它们建立在这些邻居的贫困区内，目的是"减轻灰心丧气的父母的负担，使他们有可能拥有像我们一样明亮而又幸福的家"。⑤ 1891年，一群志愿者在联合公园20号进行社会生活实验，建起了南恩顿屋。一年后，在学院安置联合会的发动下，坐落于昆西学校对面、泰勒大街的一幢四层楼的砖房变成了另一个安置屋。学院安置联合会由一群受过高等教育的女性管理，在不久的将来，她们将成为献身、实践和积极的慈善事业的榜样。

---

① 伍兹，第111页。

② 爱默生：《论自立》。

③ 伍兹，第245页。

④ 培恩，见《20世纪波士顿慈善联合会年度报告》，第2页。

⑤ 同上。

1917 年时位于泰勒大街的市政厅广场,距丹尼森屋一个街区
(拉德克利夫学院,施莱辛格图书馆)

丹尼森屋很快成为南恩顿的标志。孩子们得到鼓励,来到它的后院玩耍,母亲们应邀来这里喝茶,甚至连担心这些新教妇女在自己教区传教的牧师,也参与到交流中。随后的两年里,在海伦娜·斯图亚特·达德利的指导下,丹尼森屋"家庭"侵入了周围的社会生活,她们的南恩顿邻居开始信任这些有良好教养、受过高等教育的社会工作者,他们相信她们的

善意和服务措施，甚至会主动寻求她们的帮助。

　　1895 年冬，哈利勒·纪伯伦发现了丹尼森屋。当时的社会工作者们正努力用各种娱乐方式来吸引孩子，这些娱乐形式体现了她们的精雅文化观。诗朗诵、戏剧吟诵和乐器演奏能够吸引街区的孩子们，此外，还有艺术和手工艺课程、社会研究团体和莎士比亚俱乐部。曾为丹尼森屋提供资金支持的威尔兹利学院的学生，也开展了志愿活动，他们很快就创立了一种可以与贫民区的新观众分享的音乐和戏剧形式。不久以后，那些勉强懂些英语的姑娘和小伙子们，就开始表演《皆大欢喜》《第十二夜》和《朱利斯·凯撒》。

　　哈利勒必定属于最早拜访这里的叙利亚人之一。当时，南恩顿的爱尔兰天主教徒是丹尼森屋的妇女们最为关注的群体。从悉心保存下来的丹尼森屋的日记簿中，我们可以看出，一位叙利亚男孩儿的出现，在那时一定非同寻常。因为直到 19 世纪和 20 世纪之交，日记簿中才显示出叙利亚来访者的日益增多。而丹尼森屋的妇女们公认，哈利勒拥有与众不同的绘画天分。通过在丹尼森屋和昆西学校的练习，哈利勒的素描技能逐渐增强，于是，他开始寻找另一个地方来丰富自己的知识。这样做时，他出乎意料地被卷入一场在世纪末的波士顿很出名的争议事件。

　　波士顿为丰富市民文化所做的最新贡献是建造了壮观的公立图书馆。这座图书馆完成于 1892 年，由麦克吉姆纽约商行的米德和怀特设计，建筑的外观可与美国任何一座现存的图书馆相媲美，不仅如此，它内部装饰着普维斯·德·乔万尼斯、埃德温·奥斯丁·艾比和约翰·辛格·萨金特的作品，这也公开表明了城市的决心，它决心领导“使艺术文化大众化的伟大运动”[1]。其中，装饰大厅的壁画令人印象深刻，这壁画由建筑师斯坦福·怀特于 1895 年捐赠，他的另一想法更提高了图书馆的美学地位：由弗雷德里克·麦克莫尼斯创作的真人大小的酒神女祭司塑像，被放在庭院里装饰喷泉。

　　事实证明，酒神女祭司的美引起了争议。她一只胳膊抱着一个活泼的孩子，另一只胳膊高举着一串葡萄，这舞蹈的女神立即产生了轰动效应，她一只脚向前踢起，神态放纵，这成为波士顿道德监察员们诟病的口实——全城上下众口一词，都以某种方式质疑：这富有挑逗性的裸体，真

---

　　① 《时间和小时》3，1896 年 11 月 7 日：15。

的适合在公众场合展览吗？公众效应吸引成千上万的人来到图书馆，当时有人即时报道："酒神女祭司继续吸引大批人"，"如今郊区的人蜂拥而至，所设的酒神女祭司专列，分流了平日剧院的列车"。①

与其他人一样，未满 13 岁的小哈利勒迷恋上了这座雕像所散发出的女性的欢快气息。1896 年冬，他比照雕塑画了一幅美妙的画，这幅画现在已遗失了。幸好他在此时迷恋上这座雕像，因为在这一年的晚些时候，一群愤怒的市民聚集起来，请愿要求撤离这座雕像，后来雕像不得不被转移到更自由开放的纽约都市博物馆的长廊里。

在维多利亚时代的人们眼中，雕像是"醉酒和淫荡的化身，耻辱的女神"②，在这种氛围中，哈利勒对这位生机勃勃的人物所表现出的兴趣，便似乎更有意义，想来他必定清楚围绕画中主人公所产生的争议。显然，美国公共机构的增多，使纪伯伦有可能较早接触到真正意义上的艺术，也调和了仍然阻碍这些艺术发展的维多利亚时代的拘谨呆板的氛围。

从 1887 年开始，"新慈善"又实施了另一项教育举措——全城发放书籍。孩童扶助社团的社会工作者杰西·弗莱蒙特·比尔，构想并指导了这项名为"家庭图书馆"的工程。它致力于在当地贫穷家庭中设立图书点，使每个贫困家庭都拥有一个"整洁的小书架，上面摆满十五本精心挑选的青少年书籍和五捆适合青少年阅读的杂志集"。③ 通过设立家庭图书馆，社会工作者希望孩子们喜欢阅读书籍，每周会有一名对这个工程感兴趣的"友好的来访者"，在这位来访者的帮助下，这些贫困孩子可以自己管理图书。除此之外，社会工作者还引导他们集体讨论，开展一些游戏活动，偶尔也会组织郊游。到 1896 年，约有 67 个家庭图书馆分散在波士顿，它们大力宣扬自己的成功——使孩子们离开大街。

为了使贫民孩子接触到文雅的文化和文学，比尔小姐努力扩展并不断发现新方法。在这个过程中，她组织了一个遍布波士顿的庞大的志愿者集团，她也利用自己担任孩童扶助社团图书管理员的职位，帮助建立波士顿的"家庭图书馆"，在她的设想中，参与这一蓝图的启蒙者包括了富豪、艺术家、作家和学术界人士。正是在这样的背景下，比尔小姐将哈利勒·

---

① 《时间和小时》3，1896 年 11 月 28 日：7。
② 《时间和小时》5，1897 年 6 月 12 日：1。
③ 《波士顿孩童资助社团第 26 年年度报告》1890 年，第 13—15 页。

纪伯伦引荐给了一个人，此人的文学趣味和美学倾向将深刻影响这位叙利亚男孩儿未来的人生，而这次引荐得益于丹尼森屋哈利勒的艺术教师。

关于这位艺术教师，我们仅知道她的名字和极少的信息。她叫弗劳伦斯·皮尔斯，在1894—1896年的春天，她居住于丹尼森屋，丹尼森屋的日志只简短地记录了她的到来与离去，这表明她是一名不起眼儿的人物。她平日的工作也很普通平凡：出席会议、拜访泰勒街区的家庭、帮助病患者住进医院。她可能是一位对社会科学感兴趣的大学生，也可能是一位爱好艺术的志愿服务者，这些我们都不得而知。但可以确定的是，弗劳伦斯·皮尔斯属于那些日益增多的谦逊的女性群体，她们真诚地为"不能分享的特权意识"而感到"痛苦"和"不安"。① 在哈利勒的早年生活中，她扮演了重要的角色，她的出现预示了在以后的生活里将与哈利勒发生联系的女性原型：既是解放者，又是被解放者；既是施予利益者，又是受益者——弗劳伦斯所代表的这一女性类型，深刻地预见了哈利勒·纪伯伦的整个职业生涯。

弗劳伦斯·皮尔斯看到了这位13岁男孩儿身上散发的光芒，便将他引荐给了更年长和有影响的杰西·弗莱蒙特·比尔。比尔小姐随即给她所信赖的一位朋友写了信，在她看来，此人能对这孩子的艺术前途给予指导。

　　我亲爱的戴伊先生：
　　……不知你是否碰巧有一位搞艺术的朋友，可能会对一个叫哈利勒·纪——的叙利亚男孩儿感兴趣。他与任何社团都没有联系，因此，无论谁和这小伙子交朋友，他都能按自己的评判和智慧来规划他的未来。去年冬天，他闲逛到泰勒街上，并上了一次绘画课，他所表现出的绘画才能，足以使皮尔斯小姐相信，如果有人愿意帮助他得到艺术方面的教育，他有一天就能够以更好的方式谋生，而不是在大街上卖火柴或报纸。
　　如果我们不去立即帮助他，他将来很可能会成为一个街头混混儿。他与家人居住于奥利佛，极度贫困，如果他没有其他更好的选择，他的家人会在法律允许时，让这小男孩儿工作以贴补家用。明年

---

① 描述性陈述，第2页，丹尼森屋论文，施莱辛格图书馆，拉德克利夫学院。

他就 14 岁了，超出了上学的年龄，因此情况允许的话，我们特别希望让这小家伙今年能开始绘画。

他曾在因酒神女祭司雕像而产生轰动的图书馆回廊里画过一幅画。

希望你不要把我关于哈利勒的请求当做一种冒犯，我确实喜欢这小家伙儿，然而，他却得不到丝毫的帮助，我觉得我必须尽力找到一个人，对他产生实际的助益。

你诚挚的朋友

杰西·弗莱蒙特·比尔①

1896 年 11 月 25 日，周二

杰西·比尔写给戴伊的信的结尾（诺伍德）

---

① 杰·比致弗·戴，1896 年 11 月 25 日。

第三章　病态世纪末

杰西·弗莱蒙特·比尔的这封信，是写给弗雷德·霍兰德·戴伊的。在世纪末的波士顿，戴伊是个特立独行的人，他与波士顿人完全不同，也不可能成为一个真正的波士顿人。他经济独立，往来于文学界，引领艺术潮流，支持先锋艺术。此时，他正与科普兰联合创办著名的"科普兰和戴伊"出版公司，这是他职业生涯中为数不多的真正获得成功的事业之一。正因为如此，他不仅有能力向杰西·比尔的家庭图书馆捐赠许多奢华的插图本书籍，而且还经常充当每周的"友好访问者"，他给贫民孩子朗诵，向他们介绍古典书籍，并经常指导他们学习文学。[①] 他也带动其他名人参与到这些活动中。

要理解将要发生在哈利勒·纪伯伦身上的事件，有必要先理解弗雷德·霍兰德·戴伊，因为他将对这个叙利亚男孩儿的人生产生深远影响。然而，要理解弗雷德·霍兰德·戴伊，却要首先了解波士顿艺术界在"病态世纪末"（戴伊和他的追随者经常使用的一个短语[②]）发生了些什么。

戴伊是一位皮革厂厂主的独子，家族生意兴隆，他在温室中长大，在离波士顿南部30英里的诺伍德城郊，过分疼爱他的母亲培养了他多方面的才能。戴伊出生于1864年，19世纪80年代，他成功地摆脱自己所受的维多利亚教育的束缚，毅然来到波士顿，追求自己的文学理想。他在著名的教堂山中学完成了大学预备教育，那所学校培育了他对文学的激情，他原本就颇有创造天赋，教堂山中学又培养了他一定的见解和洞察力，于

---

① 《波士顿孩童扶助社团声明》，1897年，第4页。

② 这短语首先用在露·奎写给露易斯·钱德勒·莫尔顿的一封信中，1894年9月10日。见帕里什《90年代潮流》，第95页。

是他渴望以自己设想的独特方式，来构造属于自己的"文学生活"。

不幸的是，事实证明，成年后的戴伊是天赋与平庸的混合体。他能靠直觉把握词语的魔力，却不能理性地驾驭这些词语，他一生都没能学会游刃有余地进行书面表达。语法和拼写的细节问题，对他而言永远是件难事，这妨碍了他完成那些想象中的优美文字、评论文章和诙谐短文。

尽管缺少文学才能，戴伊却具备很强的审美感受力和判断力，这使他能在其他相关领域做出突出的成绩。起初，他热衷于收集自己所欣赏的作家的精美文集和大事记。他不仅搜集莎士比亚、济慈和巴尔扎克等著名作家的首版珍本，而且能凭直觉评判新作家和有争议的作家。1882 年，当奥斯卡·王尔德旅行美国时，年仅 18 岁的他就毫不犹豫地接近这位唯美主义的教父，成功得到一个珍贵的签名。与这位"百合的传道者"的短暂相遇，给他留下了终生难忘的印象，他模仿王尔德夸张华丽的衣着打扮，并在随后的 10 年里，向波士顿输入王尔德的作品和英国世纪末的情调。当投身出版业，他选择王尔德标志性的百合花作为商行标志的一部分，并在波士顿散发颇有争议的黄皮书。

伴随着 19 世纪的远去，戴伊所活跃的波士顿波西米亚区，已成为被遗忘的角落。然而，在那个转瞬即逝的 1890 年代，这位留着范戴克式胡须、衣着矫饰、与众不同的人物，却给这座城市带来了真正的娱乐和思想的解放。他把自己想象成"上帝所造的戴伊"[①]，与陈规陋习作斗争，打破虚伪的清规戒律，鼓励轻松自得的精神。1896 年，当比尔小姐致信向他提及哈利勒·纪伯伦时，32 岁的他正处于"蹩脚诗人"生涯的顶峰期，作为一位藏书家、出版商、业余摄影师和企业家，他已经小有声誉。由于经济状况良好，他能够深入游访英格兰和欧洲大陆，在那里，"他的全部业余时间，都用来收集他所喜爱的文学和艺术人物的文字和插图资料"[②]。就像一个小姑娘迫不及待地从自己喜爱的追求者手中接过花，他通过摄影捕捉那些文学偶像们的家园和乡村，他用这些图片来纪念文学，不久之后，通过这些富有意味的照片，编辑和学者们便对他印象深刻，开始把他

---

① 露易斯·霍尔曼和费里斯·格李斯莱特："弗雷德·霍兰德·戴伊"，打字稿，第 5 页，诺伍德。

② 兰姆的《美国传记辞典》（波士顿：1900），2：390。

当作一位"半严肃"的学者。于是，他成为美国和英国文艺界的一个桥梁，并将在诗歌复兴中产生重要作用和影响，在这一过程中，他成功地用自己并不卓越的天赋，弥补了目标过于分散造成的缺憾。

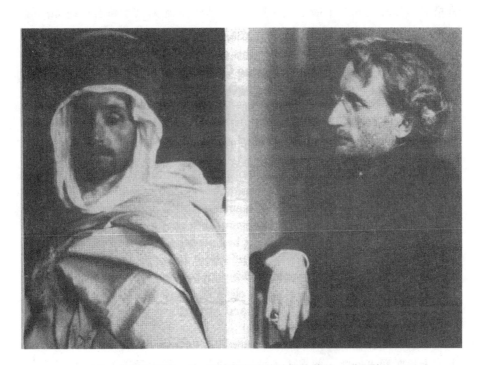

左：弗雷德里克·H. 伊万斯在伦敦拍摄的戴伊（诺伍德）

右：世纪之交的戴伊，瑞吉纳德·柯雷吉拍摄（诺伍德）

大多数慈善者参与街区孩子们的活动，是出于歉疚感，但戴伊与他们不同。南恩顿大街就像一个热闹的市场，展览着奇异和不寻常的戏剧，这深深地吸引了他。他喜欢这种令人炫目的地方色彩，街区孩子们的多种族特点也给予他灵感，促使他尝试彩色摄影的新艺术实验。意大利人、中国人、黑人和地中海人都令他着迷，他秉着严肃的态度，去寻找新的和有趣的模特。恰在此时，杰西·比尔写了这封信，它使哈利勒·纪伯伦由此投身波士顿艺术界，并给戴伊提供了一个模特——他将成为戴伊所有模特中最著名的一个。

戴伊所有文学实业的支持者，是波士顿日渐黯淡的星群中的另一颗"小星星"：露易斯·伊墨金·奎尼。她是戴伊的远亲，一位爱尔兰天主教徒。在美国熙熙攘攘的移民中，其父帕特里克·奎尼卓尔不群，内战时期，他从一个普通人晋升为林肯的一员将军。奎尼年长戴伊三岁，在他们之间的关系中，奎尼的能力弥补了戴伊的诸多弱点：她天生的口才和对语言措辞的驾轻就熟，平衡了他在这方面的笨拙；她对文学持有始终如一的热情，这弥补了他有些随意的激情；而她在贫穷环境中形成的实用主义态度，也与他任意处理金钱的随意态度形成了鲜明对照。

年少时，露易斯·奎尼和弗雷德·霍兰德·戴伊曾结伴徒步旅行，并踏遍英伦乡间，他们此后几乎坠入爱河。然而，宗教和性格上的巨大差异，使他们在婚姻问题上犹豫不决。年逾 30 后，他们的热情逐渐冷却，他越来越沉迷于唯美主义的思想和形式；而她却大部分时间居住在牛津，离群索居，从书籍中寻求慰藉，偶尔发表一些得不到回应的诗作和精致晦涩的散文。露易斯挖掘、研究和纪念一些旧式文人，尤其是 17 世纪的反叛诗人，这些人是她的偶像，她满怀愉悦和激情地去挖掘他们杂草丛生的坟墓，重建他们的声誉。但在两人的爱沦为出版商和作者之间的互利关系之前，他们合作发起了一项有纪念意义的文学活动，这项活动不仅有益于大洋两岸人们的心智，而且提升了戴伊在英美文学界的形象。

戴伊和露易斯·奎尼都对约翰·济慈怀有无法抑制的热情，但在他们看来，济慈在英国受到了忽视，这令他们深感不公。1891 年，他们发起了美国人纪念济慈的活动，倡议在英格兰海姆斯泰德区的教堂，安放一座由波士顿雕塑家安娜·佩恩·惠特尼完成的大理石半身像。二人因此事筹资三年，奔走呼告，终于"愉快地报复"了那些曾轻视他们热爱的"约翰尼兄弟"的英国人。[①]

两人都觉得有必要找一位"大人物"来为他们的计划增添些威望。于是，露易斯敦促戴伊接近查尔斯·艾略特·诺顿——哈佛有名的美术教授："用最甜言蜜语的方式，亲自给他写封信"，她建议道，"你会搞定那可爱的人，要简练，噢！宝贝！要拼写规范"[②]。然而，戴伊却写了一封含义模糊、辞藻堆砌的书信，没什么比这封信的第一句话更能显示出他写作的缺陷了："我希望现在向您提及的议题，使您原谅我忽视了常规的表达方式，虽然不符规范，我会因为直率和充分表达您的感觉而获得成功。

---

① 露·奎致弗·戴，1890 年 3 月 6 日和 1 月 30 日（帕里什，第 108—109 页）。
② 露·奎致弗·戴，1892 年 1 月 25 日（帕里什，第 120 页）。

然而，如果我通过朋友关系来正式结识您，那或许只是出于您的友善。"①
诺顿教授的确值得赞扬，他努力弄懂了戴伊的意思，并同意为这座纪念像
的提议署名。

最终收集起来的发起人的名单，足以引人瞩目。到 1894 年春天，虽
然戴伊毫无章法的工作方法偶尔会干扰工程进展，雕像还是发展到了要呈
献的阶段。戴伊赴英格兰安排此事，但身旁缺少露易斯的细心与提醒，他
处理事情的随意态度令人吃惊。例如，在最后揭幕时，他已经闲逛到威尼
斯，要度一个月的假期。批评家和新闻记者艾德曼德·格斯是当时英格兰
文学界的权威，他已经同意代表英国人发表接受演说。然而，他却突然出
乎意料地发现：自己不得不与海姆斯泰德的教区牧师联合主持仪式！他还
要负责威廉·莫里斯所发出的邀请信的措辞和设计，并交由凯尔姆斯科特
出版社打印，并要应付那些到场的英国要人。"事情的进展伴随着重重麻
烦"，他以略带责备的口吻给身在威尼斯的戴伊写信。此事发生前的两
周，他写给戴伊的信更为直率——此时的戴伊正在柏林游逛，"你对一些
必要的事情太疏忽了，你要完全接受我们所做的安排，这就是对你的惩
罚"②。

7 月 16 日，揭幕日来临，那天下着雨，呈献仪式一直进展顺利，格
斯的出现引起了一些混乱，他吸引了一千多名英国读者蜂拥而至。而戴伊
也凭借自己的声誉，吸引了一批更年轻、多姿多彩和衣着华丽的诗人和艺
术家，诸如奥博里·比尔兹利、威廉·巴特勒·叶芝、阿瑟·西蒙斯和考
文垂·派特莫尔。为了纪念"精神自由"的济慈，还安排了一个教士队
伍，这个队伍包括一位教区牧师、一位首席主教、两位教长和 14 名唱诗
班男孩儿。由于缺少美国名人的参加，戴伊只好发表了一个简短的赠送演
说，这演说简单得令人惊诧。格斯做了一个学术性演讲，仪式还宣读了斯
文伯恩的一封来信和其他人的贺信，揭幕仪式获得极大成功，整个英语世
界肯定和报道了活动的发起人戴伊。

戴伊一边与情绪高昂的美国人一起，倡议和推动济慈纪念像在英国的
安放，一边积极着手进入出版界。早在 19 世纪 80 年代，他还在纽约出版
公司 A. S. 巴恩斯的波士顿分部工作时，就已经产生了这个念头。作为波

---

①　弗·戴致诺顿，1892 年 1 月 25 日（帕里什，第 121 页）。
②　戈斯致弗·戴，1894 年 6 月 27 日（帕里什，第 167 页）。

士顿思想精英的一员,他一直致力于扫除人们精神的平庸、拜金主义和伪善。三位重要的美国诗人刚刚去世——詹姆斯·卢赛尔·罗威尔去世于1891年,约翰·格林利夫·威第尔去世于1892年,而奥利佛·温德尔·休姆斯在1894年故去。于是,波士顿学术界与剑桥的年轻作家和知识分子都在寻找新生代作家。他们明白:席卷他们城市的、对英国作家的纪念潮,有可能会吞没美国文坛新生代的声音。但他们还是联合起来,摒弃这些作品中蕴涵的加尔文教派思想,重新捕捉这些作品中与美国精神能够产生共鸣的神秘意蕴。

露易斯·奎尼和弗雷德·霍兰德·戴伊,可能拍摄于
缅因州的五岛 (诺伍德)

《孤独》，爱德华·斯泰肯的弗雷德·霍兰德·戴伊研究，1901 年摄于巴黎
（现代艺术博物馆）

这些现代的先验主义者试图改变"世纪末"麻木、枯燥的灰色调，他们涉猎神秘事物，游戏于中世纪，甚至对英国斯图亚特王权的恢复表达同情。他们举杯纪念查理一世，纽扣上别着白色玫瑰，形成"遭人非议的灵性群体"①。这些聪明的年轻人喜欢在"玛丽埃维"和"圆周巷"酒店欢宴，自称"锡马克杯""幻想家"或"拖沓者"。与那些英格兰花花公子或法国先锋主义者一样，他们钟爱那个年代的"思想的象征"，正如一位随笔作家所言，那是些代表了"颓废的小玩意儿"——"软垫、香烟、熏香、葡萄酒、土耳其地毯、玉碗、伯恩 - 琼斯的绘画、法国小说和奥斯卡·王尔德全集。"② 这些成为他们的标志。

这些古怪的社团、夜半聚会和放纵的调情，也有某种现实价值。这轻松欢快的氛围体现了思想上的创新，它培育了"小杂志"和将在美国出现的优秀文学。这个圈子包括赫伯特·斯通和英格尔斯·金宝尔有名的"畅销故事书"、斯迈尔和梅纳德联合公司的赫伯特·斯迈尔以及赫伯

① 克莱姆：《我在建筑业的生活》，第 90 页。
② 《桃心花木》，1892 年 5 月 28 日，第 345 页。

特·科普兰。当然，弗雷德·霍兰德·戴伊是这个小圈子的核心一员。

《桃花心木》和《游侠骑士》这两份新杂志的诞生，不仅预示了风靡19世纪末期的"短命玩意儿"，同时也体现了对精雅文化和感伤主义的反抗。戴伊是这两份杂志的重要发起人。

《桃花心木》创刊于1892年1月，它的编辑理念允诺了一名文学革命青年的全部梦想：一份"与现有的其他报纸不一样的报纸——它只贡献于'精雅艺术'，它摒弃所有的庸俗主义——甚至包括了广告和盈利的愿望"。① 编辑成员由哈佛（18）91级和（18）92级毕业生组成，年轻的赫伯特·科普兰也在其中，而戴伊用"藏书家"的笔名撰文发稿。当时盛行的哲学是"疏远狭隘的繁事，远离肤浅的琐事"②，这是一种与"美国生活的更深层"相结合的哲学。在这种思想的引导下，编辑们联合起来，共同反对工业世界的侵蚀，他们惧怕机械化所带来的噩梦，试图保有自己理想中的"美国梦"。在杂志的最后一期，这一理想得到了充分的表述：

> 世界出于自身的利益，以过快的速度运行。对于那些要改良这自以为是的19世纪文明的人来说，这速度显得尤其地快……我们一直尝试着去变革这个世界，扭转人们疯狂的拜金主义，我们抽雪茄，阅读奥斯卡·王尔德；我们反对电车、自行车和豪威尔斯先生；我们玩儿通灵，因为我们发现那很有趣；我们褒扬乔治·梅瑞迪斯先生，因为我们对他怀有诚挚的敬意；我们歌颂香烟和咖啡，并非由于它们自身的缘故，而是由于它们代表了对这个时代的反抗，这个时代将生活变成特快列车，并使人未老先衰。③

从1892年的1月到7月，《桃花心木》以周刊的形式，共发行了26期，在它停刊以前，戴伊已经参与运作一个更精美的刊物《游侠骑士》。刊物的创立会聚了众多精英：建筑师和设计师波特莱姆·格罗斯维纳·古德休、建筑师和批评家拉尔夫·亚当斯·克莱姆、艾尔兹维尔出版社的弗

---

① 《桃心花木》，1892年1月2日。
② 同上书，1892年2月27日，第13—15页。
③ 同上书，1892年7月9日，第411页。

朗索瓦·沃茨·李以及赫伯特·科普兰，戴伊参与该杂志的审美定位并提供资金支持。《游侠骑士》定位极高，在克莱姆多年后的回忆录中，他曾谈及杂志的发展目标："我们的目的是要做成一个英语的《老调重弹》，甚至在某种意义上办得更好。杂志不仅要表达最先进的时代思想（当时这个词的含义与现在有很大差异），而且要体现出完美的印刷和排版艺术，我们要用专业的手工纸张，要采用一种精美的新字体。"①

为这份高雅的刊物供稿的作家包括：查尔斯·艾略特·诺顿，英国艺术家沃特·克雷恩、诗人布里斯·卡尔曼和理查德·豪威。两位分别流亡于日本和意大利的波士顿美学家欧内斯特·费诺罗萨和伯纳德·贝兰森，发表了关于东方和文艺复兴艺术的文章。然而，尽管露易斯·奎尼以略带褒扬的口吻来形容杂志的不菲成就："（《游侠骑士》）通过对进步、科技、不可知论和一般现代性的抵抗，使自己尽可能地中世纪化。"② 波士顿却只向这些"反对一个时代的人们"展颜一笑，一家报纸窃笑《游侠骑十》的编者不加区分地破除偶像，并指出了杂志的缺陷：

> 这份新季刊的任务是为了促进对艺术的热爱，并为精神而非物质而斗争。因此，它试图在"honor"这样的词中恢复字母 U，用阿拉伯数字代替罗马数字，用大写字母拼写一定的词语，这都是些无害的癖好。然而，作为一名年长的新闻工作者，如果要我为后辈提供建议，我会说，集中目标——不要用同一把枪一次射击太多的敌人。据我看来，我发现第一期的作家有以下攻击目标：（1）印刷的艺术，（2）所谓的文艺复兴，（3）新教改革，（4）美国宪法，（5）清教主义，（6）它们所划分的现实主义、印象主义和折中主义，（7）不可知论和理性主义，（8）民主和拜金主义，（9）被认为是万恶之源的个人主义。③

《游侠骑士》是一份短命季刊，从 1892 年 4 月到 1893 年 7 月，它仅发行了四期。它的短命颇似奎尼小姐的献诗："即使在马鞍上壮烈死去，

---

① 克莱姆，第 85—86 页。
② 《露易斯·伊墨金·奎尼书信》，1：32。
③ 波士顿《广告商日报》，1892 年 4 月 27 日。

主啊！也不要在炉火旁长命百岁！"①

　　这些失败并未吓倒戴伊。早在戴伊频繁访问伦敦期间，他因参与英国出版商和书商的事务，就已对出版业产生了兴趣，而发行报纸的实践经验，进一步加强了他对出版业的热爱。在戴伊的社交圈中，一个特别重要的人物是著名建筑摄影师弗雷德里克·赫·伊文思，他经营着一家专售前卫书籍的书店，就像奥德雷·比尔兹利被介绍给约翰·雷恩一样，他可能也将戴伊介绍给了锐意革新的出版商柏德利·海德。

　　戴伊所结交的伦敦"韵客俱乐部"的诗人，此时派上了用场。他意识到美国读者能接受英国新文学，而且英美两国在 1891 年签署了版权法案，允许两国联合出版书籍，于是，戴伊成为约翰·雷恩书籍的美国出版商。万事俱备，他即将开始自己最为深远和有意义的事业。

　　戴伊选择了赫伯特·科普兰做他的合作伙伴，然后在《青年伴侣》杂志的大旗下，"科普兰和戴伊"出版公司诞生了。它由著名的书报摊集中地、位于康希尔 69 号的"美学小工作室"② 延伸而来，从一开始，这项事业便毫无浅薄、游戏的成分。"科普兰和戴伊"成为一家严肃和成功的出版公司，并很快因推崇"高水准的制作工艺、商业标准和义学发行品质"而赢得尊敬。③ 公司用具有象征意义的百合花和玫瑰做标志，这使人联想到同样以此为标志的 16 世纪的印刷商理查德·戴伊和罗伯特·科普兰。在五年半的运行时间里，公司共发行了 98 本书，这些书籍引领了美国现代印刷和编辑的潮流。一位同事后来回忆了戴伊的贡献，他认为戴伊属于"通过作品和影响力，恢复印刷品在精雅艺术中的合法地位的少数几位艺术家出版商和印刷商"④。

　　"科普兰和戴伊"的首批发行物出现在 1893 年 12 月，其中包括来自埃尔金·马修斯和约翰·雷恩的伦敦公司的几种合作版本，最突出的是奥斯卡·王尔德的《莎乐美》（由奥波利·比尔兹利画了优美的装饰性插图），弗朗西斯·汤普森的《诗》和但丁·加百列·罗塞蒂的《生命之屋》。出版社出版的第一部美国作品是拉尔夫·亚当斯·克莱姆的《颓废

---

① 波士顿《手稿》，1892 年 4 月 2 日。
② 《出版商周刊》65（1894 年 2 月 17 日）：213（帕里什，第 213 页）。
③ 波士顿《晚报》，1899 年 5 月 13 日，第 9 页。
④ 威廉·戴娜·奥卡特：《弗雷德·霍兰德·戴伊》，《出版者周刊》125（1934 年 1 月 6日）：54。

者》，它表现了 19 世纪末期富有魅惑力的主流运动，那些新英格兰地区的醉生梦死者，慵懒地聚集在一起，迷恋着烟雾缭绕的鸦片和勃艮第的葡萄酒，他们一边谩骂着都市的噩梦这"巨大的堕胎"，一边渴望着 20 世纪允诺的新生活。

随着公司出版书目的增多，科普兰和戴伊的出版趣味和态度也在发生变化。他们出版的第一批书直接反映了英国文学图景，向美国公众引入了理查德·李·盖利耶、莱昂纳尔·约翰生、爱丽丝·梅尼尔、威廉·巴特勒·叶芝和其他诗人的作品，但他们最令人称道的成就是，联合出版了马修斯和莱恩主编的十卷本《黄皮书》。这些书由亨利·哈兰德担任文学编辑（"黄矮星"），由奥波利·比尔兹利担任艺术编辑，同时还点缀着由马克斯·比尔鲍姆、阿纳托尔·弗朗斯、埃德蒙德·格斯、亨利·詹姆斯、乔治·摩尔、肯尼斯·格雷海姆和阿瑟·西蒙斯这样的一流才俊写的散文和故事。《黄皮书》凸显了比尔兹利的不妥协，代表了 19 世纪 90 年代的特质，这些作品的怪诞特征，标志着它们从一切枯燥乏味的事物中解放出来。1896 年约翰·雷恩在纽约开工作室之前，"科普兰和戴伊"还发行了三年封面印着黄水仙花的书籍。

工作室还逐渐参与了一些推动新世界诗人的活动。赫伯特·科普兰致力于将美国读者的文学趣味引向美国和加拿大诗人，弗雷德·霍兰德·戴伊则以更富当代气息、更为直接的图像，来取代波特莱姆·格罗斯维纳·古德休具有古典风尚的装饰性设计。由布利斯·卡尔曼和理查德·霍文创作的《流浪汉之歌》，形象地表明了这两位合作伙伴出版趣味的形成。在这本薄薄的小集子的封面，一个突出的圆形装饰物，环绕着两位作者和插图画家托马斯·彼·米提亚德，扉页上印着醒目的字母，装饰着自由体诗节。出版社迅速取得成功，这令戴伊高兴，他一贯坚持要制作富有吸引力的商业版本图书，服务于美国读者，现在这一想法终于实现了。

1895 年，公司顺利成立，这是在济慈像献礼一年后，此后，戴伊得以将全部精力用于出版真正有趣的新作品。科普兰说服他的许多哈佛朋友和《青年伴侣》时代的同事，让他们为出版社提供书稿，作为公司文学顾问之一的露易斯·奎尼，大胆宣传自己和好友爱丽丝·布朗的诗与小说。此外，公司还成功发行了一套活泼的青少年系列丛书"黄头发图书馆"。格特鲁德·史密斯的"阿拉贝拉和阿拉明塔系列故事"精心配着爱瑟尔·里德突兀而又令人称奇的插图。

《阿拉贝拉和阿拉明塔故事》中哈利勒的绘画作品，仿制副本，

其中包含有艾瑟尔·里德的插图（作者）

　　几年以后，赫伯特·科普兰和弗雷德·霍兰德·戴伊已作为"创新运动和古老复兴的主教"，在文艺界颇具美名。一家波士顿期刊总结了他们的成功："他们的三朵百合花标志，印在许多古色古香的、富有音乐性的、奇幻的作品上，一些是超现代的，一些是中世纪的，但都极生动而富有原创性。……诗歌是它们的特色，在简短却光芒四射的作者名单中，不乏那些将成为经典诗人的名字。这些书的排版印刷可与最棒的凯尔姆斯科特媲美。"①

　　斯蒂芬·克雷恩原本寂然无名，但却在"科普兰和戴伊"出版社的引介下，赢得了经典作家的地位。他的诗作传达出鲜明的不可知论，这与露易斯·奎尼的基督宗教思想相抵触，但戴伊还是从这些作品中看到了闪光点。1895 年，出版社推出了克莱恩的《黑色骑士和其他诗行》，这些诗深刻地影响了下一代诗人自由体诗的形式与风格，同时也引起了小哈利勒·纪伯伦的兴趣。

　　这位近乎文盲的叙利亚小男孩儿，即将踏入一个与他已经历过的一切截然相反的世界，与黎巴嫩乡村和南恩顿街区的生活不同，这种生活弥漫

----

① 《时间和小时》3，1896 年 12 月 5 日：16。

着文化与教养的香水味。

　　毫无疑问，在对贫民区的孩子进行启蒙教育的过程中，弗雷德·霍兰德·戴伊感到了某种责任感，然而，在这慈善心的深处，还藏着一个挑战。19 世纪末期的人们正期待着某些东西——这东西给即将到来的 20 世纪带来希望的曙光。就像周围那些年轻的英明之士，在这个"病态世纪末"，戴伊一直在寻找着精神或艺术的源泉。他研究雅克布逊主义、灵异主义和颓废派，他用精雅的新衣包装年轻诗人的诗句，此后，他又发现了一种艺术形式——彩色摄影艺术。杰西·比尔向他提及的"潜在的街头混混"或许将给予他灵感，而他在诗歌和艺术方面的偏好，将会引导这孩子，这是杰西·比尔未曾料到的。

　　最后十年，戴伊挤出他仅剩的一点才华，而这才华太过精雅、神经质和雷同，这才华并未产生一位持续受欢迎的诗人。或许戴伊意识到了这一点，并意识到那是一个播种而非收获的时期，然而，他悉心培植的百合花和玫瑰，并未生长在贫瘠的土地上，小哈利勒将会把这些最初和最重要的艺术影响，移植到他自己简朴的雪松之茎上。多年以后，当人们已遗忘艾里斯·布朗的《牧地草》、泰伯神父的《诗集》和露易斯·奎尼的《路标》，年轻的哈利勒却仍能回忆起他们的精神，并效仿他们。移民所造成的文化混杂，将对哈利勒·纪伯伦产生复杂的影响，而这些都来自弗雷德·霍兰德·戴伊的馈赠。

"科普兰和戴伊"出版社社标，由波特莱姆·格罗斯维纳·古德休设计

第四章　年轻的酋长

1896 年 11 月 25 日，杰西·比尔第一次写信给弗雷德·霍兰德·戴伊，请求他帮助哈利勒·纪伯伦，但直到两周后，她才确定了两人见面的时间。一方面，弗劳伦斯·皮尔斯需要努力确定戴伊这位"超级拖拉者"的时间；另一方面，她要设法找到这位行踪不定的男孩儿。她给戴伊写信道："在丹尼森屋的帮助下，我们终于找到了哈利勒，他承诺周四晚上见我们，我相信我们不会失望的。"①

哈利勒确实来了，并随身带了他精选的绘画作品。他明白这是个难得的好机会，已经开始努力绘画。哈利勒在等待约见时，皮尔斯小姐翻阅了他的绘画作品，几天后，她又给戴伊写了一张便条："哈利勒带来了一些素描作品，我把它们送给你，不走运的是，他的很多作品已经送人了，现在这男孩儿就在这儿，如果你方便，我希望你能见一下他。"②

皮尔斯小姐的便条和戴伊同意会见哈利勒的答复表明：戴伊显然看到了画作，并喜爱那些作品。1896 年 12 月 9 日，二人会面。会面显然令双方都很兴奋：对画面和色彩很敏感的戴伊，看到这个安静、橄榄色皮肤、褐色眼睛的年轻人，备感满意；而对哈利勒来讲，这位大睁着好奇的双眼、衣着优雅的花花公子也必定触动了他。

初次会面后是休假期，过了假期，戴伊便向皮尔斯小姐询问了哈利勒的住址。"哈利勒·纪伯伦的住址是奥利佛九号"，她答复道，"你听说过他未来的打算吗？我急切地想知道他的决定，能听这男孩儿闲谈一定特别有趣。我可以过去吗？"③ 而这几周里，这男孩儿一直在等待着这位新朋友给自己拍照。

---

① 弗·皮致弗·戴，"周二晚"，1896 年。
② 弗·皮致弗·戴，"周二晚"（下一周），1896 年。
③ 弗·皮致弗·戴，1897 年 1 月 9 日。

由戴伊拍摄的哈利勒的早年照片（国会图书馆）

当时的戴伊正热衷于摄影艺术，这一兴趣甚至超过了他在"科普兰和戴伊"出版社的职责。与做其他事一样，戴伊的定位仍然很高：在他看来，照相机并不只是忠实记录所聚焦物体的工具，而是创造新艺术形式的媒介。他曾运用摄影记录文学场景，现在，受到维拉奎兹、维斯勒、萨金特和伦勃朗绘画中"综合光和影、比例、线条和中介线"① 这一理念的

① 戴伊：《未遮盖人物应用摄影》，《美国摄影和摄影时代年历》，1898 年，第 192 页。

启发，他又开始追寻照片的油画感，有人将之称为"采煤"效果①——一个突出的形象，周围环绕着朦胧的色调。为了实现艺术效果，他委托波士顿的一家工厂定制了一个特殊的摄影机镜头，这种镜头可以"任意错照，能拍出与湿镜头相似的效果，它拍摄的肖像非常突出，周围环绕着淡淡的光晕"②。他的艺术尝试确实拍出了新类型的照片，而他的模特及他们的姿势也加强了这种效果。戴伊常嘲笑同时代"艺术摄影"的褊狭和当时的流行时尚："人体的令人惊骇的讽刺画……裸体模特杂乱地摆成各种姿势，表现出各种不可能的姿态，以对抗商业背景，同时周围环绕着纸做的柱廊、果实或树木"，而戴伊却在寻找"最具有震撼力、不寻常和奇异生动的模特类型——黑人、白人和黄种人，在相机前摆各种姿势"，并努力跻身正兴起的"油画摄影"③ 行列。

我们不知道哈利勒对戴伊的世界有什么样的反应。然而奇怪的是，哈利勒并未像那些波士顿人一样，对戴伊标新立异的行为和服饰表现出惊讶。出版商艾尔波特·赫巴德曾描述他："戴伊戴着土耳其帽，穿着卷起的土耳其拖鞋，迷信短小的数字10，并只靠13支蜡烛的灯光写作。"④ 批评家萨达基奇·哈特曼也讲述过一件趣事。一次，戴伊在他父母家里等一位他从未见过的拜访者，当这位陌生人敲门时，"他听到一声极兴奋的'进来'，然而当他进去后，却惊讶地发现屋内空无一人。他四处找寻，未能找到戴伊，突然，他听到喷喷声，他抬头望去，发现戴伊先生正坐在天花板下的书架上，穿着东方服饰，吸着水烟！"⑤

这些物品——水烟、土耳其毡帽、尖头拖鞋、刺绣长袍和那些在最普通的叙利亚家庭中时刻点燃、用来驱逐魔鬼的香料，对哈利勒来讲，只是些日常生活里司空见惯的事物。看到一位受过良好教育的美国人热衷于自己国家独有的物品，这男孩儿颇为喜悦。作为回报，他也能以各种方式使自己庇护者的东方想象变得更为真实和精妙。当时的波士顿人或许还以为这些奇妙的小玩意儿是从遥远异国买入的高价品，然而实际上，这些物品更可能是从彼得·拉姆的"花哨商品"店买来的，这家店就位于波士顿

---

① 《1900 年的黑影照片》（伦敦），第 114 页。
② 爱德华·斯蒂陈：《摄影生活》（纽约：双日，1963 年），第二章。
③ 波士顿《晚间手稿》，1898 年 3 月 9 日，第 6 页。
④ 赫伯特·怀特·泰勒：《弗·霍兰德·戴伊》，《照片时代》4，1900 年 3 月，第 77 页。
⑤ 萨达奇·哈特曼：《装饰摄影师》，《摄影时代》32，1900 年 3 月：105。

中心的后湾大街。

当时的哈利勒正步入青少年期，他曾回忆了自己在戴伊照相机前度过的岁月，这些回忆隐约表明，他似乎始终有种忧伤情绪。"戴伊先生给我拍很多照片"，他曾说道，"他喜欢我。"然而，他记得有一次，"戴伊夫人对她儿子说：'我很喜欢那年轻人，但我不想和他待在一起，因为他从来不笑。'是的，我从来不笑。"①

戴伊所拍摄的无数照片清楚地表明了这一点：照片中呈现的是一个严肃、不苟言笑、骄矜高贵甚至近乎傲慢的男孩儿。就像指导那些黑人、亚美尼亚和中国孩子一样，戴伊依照自己的想象，教哈利勒摆姿势。他的设计赋予这些肖像某种神秘气息，戴伊也因此被誉为"摄影界真正的伦勃朗"。英美摄影期刊将他和另一位革新家阿尔弗雷德·斯蒂格里兹相提并论，期刊称二人是"像真正的艺术家那样的艺术摄影师……只去描绘令人欣喜的事物"②。

如此评价戴伊照片的批评家们，谁也没考虑过这些照片中的模特从何而来，如果对这一问题感兴趣，他们就会发现一桩趣闻。一向关心贫困孩子命运的戴伊，仿佛是南恩顿街区孩子的诱拐者。他身着时髦的披肩，头戴宽边帽子，与孩子们一同乘着有轨电车，到郊外或文化场所游玩娱乐，同时他也从这些孩子中选择适合拍摄的模特。③ 他喜欢与这些孩子打成一片，而他唯一关心的，是自己的摄影需要什么样的模特，"你的摄影作品并不仅仅表现了色彩"，一位表兄曾对他说："记得在交响乐厅的那个夜晚，我们听到他们说，'让咱们看看这周他带谁来，上周他带来了一个中国人！'"④

戴伊的拍摄方法偶尔会显得怪异，但却极有耐心。在遇到哈利勒一年后，他写道："我曾认识一位摄影爱好者，当他发现了一位可以拍摄的街头男孩儿，他总希望达到一种几乎无法实现的完美。他会用六周时间，等待小家伙的头发长到需要的样式，而按需要所做出的妥协，我的朋友也总是会付钱，使模特变成更接近古典的理想形象。这样效果极佳，常常事半功倍。"⑤ 这段文字显示，戴伊的句法没有随着时间的推移而进步，他用第三

---

① 玛·哈46，1915年8月27日和1916年4月21日。

② 萨达基奇·哈特曼：《纯粹主义者》，《摄影时代》31，1899年10月：451。

③ ［米娜A. 史密斯］致弗·戴，1917年12月24日。

④ ［米娜A. 史密斯］致弗·戴，1917年12月11日。

⑤ 戴伊：《未遮盖人物应用摄影》，第194页。

人称来指涉自己的方式，也使文字读来晦涩难懂。然而毫无疑问，他能轻易地拥有"朋友"，因为他能付日薪，并有耐心等待模特的头发长起来。

哈利勒一定是那名男孩儿。存留下来的照片表明他留长了头发，戴伊让他穿上神秘的阿拉伯长袍，就像他让亚美尼亚人裹上头巾，让黑人穿上埃塞俄比亚华服，让中国人拿着长笛，让日本人穿上和服。这些孩子们并不仅仅将这当作假扮游戏，经由戴伊的镜头，这些贫民区的流浪儿发生了魔幻般的转型。他们变成了"亚美尼亚王子""埃塞俄比亚头领"和"年轻的酋长"，这些称谓赋予孩子们从未有过的特权和高贵感。而哈利勒尤其强化了这一自我形象，并幻想着自己高贵的出身，以此来抵御现实的窘迫。在戴伊高贵的标签下，他不再是一个生活在黑暗街区的贫民窟中的孩子，他在戴伊铂金镶框的照片中所看到的闪光的自我形象，蕴涵着更丰富的内容，这一年里，他竭力使自己符合戴伊照片中的形象。

通过拍照，戴伊也为小哈利勒提供了生活上的保障，弗劳伦斯·皮尔斯对此感到很满意。春日之际，她写信告诉戴伊，她要启程到欧洲旅行，并感谢他送给自己的礼物："最乐意接受的是哈利勒的照片"①。

哈利勒越来越被同化了，于是那些帮助过他的社会工作者，又将注意力转向了他的妹妹们。1897 年 6 月 10 日，杰西·比尔计划要带三个孩子去乡村度假。她的信表明：当时的社会工作者非常谨慎细心，他们有意识地减轻这些外国人面对外来者时的畏惧与不信任感。"亲爱的戴伊先生"，她写道，"负责本周乡村出游的约翰森小姐，告诉我哈利勒和他的两个妹妹大约在 7 月 1 日能出行。她没有邀请你吗？那样看起来更私人化一些，基督徒联合会特别希望这些孩子把这当成一次普通的邀请，她好心地安排他们一起走，这虽然有违常规，但她担心他们如果分开，就有可能想家。"②

让戴伊参加出游的小伎俩并没有奏效，尽管戴伊以个人的名义发出邀请，哈利勒、玛丽安娜和桑塔娜仍没有如约前往。卡米拉当然明白，潮湿、枯燥、封闭的奥利佛区不能令孩子们快乐，但她仍然不习惯自己与三个孩子分离。正如杰西·比尔所料：这些"外国人"生怕外来者，尤其是外来的新教徒扰乱自己的家庭。然而，杰西·比尔并不气馁。7 月 9日，她写信给戴伊，"我听说哈利勒和他的妹妹们 6 号能赴约。是这样

①　弗·皮致弗·戴，1897 年 5 月 21 日。
②　杰·比致弗·戴，1897 年 6 月 10 日。

吗？如果是真的，我们可以尽力让约翰森小姐安排第二次出游"。①

　　只要见不到纪伯伦一家，戴伊就会在叙利亚移民区打听他们的消息。纪伯伦一家是典型的棚户区穷人，他们会突然消失，又出乎意料地突然出现，大多数美国人无法理解这种流动的习性。1897 年 9 月中旬，这家人又安定了下来，9 月 22 日，杰西·比尔写信说："我亲爱的戴伊先生，哈利勒给您带来了兴趣和烦扰，我对此负有责任，尤其是当我给你带来不必要的烦恼时，我更感抱歉……这些人会突然从我们的视线中消失，我担心纪伯伦夫人会是这些沉默不语的人中的一员，他们不告诉任何人自己的计划，一言不发地突然离开和消失。"②

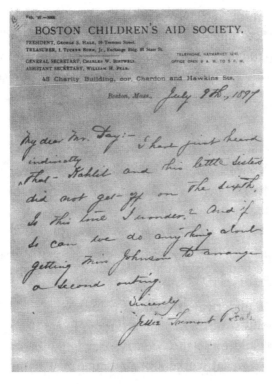

杰西·比尔写给戴伊的信（诺伍德）

---

①　杰·比致弗·戴，1897 年 7 月 9 日。

②　杰·比致弗·戴，1897 年 9 月 22 日。

　　显然，戴伊最终找到了哈利勒，并尽力赢得了他和家人的信任，因为在随后的几个月里，哈利勒参与了工作室的活动，他贪婪地从展览、书籍、文学发现和新奇事物中汲取营养。他原本就灵敏好学，现在变得更加开放，求知欲更为旺盛，而戴伊以自己的趣味和鉴赏力来引导他，他很容易接受这些影响，即使此时的他还几乎不懂英语或阿拉伯语，但这并不妨碍他迅速接受新知识。

　　1897 年秋天，这名 14 岁男孩儿多了一项新爱好。戴伊经常给哈利勒读书，在他的引导下，哈利勒发现了文学的世界。莫里斯·梅特林克是戴伊最喜爱的作家之一，他的新作《谦卑的财富》刚被译成英文，这个弥漫着新柏拉图思想的文集，出现得恰逢其时，它满足了精神饥渴的美国人的渴望——"我们正面临着伟大的精神觉醒，它需要人与人之间的灵魂敞开。"[1] 关于戴伊如何将这位比利时象征主义者的思想介绍给小哈利勒，戴伊的一位诗人朋友曾经在日记中有所记述："一天，戴伊先生给他朗读梅特林克《谦卑者的财富》的新译本，这男孩儿不放戴伊走，直到他把全文读完。然后，他把书借走……一天，哈利勒·纪伯伦拿着一本戴伊先生借给他的兰普里尔作品的复印本回来了，他说：'我不再是一名天主教徒，我是一名异教徒。'"[2]

　　这位正步入成熟的马龙派基督徒宣称放弃自己的宗教，主要原因是他阅读了英国学者约翰·兰普里尔的《古典辞典》。该书出版于 1788 年，19 世纪的读者一般把它当作概述古典神学和历史的参考书，哈利勒迷恋奥林匹亚众神的行为不难理解，但他阅读梅特林克以后的反应确实不同寻常，一位诗人传记家曾写道："他的文学才能不次于绘画天赋，无论在哪方面，他的智能都非同一般。"[3]

　　19 世纪的最后十年，梅特林克作品中的直觉和冥思很受欢迎，他常被誉为"比利时的莎士比亚"。由于相信"个体与绝对的同一"，他的思想经常与更早些的波士顿思想家拉尔夫·沃尔多·爱默生的理念相提并论。爱默生曾言："我们居住于一个巨大智慧的膝盖，这智慧使我们成为它行为的承担者，真理的接受者。"[4] 那些追求灵性生活的波士顿人，继

---

[1]　《时间和小时》5，1897 年 7 月 17 日：9。

[2]　约·皮 1898 年 12 月 8 日。

[3]　同上。

[4]　克劳德·布拉格登：《梅特林克》，《批评家》45，1904 年 8 月：156。

承了爱默生遗留下来的先验思想的遗产，他们能够认同和接受梅特林克的思想。

此时的哈利勒心灵上颇似波士顿人，他毕竟成长于那个时代。在戴伊给他朗读《谦卑者的财富》后的 12 年，他回忆了这一经验对他造成的巨大影响："梅特林克是一流作家……90 年代早期的大人物们都在寻找一种无限的形式，梅特林克感觉到了这一潮流……从 14 岁到 18 岁，他一直是我的偶像……《谦卑者的财富》是杰作。"①

梅特林克热衷于"指引着我们生活的死亡"，他确信"一个精神的时代或许已经来临"，他的思想蕴涵着一种神秘的、命定的爱，它存在于"人的灵魂中难以理解的区域"，这一观点深刻地影响了这位叙利亚男孩儿早年的精神探索。在其创作生涯中，纪伯伦从未完全放弃过这位比利时作家的思想——理解"我们虔信者的灵魂……盘旋于我们周围，渴求一次爱抚，仅等待那迹象的来临"。②

除了接触到古典作品和梅特林克的神秘主义作品，哈利勒还经由"科普兰和戴伊"出版社的活动，看到了现代文学图景。1896 年，借着卡曼和霍维的《流浪汉之歌》的风行，公司又紧接着出版了续篇。在《流浪汉之歌续篇》的前两首诗中，间接提到了一些遥远的所在，哈利勒必定欣然将它们划归自己的祖国。"游吟诗人"一诗中展现的意象，很容易令人联想起移民："正午流浪／在山谷的大篷车上／宿营于黎巴嫩，停留在俄斐"③，哈利勒必定如饥似渴地汲取这种浪漫主义的图景，它给自己的家乡罩上了魔幻的外衣，那是他出生和成长的土地，他热爱它、尊敬它，如果美国诗人歌唱那片土地，这岂不是给予他从未设想过的荣誉吗？

同样，"大地抒情诗"的诗行中所表现的事物，很容易使他联想到家乡的壮丽景观，这种景观自幼年起就存留在他的脑海中："雪松林中金色的芦笛／沼泽地中银色的乐管／还有那森林中缓慢的、硕大的生灵／水儿常年流淌。"他生活在这片先知土地上的经历，难道不会赋予他某种特殊的认识吗？多数第一代移民孩子会摒弃自己的出身，纪伯伦却并

① 玛·哈 43，1912 年 9 月 7 日。

② 梅特林克：《谦卑者的财富》，阿尔弗雷德·苏特罗翻译，1899 年，第 25、52、79、164 页。

③ 《圣经·列王纪》中所描述的盛产黄金和宝石之地，在现在的中东地区。——译者注

不如此。他已开始明白，这种异国背景会有助于自己在艺术领域的发展。

此外，哈利勒逐渐熟悉了理查德·霍维一篇文章中的思想，这将对哈利勒的诗人生涯产生另一个重要影响。该文标题为"颓废—或复兴"，这是一篇命名现代诗人为"颓废派"的重要文献，它清楚写明："福音书改革"孕育了"今天"。①

"这些年轻诗人，"霍维写道，"严格讲来，不能被归入一个流派……他们并不能被贴上统一的标签……他们最大的共同之处，在于强调个人主义。"在分析同时代人的信仰时，霍维说："生命的权利包含了爱的权利，而人的自由必须包括女性的自由。"在谈及爱默生对新诗人的强大影响时，他解释道："物质主义似乎并没有市场，在国内卡曼的象征主义或梅特林克对新柏拉图思想的新奇的发展中，反而表现出另外一种极端神秘主义的倾向。"他继续解释这种新宗教："从沃特森'未知的上帝'中大胆的不可知论，到弗朗西斯·汤普森满怀激情的天主教狂言……无论是持有信念或没有信念，从每一个层面都表现出这些诗人饱含的神圣感和敬畏精神。"他预测未来诗人将主要采用无韵诗的创作形式，他将这种表达形式看作"通向更加自由的技艺——它推动诗人……走向自由诗的灵活、复杂和自然"。

通过挑战正统，霍维维护了标志着 20 世纪原创性的自由主义倾向："有些人会认为，由于我们是民主主义者，因而我们也是旧传统的爆破者；由于我们不为男女欢爱感到羞耻，却以一种尊敬的态度，来看待它的神圣和神秘，因而我们被他们抨击为性爱主义者；我们崇拜欢乐，他们称为异教；我们热爱阳刚，他们称为粗鲁；他们认为我们的神秘主义晦涩难懂，认为我们的宗教是迷信，我们的技艺违反了一切艺术的准则。"

戴伊无疑支持这一富有理性和洞察力的分析，他尤其喜爱沃尔特·惠特曼和其英国同道爱德华·卡朋特，二人都被霍维列入自由体诗人的讨论行列。这些一定给小哈利勒留下了深刻的印象：在未来的岁月里，他作品中的神像，将是他在年轻时代崇拜和信任的人们，将涵盖霍维所讨论人物的所有原型。此外，霍维所宣称的态度和信念，也将成为他年轻时代写作准则的一部分。显然，纪伯伦的创作源泉和早年影响，并不仅仅归功于常

---

① 《时间和小时》6，1897 年 12 月 4 日：14—15。

"完成了"，戴伊拍摄的梅特林克的肖像，背景是一个水晶球，1901
（皇家摄影社团）

被提及的英法 19 世纪早期的浪漫主义，也包含了 1890 年代波士顿盛行的
哲学。这位来自雪松王国的孩子，感受到了周围的氛围，他将在这个新的
国度，接受自己所认同的一切。

　　然而，对于此时的哈利勒来说，绘画比文学阅读更重要。从保存下来
的这个时期的一些草图来看，他贪婪地临摹着看到的所有事物。在公立图
书馆卡片的背面空白处，他画了无数源自布莱克、比尔兹利和波恩·琼斯
的头像和人物。[①] 他也勤勉地打印出正学习的新罗马字母，通过比照练习
普遍的形式和写法，尽量使字母看起来更加完美。"我承诺向公立图书馆

————————

① 例子在作者的合集中。

归还这本书"，他一次次地拼写出这句话，其中还点缀着类似于比尔兹利的微型头像和近似于布莱克的舞蹈者。在他开始保存的学习笔记簿中，精心写着"科普兰和戴伊"的字母。后来，当他已成为一名成熟的艺术家，他重新审视这些早年的习作，并谈及他在艺术风格上所负的"债"："我那时不是与布莱克相处愉快吗？"[1]

那些装饰科普利广场图书馆大厅的现代艺术，仍然是波士顿艺术界的话题，这座图书馆成为小男孩儿的大工作室，1897—1898 年，他能通过图书馆美术部每周举办的展览来学习。弗雷德·霍兰德·戴伊不时从"科普兰和戴伊"和他自己的凯尔姆斯科特出版社借出些新的出版物。1897 年春，图书馆集中展出了威廉·莫里斯中世纪化的作品，这些作品大部分属于戴伊的收藏品。一年后，一次涵盖了欧美书刊封面的大型展览举行，它展出了马克斯菲尔德·帕里什、艾德华·彭菲尔德和威尔·布莱德利的当代作品。摄影技术的日益通行，使图书馆可以得到"英国前拉斐尔派精美的霍莱尔白金照片"[2]，同时也得以展出英国博物馆中的亚述、埃及、希腊和罗马雕像的印刷制品。

受到大量视觉形象的刺激，哈利勒开始发展自己的设计技巧和想象力。作为他的庇护者，戴伊不仅鼓励他的行为，而且还事实上允许哈利勒参与他公司出版物的封面设计——对于一位曾委托像威尔·布莱德利、埃塞尔·里德和约翰·斯劳恩这样一流的艺术家来设计插图的出版商来说，这似乎不太可能。但事实证明，哈利勒确实参加了科普兰和戴伊公司1898 年的出版项目，他为那年 12 月出版的诗集画了一幅钢笔画插图，这是这男孩儿创作插图的第一次尝试，尽管它未被采纳，但却显示出他认识戴伊三年后发生的明显进步。

那年的早些时候，哈利勒已为邓肯·坎贝尔·斯科特的《劳动和天使》创作了一幅彩色插图，《劳动和天使》是斯科特刚出版的一本书中的长篇题诗。哈利勒细致地勾勒出了这位加拿大诗人笔下的田园风光——"天使看护着劳作"："沿着湿透的田地／一位盲人正采集他的甜菜叶根／一个女孩儿做他的向导"，这女孩儿"手拉着他的胳膊"，光芒四射，美丽异常，那"手推车上深色的甜菜根"也是如此。而那天使，是一位前拉

---

① 玛·哈46，1916 年 4 月 21 日。
② 《公立图书馆理事年度报告》，1896 年，第 22 页。

斐尔风格的张开翅膀的女性，她正拥抱着这对农民夫妇。这幅画在运笔和细节的处理上都很扎实，虽然个性不鲜明，却显示出画者已具备了一些构图和视角知识，熟悉前拉斐尔派风格，画上还留着印刷商的笔迹，这表明它曾被印刷过。

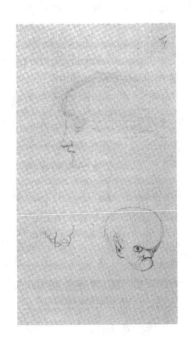

哈利勒画在图书馆程序卡片上的铅笔画（作者）

戴伊也并未藏起他的被保护人。确信这男孩儿的才能后，戴伊将他介绍给那些需要模特的艺术家，作为回报，这些艺术家也会给哈利勒提供一定的指导。通过这种交换，哈利勒得以比同龄人更早地公开出入于后湾区，在通常情况下，这需要仪式和引荐的烦琐程序，而一个小男孩儿轻松地进入这个高雅的世界，或许有些为时过早。

通过这种方式，哈利勒结识了一些慷慨仁慈的人，其中有一位多才多艺的油画家，名叫莉拉·凯博特·佩里，她曾与皮萨罗和莫奈特同窗，还是一位诗人，作品《印象》不久将由"科普兰和戴伊"公司出版。她的丈夫托马斯·萨金特·佩里出身名门，父系一方曾出过两位海军少将奥利佛·佩里和马修·佩里，母系一方则与本杰明·富兰克林有关系。佩里家庭的一切——丈夫曾是哈佛的文学讲师，担任过《北美评论》的编辑，她曾翻译屠格涅夫的诗歌,他们一家曾跨越欧洲旅行——都富有浓重的波士顿和剑桥精英色彩。

然而,哈利勒却能轻松出入他们位于马尔伯勒大街 312 号的家。从他第一次为自己摆姿势,莉拉·佩里就喜欢上了这个小模特,并热衷于他的职业发展。她后来赠予哈利勒一些礼物,其中包括了他的一些画像,这或许是他的第一组画像。她给戴伊写信说:"我只把前几天画的画像给他,其余画像和你的物品,我都保存在这个小盒子里。我也把他穿过的长袍送给他,我想他愿意接受,你或许乐意给他拍张穿长袍的照片。"① 哈利勒很快便体会到了被需要和被喜爱的感觉,他那略带忧郁的眼睛、不通顺的英语,再被渲染上某种浪漫主义色彩,显然吸引和取悦了这些人,他也很快学会了后湾区的人们所期望的礼仪和举止。

托马斯·佩里要赴日本庆应义塾大学发表关于英国文学的演讲,于是佩里夫妇没过一年就去了日本,然而,哈利勒仍通过一次公开亮相得以与后湾区保持着密切联系,很多年后,他仍然清楚地记着这次亮相。1898年冬天,在纽约摄影俱乐部的一次展览中,戴伊的摄影作品就已令人瞩目,随后,在 1898 年 3 月 8 日,他的作品在布罗姆菲尔德大街的波士顿摄影俱乐部展出。展览获得惊人成功——展出的 300 幅作品得到了认可,这不仅仅是因为它们不寻常的呈现方式,还因为照片中的主人公。"戴伊先生在选择模特和背景的环节里,表现出高雅的趣味",批评家查尔斯·皮勃迪写道。更值得一提的是,摄影师在布置这些异国模特时,勇敢地展现了男性和女性的裸体,"照片超越了图画,几乎成为一种雕塑,麦伦一定会喜欢他们,米歇尔·安杰鲁也会赞赏有加"。② 畅销杂志《副本》评论说。这些模特以某种方式预示了戴伊表现苦难题材的照片,几年后,戴伊给卡米拉、桑塔娜和玛丽安娜拍摄了这种照片,"如果给戴伊先生一两名长下巴、杏核眼的女孩儿,她们流露出焦虑的、长期忍受苦难和饥饿的表情,他能拍出一幅意大利原始祭坛的模仿画作,它比任何一位英国前拉斐尔派的画作更好"③。

在戴伊许多最成功的作品中,哈利勒显得非常突出,他和家人都去参

---

① 帕里致弗·戴,未标明日期。
② 《时间和小时》7,1898 年 3 月 19 日:11—12。
③ 波士顿《晚报》,1898 年 3 月 9 日,第 6 页。

加了展览，他不遗余力地自我表现，后来的他回忆道：

> 我当然应邀参加了展览会，我在那里遇到了很多高雅人士。为了参加这种场合，妈妈精心装扮了我，她有很好的鉴赏力，总是为我精挑细选。我一身天鹅绒——灯笼裤——穿着丝袜，头发略长。戴伊先生介绍我认识蒙特戈莫里·希尔斯夫人，她是一位摄影师，在展览会后把我带回了家。我还遇到了皮勃迪小姐，她对我说，"我在每个地方都能看见你"，令我惊奇的是，我发现自己七八幅习作被装上框挂在墙上，"但你看起来如此忧伤——你为什么要忧伤呢？"她说。[①]

好衣服可能意味着要牺牲全家人的利益，但卡米拉和女儿们将展览看作哈利勒的荣耀，通过展览会，他能遇到更多"雅士"。富有才华的萨拉·邱特·希尔斯，是波士顿最富有的房地产商人约书亚·蒙特戈莫里·希尔斯的遗孀，由于喜爱哈利勒的肖像，她不仅购买了一幅作品，而且还要为哈利勒成年后的艺术发展投资。约瑟芬·普林斯顿·皮勃迪是他提及的另一位"雅士"，她将成为他的朋友，她的忠实和建议将影响哈利勒随后几年的人生。

"你为何忧伤？你为何忧伤？"从展览会那天起，这个问题就萦绕在这个 15 岁男孩儿的脑海中。它伴随着他度过了那个夏天，当他在夏末离开这里回到自己的家乡，这问题仍然跟随着他，在黎巴嫩学习的四年里，他仍不时想起这个问题。哈利勒工作着、等待着成为一个男人——一个有教养的男人——这样，他就能与那提问者周围的才俊们相匹敌，并回答她的问题。那时，他不再是一位被施恩的、严肃拘谨的流浪儿，而是一位与她平起平坐的艺术家。

他忧伤的一个原因，可能是成功来得过快，当时的他仍然是一名不成熟的艺术家。他在生命后期追溯这段波士顿岁月时，有意删去了关于那些社会工作者和早期庇护者的回忆，纪伯伦写道："大多数人都会津津乐道自己 6—18 岁的青少年时期，他们能痛快地玩耍、奔跑和享乐，但我却身不由己。我十三四岁的时候，报纸和小书册上已经有一些文章谈论我的作

品、绘画和设计。"① 还有一次,他再次提到自己的早年设计得到公众的认可:"你知道吗? 你一本书上的封皮是我在 14 岁时设计的。梅特林克的书都用那种封皮——其中几本是我设计的——但我已经找不到我其他的设计了,或许它们被用在了那些过时的书上,已经被遗忘了。"②

《劳动和天使》,钢笔画,1898 (作者)

这些话听起来就像是一个男人从复杂的幻想中编织的梦境,他不愿承认自己童年的贫困这一事实。然而,在他去贝鲁特后的四个月,约瑟芬·皮勃迪在一家杂志上发表的文字证实了这些话:"戴伊先生告诉了我一件有趣的

① 玛·哈 46,1915 年 8 月 27 日。
② 玛·哈 59,1922 年 4 月 18 日。

事，在这男孩儿远行前，他要在纽约卖出自己的封面设计，他卖了很多，不知哪些书会采用这些设计。仅仅在两周前，戴伊先生从麦克米兰得到了一部新文集——梅特林克的《智慧和命运》——封面采用了男孩儿的一个设计，戴伊说，'我将因此而拥抱他——这是最令我高兴的一件事'。"①

哈利勒将自己的设计卖给了纽约的一家出版社，莉拉·卡博特·佩里的一封信也证实了这件事。莉拉当时正在日本，1899年3月2日，她写信给戴伊，感谢自己收到的一个包裹，那包裹里有：

> 你那幅极美的名为"已完成"的照片、梅特林克令人高兴的题字以及我的著作《印象》的第一个复印本……如你所知，佩里先生极其爱书，他很满意你给我那难以捉摸的幻想所配的形式，我们也都非常喜欢哈利勒设计的封面。请转达我深切的想念……我想知道哈利勒正在做什么，我可以从哪里不时看到他的作品，特别是如果他开始练习油画，我的建议或许会对他有所助益。②

1898年4月2日，纽约的一份文艺周刊《批评家》的评论，清楚地表明了哈利勒曾进行过书籍的设计工作：

> 几天前，一位不到16岁的叙利亚年轻人走进S. W.马文先生的办公室，他手里拿着一封介绍信，胳膊下夹着一叠画稿。他用相当好的英语，请马文先生看其中的一幅画，并浏览其他画作。马文先生照做了，这男孩儿的外表使他感兴趣，他那黑黑的大眼睛和橄榄色肌肤，使他在美国人中显得格外醒目，当马文先生翻阅他的画作时，这男孩儿谦逊地坐着。马文发现这些画作中包含着最动人的东方式设计。当马文挑剔地审视着这些画作，这男孩儿询问他是否能发现一些有价值的作品，"你还有吗？"马文先生问道，男孩儿回答说，"他所有的作品都在那儿了"。
>
> "我全要了，"马文先生说，"如果你有新作品，都带给我，我也都要了。"

---

① 约·皮，1898年12月8日。
② 帕里致弗·戴，1899年3月22日。

　　后来我碰巧有一个机会看到了这些设计。它们确实非同寻常，但却很自然地令人联想起东方化的设计，只有一幅较美国化，它最不成功。我很奇怪，为什么那些生活在纽约的叙利亚人、土耳其人和其他东方人，从未尝试过这类工作呢？这位特别的叙利亚人说，他从未学过设计艺术，只是随笔勾勒罢了。①

　　期刊上的摘要、莉拉·佩里的信件和《批评家》上登载的逸事，都表明哈利勒比同龄人更早地踏入了艺术界。1898 年的那个春天，是成年后的纪伯伦成功进入美国知识分子和艺术圈的人生缩影，也开始显露出自此一直围绕着他的无法言明的神授气质。此外，他还拥有才华、容貌、雄辩的口才、谦逊的举止和为实现目标不屈不挠的意志。

　　1898 年 3 月，奥波利·比尔兹利死于肺痨，露易斯·奎尼和弗雷德·霍兰德·戴伊哀悼这位自学成才的天才，他们认为，他们这些曾崇拜比尔兹利大胆而卓越的想象力的"波士顿精英"，应该为他举办一次纪念活动。比尔兹利在去世前皈依了天主教，因而他们决定在 1898 年 4 月 23 日玛萨诸塞大街 620 号的天主教集会上，安排一次诵经弥撒，来纪念这位艺术家的亡灵。与他们早年纪念叶芝的活动不同，这次事件使爱尔兰天主教徒和警惕罗马教会的纽约人感到尴尬：对他们来说，比尔兹利与颓废派、奥斯卡·王尔德有着无法消除的联系，但他死后却被戴上基督徒的帽子，这使他显得不伦不类。

　　哈利勒是否出现在这个场合，我们不得而知，但这必定会对他产生重要影响。露易斯·奎尼和戴伊所做的这一切，证明他们和其他波士顿的波西米亚信徒，已经感受到了自己所负有的责任：要清除美国长期以来阻碍自由力量和思想的屏障。哈利勒经常能接触到戴伊和他的工作，他不可避免地会参与到他们的"斗争"中去——他们时常要与美国的大众检查制度和装腔作势做斗争。"如今，到处都有很多自命的统治者，他们试图给艺术加上镣铐"，戴伊在 1898 年写道："美国对艺术和文学的检查制度，就像大家熟悉的绿色月桂树那样兴盛。"② 这个小男孩儿此时已清楚地认识到，艺术家同样也是破除旧习的革新者，而且不能惧怕争议。

---

① 《批评家》841，1898 年 4 月 2 日，第 232 页。
② 戴伊：《未遮盖人物应用摄影》，第 188 页。

然而，这些小小的成功也给哈利勒带来了麻烦。他迅速被外部世界吸引，远远超出了控制，并可能会被新教这一异端思想玷污，这都使卡米拉和彼得越来越感到不快，而哈利勒自己也很想念贝舍里小城，甚至他那专制的父亲。于是，全家人决定让他返回黎巴嫩，在那里完成学业。①

在开始漫长的返乡旅程前，在戴伊和朋友们的关心下，哈利勒再次获益。为了贴补微薄的收入，露易斯·奎尼一直担任奥本戴尔的邮政局局长，1897年，她买了一块种满月桂树的土地，这块地位于巴斯附近五岛的缅因州海岸，她以此来逃避工作上官僚体制的刻板束缚。1898年7月，露易斯邀请哈利勒和其他几位城市男孩儿，到她那片海边旷野去，对于任何一位居住于波士顿贫民区的孩子来说，这确实是难得的机会。

戴伊将这次旅行安排在了海边一艘名为"幸运号"的旧帆船上，以免这些脱离管束的孩子随处乱走或误了火车。哈利勒在前一个夏天还无法享受到的清新空气和健康生活，如今在他离开美国前，一次性地实现了。露易斯·奎尼在写给戴伊的一封信中说，这些孩子"都很好"，她随即提到哈利勒的离开："他真的会永远离开吗？但愿不会这样"，她写道。②

面对这个家庭出乎意料的决定，并不只有奎尼小姐一人感到不安。显然，戴伊也已告知了弗劳伦斯·皮尔斯，她的一些话表明，戴伊还为哈利勒的旅程筹集了一些钱："你能允许我也附上支票来赞助哈利勒的旅行吗？"她写道："明天6点半你不能与我们一起用餐吗？我已让哈利勒那时来，然后你就有机会从比尔小姐那里得到你渴望的消息。"③

于是，作为最早洞察到哈利勒天赋的支持者，比尔小姐为他安排了一次告别晚宴。接着，在1898年9月4日前的某个时间，哈利勒从纽约航行到黎巴嫩，正是在那天，露易斯·奎尼通过戴伊向他传达了对他临别赠画的谢意，"你给哈利勒写信时，"她请戴伊"向他传达我的谢意，告诉他我会珍藏这幅奇妙的画！我看到它模仿了詹姆士二世时期的梵·狄克的小约克公爵。这男孩儿真的不会再回来了吗"？④

由于"讨厌的咳嗽"，写信的皮尔斯小姐正在阿迪伦达克斯山休养。之后，她同样表达了对哈利勒离开美国的关切："我猜哈利勒已经在去往

① 玛·纪回忆，与扎基亚·纪伯伦·拉姆的访谈。
② 露·奎致弗·戴，1898年8月4日，国会图书馆。
③ 弗·皮致弗·戴，"周一晚上"，1898年。
④ 露·奎致弗·戴，1898年9月4日，国会图书馆。

叙利亚的路上了,我担心他的离开是个错误,然而或许因为他已认识到自己的艺术方向,他会对当地的绘画有所创新,并将在自己的家乡所收获的东西带给我们。"①

此时,一位诗人正焦急地等待着她的第一本书——上面印着"科普兰和戴伊"公司的百合花和玫瑰标志,几天后,她在日记中记录了那天收到的一件包裹:

> 那令人兴奋的包裹给我寄来了《旅人》的第三次校样、弗·霍·戴伊的一张便条和一幅精妙的小画,他说这幅画是一位叙利亚小男孩儿(他是戴伊的一位被保护人,在去年冬天的摄影展上,我看到过他几次)——哈利勒·纪伯伦留给我的。弗·霍·戴说,"他正在路上——去那里学习阿拉伯文学和哲学。他一直对你怀有美好的印象,希望你不要忘记他。"这是件多甜蜜的事啊,我没有忘记这小男孩儿,然而在人群里我只和他说了一两句话,因为他表现得很害羞,我们还在房间的两端相视微笑了一两次。②

也是在那天,由于校样问题,她写信给自己的出版商,书的出版日期一再拖延,她为了能敲定确切的出版日期而焦虑万分。除此之外,她第一次在写给戴伊的便条里提到了这幅画:

> 我亲爱的戴伊先生:
> 这幅精妙的小画的确可爱。我确实没有忘记哈利勒·纪伯伦。但他还能记起我,使我感到非常惊讶。你真的确定那是我吗?我不会质疑如此令人快乐的事情,尽管……
>
> 你忠实的,约瑟芬·皮勃迪③
> 国王街 26 号
> 多彻斯特

---

① 弗·皮致弗·戴,1898 年 9 月 10 日。
② 约·皮,1898 年 9 月 15 日。
③ 约·皮致弗·戴,1898 年 9 月 15 日。

1898 年戴伊拍摄的"哈利勒"，一张相似的照片很多年来挂在玛丽安娜的沙发上方
（皇家摄影社团）

第五章　比勃迪小姐

那幅画中的女子名叫约瑟芬·普林斯顿·皮勃迪，她对这幅肖像画既感到惊讶，又颇为喜悦。无论放在任何时间和地点，约瑟芬显然都是一位不寻常的年轻女性，在 20 世纪之交的波士顿，她也与众不同。她首先为这幅画感谢戴伊，随即将话题转向了目前最紧迫的事情。她说，对美的热爱，是支撑她十多年的内在动力，甚至在 14 岁发表第一首诗之前，她就已经是美的信徒，成年以后，正是自童年起就深埋在心里的美，激励她克服生命中的艰难境遇。

这个女孩儿的成长经历，就如一束花儿，要么花枝繁茂，要么凋零孤单。她的童年在纽约度过，那是一段完美而又享有特权的生活，这给她留下了最早的记忆。那斑驳的记忆就像她多才多艺的母亲教她使用的水彩颜料——是中心公园洒满阳光的田园景致、忠实的保姆和文雅的私人学校。她的双亲查尔斯·金尔海姆·皮勃迪和苏珊·茉莉儿·皮勃迪都成长于波士顿浓郁的文化氛围中，他们热衷于精雅文学和戏剧，这种热爱深刻影响了三个女儿。那是一个洋溢着歌声的家庭，他们盛赞孩子们显露的天分，通过华丽的布景、舞台造型和写作诗歌，鼓励这些女孩儿表现自我。格林、霍桑和狄更斯的故事是他们的家常便饭，莎士比亚是他们排演的第一部家庭舞台剧的作者，全家人都能背诵莎氏作品中的语句，而这只是因为他们听到这些语句时，会感到无比欢欣。

1882 年，这田园诗般的生活破碎了。首先是三姐妹中小妹妹的夭折，两年后，在约瑟芬 10 岁时，父亲的突然离世给这童话般的生活永远画上了句号。她的母亲茫然不知所措，无力维持原有的生活，皮勃迪一家逐渐滑向贫穷贵族的行列。她们原本优雅的生活方式，需要适应如今惨淡的经济现实，于是，她们只能搬到玛萨诸塞州，与皮勃迪夫人的母亲住在一起。尽管皮勃迪夫人的境遇突然变得窘迫，她还是有能力在波士顿体面的多彻斯特区建造了一座小房子，正像约瑟芬后来所回忆的，全家人住在这"最黑暗的郊区"，她们不再有音乐、戏剧和绘画——这些在纽约童年时代曾滋养了她们灵魂的东西。①

约瑟芬无法适应冷冰冰的公立学校和缺少父亲的家庭生活，她只能退却到自我的世界，那是一个文字的世界，她可以在那里捕捉和编织无数的故事、戏剧和诗歌，她在日记中写道："最近，文字对我有着令人震惊的意义。"② 她在理解和运用语词方面有特殊的才能，14 岁时，她将自己创作的十四行诗寄给纽约和波士顿的编辑，当其中几首诗公开发表时，她即将完成波士顿女子拉丁语学校严格的古典课程。然而，由于长期以来体质虚弱，神经紧绷，她不得不在三年级时离开学校。

约瑟芬并未放弃希腊语和文学，她贪婪地阅读，1888—1893 年，她共阅读了 600 本书。通过"每周几个上午去波士顿图书馆练习运用希腊语"③，她补充自己未完成的教育，在写给一位朋友的信中，她提到自己经常在图书馆阅览室所做的事情，这暴露出她学术兴趣上的古怪偏好："我们会沿着考究的盘梯上去，它蜿蜒地经过法语的高地、传记的高位和数学的墓穴，到达宗教、巫术和神鬼学……我们会在顶层发出嘎吱声，让书从管理员的头上落下；我们也会走下来，经过'沃顿的论杀人者'，为寻找某种感觉而穿越黑暗的楼梯。"④

约瑟芬是一个精力充沛、生机勃勃的女孩儿，她成长历程中的日记形象而有说服力地表明了这一点。在日记中，外在的压力和内心的渴望，伴随着她苦乐参半的少女时代里强烈的孤独感：

> 1894 年 5 月，我想要乐趣、乐趣，却没人能给：只有阅读让我快乐，但我多么渴望年轻人、愉悦和趣事……我走在城中，满怀五月的感觉，想大笑和交谈，却无人能与我分享。我只能坐下来，一个人阅读，这样做时常会让我觉得不舒服。然后我又回到家，想要冲破这全然禁锢的青春。……天空如此地蓝，树木发了嫩芽——我

---

① 约·皮致弗雷德里克·舍曼，1898 年（约瑟芬·普林斯顿·皮勃迪的日记和书信，第 5 页）。

② 约·皮，1891 年 5 月（约瑟芬·普林斯顿·皮勃迪的日记和书信，第 10 页）。

③ 约·皮，1893 年 5 月（同上书，第 18 页）。

④ 约·皮致艾比·费尔威尔·布朗，1894 年 5 月 5 日（同上书，第 29—30 页）。

想与人玩耍！①

18 岁的约瑟芬·普林斯顿·皮勃迪（埃里森·帕·马克斯）

---

① 　约·皮，1894 年 5 月（约瑟芬·普林斯顿·皮勃迪的日记和书信，第 35 页）。

约瑟芬的写作以坦诚的内心、流畅的韵律和节奏，超越了普通日记忠实与刻板的记录方式，她在日记中呼唤着缪斯——她的"守护天使"——她写道："我仿佛处于一种持续的狂喜状态，我感觉有一位天使在我身边，总是向我低语。"她吐露秘密："无论你爱谁，但它仍被囚禁在花园里！你怎能属于任何人，任何人！"有时，她嘲笑自己徒劳的期待："一个人不能期待这个世界上的任何事，有希望就要为此付出代价。"① 那文学化的日记，是她最好的朋友，她用写日记的方式，替代了她原本渴望的所有趣事、闲言和私语。

她日记里记载的内心对话，显露出她忽而离群、忽而奔放的性格。1893 年 8 月，她写道："因为我是人，当我走近鸟儿，它们会惧怕我，这令我不自在，它们这样做，让我觉得受了伤害。"1893 年 11 月，未满 20 岁的她却宣称："我要做一个积极的人，啊，正是如此，你这自我主义者！你当然可以，你想把蟹蛇熊蝎抓进牧夫星的马车里；你想拿猎户星的腰带做礼物，用长尾巴的彗星做鞭子，8 月与流星赛跑——不是吗？（是的，这是我。）"②

在约瑟芬快 20 岁时，她的诗作引起了《大西洋月刊》编辑霍拉斯·伊·斯卡德的关注。斯卡德不仅同意发表她的一首具有田园风格的幻想诗《牧羊女孩儿》，而且对她出众的才华印象深刻，于是就安排她作为一名特别生，到拉德克利夫女子艺术学院去学习。

这样，玛萨诸塞州的剑桥市③向她敞开了大门，它所给予的远远超出了她的梦想。每周波士顿交响乐团的单人表演，可以满足她"对音乐难以忍受的饥渴"，在那里，"周五的下午，我的同龄人会走进来，花 25 美分就能听到最美的音乐"。而她的想象力会将人世间的普通事件转换为神迹，在提及佩德鲁夫斯基的一场演奏会时，她写道："他的演奏使整个城市焕然一新，升华到完美的和谐状态。我这样说，是因为当我走进音乐厅时，街道是弯曲的；而当我走出来时，眼前的街道却变直了，似乎到处都

---

①　约·皮，1892 年 3 月，1893 年 1 月和 2 月（约瑟芬·普林斯顿·皮勃迪的日记和书信，第 11—13 页）。

②　约·皮日记，1893 年 8 月，1893 年 11 月（同上书，第 14、20 页）。

③　拉德克利夫女子艺术学院的所在地，同时也是哈佛大学和麻省理工大学两所著名大学的所在地。——译者注

被神圣化了。"她一直渴望能与那些从事艺术创作的人交往和谈话,现在也梦想成真了。威廉·沃恩·穆迪、刘易斯·盖茨和弗朗西斯·齐尔德是她的英语文学教授,他们发现她在不经意间流露出的与众不同,此外,她还经历了"间或几段奇特的新的友谊,一段真正的'好时光',新的风景和眼界,新的助益和灵感:我总是能遇到经久不变的友善和爱……我总是能得到过多的关照"①。

约瑟芬能阅读希腊文荷马史诗,也能从现代作家优美的原文作品中汲取营养,她能阅读惠特曼、罗塞蒂、李奥帕蒂、德·穆赛和魏兰尼,但她却与那些喜欢卖弄学问、戴眼镜的短发女学究截然不同,她更不同于当时流行的"女猎手",她们把教授当作猎物,向他们的课堂发起猛攻,嘴里嚷着:"噢,盖茨先生!噢,贝克先生!演讲结束了。"她坦诚和沉默的姿态对那些学者很具吸引力:"1896年4月:昨天,齐尔德教授在英语俱乐部的公开聚会上朗诵,朗诵前,我们在休息室与他交谈了一会儿,我把一些蔓生的五月花别在他的纽扣孔上。"②

这些冲动与她追寻造就诗歌、艺术和音乐的"有翅膀的事物"的发自内心的狂热,标志着约瑟芬·皮勃迪具备成为那个时代伟大女性的潜质,当然,热情高涨的她也不时遭受失望的打击。她在拉德克利夫感受到的友谊和激励下只维持了两年,她似乎是由于洞彻了学究气的迂腐和无用,突然离开了学术的殿堂。"在现行的体制下,我们一直阅读的东西几乎令人生厌",她写道:"课程很愚蠢,那位导师——我可以这样描绘他,一边以精确严谨的态度雕刻着凤凰,一边申明,'翅膀不重要,但这里必须要画上一只鸡腿,亲爱的。'"③

连著名的查尔斯·艾略特·诺顿的演讲,也开始变得乏味起来:

> 1895年10月:我想知道,这些亲切而又令人尊敬的人在请求年轻人相信这个国家或者时代不再有崇高和可爱时,他们是否考虑到年轻人的感受。我认为他的大部分演讲都是些引经据典,我试图满怀尊

---

① 约·皮日记,1895年2月;约·皮致斯卡德,1894年9月7日;约·皮日记,1895年10月,1895年7月(约瑟芬·普林斯顿·皮勃迪的日记和书信,第56、48、73、59页)。

② 约·皮致斯卡德,1895年1月6日;约·皮日记,1896年4月(同上书,第55、77页)。

③ 约·皮致斯卡德,同上。

敬地耐心倾听其中的一些内容，这反而更让我烦恼。我忍不住乱画起来……当他说道："这个难以捉摸的伟大时代，伸出它的双臂拥抱世界，并微笑着俯视这奇特的蚁冢，在这里，诺顿教授正解析着我们国家可怜的堕落和无望的丑陋。"[1]

1896 年 7 月，约瑟芬离开了拉德克利夫。"我特别希望和与人类有关的事情打交道，我不想成为一个'文学化的'诗人，但愿不要如此！"[2]没人能理解促使她离开的真正原因，但她拒绝这些可以"粉饰"才能的训练，显然是经过深思熟虑的。她认为自己是一个"（坏）段落和诗节的制造者"，她试图"看到更多制造了文学的生活！因为上帝知道，我憎恨从传闻了解生活，文学化的生活不过是件卑劣的事"。她离开时，知道自己已不具备获得成功职业的条件，因为好的职业"意味着一个人必须有学位、经验和介绍信"。[3] 意识到这一点，起初她吓了一跳，但随即又振奋起来："后来，当我听到剑桥的人们对我的离开感到震惊时，我觉得很好笑（也有点惊异），以后也不会再来了——我失去了自己的才智吗？这次契机——我可能拥有这个或那个——确实，我应该明白我需要训练——如果我不回来，我将前景无望等等，这多么像我离开中学时，我的拉丁语教师所说的话啊，那成为我教育的终点了吗？他们的确曾希望我能有所作为。"[4]

返回多彻斯特以后，她又重新回到了家庭生活的日常轨道。在家里，患病的外婆、无尽忧伤的母亲和正在读艺术院校的年长她两岁的姐姐玛丽安，正承受着家庭经济状况恶化的窘境。这境况使她情绪低落，无法摆脱自己成为家庭负担的愧疚感，她时常感到剧烈的头痛，但她却仍然能够创作出一系列故事和诗歌，并重写了古典神话《古代希腊民间故事》。最棒的是，剑桥知识圈并未遗忘她，她光芒四射的美丽与才智，将一些哈佛毕业生吸引到她的住处，突然间，国王大街 26 号成为某种意义上的沙龙，一些年轻才俊们常乘车齐聚此地。

约瑟芬很快成为大家爱慕的妙人儿，然而她并不仅仅满足于此，她真

---

[1]　约·皮，1895 年 10 月。
[2]　约·皮日记，1897 年 5 月（日记，第 83 页）。
[3]　约·皮，1898 年 10 月 28 日，1896 年 6 月 17 日。
[4]　约·皮，1896 年 6 月 17 日。

诚地渴望一种不同于 20 世纪之交美国社会的两性关系，她渴望与男性之间建立和保持热情的友谊，她为阻止男女之间实现真正沟通的人为屏障而忧伤：

> 我们似乎不能成为朋友，我今夜感到一种从未有过的哀伤和无助——对待男性朋友，不可能像对女性朋友那样怀有真正的爱，不可能以你喜欢的充满活力、不世俗的孩童方式，来营造一种和谐的伙伴友谊，不可能拥有由烦恼和忧伤的性情，所带来的焦虑和温柔，人们坚持认为这些不存在于男女之间……我不明白，不相信男女之间只存在爱情和我们被迫称为友谊、无人情味的纯粹的理智关系。①

由于情感大胆和惊人的美貌，她出了名。一年内，她被引荐给几名活跃于波士顿作家俱乐部和诗社的年长女诗人，露易斯·奎尼，她的朋友爱丽丝·布朗、露易丝·钱德勒·莫顿，甚至大人物茱莉亚·沃德·休和安妮·菲尔兹也接纳了她。之后，她鼓起勇气将自己最喜爱的诗作编成《旅人》，交给了"科普兰和戴伊"出版社，赫伯特·科普兰给了她信心，他说，自己在做《年轻人的伙伴》的编辑时，就已经很喜爱她少女时代的作品，他和戴伊早就想邀请她出版这些早年的诗作。

毫无疑问，当哈利勒·纪伯伦在弗雷德·霍兰德·戴伊的展览会上第一次见到约瑟芬时，她的表现"热情奔放、活力四射"，人们看不到、也感觉不到她的年龄："23 岁：却仍像未成年人，我为什么会这样呢？"那时的她写道。②

哈利勒被她的光芒四射和小巧玲珑所吸引，后来试图凭记忆在画中捕捉她那明亮的棕色眼睛、迷人的嘴唇以及心形面庞上层叠的黑发。他把画拿给戴伊看，一直细心观察着纪伯伦的戴伊，鼓励小男孩儿在这幅画儿上写上题词，并留给自己做纪念品。于是，纪伯伦用阿拉伯语写了题词——这有些恶作剧的意味，但他或许已经知道，这样做比他吃力地写英语更能引起神秘感。后来一位哈佛学者给约瑟芬翻译了那幅画上的字："1898 年

---

① 约·皮，1897 年 2 月 1 日。
② 约·皮日记，1903 年 11 月（日记，第 187 页）；约·皮，1897 年 5 月 30 日。

哈利勒留给戴伊的铅笔画，并请他转交给"亲爱和尊贵的约瑟芬·皮勃迪女士"，
1898 年 8 月 23 日（莱昂纳尔·帕·马克斯）

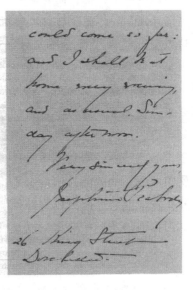

约瑟芬写给戴伊书信的开头和结尾（诺伍德）

8 月 23 日，给亲爱和尊贵的约瑟芬·皮勃迪女士"。① 哈利勒离开后两周，戴伊将画转交给了约瑟芬。

　　哈利勒抵达贝鲁特时，他能流利地讲阿拉伯语，并能正确理解它，而且他的阅读能力相当好，但却不能用阿拉伯语写作。在旅途中，他研读了一本戴伊复印给他的布尔芬奇的《寓言时代》，他在书中用阿拉伯口语写道："在纽约和贝鲁特的旅途中，我以巨大的热情来研读这本书。"在书的末页，他再次用阿拉伯语写道："我抵达贝鲁特，身体健康，物品没有遗失。"②

　　哈利勒选择马德拉赛特·阿·希克玛学院完成自己的教育。该学院创立于 1875 年，创立者是一位马龙派神甫约瑟夫·迪博斯，学院设置的课程有强烈的民族主义倾向，偏重教会写作、历史和礼拜仪式。哈利勒试图说服学院管理者，他要从学院水平开始学习。尽管他的阿拉伯语水平差得没人帮助便不能安排课程，但他还是向常驻教师约瑟夫·哈达德神甫抱怨道，自己因为语法水平差，被安排在了学院最初级的班。哈达德神甫耐心地向他解释：学习就像登梯子，一个人要逐级向上攀登。这个面色黝黑的年轻人，用他那棕色眼睛平静坚定地盯着神甫说：鸟儿，不用梯子，也能飞翔。他渲染了一下自己的背景，然后宣称自己已经在美国完成了英语课程，并固执地声明：他，而非他的父母，对指导和学习负有责任，如果不能自主选择课程，他就要转到贝鲁特的美国大学。③

　　这傲慢有挑衅之嫌。马龙教派的马德拉赛特学院与新教的美国大学，在黎巴嫩竞争激烈，哈利勒所受的美国教育也给这威胁加了分量。于是，哈达德神甫做了努力，确保哈利勒所在的学院主管同意他按照特殊需要来选择课程。这位年轻人的严肃、决心和非凡的自信给神甫留下了深刻印象，他同意哈利勒旁听演讲，并准许他用三个月时间阅读指定的文学作品。这样，哈利勒靠自己的说服力，决定了所要学习的具有神学性质的课程。他的阿拉伯语水平迅速提高，哈达德神父鼓励他进行创作，并布置他阅读那些可以弥补他知识背景差异的文学作品，这些作品主要从阿拉伯语圣经中选出，以福音书为主，哈利勒沉迷于它们的风格

---

① 约·皮，1898 年 12 月 19 日，由托伊教授翻译的题词。
② 卡拉姆：《关于纪伯伦·哈利勒·纪伯伦的演讲》，第 26 页。
③ 马龙·阿卜德：《新与旧》，第 118—121 页。

和韵律。

哈利勒在这所学校表现突出，他离校很久以后，那些老师们仍能记起这名奇特男孩儿夸张的言行与举止。他仍蓄着长发，趣味独特，他讲着奇怪的故事，言谈间时常引用英美文学作品，并嬉笑谈论着他过去的所见所闻。如果他足够直率，再描述一下他的波士顿经验、他那不合世俗的庇护者、他私人结交的美国诗人和那些书籍设计，这些老师们一定对这些故事更半信半疑了。

与此同时，当哈利勒尽力使他的美国经验与古典阿拉伯语训练相适应时，他那位"亲爱和尊贵的女士"的诗作，也于1898年12月的第一周出版了。为此，约瑟芬·皮勃迪已经苦苦等待了一年，一年里，她为出版社缓慢的出书速度而着急，直到10月，她才看到了令她困惑的宣传，它在头版头条宣告，"波士顿新出了一位女诗人"。[1] 当她终于拿到了第一本薄薄的绿色书册，上面装饰着姐姐玛丽安设计的金色翅膀，她还是感到了些许失望，她的第一印象是"看起来死气沉沉，伤痕累累"，但两周后，她忘记了卷首引用但丁作品的印刷错误，忘记了漫长的出版过程的痛苦煎熬："12月1日，收到了六本样书和一张便条，书要在周六出版。赞美上帝！"[2]

12月3日，约瑟芬造访康希尔街69号，向戴伊表达了她对出版商发行书籍的随意态度的担忧，戴伊巧妙地分散了她的注意力，他用了大概半小时的时间，向她展现了"叙利亚小男孩儿哈利勒·纪伯伦的全部画页——我简直无法描述它们"。[3] 看到她显然被触动，戴伊随即告诉了哈利勒的所有事情——他读了梅特林克和兰波以后的反应、他已经制作并卖出去的设计、他回到圣经的土地——当约瑟芬离开戴伊的办公室时，她的焦虑消失了。

现在，自己的书拿到了手，她能任意处理它。她在和戴伊谈话时想到了梅特林克，于是就首先给莫里斯·梅特林克寄去了一本，她不仅推崇他《谦卑的财富》，她的日记也表明，一件不寻常的事如何增强了她的这种感情。一天，她坐在一辆敞开式电车上，阅读法文原文《谦卑的财富》

① 约·皮，1898年10月5日。
② 约·皮，1898年11月22日，1898年12月1日。
③ 约·皮，1898年12月8日。

中那篇关于沉默的短文。当她读到那句"沉默，伟大事物的天使……一个人言谈时，我们的灵魂企求逃离——去哀求多几小时天真无害的谎言……我感到我长衣的褶皱中有翅膀拍击的声音，我看到两膝间站着一只小麻雀，我几乎不敢相信自己的眼睛，我把它放在手里，它并未试图逃离，却停留在我手上，并用明亮镇定的眼睛看着我。"①

对约瑟芬来讲，鸟儿的降临富有象征意义，她总是在寻找着带翅膀的缪斯的迹象——这不是最恰当的显现吗？拜访戴伊使她联想起这件事，于是，她以略带戏谑的态度，甚至带些轻佻的意味，将这件事告知了梅特林克。同样，她确信那位年轻的叙利亚艺术家和他的画作一样，有某种魔力，她决定向他有所表示。这是另一场游戏，是她一直寻找的要与某人玩儿的游戏。

她详细记录了自己与戴伊的谈话："1898 年 12 月 12 日：今天，我要给哈利勒·纪伯伦写一封信！一想起他，就像想起了源泉、洋槐树和野花蜂蜜……戴伊先生说，他的父亲是酋长，一名税收官……他才只有 15 岁。"得知哈利勒在读完兰波的作品后，宣称自己是一名异教徒，她打断戴伊："'啊'，我说，'他的心灵经历了多么巨大的转变啊。''他今后也会如此'，戴伊先生说。"②

她问戴伊，哈利勒养过羊吗，于是：

> 他毫不吃惊，也丝毫没有笑意，这触动了我，也使我洞晓了他：我明白，他和我一样相信——这男孩儿生来就是一位先知，确实如此。他的画比任何事物都清楚地表明了这一点，这年轻人无法逃避。你满怀欣赏和喜悦的欢欣，（这是）极大的精神拥有。通过每一幅草图和每一种感觉，你能看到一个阿拉伯本土的有预言能力的智者。感谢我看到这些的那一天，因为我遇到了与上帝如此亲近的一个生灵，没有什么如此温暖过我的心，振奋了我那在黑暗中逐渐迷失的思想。③

---

① 约·皮，1898 年 8 月 18 日。
② 约·皮，1898 年 12 月 12 日。
③ 约·皮，1898 年 12 月 8 日。

在抵达贝鲁特两个月后，哈利勒收到了一封约瑟芬的措辞优美的信：

我亲爱的小朋友：

我不久前收到了你远行前留给我的肖像画，这幅画那么可爱和令人惊奇。起初，我很难相信那画中人是我，我也不信你还能记得我那么久，但当这幅画在我手中时，我确信自己要保存它。

当我给你写信时，它就在我面前。如果有可能，我会找到一个有足够才智的人，告诉我题词的意思。然而，我并不急着这样做，因为画中的那张面庞，向我诉说了很多：当我停下来倾听时，我的耳朵能听到它发出可爱的声音。

最近，我见到了你的朋友戴伊，并与他交谈。我们提及了你，他让我看了你留给他的其他画作。我想告诉你，那些画令我之后的几天感到幸福极了。为什么呢？因为我觉得在看到它们时，我清楚地理解了你：我相信，你有一个要与他人分享幸福的丰富的内心世界。你能用眼睛去看，能用耳朵去听，你能体会事物内在的美，其他人却没有这份幸运，他们不能看到它，不能为此感到愉悦。在我看来，你的精神栖息在一个美丽的地方：相信这一点，总是能使我感到幸福——愿它永远停留在那儿。

在我看来，那些能够真正创作出可爱事物的人们——无论是绘画、陶器、音乐或其他任何东西，无论他们是谁，他们都将日常的面包看作生命的面包：当他们把面包分给那些比自己贫穷、或许会饥饿无助的人们时，他们能感到毫无缺憾的幸福。

不知你的国家是什么样子？你是否是在平静的土地上长大？都市里的喧嚣和拥挤有时让我非常困惑，我感到自己就像一个追寻真我的孩子。我记得有那么多先知都是在孤独中长大，甚至放过羊（就像故事中的阿波罗，曾为阿德米特斯国王看管羊群！），我希望所有人都能在一个荒凉的地方待一阵，他们就能懂得，在孤独中找到祝福，就像在沙漠中找到隐藏的清泉。（你见过沙漠吗？我想知道它是什么样子。）

你知道梅特林克在《谦卑的财富》中提到的沉默。我想你能听到沉默：我希望有一天你能回来，告诉我你听到的一切。

如果你能告诉我你在那个我完全陌生的遥远国度中的生活，我会非常高兴地去倾听！如果你想知道发生在这里的新闻，就询问我，我会把自己知道的都告诉你，这仅仅是为了感谢你为我画的那幅画。

你真挚的朋友约瑟芬·皮勃迪
1898 年 12 月 12 日 [1]

如今，轮到哈利勒印象深刻了，难怪他要夸耀那些曾遇到的美国诗人了！约瑟芬在字里行间暗示着她自己的作品（"日常面包"成为 1900 年她出版的《命运与人类的眼睛》中的一首诗的题目），她显然把他当作与自己平等的艺术家看待。他已经收到了戴伊奇给他的《旅人》——然而，这封由她亲笔写的信，就如同神赐的甘露一般。

虽然不知道约瑟芬对他有什么期待，哈利勒却急切地要不辜负她的期望。这小男孩儿运用他贫乏的英语，写了一封回信表达自己的真诚。那不确切的拼写和不符合习惯的标点符号，显露出天真质朴，令她感到新鲜有趣。由于阿拉伯语中没有 P 这个字母，他称她为"比勃迪小姐"，显然，他混淆了自己同时学习的两种语言，他希望用比喻的方式来恰当地表达自己，但却能力不足。

1899 年 3 月，约瑟芬收到了回信，看到信里流露出的单纯和热情，她高兴极了。这位脑海里记着莎士比亚的 21 首十四行诗、"各种各样的意大利玩意儿"、加上"许多英语抒情诗"的女子会为了放松而阅读但丁，把希罗多德带进浴室，此时，她看到这位年轻的黎巴嫩崇拜者语言贫乏的回信，感到尤其有趣。幸运的是，"为了完好保存"，她在日记中细心地抄下了这封"奇异的信"。[2] 这封誊抄的信，完全保留了原有的错误，信中写道：

我亲爱的约瑟芬：

看来我终究赢得了你的友谊，"是吗？"这愿望曾濒临灭亡。

当然，我看到你的画像时是那么高兴，他们并未过多谈起你给我的这封要开启我们友谊之门的短信。当我说，我已不对你的信抱多大

---

① 约·皮致哈·纪，初稿，1898 年 12 月 12 日。
② 约·皮，1899 年 3 月 24 日。

希望，你的信却来了，它确实比语言本身告诉我的更多。噢！我多么兴福！多么快乐！以至于我无法用语言来表达我的欢欣。

　　你会发现，当我用英语书写时，我总是不能自如，因为我不知道怎样将我的想法翻译成英语，然而，或许你不会介意，我认为我能向你表明心迹（我将会把你的友谊永留心底，越过重重陆地和海洋，我会一直对你怀有爱，将会把你的思想放在我的心旁，我的脑海里永远都有你的身影），噢，如果我能更好地掌握英语，或者你懂阿拉伯语，对我们来讲，一定是件幸事，然而，我仍要向你保证，我会写信告诉你我所知道和所做的一切，希望你也写信告诉我关于你的事情，你的来信会带给我快乐。

哈利勒在贝鲁特学院，1900 年

　　是的，我将你久久地留在脑海中，当你在信中说"因为我总是保留着那种东西"，而对于那种东西，我就像一个照相机，我的心是那相架，为什么？我记着你，是因为你的脸庞似乎告诉了我曾想到的某些东西，我不会忘记那晚戴伊先生的展览会上，你与我讲话的时刻。就在那个夜晚，我曾问戴伊先生，那位穿黑色衣服的女士是谁，他说："她是比勃迪小姐，一位年轻诗人，她的姐姐是位艺术家"，"多么幸福的家庭"，我说，"我真想认识她们"。那以后，时光飞逝，我没有再见到你，也不能再了解你，直到智者的爱将我带到远方，并将我放在贝鲁特的一个学院中学习阿拉伯语、法语和其他知识。

叙利亚是一个美妙的国家，很多地方留存着古迹，它与美国非常不同，这个国家更安静，在乡村，有很多像我一样的人，都有着友善的心，他们互相爱护，不像美国人那样做很多工作，因为他们只需要在自己的土地上劳动，富人和穷人似乎都很幸福。

我想知道，你怎么知道我喜爱安静，为什么？是的，我的确如此，我确实能够听到那美丽的音乐，我想知道，你是否曾坐在黑暗沉静的屋里，听着雨的音乐，它是那么平静（你不会给我回信吗？下封信我会告诉你很多事情）。

你那远方的朋友

哈利勒·纪伯伦

看到这封毫不拘泥于语法、拼写和习惯风格而写成的信，"比勃迪小姐"感到如此"兴福"！3 月 25 日，她写信给戴伊："上周我收到了哈利勒·纪伯伦的一封信：我从未见过英语那么支离破碎，却让人感觉那么完美的信，我高兴极了。复活节后如果你来康希尔，不知你是否介意向我和朋友普利斯科特夫人展示他的绘画作品。"[1]

当哈利勒还在与复杂的古阿拉伯语形式作斗争时，约瑟芬就已经对他的才华坚信不疑了，在他远未能用英语和阿拉伯语两种语言流利表达自己的思想时，就已经有一位听众准备倾听他的讯息。约瑟芬一直向凯特·普利斯科特学习泥塑，她试图让自己的老师对哈利勒的作品感兴趣，约瑟芬的尝试和哈利勒"不顾一切的努力与自助"[2] 预示了后来发生的很多事。三年后，当哈利勒回到波士顿，他将真正满足她不断追寻美学完善和表达

---

① 约·皮致弗·戴，1899 年 3 月 25 日。

② 约·皮，1899 年 3 月 30 日。

的愿望，而她也会给哈利勒提供一个处所，那里普照着创造的阳光。此时，身在贝鲁特的哈利勒也更加努力地学习，急不可耐地要使自己成为这位富有预见的艺术家——也是他自己——希望的样子。

哈利勒起初很难适应学校严格的纪律，正如他后来所描述的：

> 严格的等级制使我在学院的最初两年很艰难，学院制度非常苛刻——他们比这里的学院管理得更严格——我不信任他们的条条框框，我并不遵守它们。然而，我却比其他学生更少受到惩罚，这是因为我以其他方式做了弥补——我学习非常刻苦。最后一年很好——哈瓦伊科和我逃避到了杂志中，有很多写诗的机会——他们称我校园诗人。①

约瑟夫·哈瓦伊科向哈利勒展示了地位和教养的含义。他的叔父是马龙教派的主教，作为一位有影响的教会人物的亲戚，他能享受到与此相应的一切特权。他生活随意，精于世事，与这位来自贝舍里的年轻人那紧张而焦虑的心灵一拍即合。两人合作开办了一份叫《灯塔》的杂志。② 由于哈利勒在"科普兰和戴伊"出版社的经历，他在这项文学事业中起到了一定的领导作用，他凭借才能，弥补了自己经济和社会地位低下的劣势，这令他很满意。后来他曾回忆起哈瓦伊科是如何支持和崇拜他的技艺，"在学院，（哈瓦伊科）是我某种意义上的精神上的孩子。我起初带他画画，当看到我能画出一只猫和一棵树，他觉得我棒极了——我们还合作出版了一份报纸：他负责管理，我负责编辑。我们起初用一种简易机器印刷，高年级时，校长允许我们通过学院的出版社出版。"③ 哈利勒的回忆也表明，早年他总是将自己设想为革新者。

哈瓦伊科后来的回忆，描述了他们一起构想的杂志、哈利勒为杂志所写的作品和画的插图。他也回忆起哈利勒的"孤独、倔强和奇怪的外表"。④ 对于神甫强加给学生的诸多成规，哈利勒采取各种方式进行反抗，他逃课，在学校的笔记簿上画满了画儿和讽刺老师的素描。他还嘲笑宗教

---

① 玛·哈46，1916年7月23日。
② 哈利勒·S. 哈瓦伊：《哈利勒·纪伯伦》，87n。
③ 玛·哈43，1912年6月5日。
④ 哈维，87n。

义务，当他被迫参加宗教团体活动时，他会放弃规定的忏悔，这从一个侧面验证了哈达德神父对他的看法——他的违抗并不仅仅是出于挑衅，而是由于胸怀大志。

在学校的最后一年，哈利勒终于得到了他渴盼的认可，他的诗获了奖。后来他描述了这个奖对他而言是多么重要：

> 在从学院毕业前，我很努力地参加诗歌竞赛。在学院生活中，那是件大事，因为如果在最后一年成为校园诗人，就意味着成功和诸多荣誉，我很兴奋，渴望获奖。大约 10 点钟时，我在自己的房间，一位老师路过并敲门。
>
> "纪伯伦·艾芬迪，"他说，"你还没睡吗？"
>
> "是的，"我说，"我不想睡觉。"
>
> "现在，"他说，"你上床睡觉，做个好梦。"
>
> 我知道当时他们正在督学的房间开会，可能在表决参赛的诗歌。"或许"，我对自己说，"或许他刚刚有消息，就来敲门，对我讲那些话"——这使我更坚信自己获了奖，于是我上床睡觉。
>
> 在梦中，我身在一座小花园。靠着墙——那是面大理石墙，涂着很奇怪而又美丽的颜色——淡红色和蓝色的边。然而，我并不像往常那样看着花，却发现自己望着墙。基督在那儿，没有路通向那墙，但他却就在那里。他说了与老师同样的话："去睡吧，做个好梦。"我没有醒来——但我记得，早上醒来，我得知自己的诗获奖了——我非常非常高兴，是狂喜。我觉得自己一生中永远不会再那样兴奋了。
>
> （那首诗）描绘了——一个地方——我们都给了相同的题目。这仅仅是学校的作业——但对于一个男孩儿来说，它意味着很多。[1]

哈利勒在学校所获得的满足感，与他在贝舍里的待遇形成了鲜明对照。他暑期回到家乡，迎接他的，仍然是父亲的冷漠，即使是时间的磨砺也无法令这个男人成熟，尽管名誉有了污点，他依然骄傲自大，仍然对儿子的精神追求漠不关心，并且愈加沉迷于个人嗜好，不关心他人的感受。哈利勒对待父亲的感情很矛盾：一方面，他不禁崇拜这男人的意志力；另一方

---

[1]　玛·哈41，1911 年 4 月 19 日。

面，由于父亲对自己表现出的敌意，他不可避免地对他怀有抵触情绪。

我崇拜他的力量，他向来直言不讳，拒绝妥协——这事实上带给他麻烦。然而，即使千头万绪围绕着他，他也必定斩钉截铁地下命令，他能用任何表达方式来掌控局面……

我父亲经常伤害我。我不能忘记一件事，我刚写了一首诗——我在一所学院上学——大约16或17岁，那首诗已经发表了——我感到非常骄傲自豪，以为当我回家后，人们都会感兴趣，并与我谈论它。刚好父亲在举办一个晚宴——其中一位客人叫赛利姆（赛利姆·达赫尔），他是位我渴望认识的作家，我希望给他留下好印象，在晚餐时，一位女士告诉我，她曾读过我的诗——并非常喜欢它——接着几位客人也谈起了它，并称赞有加。就像一位50岁的女士对待小男孩儿的态度，那女士鼓励我，"你还写了其他诗吗，哈利勒？"

"是的。事实上，我昨晚写了一首"——沉浸在被她赞扬的幸福中，我高兴地回答。

"噢！真有趣，我非常想听一下。晚餐后你可以念给我听吗？"其他人也附和着，"是啊，哈利勒——给我们念你的诗。"

我看着父亲，他做了个鬼脸——一副不屑一顾的表情。

晚餐后，我们回到客厅喝咖啡，这时一位男士要我朗读我的诗——那位女士说，"尤其是你昨晚写的那首。"父亲说，"哈利勒，我相信我们的朋友一定会认为这些玩意儿很无趣"——

然而，他们继续坚持——我永远不会忘记——他们喜欢我的诗——它打动了他们——他们和蔼地看着我——这是我第一次对着一位优秀的听众朗读——我无法形容自己的感受，他们都与我在一起——他们都热爱我，而我的父亲说——"我希望我们再也不要听这玩意儿了——这病态的孩子。"

这话深深地伤害了我的心灵。①

父子间的裂痕扩大，哈利勒最终离开了父亲的房子。在贝舍里时，他与努拉·纪伯伦同住一间屋，努拉是他的表兄，二人曾在童年时一起经历

① 玛·哈41，1911年3月24日。

了一次意外，如今他是村里木匠的学徒。努拉仍能忆起那些长长的夏日，他和身无分文却满腹波士顿伟大故事的哈利勒，一起住在他们童年时住过的一间寒酸的小屋里——那房屋的所有者仍是拉吉·贝克。就哈利勒而言，那间屋的状况属于他生活中的黑暗面，他后来在描述贝舍里时，从未提起过那间小屋，它的寒酸与年久失修，映照了哈利勒一直讳莫如深的严酷现实。但努拉却在后来清晰地回忆起了那潮湿、布满昆虫的住处，以及他和哈利勒在走进屋时，总是能感受到的恐惧。每当他们打开门，趴在屋顶的成群的臭虫就会落下，迅速爬到他们的床上，有些洁癖的哈利勒，就会咒骂造成这令人悚然的恶劣状况的贫穷。[①]

相比较而言，户外生活就精彩多了。当还是孩子时，哈利勒就能在悬崖、山谷和雪松的树荫中找到安慰，他与诗人和医生赛利姆·达赫尔的友谊也格外令他宽慰，他开始用新学的书法，来记录达赫尔记诵的故事和诗歌。这位长者非常了解当地的历史传统和著名人物，这丰富了小哈利勒对自己出生地的理解，并为他提供了未来写作时要使用的口语词汇。

在贝舍里，哈利勒靠朋友和亲戚的友好款待来吃饭。他经常去拜访一个显赫家庭，这个家庭与拉吉·贝克（他属于达赫尔家族）和赛利姆·达赫尔有关系，塔努斯·阿萨德·汉娜·达赫尔一家对他友善，生活条件舒适，这成为他的一个愉快的去处。作为回报，他开始帮助达赫尔的女儿们做些琐事，大姐哈拉·达赫尔尤其吸引了他，她也关注这位忧伤而又充满诗意的青年，经常与他一起散步，听他讲自己的白日梦。人们注意到他们之间的友谊不断增加，于是一些好事者开始考虑他们之间订婚的可能性——这种想法当然是不可能实现的。这不仅是由于哈拉比哈利勒年长，还因为她有位担任法院书记员和小镇官员的哥哥亚历山大，他极力表明哈拉能够嫁得更好，这让这位"山羊税款包收人的儿子"大为泄气。

哈利勒与哈拉·达赫尔森林幽会的十年后，他出版了《折断的翅膀》，这是关于一个黎巴嫩学生单恋一位不幸福的已婚女性的故事，这故事使很多读者对女主角萨勒玛·克拉玛的真实身份有所猜想。毫无疑问，在贝舍里的这段插曲影响了他，在描写萨勒玛时，他温柔地回忆起了哈拉·达赫尔。以她的外貌和社会思想为原型，纪伯伦描绘了自己理想的黎巴嫩妇女形象，然而，故事的根源却并非贝舍里山城，它来自剑桥和波士

---

① 回忆，努·纪。

顿优雅的画室，更来自于他随后与约瑟芬·皮勃迪的友谊。

约 1900 年在贝舍里画的铅笔画《睡着的天使》（茉莉照片）

一次，努拉和哈利勒在鲁瓦伊斯河边休息，哈利勒画了一个睡着的天使，她躺在一片开满花朵的草坪上。"那是些什么花？"努拉问，"它们是让你入睡的花"，这是回答。

画作中躺在罂粟园里长着翅膀的人物，显然是以古希腊神话为基础，但更直接的来源是戴伊的一幅照片。1898 年 7 月，在小男孩儿抵达贝鲁特前不久，《摄影笔记》上的一篇文章描绘了这张照片："这或许是戴伊先生最成功的作品……题目是'希普诺斯（睡眠之神）'，画中，睡眠是一位闭着双眼的年轻男子，他闻着罂粟花的气息昏昏欲睡。而一只鸟（或许是鸽子）的翅膀绝妙地凸显了理想主义。"① 虽然远离波士顿，哈利勒却记起了这个象征，他画了一个身体细长的裸体男孩儿，被罂粟花包围着，这些自然的花朵与照片中人造的紫铜色花朵有很大差异，但它们的创作理念很吻合。

那篇评论戴伊的文章，还指出英国画家乔治·弗雷德里克·沃茨对他的影响："实际上，在崇高的意旨方面，戴伊先生与这位神秘的伟大画家有相似之处。"② 因此，哈利勒这一时期作品的产生，是一个奇特的混杂物，它构思于黎巴嫩北部，却源于对一位波士顿彩色摄影师的回忆，而这位摄影师的艺术，却根源于一位英国画家。

哈利勒小心地保留了他在贝舍里的画作，并用包裹寄给了戴伊。努拉

① 威廉·M. 莫里：《弗·霍·戴印刷品展览》，《照相笔记 2》1898 年 7 月，第 22 页。
② 同上书，第 21 页。

起初怀疑哈利勒所叙述的关于他的一位朋友的奇事——他为哈利勒拍了几百张照片、带他到音乐会、送他书，然而，当戴伊发自波士顿的回信抵达，她和全村的人都深信不疑。这封信不仅确认收到了全部画作，而且还夹寄了一张 50 美元的支票。

在贝舍里，50 美元是笔令人难以置信的大钱，小城中没有人能把这张支票兑成现金。于是，哈利勒启程前往 25 英里外的的黎波里，在那里将自己恩主寄来的支票换成了现金，他在那儿买了一套带珍珠纽扣的棕色套装，买了一双漂亮的高级皮鞋。当他回到小城，人们羡慕他的阔绰、成功和那位神秘的富有朋友，于是，努拉决定也要到美国去——不是因为梦想着那遍地黄金的街道，而是因为他也渴望在那里遇到一位大人物，这位大人物会为几幅铅笔画付钱。

此时，弗雷德·霍兰德·戴伊越来越专注于他的摄影事业。早在 1898 年，他在写给露易斯·奎尼的信中，就已谈到了出版社的解散问题，她回信道，"你要（解散）'科普兰和戴伊'的打算，并不令我吃惊，我坚信你很快就会打消这种想法。当伊万斯'越狱'（弗雷德里克·H.伊万斯，英国建筑摄影师，最近关闭了他的书店），我说……这就是小弟弟要做的事，而且不久就要实施了，然而我希望，今年夏天你能到巴勒斯坦放松一下，让哈利勒做你的翻译。"①

"科普兰和戴伊"公司已经树立了良好声誉——趣味广博、富有想象力。但认可和成功并未让戴伊感觉舒服，他决定从出版界隐退。1899 年 7 月，"科普兰和戴伊"公司被斯莫尔·梅纳德集团的波士顿公司收购，它仅留下一串名单，在数年后成为一个精英小团体内的短暂记忆。

自此，戴伊将全部兴趣和精力投注在摄影上，并写些相关文章，在很多报刊发表，1899 年，《美国摄影年刊》发表了他的论文《肖像画与照相机》，其中有他的插图"年轻的酋长"，照片上是小哈利勒，可能拍摄于他们相识的那一年。②

此后不久，戴伊卷入了一桩大纷争，这纷争由他所做的一系列"神圣研究"而起，这项研究包含了几个耶稣受难和埋葬的场景。这些场景令普通公众恼怒和震惊，而批评界却关注这项研究所取得的成就。谣言四起，讲着戴

---

① 露·奎致弗·戴，1898 年 10 月 3 日，国会图书馆。
② 戴伊：《肖像画和照相机》，《美国摄影和摄影时代年鉴》，1899 年。

伊怎样再现耶稣钉于十字架的场景：他提前排演，那神圣的悲剧在山顶排演了 100 多次，农民们举家从四面八方赶来，坐在马车里好奇地观看……①这些传言无疑有些夸大其词，但确定的是，诺伍德的市民被这种亵渎神灵的行为吓住了。无论这些传言是否真实，戴伊确实制造了一场骚动。

《年轻的酋长》，1897 年（作者）

骚动的部分内容，是关于戴伊是否亲自扮演了救世主耶稣。一位批评家认为"这幅画中，他似乎是自己充当了模特：他那柔软而苗条的形体，

---

①　哈特曼：《装饰性摄影师》，第 105 页。

思索和意味深长的面容，配着那成熟的榛子颜色的平滑的头发"。另一位作家觉得这令人难以置信："我简直不能将这个人的样子——总是带着一个公文包，胳臂下夹着印刷品，与他所扮演的这样一位伟人联系起来，然而，他画中的那个在坟墓中的基督，看起来与他非常相像。"[1] 诺伍德的居民和戴伊本人从未提起过耶稣扮演者的身份。

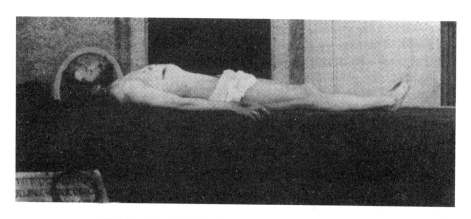

戴伊扮演的坟墓中的基督，1899 年（皇家摄影社团）

凭借在公众中的轰动效应，不久以后，戴伊和其他美国摄影师的作品得以入侵英国。他成为连环社团的成员，这个社团是皇家摄影社团的分支机构，皇家摄影社团致力于发展和推动摄影的艺术性，这使他在英国摄影界获得一定的影响力。到 1900 年秋天，戴伊已经在伦敦组织了两次展览，第一次展览是在他的影响下，连环社团发起了第八届伦敦摄影沙龙，在这次沙龙上，有三分之一的美国摄影作品参展。

第二次展览在位于南拉塞尔广场的皇家摄影社团的画廊举行，它完全是戴伊努力的结果，在画廊的墙上，悬挂着 41 位"美国摄影新派"艺术家的作品及"波士顿的弗·霍兰德·戴伊的 100 幅作品集"。[2] 展览取得了引人注目的成功，除了占大多数的戴伊作品外，还涵盖了阿尔文·郎顿·科伯恩、弗兰克·尤金、格特鲁德·凯斯比尔、艾德瓦德·斯泰肯和克莱伦斯·怀特等诸多摄影师的作品。

---

[1]　莫里，第 21 页。

[2]　阿尔文·兰顿·科伯恩：《美国摄影在伦敦》，《照片时代》1901 年 1 月，第 209—215 页。

戴伊的照片不仅包括了耶稣受难场景，而且还展示了他的同行艺术家和南恩顿区的模特们。其中至少有三幅画是关于纪伯伦的：第 323 号："哈利勒"，第 343 号："叙利亚男孩儿"和第 363 号："主人纪·哈·纪的肖像"。① 同时也展出了一幅"桑·纪小姐的肖像"，这是戴伊拍摄的桑塔娜·纪伯伦的一幅照片，照片捕捉到了她的端庄和美丽。

现存的戴伊所拍摄的桑塔娜、玛丽安娜和卡米拉的照片表明，当哈利勒远行时，纪伯伦一家并未被这位摄影师遗忘，他用母女三人做模特来研究忧郁，一些人宣称这是"造型与心理的结合"，而有些人则称之为"造型与心理的无聊事"，他因引领了"这破坏性的印刷品的异教"而为人诟病，却也被认为是"对一个'新学派'的产生贡献最大的摄影师"。②

伴随着在英国的成功，戴伊移居巴黎，他与一位年轻画家和摄影师艾德瓦德·斯泰肯一起住在蒙特帕纳斯高地的工作室中。巴黎人称戴伊为"雅士"③，他们对他和斯泰肯把摄影当作艺术的观点极为认同，然而此时，戴伊却日益感到焦虑不安，这使他决定暂时放弃现有的生活，去完成一直以来梦寐以求的中东之旅。1901 年 4 月 23 日，身在阿尔及尔的他写信给露易斯·奎尼："我在这儿，这确实是东方的前厅，那些建筑奇异的美、空气中散发的光芒和我时时处处遇到的变幻的服装，都令我困惑、陶醉和着迷。"④

我们不知道戴伊是否向东继续他的冒险历程并看望了哈利勒。但一封未标明日期的、哈利勒写给父亲的信，暗示了他与戴伊一起旅行的可能性。"我仍在贝鲁特，"哈利勒写道，"尽管我可能会离家整整一个月，与一位我非常尊敬的美国家人一起，到叙利亚和巴勒斯坦或者埃及和苏丹去旅行。我不知道自己还要在贝鲁特待多久，我出于个人考虑留在这里，为了让那些关心我的未来的人们高兴，我必须待在这个国家一段时间。"⑤ 虽然那位"美国家人"很有可能是戴伊，却没有现存资料表明哈利勒参与了戴伊的东方之旅，我们甚至不清楚 1902 年哈利勒返回美国的确切路线，我们只知

① 项目，皇家摄影社团，1900 年 11 月 8 日，一幅《玛·纪，哈·纪的肖像》由《美国摄影和摄影时代年鉴》复制，1901 年，第 36 页。

② 哈特曼：《装饰性摄影师》，第 103 页；托马斯·贝丁：《英国展览和美国入侵》，《照相笔记 4》（1901 年 1 月）：163；哈特曼：《装饰性摄影师》，第 106 页。

③ 罗伯特·德玛希：《美国摄影新学派在巴黎》，《照相笔记 5》（1901 年 7 月）：41。

④ 弗·戴致露·奎 1901 年（4 月 23 日），私人收集。

⑤ 《哈利勒·纪伯伦：自画像》，安东尼·费里斯翻译，第 17—18 页。

道他途经巴黎,正是在那里,他毫无准备地得知了妹妹桑塔娜的死讯。

主人纪·哈·纪 (皇家摄影社团)

事实上,老纪伯伦已经收到了波士顿的来信,得知桑塔娜病了。然而,哈利勒在提及"一位美国家人"的同一封信中,极力告诉他妹妹不会生病:"最近七个月,我已收到了戴伊先生的五封信,他向我保证,两个妹妹玛丽安娜和桑塔娜的身体很棒,他称赞她们的好性格,评价桑塔娜优雅的举止,并谈到她和我在外形和性格上的相似。"然而实际上,桑塔娜的病情远远超出了预料。12年后,一位友人记录了玛丽安娜对这场悲剧的描绘,她详细讲述了那次变故,语言简单直接,却感人至深:

　　桑塔娜(死时)14岁。12岁时,她脖子的两侧就长满了腺状肿瘤,医生给她开了些药,他说她不会活很久了,因此用不着手术,因为她可能在做手术时死去。是彼得带她去的医院——因为她妈妈不会讲英语。她没有告诉纪伯伦夫人医生所说的话——只是按照医生的指令去做。肿瘤进入肠子——7个月后,桑塔娜死在了床上。在她死前两个月的一天,玛丽安娜回家,桑(塔娜)让她看自己的脚和腿,一直肿到了膝盖——她流着痛苦的眼泪说:"现在我根本不能起床了。"她再也没能起床,这是一种无比痛苦的病——这孩子和所有爱她和照顾她的人都深切地感受到这种痛苦……

　　桑塔娜死前的那个夜晚糟透了。他们一夜没睡——早上，彼得到楼上休息，玛丽安娜请求提汉小姐让她回家工作，提汉小姐同意了（当时玛丽安娜是提汉小姐的服装店里的裁缝）。她再走进桑塔娜的房间时，桑塔娜问，"你为什么不去工作？""你知道我一夜没睡，"玛丽安娜说，"所以我今天早上想睡觉。""对"，桑塔娜说。然后她说"叫彼得来"——玛丽安娜这样做了，姨妈当时在房间里。彼得想让桑塔娜吃些热牛肉——哄了半天，她吃了。然后她要见妈妈，玛丽安娜去找她，妈妈正帮一个进店的女人洗衣服——她一边吩咐玛丽安娜把那篮湿衣服挂起来，一边去看桑塔娜，还不到一分钟，玛丽安娜听到了她姨妈的尖叫声，她跑回房间，看到桑塔娜躺在姨妈的胳膊上，已经死去了，玛丽安娜开始像姨妈那样尖叫，她过去从没亲眼见过任何人死去。"小声点！"她的母亲说，"这样做不合适。"（玛丽安娜说：）"然后我就像母亲那样平静地哭，彼得已经进了小屋，他哭了三天三夜，不吃也不睡。"①

1902 年 4 月前，戴伊所拍摄的桑塔娜的照片（作者）

---

① 玛·哈 44，1914 年 3 月 10 日。

戴伊于 1901 年拍摄的照片，从左至右为卡米拉、桑塔娜和玛丽安娜（作者）

死亡证明上写着桑塔娜·纪伯伦的名字，两个月前，她那端庄的面庞还出现在戴伊波士顿工作室的一次照片展览中，她在照片中的名字改为"安妮·格伯伦"，官方死因是"慢性腹泻和肾炎"，她死于 1902 年 4 月 4 日，两周后，当哈利勒回到家里，他震惊得无以言表。玛丽安娜描述了当时的情景：

> 哈利勒在远方求学，他知道桑塔娜病了——但不知道病情。她死前不久，哈利勒写信给母亲，说他完成学业想回家，她回信说，回来吧。他立刻启程——他们没想到——在巴黎，他从报纸上得知了桑塔娜的死讯，家里同时给他写了信，但却寄到了贝鲁特。桑塔纳临死前，曾说她只想见哈利勒和父亲，然后她就走了。他回来时，她已经死去两周。那是在她死后的第二个周日的下午，大约 4 点钟，彼得收到一封电报：他外出，到 6 点。他明白了，"妈妈！"他喊道，"哈利勒要回来了！"他喜极而泣，心痛欲裂。"然后，妈妈两个小时没有说话——她哭泣，为哈利勒的归来而高兴，也为桑塔娜的离去而悲伤。"

　　哈利勒坐船回来，（那天上午）4点钟，他们就起床了，玛丽安娜想留在家里不去工作，但母亲说，"你中午有很多时间看到你哥哥——说不定提汉小姐会让你待在家里一下午。"然而，提汉小姐太忙了，中午只给了她一小时的时间回家。

　　中午玛丽安娜进来时，看到"许多人在那儿，探望刚回来的哈利勒"。母亲正准备晚饭——姨妈和她在一起，家人让探望的人们留下来用餐，但他们都走了，彼得不能控制自己，在吃晚饭时，不停地出去擦干眼泪。哈利勒谈到了每件事——但没有提桑塔娜——回家的那天一句也没提，"因为他知道，如果他哭了，就会控制不了自己"，玛丽安娜说。

　　两三周后，玛丽安娜对他说，"孩子们会说，相互交谈——'但哈利勒，我觉得不可思议，那天你居然没有问及你的妹妹。''我为什么要问呢？'他说，'我知道她死了；我知道我的母亲爱她，我的哥哥爱她，还有你，我也知道他们的心都在疼痛。他们也知道我爱她，我的心也在疼痛，我不想让母亲更痛苦。'"①

自画像，钢笔画，1902 年（作者）

---

① 玛·哈 44，1914 年 3 月 10 日。

　　通过玛丽安娜的回忆,我们可以发现,哈利勒对待家庭苦难的直接反应与彼得、玛丽安娜和他们的母亲不同。即使是对待最亲近的人,他仍然构筑起一个外壳,此外,他返回波士顿贫民窟(尽管他们家现已从奥利佛区搬到了泰勒大街 7 号),是为了努力抗争,也是因为猛然觉醒。

　　但哈利勒刻意地保持了哀悼的习俗,玛丽安娜记得他蓄了胡须,她回忆说:"他穿着黑套装,戴着黑帽子,穿着黑鞋,以示哀悼……因为他从学校带回的所有衣服都是浅色,还有棕色的帽子,深棕色的鞋子。"① 没人敢想他这些哀悼的服装意味着什么,因为他们没有意识到,死亡的天使已经拍打着翅膀,继续降临在这个家庭。

---

① 玛·哈44,1914 年 3 月 10 日。

第六章　套上马车的飞马

"1902 年 11 月 6 日：今天早上，我收到了哈利勒·纪伯伦的便条，我想那叙利亚男孩儿现在已经长大了——他回到了美国。"①

如果说约瑟芬·皮勒迪为这个男孩儿的成熟而惊讶，那么她自己又何尝不是成熟了呢？在抄录哈利勒的信后的四年间，约瑟芬又有两部著作问世：诗集《歌唱的树叶》和独幕剧《命运与人类之眼》，独幕剧中的故事发生在伊丽莎白时期的酒馆，讲述了莎士比亚的故事，1901 年，她的第一部长篇剧作《马洛》问世。

很久以来，她一直渴望自己能对美国戏剧的写作有所贡献，"噢，但愿我能对推动美国戏剧之船的前进，尽一份微薄之力，"她在 1901 年写道，"但愿我可以竭尽所能地推、拖、拽、踢、拉——只为能听到这船前进中的吱吱声。"事实上，她的作品所带来的，并不仅仅是一丝吱吱声。然而，她得到的荣誉虽高，物质上的收益却很少，当霍顿·米福林同意出版《马洛》时，她写信给霍拉斯·E. 斯卡德："我衷心希望，这部作品不仅仅能带来荣誉"，"因为我不能只依靠荣誉生活"。②

1899 年 5 月，约瑟芬一家位于国王大街的房子被公开拍卖，约瑟芬躲在百叶窗后，听到了她房间里的全部拍卖过程。当听到"继续，继续——5500 成交"时，她对搬家又犹豫了，"这房子被如此廉价地卖掉，我伤心极了，今天它显得特别舒适、宽敞和明媚"。但为了融入令人兴奋的剑桥群体，她和玛丽安娜还是在林奈大街 36 号租了一所房子，这所房子虽然位置极佳，却丝毫没有减轻她们经济上的窘迫，"外表——外表——外表！至死都萦绕着我们的幽灵！我们是一家人，相依为命，不能

---

① 约·皮，1902 年 11 月 6 日。

② 约·皮，1901 年 12 月；约·皮写给斯卡德，1901 年 9 月 2 日（日记，第 161、158 页）。

分开，要同处一室，不能离群索居、固执己见。我们日益贫穷，却必须要互相依存，保持传统的外表，看起来完全体面，满足所有平庸的需求。"①

　　结识其他诗人，并与他们真正有所联系，是约瑟芬整体目标中的一环。1899 年 3 月，也就是她收到哈利勒信的那个月，她遇到了当时正试图在哈佛学术界占有一席之地的埃德温·阿灵顿·罗宾逊，在她看来，罗宾逊是"一位逃脱了剑桥泛滥的自我意识的思想家和诗人"，而这位沉默寡言的罗宾逊，也对她的天然质朴有所反应。"我发现与他相处很轻松，"她给一位朋友写信说，"但他那近乎悲伤的感觉影响了我，似乎命定里等待着一位阐释者的任何生灵，都有这种悲伤……很奇怪，不是吗，凡是有创造天赋的人，都似乎要被自己的性格所限，并因此感到无助——就像身陷熔炉的可怜的王子……"②

　　罗宾逊在创作生涯的早期所承受的内心挣扎使约瑟芬产生了精神上的共鸣。大概由于她的敏感纤细，她的客厅成为流浪诗人们的庇护所，1900年 9 月，她欣喜地发现自己一共有八位朋友在那年冬天出了书。③ 其中有威廉·沃恩·穆迪、格莱特·伯格斯（"科普兰和戴伊"出版社推出的另一位作家，以诗体喜剧和有达达主义风格的《云雀》闻名），诗人刘易斯·盖茨和丹尼尔·格雷戈里·梅森。后来成为作曲家和哥伦比亚大学音乐教授的梅森，曾回忆起当时的约瑟芬："我、罗宾逊和穆迪给她起的绰号是 B（游吟诗人），有时也叫她'小歌唱家'……每当约瑟芬能彻底忘记自己是一只鸟、一朵花或一个圣徒，而只记得自己是一位充满激情、对美怀有神圣的爱的女人，她就显得忠诚而高贵，无论是作为朋友还是艺术家，都无人能与她相比。"④

　　约瑟芬曾试着帮罗宾逊在斯莫尔·梅纳德公司出版他的史诗《克雷格船长》，她几乎促成了这件事，这证明她在这些男性的生活里，并不仅仅是装饰品。在金色穹顶的州议会会场前，她手持一朵红玫瑰，"因为拿着一朵玫瑰，就能看到两个世纪"，伴随着嘹亮的号声和庄严的赞美诗，她和成千上万的人一起见证了 20 世纪的来临。九个月后，她甚至开始赚取固定薪水，她开始在威尔兹利学院演讲，她在那儿讲授"维多利亚和

---

①　约·皮，1899 年 5 月；约·皮 1899 年 10 月（日记，第 123 页）。

②　约·皮，1899 年 3 月 30 日，约·皮写给玛丽·梅森，1899 年 7 月 8 日。

③　约·皮，1900 年 9 月 13 日。

④　梅森：《我的音乐时间》，第 118—119 页。

乔治亚时代的诗歌"和"现代经典"两门课程。然而，她除了将教学看作"可怕的经历——成为一名工薪阶层，赚取薪水"，还认为这项工作劳心劳力、令人厌恶。在漫长的第一年结束时，她的痛苦终于暂时得到缓解，热爱诗歌、颇似她的庇护者的莉莲·舒曼·德雷福斯，慷慨地资助她去欧洲旅行。在伦敦，她拜访了威尔弗里德和艾里斯·梅奈尔、斯文伯恩和约翰·辛格·萨金特这些人；在牛津，她见到了露易斯·奎尼，她满怀崇敬地与奎尼一起参观了大学。斯特拉福德自然是最神圣的殿堂，为了向德雷福斯夫人表示感谢，她送了"三样绿色物体"给她，它们是"安妮·海瑟薇（莎士比亚的妻子——译者注）花园中飘落的玫瑰花叶、查尔科特公园的神圣树叶、从世界上最可爱的墓园采摘来的紫衫树枝"。[①]

约瑟芬仍然执着于自我探寻，这使她不断成熟。在写给密友玛丽·梅森（她后来成了丹尼尔·格雷戈里·梅森的妻子）的信中，她提及了这无尽的自我探寻："我把哈利勒·纪伯伦画的肖像放在书桌上，昨晚，我把它钉到床边，以便我一起床就能看到它：或许它能帮我理解自我（也就是说——'当上帝创造'皮勃迪这束小花儿时，'他的意图是什么'）。"几个月后，她谈及自己过分沉迷于内省的情形，表达了坚持自我牺牲的想法，并再次分析了自己的悲悯天性：

> 我刚明白我是什么，我为什么这么有趣。（为什么过去我就没明白呢？）为什么那些认为我非常好的人，却发现我很不近人情，并且难以理解我；为什么我既年老又年轻。我是一个不遵从道德规范的精灵教母。我不能给予什么，但我却给予了他们狂热，我奔忙着，试图唤醒人们，来制造那绝妙的仙境……我徒劳地热爱他们（然而我敢说这是徒劳吗？这又是我的弱点），我用我的感觉照亮他们，尽管他们一无所知。对，当他们理解了，我感觉自己突然光芒四射，是的——我觉得自己的身体突然散发光芒。[②]

对于约瑟芬所散发的光芒，哈利勒深有感触，那些青年才俊从她那缪

---

① 约·皮，1901年1月1日；约·皮，1901年9月（日记，第159页）；约·皮写给德雷福斯，1902年6月（日记，第169—170页）。

② 约·皮写给梅森，1899年9月30日（日记，第159页）；约·皮，1900年3月3日。

斯般的品质中汲取力量并得到认同，哈利勒希望成为这个集体中的一员。然而，直到 11 月，也就是他回来半年以后，才开始与约瑟芬联系，这或许是由于家庭悲剧占用了他的时间，或许是因为他知道这个夏天约瑟芬去了欧洲，也或许仅仅是因为他需要休整数月来重新鼓起勇气，去熟悉移民地的文化。

无论出于什么原因，他最终还是给她写了信，她接到便条后的第二天就回复了他。两周后，她唤他去参加了一次晚间聚会，这次聚会聚集了来自不同国家的朋友。19 岁的哈利勒并未获取她的全部注意，因为如果他要吸引她，就要首先融入一个思想敏锐的谈话圈子。她记述了哈利勒在周日沙龙里给她留下的第一印象：

> 昨天，叙利亚人哈利勒·纪伯伦来看我，我们谈了话，不多不少，颇有意味，在谈话中间，不断有拜访者来临。与以往我们那晦暗的周日沙龙相比，我们现在的沙龙有很大不同。昨天，我们用艺术和科学的话题来消磨时间，戈登先生和米歇里斯先生下午曾来过这儿，晚上又回来待了一会儿；来自瑞士的闪米特人弗雷彻 7 点多光临，还有苏格兰人戈登、德国人登豪森和叙利亚人哈利勒·纪伯伦。我们都兴趣盎然、活泼健谈。……那小男孩儿的绘画和那美丽的信曾让我思考了很多，现在，听到从故国回来的他对我讲着"接触一个异国"这种种事情，真是妙极了，再次触动了心灵。①

那晚，她文笔娴熟地描述了纪伯伦，他的回答和形象给她留下了深刻印象，她记录了他们的谈话：

"你一点不记得我了吗？"他问她。

"我当然记得。"

"我只遇到过你一次，那是在五年前戴伊先生的（展览会上）。"

"我不能确定你画中的人物是我"，她说，"因为有几位朋友和我在一起，我以为你可能把我的名字与她们弄混了——我甚至不确定自己是否和你讲过话，是吗？"

---

① 约·皮，1902 年 11 月 17 日，查尔斯·弗莱舍博士，1902 年，他是波士顿以色列圣殿的拉比，29 年后，他将会成为一次纪伯伦纪念活动的主席。

听到这话，他大笑："讲过啊！你对我讲过话。你以为我画的是其他人？那么你现在相信了吧？我一共看到过你三次：那次；一次在大街上；还有一次，我想是在公立图书馆，但你当时没看见我！"

他告诉她，自己收到她两封信，他给她发了三封信，其中两封在邮寄途中丢失了（"那是丢失的财富"，她评价说）。他继续道，她的信和怀念让他感到那么高兴，因为尽管他们只在那次相遇，但好像"在很久很久以前"，他们已经相识了。

对于这样的表白，约瑟芬微笑了，"这有点儿好笑，那时他才15岁。但我理解他的意思，我感觉好极了，因为这些孩子已经有一定看法，在他们看来，这些事情是真实的，他们认为我有了解他们的能力，这让我深感荣幸"。

哈利勒为自己蹩脚的英语道歉："我觉得当我用英语给你写信时，我向你传达了错误的自我。"

"噢，不……你的英语能最大限度地接近我，我能充分理解它。"

"但语言糟透了！"他说，在贝鲁特的学院时，他曾给她写了一封很长的信，可写完后，他却发现是用阿拉伯语而不是用英语写的。"与大多数人的英语口语相比，你的英语更清晰"，她再次安慰他："因为世界上的某些人在某些事物上是相通的……我们有专属于我们自己的语言，如果你只知道我一句话中的两个词，或者我理解你一句话中的两个词，我们就能互相理解。"

"是的，的确如此！"他轻松了，"带着喜悦"回应她。

"而且，"她继续道，"当与一位外国人讲话时，我们更谨慎、灵活地使用我们自己的日常语言，于是我们进入事物最简单的真实。"

仍把哈利勒当作孩子的约瑟芬，对他加以鼓励后，看似戏谑般地介绍了她那些博学的朋友们："这是苏格兰人戈登先生，他在墨西哥和中美洲采掘——你所知道的木乃伊和宫殿。这是登豪森先生，他了解所有音乐，唱起歌来就像天使……还有密歇里斯先生，他能找到人们想知道的所有答案……这是我搞设计的姐姐。"她巧妙地使叙利亚男孩儿融入这个圈子："还有不停地写和画的你。"

他并未被这些名人吓倒，而是机智地将注意力转回了约瑟芬："那么你呢，我们怎么称呼你呢？"这句暗示了她的才能的反问，"无以言表地让我高兴"。看到他能融入他们的谈话，她感到愉快，她强调说，他"读过我的很多书，包括《马洛》，他能够阅读《马洛》的古英语，因为他已阅读了大量莎士比亚的作品。对于我们谈到的凯尔本福音抄卷、意大利女演员杜莎和拳击手（杀人犯）案件，他都有所了解"。

　　进入皮勃迪世界的第一个夜晚令哈利勒兴奋，他终于能与她交往，并成为她小集团的一分子，而无须在"很远、很远的土地"仰慕她、尽力联系她。约瑟芬对他也表现出令人惊讶的热情，她对他的评价表明，他们的交往似乎使她重返年轻时代，使她的精神得以重生：

　　　　他一直迷恋梅特林克，目前他正在绘画，并写些阿拉伯语诗歌和散文。对于他的绘画作品，我们将拭目以待，即使这些作品比早期作品稍有提高，他就会震撼世界，我坚信他的写作也一定会成就非凡。为什么呢？昨晚我告诉他，他的画给我留下的印象。他很惊奇，感到由衷的喜悦，但他的惊奇，似乎与他在我的诗中所感受到愉悦时的惊奇无关……这些年来，一位年轻先知的美丽心灵，一直抚慰着我，我已成为自己所渴望的样子，而一个来自异国的心灵抚慰了它。知道这些事情，是多么美好啊！现在，我毫不怀疑，从这男孩儿的画、书信和故事中，我汲取了美丽的事物。确实，对于我而言，那是一饮美酒，约·皮·皮，她已感到，伴随着将死的困惑，自我在消逝。他使我回想起了我那曾有过的确信，这确信古老而又新鲜，我就像孩童时期的大卫，以某种方式亲近上帝。对于我的歌唱，即使无人注意，他仍然关心着。

　　哈利勒受到鼓舞，一周后又来到这里，并带来了他新近完成的画集。她写道："没想到，这叙利亚人又来了。"[1] 这次，他无须与那些优秀的谈话对象们竞争，因为他们几乎单独在一起"谈话、看画，并安静地交谈"。玛丽安生病卧床，于是约瑟芬把这些画拿到楼上，请这位艺术家姐姐评价，这些画令全家人高兴，皮勃迪夫人报告了玛丽安的赞许："你知道你取悦了一位天使吗？"

　　她们的温柔与关切使哈利勒变得愈发大胆。当约瑟芬有点儿想"让纪伯伦告诉我，我的面庞看起来总是在诉说什么"时，他以"自己的英

---

[1]　约·皮，1902年11月21日。

语不能充分表达"为由，提议给她画像。他许诺要画一张她灵魂的肖像，并补充道："尽管你最好的肖像是你的书。"还未离开，两人都明白，他们不久就会再见面。

那天晚上，约瑟芬意识到了他们相互之间的吸引力，并预想到了他们未来的关系模式，她描绘了她——一位 26 岁已获承认的诗人，和他——一位前途未卜的移民之间的关系，她的描绘预示了他们随后四年光阴的相处图景：

> 这位年轻的神秘主义者的其他言论，让我想了很多：女性是多么持久的象征！我非常清楚，这些美丽的时刻并非源于我。我很清楚，自己象征了某个人，我就像一个折射体，映射了那一刻的光芒，那光芒并非因折射而来，而是因愉悦而生。然而，为了那一刻，那折射体、那象征、那讯息的传递者、那偶然的女性——必然会成为上帝的信使——一位真正的天使，奇妙而又极其谦恭。如果她认识到这一点，她就会知道怎样、为何与多久，她必须要在天使的谦恭和自负的骄傲之间作出选择，这种自负，迟早会带来痛苦与伤害。①

她视自己为哈利勒的缪斯，而他也成为自己激情的源泉。11 月 25—27 日，她写了一首诗"回归"，这首诗的写作，显然缘起于他们的两次见面：

> 这来自很久以前的词语，是真实的吗？
> 你已经告诉我，我给了你食粮，
> 然而，那年轻的欢欣，却供养了
> 全部的精神和饥渴，
> 以我所知的快乐……②

仿佛已相识许久，他们越来越接近，他拜访的次数减少了，但他们之间的便条却增多了。自从弗雷德·霍兰德·戴伊解散出版社以后，她已与

---

① 约·皮，1902 年 11 月 21 日。

② 约·皮，1902 年 11 月 25—27 日，约·皮后来写了一首不同的诗，题目是"归来"。

戴伊失去联系，现在受到哈利勒兴趣的影响，她又开始参观彩色摄影展览会。12 月 6 日，他们在戴伊欧文顿大街工作室的一次展览中相见，并享受了"一次愉快的交谈"。[①] 两天后，她完成了一首包含 11 个诗节的诗作，这首诗最初的名字是"他的少年时代"，后来更名"先知"。诗作写于哈利勒首次拜访后的一个月，描绘了她想象中的哈利勒的贝舍里生活。该诗后来被收入她的诗集《歌唱的人》（1911 年），定稿中诗的开头部分没有变动：

> 每天，他看守羊群——
> 遥远而又古老，从人群中，
> 在山间，处处陡峭，
> 在那里，静默大声呼喊；
> 还有那云的影
> 包裹着
> 正午睡去的他。

　　20 年后，纪伯伦最重要的作品即将出版，这部作品的题目原本是"劝诫者"，而约瑟芬早年在日记中频繁出现的称呼，必定影响了他，正如他经常宣称的，《先知》这部作品萌芽于这位杰出女性给予他的温柔和尊敬。

　　到底是他的什么魅力，使约瑟芬把他当作天才？那年的 12 月，他不断寄给她画作和信件。"12 月 11 日，邮件：哈·纪和罗宾逊发来的两幅画和两张便条。12 月 12 日晚间：哈利勒·纪伯伦和画作，a）死亡，b）爱与渴望。12 月 17 日下午两点，到弗·霍·戴伊的工作室，完成我的肖像。下午 4—5 点，遇到那叙利亚人。"哈利勒的外表看起来比实际年龄要成熟几岁，在她面前不再像一个男孩儿："这次他好像比上周大了三岁。"甚至连他的沉默都令她高兴，即使这沉默是因为学习或仅仅是出于害羞，"在普通谈话开始前，我们两人进行了二十分钟极安静和隐秘的交谈。这男孩儿认为我无所不知，我并不因此感到惊讶，他不必用英语和我

---

① 约·皮日记，1902 年 12 月 6 日。

交谈，甚至根本不用讲话。如果我能读他更多的作品，我一定会成佛。"①

《灵感》，约瑟芬的画像，彩色水粉画，1902 年。哈利勒在背面用阿拉伯语写道，
"留心啊，灵魂，因为爱呼唤着你：听吧/打开你那心灵之门，接受爱和国王。"
(哈佛学院图书馆)

① 约·皮日记，1902 年 12 月；约·皮，1902 年 12 月 13 日。

约瑟芬开始把他当作自己的新朋友，虽然年仅 19 岁，他却能从另一个视角来看待世界，她知道这个世界的存在，却从未能探寻过它：他在粗野的贫民窟中面对贫穷而不是高雅，他曾生活在《圣经》中描述的神秘之地，他甚至已经历了个人的生活悲剧。她需要他对生活的直接体验，而此时的他，则需要她的智慧、写作技巧和经验。她对英语的驾驭能力，给他提供了绝好的榜样，增强了他的语言表现力。

她思考着为何他瞬间占据了她的思想，她写道："然而这奇怪极了，当我经常想起自己与这世界的关系时（我们分开时），这男孩儿却以某种简单的方式，告诉我他与这个世界的关系，这越发使我感到他是一位命定的天使或上帝的使者，这似乎并不简单，但我会尽力。"九天后，她接着写道："我最好的朋友将会成为什么？这是最难以预料的事，其中有三个理由：这男孩儿是叙利亚人；他也是一位绝对赋有天才的先知；我不记得第三个理由，但理由远远不止三个。"①

一天，在约瑟芬姐姐玛丽安位于博伊斯通大街的工作室，哈利勒与两姐妹相见。他给她画像，而她朗诵自己的诗，他告诉她"我的面庞向他诉说的思想"，她称他的画是"超验的画像"——因为他曾许诺这画会映照她的灵魂。"我们谈论的事情妙极了"，她写道："他谈论从我出生就印在脑海中的美好的黎巴嫩雪松。我要写些关于雪松的文字，但我不能。我必须睡觉，集中剩余的智慧，学会从沙漠、棕榈树、自然事物和黎巴嫩的雪松中，摆脱 20 世纪的责任。"②

一年后，诗作《雪松》出现在诗集《歌唱的树叶》中。她对雪松的想象无疑来自哈利勒，这份特殊的礼物令哈利勒感到幸福，并心存感激。他保证"他过去所画或所写的一切，和他将画的或写的一切，都是我的，都关于我，属于我"。他说，他曾创作过的是些"微不足道的东西"，"它们微不足道，我不知道它们是什么，对我来说意味着什么"，然而，她的第一封信向他揭示了"事物的伟大"，她现在的支持使他确信自己的能力，他知道了自己"想做什么，想成为什么"。③

圣诞前夜，他送给她一个叙利亚牧羊笛。圣诞夜，他拜访了她，他们

---

①　约·皮，1902 年 12 月 13 日和 22 日。

②　约·皮，1902 年 12 月 13 日和 23 日。

③　约·皮，1902 年 12 月 23 日。

在火炉边交谈。两天后，在玛丽安的工作室，他再次为她画像。新年的第一天，她记录下了自己收到的一份特殊礼物："晚上，叙利亚人纪·哈·纪（原文是阿拉伯文首写字母的拼写图案，以下同——译者注）带给我一个魔法筒——其中有一幅画！灵感——所有颜色都带着淡淡的光晕和线条。"她的日记经常点缀着一些富有魔力的名字和神秘的符号，现在她采用了哈利勒在水粉画"灵感"上的签名，这个签名是他根据自己名字的首写字母 G. H. G. 的阿拉伯文所设计的图案，她第一次用这个图案时，搞错了拼写，但不久，她的日记中就不断出现正确的拼写："叙利亚人一直写为纪·哈·纪。"①

1 月 5 日是哈利勒 20 岁的生日，② 约瑟芬与他一起共度那个夜晚，并告诉他一个计划。威尔兹利学院的玛格丽特·缪勒是她的朋友，她是一位深受喜爱的德语教师，并且是"1965"学院社团的指导老师。"1965"这个以希腊字母命名的社团不仅仅是社交俱乐部，它还致力于"研究在绘画、雕塑、建筑、音乐或文学中发现的美"，这自然吸引了约瑟芬的加入，现在她希望她的缪勒"阿姨"在社团每年的春季展览会上收入哈利勒的画。他立即同意向社团提交自己的画："如果可以，没什么比让你的朋友愉快，更令我高兴的了。"③

戴伊也留意到了哈利勒的生日，他精心设计了祝福卡片，上面的文字用阿拉伯语和英语写道："给你这精神上的弟弟一件礼物——你的大哥哥——1 月 6 日——你的生日。"④

毫无疑问，与约瑟芬的关系转移了他在家里感受到的压力，纪伯伦来到南恩顿后的八年中，那里的生活条件并没有很大改善。据 1902 年的慈善联合会报道："42% 的家庭（请求帮助）的'主要原因'是疾病，而三分之一的疾病是肺病。"⑤ 纪伯伦一家从叙利亚棚户区的一个住处搬到另一个住处，仿佛他们在躲避那尾随其后的疾病，彼得仍然打理干货生意，而初到美国时曾雄心勃勃的卡米拉，却日益精力不济。

---

① 约·皮，1902 年 1 月 1 日和 12 日。

② 哈·纪出生的月份可能是 12 月或 1 月，音译成英语时，二者容易混淆，他把自己的生日定在第十二夜，主显节。

③ 哈·纪致缪勒（约·皮，1903 年 1 月 6 日）。

④ 弗·戴致哈·纪，1903 年 1 月 6 日，作者收集。

⑤ 《波士顿联合慈善协会第 23 届年度报告》，1902 年，第 23 页。

1902年初，戴伊给桑塔娜和玛丽安娜拍照时，也给她们的母亲拍了照片。她突然显出老态，黑色背景中，她的面庞显露出压力和痛苦的痕迹，她双目低垂，那眼睛曾放射出进取的光芒，现在却笼罩着顺从。她不再背着袋子在街上兜售商品，甚至不再哀悼幼女的死亡，因为那可怕的疾病正侵袭她和彼得。很多年后，玛丽安娜仍能记起哈利勒返回后的可怕情景：

> 桑塔娜死时，彼得已经染上肺病了——但他细心照顾自己，支撑着……

> 他非常细心地避免其他人被传染。而现在他的病情加重了——秋天，医生让他去叙利亚，他却决定去古巴，那里有他生意上的朋友——他12月13日离开。"两天后，他病倒了，再也没有好起来。他（的身体）每况愈下，却写信告诉妈妈他在恢复，告诉我他在恢复——告诉哈利勒他在恢复，他只写信告诉为他工作的那些伙计他的真实病情。"

> 他周六离开，纪伯伦夫人周一就因肿瘤去了医院。她住院期间，肿瘤不断扩大，她被隔离了六周，医院不允许任何人去看望她。当他们终于被准许探视时，玛丽安娜对哈利勒说，"我要第一天去，因为那天是周日，我不用工作，那样我们都能每隔一天去"——因为每天只允许一个人探视。

> 当玛丽安娜到医院时，她母亲说，"噢，玛丽安娜！我说话时觉得自己笨嘴拙舌"——因为她不会讲英语，她的第一句话是，"彼得怎样了？"

> "彼得很好"，玛丽安娜说——她也的确这样认为。

> 六周后，纪伯伦夫人做了手术。明妮（家里的一位朋友穆尼·萨巴）与玛丽安娜和哈（利勒）一起在家里，手术那天，她与玛丽安娜一起去了医院——医生告诉明妮，卡米拉治不好了，他告诉她那是癌症，并向她说了其他事情。玛丽安娜无意中听到"治不好"，就让明妮告诉她全部实情。"我不知道癌症是什么，于是回家后就要求哈利勒用阿拉伯语给我解释，他照做了，当我们知道妈妈的病没希望时，我们一起哭了，整夜都在互相安慰，明妮也哭了。哈利勒说，'我们尽快把妈妈带回家吧——这样她就能和我们在一起了'——我

们这样做了。10 天后，我们带她回家。"①

戴伊所拍摄的卡米拉，1902 年（作者）

---

① 玛·哈 44，1914 年 3 月 10 日。

在倍感忧虑的日子里，哈利勒与约瑟芬的交往日益加深。她的客厅是文雅有礼的场所，这与哈利勒那笼罩着疾病的家相比，似乎是无法逾越的两个世界，但他的画却使他在她的世界里畅行无阻。

1月，他隐瞒着家里的可怜处境。这样一种隐蔽的个性，典型地体现了他的不安全感，或许是害怕她知道自己周围充斥着传染病和死亡后，会将他拒之门外，他于是仅仅满足于享受彼此的陪伴。她的日记表明，他们的生活已变得密不可分："1903年1月15日上午，乘车到威尔兹利，路上学习阿拉伯字母。下午上课，去看望缪勒夫人，给她看画。1月19日，10度以下，纪·哈·纪和登豪森先生，唱歌和画画。"[1]

约瑟芬记录了19日的气温，那天，她的两位崇拜者冒着严寒博取她的欢心，她的记录同时也表明了1903年冬天的状况。除了肺病肆虐于拥挤的南恩顿棚户区，那年冬天格外寒冷，煤和其他燃料也奇缺，这给棚户区居民带来了难以预料的困难。无论纪伯伦一家是否得到了丹尼森屋或任何官方机构的援助，毫无疑问的是，约瑟芬给哈利勒带来了安慰和温暖。在那个酷寒的冬天，约瑟芬欢迎他，而他也为自己能暂时逃离苦境而高兴。

尽管不清楚他的困境，她却注意到了他的落寞和心不在焉。1月份的她仍不知道卡米拉住院，但她写道："昨晚，我注意到，当我对男孩儿说话时，尽管我很坦率，他仍然固执地用外国口音，那很难懂。真是奇怪，当人们能亲密地相互理解时，是否要有点伪装才能让他们交谈。"[2]

尽管产生过这些疑虑，他们之间的理解却日益深厚，在威尔兹利展览会上展出哈利勒画作的计划进展顺利。1月25日，在玛丽安的工作室，缪勒小姐与哈利勒相见，"他在一个深绿色的大幕上，逐一钉起了自己的绘画作品"。缪勒小姐的评价肯定了他自己的看法，他画中所有人物的面容都来源于约瑟芬。约瑟芬和哈利勒对她的评价感到快乐极了，并毫不掩饰自己的快乐，"当你画'宽慰'时，你的脑海中难道没有她吗？"她据实相问，"是的，当然有"，他回答。但在约瑟芬的日记中，她却补充道："然而，他是在去年夏天画的这幅画，那时我还没从欧洲回来，他已经四年没有见到我了！"[3]

---

① 约·皮日记，1903年1月15日和19日。
② 同上。
③ 约·皮，1903年1月26日。

1903 年 1 月，在一个艺术家节日上的约瑟芬。她写道："我是传奇，我的装扮就像来自天堂，像古老的埃及人所穿的那样：贴身浆洗的布料，通身装饰着银色和金色的荷花。"（埃里森·帕·马克斯）

约瑟芬坚信自己的眼光，她甚至开始对外宣传她的这一最新发现。"我有一个奇妙而又美丽的故事，它关于一位与生俱来的天才，现在我正试图成为他的教母",她在给玛丽·梅森的信中写道:"他是一个叙利亚男孩儿。他晚上写阿拉伯语诗歌,白天画画(他的画胜过威廉·布莱克)。如果 E. A. 罗宾逊来波士顿,他就会明白我此言不虚。"①

2 月,哈利勒和约瑟芬公开承认了他们的亲密关系。她带他到弥尔顿郊区,他在那儿结识了她过去的一位资助者伯纳德夫人,他们还一起去听音乐会。他给娇小的她做向导,也学会了怎样在波士顿社交圈做一名礼仪合宜的绅士。他并不比她高,还颇骄傲地炫耀他那异国的外表,当这对奇特的伴侣行走在当时的后湾大街,一定引人瞩目。

他们的友谊在冬季日渐深厚,约瑟芬的日记反映了这一点,而现存的哈利勒的习字簿,则表明他在这一时期心神不安。在他一直使用的"科普兰和戴伊"公司的样本书的书页上,布满了他在夜间用英语和阿拉伯语信手写下的思想。他试图找到一种适合自己的表达方式,他用阿拉伯语描述了这些身染疾病的人们在黎巴嫩高地的美好生活,他并不描写城市经验,却竭力去描绘他在缅因州的田园生活。在这些凌乱的笔迹中,有一页文字写于彼得从古巴返回以后,这页用阿拉伯语书写的文字可能是这些资料中最有价值的,它不仅反映了哈利勒对哥哥健康状况的担忧,而且表明他对自己的思想所抱有的模糊信念:"我写下奇怪的思想,这些思想就像一群鸟儿飞过。这就是我的生活。谁会买下它呢?……所有这一切都蕴藏着希望,许多书和奇怪的画。我在学些什么呢?我不知道我身在哪里。张开着嘴和敞开胸膛的这个世界,更需要什么?"两页后,他写下了一个关于彼得的预言:"公元 1903 年 2 月 17 日和 18 日之间周三的那个夜晚,我听到一个声音降临,我得到启示,我哥哥彼得的灵魂将在五天后抵达上帝和永恒的造物主。我写下这些话,是因为世界将见证我躺在床上看到的这个事实,我写下这些话的这页纸,也将验证这个事实。"②

哈利勒夜间的幻象并没有应验,但这五天里,他确实向约瑟芬坦承了自己藏在内心许久的秘密和压力。"对纪·哈·纪来说,这些日子很痛苦",她写道:"我询问他,并从他那里得知,他的母亲和同母异父的哥哥快要死了,他们显然是患了两种不同的病,已无治疗的希望。他'最近根本没有绘画','几乎没写什么',因为他近来一直在守护两位亲人,

---

① 约·皮写给梅森,1903 年 1 月 25 日。
② 在《大地抒情诗》的仿制本上用阿拉伯语写,作者收集。

写生意上的信件，并整夜守候着他们。我的天才正面临着一场严峻考验，这也令我难受，他正亲眼看着两位亲人死去，当这一切结束，他就会明白他要面对的不仅仅是困难和抗争。可怕的生存需要日益沉重地压在我们身上，我们只关心赖以生存在这世界上的衣食住行，而不再真正关心这个世界本身。"①

几天后，约瑟芬收到了哈利勒的邮件，他已逃离城市和自己的责任，与亲戚一起待在波士顿北 40 英里的海边小镇格洛塞特。"恶劣与痛苦的生活状态，驱使他到了那里"，约瑟芬写道。② 但哈利勒不久就返回了波士顿，并在 2 月 25 日见到了她。

为了让他振作起来，约瑟芬给予哈利勒一项特权：允许他阅读她过去的日记，让他了解她的内心世界，这些记录了她的全部创作生活的日记，此前她从未和任何人分享过。这男孩儿仿佛正在溺水，他需要一个小木筏，来帮他度过暴风雨，她过去所记录的这些快乐和忧伤，看来刚好于他有益。第二天，他们一起去听音乐会，随后，他们又在戴伊的工作室相见。

3 月初，哈利勒接管了彼得的生意。显然，他很艰难地做出了这个决定，并试图借着去格洛塞特来逃避这个决定，他不断从约瑟芬那里寻找庇护，其中有一部分原因也是为了逃避责任。在日记中，她剖析了他的新决定：

> 3 月 7 日，纪·哈·纪昨天在这儿，他非常不开心。但他已做了件很好的事——这件事完全有违他的喜好——去挽回已医治无效的哥哥生意上的信誉。他认为那会是件不光彩的事——或者至少"非常容易"失败（他哥哥已经开始在生意中借贷），于是他下决心尽其所能接管生意，至少直到能偿还债务，他说服了一位主要的借贷人与他合作。这段时间，纪·哈·纪会成为一位生意人——他会被苦难牢牢地束缚和控制吗？我非常想了解要降临于他的苦难，然而，对于我的天才坚强地直面这伤害他的困境，我备感骄傲，他不久就一定会战胜它，当这一切过去，他就会更加坚强、真实地面对这个世界。

---

① 约·皮，1903 年 2 月 21 日。

② 约·皮，1903 年 2 月 24 日。

那天，约瑟芬刚收到《哈泼斯》杂志寄给她的 100 美元，这是她发表的六首诗的稿酬，颇感骄傲的她在日记结尾处写道："我确实已经恢复了，但愿上帝赐福这先知很快也会复原。"[1]

这笔钱使她可以在威尔兹利的旅馆住上几日，而无须再乘电车往返于住处与剑桥之间。在离开前，她向密友玛丽·梅森传达了她的"天才"的近况：

> 我可怜的先知（我正担忧地关注着他）——叙利亚人纪·哈·纪——正经历着一场很难遇到的心灵过程（我乐于这样想），他看着自己的母亲和哥哥，由于难以治愈的不同疾病，慢慢死去。由于认为破产是件不光彩的事（尽管破产可能会很轻松），他被迫接管哥哥的小生意（有关进口生意）。愿这被套上马车的飞马，遭受的痛苦会少一些，它足以使天使落泪，但看到这位幻想的生灵（一位天生的拉维瑜伽修行者）能及时把握这些令人烦恼的事，我感到很高兴。我奇怪为什么我们所有人都不得不遭受那极可憎的悲伤，不断的工作就是为了获得衣食等基础的保障——如果你不关心一元钱——关于吃或穿等生活——你不能成为你自己，做你自己的工作。但我更明智些，我知道——经过了去年所有的悲惨境遇——我以亲身陪伴安慰了这可怜的先知。我确信，不久以后，通过某种方式，他最终会圆满地克服困难。但现在，他仍居住在海滨大街。[2]

如果约瑟芬能这样向一位朋友表达她对哈利勒的信心，那么，她对哈利勒直接讲出的话，必定有过之而无不及。她将这位艺术家看作一位真正无私的"给予者"，并认为他具有不可战胜的创造精神，这完全是一种浪漫主义的想象，但这一想象帮助纪伯伦挨过了随后的几个月。

对于彼得身边的每一位亲人来讲，他离世前的日子确实无比艰难，玛丽安娜曾谈到这段日子。大约在 2 月 1 日，也就是卡米拉从医院回家后一周，彼得从古巴回到家：

---

[1] 约·皮，1903 年 3 月 7 日。

[2] 约·皮写给梅森，1903 年 3 月 9 日。

彼得·拉姆，或许是戴伊拍摄于 1903 年前（作者）

早上 6 点，响起了车笛声，母亲对我说，"门铃在响，你到门口看看"。于是，我下楼——噢，彼得变得多么消瘦啊！我认不出他，我对司机说，"你要做什么？"他说，"这个人想进去。"我说，"我们没有带家具的房间了。"我关上门。接着，车笛声又响了——我打开门，彼得说，"我是你哥哥，亲爱的，你不认识我了吗？喊哈利勒来帮我上楼"——他如此虚弱，甚至没有力气上楼。于是我跑上去叫哈利勒起床，他穿着睡衣和拖鞋下来——他和司机一起把彼得扶上楼。彼得去了母亲的房间，说，"在妹妹收拾好我的床以前，妈妈可以先起来，让我睡在你的床上吗？"我说，"妈妈不能起床，亲爱的彼得。"他说，"为什么？她病了吗？""是的，"我说，"她病了"，我解释道。于是他只好先躺在我床上。

彼得在前面的房间，母亲在后面的房间——我把我的床放在两个房间之间，这样无论他俩谁有动静，我都能听到。彼得又活了四周，每天早上、中午和晚上，当我给他送饭时，他就会说，"玛丽安娜，你吃早餐了吗？""玛丽安娜，你吃午餐了吗？""玛丽安娜，你吃晚餐了吗？你现在一定要照顾好自己，因为只有你能照顾我们，如果你病了，我们该怎么办啊？"

彼得离世前的整个夜晚，玛丽安娜满怀焦虑和恐惧。桑塔娜死前的面容没有改变——但彼得的面容却变了很多，他的眼睛更大了，一幅死人的面容——他异样地看着我，我说，"怎么了？"彼得说，"只是有点痛苦，亲爱的——会过去的，别害怕，去休息一会儿吧。"姨妈守在那儿，大约下午3点钟，她对玛丽安娜说，"把你哥哥的衣服拿出来，那套黑西服。"玛丽安娜感到很奇怪，她没有想到哥哥要死了，她觉得给一个不能穿衣和起床的人拿衣服，很荒谬。她姨妈只好自己拿着衣橱的钥匙，取出了衣服。彼得的几位朋友在那儿，他们都很友善，彼得死去时，他们和哈利勒陪在房内。

他们二人生病时，哈利勒一直在店里。[1]

彼得回家后的3月12日，哈利勒至少给他的两位美国朋友写信，倾诉了他的悲伤。他给威尔兹利的约瑟芬送了一张便条，还写信给戴伊："今天早上3点，亲爱的哥哥回家了，他使我们陷入深深的悲伤，我们的心灵受了伤。我要安慰可怜的病中的母亲，她就像玛丽安娜和我一样，对未来悲观失望。"[2] 死亡证明上留下了记录——官方宣称，爱丁堡罗街35号的"彼得·拉米"，25岁，商人，死于肺部充血和衰竭——接着在本尼迪克特山匆匆举行了葬礼。

在哈利勒这段忧伤的岁月里，约瑟芬给予了他同情，并记录下了自己的心情："我的天才失去了哥哥，我想那位可怜的母亲也不能活很久了，我无法知道自己该为他做些什么——做什么都于事无补，我只能如此。"[3] 四天后，哈利勒到剑桥拜访了她，按照黎巴嫩传统，他已在家至少哀悼了一周。豪富顿·米福林出版社的编辑费里斯·格林斯莱特和博因顿先生那天也去拜访约瑟芬，她便让哈利勒躲在另一间安静的屋里，她款待了他们："我整晚陪着他们，而纪·哈·纪在我的书房休息。"[4]

一周后，哈利勒再次拜访了约瑟芬，"他看起来有些苍老，眼中流露

① 玛·哈44，1914年3月10日。
② 哈·纪致弗·戴，1903年3月12日。
③ 约·皮，1903年3月13日。
④ 约·皮日记，1903年3月16日。

出忧伤的快乐，戴着黑色领带，面容更像外国人。"这次，他们能整晚不被打扰地谈话。他们列举了自己拥有的能量，然后确信会"幸运和重新富有"。约瑟芬承认，当她见到他时，她似乎感到"整个灵魂就像雪花一样轻柔，像路旁落下的樱桃花瓣一样温柔"。她轻轻地握住他——"用我的双手……当我们坐下，一切都改变了。我不理解，他也不能理解。但我觉得那是真实的，我毫不怀疑——这种情况总是被证实——我有点像一名赈灾员，生活让我知道这些事情，我感到幸福、感激和满怀惊奇。"

哈利勒再次郑重地承诺，他一定要报答她给予他的同情："为了你一直以来所给予我的。"她对此不以为然，"我已得到了全部奖赏，甚至更多，因为你使我相信，我在你身上看到的，是一种天赋，我的精神在你身上得到实现。帮助你是我的意愿，这使我变得伟大，因为如果我能按自己的意愿，将思想赋予我的天才，我就是伟大的"。她的解释"似乎使他感到幸福"。

由于同病相怜，他们逃进浪漫的感情和理想世界。为了更充分地揭示自己的感情，约瑟芬完全沉浸于语言的世界，哈利勒所说的每一次痛苦都刺痛了她，而她的解释使他不再感受到痛苦："我相信，我比任何其他人都更能体会到他所受的束缚，因为我可能比戴伊先生等任何拯救者都更了解他的天赋。与戴伊先生不同，我知道什么是源自灵魂的文字，我的心在为他流血。"①

尽管不能像约瑟芬那样，对哈利勒表露出母性的温暖，戴伊却给了哈利勒忍受苦难的信心。"母亲祝福你才华重现，亲爱的兄长。"哈利勒在4月13日写道。戴伊的才华是否能够实现，我们不得而知，然而，这张便条证明：在苦难的日子里，纪伯伦一家并不是孤立无援的。这些生活于黎巴嫩社团之外的人们向卡米拉表示出的任何隐约的同情都使这家人感到他们并不孤单。

戴伊还尽力安排哈利勒听音乐会和观赏戏剧。4月10日，年轻人写道："是的，我周六可以去听音乐，如果你给我一张票，我就能去听交响乐，因为周六我7点半能离开店。"② 三天后，他们又一起去看《哈姆雷特》。此时，他和玛丽安娜正处于极度的困境中，但哈利勒仍然坚持与他

---

① 约·皮，1903年3月24日。

② 哈·纪至弗·戴，1903年4月13日和10日，作者收集。

的美国朋友们交往，这种行为显得有些自私，不考虑玛丽安娜的感受，因为玛丽安娜一定没有可以逃避的去处。然而，无论怎样不合常理，都坚持维护自我、专注于自我的追求，是哈利勒性格中的独特一面。尽管玛丽安娜忧心忡忡，需要他待在家里，但他不愿完全牺牲自己的另一种生活。

戴伊的文学趣味仍然对哈利勒影响很大。4月，约瑟芬应邀到芝加哥演讲，并要在一些诗社和妇女俱乐部朗诵作品。尽管她提到："妈妈很不情愿让我去，纪·哈·纪也是如此"，但4月18日，她仍然乘火车离开。[①] 哈利勒送给她一本在旅途中阅读的书——爱德华·卡蓬特的《走向民主》，卡蓬特是一位主张英格兰"回到自然"的舍费尔德社会主义者，纪伯伦推荐这位思想家的著作，表明戴伊崇信英国社会革命的思想直接影响了他。卡蓬特的散文诗，与瓦尔特·惠特曼诗作的风格和感觉非常接近，这些作品政治性不强，更富有精神性。社会上对卡蓬特言论的崇拜此时达到高潮，他宣讲要摒弃维多利亚道德的局限，摆脱人为的限制和虚伪，这一世界观在哈利勒个人哲学的发展中起了重要作用。

经历了两周精疲力竭的演讲，约瑟芬回来了，这次轮到哈利勒宽慰她。当她抵家的那一刻，母亲告诉她，由于付不起月租，她们又要搬家了。她试图像哈利勒那样面对困境："我必须学习纪·哈·纪，去应对不幸。"[②] 然而实际上，她卧床了一周，抱怨流感，漫无边际地沉思。5月8日，她能起床了，她的第一位拜访者，是"不相称地忧虑的"哈利勒。这次，是他鼓励了小约瑟芬，"他年长而智慧；我却年轻而温顺，乐于倾听他宽慰我的话，他说我是那么棒，那么光芒四射，我们几乎比平时还高兴"。

她描述了她的叙利亚天才追求一位病后初愈的诗人的场景，这一场景使人联想起爱德华时代的求爱场面——装点着花朵、画册和热情的暗示。她谈话时，手中摆弄着一支粉红色的大雏菊，然后她"累了"，将雏菊"递给纪·哈·纪"。他很认真地对待她的娇媚，评价说，"这雏菊与你的裙子很配"，并认为与她"点缀着花朵的白色帝国"上的粉红色配饰很般配。他们"友爱地"握了手，她的面容看起来那么苍白，他为此感到担忧。然后，他画了一幅画，"我们现在看画册吧？"她建议——他们矫揉

---

① 约·皮，1903年4月19日。
② 约·皮，1903年4月21日。

造作地"彼此满意地点头"。那晚结束时，她送给他一份礼物："我们又谈了很多话，然后，我们挑剔地看着别人送给我的那个插着白色玫瑰的花瓶，我送给他一朵花，他回家了。"[1]

知道了这段插曲，纪伯伦笔记本上的一页英文文字越发显得意味深长。这可能是写给约瑟芬的一张便条的草稿："我刚对你昨晚送给我的玫瑰说早安，我吻了它的唇，你也吻过它。"[2] 我们不知道这个便条是否写于他们那次会面以后，但约瑟芬关于那个甜美夏夜的记录，允许我们加以诸多联想。

玛丽安娜，戴伊拍摄，1901 年（作者）

在威尔兹利学院的那个学年快要结束时，艺术社团"1965"在 5 月

①　约·皮，1903 年 5 月 9 日。
②　写于《大地抒情诗》。

中旬举办了艺术展。约瑟芬的计划实现了，这次展览展出了纪伯伦的绘画作品，这是他作为一名艺术家的首次正式亮相。5月21日，他们参加了展览的招待会，社团每年出版的《鸢尾》杂志简短地评价了纪伯伦的艺术作品，评价带着温和的鼓励："纪伯伦先生的作品显示出他在观念上的原创性，在创作手法上的精致、细腻和高雅。"①

在威尔兹利的那个春天，哈利勒享受着更多的温暖。5月30日是圣灵降临节的前夜，也是约瑟芬的生日。那天晚上，她邀请哈利勒、玛丽安和母亲到学院观看露天戏剧，他们与玛格丽特·缪勒一起，伴着"中国香、萤火虫和头上的星星，没有一丝风"，他们观看了戏剧《忧伤的牧羊人》。②

然而，展览的幸福时刻和剧院的休闲时光，却标志着他们宁静生活的结束，6月发生的事件同时击垮了约瑟芬和哈利勒。他仍然售卖干货和进口商品，同时陪伴着行将逝去的母亲，而约瑟芬却因为情绪低落，无法继续宽慰和激励纪伯伦。她鲁莽地决定放弃威尔兹利有经济保障的教学职位，放弃了固定薪水，而她的家人却无法生活下去，这令她恐慌。她诅咒这日益糟糕的经济困境，这使她不得不保有一个有薪俸的职位，而这种境况会阻碍一个诗人的发展，"那魔鬼吸引人们出于利益而做无兴趣的苦工，去避免每一次危险，造就了无数闭目塞听的沉默者，成为机器的安全部分；……啊，我所生活的这个时代的魔鬼，你这戴着僧侣的头巾的魔鬼——贫穷、贫穷、贫穷，多久？多久？"③

"内心和周围的世界都一片黑暗"，约瑟芬收拾行李，准备离开这栋房子，她甚至自嘲过去的单纯与渴望："那些未经考虑的能量，那长着毛的猴子。"之后纪伯伦的一次拜访，只是暂时缓解了她的忧郁。"6月24日：昨晚，经过痛苦之后很长的停歇，纪·哈·纪出现了，由于寒冷，我们围着壁炉烤火。"在中断了几次谈话以后，他们"又能像过去那样谈话了"，她送给他"一件旧的小纪念品"（她在日记中称它为魔力），并告诉他"当我看到它，它使我想起和回忆起的一些事"。④ 三天后，他们最后一次在房子周围漫步，此时，家已不再，家人们准备各自生活，单独度过

①　《鸢尾》（威尔兹利学院，1965艺术社团，1903年），第4—5页。
②　约·皮，1903年5月30日。
③　约·皮，1903年6月15日。
④　约·皮，1903年6月9日、21日和24日。

夏季，约瑟芬和玛丽安准备去拜访不同的朋友，她们的母亲和外祖母则居住在城郊。

第二天，卡米拉逝去。哈利勒立即通知了戴伊："母亲不再受苦，但我们这些可怜的孩子，却遭受着痛苦，渴望着自己的母亲。给我写信，祝福我吧，我亲爱的兄长。"葬礼后，他在他的庇护者门前留下了另一张便条。这次，他的手前所未有地更加颤抖："我来看你，亲爱的兄长，但不走运的是，我没能在这儿找到你！昨天两点举行了葬礼，你的便条来迟了。告诉我，什么时候才能见到你，因为我可怜的灵魂倦怠于周围其他的一切。"①

玛丽安娜讲述了卡米拉临终前的痛苦和哈利勒的崩溃，这是所发生的一切仅存的见证：

　　母亲弥留到 6 月 28 日。那天，她总是感到不安。"玛丽安娜，抬起我的头；玛丽安娜，把我转到这边；玛丽安娜，转一下我的脚；玛丽安娜，放一下我的胳膊。"她已经一周不吃不喝，现在，她要求吃点东西。"我总是为她准备鸡蛋汤，于是给她带了些。但我刚往她嘴里放了一勺，她就说，'玛丽安娜，帮我取出来。'"她已经不能咽东西，也不能自己吐出来。我吓坏了，帮她把食物取出来以后，就跑去找医生。我告诉医生母亲很不安定，我猜他已经知道母亲要去了，他交给我一些药，让我带给母亲。她吃了药后变得平静，睡着了。哈利勒要出去吃晚餐，他对我说，"玛丽安娜，你认为我应该走吗？"我说，"可以，哈利勒，母亲不会有什么事，你看，她正睡着呢。走吧，但不要待得太久。6 点钟回来。"我们谁也不知道她很快就要离去，因此哈利勒出去了。

　　我的姨妈在那儿。我不想让她在那儿——因为她曾拒绝过我的请求，但他们派她过来，所以那天她在那儿。下午晚些时候，两个朋友过来帮助照顾母亲，看到她睡着了，他们很高兴。"真高兴看见你母亲好转。"我也很高兴，告诉他们，医生给了她药来安抚她。这时，我姨妈说，"我认为你们现在不应该谈话，看你的母亲。"这时母亲就——（玛丽安娜深吸一口气，就像一个人要平静地死去）——然

① 哈·纪致弗·戴，作者收集。

后，她走了。我觉得我失去了这世上的一切。大约五分钟后，哈利勒进来了。看到自己的母亲死去，他晕倒在地，血从鼻子和嘴里流出来。[1]

---

① 玛·哈44，1914 年 3 月 10 日。

第七章　优雅和新奇头脑的画廊

卡米拉死于 1903 年 6 月 28 日，两天后，约瑟芬启程到新罕布什尔州，这使纪伯伦不能再从她那里寻求慰藉，他们都无法从 6 月底的事件中复原。冬天与春天的话语和微笑已然逝去，不再能抚平他们的伤痛。约瑟芬因家人的被迫离散而痛苦，并担忧自己的未来，虽然这并未使她完全忘记纪伯伦，但二人之前的亲密关系已一去不复返了。

在听说卡米拉去世后不久，约瑟芬写给露易斯·奎尼一封信，这封信表明，她仍然视纪伯伦为一位特殊的朋友：

> 你还记得那个叙利亚男孩儿哈利勒·纪伯伦吗？当然你会记得，他对你记忆深刻。他又回来了，你会看到，他的画比任何时候都更精彩，在这个冬天的各种灾难降临在他身上之前，他一直在画着……现在，这可怜的先知和唯一的妹妹相依为命，面临着可怕的贫穷。这段时间，他不得不忍耐着，接管家里的生意，由于缺乏时间和思想，那些绘画和诗歌离去了。我希望你能从他去年秋天的画作中看到一些重要的东西，灵感和奇迹已经战胜了五年前的孩子气。我知道，看到你脑海中的"孩子"在各方面依然保持着自我，但却有所发展，这会令你满意：他的想象熠熠闪光，却仍然远离俗世。①

露易斯对"这个好男孩儿存有充满感情的记忆"，她在写给戴伊的一些信件中表达了对纪伯伦遭遇的同情，而她写给约瑟芬的信，更直接地谈及纪伯伦的困境："可怜的小哈利勒，我记得他！听说他的这些厄运，我感到很伤心。在波士顿这样一个地方，一个闪耀的天才不会总是走背运

---

① 约·皮致露·奎，1903 年 7 月 5 日，圣十字架学院。

的，会有很多慷慨和有鉴赏力的人帮助他。即使距离遥远，我仍然能讨论弗·戴伊的手稿，我从孩童时代就与他相识，对于我们的朋友的起起落落，他总是能给予好的建议，而最近，他却鲜有书信，因为你的介绍，我才第一次了解了哈利勒的近况。"①

7月，尽管约瑟芬待在新罕布什尔州，但她和哈利勒照常通信。8月5日返回后，她在剑桥北部小镇阿灵顿的枫树大街租了一间屋，穿过枫树大街，便是她母亲和外婆寄居的住处。尽管此时的哈利勒身在病中，但他第二天还是坐了10英里的有轨电车，穿越查尔斯河，前去探望约瑟芬。约瑟芬看到哈利勒时，她不禁为哈利勒的面容担忧："哈·纪一直病着，但他还是不顾病痛地来了……他看起来面色苍白，却神采奕奕，正经受着猛烈的风暴。"家庭悲剧发生后，一点轻微的咳嗽或发烧都足以吓坏哈利勒兄妹，约瑟芬给了他一些药。哈利勒的这次拜访并不舒适："我们不能谈及神秘，因为我们不得不和妈妈同处一室。但我告诉他最近我看到的乡间、溪流和所有景象。"②

一天后，他又恢复了给她送画的习惯，8月10日，他又出现在阿灵顿，这次他们坐在凉亭中交谈。随后，哈利勒又应戴伊的邀请，前往缅因州的五岛。这片露易斯·奎尼的海边产业，为戴伊的摄影提供了完美的布景，戴伊买下它，继续邀请城市里的男孩儿来这里度假。为了满足自己布置戏剧场景的愿望，他购买了这些男孩儿祖国的各种旗帜，于是，在各个不同的时间，这里飘扬着希腊、意大利或中国的旗帜。

哈利勒在五岛停留了九天，他写的感谢便签表明，他担忧自己的健康状况，并希望找到机会远离南恩顿街区。高架铁路的修建，阻碍了这个街区的新鲜空气和阳光，令这里一片氤氲。他此时的英语仍偶有瑕疵，但与六年前写给约瑟芬的书信相比，他的英文结构和语言组织已经成熟很多，他已形成了成年以后的书写风格。8月20日，他写信给戴伊：

> 又回到了家，亲爱的兄长，在黑暗中，没有绿色的松树，也没有蓝色的海洋轻抚着那灰色的岩石。一切似乎是一场梦。

---

① 露·奎致弗·戴，1903年5月8日。国会图书馆；露·奎致约·皮，1903年夏，哈佛学院图书馆。

② 约·皮，1903年8月9日。

　　然而，一个平静的夜晚来临了——我仍然无法入眠——彻夜无眠，注视着窗外的星星，是一件多么美好的事情。

　　你知道吗？身在高架铁路下，回想着五岛的平静，是一件多么糟糕的事情。

　　即便如此，我还是增重了两磅，我确信自己更强壮了——比任何时候……亲爱的兄长啊，当海浪轻抚那灰色的岩石，当松树向海浪伸出臂膀，要想起我啊！[1]

哈利勒给约瑟芬的一幅画：《再见》（哈佛学院图书馆）

---

① 哈·纪致弗·戴，1903 年 8 月 20 日，作者收集。

哈利勒难以克制地依赖美国朋友们的友谊，他拜访了阿灵顿几次，他态度坚决，而约瑟芬又过分善良，无法拒绝他太过频繁的来访。一次，朋友丹尼尔和玛丽·梅森来看望约瑟芬，发现她并非一人，这让约瑟芬感到尴尬，就写信向他们致歉："很遗憾，我照顾的叙利亚男孩儿恰好同时旅行至此，如果不是因为他现在就像一只痛苦的羔羊，我会送他回家或撇下他，他是上帝的羔羊，我很幸运能时而喂养他。"①

他们在树荫下、凉亭中度过的夏夜日益减少，这是他们记录下的"美丽而又幼稚的"最后时光。约瑟芬早年日记的字里行间所弥漫的浪漫的象征逐渐消失，她再也没有狂喜地写她的先知："我应该感激这上帝的孩子，因为我的灵魂不把他看作一个贫穷的、没有公民权的外国人。……他快乐地带走礼物，对于他而言，它们是物质和富有，是真正的礼物。通过祝愿的手，他带走了思想、快乐和充实……上帝祝福他，他带走了我愿意给予的礼物。"②

8月底，她不再写到礼物——无论是精神上还是物质上，她明白"我们实际上已经失去了一切"。贫穷不再像一个幽灵，而是真实、大胆地站在皮勃迪的门槛上，哈利勒的无力使她给他更浓的爱。而她的故事"推翻了他对人的信任——之前他已经为此感到痛苦"。他前往格洛斯特一段时间，"因此我能不断思考，"他告诉她，"我们分开，因此我不会感到自己如此渺小"。③

他意识到自己的渺小——身材小、地位低、命运不济，这挫败了他。他能给约瑟芬精神上的抚慰，但热烈的爱只表现在口头上，没有实际内容的爱显得苍白无力。他从格洛斯特返回时，他们试图要唤回旧日的欢乐："1903年9月13日，昨天哈·纪来了，我们坐在凉亭中谈话，秋后的满月照得大地通明，蟋蟀歌唱着夏日的离去……我向他谈起他的处境的优势，谈起我自己，我时刻准备着听到、看到并且学习所面临的一切，直到我能感到幸福。我知道，我会遭遇很多可怕的事，或许是绝望，但我不会忘记我们所谈的这些话。"④

---

① 约·皮玛丽·梅森，1903年9月6日。
② 约·皮，1903年9月13日和3月23日。
③ 约·皮，1903年8月21日和9月13日。
④ 约·皮，1903年9月13日。

无论她怎样宽慰他，当纪伯伦看到约瑟芬把自己的金首饰卖了 7.5 美元，又卖掉了自己的书桌，甚至想卖掉自己的书时，还是感到伤心，备受挫折。9 月 17 日，约瑟芬一家搬进了"与玛萨诸塞大街背向"的剑桥北大街上一处便宜的公寓。两天后，当哈利勒首次拜访这里，他看到自己的缪斯正在给地板上色，粉刷墙壁，做着一个"房东不应做的所有劳动"。[①]

她对那些好心朋友的劝告感到厌烦，于是就对自己多年以来所抗争的自由做出了妥协。之前她仓促地从威尔兹利学院退学，这使她有闲暇来写作，但她的银行存款只剩下 105 美元，这还要算上皮夹里的 10 美元。她急切地需要一些定期的薪俸，便听取了拉德克里夫学院院长，也是她的老朋友爱格尼思·欧文的建议，做一个小姑娘的私人文学教师，这小姑娘名叫弗朗西斯·吉布斯，9 月 27 日，约瑟芬与她见面时，也见到了她学校的老师玛丽·哈斯凯尔。

玛丽·哈斯凯尔使约瑟芬回想起了她的姐姐露易斯·哈斯凯尔，她与她在拉德克里夫时代有交往。哈斯凯尔姐妹来自南卡罗莱那州的哥伦比亚，她们得到了新英格兰的奖学金。她们的初衷是将北方的教育带回南方，先是露易斯来到拉德克里夫，两年后，玛丽来到威尔兹利，但两姐妹被波士顿—剑桥的知识分子生活强烈吸引，她们留在了这里。露易斯毕业后，在波士顿的马尔伯勒大街 314 号创立了哈斯凯尔女校，1901 年，玛丽也加入了这个学校的管理。1903 年，露易斯与卓越的地理学家雷金纳德·戴利相识并结婚，玛丽便成为校长。约瑟芬和哈斯凯尔姐妹新的友谊，揭开了哈利勒与玛丽相识的序幕——三年后，哈利勒的职业生涯将与玛丽结下不解之缘。现在看来，约瑟芬与哈利勒的人生道路显然不可避免地要分道扬镳，但当时的情形却似乎并不明朗。

在近一年的时间里，哈利勒与约瑟芬的关系散发着柔和与温暖的基调。10 月，他的态度变得更加大胆，一天晚上，他带给她一幅画和一双尖头"土耳其拖鞋"，夜色温柔，他甜蜜有加，他们坐在她那"蓝色的书房"，他给她画像，她令他大笑（也是生平第一次，他画了一张欢笑的脸）。[②] 然而，他们之间的关系开始发生改变。

---

① 约·皮，1903 年 9 月 24 日。

② 约·皮日记，1903 年 10 月 2 日；约·皮，1903 年 10 月 21 日。

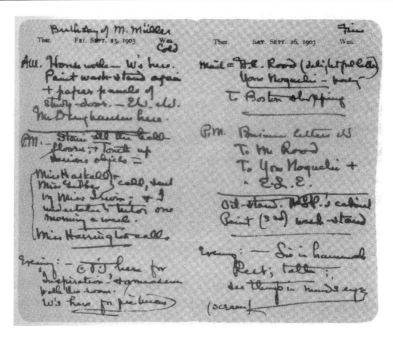

约瑟芬日记页，记录了哈利勒的一次拜访（艾里森·P. 马克斯）

他们关系的破裂来自 10 月 10 日他写的一封信。她简洁地评价这封信："多少有狂怒的迹象。"两天后，她用一个备感失落的词来形容他的拜访："人人沮丧。"次日，也就是 10 月 13 日，她对哈利勒的疏远达到了极致："查阅旧信，撕碎它们。"[①]

哈利勒显然激怒了她。但由于约瑟芬毁坏了他们之间的通信，我们对哈利勒信里的确切内容不得而知。尽管约瑟芬在做出这些举动时，并未提起哈利勒的名字，但哈利勒频繁的出现、与她有规律的交往和他最后一封显得不安的便条，都暗示了是他促使约瑟芬销毁了这些信件。他做出了什么令她意外的行为？他们的友谊已经经过了一系列的考验：他们经历了灾难性的个人危机，哈利勒在这一年里承担着被动的接受者的角色。因而，我们只能推测，他们关系的危机来自他决心要自信地、不计一切后果地介入她的生活。

尽管我们可以自然而然地去推测：他提出加深他们之间的关系——可

<hr>

① 约·皮日记，1903 年 10 月 10、12、13 日。

能是一次性关系甚至是婚姻，但约瑟芬这些简短的评价似乎不足为凭。然而，一个明显的事实是，他被断然拒绝了。或是出于骄傲，或是拘于礼俗，她的反应出乎意料的冷静，或许她突然意识到，与这个需要帮助的异域青年的愉快的闲耍，超出了自己的掌控。对于哈利勒而言，无论约瑟芬出于什么样的动机断然拒绝他，这都使他明白了身处剑桥文雅画室中的青年应该"望而却步"的礼仪。

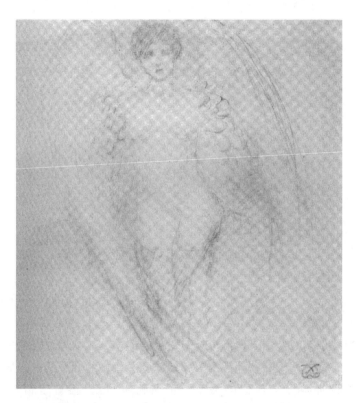

一幅长翅膀的天使的铅笔肖像画，1903 年（哈佛学院图书馆）

尽管激怒了约瑟芬，但哈利勒并未被完全拒斥出她森林大街的家。一周后的一个夜晚，他又如往常一样到那里素描，但次日他写给她的信又惹恼了她。她的日记简洁地表达了她对他们关系的清醒态度："10 月 23 日，写信给纪·哈·纪——很奇怪的巧合——爱默生的赫尔迈厄尼和纪·哈·

纪的上一张便条。"①

她隐秘地暗示：哈利勒就像爱默生的诗《赫尔迈厄尼》中的主人公，想要重新赢得她的爱。正如爱默生诗作中所写："一个阿拉伯人躺在一座小山丘上，歌唱着他甜蜜的悔恨。"主人公谈及一位美丽的缪斯救赎了他：

> ……我来自一个民族
> 人人迅速订婚；
> 在古老的巴索兰学校，我似乎是
> 与书籍和黑夜订立盟约的隐士——
> 这些糟糕的境遇，只是为了成为快乐的新郎。
> 而你的触摸救赎了我：
> 伴随着你那流星般的一瞥，
> 我们畅谈着世间的命运，
> 绘出每一笔真实。

然而，如果他希望借助这些诗行，来描绘自己的个人境遇，那么他心目中的赫尔迈厄尼——皮勃迪这束小花儿，深谙各种知识，并不允许他这样明目张胆地借用这首诗。

她的便条对这种奇特的相似提出了疑问，哈利勒的回答在她看来"令人惊讶"，这两封信都已经遗失了。第二天晚上，他急切地前往剑桥，却发现她并不在家，这是他们交往一年里她的第一次缺席，但他仍然固执地坚守着友谊。几天后，他再次唐突地来到了剑桥约瑟芬的家，那晚，他坐在那里聆听她界定他们的关系，正如她所写："很多事情都弄清楚了。"② 他们之间的关系发展到了一种隐隐约约的暧昧状态，而她对事件采取了故意简化处理的方式，这表明她对他们之间关系的强硬态度。

约瑟芬突然变得无情，这促使哈利勒采取一系列行动，但他猛然发现，自己的竞争对手远高于自己。11月3日，艾德温·阿灵顿·罗宾逊拜访了约瑟芬，第二天晚上，哈利勒急切地与她会面。11月6日，他在

---

① 约·皮日记，1903 年 10 月 23 日。
② 约·皮日记，1903 年 10 月 25 日和 29 日。

晚间传递给约瑟芬三个石榴，这神秘而又富有美感的水果，似乎令约瑟芬感到平和。然而，他不再对约瑟芬产生吸引力，她虽然继续见他，却不再称赞他，11 月，他们停止了表演，退回各自的创作世界，此后他们再也没能像过去那样亲密地相见。

哈利勒《大地抒情诗》的仿制品（作者）

纪伯伦仍然竭力表达自我，他在笔记本中记录了自己从琐碎的店主生活中解脱出来的境况："不再有拉姆公司，我将它转交给了一个指定人，你看，我在困境中，我希望这是我困境的结束。"这段用英语写的文字，结尾处有一个仓促的签名，似乎是写给约瑟芬的一张便条的草稿。便条末写道："我确实不知道现在有多晚，可能已经过了半夜，我正等待着黎明的太阳。祝福我吧，亲爱的，我是如此可怜。"在他用铅笔画出的一张光芒四射的脸庞旁边，他再次用英语表达了内心所受的伤害："我曾像知己一样爱你，现在我敬畏地爱你，我比什么时候都更爱你，但我却害怕你。爱的生活。"

这一时期，纪伯伦正集中精力用阿拉伯语和英语写作，并创作绘画作品。他从阿拉伯语写作中找到自己的庇护之所："除你之外一无所有，灵魂——请公平地评判我——那是你的荣耀——或为我召唤那死亡，你让我背负无法承载的爱。我无力提供好的物质生活，她躺在王座上——在山巅——向我展示幸福。你和幸福都在山巅，我和痛苦却在谷底，高山能与低谷相遇吗？"

他的英语写作呼唤着一个高贵、无名的人，他承认自己是那么的迷茫：

> 为什么我不能很快地写？当我来到我的房间，为什么我不能将自我倾注笔尖？为什么？啊，这些令人受伤的问题。你看，我的——我的什么？我该怎样称呼你？为了上帝的缘故，让我知晓你的名字，拯救我吧！
>
> 你看：有一杯酒、一首诗和你那忧伤的眼睛——三种没有形式的形式，同一种痛苦；一个故事的三个章节——在一个花瓶中的三朵忧伤的花——因此，当那晚我开始写作，我发现几乎无话可写。谁能谈及灵魂？谁能将无限缩减成五行（文字）？
>
> 如果你愿意，写给我一个词，因为我爱那美丽的痛苦。哎，这封信晦涩难懂，但你能理解，因为你的眼睛是那么忧伤。①

哈利勒吃力地用英语这种异己的语言意味深长地表达自我，他的"一杯酒、一首诗和你那忧伤的眼睛"似乎令人联想起艾德华·菲兹杰拉德翻译的欧玛尔·海亚姆的《柔巴依集》，这部诗集在西方广为人知。他仍然不懈地向约瑟芬展示自己的教养和浪漫的审美趣味，他继续陪她参加一些文化活动，他们观赏了大卫·贝拉斯科的《上帝的宠儿》，这部戏剧受到日本题材的启发；在威尔兹利学院，他们聆听了凯尔特文艺复兴的教主威廉·巴特勒·叶芝关于爱尔兰诗人的演讲。

约瑟芬《歌唱的树叶》一书刚刚出版，他让她看了一段阿拉伯语评论。由于这部作品包含了《雪松》这首诗，我们有理由相信，纪伯伦将它推荐给了美国的阿拉伯移民报纸，更重要的是，这件事表明，纪伯伦开始关注阿拉伯移民写作。那年的 11 月，在约瑟芬的眼里，纪伯伦已经成

---

① 写于《大地抒情诗》。

长为一名有才华的、受到英美文化影响的外国人——即便是一个被理想化
的阿拉伯人。然而一年后，纪伯伦将在写作语言上发生转变——他将放弃
用英语这一对他来说仍然难以驾驭的语言，而只用阿拉伯语进行写作，这
样一种深思熟虑后的转变，使他的思想得以传递给两万多名阿拉伯移民
读者。

　　在随后的 10 年间，纪伯伦将会协调两种职业身份。对于那些发现和
培育了他的敏锐的美国精英知识分子，他仍然是有天赋的、早熟的梦想者
的形象，在他们眼中，他像天使般绘画。这些早年的崇拜者，不把纪伯伦
看作移民商贩的儿子，正如约瑟芬所写：他是"一个天生的拉维瑜伽修
行者"。在那个时代，爱默生和梭罗精神的儿女们沉迷于"心灵物理学"
和"精神化学"，波士顿的"婆罗门"齐聚在一起，听希迪·默罕迈德·
塔比尔关于"死亡书"的演讲，或者聆听斯瓦米·维韦卡南达的"卡玛
生活瑜伽"，从而进入"东方的神秘氛围"。纪伯伦这位年轻的超验主义
者非常适合这样一种氛围，城市里新近形成的基督教科学的精神运动、心
理研究社团和通灵学都向这位年轻的先知投以仁慈的微笑。当约瑟芬宣
称，如果她能与这个沉默的男孩儿相处更多时间，她便能成佛，她的表现
只是反映了那个时代的风尚，"进入沉寂"——在当时风靡一时，也是被
频繁使用的一种表述，它被认为再现了"一种真实而又重要的精神
体验。"①

　　在迷恋东方和神秘事物的整体氛围中，弗雷德·霍兰德·戴伊对哈利
勒的庇护显得尤其重要。很多年里，戴伊对"未被破坏的天才"施行仪
式化的膜拜，他热爱出身于普通旅馆、罹患肺结核的济慈；崇拜病弱的、
同样未经训练的天才比尔兹利；毫无疑问，这激发了他对小哈利勒本能的
崇信。他一直等待着能在波士顿发现一个这样的天才，现在终于在哈利勒
身上找到了相似的背景和素材。这位年轻人的艺术感觉、黎巴嫩生活和罹
患疾病、亲人故去的家庭悲剧，符合他关于天才诗人的想象的所有必要元
素。"科普兰和戴伊"出版社的一位作者格特鲁德·史密斯写给他的一封
信表明，他此时正将哈利勒的作品介绍给公众。这封信写道："我有些朋
友想看你那叙利亚天才的画作，它们在工作室吗？其中一个朋友可能会帮

---

① 丽丽安·怀亭：《波士顿时光》（波士顿，小，棕色，1902 年），第 352—353、358 页。

助他。"① 此外，约瑟芬深信哈利勒笼罩着某种魔力，这使戴伊越发相信自己对哈利勒的判断。

从 1896 年开始，纪伯伦一直受到一些美国人的密切关注，这些美国人来自那个颓废的小圈子，他们发现了他，并且相信他的才华，在随后的 10 年间，纪伯伦努力工作来实现自己的诺言，他的方式出乎这些美国人的意料。他吸收消化了自己所受到的所有影响——英国浪漫主义诗人、波士顿颓废文人、梅特林克、卡蓬特和叶芝，然后开始用阿拉伯口语写作。他首先写给自己在美国的同胞，当他以波士顿为基底的哲学与中东思想相融合，当他准备好用英语写作，当他的作品重新出现在美国，将意味着一位阿拉伯哲学家的诞生。直到他来到纽约，批评家们仍未忘记，他在 19 世纪 90 年代波士顿的短暂时期，提供了他真正的文学源泉。

他与约瑟芬的亲密关系逐渐减弱，这是一个痛苦的过程，却使纪伯伦返回到本民族的文化资源中，并开始探寻表达自我的可能性。到 1903 年的圣诞节，他已经准备好用阿拉伯语写作，像前一年一样，约瑟芬再次邀请他共度圣诞，但纪伯伦拒绝了她，并向她解释道，自己必须留在南恩顿的家里与玛丽安娜共度节日："我和一些朋友要在圣诞前夜一起吃晚餐——'不走运的哈利勒'——在圣诞节，大多数叙利亚人会来这里看望那在一年里失去了母亲、哥哥和妹妹的人。安慰朋友是我们的风俗，我将来告诉你一切。"② 他送给她一盆白色的仙客来作为节日礼物，约瑟芬一向喜爱收到鲜花这样的礼物，她很幸福地记录了纪伯伦的举动，并更为浪漫地提及另外一名送花者："盒子里还有一些雪绒花，那是马克斯先生从瑞士亲自采摘来的。"③

莱昂纳尔·马克斯出生于英国，在伦敦和康奈尔大学受教育，当时是哈佛电机工程专业的一名卓越的联合教授。圣诞假期期间，他与玛丽·哈斯凯尔结伴拜访了自己最好的朋友和同事雷金纳德·戴利，露易斯·哈斯凯尔·戴利很高兴自己丈夫的密友喜欢玛丽。那年冬天，莱昂纳尔频繁出入玛丽位于马尔伯勒大街上的学校，他欣赏她的求知精神和对社会活动的热衷。新年前夜，在奥塔瓦，他送给她一个皮带扣——"是我的风格"，

① 史密斯致弗·戴，1903 年 11 月 3 日。
② 写给约·皮的信的草稿，见《大地抒情诗》。
③ 约·皮，1903 年 12 月 25 日。

她在日记中赞许道。①

就在同一个夜晚，回到波士顿的哈利勒送给约瑟芬一枚银色小戒指，她在一周后描述道：

> 　　纪·哈·纪送给我一件礼物：一枚非常古老的东方银色小戒指，上面刻着"蕴涵神秘"。它已经有近200年的历史，一直保存在黎巴嫩山贝舍里的一座古老的小圣母教堂，那里还有很多其他戒指和供奉品。纪·哈·纪出生时在那里洗礼，他身为大祭司的曾祖父从圣母教堂带了这个礼物给他，祝福他（对婴儿来说，选择银色更为幸运），并将戒指戴在他手上，他一直把这枚戒指戴到14岁，现在他送给了我。戒指的一部分被击打过，但还没有磨损，圣徒们的亲吻使镶嵌的石头磨破了，但在我看来，这确实是一枚被赐福的戒指。②

尽管她为那枚戒指和它的渊源感到高兴，她与21岁的哈利勒的关系却仍然停滞不前。哈利勒依然如常地拜访她，英勇地要将她拉出那"虚无的黑暗"。"1月27日，我前天提起我的了无生趣，那并不是忧伤，纪·哈·纪昨天晚上过来看望我，我病快快的，沮丧极了，在这令人高度紧张的乱糟糟的家里，我不可能写出任何东西，这令我难以言表地泄气，写作成了养家糊口的难受事。这次我不能直坐起来，虽然强颜欢笑，但仍遮不住我的凄凉，这令他绝望。事实上，我害怕他难过，这更使我为难。"③

显然，约瑟芬糟糕的心境令哈利勒困扰，但他至少由此亲身观察到了美国艺术家的困境：不受保护、无人支持、少人关心，而他也准备进入那个浮浮沉沉的竞技场。1904年春天，在戴伊的运作下，纪伯伦的作品在他的工作室展出，一同展出的还有朗格罗·哈里斯的作品，戴伊与他结识于巴黎，而他在前一年已去世。

如今，位于欧文顿大街哈考特大楼里的戴伊工作室，越来越多地展出英美摄影师的作品，但戴伊在彩色摄影界的教主地位逐渐丧失。1901年，

---

① 玛·哈35，1904年1月1日。
② 约·皮，1904年1月8日。
③ 约·皮，1904年1月27日。

他仍然有很多关于艺术摄影的合作规划，他已与纽约合作伙伴阿尔弗雷德·斯蒂格里兹计划在波士顿美术博物馆的一次大型展览。为了这次展览，他调动了萨拉·丘特·西尔斯的影响力，萨拉是戴伊在 19 世纪末的学生，他曾帮她在后湾区的公寓安置了一个理想的摄影工作室，并将她的作品在伦敦展出。萨拉在水彩画领域取得了一些成就，在这次波士顿展览中，她帮助戴伊召集和资助了年轻艺术家的作品。

然而，合作伙伴斯蒂格里兹一直对戴伊的过度热情持怀疑态度，他拒绝了戴伊"美国艺术摄影同一联合会"的倡议。一年后，斯蒂格里兹着手组建一个以纽约为基础的群体，戴伊为此感到生气，拒绝与他联合，这次事件是戴伊国际声誉下滑的开始，他的所有朋友和学生，包括格特鲁德·凯思比尔、阿尔汶·郎敦·科本、克莱伦斯·怀特、艾德亚德·斯迪肯，甚至包括了西尔斯夫人在内的他的波士顿信徒，都一跃而成为引领纽约摄影界潮流的先锋。自此以后，戴伊开始退缩到自己波士顿的狭小空间，1904 年 3 月，仍然活跃于当地的他展出了格特鲁德·凯思比尔的作品，哈利勒和约瑟芬在开幕式上"很开心"。[①]

那年冬天，为了计划中的展览，纪伯伦疯狂地工作着。他写给恩主戴伊的几张便条，表明他定期到戴伊的工作室，关注自己不断送去的绘画作品的反响。"我很抱歉，亲爱的兄长，因为周六我不能去听音乐。我有一个约会，没有办法取消它，但我会周一过来，或许会夹着一幅画。"在同一封信中，他还形容了自己每年都会经历的一种疾病，这种病就像流行性感冒，伴随了他一生："我这些日子一直不太好——睡眠极少，吃得更少——但我没有躺在床上。"约瑟芬也在 3 月 9 日的日记中证实了他在冬季的疾病。[②] 那个月之后，他带她到特雷蒙特剧院观赏南斯·欧奈尔的"圣经戏剧"《朱迪思》。

约瑟芬忙着写一部以盎格鲁—萨克逊传奇为素材的独幕戏剧，戴伊则召集一些对画作感兴趣的顾客来参加展览会。他首先得到了西尔斯夫人的祝福，因为她购买了纪伯伦的画作《昨天、现在与未来》。戴伊发布了一个简单而优雅的邀请，这份邀请颇具意味，因为它表明戴伊偏爱用"纪伯伦·哈利勒·纪伯伦"这个正式而又浪漫的名字来介绍他年轻的艺术家。

---

① 约·皮日记，1904 年 3 月 11 日。

② 哈·纪致弗·戴，1904 年 2—3 月（作者）；约·皮日记，1903 年 3 月 9 日。

YOUR company with friends is requested at an exhibition of drawings studies & designs by Mr GIBRAN KAHLIL GIBRAN together with a small collection of minatures and sketches by the late Mr LANGREL HARRIS to be held at the studio of Mr F. HOLLAND DAY 29 Harcourt Building 23 Irvington Street Boston on the afternoons of April 30th to May 10th inclusive from one until five o'clock

戴伊展览会的邀请函（作者）

　　4 月，约瑟芬将纪伯伦的五幅画作拿到展览会，她去了戴伊的工作室两次，协助悬挂那些画作，同时，她向自己的众多友人发布展览会的消息。从约瑟芬此时的日记和残留的便条来看，她早期对哈利勒的"天才"想象已经逐渐消退。她写给莉莲·舒曼·德雷福斯的便条很简单："这周的任何时候，如果你想看这叙利亚人更大的画作，这儿有一张展览会的邀请函，地点在戴伊的工作室。"① 她还竭力吸引尽可能多的观赏者，5 月 2日，她请求莱昂纳尔·马克斯力邀玛丽·哈斯凯尔观赏画展，第二天晚上，他便转达了她的信息。

　　同一天晚上，一篇关于纪伯伦画作的评论出现在《波士顿晚报》上，这来自批评界的首次关注，满足了一名 21 岁的艺术家的所有愿望：

　　　　纪伯伦先生是一名年轻的叙利亚人，他的画作展现了他的民族的诗性和想象气质，同时也兼具突出的个性和创造性。画作的想象具有一种质朴的美和高贵，它们棒极了，而作品表现出的其他观念的悲剧内涵却令人生畏，所有观赏者都说，他的画作令人印象深刻。考虑到他的年龄，这些作品尤其显示出非凡的原创性和象征的深意。在这些系列画作中，最近创作的《朝向神》（20）可能与画展中的其他作品一样突出。画作《大地带着她自己》（20f）尽管在制图上略显粗糙，

---

① 约·皮致德雷福斯，1904 年 4 月 29 日。

但它的意义和表达却极显高贵，它使人联想起威廉·布莱克的一幅神秘主义画作。相似的品质也表现在以下作品中：由蒙特哥马利·西尔斯出借的《人类的灵魂》（11）、《昨天、现在与未来》（25）；由戴伊先生出借的《记忆》（16）；由约瑟芬·普林斯顿·皮勃迪小姐提供的《迷失的精神》（24）、《生命的梦想》（13）、《智慧传于印度》（1）、《其中一个世界》（18）、《"光"与"黑暗"》（22和23）。

正如这些标题所暗示的，这些作品都表达了很强的精神意蕴，它们呈现出最庄严的品质和意义，作者热切地渴望表达形而上的理念，这种渴望超越了技术层面的局限，在一定程度上，源于思想的抽象和伦理的美，极大地刺激了想象。这里的一些面庞萦绕着记忆，这记忆经由那梦想之地的幻象，被赋予某种魔力，同时，它还混杂着一些近乎畸形和令人排斥的表现类型，艺术家没有充分表达自己的观念，他的手还不能回答这理念，这整体上是一个优雅和新奇头脑的画廊，它表达了纯粹的灵感和最精细的伦理记忆。①

可能是《耶稣受难日研究》，一幅约瑟芬出借给画展的铅笔画（哈佛学院图书馆）

①　《波士顿晚报》，1904年5月3日。

可能是戴伊和约瑟芬帮助他选择了这些隐喻式的标题，不出他们所料，这种宣传使一些人对画作产生了兴趣。戴伊品克尼大街的一位邻居威廉·巴斯丁买了一幅画作；西尔斯夫人又买了另外一幅作品；5月8日，查尔斯·皮勃迪博士（与约瑟芬没有关系）观赏并表达了对画作的热情。

一幅铅笔画，标题不详，由戴伊展出（茱莉照相）

查尔斯·皮勃迪多才多艺，在多个领域颇有建树，他受过古典语言学和考古学的专业训练，同时对绘画感兴趣，并曾担任周刊《时代与时间》的评论。他和妻子詹尼特都是业余摄影师，他也是摄影分会的成员，与西尔斯夫人一样，他受到戴伊艺术理念的极大影响。1904 年，他已经是哈佛欧洲考古学专业的助理教授，那天他来到哈考特工作室，购买了一幅纪伯伦的画作，这幅画后来被描述为"闭着双眼、手牵着手的男人和女人，与一个笼罩着光环的幼年耶稣"①。

　　第二天，莱昂纳尔再次催促玛丽，"明天是画展的最后一天，你必须要去"。约瑟芬也抓住最后时机来帮助哈利勒，5 月 10 日，她带哈佛心理学院的另一位教授德国人雨果·曼斯特伯格前往画廊，哈利勒和戴伊都在那儿，她还看到了玛丽。玛丽终于从学校的女子篮球比赛、教师注册和女子劳工运动等事务中抽身出来，听从莱昂纳尔的建议来到画廊。关于纪伯伦与玛丽的第一次见面，并没有给约瑟芬留下特别深刻的印象，她漠然地观察着这位中学女校校长的出现："周二，我带曼斯特伯格先生去看画展……哈斯凯尔小姐和普弗也在那儿。"②

　　玛丽也同样实事求是地记述道："将学校事宜交给福斯特，（去看）纪伯伦和哈里斯先生的画，哈里斯是位年轻人，在巴黎去世。戴伊先生在他的工作室展出了两位艺术家的画作。"六年后，她更详细地回忆了那一天，"我去了（工作室），对那些画兴趣浓厚，我慢慢地看——当我正逗留在一幅红色铅笔画前，一位黑皮肤的小个子青年走过来，用很柔和的声音问我：'你对那幅画感兴趣吗？'当我做出肯定的回答后，他提出要为我介绍所有的画，然后就这样做了。"③

　　更晚些时候，纪伯伦也描述了这一场景。他以事后人的眼光，客观地勾勒了当时的情境，描述了他身为这些文人雅士的宠儿，如何看待自我。他告诉玛丽：

　　　　在我第一次见到你时，我就被你吸引，以一种特别的方式。那是在戴伊先生工作室的画展中，你身着黑衣——那很适合你——腰间缠绕着银色的饰物——那天我很喜欢和你谈话……那时，我在波士顿认识很多人——其中有很多精雅人士……那些人发现我很有趣。他们喜欢与我交谈，因为在他们看来，我与众不同。我是说，他们喜欢看猴

① 　玛·哈 71，1937 年 8 月 16 日。
② 　玛·哈 41，1910 年 12 月 7 日；约·皮日记，1904 年 5 月 10 日。
③ 　玛·哈 35，1904 年 5 月 10 日；41，1910 年 12 月 7 日。

子，那些希望见到我的人们，把我当作一个有趣的人，但你却真正想
要听到我内在的声音——你甚至不愿听到我违心的话——你不断让我
挖掘更多内心的声音。这令我心花怒放。①

可能是查尔斯·皮勃迪购买的彩色铅笔画《亚当与夏娃的幻象》
玛丽·哈斯凯尔后来写信给哈利勒："我见到了你少年时代的素
描……某天在皮勃迪的家里……我当然知道那是谁的作品，我立刻心
潮澎湃——迷失了。"（泰尔法学院）

前一年的圣诞节送给约瑟芬雪绒花的莱昂纳尔，此时与玛丽保持着非同
一般的友谊，此后，这两对男女的关系将颠倒过来。此前的纪伯伦一直被一
个矫揉造作的群体宠爱着，他从这个群体中学习，并受到约瑟芬的浪漫主义
精神的滋养。而此时的他，可能厌倦了自己这种像猴子一样被耍弄的角色，
他需要得到某个人实用性的分析和指导。玛丽·伊丽莎白·哈斯凯尔理智而

———————————

① 玛·哈 60，1922 年 3 月 12 日。

又不易动感情,于是,她便被赋予这一新的角色。随着她对这位"黑皮肤的小个子年轻人"越来越感兴趣,莱昂纳尔这位理智的男性,将会从她这里转移到约瑟芬这位感性的女人那里,而约瑟芬的注意力正在离开纪伯伦。在随后的两年里,这一不可思议的情感转换继续发展,最终由于约瑟芬和莱昂纳尔的婚姻,哈利勒和玛丽将他们的余生紧密地联结在一起。

哈斯凯尔小姐女子学院,位于波士顿马尔伯勒大街 314 号 (作者)

第八章　奇怪的音乐

在哈利勒见到玛丽的四天后，他就被她唤到了马尔伯勒大街314号。这位行动派女性一直在不断地寻找素材，来启蒙她的女学生，而这位年轻艺术家的作品，恰好迎合了她要将学校以外的世界引入课堂的教学理念。学校的艺术教师弗朗西斯·凯斯鼓励她将纪伯伦的作品带到学校展览，因为"如果看到一位还未获得承认却前程远大的年轻人的作品，会对这些女孩儿们有益"。[①]

哈利勒初见到玛丽时产生的"与众不同"的印象确实是正确的。这是他第一次遇到一位非新英格兰人的后裔，尽管从表面看，玛丽的家在波士顿，但在某种程度上，她是一位外国人，没有受过新英格兰文化的熏陶。玛丽的父亲亚历山大·彻维斯·哈斯凯尔，即"同盟军的内伊元帅"，曾是一名显赫的骑兵官员，[②] 28岁时，他在阿波马托克斯投降了同盟军，战后，他在南卡罗莱那获得了政治上的成功，直到来到南方的投机政客接管那里。

此后，哈斯凯尔上校到南卡罗莱那大学教授法学，当时的他已与E. P. 亚历山大的妹妹艾丽斯·亚历山大结婚。玛丽是他们的第三个孩子，她出生于1873年12月11日，那是美国历史上令人感到羞耻的时期，被征服的南卡罗莱那正处于受压制的严酷阶段。玛丽在哥伦比亚附近的一个大农场度过了自己勤俭的童年，之后，随着父亲经济和政治地位的回升，这个家庭迅速发展为4个男孩儿、6个女孩儿的大家庭。

玛丽看到父亲能够采取明智的方法，来修复战争所带来的职业困扰，便越发崇信他，在19世纪、20世纪之交，她亲历了自己的家庭从第一次

---

① 玛·哈41，1910年12月7日。

② 戴利：《亚历山大·彻维斯·哈斯凯尔》，第173页。

世界大战后的贫困转为富有和舒适。当玛丽遇到哈利勒时，她母亲已去世两年，但她的父亲时任哥伦比亚银行的副总裁，仍然是发展中的南方地位显赫的人物。由于成长于各州相对独立和宣誓效忠的时期，玛丽形成了坚强和无私的个性，她继承了父亲的理智和现实，并热切地渴望所有受压迫者得到公平，无论他们的出身如何。

哈利勒与玛丽的相识，与他初见约瑟芬的场景形成了鲜明对照。他见到约瑟芬时，首先被她那光芒四射的美丽打动，而这次，他遇到的是一位能干、直率的女性，她将自己看作一名"新女性"。尽管她居住于轻佻"世纪末"的波士顿近郊，但却并不喜欢世纪末的颓废、轻率和浮华。30岁的玛丽已经成长为一名5英尺6英寸高的强健女性，她热爱新鲜空气、体育运动和冷水浴，一头淡棕色头发向后拢起，这极为适合她的职业。她不扭捏作态、假装温柔，却常用她那坚定的蓝眼睛观察人们的诚实和意图。她总是认为自己既简朴又笨拙，在自传诗中，她坦白地写道：

> 露易萨，年长的，是那样可爱，
> 有着金色的卷发，
> 蓝色的眼睛和白白的姣好面容，
> 这美丽的孩子叫露易萨。
> 而玛丽，年幼的，是那样平凡，
> 一个高高瘦瘦的女子，
> 长着难看的大脑袋，
> 两眼分开，就像一只小猫头鹰，
> 嘴巴长长，就如一只小知更鸟，
> 玛丽有一幅羊皮纸一样的面容——
> 简而言之，一点都不美。[1]

纪伯伦很了解约瑟芬对自然的崇拜，但他发现玛丽是一位更加直接的自然崇拜者。约瑟芬满怀敬畏地描述闪亮的小溪，她沉浸于那琥珀般的珠串——"我从不怀疑水中的仙女"[2]；相比而言，玛丽则将户外活动看作

---

① 玛·哈文件，67，未标日期。
② 约·皮日记，1903年7月（日记，第179页）。

对自己能力的挑战，她刚参加了塞拉俱乐部在白山山脉的夏季野营，在那里，她挑战了华盛顿山，并进行了一次徒步旅行，虽然这次旅行路途遥远、条件艰苦，但她兴趣盎然。用长裙束腰的标准来看，她那运动员般的体态或许显得笨拙，成长于20世纪的纪伯伦，懂得尊敬她那急匆匆的步伐和挺直的肩膀。然而，当他后来在玛丽的学校第一次看到她时，还是不免大吃一惊：玛丽精明强干地指挥着学生，招待着成群到访的学生亲属，发出最自由和先进的社会与政治主张。

甚至是在思想发展方面，玛丽与约瑟芬的兴趣也截然不同。纪伯伦总是与约瑟芬待在家里谈论文学，而玛丽却在学校公然表达自己对拉丁语和希腊语的蔑视，她更爱与学生们讨论解剖学和时政。在还是威尔兹利学院的一名学生时，她就已经表现出自己谦恭、不喜张扬的个性，她希望自己"通过搜集一些历史、思想和地方物品，来为南方做些事情，这些东西或许能用于那些有益于人们的工作"。[1]

玛丽最有价值的角色是《威尔兹利学院杂志》的副主编和"自由社论"专栏的策划人，学生们通过这个专栏批评学校政策，玛丽在杂志上发表的作品表明了她道德感和是非观的形成轨迹。在玛丽还是威尔兹利学院的新生时，她就主张"尤其要与其他世界保持独立"；在1896年的一次共和党人的集会中，她形容"我们的国家"处于"应受谴责的情形"。她的那些充满训诫意味的"布道词"，总是劝告人们过上一种"更广阔的生活"，呼吁精神的革新。她参加了政治性团体"阿格拉社团"，这个社团鼓励"知识分子对当今的政治问题感兴趣"，坚持"女性应该放开视野，心胸开阔，不仅要为了家庭而生活，还要为了她的国家和整个世界而生活"。[2] 玛丽的这些特点与约瑟芬形成了鲜明对照。

除了条分缕析的写作，玛丽还专注于科学，她从事化学、生理学、动物学和植物学。她欢迎现实主义的挑战，在青涩的学生时代，她就写道："现在要进军哲学的堡垒，但愿我会像热爱这些哲学的理念一样，来热爱这些困难的科学工作，不过没关系，我必须要坚持。"[3] 她一直坚持学习德语，这主要是由于她崇拜缪勒，她在学院时代曾见过这位思想家，并在

---

① 玛·哈32，1894年2月9日。

② 《威尔兹利杂志》2，1894年4月14日：372—373；《威尔兹利学院新闻》，1896年11月，第110页。

③ 玛·哈32，1894年2月12日。

毕业后仍然受到他的影响。

玛丽（右）和塞拉俱乐部的一位登山伙伴在一起
（北卡罗来纳大学图书馆，教堂山）

　　托马斯·汶特沃斯·希金森的日记使玛丽产生了写日记的想法，但直到 1894 年，她才真正开始这一习惯。与约瑟芬不同，她清楚地界定了自己写日记的目的：作为一名记录者，关注人性。她写道："写些什么的想法，也许会持续很多年，此后会记录下我年轻时代的一套习惯、情势和思想，如果这些习惯、情势和思想应该被某位作家或记录者找寻的话。"她的这些预见后来不可思议地得到了应验，她坚称自己的日记将不会是纯粹的感情罗列，"关于记录我内在的自我：如果我记下自己的行为，我的自我会折射于其中，因为我的精神促成了我的行为。我不是同一的，我的某些行为是分离的，但我的生活是自我的最真实表达"。①

一直到1904年，她仍然保持着记日记的习惯，枯燥地记录自己的日常生活。她不带感情地记录了与哈利勒的第一次短暂相见，5月14日星期六，她在记录学校的一次活动安排时，提及了哈利勒的来访，"艾勒克和劳拉（她的哥哥和嫂子）来了，纪伯伦先生来看画，鲁辛达和法维尔先生（阿瑟·法维尔，作曲家和音乐家）带来四首黑人歌曲，与劳拉和艾勒克一起去艺术博物馆"。② 在5月17日开始的那周的展览中，她简略地提及了莱昂纳尔·马克斯出席晚宴、学校最近的一次灭火示范和剧院，其间，她还提到了哈利勒的几次出现。

玛丽显然邀请了校外的人来观看这次画展。在她的记录中，每天有25—45位拜访者来看画，一些日子看画者"蜂拥而至"。③ 周三，她与哈利勒和朋友亨利·斯科费尔德共进晚餐；周四，她再次邀请哈利勒和她的朋友亚当及其他三位朋友参加晚宴。此间，哈利勒为众人助兴："纪伯伦画了'忧郁'和'爱的声音'。"周五，她忙于面试新生，没有提到展览，只记下"纪伯伦画展30个人"。随后的一周是学校的最后几天，玛丽忙于购买夏令绸，完成学校报告，并参加了几个宴会，根本没有提到哈利勒，显然他已取走了画作。

尽管至少100人——包括学校里的所有学生、职员和玛丽的熟人——观看了这次画展，哈利勒仍旧没有卖出一幅画。或许是在约瑟芬和玛丽的劝说下，玛格丽特·缪勒决定支持这位一年前在威尔兹利展出画作的年轻艺术家。她保留了一幅题为"生命的梦想"的彩色水粉画，这幅画标价150美金。但只有缪勒对一幅画感兴趣，这仍令哈利勒气馁，随后那周的周一，约瑟芬来到戴伊的工作室，在那里，她发现哈利勒"情绪消沉"。④ 与任何一位年轻艺术家一样，他正经历着心理上的低潮期：人们对他的画作产生一阵短暂的兴趣后，逐渐归于平淡。几天后，他更感泄气，深知金钱对一名艺术家的打击的约瑟芬告诉他，缪勒小姐已经承认她买不起"生命的梦想"。

---

① 玛·哈32，1894年1月27日。
② 玛·哈35，1904年5月14日。
③ 玛·哈35，1904年5月17—20日。
④ 约·皮日记，1904年5月23日。

　　哈利勒第一次进入玛丽那拥挤的生活，缺少他和约瑟芬友谊的亲密特征，她仅仅对他的画感兴趣，他们的关系并未立刻对他的生活方式产生影响。而他与戴伊、约瑟芬之间的深层联系，并未因结识这位女校长而有所改变。

　　就在那个月的晚些时候，玛丽到纽约招聘教师，她返回后，放松了自己严格的日常安排。6月17日，哈利勒致电给她，随后他们沿着马尔伯勒大街走到公共花园。5月相遇以来，他们第一次有机会畅谈。那晚，回到家中的玛丽首次以"名"而不是"姓"提及他："周六8点，哈利勒在天鹅池边，（谈）叙利亚和美国的差异。"[1]

　　与此同时，哈利勒和约瑟芬日益紧张的关系正濒临破裂："6月27日，纪·哈·纪在这儿，不和谐的时间。"两天后，他淡漠地忽视了约瑟芬，而去见了玛丽。那是那个季节他们的最后一次相见，那天晚上，他们留下来重新装饰学校。那周她已经粉刷了厨房和大厅，他来帮她在厨房做"一个屏风，来隔出晾衣架和麻布"。她记录了他夏季的住址："哈利勒·纪伯伦7月转到缅因州的五岛费尔德先生那儿（戴伊的管家），然后回到爱丁堡35号。"[2] 一天后，热衷于旅游观光的玛丽，开始了西部旅行，观赏在圣·露易斯举办的世界博览会。

　　但哈利勒却并未立即前往缅因州，7月5日，他去森林大街见了约瑟芬，他们坐在广场上，在夏季炎热的高温下争论。之前的几个夜晚，她已经聆听了"马克斯先生"相似的长篇演说，莱昂纳尔责备她那"愚蠢的方式、新英格兰的方式或剑桥方式"，批评了她不愿从事一个实际职业的做法。她"嘲笑了"那不愉快的场景：他"希望她有某种程度的觉醒"，然而，当哈利勒同样因此而责备她时，她感到非常窘迫，并承认哈利勒的话深深伤害了自己，"我听到了更尖刻的说法，不知道该做些什么……第三次不平静的谈话……使我流泪，那不是一回事，或者说是另一个视角看到的同一件事"。[3]

　　约瑟芬情绪消沉，不能自拔，哈利勒和莱昂纳尔争相劝慰她，希望她能走出低谷。她的日记承认了自己的消沉："我正在备受煎熬。"比起情

---

①　玛·哈35，1904年6月17日。

②　约·皮日记，1904年6月27日；玛·哈35，1904年6月29日和"演讲"。

③　约·皮，1904年7月1日；约·皮日记，1904年7月5日；约·皮，1904年7月8日。

绪紧张的哈利勒，莱昂纳尔的成熟与世故显然更能说服约瑟芬。正像前一年她送给哈利勒这位年轻艺术家一块水晶，今年夏天在莱昂纳尔要离去时，她也送给他一件信物，"我送给他一块月亮石来保平安，并向他讲了些劝告的话"。[①] 但对于同样正要离去的哈利勒，她什么也没送。

一位拜访戴伊工作室的人，曾描述了这一阶段的哈利勒。正在工作室工作的哈利勒，脱离了两位女性支持者的荫庇，俨然是一位自信外向的艺术家："大约3：15，我到达戴伊先生的工作室，希望在那儿停留到4点，当我走进工作室时，恰好看到一张棕色的纸，我拿起它，开始画一个女孩儿的头像，这时，一位年轻的叙利亚人看到了，拿起素描，说我画得不对，他拿起纸，开始画我的头像，那画是一流的。"[②]

除了协助戴伊完成他的摄影任务，哈利勒也在理性地寻找另一种艺术表达方式，这种方式能够贴补家用，补贴玛丽安娜在提汉小姐的服装店所赚得的微薄收入。当时的哈利勒在职业追求上自信果决，那年春天，当纽约阿拉伯移民报纸的编辑拜访波士顿的移民社团，他很快便结识了哈利勒。

艾敏·戈耶卜1903年开始经营报业，他所经营的这份报纸的名字——"al-Mohajer"，意思是《移民》，这份报纸对美国的阿拉伯语读者意义重大。阿拉伯语"Mahjar"包含了词根hegira，意思是旅行，它使人联想起自斐尼基时代叙利亚商人的长途旅行以及和这旅行有关的所有情感暗示。"Mahjar"还暗示着"纽约城"，意味着纽约是新世界要抵达的终极之地麦加。20世纪早期，阿拉伯出版商之间竞争激烈，尤其在纽约，至少有三家报纸为5000多名移民提供政治和社会论坛。[③]

戈耶卜第一次见到纪伯伦时，便对这位年轻人的文学背景和不寻常的谈吐印象深刻。哈利勒向他展示了自己画展的评论，这位编辑后来回忆道：当他读到"这些画在波士顿——这座闻名的艺术和科学之城——的报纸上受到推崇"[④] 时，他被打动了。哈利勒甚至还带戈耶卜到自己爱丁堡大街的住处，让他看自己的笔记簿，尽管这位编辑推崇他在素描作品中

---

① 约·皮日记，1904年7月4日；约·皮，1904年7月1日。

② 女士为巴拉比："我的expaients（原文）和西尔斯夫人"，1904年7月，诺伍德。

③ N. D. ［可能是纳吉布·戴伯］：《一位叙利亚青年的故事》，《独立》1903年4月30日，第1007—1013页。

④ 戈耶卜：《纪伯伦·哈利勒·纪伯伦》。

表现出的天分，但他更感兴趣的是，这位艺术家是否能发表些散文诗。

　　确切日期不详，大约在 1904 年夏天和 1905 年春天之间，哈利勒发表的第一篇文学作品刊登在《移民》，他称这篇作品为"幻象"。这篇作品的意象蕴涵着某种幻灭感，作品中，一只笼中鸟"在一条清澈的小溪旁，在一片田野之中"，它因缺少食物和水而死去，就像"一个有钱人被锁在财宝中，却在一堆金子中死于饥饿"。诗人的幻象逐步升级，他看到那个笼子变成"一个人的骷髅，那只死去的鸟变成了人的心脏"。就像"一道伤痕"，那心脏说话了，宣称它的囚禁和死亡，都由于它被这"人为的法律的笼子"所束缚着，"我是人类的心灵，被囚禁于众人的法令，被幻象所拘囿，直到我抵达死亡"。在随后的三年里，这一主题贯穿了哈利勒的所有作品。[1]

　　由于约瑟芬和戴伊对哈利勒一如既往的支持，进一步加强了戈耶卜对这位 21 岁移民的信任。8 月中旬，哈利勒和约瑟芬都结束了夏季旅行，他们仍然保持着经常通信的习惯，秋季，他仍然频繁地探访她。尽管约瑟芬的日记表明，二人争吵不断，但显然她在帮助他写作，"10 月 11 日，纪·哈·纪的阿拉伯语诗，10 月 15 日晚上，纪·哈·纪在这儿，带着一首阿拉伯语诗，莱昂纳尔也在这儿，我无聊又忧郁"。[2]

　　我们假定他把诗作翻译成英语，来取得她的建议，这一点对于我们理解他作为一位阿拉伯语作家的成长历程至关重要。显然，她能在作品的内容和思想发展上帮助他，但对于语言自身却无能为力，他不得不独自与语言难题做斗争。在贝鲁特的四年学院生活，没能完善纪伯伦的阿拉伯语写作能力，也没有记录表明，他与波士顿的任何一位阿拉伯语学者保持着友谊，的确，他与叙利亚群体没有形成密切的联系，于是，当他写下自己的思想，他被迫求助于农民的耳朵。他忽视传统词汇和古典阿拉伯语形式，从贝舍里孩童时代和南恩顿街区所经验过的普通语言中汲取资源。他使用口语，并非出于某种特殊的目的，而是由于他疏离于正统的阿拉伯语文学，然而，他对作品语言独特和简约的处理方式，却吸引了成千上万的阿拉伯移民，他的很多读者，几乎不认识自己的母语，因而他们能认同和接受纪伯伦无意中对阿拉伯语的现代化。

---

① 《泪与笑》，第 30—31 页。
② 约·皮日记，1904 年 10 月 15 日。

戴伊在哈考特大楼的工作室，1900 年（诺伍德）

哈利勒寻求约瑟芬的肯定，同时仍然仰赖戴伊。他出版的第一部文集《音乐短章》可以直接追溯至戴伊邀请他所听到的波士顿的交响乐，下面的这封信表明，他已开始对音乐会有自己的看法，这封信写于 1904 年 10 月 29 日，此后的半年内，他将出版同样主题的阿拉伯语散文。

亲爱的兄长，"唐豪瑟序曲"确实是一曲庄严的音乐，它的结尾激发了我更好的自我。分析这样一部作品，要像这位音乐诗人一样伟大，不，瓦格纳自己不知道他自己音乐的伟大，就像所有伟人一样。

贝多芬的第四交响乐棒极了，我觉得我理解了"人的神秘"那部作品，直到上周六，他作品的每个音符还回响在我的内心深处。

　　鲁尔先生和夫人要离开萨勒姆大街那美丽的角落，他们邀请我明天过去，与他们共进告别晚宴。因此，我亲爱的兄长，你要原谅我，我明天不能去听音乐了。[①]

　　贝特雷丝·白克斯特·鲁尔和丈夫露易斯都是波士顿《先锋报》的插图画家，哈利勒和他们早就认识。他们婚后住在萨勒姆大街183号的北恩顿联合安置屋内，并将自己的艺术追求与社会工作结合起来。鲁尔夫妇也去五岛拜访戴伊，在随后的几年里，哈利勒一直对他们尊崇有加。

　　此时，哈利勒仍未把玛丽算作自己众多美国朋友中的一员。而玛丽在中西部和南方闪电般的旅行结束后，便又一头扎入自己繁忙的工作日程安排中，10月，她在学校宴请了父亲，并积极参加"妇女贸易联合会"。她的日记记录了莱昂纳尔持续的拜访、她频繁地出入剧院、她与塞拉俱乐部成员的聚会、她多次拜访威尔兹利学院的阿戈拉社团，哈利勒与她的生活没有任何关系。

　　11月7日，玛丽的姐姐露易斯·戴利邀请约瑟芬到奥塔瓦。约瑟芬受到邀请，是因为她创作的合唱田园诗《潘》及其配乐演奏，将于11月15日在为敏托勋爵举办的国家告别演唱会上演出，敏托勋爵是即将离任的加拿大总督，约瑟芬虽然经济状况吃紧，但仍决定参加这次盛事，她11月12日周六一早离开，未能看到那天的晨报。

　　"火灾！哈考特工作室损失20万美元"，这是那天所有波士顿报纸的头条新闻。周五夜间7点，火灾四级警报拉响，灾难性的爆炸持续了一夜，一直闷烧到周六才停息。这次浩劫威胁到了附近的博托尔夫工作室和一座兵工厂，阻碍了附近铁路沿线的交通，吸引了后湾区和南恩顿街区数以百计的旁观者。哈利勒也必定在周五夜间或周六早上听说了灾情，并赶来观看这座储存了他全部画作的大楼。

　　一位在波士顿艺术界默默无名的年轻移民艺术家的作品被损坏，远不及"著名艺术家的一千幅画作被毁"这样的新闻更具轰动效应。虽然众多晨报报告了损毁建筑中拥有工作室的40位艺术家的名字，但哈利勒的名字并不在其中。周六上午，这些艺术家聚拢在大楼周围，"火势仍盘旋

　　① 哈·纪致弗·戴，1904年10月29日，作者收集。

在被损毁的大楼的地下室"，哈利勒凄凉地站在那里，与"周围的其他艺术家一起，难过地凝望冒着烟的建筑，不知什么时候才能重新画出这些画作，不知是否还会拥有同样的灵感"。①

大楼工作室的一些主人接受了记者的采访，"工作室里存放着价值不菲的绘画和印刷制品的"戴伊是其中之一。"这其实是 25 年的作品"，他很悲伤，"我对这些作品的价值毫无概念"。他还提及了威廉·帕克斯顿、艾德蒙德·塔贝尔和约瑟夫·德·坎普这些知名的展览者，"他们像我一样，没有保险……必定遭受了巨大的损失"②。两天后，大火彻底熄灭，没有挽救出任何作品，戴伊被清出这座被封的建筑。对于这位由出版商转型的摄影师而言，他所遭受的损失远远超出了媒体的报道，他无法从这次损失中彻底复原，伴随着那些作品的灰飞烟灭，他的忧伤才开始略有减轻。相比较之下，刚刚在两年内失去妹妹、哥哥和母亲的哈利勒，在这次新的打击中表现得相对镇定。

哈利勒立即写信给约瑟芬，在应邀观赏奥塔瓦演出的同一天，她收到了这封报告火灾的信。正陶醉于自己的诗作荣登这次盛大演出的约瑟芬，在四天后才回复哈利勒。她还写信给玛格丽特·缪勒，请求她写给他"一些文字"，"帮助挽救一些一直被焚烧的东西"。直到这次鼓舞人心的奥塔瓦之行结束，她才终于很不情愿地面对这次灾难，"11 月 26 日，我不想写下来，这是一件如此可怕的事……哈考特工作室被烧成灰烬……包括了弗·霍·戴伊的作品，而且最令人悲伤的是，包含了哈利勒全部最好作品的画集——是的，《慰藉》，那记录了一个充满灵感的童年，绘出了一个青年的神圣的心灵，一切都没有了，变成灰烬。我无法说出我的感觉，仍然心有凄然，但令我惊讶的是，他却非常坚毅和甜蜜地回复我的信，这让我安心。毕竟，一个人所拥有的最重要的东西……是确信自己能够重生。"

第二天，她向戴伊——自己诗集的第一位出版商和朋友，表达了同情，"我也知道，依照你那美好而又热情的心灵，你必定会为朋友们的损失感到更加难过，那些作品总是和你的作品一起陈列在你的家里。我希望你能心平气和，因为你明白，任何人都要深深感谢特殊情境下的艰难，而

---

① 《波士顿通讯》，1904 年 11 月 22 日，第 1、5 页；《波士顿周日通讯》，1904 年 11 月 13 日，第 6 页。

② 《波士顿周日全球报》，1904 年 11 月 13 日，第 5 页。

有趣的是，你对别人的慷慨，会成为你的负担"。发生火灾那晚正与莱昂纳尔共进晚餐的玛丽，也及时向戴伊发出了一张表达遗憾的正式便条，她附言道："对你而言，我几乎是一个完全陌生的人——在这个时候或许更加明显——然而，我仍然清楚地记得，在去年春天的那个下午，纪伯伦先生和你的年轻朋友哈里斯的作品在你的工作室展出。承蒙善意，你不厌其烦地向我们介绍你和那位已离世的年轻人的友谊，我深为感谢。"

　　玛丽也致信哈利勒，他们在那个秋天还未见过面。幸运的是，她保留了哈利勒的回信，这或许是他写给玛丽的第一封信，也可能是她费心留存的第一封哈利勒的信。他尊敬地称呼她"我亲爱的哈斯凯尔小姐"，并且写道："朋友的同情使忧伤变得甜蜜，我那些画作——多年爱的劳作——我年轻时代的花朵，它们的毁坏或许有某种我们不知道的美丽理由。几天前，我还在想着要见到你，但我没有力量，我想那个时刻不久就会到来。现在我不知道我能用我的画笔做什么，或许它们会保存在遗忘的角落，但我在写作。你那甜蜜的信确实宽慰了我。你的朋友哈利勒。"[①] 那年冬天，哈利勒许诺的拜访并没有发生，他仍然一如既往地去拜访约瑟芬那束小花儿。圣诞前夜，哈利勒给约瑟芬带了些叙利亚甜点，1月6日，他们一起庆祝了纪伯伦的22岁生日。

　　"哈考特工作室大火后……我开始着手工作"，1916年，纪伯伦告诉玛丽。约瑟芬对他1905年冬天造访的记录也表明，这期间的纪伯伦确实沉浸于工作中。2月19日，当艾德温·阿灵顿·罗宾逊拜访约瑟芬时，她热情地向他展示哈利勒最新完成的画作，四天后，"纪·哈·纪来这里朗读他的诗歌，展示他的画作，我朗诵了他的几首诗"。3月1日，有"纪·哈·纪一首诗的英文翻译"。[②]

　　纪伯伦正忙于写些阿拉伯语短文，他将这些短文发给戈耶卜的报纸，这使他每周有了两美元的收入。在写给戈耶卜的第一封信的草稿中，他写道："直到现在，我还是不理解你想要什么，但我愿意每周写两篇或更多的文章给你来赚取两美元。"[③]

---

① 约·皮致缪勒，1904年11月19日，威尔兹利学院；约·皮，1904年11月26日；约·皮致弗·戴，1904年11月27日；玛·哈致弗·戴，1904年11月28日，诺伍德；哈·纪致玛·哈，日期不详。

② 约·皮日记，1905年2月23日和3月1日。

③ 《阿拉贝拉和阿拉明塔故事》仿本中一封信的草稿，作者收集。

或许是为了表达自己对戴伊的感激之情，他创作了一篇名为"用火书写"的散文。济慈墓碑上永恒的镌刻成为这篇文章起首的独白："这里躺着一个人，他的名字写在水上。"接着，纪伯伦感叹人们在尘世间的努力是多么脆弱："死亡会毁灭我们所建造的一切/风儿会吹散我们的话语/黑暗会遮蔽我们的行为？"他颠覆了济慈人世虚无的观念，乐观地宣称："天空承载了我们心底涌出的每一次欢笑和叹息，储存着每一次亲吻的声音，爱是那亲吻的源泉……那甜蜜的歌者济慈，他的诗歌永不停息地在人们心中播撒着美和爱，如果他能知晓这一切，他一定会说：'在我的墓碑上写上：这里躺着的人，他将他的名字用火书写在天空的面庞。'"①

哈利勒这样阐释戴伊所热爱的约翰尼，当然令戴伊欣喜。这位叙利亚人所追求的浪漫主义意象，以西方的标准来看，只是 19 世纪"美是真理，真理是美"的延续，但从哈利勒写作特定的文学和思想背景看，他的这些作品对于阿拉伯移民读者来讲，不仅仅是重新阐释，更是一种引介。他无意中为这些同胞架起了一座桥梁，通过这座桥梁，他跨越了英语文学的广阔领域。1905 年春天，他出版了后来题为"沉思录"的文集，这部文集表达了爱的主题，其中的篇什文雅地描写爱欲，宣称身体和精神的结合所带来的欢愉。1905 年 4 月 1 日，他创作了"爱的生命"，这首诗用四个季节来形容爱，诗行中没有任何诗句表明他对约瑟芬爱情的破灭，事实上，诗人只承认死亡和冬季"冰一般的呼吸"使他们分离。②

哈利勒仍然与莱昂纳尔争相取悦约瑟芬。1905 年 3 月 18 日，他带给她一些新画作，这次他不得不和莱昂纳尔一起与约瑟芬共度整个夜晚，他俩最后一起乘坐 12∶25 的有轨电车离去。约瑟芬和哈利勒之间的关系似乎举步维艰："4 月 7 日，纪·哈·纪单独来了，有一些错误的谈话。"③

在哈利勒"沉思录"的很多作品中，都涉及一位开导和宽慰他的缪斯。在文章"梦幻的女王"中，她化身为梦中的狂喜，在那里，"梦幻世界的女主人"使"大地张开，苍穹震颤"。这位缪斯的形象也蕴藏在"智慧的拜访"一文中，她凝视着诗人，"就像一位温柔的母亲，擦干他的眼泪"，她手指"荒原"来回答他的困惑和失望，她恳求他"凭借忧伤学会

---

① 《泪与笑》，第 32—34 页。

② 同上书，第 5—8 页。

③ 约·皮日记，1905 年 4 月 7 日。

同情，凭借黑暗洞晓知识"。同样，在文章"美的宝座前"，她以全知全能的形象出现，变身为"天堂的仙女……唇上留着花朵的微笑，眼中藏着世间万物"。她将美定义为"那描画你的精神……你所看到的，它使你给予而不是得到"。[1]

这些女性形象的原型除了约瑟芬外，还有可能是谁呢？那不可能是玛丽，因为当时哈利勒几乎还不认识她。这些智慧的语言也不可能归功于那位黎巴嫩山地女孩儿哈拉·达赫尔。只有约瑟芬能用自己美的准则和给予的信念感染哈利勒。他承认这一点，这使她在他生活中的位置更为重要，她成为一个幻象，进入他的梦想，讲出他的思想。

1905 年春天，约瑟芬诸事顺利。她就"目前的象征主义"发表了六次演讲，这些演讲涵盖了她对易卜生、梅特林克和叶芝这些作家及其作品的阅读和分析。她的剧本《马洛》在拉德克里夫阿加西大厦的开幕式上演出，观众的反应激发了她的创作力，使她得以完成婚姻讽刺剧《变色龙》。

5 月 30 日是约瑟芬的生日，纪伯伦为此设计了一个绝美的礼物，他希望这能使她不再疏远自己，唤回她对自己的美好感觉。他首先写了一个寓言故事，这个故事清楚地揭示了他对约瑟芬的深情。故事中，一位胜利的国王得到两种不同的献贡，一种是大量的金银财宝；一种是一名乞丐的敬意——"我来自遥远的土地，奉献给您我内心深处的感觉。"国王因乞丐的尊敬而感动落泪，他宣布乞丐的礼物表达了最大的敬意。结尾处，纪伯伦称自己为乞丐，称约瑟芬为君王："向胜利的约·皮·皮致意，吻你那强有力的手——公元 1905 年——5 月 30 日。"[2] 然后，他竭力使这呈献给约瑟芬的故事看起来外表精美：他认真地将故事用阿拉伯书法誊写在两页纸上，并题献给她："愿神让你总是回到这一天的幸福和快乐，愿你能从这美丽的世界得到你所奉献的美。纪·哈·纪。"

约瑟芬非常喜爱这精致的礼物，但如果哈利勒希望用这个考究的、令人联想起《天方夜谭》的礼物来永远赢得她的芳心，那他会大失所望。每当他表达与她建立严肃关系的愿望，这位缪斯立即指出他"错误的谈话"，年龄和背景的差异、两人同样贫穷的境遇，都使他们之间的关系没有进一步发展的可能性。

---

[1] 《泪与笑》，第 58 页。
[2] 生日问候说明，合集，莱昂纳尔·马克斯。

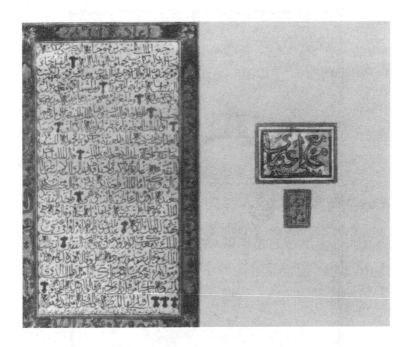

哈利勒写给约瑟芬的生日问候，水墨和水彩，1905 年 5 月 30 日
（莱昂纳尔·马克斯）

哈利勒的《音乐短章》由戈耶卜出版，此后不久的 7 月 1 日，哈利勒就把这本书的复本带给约瑟芬。为了使普通的橙红色封皮更加突出，他设计了一个羊皮纸封面，上面装饰着拼写成"音乐"的红色字母，他在扉页用阿拉伯语写上他和约瑟芬的名字缩写，并附言，"以爱、尊敬和最美好的祝愿"。①

约瑟芬接受了这特别的复本，后来她形容这是"献给我"的书，并倾听哈利勒给她阅读诗的开始部分。② 这部作品的序言仍然公开表达他对自己匿名的爱人的崇敬，他用语言巧妙地掩饰自己的感情，或许在他所处的波士顿—剑桥知识分子圈里，没人能破解这种感情，"我坐在我所爱的人身边，聆听着她的谈话，我无法言语，感到她的声音有一种动人心魄的力量，我的灵魂被触动，游弋在无边的空中——世界变为梦幻，身体变成

---

① 哈佛学院图书馆中的副本。
② 约·皮日记，1905 年 7 月 1 日。

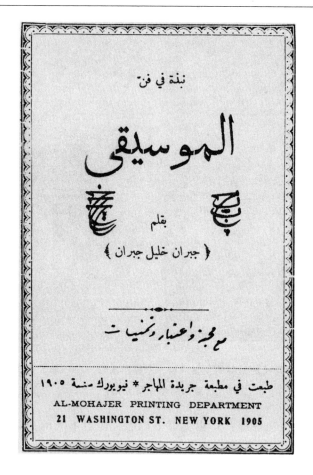

نبذة في فنّ

الموسيقى

بقلم

《 جبران خليل جبران 》

مع مجلة واعتبار وتمنيات

طبعت في مطبعة جريدة المهاجر ٭ نيويورك سنة ١٩٠٥
AL-MOHAJER PRINTING DEPARTMENT
21 WASHINGTON ST. NEW YORK 1905

《音乐短章》的封面。在标题和献辞的下方、在两条平行线之间，
哈利勒加上了两个交织在一起的姓名缩写 （哈佛学院图书馆）

牢狱。奇怪的音乐混杂着我所爱的人的声音，飘荡在她的话语中，而我却寂然无声；我爱的人叹息时，我听到了音乐；当她停下来，又轻启双唇，用那流水一般的语句言谈，我听到了乐声"。

　　然而，这篇优美的前言很快变成了一篇训诫式的文章。他指导他的移民读者走进音乐史，了解音乐在古代占星术、古埃及、波斯、希腊、希伯莱和印度文化中的地位，"音乐就像诗歌和摄影——再现了人的地位"，接着，他描述了波斯音乐的四种技巧形式和它们的音调与诗歌特征。

　　在文章即将结束时，哈利勒天真地呼唤众生，要赞美俄耳弗斯、大卫、贝多芬、瓦格纳和莫扎特，并特别呼吁他的叙利亚同胞，要记住阿拉伯作曲家所代表的同样伟大的音乐传统。哈利勒阅读到此时，被打断了两次，正如约瑟芬所记录的那样，"当他向我翻译那篇文章时（跪在我椅子旁边的地板上），菲尔普斯先生进来停了一会儿，然后是巴尔的摩的教长弗朗西斯先生，然后，纪·哈·纪很满意地向我谈及了广场"。①

随后的整个秋天和冬天，除了偶尔几张便条和几次拜访，约瑟芬的日记里很少提到哈利勒，在他们过去常常相见的地方，现在又出现了一位亨特公爵。她与这位强壮而又浪漫的人一起散步，他带她到乡间远行。不久以后，她开始写到对莱昂纳尔日渐浓厚的感觉，此时的莱昂纳尔已是她忠诚的保护者和公开的追求者，"一切都飘升到新的天际，星星变得不同，他也不同，我也开始变得不同。慢慢显现的一切都迅速地变化着，我变成了自己从未见过的新的我"。②

约瑟芬与莱昂纳尔关系的发展，使哈利勒与她的关系沦为空白。同样，玛丽的生活也因此受到了影响，那年秋天，两人的关系发生了改变。莱昂纳尔在10月的第一周拜访了她，她向他讲述了自己夏天在加利福尼亚的冒险：她与塞拉俱乐部的成员一起，探索了约塞米特公园；在伊利诺伊斯，她因为"超速行驶"而被捕；在科哈西特附近的海边村落，她甚至做出了一件更严重的越轨事件，当着一大群人的面，她居然骑着一匹不带鞍的马，拉紧缰绳越过游乐场里的设施。随后的几年，由于这位中学女校校长的行为欠缺礼貌与得体，布鲁克林的一些母亲会拒绝送自己的女儿到她的学校上学，然而，她却仍然继续公然违抗女校校长所应有的行为范式，那年秋天，她"挂出旗帜来庆祝俄国议会的成立"，然后，她"将女孩儿们集合到图书馆，给她们讲俄国，阅读沙皇的宣言，歌颂美国"。③

一个月后，在马尔伯勒大街与玛丽共进晚宴的哈利勒，向玛丽讲了他的阅读喜好，"19本最好的书"，玛丽记录道，但她并未记下这些书的名字。约瑟芬和玛丽的日记表明，11月，哈利勒只拜访了约瑟芬一次，而莱昂纳尔也只见了玛丽一次。12月，玛丽旅行到南卡罗莱那州与家人团聚，在那里，她拒绝了一位追求者，这是那一年里她拒绝的第二位追求者。她总是能吸引男性，并享受男性的陪伴，但每当这些男性要和她发展

① 约·皮日记，1905年7月1日。
② 约·皮，1905年11月29日。
③ 玛·哈，1905年8月20日，第36页，9月17日，10月31日。

严肃的关系时，她总是临阵逃脱。她仍然跳舞到凌晨 2：30 回家，她形容那"快乐极了"，并总是能表露出令男人们倾慕的、精力充沛的性欲。[1]

在圣诞节的那一周，哈利勒与约瑟芬共度了一些时日，就像从黎巴嫩返回后一直做的那样，他在圣诞节送给她一张便条："我爱的教母，愿你所有的日子都像歌唱的生日，愿你所有的年份都如那新做的竖琴，永远常新。"如果这张便条暗示了他复合的心意，但那显然是徒劳的。新年伊始，约瑟芬写道："一切都成为现实，我觉得自己似乎仍在梦游。"[2] 在萨德伯里的一家路边小酒馆——朗费罗故事中的场景——在玛格利特·缪勒的陪伴下，约瑟芬和莱昂纳尔举杯庆祝 1906 年的新年，并私下订婚。

不知情的哈利勒仍然在自己的生日后拜访了约瑟芬，具有讽刺意味的是，这次约瑟芬根本没注意到他的生日，他们漫无边际地谈了会儿"超自然事物"，在她最黑暗的岁月，她曾虔诚地求问过占卜者和星相学家，并得到了一些鼓励的暗示。[3]

约瑟芬和莱昂纳尔的秘密逐渐扩散到了他们的朋友中间。"愉快极了"，玛丽宣称，她为约瑟芬的选择表示祝贺："在我认识的男人中，没人能像莱昂纳尔一样，如此接近人类心灵生活的最深处。"[4]

2 月 23 日，约瑟芬公开了他们的关系，此前三天，约瑟芬正式告诉了哈利勒和一些密友，五天后，他送上了最美好的祝愿：

愿幸福用她那温柔的臂膀，环绕着你，教母。
愿天际充满你心的渴望，教母。
我与你一起欢欣，并永远祝福你，教母，永远。[5]

永远是一段很长的时间，尤其是对于一位 23 岁的年轻人而言，他已经了解了痛苦的源泉，并曾得到过约瑟芬的眷顾，尽管哈利勒此前经历过诸多家庭变故，但 1906 年或许仍是他最悲伤的一年。

在收到哈利勒便条后的两天，约瑟芬便告诉莱昂纳尔，她与这位年轻

① 玛·哈，1905 年 11 月 10 日，第 36 页；1906 年 4 月 23 日，第 37 页。

② 哈·纪致约·皮，1905 年 12 月 25 日；约·皮，1905 年 12 月 28 日。

③ 约·皮，1906 年 1 月 11 日。

④ 玛·哈，1906 年 2 月 11 日，第 37 页；约·皮，1906 年 2 月 13 日。

⑤ 哈·纪致约·皮，1906 年 2 月 25 日。

艺术家曾有过亲密的关系，"我告诉了他关于纪·哈·纪"①　之后，他便从他们的社交圈里消失了，他被排除出了庆祝这对伴侣的几次晚宴和舞会，而玛丽却积极地活跃于他们的订婚仪式中，"3 月 1 日，莱昂纳尔和约瑟芬的晚宴……3 月 6 日，舒曼家为莱昂纳尔和约瑟芬所举办的晚宴……3 月 13 日，一起去晚餐——露易斯、莱昂纳尔和约瑟芬……3 月 18 日，露易斯到奥塔瓦，莱昂纳尔、约瑟芬和我为他们送行……3 月 28 日，和约瑟芬去晚餐"。

刹那间，似乎一切都向这束小花儿绽放笑脸。4 月 17 日，她的独幕剧《翅膀》在博伊尔斯顿大街的殖民地剧院上演，这部剧作的背景发生在盎格鲁—萨克逊时代富有神秘色彩的威尔士海岸，细腻而又忧伤地表现了女性所受的束缚。波士顿观众热爱这部戏剧，于是，约瑟芬成年后第一次同时领略了物质和感情的充足。

结婚礼物蜂拥而至，她狂喜地描述那熠熠闪光的银器和水晶。5 月 2 日，哈利勒最后一次单独拜访了她，他向她展示了自己的"新画作"，然后逗留了一会儿，来聆听这在青年时代赐予自己的梦想以灵感的声音。伴随着这最后的"友好谈话"，5 月 30 日，他送给约瑟芬一张生日便条，之后，作为一位被拒绝的仰慕者，他无法再继续这良好教养的游戏，退出了她的生活，同时也退出了玛丽的社交圈。②

6 月 21 日，约瑟芬和莱昂纳尔在哈佛的阿普尔顿大教堂结婚，玛丽安·皮勃迪和玛丽·哈斯凯尔担任伴娘。仪式简单而不随俗，300 多名波士顿—剑桥的文艺界精英应邀参加了婚宴，赴会的有哈佛的校长和查尔斯·艾略特夫人、朱丽亚·沃德·霍维夫人和托马斯·汶特沃斯·希金森夫人、威廉·詹姆士教授和夫人、基特里基教授和夫人以及查尔斯·科普兰德教授和夫人。艾德温·阿灵顿·罗宾逊和其他诗人一起，送了一个写有题词的银杯，露易斯·伊墨金·奎尼从伦敦之旅返回，弗雷德·霍兰德·戴伊送了一件印有小船的艺术品。引人瞩目的是，缺席并没有送礼物的是"55 海岸大街的哈利勒·纪伯伦先生"，他没有回复她的邀请，也没有送上祝福。③

婚礼仪式五天后，玛丽到欧洲旅行，7 月 7 日，这对新婚夫妇启程到

①　约·皮日记，1906 年 2 月 27 日。

②　约·皮，1906 年 5 月 2 日；约·皮日记，1906 年 5 月 30 日。

③　约·皮日记，第 202 页；《婚礼书》，作者收集，艾利森·皮·马克斯。

意大利和德国，他们到那里度过莱昂纳尔的休假年。于是，哈利勒·纪伯伦生平第一次形单影只。

玛丽，1910 年（泰尔法学院）

第九章　一位女天使的出现

　　哈利勒波士顿生活中的重要人物都从他的世界中消失了：约瑟芬永远不会再回到他的生活，玛丽隐退了一段时间，戴伊的性情变得越来越糟，他与哈利勒的交往日益减少，形单影只的哈利勒只能从他的叙利亚朋友那里寻找伙伴和慰藉。1906 年夏天，他在五岛休息了一段时间，决定把他日益增长的异乡人的异化感和内心冲突写下来，于是，他返回了波士顿。

　　三年来，玛丽安娜和哈利勒辗转于南恩顿叙利亚街区的各种公寓，用叙利亚人的标准来看，哈利勒的妹妹已经成长为 21 岁的灵巧女人，她将可怕的肺结核与肮脏的环境联系起来，总是将家里打扫得一尘不染，这使哈利勒可以很自豪地在公寓里宴请亲友。玛丽安娜从卡米拉和社区的年长女性那里，学会了准备民族菜肴的诀窍，绝佳的厨艺也为她在社区里赢得了好口碑。更重要的是，在这个小家里，主要靠她的收入来维持生计，她有一手好针线活儿，这使她成为提汉小姐最喜爱的雇员。白天，她缝制帽子和衣物；夜晚，她为哥哥将衣服和衬衫改得更时尚，有这样的妹妹，哈利勒可以完全自由地在家里工作。

　　哈利勒是玛丽安娜生活的中心，他给她讲笑话和故事，使她忘却仍然记忆鲜明的家庭悲剧。玛丽安娜惧怕外面的世界，让哥哥出去闯荡，自己守在家里，等他回来告诉她那些美国人的故事。

　　尽管玛丽安娜有这么多优点，哈利勒仍然为她的一个缺陷感到生气。她一直不会读书，并固执地拒绝去丹尼森屋和其他移民一起上课，起初，这只给她的生活带来了些许不便，但随着她需要应付公路和大街的标志，要在商店里买商品，要辨认出写给自己和哥哥的书信，这种不方便就显得越来越突出了。

　　哈利勒轮番请求她学习，甚至故意嘲弄她的无知，他拿一美元来贿赂玛丽安娜，让她学写自己的名字，她照做了。他接着许诺：如果她为他读书，每页付她50美分，她却拒绝了。纪伯伦一生崇信教育，尊敬美国女性所拥有的受教育的权利，玛丽安娜的执拗让他感到羞耻，她在文字方面的无知，成为他们之间主要的分歧。自己的妹妹不识字，令哈利勒苦恼，而玛丽安娜也因此默默地隐藏着这个秘密，不希望别人知道自己的弱点。

哈利勒也关心自己的表兄努拉，努拉是他贝舍里的玩伴，哈利勒希望他能学会英语，这样才能融入美国社会。1905年，努拉即将到达纽约时，哈利勒安排他在船上相见，并筹措一些钱来帮助他，他写信告诉努拉，怎样才能在这个新世界获得成功：

> 关于在波士顿工作，就像美国的其他地方，这里有很多鞋厂，同样也有很多失业的人，如果你来了，一定要了解这个事实，因为这确实是件令人不快的事。我请求你不要放弃，你要勇敢，要努力工作，这样你才能开口讲英语。如果能做到这些，你就会发现：美国是地球上最好的地方。你还年轻，要放眼未来，如果一年后仍然没有成效，你一定不要后悔，因为收获属于那些开动脑筋而不是没日没夜工作的人……我这里开销仍然很大，因此我要继续写作，我请求你注意健康，凭着经验，我知道我的身体不好，因而妨碍了我的学习……带些古物，它们或许能派上些用场，我的一个朋友从欧洲返回时，我要向她展示这些东西。①

显然，哈利勒的角色从一个受惠者转变成了一位助人者，这使他在叙利亚社群里处于更受人尊敬的地位。基督教马龙派和天主教派长期不断的教派斗争也波及纽约，它严重影响了叙利亚和黎巴嫩的社会与商业生活，进而影响到了报纸行业。但与其他同行不同，《移民》杂志的编辑们对这严酷的城市斗争持温和的立场，报纸将纪伯伦的一幅画作印在显要的位置，在这幅画中，一个天使向冲突的两个教派伸开双臂。同样，一位有影响的移民作家爱敏·雷哈尼撰文谴责造成社团分裂的教会纷争。

纪伯伦在年长他七岁的雷哈尼的作品中找到了契合，他撰文《移民诗人》来呼应雷哈尼，这篇文章谴责了因循守旧的当代阿拉伯移民作家，他们将诗歌——这面灵魂的镜子——当作获取经济利益的手段。叙利亚和

---

① 哈·纪致努·纪，1905年12月28日，作者合集。

美国的几名年长诗人认为，这篇文章属于个人攻击，并批评它修辞贫乏、矫揉造作，文学分析站不住脚。然而，这篇文章所招致的抨击，却引起了波士顿年轻的偶像破坏者们的注意，很快，美国所有的阿拉伯文人都在仔细阅读他的文集（现在叫作《泪与笑》）。[1]

为了让自己的作品更为符合时代潮流，纪伯伦开始创作更复杂的伊甸园——与最初那个布满盛开的玫瑰花的伊甸园不同，这里充塞着令人痛苦的荆棘。他的作品开始出现讽刺的基调，同时还略带着苦涩，生命和爱成为一把"双刃剑"。通常情况下，他的故事总是呈现出简单的社会等级秩序，人们被划分为善与恶，"善"是诗人和淳朴的百姓，"恶"是富人和当权者，而"自然"是他作品中永恒的真理，"死亡"是最终的解放者。在《幻象》一文中，一个诗人陷入一片"迷茫的田野"，他遇到了悲剧女神，女神向他展示"这世界和它的忧伤，因为一个看不到忧伤的人，就看不到快乐"。他看见"大地被神甫所控制，他们像狐狸般狡猾，传布着错误的讯息……立法者在羞耻和欺骗的市场兜售着混乱的演讲"，大地上，"可怜的穷人耕作"，"强有力的富人"收获。[2]

在其他诗作中，他沉溺于过分的自我怜悯，这尤其明显地表现在《诗人的死就是他的生》一文中。这篇诗作的标题表明，他等待"从存在的联结中解脱出来的时刻"，当人们"在城市的中心"建立"一尊伟大的雕像"，来纪念那被忽视的造物者，死亡会成为终极的爱——一次永久的解脱——并最终标志着造物主的胜利。[3]

纪伯伦营造了一个乌托邦的世界，在这个世界里，人们"洞晓花朵呼吸的方式，了解画眉鸟歌声的含义"，[4] 这一简单的思想衍生出一系列更长和更为现实的故事。其中有三篇故事发生在黎巴嫩北方，《玛塔》和《疯人约翰》两篇再次描写了社会的受压迫者，孤儿玛塔从小山村被诱骗到贝鲁特，小山村与世隔绝却清洁无瑕，贝鲁特充斥着肮脏的街区，"空气中散发着死亡的声息"。来到贝鲁特的玛塔被迫堕入妓女的肮脏生活，当她行将死去时，作为第一人称叙述者的纪伯伦试图减

---

[1]　见哈利勒·阿-伍拉伊布《回忆纪伯伦，阿-雷哈尼，鲁斯特姆，穆卡左，阿-伍拉伊布》，第6—10页；另，《在纪伯伦和阿萨德·鲁斯塔姆之间无声的战斗》。

[2]　《泪与笑》，第38—41页。

[3]　同上书，第18—20页。

[4]　同上书，第82—84页。

轻她的羞耻感："一个人被压迫，比他成为一个压迫者更好……做一个软弱的人和牺牲者，要胜于他成为一个强力者，去碾碎生命的花朵。"得到安慰的玛塔最终在死亡中体会到了狂喜。而对于她的儿子和其他男孩儿，"生存的敌人已教会他们怜悯"，纪伯伦帮他们将玛塔埋葬在"一片荒野……因为牧师不愿为她的遗体祈祷，也不愿将她的遗骨埋葬在墓地"①。

　　如果说纪伯伦选择死亡作为玛塔的出口，那么，疯狂便是《疯人约翰》中男主人公的庇护所。牧人约翰所放牧的牛犊误入了修道院的牧场，暴虐的神甫认为它非法入侵了宗教领地，要求穷苦的约翰作出赔偿，约翰不顾一切地找到《圣经》，"就像战士拔出自己的刀剑……"并哭喊道："你们歪曲了圣经的教义。"

　　约翰偷偷阅读《圣经》、将《圣经》当作武器、连续被捕入狱和他受到残酷的僧侣们的鞭挞这些事实，都与黎巴嫩的宗教圣徒阿萨德·史迪亚克的生活形成了某种应和关系。史迪亚克早年皈依新教，信仰新约福音书，1829 年，他在贝舍里附近的一座修道院内被残酷地杀害。在那里长大的哈利勒知道这次恐怖的迫害事件，他同时也了解，在黎巴嫩山的城镇里，大多数宗教社团仍然忽视《圣经》经文所传达的讯息。但约翰并未像他的真实生活原型那样遭受如此大的迫害，统治者认为他基督般的布道出自一个疯人之口，最终宽恕了他，他终日像疯人般游荡，被山村的卫道士围攻和讥笑。②

　　三个故事中的最后一篇《历代的灰和永恒之火》是关于再生和前定的爱。当纪伯伦对约瑟芬说他们彼此已经相识"很久，很多年前"，这话令约瑟芬大笑，也从此令纪伯伦对这个爱的主题着迷。这部作品中的主人公形象不再是一位马龙派教徒，他首先是巴勒贝克一位腓尼基祭司的儿子纳桑，然后，他又成为贝都因游牧部落中的一员阿里·阿·胡塞尼。纳桑死去的爱人许诺，她会回到这个世界，19 个世纪以后，诺言应验了。在一座城市古代神庙的废墟中，牧羊人阿里的脑海中时刻萦绕着那个关于纳桑的"遥远的记忆"，"他记起那些伟大而又骄傲的直立的柱子……他感到沉睡的一切正在深深的静默中复苏"。被这神奇的记忆折磨的阿里回到

① 《泪与笑》，第 14、24 页。
② 同上书，第 60 页。

了羊群，突然，他看到面前有一位姑娘，他们感到似乎彼此相识，"仿佛找到了失散的故人"。纪伯伦接着表达了纯真的愿望：爱征服了时光的冲击，最终胜利抵达圆满。①

　　这三篇故事于1906年出版合集，艾敏·戈耶卜写了后记，文集最初标题的字面意思是《草原新娘》，但多年后被翻译为《谷中仙女》。这些故事采用了全新的方式——讽刺和反教会的基调、来自底层社会的主人公和现实主义手法，这与当时阿拉伯文学的矫揉造作和形式主义形成了鲜明对照。故事立即吸引了纽约的移民作家，尽管纪伯伦在波士顿还没什么名气，但在纽约的作者看来，他已经是一位通过绘画得到某些美国人认可的了不起的年轻人。

　　纪伯伦的这些纽约同乡对他知之甚少，他也给自己的出身和交往罩上某种令人信服的神秘感。戈耶卜的弟弟后来回忆道，他曾在乡间看到哈利勒穿着阿拉伯服饰，哈利勒告诉他们，那些富有的美国朋友愿意看到他身着民族服饰。纪伯伦无疑是参加了弗雷德·霍兰德·戴伊所组织的一次"奢华"事件，但纪伯伦浪漫的秉性和他对自己东方诗人身份的强调，似乎不仅仅对那些波士顿朋友有魅力，还吸引了他的这些移民同胞。

　　《谷中仙女》出版后不久，哈利勒到纽约旅行。由于与纽约的叙利亚社区日益熟识，一个东正教家庭请他担任孩子的教父，主教了解到这位诗人来自马龙派，便对此提出异议。最终，哈利勒获准与一位东正教徒一起担任这孩子名义上的父母，两人参加了孩子的洗礼仪式。②

　　这件宗教调和的事件，不会给一个宗教冲突论者留下多少印象，但对已经决心宣讲宗教友爱教义的纪伯伦而言，这件事却进一步加深了他人文主义的理想。尽管表达愿望的方式既天真又感性，纪伯伦却真诚地相信：《移民》的读者需要一个代言人，这个代言人确信"地球上的一切都是我的土地……全人类都是我的同胞"。③他坚信自己必定会成为那个代言人。

　　就在四个月前，哈利勒向即将结婚的约瑟芬许诺自己会永远感激她，然而此时越来越认同自己民族身份的哈利勒却刻意疏远约瑟芬。约瑟芬和

①　《泪与笑》，第27、37、44页。
②　阿-伍拉伊卜，第57—58页。
③　《泪与笑》，第89—91页。

莱昂纳尔在德国度过了无比快乐的冬天，在那里，她生平第一次可以专心写作，她利用这个空闲，创作了一部关于诱拐者哈梅林的戏剧，之后，她忠实地给波士顿和剑桥的朋友一一写信。

哈利勒没有回复她的任何信件。1907 年 5 月，她写信给戴伊，询问他是否能给梅特林克写一封介绍信，并告诉他一件烦心事，"另一件事是：哈利勒·纪伯伦在哪儿？他好吗？还在工作吗？我从夏天开始给他写信，但他至今从未回复过我，这不像那个小男孩儿。如果你能告诉我一些他的情况，我感激之至"。[1] 我们不能确切知道戴伊是否回复了约瑟芬，然而，哈利勒公然的沉默，或许是因为他为自己筑起一层外壳，来掩盖他那可以料想的委屈。

1906 年，哈利勒没有见到过玛丽。从欧洲之旅返回后的玛丽，为学校带入一位新的合作伙伴萨拉·M. 迪安，随后的六年，学校更名为哈斯凯尔·迪安学校。玛丽进行了一些教育革新和实验，鉴于课堂上的保守氛围，她将户外旅行引进课程；她带学生去附近的玛萨诸塞总医院考查 X -射线；她带学生到海军工厂观察缆绳的制作；她还鼓励学生开展"自治会议"来管理学生事务。更大胆的实验是，她得到学生母亲们的允许，教育她们关于"性"的革新观念。

在建议玛丽进行教学实验的人中，理查德·克伯特先生和妻子艾拉·里曼·克伯特是其中之一。早在 1905 年，克伯特博士就将社会服务项目引进玛萨诸塞总医院，他建议玛丽开设卫生课程。艾拉·克伯特是州立教育委员会的成员，她是一位著名的伦理学家，创作了包括《日常伦理》（1906 年）在内的众多著作。在玛丽刚当上校长时，她就开始频繁拜访这对卓越的伴侣位于科海塞特的避暑别墅，在那里，早餐前她与理查德研究解剖学，随后又与他的妻子研究伦理学。

在玛丽还是威尔兹利学院的一名新生时，她就宣称自己不再是"一个相信福音书的正统基督徒"。[2] 玛丽始终对有组织的教会服务不感兴趣，却热衷于现代社会个体的伦理责任，她与克伯特夫妇之间长达一生的深厚友谊，对她的生活产生了巨大影响。她倾注越来越多的时间来准备自己学校集会中的"布道"，这些演讲涵盖了一系列伦理问题，通常更强调日常

---

[1]　约·皮致弗·戴，1907 年 5 月 3 日。
[2]　玛·哈32，1894 年 9 月 3 日。

生活中的诚实、慈善和容忍。

指导玛丽的另一位朋友是中学校长萨拉·阿姆斯特朗，她退休后居住在新罕布什尔州。从 1906 年夏天她写给萨拉的八封散乱的信中，我们可以体会到她是多么依赖这位年长的女性，当时的她正在苏格兰和英格兰旅行，这是一次孤独和冥思的朝圣之旅，她受到阿姆斯特朗小姐的启迪，重新思考自己作为教育者的地位，生活态度发生了重大转变。很多年来，她一直忽视自己的精神层面，现在，她突然间强烈相信"宗教献身"的必要性。她向阿姆斯特朗小姐解释自己的精神觉醒："……许多年来，我停止了祈祷，现在我再次开始如此频繁地转向上帝，如此缓慢……我不断地想起他，以至于一年前，我开始向我的学生们谈起他，那是在本质上承认了他。"①

1906 年 10 月，萨拉·阿姆斯特朗去世。这件出乎意料的事打破了玛丽一贯的沉着，过去的她总是冷静地记录自己家庭和学校的死亡事件，这次她却陷入悲伤而不能自拔。随后的两年时间里，她公开哀悼这位女性，最令人称奇的是，她还给这位亡人写了一系列信件，显然她试图要与她的灵魂沟通。② 她沉溺于忧伤之中，这种情绪虽然没有立即改变她的外部生活，却使她逐渐淡出原有的生活圈子——女性劳动者联合运动和威尔兹利学院的活动，她的家庭责任日益减少，大多数朋友都已结婚，性格独立的她不愿意介入朋友们的家庭。

34 岁时，她的个人成长到达了十字路口。她准备结识新朋友，培养新的兴趣和爱好，而此时聚集在她周围的三个人，使她恢复了对生活的热情。这三个看似不可思议的组合，包括了一位想成为剧作家、精于世事的离婚者，一名想成为演员的法国女教师和富有想象力的艺术家哈利勒。

莎洛特·泰勒早在 1904 年就已经是玛丽的朋友，当时的莎洛特是芝加哥《论坛》和纽约《期刊》等赫斯特出版物的自由撰稿人。玛丽的思想倾向于社会主义和妇女权利运动，而刚与丈夫分居的莎洛特，热衷于这些关于妇女参政的解放思想。莎洛特是科罗拉多州的检察长詹姆斯·泰勒的女儿、国会参议员亨利·泰勒的侄女，她来到东部追名逐利，在芝加哥

---

① 玛·哈致阿姆斯特朗，1906 年 8 月 23 日。

② 玛·哈 38，1907 年 1 月 11 日。

莎洛特·泰勒，与哈利勒相遇的那段时间（北卡罗来纳大学图书馆，教堂山）

大学，她是约翰·杜威的得意门生，杜威曾责备她魅惑自己的学生，而不是教给他们知识。1907 年，她凭借着自己关于时政和人物的文章而出名，《危机》《独立》《竞技场》和《人人杂志》这样的国家级杂志喜欢她对革新社会运动的直率态度，无论是对于简·亚当斯大厦、科罗拉多劳工战争还是芝加哥血汗工厂，她都直言不讳。

莎洛特的第一部小说《牢笼》出版于 1907 年，这部作品以芝加哥木材厂为背景，取材于引发热议的美国城市劳工状况。一位评论者对作品女主角的描述，很适用于这部小说的作者：“新秩序中的女主角……纤细、漂亮、可爱，发生在她身上的事件，令人产生一种史诗般的感觉……一位夺人心魄的女性，更适于那种冲破‘牢笼’（例如，‘法律的暴政’）后的生活。"①

莎洛特与玛丽的性格形成了鲜明对照：前者机智热情，后者是精神化和实用主义的奇妙结合，然而，她们却莫名其妙地成了知己。莎洛特向玛丽这位行为高尚的中学教师描述她在纽约、华盛顿和芝加哥的冒险经历，她的信件全是些荒唐谬误得令人窒息的词语，那些关于社会主义集会和联合聚会的信件，从"波琳的冒险"变为一位愚蠢阿姨的古怪滑稽的行为，而她的信越是粗野，玛丽就越发喜爱，令她觉得身临其境，慢慢地，这两位女性之间由通信建立起来的友谊，转变成了更深层的关系。莎洛特相信，美国剧院需要一位解放的女性作家来阐释这个新社会，于是，玛丽的角色转变为给她的灵感提供经济保障的支持者，这样，有了经济后盾的莎洛特决定安心创作伟大的美国戏剧。

莎洛特的信件并没有完全满足玛丽了解波士顿以外的世界的渴望。1906 年 6 月，她面试了一位年轻的法国女教师爱米丽·米歇尔，随后，米歇尔在秋季来到了她的学校，很快成为玛丽的另一位伙伴。

哈利勒在 1907 年见了玛丽两次。第一次见面是在哈利勒的生日，她邀请他来喝茶，哈利勒在她那里待到 10 点。他给她带来《谷中仙女》的复本，并满怀敬意地题词："一个坚强的孩子满怀爱地献给玛丽·伊丽莎白·哈斯凯尔，哈利勒，1907 年 1 月。"尽管她保存了这个小册子，但却并没有劳神在日记中记下来，那晚，他为她画了两幅素描，她称它们"赐福的种子"和"爱，巨人"。12 月 7 日，他们第二次在学校见面，她邀请他共进晚餐，他随后在她的书桌上"面对镜子画了一幅自画像"。②

玛丽与这三位浪漫人物分别培养友谊，对他们三人而言，玛丽的稳定和对他们思想的接纳起到了庇护的作用。我们对爱米丽·米歇尔的事情知之甚少，只知道在 1908 年初，她已经是哈斯凯尔学校里薪水最高和最受偏爱的老师，即使如此，米歇尔仍然不安分地向玛丽吐露她想做演员的愿望。而总是在发誓"机会必将来临，我要像情人一样等着它"的莎洛特，正欢庆离婚使她重获自由，当然她的自由主要由玛丽的支票做后盾。③ 此

---

① 关于杜威，理查德·泰勒·赫西写给作者。《笼子》评论，《独立报》1907 年 3 月 7 日，第 559—560 页。

② 玛·哈 38，1907 年 12 月 7 日。

③ 莎·泰致玛·哈，1907 年 11 月 25 日。

时，玛丽意识到，应该介绍这三位被保护人相互认识了。

"他们开始（相识）了"，她后来回忆了他们相聚的第一次晚宴。他们喝酒喝得只能"服务员来帮忙"，大家快乐地接受了哈利勒第一次画莎洛特，"好极了"，玛丽记述，"女孩儿们喜欢那幅画"。①

玛丽同时还在筹备那周的另一次聚会。自从约瑟芬和莱昂纳尔·马克斯1907年秋天从欧洲返回后，玛丽见了他们几次，她知道哈利勒和约瑟芬过去的友谊，于是就猜想哈利勒的出现必定会令他们高兴，于是就邀请他们在1月30日共进晚餐。哈利勒小心翼翼地回复了她的邀请："周四我很高兴能来，见到马克斯夫妇。我说'见到'，是因为在他们成了丈夫和妻子以后，我还没有见过他们……周四7：30以后我还需要完成另一个约定。来自哈利勒的一千个晚安。"②

那天的晚宴并不成功。玛丽的日记没有提及哈利勒的出现，只是写道："莱昂纳尔和约瑟芬来进晚餐，带给我《临界线》。"但正期待着她第一个孩子降临的约瑟芬，依旧热情洋溢而又直率，她写道："我们今天放假了……与玛丽共进晚餐（纪·哈·纪也在那儿，和他在一起有点儿不愉快）。"③

玛丽自此再也没有安排过哈利勒和约瑟芬同时在场的活动，事实上，她与哈利勒的交往日益频繁，也似乎使她逐渐脱离了与马克斯夫妇的进一步联系，他们开始彼此疏远，除了玛丽安·皮勃迪偶尔的几次拜访外，玛丽几乎完全脱离了莱昂纳尔和约瑟芬所属的"剑桥社交圈"。

仅仅在一周的时间里，玛丽就觉察到了哈利勒的魅力和自信，莎洛特热情地谈到了这一点，"哈利勒的信是一首诗：他是一个富有灵性的男孩儿，一切思想都很精细"。④ 但在不愉快的聚会中，他又是一位拘束傲慢的年轻人。四年后，哈利勒向玛丽承认，在她将他们的未来联系在一起以前，他一直过于自我，"为什么我不在14岁时认识你？"他抱怨说，"这些年我本应该一直画油画，这么多年来，我是多么的幼稚，直到我开始写作后还是没有改变。"从黎巴嫩返回后，纪伯伦拒绝正式学习油画，玛丽对此表示了理解，她知道那是因为他"防止自己的个性和'天才'被破

---

① 玛·哈39，1908年1月27日，部分见1910年12月7日。
② 哈·纪致玛·哈，1908年1月26日。
③ 玛·哈39，1908年1月31日；约·皮，1908年1月30日。
④ 莎·泰致玛·哈，1908年1月29日。

坏"。哈利勒同意她的观点，他说："是的，的确如此，那是因为我一直被灌输这种思想，戴伊先生和其他看似极好的人一直告诉我，不要学习……我被宠坏了。"

当哈利勒宣称"没人告诉他，他的画很糟"时，玛丽暗示那是因为"他可能还没有准备好倾听"批评，"可能吧"，他说，并继续解释："我的环境没有给我训练的压力，而是给了我自我崇拜的氛围。1904 年戴伊先生展出我的作品，对我最为不利……一些大人物确实买了些画：巴克斯顿先生（巴斯丁）、查尔斯·皮勃迪先生、蒙特戈玛利·西尔斯夫人——这使我觉得自己很了不起。"①

到 1908 年，哈利勒这位少年"天才"所得到的宠爱开始减退，已经 25 岁的纪伯伦不再被当作神童，他创作插图和进行装饰的天赋不再提高，他仍然对运用油彩创作感到胆怯，此时的他意识到更好地理解人体的必要性，他需要找到一位真实的模特。

在玛丽的学校，那些布鲁克林的母亲们正在让自己的女儿退学，原因是她这位校长"固执己见，并将自己的观点强加给她们"。从合作伙伴那里得知这一消息的玛丽，深知自己有干涉他人生活的禀性，② 然而，她无法抗拒一个有价值的理由：哈利勒本人和他的职业都在走下坡路，她相信哈利勒需要她。2 月 2 日，她写信给哈利勒，建议他至少每周一次来学校画人体，并开始主动向那些看过哈利勒作品的人询问批评意见。

四天后，哈利勒出现在学校的生理课上。他的第一位模特是爱米丽·米歇尔，尽管他们的第一次尝试"对她不太好……会再试"，两位艺术家和模特却都乐在其中。窃喜的玛丽形容了他们的合作："看到这两个人（合作）太棒了，他们彼此满足了对方的需要。"2 月 11 日，当哈利勒返回这里，再次画这位褐色头发的女子时，玛丽对他们的关系表现出了不寻常的兴趣："哈利勒和米歇尔又在一起，结果好多了。她朗诵法语诗，很精雅。"③

①　玛·哈 43，1912 年 12 月 25 日。
②　玛·哈 39，1908 年 2 月 4 日。
③　玛·哈 39，1908 年 2 月 6 日和 11 日。

自画像，铅笔，1908 年（泰尔法学院）

　　2 月上旬的某个时间，哈利勒和玛丽在关于他的未来上达成了共识。他同意她的评估：他的艺术发展已经陷入困境。哈利勒进而感激地接受了她资助他去巴黎学习一年的提议。2 月 12 日，哈利勒激动地写信给艾敏·戈耶卜，信中提及了他的旅行计划，并闪烁其词地谈及了使计划得以实施的那位女性：

　　　关于我要告诉你的这个消息，只有我的妹妹玛丽安娜知道一些情况……在即将到来的春天，我要去美术之都巴黎，我会在那儿待一整年。我要在巴黎度过的 12 个月，将会在我的生活中占有重要地位，我要在这光明之都所度过的时光，会在主的帮助下，成为我生命故事中的新篇章……

　　　之前我从未梦想过这样的旅行，甚至从未有过这样的想法，对于像我这样的人而言，巨大的花销使我对旅行望而却步。然而，我亲爱的艾敏，上苍安排了这次旅行，不知不觉地向我打开了通向巴黎的道路。

　　　现在，我已经告诉了你我的秘密，你会明白，我留在波士顿，不是因为我热爱这座城市，也不是因为我不喜欢纽约。我留在这里，是因为我在等待着一位女天使的出现，她能引导我走向辉煌的未来，为我思想和经济上的成功铺平道路。但无论我在波士顿还是巴黎，移居之地将会是我的灵魂栖息的天堂，也将是我心灵舞蹈的舞台。巴黎之行将会给我的写作带来契机，在这个机械和商业的国度，天空布满阴霾和喧闹，我会在巴黎发现和想象一些新的东西。我很高兴能在这世界之都的中心，做一些社会研究。卢梭、拉马丁和雨果曾生活在这里，这里的人们热爱艺术，就像美国人热爱万能的金钱。①

在同一个月的某个时候，纪伯伦写给玛丽一张便条，直接表达了他的感激之情，"我拥有那全部的幸福吗？一个值得研究的主题、咖啡和香烟、还有那点燃的木头淡淡的歌声？我会在你的羽翼下享受这一切吗？这不仅仅是幸福。我确实是光明之子——一直到周四，亲爱的朋友"。②

玛丽越来越热衷于组织由哈利勒和爱米丽参加的晚间艺术聚会，她花100美金买了哈利勒的两幅画"思想之舞"和"痛苦的源泉"，一天晚上，她还邀请姐姐露易斯参加他们的晚间活动。哈利勒殷勤备至，边画素描边讲故事，这令人联想起他早年剑桥时期的表现。时在纽约的莎洛特还得知，他认为她"确实"是一个"奇怪的美丽女子……被赐予能洞晓事物本质的天赋"。倾向于神秘主义的莎洛特很赞同他关于再生的理论，"我给哈利勒写了一封短信，我一直想告诉他，我确实相信再生：他看起来很像我年轻时代的一位哥哥，我如果经常和他在一起，可能会确切地联想起埃及时代的某些场景，我知道我曾经生活在那里，如此真实地在那里存在过。当我写信给他，我从未联想起希腊人或罗马人，也没有任何关于日耳曼人或盎格鲁—萨克逊人的记忆，我的记忆是：匈牙利（包括凯尔特人）和法国人。有一天我们会理解这些东西：我期待在自己死后——你不是吗？"③

---

① 哈·纪致戈耶卜，1908 年 2 月 12 日（哈利勒·纪伯伦：《自画像》，第 22—24 页）。

② 哈·纪致玛·哈，1908 年 2 月 17—20 日。

③ 哈·纪致玛·哈，1908 年 1 月 28 日；莎·泰致玛·哈，1908 年 1 月 22 日。

爱米丽·米歇尔，1908 年（泰尔法学院）

玛格丽特·缪勒，1908 年（作者）

在某种程度上，莎洛特既"从言辞上攻击华尔街堡垒"，又以中产阶级"最科学的感觉"来进行心理的反抗。这"新的社会主义——一种精神上的社会主义"[1]激起了玛丽的兴趣，在莎洛特的鼓动下，她开始尝试占卜。她们只要聚在一起，莎洛特就总是要玛丽分析字迹、面部表情或掌纹，她经常转给玛丽一些作品的样本，这些作品出自她新结识的作家之手，她询问玛丽的意见，为自己未来创作的主题提供借鉴。玛丽3月份的日记表明，虽然她仍然对自己的学校事务尽职尽责，但却并未影响到她的这些新关系的发展。

玛丽开始将哈利勒介绍给自己的其他朋友。巧合的是，她带入马尔伯勒大街的第一个人是哈利勒的旧相识——玛格丽特·缪勒，在玛丽为缪勒矫正一篇手稿时，哈利勒为缪勒画像。两周后，纪伯伦回到马尔伯勒大街，为她的另一位朋友画像，这次他带给玛丽一尊"小的（埃及神）奥西里斯青铜像"，这是他认识的一位埃及人送给他的。[2]

玛丽越来越关注纪伯伦，对此，他表达了感激之情。3月21日晚上，他带给她已出版的三本阿拉伯语作品的复本，他用阿拉伯语题词并签名"纪伯伦·哈利勒·纪伯伦"。在1905年出版的《音乐短章》中，他写道："致玛丽·伊丽莎白·哈斯凯尔，她鼓励缪斯以歌声注满我的灵魂——用我深深的爱。"纪伯伦为第二本著作《谷中仙女》手工制作了封套，并题献给自己的恩主："致玛丽·伊丽莎白·哈斯凯尔，她通过她的爱和慷慨，希望我走进这世界，能看到自我，并将自我带给人们。"最后，他奉上了刚刚出版的《叛逆的灵魂》："以深深的爱致玛丽·伊丽莎白·哈斯凯尔，她已经并将要启蒙我的自我，她已经并将要给我的翅膀以力量，她已经并将要赋予我的手指去做美好的事。"[3]

因为不能阅读这些阿拉伯语书籍和题词，玛丽颇感灰心，但第二天她便心满意足，因为纪伯伦为她重新阅读了自己最喜欢的书《谦卑的财富》。四天后，纪伯伦的一封欣喜若狂的信，对她产生了无可估量的影响。他写道：

---

[1]　莎·泰致玛·哈，1908年3月7日和1月22日。

[2]　玛·哈39，1908年3月26日。

[3]　教堂山复本。

今天，我的灵魂沉醉了。昨天晚上，我梦到了那赋予人类以天堂的王国的他。如果我能向你形容他，我只能告诉你，他眼中那忧伤的快乐，他唇间那痛苦的甜蜜，他那双大手的美丽，那粗制羊毛外衣，还有他那光着的脚——如此精细地覆盖着白色的尘土。所有这一切是那么自然和清晰，没有那使其他梦境朦胧的雾霭，我坐在他身边，和他谈话，就好像我们一直生活在一起。我不记得他的话——然而，我能感觉到它们，就好像一个人清晨醒来，仍记得他前一天晚上所听的音乐。我不知道那是什么地方，不记得是否见过它，但那是叙利亚的某个地方。

今天，我的心灵比任何时候都怀有更深沉和巨大的渴望，我因此而陶醉。我的灵魂渴望那崇高、伟大和美丽的事物，然而我不能写作、阅读和绘画，我只能独自坐在沉寂中，思索那不可见的神秘。[1]

这封信和伴随着纪伯伦才华的一系列事件，使玛丽以前所未有的感情对它们进行了记录，甚至在阿姆斯特朗小姐去世时，她也未曾有过如此感情化的记述。在过去的 10 年间，她认真恪守着理性和客观的生活哲学，但在 1908 年 3 月的最后一周，她日记中的克制消失了。

3 月 27 日，他们拜访了米歇尔的公寓。当晚的氛围使她不禁对这位法国女教师满是溢美之词——"她身着棕褐色外衣，红色天鹅绒条纹"——"上等白葡萄酒"和他们谈话。哈利勒从科普利广场步行到她马尔伯勒的家，他们在"天使塔、光秃秃的树和那发红的城市的天空"下，谈及他"过去的存在……一次生命在古巴比伦的卡尔迪亚王国；一次在印度；还有一次短暂的生命在埃及，很年轻便死去了"。[2]

随后的那晚，她的浪漫主义情绪继续蔓延。一起共进晚餐后，他们拜访了回到剑桥的达利斯，在日记中，她努力捕捉促使他精神成长的推动力：

我从未像今晚这样，对他有如此生动的感受。周六晚，当他在这里吃晚餐时，谈及了自己的感觉，作为一个有神性的人，他如何再生

---

① 哈·纪致玛·哈，1908 年 3 月 25 日。

② 玛·哈39，1908 年 3 月 27 日。

为不同的存在。他不能形容他的作品，无法解释他的作品，因为那是他灵魂的秘密——什么使他免于像狮子一样被宠坏——我觉得恶习并没有慢慢腐蚀他，他仍然拥有自己的幻想，这是他的本质。

哈利勒悄悄地侵占了我的思想、意识和梦境——有时甚至超过了莎洛特——她曾一直是我生活中的布景。慢慢地，通过日常生活中普通的细节、笑话等等琐事，我开始觉察到我们之间的情谊。尽管他仍然喜欢谈论"长翅膀的事物"——这是他的幻想和思想转换主要的组成部分，但他也已经学会谈论其他话题。[1]

她所提及的"思想转换"，在哈利勒 4 月 2 日的一封信中得到清楚的阐释。他写到这多产的日子——他亲切地称呼它为"海里的珍珠"，他起誓"我不会允许海浪把它们带回沉寂的深处，一个阿拉伯的部落曾将一枚巨大的白色珍珠当作灵魂的象征，你没有听说过吗？"他继续显示自己熟知佛教的教诲："我正等着那个词，就像释迦牟尼等着智慧降临印度。"[2]

玛丽与哈利勒的交往日益频繁，但她却仍然鼓励哈利勒与爱米丽·米歇尔照常约会，他能自由出入青年艺术家莱斯利·汤普森在栗子大街的工作室，爱米丽会坐在那里等着他，两人显然坠入爱河。迄今为止，哈利勒已经见过了玛丽在波士顿的所有亲戚和她的大多数朋友，她委托他给这些人画肖像，但最令她感到高兴的，是看到他和爱米丽在一起，"4 月 17 日，到米歇尔家，她和哈利勒共进晚餐，他先到罗伊家，她在家里等 11：30 的马车，精致。"[3] 这晚后，米歇尔便被称为"法国小姐"，这悦耳的名字与她的可爱很般配，此后会成为马尔伯勒大街的常客们对她的称呼。

4 月 25 日，纪伯伦终于在汤普森工作室"几乎成功地"画了玛丽，第二天是星期天，他把妹妹介绍给玛丽认识。玛丽安娜和他们一起到学校吃晚餐，这位女校校长将玛丽安娜的名字变成英语名"玛丽"，她写道："她很亲近"，为了指出他们之间的共同之处，她接着写道："（她）知道塞耶和费伊，因为他们一直在——小姐那里工作。"[4]

---

① 玛·哈 39，1908 年 3 月 28 日。
② 哈·纪致玛·哈，1908 年 4 月 2 日。
③ 玛·哈 39，1908 年 4 月 17 日。
④ 玛·哈 39，1908 年 4 月 26 日。

那么，暴露于玛丽的亲戚中又前所未有地介绍家人认识玛丽的哈利勒，怎样看待他与这位年长女性的关系呢？几封信清楚地表明，他认为他们之间是依附的儿子和给予的母亲之间的关系。他在一封信中写道："你知道一个被找到的孩子有什么样的感觉吗？……或许某一天，你那母亲般的爱和温柔，能得到我的鲜花和果实，但现在，我两手空空。"在另一封信中，他写道："我充满渴望地工作，就像一个丢失的孩子找寻母亲，我现在相信，揭示自我的渴望，比任何渴望都要强烈和深切。"①

作为回报，玛丽培养他与米歇尔之间相互的影响。她在5月的记载和评价，坦率地公开了三人的迷恋状态。一天晚上，在共进晚餐后，他向她吐露自己最生动的生活经历："在夜间湖中的小船里，哈变得平静……那女人留下一些信等等，她是个学生。"玛丽和他还"约定今后的拜访"，他给她波士顿时光的一些照片，那时戴伊将他打扮成一名酋长。②

三天后，玛丽邀请米歇尔吃晚餐，由于那晚她们一直谈话到第二天凌晨1点，米歇尔便留下来过夜，次日是星期天，玛丽概述了她们之间的谈话。她第一次需要一个更大的笔记本，此后，当她写到哈利勒和他的作品时，她会继续使用这种大本子。

> 米歇尔来吃晚餐，我们用法语谈话，周围总是有仆人，而我们总是谈到哈利勒。如果他们再听到我们说"他"，他们一定认为我们两个疯了。但如果总是能俘虏男人心的米歇尔不说哈利勒，而仍然用"他"，仆人们就不能分辨"他"是谁。
>
> 她告诉我，由于他在贝鲁特的一位老朋友和教授称他"错误的先知"，他感到情绪低落……
>
> 米歇尔："他挑剔你的风格，哈利勒，语言或音乐？"哈（利勒）："不，不！他们说那很美。"米歇尔："那么他们挑剔你的思想吗？"哈："是的。"米歇尔："噢！我太高兴了！我太高兴了！"哈："你高兴他们称我错误的先知？"米歇尔："噢，是的，哈利勒！如果他们说你的诗很糟糕，我会感到难过。但如果他们抨击你的思想，那正是我期待的。你不能指望人们接受你的思想——人们不可能实现那

---

① 哈·纪致玛·哈，1908年1月28日。
② 玛·哈39，1908年4月。

请求……"

"那男孩儿很容易受到伤害，[米歇尔继续道]……他在这个世界上必定会遇到些什么，我想尽我所能地让他有所准备。这里，他被爱包围着，有亲近的朋友，他总会发现人们温柔地爱着他，那是真正的爱，为他着想的爱，他们爱他，因为他们能够爱。他有很多幻想——它们很美，但却不能持久，生活会击碎这些幻想，我会因此而为他战栗。他会遭受痛苦——什么能使他不失去这些幻想？"

"哈有很多面，他有很强的一面，也有不那么强的一面。他认为自己不容易受影响，我不愿提醒他，因为这想法给他力量。他其实很脆弱，很容易被周围的氛围影响，他在巴黎的学生生活会很可怕，它会击垮一些强壮的人的健康，那会对他产生什么样的影响呢？他不强壮，那生活会烧毁他。"

"我们已经直接谈到了可能会到来的改变。两年，一年，从现在起，在我们之间可能仅剩下回忆，但我对他说，'哈利勒，我想让你保存着米歇尔的一样东西，你可能会忘记一切，但记住，我给你我的爱，是因为你值得拥有它。守护那些米歇尔珍惜的品质，将来，其他女人的心会珍惜你。'"

"他变得越来越机灵，起初我逗他，他从不知道怎样应付，我不得不小心翼翼地不去伤害他。然而现在，他知道自己什么都不怕，他模仿我，和我玩耍，有时像我一样灵巧。我说，'噢，哈利勒，你越来越机灵了。'他说，'我不机灵吗？我一直不都是很机灵吗？''噢，是的，确实是！'我说，'你一直很机灵。'然后，我们都大笑。"①

两天后，玛丽请玛丽安·皮勃迪共进晚餐，玛丽形容晚宴的氛围有些紧张沉默，那或许是因为她穷追不舍地询问关于哈利勒和约瑟芬的事情。玛丽安向她描述了哈利勒更早年时的情况，玛丽在自己的日记中记述道："周四，玛丽安·皮勃迪告诉我，在他回叙利亚以前，他是她见过的最美的男孩儿。他是戴伊先生的模特，她尤其提到，在一幅画中，他只穿了虎皮，难以形容地可爱。她和约瑟芬那时就认识他，而他不常到她们的家。"②

---

① 玛·哈，1908 年 5 月 5 日拜访，记录于 5 月 10 日。

② 同上。

在那段繁忙的时间里,玛丽保持着充沛的精力。周六,她和哈利勒去看《风流女伯爵》,他们接着在马尔伯勒大街一直停留到凌晨 1 点,他们决定,她会成为他在巴黎期间的商业代理,"他会把他创作的画送到这儿,我看情况和他的意见,来决定是否卖掉它们"。接着,玛丽谈到自己不能回忆起最爱的人的面庞,"他似乎被触动了,过了一会儿,说'我要告诉你我生活中的一件事……'"随后他所讲的故事"简单而又温柔":在黎巴嫩求学时,他曾遇到一个叫桑塔娜·塔比特的女子,她"22 岁,是一个美丽、有教养、富有诗意的迷人寡妇。他觉得她美极了,经常想起她,他们相识了四个月,经常交换书,互相写些便条,她写给他的便条简短扼要、冷静客观。然后,她死去了,她的朋友找到哈利勒,送给他一个没有打开的包裹,一个丝巾包着 17 封封着的信,这些信的收信人是哈利勒。那是些情书,温柔而美丽,'你不能想象我是多么忧伤,多么遗憾!为什么她之前不送给我?'"

桑塔娜·塔比特,哈利勒在 1908 年按照回忆所画的像 (泰尔法学院)

玛丽请他画一幅记忆中的桑塔娜的肖像,他照做了,他说,她长着一双他所见过的最长的眼睛，"我愿意在她的耳际画上一朵白玫瑰——她曾那样装扮过"。

哈利勒还向她提到，美国衣服的领子和领带让他觉得很不舒服，"在美国，人人都要穿着某些东西，但在家里，我从不那样"。"脱掉它们"，玛丽建议道，"我愿意看到你不穿那些衣物"，"好吧，我很高兴"，他回答。玛丽描述了哈利勒的模样：

> 我希望我会一直记着那简单而朦胧的美，那种美无法描绘。这位仍显稚嫩的男孩儿，穿着衬衫和外套……每当想起他，便能想起某种"出神的"精神品质……当他幸福地工作，感觉到周围的爱，这些品质便越发突出，那裸露着的脖子和咽喉，使他显得温暖而又阳光。我从未见过像他那样又细又长的眼睫毛，当睁开眼睛时，下眼睑会突然波光一闪……它们真像深水中闪烁的星星，那么清澈柔软。他的面庞就像树叶的影子那样飘忽不定，显现着他每一次思想和感觉。瞬乎间，我看到那面庞时而红润，时而紧缩，时而又变得憔悴，当它舒展时，就像一束光芒。这是美的真实写照。①

他们还谈及巴黎的工作室，谈到他到意大利的可能性，她还催促他凭记忆画一幅米歇尔的肖像，但他没有画成。

在整个 5 月，哈利勒和米歇尔显然在经历着恋爱中的痛苦与快乐，"5 月 19 日（米和哈的困难期，他俩啜泣着，心碎了）……5 月 21 日，哈和米一切都好……5 月 30 日，米歇尔停留到 4 点，兴高采烈……6 月 1 日，哈来吃晚餐，谈及两幅未完成的作品，谈及米歇尔、死亡等等。"②

在纪伯伦的阿拉伯语诗歌中，死亡仍然如影随形。5 月 14 日，他带给玛丽《死之美》，他们一起把这首诗译成英语，玛丽曾帮其他朋友翻译和写作，但这是她和哈利勒的第一次合作，结果是满纸更改的短语和难题，这与多年后哈利勒的英语翻译截然不同。作品中，他注视着"死亡的新娘就像一个光柱站立"在他的"床和虚空"之间。③ 然而，这却是他

---

① 玛·哈，1908 年 5 月 5 日拜访，记录于 5 月 10 日。
② 玛·哈 39，1908 年 5 月 19 日。
③ 《泪与笑》。

们新的长期合作的开始，那年春天，《死之美》的英文版发表在《移民》上，他将之题献给"玛·伊·哈"。

6月，玛丽忙着安排哈利勒巴黎之行的最后细节，同时也为她和父亲那个夏季的欧洲之旅做准备，米歇尔准备回法国看望父母。6月9日，哈利勒来学校与她们共进告别晚宴，他将自己的画集留给玛丽，他们彼此告别，知道很快会在巴黎相见。

马赛尔一勃罗诺的工作室，1909 年。左边站立着的大胡子男人可能是
这位艺术家，哈利勒在前排左二（玛德琳·范德尔）

第二天，玛丽动身到南方参加姐姐玛丽安的婚礼，哈利勒一直在波士顿停留到 6 月 25 日，在为这次旅行做准备时，他没有忘记给已经逐渐淡出波士顿艺术界的老朋友和导师戴伊写信。此时的弗雷德·霍兰德·戴伊已不再能影响他，但哈利勒仍以过去的尊敬口吻写道："我要在这个月的 25 日离开波士顿，亲爱的兄长，7 月 1 日，船会从纽约出发，希望在进入'新生活'以前，我能见到你，我有那么多的事情要说，有那么多的问题要问。我亲爱的兄长，您打开我童年时代的视

野，让我看到了光明，您为我的成熟插上翅膀。在大海召唤我之前，我希望能见到您，但如果无法如愿，请您为您的兄弟送上祝福。哈利勒。"[1]

---

[1]　哈·纪致弗·戴，1908 年 6 月，作者合集。

第十章　阿拉伯青年作家

1908 年 7 月 1 日，哈利勒从纽约起航。尽管他声称自己"没有独自旅行的热情"，但事实似乎并非如此。他曾向玛丽吹嘘他过去的旅行，在一次旅行中，他"在去美国的路上交了 300 个朋友……人们向我走来——尽管我什么都没做"。① 米歇尔的感觉是对的：他很容易受到上层社会的影响，他无法抗拒在鹿特丹遇到的那些好伙伴，当人们对他那甜蜜的外表和魅力有所反应，他表示欢迎。

哈利勒向玛丽描述了他的旅程：他坐了几个小时，等待船靠岸，"在无限的深度和无限的高度之间，在大海和天空之间"。

"海洋和天空是好朋友，我热爱他们……旅途中我研究了一些好看的面庞。船上最美丽的女人是一个出生于法国的希腊人，她与米歇尔很熟悉，我给她画了一张头像……她忧伤而多思，当然这增添了她的美。"②

此时的玛丽和父亲正在爱尔兰整装待发，7 月 13 日，他们航行到英格兰，同一天，哈利勒终于在"世界的心脏"安顿下来。他写信告诉玛丽，米歇尔帮他在卡诺大街暂时找到一个位于第五层的房间。他承认，自己很依赖米歇尔这位年轻的法国朋友，当她去内弗斯看望自己的家人，他是那么想念她，"然而，如果她发现自己会走上舞台，我也在巴黎找到自我，那么一切就都变好了——她不必留下，我也不必请求她留下"。③

米歇尔也告诉玛丽一切顺利，她在一封信中写道："玛丽亲爱的，亲爱的玛丽，哈利勒和我在这儿一切都好！他刚刮过胡子!!!"这玩笑话被他打断："然而，他很严肃，他的思想正停留在一个未知的岛上。"她请

① 玛·哈杂集，文件夹，1908 年 5 月 5 日。
② 哈·纪致玛·哈，1908 年 7 月 9 日。
③ 哈·纪玛·哈，1908 年 7 月 13 日。

求玛丽赶快到巴黎，来分享他们的生活乐趣。

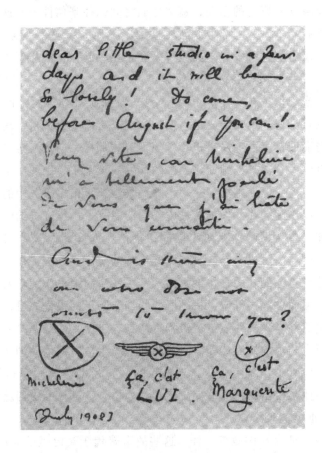

"会有人不想认识你吗？"哈利勒在这封联合写的信的结尾问道，
1908 年 7 月（北卡罗来纳图书馆，教堂山）

7 月底，他们的兴奋仍然没有消退，哈利勒已经搬到蒙帕纳斯，他在缅因大街 14 号找到了一间小工作室，他甚至学会了做饭。更为重要的是，他登记了一所著名的艺术学校朱利安学院，他每天下午到那里工作。他写信告诉玛丽："我已经看到了巴黎的正反两面——美好的和丑恶的，我在这儿学习这两面，它们可能会使我理解生命和死亡。是的，腐朽的精神正悄悄侵蚀这美妙的城市，我们很容易忽视，在那可爱的苹果心里，藏着一只蠕虫……我的心满是长翅膀的东西，我会一直保存到你来的时候。"①
他开始选择象征着翅膀的东西，签在他们之间的往来信件上，这个习惯会
断断续续地持续 16 年。玛丽也已注意到了他对"长翅膀的东西"的激
情，但她并没有将这种狂热与其他诗人联系在一起——例如喜欢在自己的
信上签上"翅膀"或翅膀标志的约瑟芬。

　　然而，当纪伯伦在 7 月 31 日和 8 月 3 日两次见到玛丽，他并没有机
会向她展示自己思想的飞跃。他所期待的到来有点令人失望，玛丽忙于旅
游观光，与老朋友会面，没有机会像他预想的那样，与他浪漫平静地漫步
于街道。直到 8 月 4 日，她即将离去的最后一天上午，她和父亲去他在缅
因街的住处看他，但在她的记录中，那只是她那天诸多事务中的一项。

　　我们可以理解，在匆忙的旅途中，玛丽忽视了她所庇护的哈利勒，而
一直敬畏和渴望认识哈斯凯尔家族的纪伯伦，或许因此感受到了某种拒
斥。当他看到玛丽远离自己的学校，和显赫的父亲在一起，被一堆崇拜者
簇拥着，他觉得他们之间日益增强的亲密关系瞬间消失，而玛丽同样对他
们在巴黎的见面感到不舒服，从她所属的那个圈子的眼光来看，他们之间
背景和文化的差异越发明显，变得不可调和。

　　虽然陌生的环境始终伴随着哈利勒的个人生活，但他的创作生涯却在
不断发展。他刚到巴黎不久，新近出版的《叛逆的灵魂》赢得了广泛关
注，巩固了他在美国阿拉伯移民文学界的地位，这部作品由四篇已发表在
《移民》报上的故事组成。②

　　与《谷中仙女》的故事一样，这些故事聚焦于黎巴嫩的受压迫阶层，
但这次纪伯伦却为他故事中反叛的男女主人公设置了不同的命运。在
《瓦尔黛·哈尼》中，一位已婚女性离开自己富有的丈夫，选择了"一个
年轻人，他孤独地走在人生之路，栖居于书本和文章中"，与反抗习俗却
付出生命代价的玛塔不同，瓦尔黛公开表达了她要从男性的"腐朽律法"
中解放出来的愿望，她以实际行动来追求幸福，并公开宣告："那些评判
的人们是多么可悲！在拉什德·努曼的家里，我是一个妓女和不忠实的女
人，因为他借助于传统和习俗，使我与他同床共枕……然而，现在我是纯
洁的、干净的，因为爱的法则给了我自由。"

---

① 哈·纪致玛·哈，1908 年 7 月 29 日。
② 《叛逆的灵魂》。

同样，纪伯伦给《异教徒哈利勒》中的主人公安排了胜利者的命运，他不再像约翰那样被逼疯，被僧侣们虐待的哈利勒却以领袖般的力量回敬了他们，村民们倾听他的布道，以不流血的革命来反对这些政治和神职上的篡权者。这位福音传道者所营造的乌托邦式的社群，形象地再现了纪伯伦渴望得到认同的愿望，在某种程度上，他认为自己是一位革命者，他能通过语言的力量，来展现一条公平和自由之路。

在第三个故事《新婚的床》中，被迫嫁给自己不爱的男人的新娘，在新婚前夜不顾一切地杀死了自己的情人，然后自杀身亡，但即使是这样一个流血的结局，也并不意味着失败。行将死去的新娘反抗婚礼的宾客，这使死亡成为自由的同义语，"你不要靠近我们，应该受到指责的人们，你们不能分开我们，否则，盘旋于你们头上的灵魂会抓住你们的咽喉，结束你们的生命。让这饥饿的大地吞下我们的身体，让它将我们掩盖在它的心灵深处，来保护我们"。

第四个故事《墓地的哭声》猛烈抨击了 19 世纪黎巴嫩法律的不公平、残暴和无情。故事中，叙述者看到一个恶毒的"埃米尔"——这使人联想到埃米尔巴舍尔二世——宣判三个囚犯死刑。随着这三个案件的原委被一一揭开，人们看到，社会便是犯罪的根源。被判死刑的杀人犯，只是为了保护一个女人的贞洁，不慎杀死了好色的税收官；要被乱石击死的淫妇，其实是由于人们错误的控告；被送到绞刑架的小偷，只是一个贫穷的农民，他来到僧侣们的谷仓，抢走了两袋面粉。这三位不幸的人被执行死刑，他们的尸体被扔在旷野被鹰啄食，然而随后，他们被秘密安葬，他们的墓上放着包裹着的"剑、花和十字架"——这象征着人类经由勇气、爱和"拿撒勒人的话"来实现拯救。

通过评价犯罪和惩罚的不公正，从小相信自己的父亲受到腐朽势力不公指控的纪伯伦，激烈地挑战了法律，"什么是法律？有谁看见它伴随着阳光从天际坠落……在什么时代，天使降临人间，说：'以生存制裁弱者，以刀刃毁灭堕落，以铁蹄践踏罪人？'"通过这些故事，他延续了自己精神革命的主张。

多年后，他向玛丽坦承了创作《叛逆的灵魂》时的黑暗时期："那时，我的生命中充满了可怕的事物，似乎所有的事都堆积在一起——疾病、死亡和失去——那些似乎不是人们不可避免的命运——属于额外的——我感激那一切，我那么多次感激地顶礼膜拜。但即使如此，现实仍然是艰难的。"①

　　早在 1908 年，为了为书中的"新思想"和"社会哲学"辩护，艾敏·戈耶卜就曾写过一篇介绍纪伯伦的文章。他形容纪伯伦只是"听到和看到了一些控诉，他受到影响，进而诉说"，这位出版商维护偶像破坏者的道德："只要不伤害其他人，每个人都有权利追寻他眼中的幸福。"然而不容忽视的是，纪伯伦的读者是这样一些人：他们根本没有意识到社会和道德行为中的个人主义。因而，一些马龙教派的神职人员开始批评纪伯伦，他们认为，在《新婚的床》中，纪伯伦夸大和扭曲了牧师的现实情况。戈耶卜就此提醒读者，"当今的年轻人，很难理解旧时代神甫的压迫，这种压迫在 20 世纪仍然盛行"。在结尾处，他概括了这位 25 岁的作者的创作目的："这本书是纪伯伦建造的房屋的第二面墙，作者糅合了对黎巴嫩的认识、在美国的创作和一位哲学家的思想。他尝试着描绘和对比来自社会不同阶层的人们的心理——从贫穷到高贵，从无神论者到神甫。"这篇介绍令纪伯伦满意，"因为它不属于个人评价"。②

　　3 月，哈利勒对生活在巴西的一位表兄讲述的一番话，表明了他是那么渴望得到认可，同时他也了解：争议会令他的知名度更高。

　　　　我感到，那滋养我内心的爱的火焰，可能会以纸墨的形式表现出来，但我不确定阿拉伯世界是否仍以过去三年的友善态度对待我，我这样说，是因为敌意的幽灵已经闪现，叙利亚人称我异教徒，埃及的知识分子诋毁我说："他是法律公正、家庭纽带和古老传统的敌人。"这些人所谈属实，我确实不爱人为的律法，我憎厌祖先留给我们的传统，这是因为我热爱神圣和精神的善，那才是地球上一切法律的源泉，善是上帝投射在人类身上的影子。我知道，我的创作原则，投射了世界上大多数人的精神，精神独立于我们的生命，就如同心灵独立于我们的身体……我的教诲会被阿拉伯世界接受吗？它会慢慢退却，最后像一个影子一样消失吗？③

---

① 玛·哈 52，1920 年 8 月 20 日。
② 戈耶卜，见《叛逆的灵魂》，第 7 页。
③ 哈·纪致努·纪，1908 年 3 月 15 日（哈利勒·纪伯伦：《自画像》，第 27—28 页）。

接着，他怪罪正在中东旅行并公布他名字的戈耶卜："告诉我，艾敏，当你见到黎巴嫩和埃及的知识分子时，你提了我的名字吗？"他把一段对《瓦尔黛·哈尼》的批评文字看作积极的信号："我对那批评很满意，因为我觉得，这样的控诉是新原则必不可少的食粮，尤其是这段控诉出自一位像［鲁夫提］·阿·曼法鲁蒂这样博学的人。"①

《叛逆的灵魂》题献给："那拥抱我精神的灵魂，给我的心灵浇灌秘密的灵魂，那点燃我爱的火焰的手。"题词用了过去时态，这排除了它题赠给玛丽和米歇尔的可能性，或许纪伯伦是借此来感谢约瑟芬的早期影响？在这本书中，出现了他阿拉伯语作品中的第一幅插图，那是一幅钢笔自画像，在这幅画像中，他蓄着胡子，艺术家的面庞刚毅迷人，他的表情和神态很像弗雷德·霍兰德·戴伊早年给他拍摄的照片，这幅画像不仅表达了哈利勒对自己早年庇护者的敬意，而且清楚地表明：他需要发现新的创作源泉和能够影响他的力量。

哈利勒向玛丽承认自己缺少训练，"你知道，我来到巴黎时，实际上对绘画的技巧一窍不通，我靠直觉做事，不懂得方法，也不了解缘由。我感觉自己过去在黑暗中，现在，我正从清晨走向光明"。②哈利勒选择朱丽安学院合乎常情，时任学院主管的鲁道夫·朱丽安一直吸引着波士顿和其他地方的艺术家来到他位于谢尔什·米迪大街（意译为蹭午饭人大街）上的工作室。丽拉·凯博特·佩里、艾德蒙德·塔贝尔和莫里斯·普兰德盖斯特曾在这里学习，莫里斯·丹尼斯、保罗·塞鲁西尔、纳比斯·皮埃尔·波那德和爱德华·维拉德等几位受象征主义影响的画家曾和这里有联系。但进入秋季后，哈利勒似乎不愿讨论自己的学习进展，他只一般性地描述道："我在画，或者说我在学习怎样画，我要用比较长的时间，来画出我想画的内容。然而，当我感到自己的观念在不断发展，这是件多么美好的事情。有时，当我放下工作，我觉得自己就像一个孩子，因上床太早而不能入睡。你不记得了吗……我告诉你，我通过我的听力来理解人和事物，往往是声音先进入我的灵魂，现在……我开始通过眼睛来理解人和事物。"③

---

① 哈·纪致戈耶卜（哈利勒·纪伯伦：《自画像》，第 32 页）。
② 哈·纪致玛·哈，1909 年 7 月 4 日。
③ 哈·纪致玛·哈，1908 年 10 月 2 日。

《叛逆的灵魂》中的自画像

　　11 月，巴黎的光晕逐渐退去，哈利勒开始想家，对自己的艺术也变得缺少信心，"当我不高兴时，亲爱的玛丽，我就读你的信。当雾霭笼罩着那内在的'我'，我就会从小盒子里拿出两三封信来重新阅读……我正与色彩较量，我们的战斗痛苦而又美丽——其中之一必定会胜利！我几乎能听到你说'画得怎么样了，哈利勒？'学院里的教授们总是对我说'不要把模特画得比她本人更美'，而我的灵魂总是低语'噢，你是否只能把模特画得像她本来的样子。'"①

　　哈利勒仍然总是生病，但他和一些叙利亚朋友恢复了交往。在兰西郊外，他与拉海姆夫妇交上了朋友，那里"就像由小路将一个大花园分成了几个小花园"，而那红砖瓦屋顶"就像在一片绿色天鹅绒上散开的珊瑚"。为了表达谢意，他许诺要给哈西巴·拉海姆画一幅肖像，因为这位"高贵的叙利亚女士"曾经照顾过他。②

---

　　①　哈·纪致玛·哈，1908 年 11 月 8 日。
　　②　哈·纪致玛·哈，1908 年 10 月 2 日和 11 月 8 日。

戴伊拍摄的哈利勒照片（玛德林·范德普尔）

心生困扰的他想让玛丽感到——自己配得上她的慷慨：

> 现在我的身体和精神都十分健康，我想说，如果我在巴黎突然死去，现在放在你那里的图片和画作全部归你所有……我也想说，我死后，我巴黎工作室内的所有图片和画作将归你所有，你可以自由决定去处置它们。
>
> 亲爱的玛丽，以上这些声明并不只是些美好的言辞，它表达了我的愿望和感觉。我希望我能活得长久，我能做些事来回报你，能配得上你所给予我的这一切。我希望有一天，我能说"因为玛丽·哈斯凯尔，我成为了一名艺术家"。①

在纪伯伦写下这些遗赠时，他身边没有其他的崇拜者，米歇尔已经回到美国，那年 9 月，她即将离开波士顿进军纽约的舞台，她每天与玛丽见面，临行的前一天，她们一起浏览了哈利勒的画集，然而，哈利勒和这位

---

① 哈·纪致玛·哈，1908 年 10 月 2 日。

法国教师之间的亲密关系将会逐渐减弱，玛丽会成为他们之间的纽带，她继续支持远在巴黎的哈利勒，并开始给身在纽约的米歇尔寄送支票。

此外，哈利勒还依靠玛丽来联系玛丽安娜，玛丽安娜无法适应他的离去，玛丽记录道："11 月 20 日，玛丽安娜·纪伯伦 7：10 来这里吃晚餐，自从哈利勒走后，她几乎因为孤独要生病了。她得了胸膜炎，但现在好些了，又与提汉小姐一起工作了，她应该去她父亲那儿吗？11 月 27 日，写长信给哈利勒，关于怎样对待玛丽安娜，留在这儿，还是暂时送回叙利亚。"①

因巴黎潮湿阴冷的天气而备感孤独忧郁的纪伯伦，收到玛丽这样的信，立刻恐慌起来，"我非常担忧妹妹，我满脑子都是她，她一定是病了，我做了很多关于她的噩梦，在梦里，她是那么瘦削苍白……亲爱的玛丽，她病得严重吗？她死了吗？你不会告诉我她的事吗？……我像以前一样工作，但就像一个讲梦话的人，浑浑噩噩地工作。"

他所想象的危机并不存在，当他委托玛丽照料玛丽安娜时，他忘了告诉玛丽妹妹是文盲，她只能经由他人来表达自己孤独的痛苦。12 月中旬，玛丽安娜找到了一位懂阿拉伯语的合适的人，可以直接将她的话写给哥哥，看到信的哈利勒放心了，"几天前，我收到了妹妹的一封信，她没有提到健康状况，她没有生病，我不像过去那样为她焦虑了，你不知道，我爱的朋友，当我想起她像个生病的孩子一样，我是那么不快乐。她除了是我的好妹妹，还是我亲近的朋友，我们一起历经苦难"。②

新的一年给哈利勒带来了新进展。他发现了一位新老师皮埃尔·玛塞尔－贝罗诺，他在贝罗诺的绘画原则中找到了更多的契合。贝罗诺是一位富有幻想的画家，也是古斯塔夫·莫罗的学生，"他是一位伟大的艺术家，极好的画家和一位神秘主义者，已经有美国人买了他的很多画作，在艺术界，他也以'画莎乐美'而闻名……前几天，我给他带了一两件小东西，他看了很久，说了些夸奖的话，然后就与我做了一次长谈，他说：'你必须暂时忘记你自己——不要现在就试图表达你的思想和理念，你要等待，等你经历了绘画的辞典。'"2 月，哈利勒宣布，"我现在只和贝罗诺一起工作，我已经停止了在朱丽安的工作，分身于两所不同的学校，对

---

① 玛·哈39，1908 年 11 月 20 日和 27 日。
② 哈·纪致玛·哈，1908 年 12 月 20 日；1909 年 1 月 2 日。

我没有助益。贝罗诺有一个 10 或 12 个人的小班，有时我们会找些裸体模特，有时我们也画些被布遮盖着的人物。贝罗诺先生和我一起工作，他想让我看到事物的价值，而不只是事物的线条，他说他喜欢我的作品，因为我不像其他人那样，总想做一个小贝罗诺。"①

一贯务实的玛丽，更关心他断然离开朱丽安学院是否会造成学费上的损失，"不要像对待朱丽安学院一样，不要先和贝罗诺签合约……"哈利勒解释道，"直到这三个月的学期结束，我才会离开朱丽安学院，因此，学校并不欠我的，我每个月付给贝罗诺大约 50 法郎，这些钱还包括了颜料、画布等其他物品，从 375 法郎中分出这么多，对我来讲不是件难事，因而我确实不需要更多的钱"。②

这一时期，他与阿拉伯文学界的联系非常密切。2 月 13 日，《移民》刊发了他的一首散文诗，开头是"这天，我的母亲生下我……这天，沉寂将我置于存在之手"，这是他在 25 岁生日的前一年写下的诗行，1909年 1 月 6 日，当他在生日向玛丽致意，他的脑海显然已经有了这些诗行，诗行中源自济慈的渴望死亡的消极观念，通过一首更长的阿拉伯语诗揭示出来：

> 二十六年前的同一天，我出生了，
> 我已经绕着太阳旅行了二十六次，我不知道月亮绕着我旅行了多少次，我也不理解光的秘密。
> 在二十六年里——
> "一次又一次
> 我几乎爱上了那安然的死亡，
> 在一次次冥思的韵律中，我唤着他温柔的名字。"
>
> 现在，亲爱的玛丽，成熟的我不再热爱死亡，而我几乎爱上了生命，生命和死亡于我同样美丽。
> 我开始把每一天看作生日。③

---

① 哈·纪致玛·哈，1909 年 1 月 2 日和 2 月 7 日（后一封信之前保存在教堂山，现已遗失）。

② 玛·哈致哈·纪，1909 年 4 月 3 日；哈·纪致玛·哈，1909 年 4 月 17 日。

③ 《泪与笑》，第 137 页；哈·纪致玛·哈，1909 年 1 月 6 日。

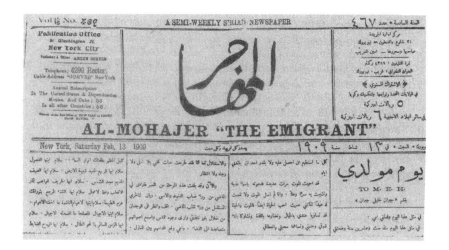

生日时献给玛丽的诗的开头部分，右下角
（北卡罗莱那大学图书馆，教堂山）

　　收到这封信的玛丽感到很高兴，当看到这首诗印在《移民》报上，她更加激动。在那些无法读懂的阿拉伯语旁，她能读懂那题献给她的字母M. E. H.（玛·伊·哈），哈利勒特意为她留下这些字母："我送给你一首散文诗《在我的生日》，当我创作时，我想到了你。这首诗的灵魂属于你，它的身体属于另一片土地、另外的人民和不同的语言。它在纽约出版，很多阿拉伯语报纸和杂志会加以转载。啊，我爱的朋友，我只能送给你那静默的诗、无声的音乐和隐藏的思想。"虽然不能读懂那些诗句，但玛丽向他表达了自己的幸福和信任："我热爱你送给我的诗——我无须看，无须听，仍然热爱它，就如同德国人信仰济慈！"[①]

　　哈利勒的生活节奏逐渐加快，他不再感觉自己孤单地生活在一个冰冷的异域城市，他甚至见到了奥古斯特·罗丹，一次是在这位雕塑家的工作室，一次是在短暂的画展中。

　　我感到万分高兴，因为我见到了现代最伟大的雕塑家奥古斯特·罗丹，在他的工作室里……他对我和带我去的朋友很和蔼。他向我们展示了很多绝妙的大理石和石膏制品……我相信你还记得，我曾向你

----

① 哈·纪致玛·哈，1909 年 3 月 14 日；玛·哈致哈·纪，1909 年 4 月 3 日。

谈起一位阿拉伯人，他从沙漠来到意大利，当他看到米开朗基罗的作品，被那作品的力量震撼的他，写了一首美丽的诗《微笑的大理石》。当我从罗丹的工作室回到家，我与那位阿拉伯人有同样的感觉，我也写了一首题为《人类创造者》的十四行诗……

巴黎的四月是沙龙和展览的时间，几天前，我去了一个大沙龙（巴黎所有的艺术家前往那里，饥渴地注视着人类灵魂的影子）……伟大的罗丹在那儿。他认出了我，对我谈到一位俄国雕塑家的作品，他说，"此人理解形式的美。"我愿意付出任何代价，来换得这位大师的这句评价，对一个艺术家而言，罗丹的话价值千金。①

哈利勒能融入巴黎的氛围令玛丽欢欣鼓舞，加上已经承诺要担任哈利勒作品的代理人，于是她计划在威尔兹利学院的 1965 社团为哈利勒举办第二次画展。自然地，她找到了六年前协助画展的玛格利特·缪勒，"我希望你只把最好的那几幅给她"，哈利勒提醒玛丽，"我的意思是那些较好的！"②

不走运的是，在画展期间，玛丽过于担忧一些细节却疏忽了安排运送作品。4 月间，雷金纳德和露易斯·戴利夫妇两岁的独子夭折，还未出一周，雷金纳德的母亲也去世了。玛丽立即减少了她的外部活动，她决定陪伴戴利夫妇到夏威夷，雷金纳德要在那里从事地理学研究，而露易斯希望能从丧子之痛中恢复。

威尔兹利学院报纸的一篇评论，简要记录了哈利勒的第二次画展所得到的评价：

哈利勒·纪伯伦先生的习作展……有奇特的旨趣。这些习作的颜色几乎都是一致的……紫色的夜晚夹杂着绿色，闪烁着斑驳的阴影，点缀着一朵朵明亮的黄色花朵。有一幅画的题旨有点不同——一位纤弱的女人在花儿盛开的苹果园里……其他的习作是悲观的，并几乎总是采用怪异的哥特方式来表达悲观主义……众多作品中最奇异的一幅画，是"人类的灵魂飞过必然的面庞"……"必然"长着巨大的、

---

① 哈·纪致玛·哈，1909 年 2 月 7 日和 4 月 17 日（前一封信现已遗失）。
② 哈·纪致玛·哈，1909 年 3 月 14 日。

灰色的头颅，在他那面无表情的脸庞前方，穿过一群毫无抵抗力的白
色小鸟。他热衷于思考和对比那永恒法则的力量和人类努力的微弱，
通常情况下，永恒会用巨大的人物来表现，众生则用渺小的人物来表
现……他在绘画中对人类的处理方式，是一种最伟大的简单化的真
实，它几乎是纯粹的勾勒性的作品，然而却给人丰满柔和的印象。肖
像中的形象很有趣……它们仍然是浪漫主义的，但却属于前拉斐尔时
代，而不是哥特式的浪漫主义……画作《失去意识》中的恐怖元素
最值得一谈：一张没有意识的脸，并非呆愚，却面色茫然而富有暗示
性，没有疯狂却令人难以忘怀，面庞上的双眼描绘细致，却又极其简
单。当然，学院尤其对缪勒小姐的画像感兴趣，这幅作品技艺突出，
主题有趣极了。①

《人们的灵魂在不可改变的面庞前飞翔》，1909 年展览于威尔兹利学院（茱莉照相）

　　莎洛特夏季来到巴黎，她宣称要在这里找到一位对她的戏剧感兴趣的
法国制作人。当她在 6 月间和哈利勒相聚，他们之间首次出现了一种微妙
的竞争关系，他们都向自己的资助者报告自己如何努力工作，在谈及玛丽
的未来时，哈利勒使莎洛特相信，他是她们中的一员，他似乎要否认自己

---

① 《威尔兹利学院新闻》，1909 年 5 月 26 日，第 4 页。

要从这位女施主这里获得某种个人利益，在随后的几年里，他会将这种隐藏的感情，逐渐透露给玛丽。莎洛特发给远在夏威夷的玛丽一封信，这封信高度评价了哈利勒的艺术发展，"他的作品显示出巨大的进步，他已经触及现实，并学会了绘画，他有了自己的色彩感觉，我感到，他的天性在这一年里已经完全成熟和强大，他正为你画一幅我的肖像。不——亲爱的，他不爱我——没有人——像你那样爱我，也没有人像我那样爱你，他不能理解我内心现代和西方的一面，但我们相处和睦，他会是陪我观赏巴黎艺术的好伴侣"。①

为了取悦玛丽，向她表明她所爱的人也彼此友爱，莎洛特和哈利勒在一起度过了大部分时间，他们休假一周到凡尔赛旅行，他开始给她画肖像，但却无法完成。他抱怨说："莎洛特有如此多的理念、计划和梦想，她总是追逐着自己的影子跑啊跑，她那强悍、美丽的灵魂永不停歇。"②

6月，他的创作被其他事耽搁，他收到了父亲的死讯，他写道："他死在65年前他出生的那所旧房子里。"每当他读父亲的最后两封信，他都会"痛哭流涕"，这位极权人物"在生命走到尽头之前祝福了他"，许多年来，对父亲的力量和弱点怀着矛盾感情的哈利勒，仍然很奇怪地受到了影响，"我只能看到逝去岁月里那暗淡、忧伤的影子，那时，他、母亲、哥哥和妹妹在太阳面前微笑和生活，他们现在在哪儿？……他们在一起吗？……我知道，亲爱的玛丽，他们还活着，他们的生活比我们的生活更真实、更美丽"。③

7月，他又沉浸于工作，他告诉玛丽，那是他艺术生涯中收获最多的时期，自从他来到贝罗诺的工作室，他的作品已经在两次竞赛中受到赞扬，现在获得了一枚银奖。此外，哈利勒还联络上了自己学院时代的朋友约瑟夫·哈瓦伊克，这位主教的侄子也来巴黎学习艺术，但他更喜爱和流连于蒙帕纳斯的咖啡馆生活。哈瓦伊克回忆起这一时期的纪伯伦，说他是一个冷静的男人，担忧着自己的名誉、有限的经济状况和自我赋予的革新者角色，他俩仍然能在彼此的性格和目标中找到契合，"我们都想尝试做些事情"，哈利勒写道："但我们做事情的方式不同，我的朋友在自然之

① 莎·泰致玛·哈，1909年6月2日。
② 哈·纪致玛·哈，1909年6月23日。
③ 同上。

中寻找自我，我经由自然寻找自我。"① 周围发生的美学变革使他们眼花缭乱，他们尝试着接受立体主义的思想和野兽派的色彩，哈利勒告诉他的这位朋友，他们应该尽力理解一切事物，但选择自己想要的风格。

约瑟夫·哈瓦伊克在巴黎（北卡罗来纳大学图书馆，教堂山）

　　纪伯伦本人并不热衷于正涌现的新艺术，他直觉上倾向于象征主义画家的创作理念。他最大的享受，是与哈瓦伊克一起步行到万神殿，来膜拜皮维·德·夏凡纳的壁画《圣·吉纳维夫的生命》。皮维的壁画曾装饰波士顿新公立图书馆，现代艺术被认为是将感情和诗歌转换成图画，这些童年时代的记忆仍然留在他的心里，哈利勒追寻这一理念，他告诉玛丽，自

---

①　哈·纪致玛·哈，1909 年 7 月 31 日。

己"能好好表达一个美好的理念或一种崇高的思想"。①

《女人的时代》，油画，1910 年（作者）

他还发现了尤金·卡里尔，他认为卡里尔的绘画风格很细腻，"我现在感到，卡里尔的作品最接近我的心灵，他的那些在雾霭后或坐或站的人物，比任何作品（里昂纳多·达·芬奇的作品例外）向我讲述得更多……卡里尔的生活并不比其作品逊色，他遭受了如此多的痛苦，但他了解痛苦的秘密：他知道眼泪能使一切闪光"。然而，这些纪伯伦绘画的榜样已经过了他们的全盛期，皮维和蒙罗在 1898 年去世，卡里尔去世于纪伯伦发现他作品前的三年。尽管如此，纪伯伦仍然将自己置身于他们那缥缈的梦幻世界，置身于卡里尔"显现自然的爱"和"笼罩在他画作中的神秘的薄雾"。②

1909 年秋天，纪伯伦和哈瓦伊克各自独立工作，共同分担模特的费用，他已经离开了贝罗诺的画室，由于寒冷，他也不得不搬离了缅因大街的工作室，而住在一家旅店，他发现自己无法安定下来，"我不能回到贝

① 　哈·纪致玛·哈，1909 年 3 月 14 日和 6 月 23 日。
② 　弗朗西斯·凯泽：《尤金·卡莱尔》，《工作室 8》1896 年 8 月：135—42。

罗诺那里，因为我和我的朋友们都觉得，我已经学到了他所能传授给我的全部知识，我必须要找到一个可以让我直接工作的人……他不是一个梦想者……我确实厌倦于那些幻想的谎言，虽然人们称之为愉悦……我甚至有点讨厌自己要在旅馆中待几日的想法"。①

11 月，他仍然无法使用那间已承诺给他的工作室，但他很幸运地遇到了一些新模特，正完成一幅名为《年轻诗人》的画作，他还遇到了美国女演员玛丽亚·多罗，这位女演员的姨妈允诺他给她画像。他有些戏谑地向玛丽形容这位女演员："她有着伟大的灵魂和清楚的头脑，她相信自己已经在东方度过了很多年代，我也有那种感觉。人们误将我们当作姐弟……但多罗小姐并未给养我的心灵，我也未给养她的心灵！！你正在微笑吧，我亲爱的玛丽，我能看到你在微笑。"②

然后，整个世界向纪伯伦绽放微笑。一周内，哈利勒搬到了谢尔什·米迪大街的工作室，这间工作室在高层，干爽、温暖而又明亮。除了玛丽每月的支票，他还找了份兼职工作，一周两次教授五个学生绘画和构图，这样他每月可以额外拿到 100 法郎："工作很辛苦，但我喜欢它，因为它使我把握艺术上的一些小细节。"③

与此同时，纪伯伦开始着手一个雄心勃勃的计划。最近，他给美国雕塑家保罗·巴特莱特画了一幅肖像，巴特莱特的作品马术师"拉法耶特"放在卢浮宫前，现在他正为纽约公立图书馆雕塑一个寓言性的人物。巴特莱特对这幅肖像画的反应非常好，这启发纪伯伦开始一个"绝好的计划"——一系列"绘画作品，画出我们时代的伟大艺术家——现代艺术和文化的支柱：每个人我只需要 30 分钟……当然，我还要画几名伟大的女性，像萨拉·本哈特和艾伦·特里"。他的名单里还涵盖了自己曾经最喜爱的梅特林克和罗丹，还有戏剧家艾德蒙德·罗斯坦德和"认识我的"④ 通俗小说作家皮埃尔·罗蒂。

与皮维·德·夏凡纳一样，罗蒂的影响力正日益消退，但他精雕细刻的作品《旅行的罗曼司》，仍被亨利·詹姆斯形容为"怀旧和想象的花

---

① 哈·纪致玛·哈，1909 年 10 月 20 日。
② 哈·纪致玛·哈，1909 年 11 月 10 日。
③ 哈·纪致玛·哈，1909 年 12 月 19 日。
④ 同上。

朵"，认为它富有穿透力地表现了中东的精神。① 早在戴伊创办《桃心花木》的时期，他就曾言过其实地夸奖过罗蒂，罗蒂笔下永恒的切尔克斯情人、长着又黑又大眼睛的阿兹雅德，映照了哈利勒对受压迫的中东女性的兴趣，他所描绘的幽居的黎凡特庭院生活，影响了哈利勒对黎巴嫩女性的描写。

然而，不同于罗蒂作品中肤浅的浪漫主义，哈利勒更深刻地触及了中东的自由主义思想。1908 年，爆发了土耳其青年反对阿卜德·阿·哈密德二世的革命运动，之后，革命运动仍活跃于黎巴嫩和叙利亚的一些持不同政见的人中。他们组织了秘密社团，推动奥斯曼占领下各地区的民族主义运动，黎巴嫩作家苏克瑞·哈尼姆是这一运动的领导人之一，他在巴黎度过了成年时代，创作的戏剧《昂泰拉》最为出名，并出版了一些诗歌和政治作品。哈利勒和这些新组织并没有直接联系，但他却对这些组织和哈尼姆非常熟悉，在哈尼姆呼吁阿拉伯自治的一个月前，哈利勒在写给玛丽的信中提到了这位年长的作家："我有一位叙利亚诗人朋友，他叫哈尼姆，他用阿拉伯语和法语写作，今年冬天，他的一部戏剧已在这里放映，并获得了巨大成功。他大约有 50 岁了，但他的灵魂里仍然燃烧着青春的火焰。"②

在同一封信中，他向玛丽描述了自己日益扩大的社交圈，哈瓦伊克显然促成了哈利勒的社会交往，他对 1910 年冬天的回忆内容丰富，其中包含了一群国际学生和艺术家。哈利勒将此不带感情色彩地告诉了玛丽，"我有几个情投意合的朋友：叙利亚和法国的诗人，英国和美国的油画家，德国和意大利的音乐家。我们有时在公共场所相聚，还有几次在私人寓所见面，那是因为房子的主人喜欢款待艺术家"。

哈利勒没有详细地描述那些朋友，但哈瓦伊克却能生动地回忆起他们。四十年后，他回忆道：一位比利时医生邀请他们到巴斯德协会，并与这两位叙利亚人发生争论，坚持认为科学具有凌驾于宗教之上的优越性。他还描述了卡尔梅先生和他的两个侄女苏珊娜、莉雅，他们把两位叙利亚人当作朋友，卡尔梅先生是罗马尼亚人，一家打印店的店主。他详细地回忆了 1910 年 1 月的大洪水，狂暴的塞纳河水涌入一楼的工作室。他谈到

① 罗蒂：《印象》，威斯敏斯特，1898 年，詹姆斯序，第 4 页。
② 哈·纪致玛·哈，1910 年 5 月 10 日。

与一名俄国学生奥尔加共用一间工作室，奥尔加决心研究托尔斯泰，献身革命，他和哈利勒一起听奥尔加演奏的贝多芬奏鸣曲，他们用她的俄罗斯茶具，喝了一杯又一杯茶，奥尔加还向他们展示俄罗斯帽子。莉雅和苏珊娜试探他的爱情生活，但哈利勒不为所动，就连密友哈瓦伊克也对他坚定的品质感到惊奇。在哈利勒生病时，哈瓦伊克去照顾他。①

强烈的成功欲望和专注的精神，使纪伯伦无暇顾及轻浮之事，他的书信里没有琐碎的闲谈，这也表明了他对艺术的专注，甚至是在返回波士顿后，当谈及巴黎生活对他的影响时，他也没有提到具体的例子。只有一次当他向玛丽谈到发现自己有喝酒的能力时，巴黎的地方色彩在不经意间进入他的描述："在巴黎，像每一位新生一样，我不得不请他们到酒馆聚会，我很高兴，玩得很痛快，和他们喝得一样多。他们都受了影响：一些人睡着了，还有一些人病了——有些人做了蠢事……然后我就没有感觉了——第二天，我恢复精力，像平时一样迎接工作。"②

哈利勒回忆起的最生动的画面，是关于马龙教派对他作品的意见。在纪伯伦去世后，评论者曾夸大其词地谈到教会对《叛逆的灵魂》的反对：纪伯伦因此被逐出教会，著作被焚烧。但纪伯伦自己所描述的他与主教之间不愉快的交流，更精确地反映了他的作品如何被视为异端：

> 哈（利勒）在巴黎时出版的《叛逆的灵魂》，受到了叙利亚政府的压制——只有200本秘密进入叙利亚，当然，这本书已经进入叙利亚很久了——那个版本已经发行完了。教会在事实上将哈逐出教会，却从未宣判过……然而，当两位主教的代表来到巴黎，他们仍然邀请哈和其他叙利亚人——他辞行时，两位代表请他留下，单独与他们共进晚餐，他只得勉强留下。两位代表中，一位富有幽默感，另一位没有幽默感。我相信，有幽默感的那位是哈利勒的亲戚。
>
> 没有幽默感的那位代表将哈利勒带到一边，对他说："你已经犯了严重的错误，而且现在还犯着严重的错误。你正用你的天赋来反对你的人民，反对你的国家，反对你的教会。神圣的主教意识到了这一

---

① 哈瓦伊克：《回忆和纪伯伦在一起的日子》，巴黎，1909—1910 年。
② 玛·哈44，1914 年 9 月 2 日。

点，但他并未宣判你有罪，他送给你一个特别的信息，给你爱和友谊……那么现在——找出这本书的每一个复印本——全部销毁它们——让我把你的话带回叙利亚，带回教会和神圣的主教。"

然后，哈利勒愤怒地请他离开，他告诉这位教长，他早已听闻了他讲的一切，这话没什么令他惊奇的，他根本不想"回去"，他正创作一本叫《折断的翅膀》的书。他希望教长会读这本书，他希望神圣的主教会读这本书……他们会看到，他与他们彻底不同，他最初的思想进一步加强，然后他说晚安——没有留下来吃晚餐。

当哈利勒经过外面的房间时，那里的招待会还没有结束……那位幽默的主教说，"嗨，伊凡迪，你与教长的谈话愉快吗？……""是的，尊敬的教长"，哈说，"很愉快，但我只是感到很难过，我不能说服他。"教长大笑起来，他明白这件事没有希望了，其他人也理解——分歧已经产生。他讲的事现在成了轶闻。①

无论纪伯伦是否完全坦白地描述了这次事件的所有细节（他的对手真的是两位教长吗？他是唯一一位受到邀请参加晚宴的吗？），可以肯定的是，他确实得到了关注。1910 年春天时，他开始给玛丽讲更多具体的事例，报告他在巴黎的新进展。首先，国家美术社团的春季展览接受了他的画作《秋》。"我从未看到过这么多人，也没见过……这么高的热情"，他记述了沙龙。② 关于这件事，哈瓦伊克没有回忆起多少细节，但招待会确实场面很大，哈利勒感觉自己淹没在众多艺术家和批评家中，最糟的是，他展出的画作看起来变小了，他对画作放的位置也不满意，或许因为这个原因，后来他写信告诉玛丽，画展令他感到不悦。

哈利勒在巴黎取得的第二项成绩是，玛丽终于能阅读他发表的作品。"我还要向你报告新情况，巴黎的一些出版商正出版一本书，这本书分几个专集，选入了所有语言的现代作家的作品——令我惊奇的是，我的一首散文诗被译为法语，收录在这本书的第四辑，要在七月底出版。"③ 然而，

---

① 玛·哈44，1914 年 9 月 3 日。
② 哈·纪致玛·哈，1910 年 5 月 10 日。
③ 同上。

当十月发行的《新中篇小说》中出现他的《巴奈斯的玛塔》时，他还是感到了失望，因为译者任意删掉了这篇小说的结尾——玛塔被葬在不光彩的地方。即使如此，当哈利勒知道自己与安东·契诃夫、亚瑟·施尼兹勒一起，被列入"当代著名艺术家"之列时，他心里必定窃喜。

在这篇故事前的作者介绍中，纪伯伦被描述为"阿拉伯青年作家"，这显然得益于纪伯伦的自我宣传。介绍没有提及纪伯伦的早年波士顿岁月："他先在贝鲁特马龙教派的智慧学院学习，1903 年，他离开学院来到美国……纪·哈·纪伯伦并不仅仅写一个故事，更重要的，是为了革新而辩护，他所宣讲的社会问题之一……是东方女性要从男性的不公平待遇中解放出来……他也要打破黎巴嫩的宗教桎梏。纪·哈·纪伯伦被阅读、评论和探讨，他的小说《瓦尔黛·哈尼》已经引发了 237 篇文章和评论。"①

6 月，哈利勒结识了艾敏·雷哈尼，这或许是他们的第一次相遇。雷哈尼是另一位移民作家，他返回黎巴嫩生活了五年，刚刚回到美国。在美国和阿拉伯文坛，年长的雷哈尼有更大的知名度，他一直定期给一些美国杂志发送他写的游记，其中他最喜欢的一个论坛是迈克·莫那罕的《纸莎草》，这个论坛宣传社会主义，迎合了 20 世纪早期的人们对卡蓬特、欧内斯特·勒南、惠特曼、王尔德、小泉八云和爱伦·坡的兴趣。雷哈尼作品的讽刺、机智和渊博的学识，受到纪伯伦的推崇，但他的散文卖弄学识，经常表现出过分的不自然，如他 1908 年所写的关于先验主义对叙利亚的影响的文章："因此，从这理想国穿越大西洋，我只带了一双行走的鞋、一件浴袍和分别由费城、波士顿和纽约出版的三本书：《白发好诗人》、《瓦尔登隐士》和《康科德的圣人》，在这次长途旅行中，它们是我唯一的美国伴侣。"② 哈利勒并不为这些文字中的矫饰博学感到困扰，实际上，他正渴望磨砺自己极为欠缺的词汇和语法。

纪伯伦和雷哈尼之间的相互推崇，来自他们相似的马龙派背景。他们都关注黎巴嫩问题，但他们的解决方案并不是出于贝鲁特的居住经历或巴黎的羁客经验：他们有更多的美国视角。他们都已成年，分别受到波士顿和纽约社会进步思想的帮助和影响，在处理中东事务时，当地的自由主义灌输给他们一种新的未经尝试的方式和途径。

---

① 《当代新小说》
② 雷哈尼：《叙利亚象征主义》，《纸莎草8》1908 年 2 月：18—22。

他们在初夏结伴去了英格兰，在伦敦，他们分别游览普通的旅游景点和画廊。在那里，纪伯伦爱上了塔特画廊特纳的作品，对自己民族国家政权的关心，使他们发现了爱尔兰民族主义领袖托马斯·保尔·欧康纳，经过他的介绍，他们得以访问英国的国会大厦。纪伯伦还告诉玛丽，他们身穿阿拉伯服饰，参加了化装晚宴和诗社的朗诵。

《秋》，油画，展于 1910 年春的国家美术社团。哈利勒告诉玛丽："在一个角落……写着你的名字…我要把这两个字母写在要画的每幅画中。"（茱莉照相）

7 月底，雷哈尼启程回到纽约，哈瓦伊克到意大利旅行，回到巴黎的哈利勒见到了米歇尔，正如她两年前所料想的，他们之间最初的吸引，现在已经转变为热诚的友谊。早些时候，哈利勒认真地写信告诉玛丽："你知道吗？我对她无话可说，她很甜蜜，也很亲切，我祈祷她能在一位诚实的好男人那里得到和平与休憩。"米歇尔没能成功地进军纽约剧院，她因此而生病，纪伯伦承诺会照顾她，但还不到五周，彻底冷静下来的纪伯伦便宽慰玛丽说，米歇尔已经离开了这座城市去看望她的父母，"她的确受了很多苦，但她仍然勇敢而平静，她了解舞台的辉煌，同时也清楚它的阴暗面,我希望她能渡过难关"。①

　　哈利勒再次感到了孤独,他想念远在美国约塞米蒂国家公园度假的玛丽,他的朋友们也离开了巴黎,他在精神上也准备离去。他和玛丽一直等待的最后一项荣誉终于来到:他受到美术和文学国际联合会的邀请,要将六幅画送给 10 月 1 日举办的沙龙。哈利勒对这次展览颇有些迟疑,因为他不想留在"没有家、没有地方工作"的巴黎,尽管如此,他还是将邀请函骄傲地送给了玛丽,玛丽一直保存着这封邀请信,作为他征服巴黎的证据。②

多年后的艾敏·雷哈尼 (《亚洲杂志》, 1929 年)

　　由于铁路罢工,玛丽的钱又迟迟未到,哈利勒推迟一周离开巴黎,直到 10 月 22 日,他才到达纽约。巴黎滋养了他,重新给予他自信,但他渴望回到波士顿,"我几乎能看到自己在一个平静的小地方工作,画你喜欢的神秘系列'通向上帝'",他向玛丽吐露心声。在某种程度上,他的离去意

_____

①　哈·纪致玛·哈,1909 年 12 月 19 日和 1910 年 8 月 30 日。

②　哈·纪致玛·哈,1910 年 8 月 30 日。

味着他将要献身于美国，"我感到，我爱的朋友，我必须回到波士顿，找到一个平静的角落，我在那儿能工作、工作、工作。或许几年后，我能回来看看意大利……叙利亚和意大利是我最喜欢的两个国家，我觉得我还能见到意大利很多次，但不是叙利亚，除了在梦里，黎巴嫩的歌声再也不会来到我的耳际。我……被我的作品放逐到了那'七个海洋之外的土地'"。①

1910 年 10 月 31 日，当哈利勒乘船在纽约靠岸，人们可能会惊奇，他为什么会确信自己不会再回到雪松的王国。事实上，他的预言只对了一半，因为伴随着他的巴黎之旅，他的出国旅行就此结束，而他的重要作品正在前方等着他。

哈利勒 1910 年 10 月沙龙的邀请函（北卡罗来纳大学图书馆，教堂山）

---

① 哈·纪致玛·哈，1910 年 6 月 5 日和 1909 年 12 月 19 日。

第十一章 谈婚论嫁

纪伯伦回到波士顿的当天，从夏威夷返回的玛丽便和他共进晚餐，但他们的重聚少了些早年的温馨与自然，他流露出疏远的迹象：他很孤单，想念"亲近的朋友"，他们对那个晚上都不满意。

次日，他仍感焦虑，开始考虑安排合适的地方居住，他想找到一个工作室，和妹妹生活在一起，这显然是难上加难。过去的两年半时间里，玛丽安娜生活在奥利佛的一所公寓内，现在，她渴望与哈利勒建立一个家庭。父亲的死讯唤醒了她早年的丧亲之痛，她再次哀悼自己的家人，哥哥的归来使她深信，她要爱护纪伯伦家庭留下的唯一一个人，于是，她一见到哈利勒，就告诉他，自己决定要将余生献给他。然而，即使哈利勒对她怀有无比温柔的情意，他仍然意识到自己不堪承受妹妹的献身，那周，他和玛丽讨论了妹妹的决定，玛丽的反应更为坦率："玛丽·纪伯伦已经拒绝了婚姻，啊!"①

由于玛丽安娜决定要与自己生活在一起，哈利勒为选择工作室的位置而烦恼。自从 1896 年来到美国后，哈利勒第一次想要搬离南恩顿，但离开黎巴嫩街区的想法，却违背了妹妹的心愿，此外，她还拒绝居住在宽敞的环境里，正如玛丽对她的描述，她想"接触到墙"。②

在哈利勒返回后五天，他在西冷杉树大街 18 号找到了一处公寓，这个公寓很适合有抱负的艺术家居住：他曾在这个工作室附近画过米歇尔，从这里步行一分钟，就可以走到弗雷德·霍兰德·戴伊在平克尼大街的小镇公寓。此外，公寓有两个房间，这与玛丽安娜的想法一致，租金也在哈利勒或者说是玛丽的能力范围内。

---

① 玛·哈40，1910 年 11 月 1 日和 6 日。

② 玛·哈41，1911 年 4 月 17 日。

他们在 11 月的第二周搬入公寓，然而，这一安排从一开始便是灾难性的，无论纪伯伦怎样去帮助玛丽安娜适应新环境，他都无法调和这安静的灯塔山和南恩顿之间的差异。整齐有序的商店和文雅的茶室不能令玛丽安娜满意，她想念熟悉的语言、腌制的葡萄叶和薄饼；她可以站在户外，能在夜晚时分闲散地坐在叙利亚街区。从这个新世界到奥利佛，只需要步行 10 分钟，只需要穿过波士顿广场，但日常生活中给予她安全感的事物却荡然无存。

即便与哥哥同处一室，玛丽安娜仍然感到孤独，公寓的一个房间用作纪伯伦的工作间，他们对这间屋的处理暗生抵牾。玛丽安娜相信屋子应该一尘不染，她在家时，总是拿着一个干净的抹布，跟着他四处走。看到哈利勒的材料和书放乱了，她就摆整齐，看到他撒了些颜料，她赶快冲过去擦干净。这些行为让哈利勒觉得这不是他的工作室，他因无法保护隐私而恼火。

玛丽安娜用沉默来阻止玛丽介入他们的生活，虽然她尊敬这位中学老师，但她内心总是存有疑问："你会为了她而离开我吗？"哈利勒无法回答这个问题，但他在马尔伯勒大街停留的时间越来越长。

哈利勒安定下来开始绘画后，养成了将画作带到学校的习惯，他变得很依赖玛丽，正如他在五年后所告诉玛丽的："你对我的作品感兴趣——但我每次却将我的心一起带给你。我在那间小屋工作，然后急匆匆地把作品带给你——即使那些作品油墨未干——每周两个晚上——你知道我只是等待着那些夜晚的来临。"①

他在巴黎的作品终于运到。在学校的厨房，他"迅速、热切地"打开了纸箱，向玛丽展示那些画作，看到它们，玛丽欢悦地夸奖"太有趣了。"她在当晚的日记中如此写道。②哈利勒最引以为傲的是艺术圣殿系列，除了雕塑家巴特莱特，他还画了德彪西、罗斯坦德、罗丹和编辑、批评家亨利·罗彻福特，他和玛丽还计划加入其他人选。

玛丽逐渐将哈利勒介绍进她每周为自己的"一帮朋友"举办的聚会中。每周日晚，她鼓励老师和拜访哈斯凯尔学校的其他女性，在学校宴请她们的男性朋友，在轻松的晚宴后，她们拉下窗帘，一起跳舞，公然违抗

① 玛·哈 45，1915 年 4 月 10 日。
② 玛·哈 40，1910 年 11 月 7 日。

周日禁止娱乐的蓝色法规。"但一位老师向别人绘声绘色地描述这个故事"，玛丽后来回忆道，"因此我们放弃了跳舞，波士顿不容忍这种行为——然而，周日的聚会仍然保留着。"她向他们展示哈利勒的画作，有时，哈利勒也会给一位拜访她的亲戚画素描，或者参加娱乐和游戏。[①]

奥古斯特·罗丹，1910 年 （茱莉照相）

　　玛丽的目的是拓宽个体经验，纪伯伦无法逃脱她细致入微的指导和启发。玛丽很快便发起了阅读研讨活动——或者说是课程，的确如此，哈利勒会在研讨中进行朗诵。她首先安排朗诵斯温伯恩的作品，因为哈利勒告诉她，斯温伯恩是在世的最伟大的英国诗人。11 月 9 日，他们阅读《离去》，对她而言，选择这首描述死亡的诗情有可原，因为与哈利勒一样，她的父母也都故去，亚历山大·切夫斯·哈斯凯尔那年春天刚刚去世。随着口语练习的继续，斯温伯恩也成为玛丽最喜爱的诗人，通过朗诵《礼

―――――――――

① 玛·哈 41，1911 年 3 月 1 日。

赞维纳斯》、《卡吕冬的亚特兰大女神》和《北海边》，哈利勒也完善了英语口语。

就像一名老师分析自己所偏爱的学生的每一次进步，玛丽默默观察，对于哈利勒重新适应自己的世界，她并不做评判。一次，在与两名老师一起吃晚餐时，她轻描淡写地提到了与哈利勒的交往："交往起来有点困难，但他的礼貌很可爱。"一天晚上，在朋友的家里，他们的话题转向了巴黎的道德，或者说波西米亚式的男女怎样生活在一起，大家认为这样的男性不负责任，但哈利勒却不以为然。虽然哈利勒感到"不舒服"，"不想谈论这个话题"，因为"他们的观点分歧太大"，但他这种自由主义的态度，还是给她留下了深刻印象。①

12月，哈利勒和玛丽频繁见面，他们拜访了理查德博士和艾拉·卡博特，他们一同去美术博物馆，并经常到剧院观赏戏剧。他告诉她自己的出身和背景，这是他们相识以后，他第一次向她详谈这个问题，她曾问过这些问题，但每次他总是刻意回避。在巴黎时，纪伯伦曾试图回避这个问题："我已经试过不止一次，希望能给你写些我的过去，我发现这有点儿难……那些年，我的生活里几乎没有微笑，但我一直爱着，总是能看到美：无论过去和将来，在爱和美之间，我总是一个迷失者，是那未知世界的饥饿的孩子。这是我的历史，也是那些静静地来自永恒，又回到永恒的人的历史。我希望有一天，我能告诉你更多详细的内容。"②

哈利勒明白，这些模糊的暗示不能满足她无止境的好奇心，于是，在12月7日，也就是他们相遇后的第六年，他告诉她自己的出身、家庭和早年岁月。在一次晚间谈话中，他们先是谈论了欧内斯特·勒南《耶稣的一生》中所表现的基督形象——作为"至高的创造的人"，接着他讲述了自己的故事，这些故事令玛丽印象深刻，她用一个活页笔记本完全记录了它们。③ 他先述及母系一方，抬高他母亲的祖父易斯蒂凡·拉姆，他从一位穷神甫变为主教，拉姆家族所拥有的微薄的土地，也变为"财产……丰厚——整座小城、葡萄园和田地"。他对纪伯伦家族的描述更为夸张，他将父亲的祖父描述为："一个休闲的贵族，富有、健壮而又卓

---

① 玛·哈40，1910年11月16日；41，1910年11月28日。
② 哈·纪至玛·哈，1909年1月2日。
③ 玛·哈41，1910年12月7日。

越——豢养狮子做宠物——据说还给一位土耳其贵族传递过这样的信息：
'告诉他，叙利亚是土耳其帝国最好的省，黎巴嫩山是叙利亚最壮观的部
分，贝舍里是黎巴嫩最美的山村，纪伯伦家族是贝舍里最显赫的家族——
而我是这该死的家族的首领。'"

　　人们自然会感到好奇，为了满足玛丽那好奇的耳朵，哈利勒所创造的
这位集力量和勇敢于一身的人物，是否来自某位历史人物。他创造这位超
级人物，是为了接近玛丽引以为傲的哈斯凯尔家族吗？在黎巴嫩最近的历
史中，确实有一位独裁的领导者——埃米尔巴舍尔二世。每位黎巴嫩农民
都对他的传奇故事、豢养狮子和夸夸其谈的作风耳熟能详。在随后的十余
年间，当纪伯伦想要虚饰他的父亲和祖父，这位可畏君王的形象总是浮现
在眼前，他脑海中的男性父亲的形象——好斗、专制，有时又很冷酷——
隐含着一位他试图要去尊重，却永远不爱的独裁者形象。我们不知道玛丽
是否对这故事深信不疑，但我们可以感到，随着时间的推移，她理解了自
己所庇护的哈利勒想要弥补自己平凡出身的需要，并温柔地忽视了他的夸
大其词。

　　但他的话并非全都是子虚乌有的编造，除了形容父亲"富有吸引力，
是一个有鉴赏力的男人"，他也承认他很"奇特"。他讲述了父亲被错误
地控诉侵占财物并被判有罪，为了维护母亲移民到美国的举动，他还解释
称，在母亲离开父亲前，她"四处奔走，以使自己的丈夫清白"。他几乎
没有提及随后几年的波士顿岁月，只是大概地谈及了家人的疾病和死亡，
但并未细谈。玛丽对他 1902 年和 1903 年的记述混淆不清：她认为桑塔娜
是大女儿，并将三个人死亡的时间从 14 个月压缩到 9 个月，当她想重新
记述自己与哈利勒第一次见面的情景时，她还算错了一年（"在 1903 年
春天，我遇到了哈利勒"）。

　　虽然这一大段话错误百出又引人误解，但它的主要意图却很明显。纪
伯伦返回美国还不到一个月，就充分验证了自己的价值——无论是作为玛
丽的被庇护者，还是她今后生活中的一员。玛丽继续资助像莎洛特和米歇
尔这样有天分的朋友，她还愿意在自己资助的名单中加入各种学生，然
而，她对纪伯伦所倾注的精力，却并不仅仅是出于慈善。1910 年 12 月 7
日，她的日记记述了纪伯伦生活的方方面面，两年后，她中断了那些简略
的日记，将自己的个人回忆录完全变成了关于纪伯伦的日记。她一生的抱
负——"写一些可能会服务很多年的文字"——现在达成了现实。这位

不安分又雄心勃勃的诗人和艺术家，成为她笔下的主人公，他还不能轻松驾驭她的语言，艺术也尚不成熟，但她仍决意承担风险。

12月10日，周六，哈利勒向玛丽求婚。那天他们刚一起观赏了美术博物馆，并要去欣赏晚间的一场交响乐会，但由于没有音乐会的演出，他们回到了马尔伯勒大街。随后，他告诉她，他"爱"她，"如果可以"，他"想要娶"她。她似乎早有准备，立即答复他"她的年龄不允许"。后来他回忆道，她的冷静和毫无激情，重重打击了他的骄傲。"我从巴黎回来，满是对你的爱。我那么简单、率真和真诚地把全部的心灵给你，我只是一个孩子，将我的所有放在你的手里，但你却对我那么冷淡，疑心重重……在巴黎，我一直能感受到你的信任和温暖；我回到波士顿，仍然觉得你是那么甜蜜、善良和美好——然而当那天我向你提到婚姻，你便开始伤害我。"[1]

巧合的是，一年前的一个周六，玛丽同样拒绝了另一位热心的追求者，当时的她情绪激动，而这次，她既没有流泪，也没有度过一个不安的夜晚，没有为自己的决定而备感痛苦。她完全忠实于内心的反应，次日便使哈利勒大感意外，12月11日是她37岁的生日，哈利勒只在生日派对前拜访了她，于是她简单而又不带感情地改变了主意——"我告诉他，是的。"[2]

她没有记下哈利勒当时的反应，但在随后的几周里，哈利勒因此而有了安定感。尽管玛丽为他的生活习惯而烦恼——"咖啡一天六次—抽烟—迟到几小时—缺乏运动—神经紧张"，但他还是享受了一个相对宁静的12月。纪伯伦能够开诚布公地谈论自己和米歇尔日益变淡的友谊，他的绘画进展顺利，除了用玛丽安娜和两个表妹罗西和爱米莉亚做模特，他还到丹尼森屋寻找潜在的模特。经过玛丽的介绍，他还画了卡博特博士，这位博士正要被任命为玛萨诸塞总医院的雇员主管。一周后，哈佛校长查尔斯·艾略特同意做他的模特，他们谈论了纪伯伦最喜欢的主题、艺术和中东。看到哈利勒渐渐能与自己崇敬的人建立关系，玛丽开始相信他们能一起共度人生。12月28日，他们冒雪去看露丝·圣·戴尼斯的埃及舞蹈，两天后，他因戏剧《X夫人》而激动万分，从她那里借来三本剧本

---

① 玛·哈40，1910年12月10日；45，1915年4月10日；60，1922年3月12日。

② 玛·哈，1910年12月11日记下的12月10日的事件。

"情绪高昂地离开"去写作。[①]

28 岁生日时，他赠给玛丽一首散文诗，这首诗发表于 1911 年 1 月 6 日的移民报纸《西方之镜》。自从艾敏·戈耶卜于 1909 年夏天离开纽约到黎巴嫩，《移民》不再是纪伯伦发表作品的渠道，而《西方之镜》的编辑纳吉布·戴伯热切地接受了他的作品。和他 1909 年生日时创作的诗歌一样，这首《我们和你们》献给"玛·伊·哈"，它充分体现了社会反抗的寓意，作品由一连串对比组成："我们"——"忧伤和受压迫的儿子"和"你们"——"闲适和虚浮世界的儿子"。[②]

玛丽和哈利勒试图将这首诗意译成英语，但没有成功，她因此去学习阿拉伯语，每周一晚上，他教她闪米特语言和复杂的阿拉伯字母，这不可避免地使他们的话题引向中东的诸多问题，纪伯伦向玛丽概述阿拉伯人的历史，告诉她自己宗教的创始人圣徒马龙的事迹，向她解释年轻的土耳其反抗者的动机，并一起探寻 1911 年发生在也门的阿拉伯革命。由于他俩都热切地倾听对方的谈话，他们的师生关系总是不断地发生着改变。

那个月，为了使自己合法地成为她的丈夫，他做出了另一个努力：申请成为美国公民。他认为，如果自己是美国公民，玛丽会更加偏爱自己，实际上，这一想法毫无事实根据。他的申请遭到了拒绝，自此，对黎巴嫩的忠诚也使他不再提起这件事。

一向压抑感情的玛丽，开始屈服于自己汹涌而来的个人情感。"1 月 4 日，晚餐后，哈使我神清气爽。1 月 7 日，与坦特·缪勒和哈一起去吃午餐，哈画了她。我更加欢喜。"1 月 24 日，当阅读弗朗西斯·汤普森的诗歌时，她找到了一些适合自己这位学生的爱情诗，"在火炉边的地板上，一个奇怪、梦幻的小睡中"，她看到了莎洛特，莎洛特在梦中出现并且说道："哈利勒以我的形式前行。"[③] 潜意识里，玛丽坚信自己的这位密友认同哈利勒，因为莎洛特的所有信件都表达了对哈利勒的炽烈热情。但玛丽也明白，她所爱的这两位被庇护者之间存在潜在的竞争关系。

这个梦后的四天，玛丽告诉哈利勒，她关心莎洛特的幸福，而这可能会影响到他们（结婚）的计划。玛丽承认，送他到巴黎的最初目的是

① 玛·哈 40，1910 年 12 月 26 日和 30 日。

② "我们和你们"，见《哈利勒·纪伯伦珍藏》。

③ 玛·哈 40，1911 年 1 月 4 日、7 日和 24 日。

"测试"他和她之间关系的稳定性,她觉得"必须"要继续测试他至少两年的时间,他反对她的提议,认为自己"绝对确信"。"我生平第一次",玛丽继续道,"渴望每年赠给莎洛特 1500 美金。"他自愿来分担她的责任:"我能写些文章,每月能得到 40 或 50 美金,或许能画些画,在经济上有所收益。"她立即拒绝了他的提议:"不,不要你这样一个月——一天——一个小时。"①

玛丽解释说,在过去的几年里,她一直默默资助另外两名青年的教育。一个是希腊男孩儿,萨拉·阿姆斯特朗发现了他,当时他在一个苏打水店工作,一个"麻木的黎凡特店员"经营着这家店,现在他已在西玛萨诸塞赫尔蒙山的一所学校注册入学。她还资助了一个在哈佛的高年级学生阿里斯蒂德·埃万盖洛斯·福特莱德,他也是希腊移民,已经从赫尔蒙山毕业,并从事古典学者这一杰出的职业,他的前程需要她继续在经济和思想上的参与。哈利勒倾听着她的诉说,他意识到她的责任可能会无限延续下去,显然这意味着会推迟他们的婚姻,"尽管你从未提起过,但我知道你还资助其他'孩子'",他承认,"但不是一个月 40 或 50 美金,而是4000 或 5000 美金"。②

经济问题是玛丽所设置的阻止他们结合的第一个障碍,在不知不觉中,他们之间的关系发生了改变,但哈利勒仍对他们的关系持乐观态度,"夫妻关系……"他很自信地理性分析道,"与其他大多数关系一样……如果大的方面正确——我认为大方面是理解——其余的都可以努力协调……让我们信靠〔上帝〕,确信一切都会……顺利。如果你对我说,'哈利勒,我觉得我们结婚不明智',我会完全接受你的话——并且相信它。"③

但在多年以后,哈利勒承认,玛丽模棱两可的态度令他摇摆不定,她不断地需要他去证明自己,这也使他感到有压力,而对于进一步测试他的想法,他心存抵触。不可否认地,玛丽迫使他发展一种强壮的自我形象。一天晚上,在她的刺激下,他坚称自己的写作在阿拉伯世界得到很高的褒奖,并堪与加布列尔·邓南遮相比。"我确信,如果明天我死去,我说过

---

① 玛·哈 40,1911 年 1 月 28 日。

② 玛·哈对约翰·保罗斯来信的注释,同上。

③ 玛·哈 41,1911 年 1 月 28 日。

的话会留下来，但当我完成一部作品后，它就再也不能令我满意了。"他在那个冬天的考验期肯定令人灰心："……那是我生命中成果最少的时期，那个冬天我几乎没有写下任何作品，那是因为我时时刻刻在受着折磨，如果你再过分一点，我必定会说，我恨你！"①

玛丽的测试还包括另一项内容，她故意与他作对，有意疏远他，顽皮地拒绝他。"我校园快照的'幻灭'系列……失败了，我收集了我的全部旧快照——有一些看起来很可怕——我展示给哈看，让他厌恶我——他很感兴趣，但却完全未受影响。"此外，她还告诉他自己的所有追求者，并让他看照片，"哈感到惊奇，但却不为所动"②。

2月，莎洛特来到波士顿，她的出现缓和了哈利勒和玛丽的紧张关系，此时的莎洛特已经不再热衷于社会主义，她正转向神秘主义。学校放假两周，自由的玛丽很高兴能与莎洛特谈话，每天早上，她听莎洛特解梦，给她讲解近东的符号。莎洛特劝玛丽放松下来，"戴上珊瑚耳饰"，她还告诉他，只要玛丽认出自己"东方的自我"，她和哈利勒之间的障碍就会消除。③

下午，莎洛特做哈利勒的模特，哈利勒用了七个小时的时间，终于画出了一幅令玛丽满意的肖像，而她的喜爱并不建立在评判画作的基础上，而是由于他画了莎洛特，"我再次告诉他，我是那么爱这幅莎洛特的画，它令我兴奋……"她随后写道，"分别时，我让他在莎洛特的画像前吻我。"④

2月18日，玛丽和莎洛特到西冷杉树大街18号小坐。玛丽第一次进入哈利勒的工作室，⑤ 她认真地记下了自己所看到的一切，"房间一尘不染，我怀疑可能是为了我们的到来，玛丽安娜做了清洁……那黄色的挂毯——大大的、光芒四射……死于塞纳河中的美丽的年轻女人的死亡面具……红色丝织品，印着美丽的日文……两三个古老的镀金木雕……在镶边的东方亚麻上，是贝多芬的死亡面具"。她仔细查看了放在他小书架上的东西，包括引人注目的艺术系列和"科普兰和戴伊"出版的罗塞蒂的

① 玛·哈41，1911年1月26日；45，1915年6月20日。
② 玛·哈41，1910年12月21日；40，1911年2月3日。
③ 玛·哈40，1911年2月17日。
④ 玛·哈41，1911年3月17日和22日。
⑤ 玛·哈41，1911年2月18日。

《生命之屋》，这间工作室令她满心欢喜——"它太有特点了，我觉得我似乎见过它。"

莎洛特，1911 年（茱莉照相）

在她们的几次闲坐间，哈利勒给她们煮咖啡——"精美，但却令人着魔"——还给她们奉上一碟咸味的开心果、瓜子和鹰嘴豆。当哈利勒画画时，玛丽大声读书，一次，她选择了《歌唱的树叶》的片断，让莎洛特猜这本书的作者。我们无法推测，哈利勒听到玛丽背诵约瑟芬早年的诗歌时是什么样的心情，因为他的外表没有任何表露。当她们结束第二次拜访，漫步回家时，玛丽向莎洛特吐露秘密："如果可以，哈利勒想和我结婚。"莎洛特全心全意地表示支持，"自从她在巴黎见到他后，已经希望如此。"①

晚上，每当莎洛特拜访马尔伯勒大街时，她总是让玛丽和哈利勒试验她的戏剧，她决定，这些戏剧创作出来后，要哈利勒帮着设计色彩搭配和服装。有时，他们三人还发明游戏，玛丽给他们看手相，或者只是躺在地板上……他们谈论转世和再生，关于哈利勒，玛丽的理论却简单得惊人："布莱克死于1827年，罗塞蒂生于1828年；罗塞蒂死于1882年，而纪伯伦生于1883年。"他们还有几次谈到了精神的讯息，玛丽确信，当她看着纪伯伦绘画时，她看到了一个幻象，而莎洛特总是阐释梦境的意义。哈利勒试图要胜过她俩，于是他讲了自己的一些"出神体验"，"自有生以来，当我睡觉时，我总是觉得自己已经起床了"，他说，"我一直感到有两个自我——关于我和我——直到最近，我从未试过分开这两种人格。总是在我入睡前，我能在床上想出很多事——我的一些最好的东西都是以那种方式产生的。"他继续描述自己一些奇怪的感觉："脱离自我"，看到自己"非常苍白"的形象，听到自己的声音——"我不知道我说了什么"。②

莎洛特和玛丽坚持要看到他的"绝妙体验"，于是，他坐在沙发上，试图再现当时的情景，在"出神"的过程中，玛丽向他提问题，但除了看到"圆形的光"和"听到音乐"外，他的梦并没有揭示什么。当他"回来"时，莎洛特建议他不要再做这样的事，玛丽忍着没有发表评论。但后来当她与自己的一帮朋友讨论这件事时，大家普遍的意见是，这体验不健康，哈利勒应该咨询波士顿心理学家莫顿·普林斯博士，因为他对这种现象做出了开创性的研究。莎洛特随后离开了波士顿，这种神秘主义的娱乐结束了。

另有一件事也要结束了：哈利勒在波士顿生活和工作的幸福感。玛丽知道，纪伯伦对波士顿越来越不满意，便促使他承认自己的切实感受："我阅读——但一个人不能总是在读书——通常是周六或周日，我每周去一次博物馆——当一个人总是去同一个博物馆，他了解那博物馆的一切，他会变得厌倦……我常去图书馆，但除了图书馆或博物馆，我还希望能去其他地方。"老朋友们不再能刺激他的灵感，戴伊对他的艺术圣殿系列印

---

① 玛·哈41，1911年2月19日。
② 玛·哈41，1911年2月21日和22日。

象深刻，建议他可以将绘画对象扩展到安德鲁·卡内基等人文领域以外的人物，但他的热情不再令哈利勒满意，他发现与这位过去的庇护者很难沟通，因为他正变得越来越古怪，"我从巴黎返回后，发现他仍然在考虑着摄影的高级艺术，仍然奉波恩·琼斯为终极目标——就像十年前一样"。①

此外，他现在当然也不能见到约瑟芬。马克斯夫妇这几年的日子可谓春风得意，在埃文河畔的斯特拉特福的国际剧本创作竞赛中，约瑟芬第一次获奖，同一天，她的第二个孩子出生，此后的她声名鹊起。她的获奖作品《风笛手》创作于 1910 年夏天的伦敦，在那年冬天的纽约上演成功，而她的成功与纪伯伦并无瓜葛。纪伯伦发现，自己与波士顿的联系即将结束：

> 波士顿的一切都很美——除了这里没有艺术生活。一切似乎都死气沉沉……甚至我的艺术家朋友……似乎属于 18 世纪。在过去的四五十年间，没有产生过任何为人所知或引起共鸣的东西。……还有另一件糟糕透顶的事——如果你能谅解我提到它——人们——和他们的脸——这些脸——很可怕，那么冷酷——那么遥远——那么冰冷……

> 我的艺术家朋友们——他们过去曾哺育我的灵魂——我曾超乎一切地热爱与他们谈及书、艺术、生命和各种事物。我一直责备自己，因为我尽管喜欢他们，但却不再能和他们找到共同话题。他们似乎总是在重复讲着同样的事情，这些多愁善感的人们常常谈及灵感——似乎我不应该从外部世界寻求灵感，但我不断意识到波士顿缺乏生活——我不能找到对生命的渴望。过去我常听到人们谈起波士顿的这一特点——但我那时却总是认为它是世界上最美好和最充满渴望的城市之一。②

玛丽确信，纽约会给哈利勒带来更好的未来，莎洛特也相信他能在那里幸福地生活，"如果哈利勒来纽约"，她写道，"他必须住得离我近一些，以便让他在我这里用餐——他的晚餐，那会使我们都感到像是在家里

---

① 玛·哈 41，1911 年 3 月 22 日；60，1922 年 3 月 12 日。

② 玛·哈 41，1911 年 3 月 17 日和 22 日。

一样。"①

此时的玛丽经常去西冷杉树大街的工作室,她安排自己的一些女性朋友做哈利勒的模特,于是自然而然便产生了一些关于这位艺术家和中学女校校长之间的猜测。当露易斯·戴利注意到妹妹对纪伯伦的热切反应,便开始询问她。一开始,玛丽试图"通过坦白来打消议论",后来这对情侣"最终决定不去理会这些臆测,让它们自行消失"。哈利勒关心玛丽安娜日益增长的疑虑,"我没有告诉任何人",他说,"我不会告诉妹妹,因为她一定会向我说些友善和甜蜜的话,但我知道,她随后会走进自己的房间,对自己说:'只剩我自己。'"②

玛丽的试探仍使他烦恼,他后来憎恨地称之为"折磨"。她恶作剧地邀请约瑟芬来欣赏艺术圣殿系列,在日记中,她细心地粘贴下他那晚努力写下的称呼:"我亲爱的马克斯夫人。"③

一方面,玛丽仍然以惯有的细致记录下自己的生活和时代,但有趣的是,她却忽视了约瑟芬的影响,而她的忽视与沉默一起,似乎构成了某种试探。面对玛丽的恶作剧,哈利勒再次感到了他们关系的不确定,但如果他的内心受到了伤害,他唯有通过沉默来表现。

另一方面,玛丽的强势也常使哈利勒受益。1911年4月,她展开了两项计划,首先,她让莎洛特在纽约为哈利勒寻找工作室,同时,她开始联络波士顿的人脉,希望能将他介绍给纽约最有权力的艺术庇护者伊莎贝拉·斯蒂瓦特·嘉纳。卡博特夫妇向她建议科普利·格林夫妇,他们是有影响的艺术协会圣·博托尔夫俱乐部的成员。于是,4月14日,玛丽便有目的地邀请朋友科普利·格林夫妇与她和纪伯伦共进晚餐。

那晚效果极佳。"他们确实喜欢那些画作……当他说他上午写作时,他们询问了他,并且兴奋地说琼·史密斯夫人(约瑟夫·史密斯的妻子,当时是美术博物馆的插图画家和埃及考古学家)懂阿拉伯语,他一定要认识琼·史密斯夫人,他们要了他的地址和电话号码,要他在下周五和琼·史密斯夫人共进晚餐或午餐!三人九点多结伴离去——彼此都为新发现感到高兴,格林夫妇说,想要他画他们的弗朗西斯科。"自信的玛丽写

---

① 查·泰致玛·哈,1910年11月1日。

② 玛·哈41,1911年3月1日和9日。

③ 玛·哈41,1911年4月6日。

道："这一刻打开了哈利勒和那个爱他的世界的大门……我想他抵达未来的日子不远了。"①

接着，玛丽做出了一个理智的决定，这个决定将影响他的一生。"我决心遵从上帝的最后旨意——我坚决不让自己成为他的妻子……我的年龄是我们之间的障碍，它会使我们的婚姻铸成大错，并非仅仅因为年龄，事实是，哈所等待的爱，与我给予他的爱非常不同，那是一种启示般的爱，那会成为他的婚姻。他最伟大的作品将由此产生——他最大的幸福、他的充实的新生活，这一时间的来临不会太远了。在通向那个女人的路上，我只是其中的一个台阶，尽管我惆怅的眼睛在哭泣，但我快乐地想到她。"②次日，即 4 月 15 日，玛丽准备向哈利勒吐露实情，她"非常想这样做"，整个上午，她坐在钢琴边，"弹奏着一首很难的新的赞美诗"，然后，她徘徊于后湾大街，演练着该怎样告诉他。他在听完一次交响乐后来到学校，他们"交换了新闻"，坐在图书馆的沙发上，当玛丽"能够命令自己的声音"，便开始道来："我的一切反对我要说的话，却有一个理由使我说出它，但我明白，这唯一的理由是正确的，你会默许我所说的话——但我的心渴望被你说服，虽然我知道，最终我不应该被说服。"

"是什么话，玛丽？"他打断我，"是坏事吗？"

"对我来说是坏事，对你来讲是好事，别介意我哭"，她告诉他，"自从昨晚我见到你后，我已经流了很多泪。"

"你不要哭"，他安慰她，然后紧紧握住她的手。

"我不再考虑成为你的妻子。"

哈利勒听着玛丽认真准备好的理由，瞬间面色苍白。玛丽告诉他，1910 年 12 月以来，当她设想他们的婚姻，她朦胧地感到那是错误的，她"对他巨大的激情"逐渐增长，直到（1911 年）3 月，她仍然确信自己需要"一个身体强壮的情人或丈夫"。然而，她的年龄仍然是"不可逾越的（障碍）"，尽管她知道自己仍然拥有"一定的青春和旺盛的精力"，但她"很快就会走下坡路"，而他却仍处于"上升期"。听到她的话，哈利勒哭了："玛丽，当我想到这些，你知道我不能说。"

她讲完后，啜泣着，他们彼此紧握着手，过了一会儿，玛丽吻了他的

----

① 玛·哈 41，1911 年 4 月 14 日。

② 同上。

手——"这是我总是渴望却从未做过的事。"在门口，她又哭了，这次轮到哈利勒擦干她的眼泪。"他在离去时，尽可能平静地说，'今晚你给了我一颗崭新的心灵。'"①

在很多年里，他们两人都能记起那天晚上的情景。玛丽将哈利勒毫不犹豫的默许解释为"他从不想要婚姻……通过他的沉默，我明白，哈（利勒）知道，我是对的"。而哈利勒则辩解说，她的犹豫已经毁坏了他们的婚姻计划，"伤害我的是，你不能看到我，你不能信任我，你对我的作品感兴趣，但一个人的作品却不是那个人本身。对于任何一个真实的人，他都有一些内在的奇特的品质，那是现实中的他……而你却远离真实的我，远远地站着，就像一名旁观者，你不了解真正的我"。②

一天过去了，他没有参加周日晚间的聚会。周一，当玛丽找到一个借口去看他，他正研究一幅自己命名为《喧嚣》的作品，他们克制着没有提周六晚的事情。然后，玛丽安娜来了，"带着她无论到哪儿都背着的一个黑色大包"。每次当玛丽来工作室时，玛丽安娜很少在场，这次这位中学老师终于找到机会让她不再称呼她"哈斯凯尔小姐"。她让玛丽安娜一遍遍地重复"玛丽"，直到她能放松地称呼自己的名字。玛丽仔细观察她，觉得她看起来太瘦，"但对她而言不坏"。她还注意到她的声音"仍很忧郁——似乎含着眼泪"，并意识到，哈利勒要离去的消息"令她害怕"。

"哈利勒去纽约后，我会多去看你。"她承诺道。

"啊！哈利勒去纽约！你会和他一起去吗？"

"你怎么认为？"

玛丽安娜犹豫了，"我确信他愿意"，接着，电话铃响了，提汉小姐要她过去，尽管她不乐意，还是准备回店里。玛丽仔细地观察了她的脸，"我第一次注意到，他们的眼睛是那么相似"。③

次日，玛丽又想出另一个理由来到工作室。他正为玛丽安娜画一幅《折断的翅膀》的作品，曾提起需要研究鸟。她匆忙地赶到市场，买了两只鸽子，然后步行来到西冷杉树大街。家里没人，玛丽把鸽子挂在门上，

---

① 玛·哈41，1911年4月15日。

② 同上；玛·哈45，1915年4月11日。

③ 玛·哈41，1911年4月17日。

她最近的决定已经使自己几近崩溃："我逐渐明白，未来我不会和哈利勒生活在一起——我在波士顿或加州——他在外面——这伤害了我！"①

那晚，纪伯伦去了科普利·格林夫妇家，令人难过的是，他们的见面并未像玛丽预想的那样，给纪伯伦的未来带来非常大的影响。晚宴上，纪伯伦成功地使自己表现愉快：他与约瑟夫·史密斯夫妇会面，做了礼仪性的交流，尽管他们并不是用阿拉伯语。这次晚宴只是一次普通的外出，一次无意义的文化闲逛。

然而，哈利勒却了解了格林夫妇对尤金·卡里尔的兴趣，第二天晚上，他借了一些卡里尔作品的复制品带给玛丽，当他向她展示这些作品时，他们聊起了莎洛特最近在剧院的活动，她剧本的销售状况不好，她因此而大失所望。她接受了制作人瓦尔特·汉普登的邀请，要与有全套固定剧目的莱森剧团一起旅行，在阿尔弗雷德·苏特罗的《耶利哥之墙》中扮演一个小角色帕彻斯特女士，她还邀请哈利勒在她旅行时使用自己在格林威治村的公寓。他犹豫了——"如果她是男人，我不会犹豫——但一个女人——似乎有些冒犯"——然而最终，玛丽说服他接受这个邀请。②4月26日，他乘坐从波士顿到纽约的"欢乐号"，在次日清晨抵达韦弗利164号。

4月和5月在纽约的生活"总体而言太好了……纽约不是一个让人休息的地方"。他问玛丽："我来这儿是为了休息吗？我能跑，这让我太高兴了。"他特别陶醉于都市博物馆："美国远比肤浅的人所认为的要伟大得多。"③

"太多朋友，太多人来访，太多的东西要看"，这妨碍了纪伯伦在韦弗利做很多工作。很快，他和纽约的叙利亚社团重新取得联系，那里的活动家们再次点燃了他民族斗争的激情，不出一周，在移民报纸《指导》的编辑纳乌姆·穆卡兹尔的安排下，纪伯伦便和土耳其大使共进晚餐。"大使一直尽力表现得甜蜜温和，我们谈及艺术，他甚至邀请我到华盛顿看他。那是土耳其人的方式，他们尽量缓和矛盾！"④

哈利勒移居的一个重要原因是艾敏·雷哈尼在纽约的出现，重建他们

① 玛·哈40，1911年4月18日。
② 查·泰致玛·哈，1911年4月18日；玛·哈41，1911年4月20日。
③ 哈·纪致玛·哈，1911年4月27日和5月1日。
④ 哈·纪致玛·哈，1911年5月1日和2日。

的友谊，成为纪伯伦的主要目标，哈利勒每天见到雷哈尼并自豪地提及他的成就： "在《大西洋月刊》五月号，读到了雷哈尼的诗《湿婆之歌》……我想介绍莎洛特和雷哈尼认识，他们会喜欢对方的。"[①]

5月，哈利勒自信而老练地平衡着他的两个不同的世界。通过玛丽的介绍信，他结识了作曲家和音乐理论家阿瑟·费尔威尔，5月5日，他给费尔威尔画像，作为回报，费尔威尔带他游览了纽约的画廊，他因此又结识了艺术交易商威廉·麦克白，他专营当代美国画家的作品。

与此同时，莎洛特认定莱森剧团之旅是一次"无味的经历"，她在5月15日返回纽约，并立刻明白哈利勒已经见过她格林威治社交圈的所有朋友，她写信告诉玛丽，她已经联系了哈利勒和另一位自由职业作家——"我们三人，还有你！度过了夜晚，我感到我们已经迈入了新生活的大门"。他还提到，哈利勒的变化是那么大，他已经变得"拥有沉着的力量"。[②] 尽管莎洛特听说他们已经不再有婚约，但她确信这只是暂时的挫折，她相信，只要玛丽放轻松些，哈利勒会再次求婚，并坚持结婚。

哈利勒搬到西九大街28号一栋房子的一间屋内，雷哈尼也住在那里。住处有些狭窄，但他能使用雷哈尼稍大些的房间画画，每天早上，他步行到莎洛特那里用早餐。莎洛特虽然很难为自己的作品找到资助者，但她却拥有神奇的感染力，她介绍哈利勒认识自己亲近的朋友查尔斯·爱德华·卢塞尔，卢塞尔曾以社会党候选人的身份竞选纽约市市长，虽然他的竞选没有成功，但当哈利勒知道玛丽敬重此人的政治改革，他立即告知她自己最近所征服的这位要人。

雷哈尼也将哈利勒介绍给自己的朋友，其中既有美国人，也有叙利亚人。这些人包括诗人爱德温·马克海姆，哈利勒为他画像；《莎草纸》的编辑和出版人米歇尔·莫纳汉；还有批评家理查德·李·加利纳，他同时也是"黄色十年"的历史编纂学家，在那个年代，王尔德和比尔兹利拨动了英美人的心弦，而在此时的纽约，李·加利纳为哈利勒摆好姿势，让他画像。哈利勒则得以向他解释经常被误解的"幸运男孩儿"，他说，这男孩儿是"那么真实，以至于令我忧伤"[③]。

---

① 哈·纪致玛·哈，1911年5月2日和16日。
② 查·泰致玛·哈，1911年5月15日。
③ 哈·纪致玛·哈，1911年5月16日和22日。

雷哈尼，1912 年（作者）

　　回到波士顿的玛丽，参加了 5 月 26 日的学校毕业典礼，之后，她便将注意力转向纽约。此时，米歇尔却不期而至，这位法国女人正任教于康涅迭戈州格林威治的伊利学校，那个月她已经在纽约见过哈利勒。玛丽评价了她的情感发展，然后就开始关注哈利勒的消息。"我们谈论哈好几个小时，这仍是个新鲜话题，她还像过去那样想象他。"那个周末，米歇尔还见到了玛丽安娜。玛丽认真地履行自己的诺言，她每周至少与这孤独的女人见一次，并邀请她欣赏戏剧和音乐会，以丰富她的生活。作为回报，玛丽安娜将卡米拉"最好的"手镯赠予她，这手镯是叙利亚女家长最为之骄傲的物品，这位中学校长骄傲地戴着这象征了爱的饰品。米歇尔发现玛丽安娜与哈利勒像极了，她立即要和她交朋友，而玛丽安娜的反应是

"立即完全接受了她"。①

　　玛丽要到纽约旅行 12 天，6 月 1 日，刚刚抵达纽约的她迅即赶往韦弗利。哈利勒已经开始为莎洛特画另一幅肖像，玛丽急不可耐地要看。哈利勒设想了一名女斟酒者，他让莎洛特裸体置身于涟漪四起的"绿色、杏色和橙色轻纱中"，手持"一个醒目的黄铜香炉"。他解释说，她是"一位仙女，一种形象……那么多的祈祷者升向她，她最终化为生命"。两周前，当他们开始画这幅画时，莎洛特告诉玛丽，他们是多么希望她能在那儿："哈利勒说，在他把你唤到这里之前，他绝不开始这项工作。我们需要你那美妙的眼睛审视着我们，让我们创造。"此后三天，他们的世界全是这幅画像。"莎洛特在轻纱中轻快地走，走向终极……"②

　　6 月 3 日周六晚，哈利勒带雷哈尼一起共进晚餐，两天前的晚上，莎洛特已见过他，而这是哈利勒第一次将玛丽介绍给自己的黎巴嫩同胞。在莎洛特的鼓动下，两个女人装扮了自己，玛丽穿着一件富有诱惑力的黑色绸缎礼服，莎洛特用"睡袍"将自己装扮成帕彻斯特女士。"两个男人感到惊讶"，雷哈尼穿了件"中东式衬衫和阿拉伯长袍"，他随意涂了几笔阿拉伯语和英语，玛丽要凭此看他的手相，他们还点燃香炉，听他的诗作。③

　　晚上，纪伯伦意味深长地注视了玛丽许久，多年以后，玛丽仍然对此印象深刻，因为她从中感受到了哈利勒的渴望和痛苦。几年后，当他们分析二人关系发生改变的转折点时，他总是能忆起那个让人感觉挫败的夜晚，④ 最令他烦恼的是莎洛特的恶作剧——配对游戏，事实证明，他意味深长的注视，只是表达了自己的忧郁和不安。

　　两天后，莎洛特前往丹佛，随后的五天，玛丽和哈利勒每天在一起共度 12 个小时，他们自由自在地在纽约漫游。⑤ 他们访问了圣·约翰神圣大教堂和哥伦比亚大学，都市博物馆和布鲁克林博物馆。在展望公园，他们看到塔夫特总统正检阅一群孩子，"当时，为了看塔夫特总统上车，人

---

① 玛·哈 40，1911 年 5 月 28 日和 24 日。

② 玛·哈 41，1911 年 6 月 1 日；查·泰致玛·哈，1911 年 5 月 20 日；玛·哈 41，1911 年 6 月 3 日。

③ 玛·哈 40，1911 年 6 月 3 日。

④ 玛·哈 45，1915 年 4 月 11 日。

⑤ 玛·哈 41，1911 年 6 月 7—24 日。

群突然向乐队涌去，喧嚣声起，哈说，'对我而言，喧嚣意味着一切可能性'。"他们在工人午餐柜台吃饭，去艺术家汇聚地费拉德，在一个罗马尼亚小店吃匈牙利红烩牛肉，在第八大道找到了他们最喜爱的饭店——贡法龙饭店，那里有侍者唱歌，饭钱和酒才需要50美分。

玛丽和哈利勒阅读尼采，1912 年（北卡罗来纳图书馆，教堂山）

他们"经验的盛宴"还包括阅读《查拉图斯特拉如是说》，哈利勒从雷哈尼那里借来这本书。他给玛丽画了一幅勒南的素描——"这是世上最肥胖也最可爱的人，当他在叙利亚时，他们不能找到一头足够大的骡子来驮他。"有一天下雨，他们从那天下午一直待到第二天上午，大部分时间里，他描画自己心目中的不同诗人，"斯温伯恩——独自从海里的一个大波浪中升起……济慈在蓝色的发光的灌木丛中，身处其中却又很清晰——雪莱脚踩土地，似乎踩着空气——罗丹是简单、和谐的线条——但丁孤独地与蛇在一起——莎士比亚是一个巨型雕像，天空从他的头上穿过，人们簇拥在他的脚下和膝前——米开朗基罗，一位大雕刻家，头上有一个形象……角落还有一个微小的长方形字体'哈·纪'。"

之后，玛丽返回波士顿，并准备于 6 月 18 日到西部旅行，哈利勒在她离开前拜访了她。玛丽提议，停止每月送给他支票，而是自愿赠给他5000 美元，他可以自由选择投资这些钱（她向他建议自己的经纪人摩尔斯和卡博特，他们的投资产生百分之八的良性收益）。他们商定了这些事情的细节后，在 6 月 11 日坐下来起草了他的愿望。那个月的早些时候，纪伯伦曾说："谈及愿望，我想对我的画作采取些法律上的措施。如果我去世，我不想让其他任何人接触我的作品，或品评我的作品，只有你除外。我想把它们交在你的手上。我怎样才能做到呢？我怎样才能归还我已经使用过的金钱呢？"①

玛丽在日记中保存了草稿，哈利勒进行了复制。手稿的第一页出现了九个人的名字，这些人经过她的慎重挑选，同意接受他的一样纪念品。在这九个人中，除了威廉·汉特·迪耶德雷克（威廉·莫里斯·汉特的孙子和雕塑家，哈利勒在波士顿与他相识），其他八个人都是他人生发展中的关键人物。首先是弗雷德·霍兰德·戴伊，然后是莎洛特·泰勒、艾敏·雷哈尼、迪耶德雷克、爱米丽·米歇尔、露易斯·鲁伊夫人、约瑟夫·拉海姆先生与夫人、约瑟夫·哈瓦伊克。尽管形式简单，但这些涉及他艺术和文学财产的条款，经过了深思熟虑，并考虑到了身后事：

> 我，哈利勒·纪伯伦，精神健全，身体健康，在此留下我最后的愿望和遗书，这份文字将宣告之前的所有意愿、遗书和便条无效。我创作的全部图片、绘画和研究作品，全都留给玛丽·伊·哈斯凯尔，作为她的财产。如果我死前变得神志不清，它们也据此即刻成为她的财产。
>
> 我将我的文学手稿留给我的妹妹玛丽安娜·纪伯伦，建议她与艾

---

① 玛·哈 41，1911 年 6 月 6 日。

敏·雷哈尼、纳·戴伯和叙利亚贝鲁特的艾敏·戈耶卜商议这些手稿的出版事宜。我的关于政治和社会学的手稿，要留给艾敏·戈耶卜，我所剩余的所有金钱，都留给玛丽·伊·哈斯凯尔，我还留给她我收到的所有英文信件。我收到的全部阿拉伯语和法语信件，留给妹妹保管，但我希望我死后五年她才打开阅读，在此期间，我允许这些信件的作者按照自己的意愿，索回这些信件。五年结束后，我希望她将保有的信件交给约瑟夫·哈瓦伊克。

如果玛丽·哈斯凯尔健在，我希望取出我的心脏交给她，我的身体要被运回叙利亚的贝舍里，葬在圣·玛·梅玛墓地。如果她不健在，不要将我的心脏取出，要将我的身体葬于玛·梅玛墓地。

我将我在贝舍里的书籍留给贝舍里社团的阅读室，我将我在美国的书籍留给波士顿的黄金联合社团，关于艺术的书籍除外：我要将这些书籍和所有印刷品留给玛丽·哈斯凯尔。

我将我的全部个人物品留给妹妹玛丽安娜，除了我的两枚中国式小银戒指：它们给玛丽·哈斯凯尔。

我去世时，如果玛丽·伊·哈斯凯尔已离开人世，我希望我的朋友弗雷德·霍兰德·戴伊管理我所有的图片、绘画和作品。这种情况下，我希望它们最终成为博物馆的公共财产，它们要尽可能地被保存在那里，但我的妹妹玛丽安娜应得到相应的收益。如果玛丽·哈斯凯尔去世，我希望它们成为任何一个博物馆或社团的财产，这些物品的收益同样归我的妹妹所有。①

然后，他们商谈了这个夏天的安排。由于玛丽要离开，他便计划留在波士顿工作。首先，他要修改一部开始创作于1906年的作品《折断的翅膀》。"我五年前的感觉——现在已经消失了。但已经完成了，我不想丢弃。"他还开始创作一系列关于"疯人"的文章，许诺要给雷哈尼的一部作品创作插图。当玛丽担忧他在假期的休闲时，他回答，"躺在草地上"。"多久？"她大笑，"大约两分钟。"②

---

① 《哈·纪在死亡情况下的遗产备忘录和指导》，玛·哈41，1911年6月7日，最终版本遗失。

② 玛·哈41，1911年6月10日和3月29日。

　　第二天上午，玛丽几乎错过了到芝加哥去的列车。当她登上火车时，她认出一名艺术家正与一位明显比她年长的妻子在一起。坐在向西行驶的火车上，她在日记中列出了上个月的清单，直到火车到了盐湖城，她还是没有完成记录，但她心满意足地总结了自己的感受："整体上，一切平和，尤其当我在火车上看到那些逐渐消失的妻子时！"①

① 玛·哈40，1911年6月24日。

第十二章　和谐的灵魂

当玛丽与塞拉俱乐部的伙伴们一起登上加利福尼亚的高山时，纪伯伦正与玛丽安娜一起住在波士顿，他原本计划到五岛拜访弗雷德·霍兰德·戴伊，但6月底，他得知戴伊正在五岛热火朝天地建造一座度假小屋，这大概是戴伊最后一次热衷于一件事。于是，纪伯伦不得不推迟了自己到缅因岛的计划，他向玛丽抱怨道："噢，这是一个什么样的六月！黑暗、冰冷而又沉闷，我感到自己似乎身在监狱。"[1] 但在这个孤独的夏季，纪伯伦却作品丰硕。

他给雷哈尼即将出版的《哈利德之书》画了插图，多德·麦德因此付给他50美金。他还完成了莎洛特的肖像《伊西斯》，现在又开始画另外四幅画。但他最有意义的工作是修改了《折断的翅膀》，这是他篇幅最长的阿拉伯语小说，表达了他一贯偏爱的主题：权力腐败及其由此带来的异化。他所惯用的戏剧化的情节和人物再次出现：一位贫穷的、富于幻想的青年和美丽的萨勒玛·克拉玛之间产生了柏拉图式的爱情，但萨勒玛却被迫嫁给一名邪恶的大主教的侄子。婚后，借助于与自己这位情人的秘密约会，她得到了些许慰藉，然而，这无法改变女主人公的悲剧命运，主教日益增长的怀疑打碎了她这一点点可怜的自由。故事的结尾，萨勒玛难产而死，沉浸在痛苦中的叙述者象征性地在她的墓地埋葬了自己的心灵。

纪伯伦称《折断的翅膀》为心灵的自传，但作品出版后不久，他在向玛丽叙述故事梗概时坚称："书中没有我的生活体验，书中的人物和事件也不是取材于真实生活……我这样讲，是因为这部作品讲述了一位年轻人在爱情事件中所实现的生命觉醒，因此它可以被称作自传性作品——人们也已经这样认为它——但尽管我也有爱情事件和觉醒，这部作品却并没

---

[1]　哈·纪致玛·哈，1911年6月28日。

有描述我的个人经历。"① 尽管他如此说，但作品的两个方面似乎仍来源于他自己的生活。

在"基督和伊什塔尔之间"这一章，一对情侣在一座隐秘的神庙中约会，在这座神庙中，有两面象征了基督和伊什塔尔的墙，阿拉伯评论家认为这是渎神的。在一面墙上，"默默地讲述着过去的年代和宗教的演化"，这显示了拜占庭时代的宗教慰藉——痛苦的基督和他那忧伤的母亲抹大拉的玛丽亚；另一面墙上则雕刻着斐尼基人的"伊什塔尔，坐在王座上的爱女神，七名裸体的圣女簇拥在她的周围"。这位盛装的古叙利亚女神之王伊什塔尔或阿斯塔特，并非源自他对祖国的直接体验，而是来自他所接触到的前拉斐尔诗人的作品，因而，罗塞蒂诗作《叙利亚的阿斯塔特》中的诗行显得意味深长："神秘：看哪！在太阳和月亮之间/叙利亚人的阿斯塔特：维纳斯女王/在阿佛洛狄特之前。"

《哈利德之书》的插图

这部作品还有一个更为隐秘的来源。忧伤无助的萨勒玛和情人哭喊道："噢，主上帝，怜悯我，看护我折断的翅膀。"这与约瑟芬的独幕

---

① 玛·哈42，1911年12月20日。

剧《翅膀》中禁欲者的语言非常近似。当这位理想主义的僧侣与阿尔弗里克国王再次结盟时，他恳求道："我仍然不足够了解神——或人/啊，你！怜悯所有折断的翅膀吧。"1904 年的冬天，当纪伯伦创作这部作品时，他曾频繁出入约瑟芬的家，显然，在他描写这对情人的哭喊时，脑海中出现了这些诗行，在这种意义上，《折断的翅膀》是自传性的。

通过吐露这个蓄积已久的长篇故事，纪伯伦似乎偿还了自己的一个义务。1906 年以来一直萦绕着他的心事终于消失了，他在不知不觉间变得更加外向，少了些过去的离尘脱世。他摒弃了过去的出神状态（那样不能产生任何东西），更关注自己的健康，还上了一些经济方面的课程。哈利勒告诉玛丽，自己更加强有力地把握"现实"，当时的玛丽正在华盛顿的韦纳奇农场劳作，她和兄弟汤姆共同拥有这些土地。哈利勒还向玛丽更为详细地描述了自己的转变：

> 这是他所讲述的话的要义：在他过去全部的生命中，他最深切的愿望，一直是要给人们带来愉悦——带来快乐——幸福——展现它，制造它，但他自己却从未抓住过它：它在邪恶面前退缩——惧怕它——渴望逃避它——在尘世的忧伤中啜泣——尤其是在过去的六七年间。去年夏天的一天，他正独自在乡间读一本书，他突然想到——为什么他应该总是给他人指出快乐，但自己却从未享受过这快乐？然后，他的惧怕消失了，他要将现实当作生活的目标——生命本身是最伟大的艺术——人比新作品更伟大——如今，在他的写作和绘画中——还有演讲和他的所有表现形式中，他总是想要让现实更清晰些。对他而言，他不清楚应该怎样做——或许这还要花费他几个月的时间。但终究会有认识——他能表达自己想要表达的一切。[1]

玛丽回到了波士顿，她因户外活动被晒得黑黑的，也更有力量了。9月 16 日晚上，他们相约在北恩顿的纳波利酒店吃饭。哈利勒"看起来比任何时候都好——年轻、无忧无虑、自信而又幸福"。他穿着一套浅棕色的西服，这西服从"荷兰人的店里买到——这是他们店里最好的西服，

---

① 玛·哈42，1911 年 12 月 2 日。

从 55 美金降价到 25 美金"，还"搭配了一条 15 美分的领带"。同样，他也很赞许她的"服装"，为了那晚的外出，她穿着"莎洛特的蓝色礼裙，戴着黑色和银色的丝巾，还戴着去年冬天那顶帽子，帽子上有棕色天鹅绒野玫瑰——棕色帽子上还有两个棕色的翅膀——还有一条黑色的羽毛围巾"。①

接下来的两天，他们每天见面谈话，哈利勒给玛丽带来了自己发表在《西方之镜》上的文章《奴隶制》，随后，他报告了在纽约寻找工作室的进展。玛丽预测他会有丰收的一年，他带着玛丽的鼓励，微笑着从"快乐航线"起航离开，在西九大街的寄宿房间停留了几日后，终于可以告诉玛丽，自己在西十大街 51 号找到了一个公寓，光线充足，租金低廉（"只有 20 美金"），还带一个小阳台。② 他入住的大楼是第十大街工作室，这座大楼的设计者是理查德·莫里斯·汉特，50 年来，它一直被美国主流艺术家们当作工作室、画廊和家。此外，纪伯伦还和出版商纳西布·戴伯商谈了《折断的翅膀》的出版细节问题，这部作品在那年春天即将要出版。

26 日，纪伯伦返回波士顿收拾行装，告别了位于西冷杉树大街的公寓。此外，他还给玛丽带来了最近完成的一幅画作，告诉她"这幅画是我生命的一种告别方式"。玛丽随即将这幅画命名为《旁观者》，她彻夜未眠，沉浸于这幅画中，认为"这是他迄今为止最好的作品"。她审视着迷失在轻灵的梦幻世界中的画中人，并写下长达四页的阐释："他看起来不世俗，也不远离尘世；尘世与天堂在他的眼中合一……他是意志……隐藏着一张多变的、巨大的脸庞，紧锁的眼眉……前方，在云中飞行着一张巨大、模糊的年轻面庞，面露恐惧——觉得他就在远方。"这个月的早些时候，玛丽请求他画一幅尼采的查拉图斯特拉，现在她能够写下，"这是查拉图斯特拉——这是饥饿和疲倦的给予之手"。③

随后的两周，哈利勒和玛丽搬到了一起，似乎都沉浸在狂喜中，过去曾笼罩在他们之间的怀疑与口角烟消云散。"他正变得精于人事……"她解释道，"现在，与他谈话的人感觉不到他的感性、沉闷或不切实际，他

---

① 玛·哈 42，1911 年 9 月 16 日。
② 同上书，哈·纪致玛·哈，1911 年 9 月 22 日。
③ 玛·哈，1911 年 9 月 26 日。

是那么现实、灵敏、审慎、机警和周到。"一天，他们观看了"叶芝指导的爱尔兰剧团"，表演的是辛格的《圣泉》和格雷格里女士的《济贫院》。之后，他们前往哈利勒的工作室，欣赏了他夏季的作品。她提及一幅不十分成功的自画像——"不像他总是做的那样，接近我精神的面庞"。[1] 他们仍然对《旁观者》感到十分满意，希望作品能参加波士顿画展，接着，他们去看望科普利·格林夫妇。次日，他们又到普利茅斯剧院的戏剧社团听叶芝的演讲，哈利勒去了后台，见到了哈佛戏剧教授乔治·皮尔斯·贝克，并约好要给叶芝画像。

10 月 1 日，哈利勒与叶芝在都兰酒店见面，这次见面使哈利勒更加活跃。他为叶芝画像只用了不到一个小时的时间，两人的谈话却持续了三个小时。叶芝告诉他，波士顿令他厌烦。"他无法在这里工作"，哈利勒叙述道："格雷格里女士可以……但他不能，他想要离开。"在玛丽看来，画中的"叶芝胡子未刮，一副实际又空灵的复杂面容"，这样的画像捕捉到了这位爱尔兰诗人"平凡、生动和真实"的品质。尽管这次见面并没有使二人继续交往下去，但却令哈利勒印象深刻。他告诉玛丽，他确信叶芝能"做绝对有价值的工作"，并分析了叶芝生活中的冲突："一件很糟糕的事情正破坏着叶芝的作品，他是一位爱国者——他应该仅仅是一名艺术家，他知道这一点，我相信他会解决它。"[2]

此时，另一股相反的力量开始吸引哈利勒。从巴黎返回后，经由丹尼森屋的社会工作者特巴特夫人的引荐，他加入了最佳联合社团，这是一个由叙利亚年轻人建立的组织。最佳联合社团在波士顿、纽约、埃及、叙利亚、君士坦丁堡、伦敦等地设有分支机构，组织的目的是发展和推动各地叙利亚人的生活。哈利勒加入社团生活后，越来越相信国家和个体要独立和自力更生。他不仅相信"叙利亚不可能从土耳其那里得到帮助"，而且还相信叙利亚移民在美国有同样的情形："因为他错误地仰靠其他国家的政府来解决困难——他必须自助，他必须首先把自己看作一个男人。"[3]

最佳联合社团中一个日益激烈的争论，是在移民国的过度同化问题，

① 玛·哈 42，1911 年 9 月 29 日和 28 日。
② 玛·哈 42，1911 年 10 月 1 日。
③ 玛·哈 41，1911 年 2 月 26 日。

"生活在另一个国家的叙利亚人，是居住在叙利亚社区好，还是与外国人混居好"。在波士顿的叙利亚社区，与西方世界关系亲密的哈利勒呼吁同化。但他也意识到自己本质上是一名创作者，决心"要远离党派斗争：我已经非常了解两个世界，我可以自由地置身世外"。[1]

　　然而，纪伯伦不可能实现自己所声称的客观，因为他非常爱国。1911年9月底，意大利对土耳其宣战，目的是要赢得北非的殖民地，并希望在土耳其占领地实现地方自治。尽管哈利勒曾批评叶芝参与政治，但他却同样陷入政治，玛丽清楚地看到了他的自相矛盾。一次，他整夜都在谈论意大利和土耳其的冲突，玛丽评价说："我看到，尽管他在逐渐远离，但却越来越不情愿。"[2]

《旁观者》，油画，1911 年（茱莉照相）

---

① 玛·哈41，1911 年 2 月 26 日。
② 玛·哈42，1911 年 9 月 29 日。

《叶芝》，铅笔画，1911 年（茉莉照相）

或许是由于他们已经对他迁居纽约的分离有心理准备，也或许他变得前所未有的自信，10 月的前两周，哈利勒仍未感到有压力。一天晚上，当他们一起浏览杂志时，两则新闻令他回想起了过去的时光。读到路易斯·伊墨金·奎尼的一首诗时，哈利勒回想起了她给他灵感的日子，接着，他们看到了约瑟芬·皮勃迪·马克斯的一张照片。对于哈利勒的反应，玛丽的感觉又是颇为矛盾，虽然她日记的口吻变得越来越正式，但她却不带感情地虚饰了这件事，"这照片使哈说道，他相信，如果说她的境况有所不同，那就是她必定在'绝对'的触摸下创作了作品。他认为，约瑟芬仍然没有完成自己最初所承诺的成就，但她的创作技巧提高了"。在日记中，玛丽还写道，他们讨论了约瑟芬的婚姻给她带来的职业上的成功，玛丽用难以辨认的笔迹，记录了他们谈话的实质，"我明白，哈已经在爱情中迈出了一大步，在讨论约瑟芬时，他那么简单和温柔地谈及爱，然后说，'自那以后，一种好的爱情到来了，那是混杂着激情的友谊。他从中得到了新的东西——开阔、平静和持久——就好像他在绘画中所实现的爱"。①

---

① 玛·哈 42，1911 年 10 月 2 日；那天的事件还部分记载于 9 月 30 日。

尽管关于约瑟芬的三处描写只在这些分隔的片断中出现，但玛丽终于打消了顾虑，开始描述哈利勒与约瑟芬的友谊，但她仅用只言片语描写了哈利勒谈到约瑟芬时的温柔，玛丽虽然处事直接，行为独立，但她毕竟只是一个普通人，对于这活力四射的天才"小花儿"，她必定心有敌意，于是在一丝不苟的日记中，她下意识地从持有偏见的立场来描述。

10月6日星期五，格林夫妇、卡博特夫妇和两位艺术界女性，相约来参加哈利勒和玛丽举行的晚宴。由于卡博特夫妇和格林夫人称病，只有格林先生与两位女性朋友前来赴宴。"这是魔鬼般的夜晚。"玛丽责备自己，这次她为哈利勒社交和职业发展而准备的活动彻底失败。"安排得很糟糕！"她检讨自己："我没能胜任女主人的角色！……在我的社交尝试中，我第一次感到了痛苦。哈（利勒）和他们似乎在完全不同的世界——我也停留在他的世界，而不是他们的——距离之大超出了我的预想，我对此毫无准备，哈却很适应，他处理得更好。但我只是最近才意识到了他与其他人之间的巨大鸿沟……牺牲了他，却启示了我生活的经验。"[1]

对于玛丽的失败，哈利勒似乎并不介意。几天后，哈利勒又带给她几幅画，他们一起命名为《痛苦》、《死神休憩之地》和《两个十字架》。他告诉她，《死神》中的场景，构思于她所说的"夏季山间之旅"，当她看到那"广阔的、此起彼伏的山峦和遥远的雾霭"，她喊道："我多么希望自己能走在那里的小路上！""难道你不觉得，当我画它时，我就是这样想的？"他说。[2]

随着能待在一起的日子越来越短，他们都对即将到来的一年感到忧虑。10月10日，玛丽"心里一直阴郁，因为意识到哈即将要离去。他昨晚也意识到了这一点"。为了转移注意力，他们一起商定了她要教授的"世界灵魂"的课程范围。他们最终决定选择埃及的《死亡书》、约伯记、埃斯库罗斯、索福克勒斯、欧里庇德斯、《古兰经》、但丁、莎士比亚、浮士德、巴尔扎克、尼采、易卜生和惠特曼（尽管迪安小姐告诫说，选择后四位作家，会使玛丽和学校受到批评）。[3] 哈利勒原本还主张讲中世

---

① 玛·哈40，1911年10月9日。

② 同上。

③ 玛·哈40，1911年10月10日和19日。

纪神秘剧和斯温伯恩，但最后同意玛丽的意见，认为这些作品与基本原则不符。

玛丽将哈利勒纳入自己的授课计划，她考虑哈利勒多于对学生的指导。原本简单的朗读课，现在变作了讨论会，她强迫他用英语思考和表达。如果哈利勒不同意她的意见，他必须要用英语表达出来。他在黑板上画满了图表和插图，每次在擦掉它们上早晨的课以前，玛丽会认真地将它们誊抄在自己日益增厚的日记簿里。

叶芝的画像给格雷戈里夫人留下了深刻印象，10月13日是哈利勒在波士顿的最后一天，格雷戈里夫人请哈利勒为她画像。当哈利勒在都兰酒店为格雷戈里夫人画像时，另一位仰慕者不期而至："加德纳夫人进来，认出了我。"当晚，他告诉玛丽："我几年前见过她，她的面容那时看起来好极了，现在她老多了。"他形容她"像一只蜜蜂……与格雷戈里夫人交谈，读她的信——声情并茂、铿锵有力"。埃兹拉·庞德也来了，那年的早些时候，玛丽曾在莎洛特的公寓见过他。当时，她和哈利勒曾讨论过庞德的作品，他批评它"缺少内在的音乐性，尤其因为庞德是年轻人，青年时代应该是引吭高歌的时代"。[①]

他们在爱尔兰剧场一起度过了最后一个夜晚，因为格雷戈里夫人对"她的肖像"很满意，就送给哈利勒两张票，他们一起观看了她的戏剧《形象》和萧（伯纳）的《波士纳现身记》，然后就分手了。"我会把在纽约画的每一张素描都送给你。"他承诺道。哈利勒离开后，玛丽又投入"世界灵魂"的课程中，但她发现自己很难专注于工作："哈在纽约，毫无疑问和莎洛特一起共度周日，哦，下一章。"[②]

然而，她的下一章却是安排圣·博托尔夫俱乐部的展览，展出哈利勒留给她的全部油画、图片和素描。不走运的是，格林夫妇对他最近一幅作品的兴趣却动摇了，在那个月余下的时间里，她匆忙地征求其他人对《死神休憩之地》和《两个十字架》的意见，但她得到了令人泄气的意见。"死亡之神！"一个女人激动地说，"当然这很可怕，死亡的人已经极糟了，更何况死亡之神！"但这样自以为是的意见只是坚定了她的信心，"我感到，似乎我们和世界之间已经宣战……以'绝对'之名，我们会赢

---

① 玛·哈42，1911年10月13日；41，1911年2月14日。

② 玛·哈42，1911年10月（原稿如此）和10月17日。

得胜利。"①

　　她邀请了艺术教师弗朗西斯·凯斯来看作品，最初是凯斯建议在学校展出纪伯伦的作品，现在，她是令人难以捉摸的加德纳夫人的知己，"她会知道加德纳夫人的兴趣"，玛丽写信告诉哈利勒，"如果要加德纳夫人有兴趣，先要了解凯斯的建议，如果她赞许，作品一定会在圣·博托尔夫展出"。②

　　10月23日，凯斯小姐抵达，接着爆发了玛丽后来形容为"来自太阳系的猛击"，"她将一切都撕成了碎片——阴影中没色彩——再勾勒没有意义——不关心作品的边缘——不均衡的创作"。玛丽痛苦地记下了每一个毁灭性的词语，两位陪着凯斯小姐一起来的朋友，因她的行为感到尴尬，试图礼貌地做出修正。但玛丽听到的仍然是毫无同情的语言，她希望得到加德纳夫人支持的愿望落空了，"我没有提到加德纳夫人——觉得提也没用，尤其是因为加德纳夫人在格雷戈里夫人那里看到了哈利勒的作品，她如果感兴趣，应该会询问的"。③

　　在随后的三天里，玛丽心事重重，不知该怎样告诉哈利勒凯斯小姐的评价，她写了一封言辞坦率、长达15页的信。与哈利勒相比，批评对她的伤害更大，写完信后，她解释说："我不断地想念他——当我看到一些人漠视他的画，我前所未有地感到孤独——他们无视画中的想象力。"然而，纪伯伦却对批评发出了猛烈反击：

　　　　所有艺术家都认为，那严苛和缺少同情的批评绝对错误。我认为凯斯小姐没有错……她是旧表达形式的奴隶——而奴役并非邪恶：那只是灾难。她和我属于两个不同的世界，我们从两个不同视角来看待艺术和生活……我很了解我的作品错在哪里，我会尝试修正它，但凯斯小姐不知道——她认为那是技巧。但我几乎可以确定，即使我的风格或技巧趋于完美，凯斯小姐也不会喜欢我的作品。她的身体太老朽，精神太年轻，不能接受新形式和新思想……玛丽，如果我是著名艺术家，凯斯小姐已经读过关于我和作品的评论，她就不敢批评最后

---

① 玛·哈40，1911年10月19日和21日。
② 玛·哈致哈·纪，1911年10月18日。
③ 玛·哈致哈·纪，1911年10月28日；玛·哈40，1911年10月23日和24日。

三幅画和那些画作。她会觉得人言可畏，她会咽下自己的观点！但我在这片土地没有名气，像凯斯小姐这样的人，必定想在我这里一展才智……至于展览，你知道我确实没有一系列的作品要展出，我想展出我的画，因为总会有机会卖出一两幅作品，我急于要以这样或那样的方式谋生。①

玛丽还请求戴伊为她计划中的展览提供建议，但当时的戴伊已远离艺术界，她的请求没有得到答复。但当她看到哈利勒在信中表现出的很强的适应力，她感到满意，"我想告诉你，当我从这件事意识到，批评永远不会打倒你，我素日对你的满意，不禁变得更为喜悦平和，你知道……我对你的估计，不是出于信任，而是出于知识"。但唯恐他骄傲自大的玛丽，还不忘给他上一堂关于客观批评与有权持不同意见的课，"关于赞扬，我要向你揭示一种旧式的'和谐的灵魂'——凯斯小姐便属于这种和谐的灵魂——如果这个世界认同一样事物，大多数人的一致使这和谐的灵魂怀疑这个事物：而当和谐的灵魂与这个世界意见不同，在表达不同意见时，它感受到的痛苦越多，它就越是要表达，这便是这种个人观点的高贵之处——即使你已经出名，凯斯小姐对你的批评仍不会改变，或许她的批评还会更猛烈些。无论你相信与否，的确如此。和谐的灵魂很罕见，但凯斯小姐是其中之一"。②

"我不了解凯斯小姐的画"，他继续毫不妥协地回答，"对我而言，她似乎从不是一位画家，但如果她坚持要我删掉那些燃烧的褐色、赭石色，我也只能坚持说，她根本没有拿过调色板！至于她是和谐的灵魂——哦——我何曾不认识阿拉伯世界所有和谐的灵魂？在过去的七年里，我不是一直在与他们斗争吗？"③

玛丽不能否认，纪伯伦傲慢顽固，对她的明察秋毫并不领情。但尽管如此，她还是献身于他的未来，成为纪伯伦的另一个自我，成为他忠实的赞扬者，成为他真正的"和谐的灵魂"。

---

① 玛·哈40，1911年10月25—26日和29日。
② 玛·哈致哈·纪，1911年11月3日。
③ 哈·纪致玛·哈，1911年11月10日。

第十三章 一段三角友谊

当玛丽在波士顿承受着孤单与沮丧时，哈利勒却找到了一个新的目标——让自己的工作室变得更舒适些，这使他远离了不利于自己发展的种种影响。莎洛特向玛丽描述他们在纽约的生活，因为她的剧本要在那年秋天卖给大卫·贝拉斯科，她忍不住兴高采烈地告诉玛丽自己和周围人的生活细节。莎洛特知道，这位中学教师因自己和哈利勒的亲密关系而感到焦虑，她想减轻她的焦虑：

> 哈利勒……比我见到他的任何时候都看起来更好，他也比以前更有定性。我们没有机会深谈，因为感冒让我变得迟钝，而他一心想着自己的工作室。然而……我担心，即使只有我们两人被留在一座荒岛上，我仍然不能感觉到他是一个男人。这似乎有损坏他的名誉之嫌，但你知道，我相信吸引力是一种化学反应。吸引我的化学物，是那种大块头、强壮、冷静的金发碧眼的傻瓜，他们不去了解和评价我的意图或祈祷……最近哈利勒的出现令我远离很多事，在某种程度上，我不应该感到孤单，但我甚至不想让他触碰我的手，我所爱的，应该是一只粗暴对待我的金发碧眼的野兽。

一次，她们谈及了哈利勒在爱情中的脆弱："你是对的，在情欲面前，他有些问题，但他对旧方式说不的力量，成为他在工作中的新力量"——莎洛特提到维纳斯，她使玛丽确信，自己的话没有特殊的含义：

> 我不确定，因而我怀疑，你认为哈没有说过关于爱的话：但情况并非如此，他说过——是以东方人的含蓄的方式。他已经抵达了一个地方，在那个地方，那些"小生灵"与他的生活无缘。尽管他没有

任何主动爱慕的迹象，但我认为，他正感到一种放松，或许那能解释你所提到的他的那些书信。这些日子，他对我的思考产生了很大助益：但我并没有得到尊崇，他对我的"责备"于我有益。昨天，他说他希望我们是姐弟，因为那样他就能口无遮拦，我们就可以争吵，然而我们已经是姐弟，我告诉他继续这样做。①

莎洛特性情大度，慷慨地与纪伯伦一起共度时光，并与他分享朋友，她在韦弗利居住地的拜访者们既鼓励着哈利勒，又带给他快乐。请看哈利勒怎样与米歇尔共进"煎薄饼、培根和咖啡"的早餐，"和米（歇尔）在一起，他就像天使"，莎洛特写道，"尽管试着选择自己的舞蹈，想要变得轻灵些、放松些，但一个脚踝被锁在地面，只能不舒服地单脚跳着。哈利勒让我最喜欢之处……是他最近的成长——是他新的淡定——思想上的——对善与恶的把握和接受。"当哈利勒的工作室可以接待客人时，莎洛特成为他的第一位客人，她向玛丽描述了他的工作室："与他在波士顿的房间相比，很不同，但两者的氛围一样。在谈到他沙发上的一块边毯时，他说'玛丽难道不会喜爱这种颜色吗？'他给我一个石榴——他的皮肤看起来被赋予一种灵性色彩，毯子、水果和他的面庞全都变成了同样的颜色。"②

哈利勒向玛丽表白着爱的讯息——"现在，让我用内心的全部声音向你呼喊，我爱你"——玛丽被这样的讯息折磨着，又担忧着莎洛特略带挑衅的暗示，于是她急不可耐地要投入令人兴奋的纽约。她接受了在韦弗利过感恩节的邀请，莎洛特许诺她，他们要在那里共进一次"简单的叙利亚晚餐"。③

在离开波士顿的前夜，她请玛丽安娜共进晚餐，并一起去剧院。自从哈利勒离开后，她至少每周一次来看望他的妹妹。哈利勒却很轻松地忽视了对妹妹的关爱，这让玛丽安娜越来越信任玛丽，甚至把她带到了自己的住处。在西冷杉树大街的房子到期后，玛丽安娜搬回了奥利佛街 15 号，在那里，她与表妹马龙·乔治和她的丈夫阿萨德合租房子，这样她不会感到特别孤独。在哈利勒和玛丽的鼓励下，玛丽安娜注册了丹尼森屋的课

① 莎·泰致玛·哈，1911 年 10 月 18 日、11 月 3 日和 10 日。
② 莎·泰致玛·哈，1911 年 10 月 23 日和 11 月 3 日。
③ 哈·纪致玛·哈，1911 年 10 月 31 日；莎·泰致玛·哈，1911 年 11 月 27 日。

程，但这并不能令她满意，她抱怨"那些打算转为叙利亚人俱乐部的谈话，平淡而又令人厌倦"，就连玛丽也意识到事态对于这个女人的严重性——"如此真诚，如此平凡，但又很真实"——只是简单地活着，"我从未结识过这样一个女人，她那么充满激情而又自觉地渴望长年累月地做女人的事情"，"我不得不带某人到医院"，玛丽安娜说——"他们生病时，我到他们那里，为他们铺床、洗涮、收拾房间、整理睡衣、为他们做饭。噢，我只是喜爱做这些事情。"然而，当玛丽最终看到她的住处时，她仍然感到惊讶："这是常见的那种寒酸的贫民窟。"夜半十分，玛丽安娜"泪水夺眶而出，看起来是因提汉小姐的残忍，但心里却咬噬着渴望见到哈利勒的痛苦——对她而言，那是难以言表的痛苦——她最后几句话是决心离开提汉小姐，但我不会将此告诉哈利勒"。①

西十大街工作室（纽约历史社团）

---

① 玛·哈 40，1911 年 11 月 6 日和 17 日；42，1911 年 11 月 30 日。

在纽约的四天时间里，玛丽与莎洛特住在一起，看到哈利勒能够安心地在工作室里工作，她沉浸在快乐中，忘记了学校和南恩顿。在他们感恩节的晚宴聚会之前，这两个女人冲进哈利勒西十大街的工作室——"这样一座朴素的、个人化的老建筑，低矮的门拱，宽大的黑色窗户，上方白色的轴线上刻着浮雕，它似乎在说，'这个伙伴把我放在这儿，为我建了一个院子。'"为了理解新环境中的哈利勒，玛丽自然要观察每样东西：那"四个烛台，光似乎要熔化，论磅出售，从巴黎旧货市场几法郎买到的挂毯……一盏悬挂的灯——令人吃惊的、闪闪发光的古老叙利亚玻璃——一个盘子挂在上面，三个拼接而成的小架子"。"玛丽·艾尔－库里从亚历山大城运来、并借给他的"东方边毯，配上他欢快的圆屋顶。哈利勒视玛丽·艾尔－库里和艾敏·雷哈尼为他"日益增长的朋友圈的核心"。库里是一位宝石经销商，以好客闻名，有时还赞助一些阿拉伯文学成果。他们一起喝着咖啡，感受着那香气四溢的气氛，他同时向她们展示了最近完成的三幅画。"莎洛特就像第四幅画一样，躺在小炉子旁边的黑色边毯上——穿着如红酒般的天鹅绒衣服——像藤蔓般，面色泛黄。哈坐在高窗下，用阿拉伯语朗读《折断的翅膀》片断……我们听着一首歌——但那不可见的（力量）如此浓郁地包围着我，光和声音来自那遥远的时空，我周身因为这浓厚的生命感而战栗。"[1]

那个周末，玛丽几乎无法睡觉，他们访问了都市博物馆两次，她给莎洛特的拜访者们看手相和面相，他们一起去马戏剧院，观看了杂技演员、大象和舞者所表演的"一个奇妙的东方世界"。闲谈间，他们快乐地去听音乐。哈利勒坦承，当他看到叙利亚舞蹈演员时，他感到非常自豪——"可能只有在美国才有这样的表演"。然后，他们回到莎洛特住处，熬夜到三点，听她朗诵最近完成的剧本。"你的聪明才智至少将哈利勒踢走了一两天"，周末后，莎洛特写道，"至少，这是我的版本的他的无趣……"[2]

三天后，玛丽收到一封莎洛特的来信，这封信专门向她描述哈利勒的朋友雷哈尼，于是，玛丽突然对三人之间的微妙关系有了新的理解。雷哈

---

① 玛·哈42，1911年11月30日。

② 玛·哈42，1911年12月1日；1911年12月2日；莎·泰致玛·哈，1911年12月10日。

尼刚在黎巴嫩住过半年，带给她即将要出版的《哈利德之书》，这是一部长篇自传体小说，讲述了一位叙利亚反英雄式的人物在纽约和中东的漫游历程。莎洛特一开始阅读这轻松活泼的流浪汉冒险故事，便迷恋上了这部作品的作者。

> 我想和你谈一下雷哈尼的这本书，它直接或间接地促成了我的觉醒……去年春天他留给我的印象……是一个身材轻盈的家伙，有点波西米亚的味道，虽然遭受痛苦（背部的慢性疾病），却勇气十足。如果我现在不受他那叙利亚的魅惑力和美国式嘲讽的影响，我可能会条理清晰地加以判断。然而我不能……坦率地说，哈利勒从未让我感觉到叙利亚，他的书亦然，他的书使我感受到他对"绝对"平静的、持续的追寻。然而，在雷哈尼的嘲讽和幽默中，我能感受到那么多的叙利亚……雷哈尼的人格突然变大，揭示了其余的存在。他的痛苦……强有力……雷哈尼必须要得到治愈。他有太多的工作要做，无暇顾及琐事，因此，我明天要带他去诊断，到一个整骨医生那里，我确信他技艺精湛（他也等着他的钱），当他感到背部疼痛时，我也会带他去吸氧。我觉得，哈利勒不能像我这样，令他安心工作……他会让雷哈尼觉得受了冒犯，似乎觉得自己受着折磨的身体遭到了嘲讽……他可能不会做哈利勒那样清晰的工作——尽管为了清晰和简明，我会让他沿着一个方向前进，真是讽刺！如果人们知道，我是那么相信破坏性！……开始写给你这封信时，雷哈尼还有一周就要返回，我和哈利勒一起待了一小时。他需要你……他的工作需要你！……你不和我——我们一起过圣诞节吗？你的来访可能使我们诞生伟大的作品——四个人可能生活在巴黎，后来生活在沙漠——谁知道呢——但四人中的一人，或者两人，或者这四个人可能会产生一个孩童，这孩童将会把东方与西方联合起来——经由它的天才……我祈祷你会接受我的邀请，接受命运的邀请。①

然而，玛丽决定拒绝做莎洛特计划里不朽文学的"助产士"，她要到南方去看望一个亲戚，她还说服纪伯伦来波士顿与玛丽安娜共度假期。玛

---

① 莎·泰致玛·哈，1911年12月13日。

丽离开前，哈利勒帮她分派学期结束日的糖果，一天晚上，哈利勒用两个小时的时间，向她描述《折断的翅膀》中的故事，这本书的出版推迟了，哈利勒没有费力再为她更换一件圣诞礼物，但他却很赞许玛丽送给他的礼物：斯温伯恩和罗塞蒂的作品，给他工作室的其他一些小礼物——夏威夷盐盒、一个中国汤匙、日本稻草拖鞋。他们一起包了一条毛皮围巾，送给玛丽安娜做礼物，他们希望这件奢侈品能让她振奋。

他们谈论最多的是莎洛特和雷哈尼之间日益深厚的关系，但玛丽的日记没有记下他们谈话的全部内容："他关于雷哈尼和莎洛特的谈话太过私密，因而不能写在纸上。"然而，由于哈利勒形容雷哈尼"从未有过一位女性朋友"，他们觉得，在这日益发展的关系中，最茫然不知所措的是雷哈尼本人。[1]

12 月 22 日，哈利勒将玛丽送上了夜半的火车，但玛丽并未直接到乔治亚，她在纽约下车见莎洛特，并从个人角度，审视了事情的复杂性，"莎洛特的脸庞熠熠闪光，颤动着，和雷哈尼在一起——要有大事发生"。她们讨论了这一情形，莎洛特承认，这事确实"太大，无法掌控"，最后，玛丽"大胆地主张她克制"……接着她恢复了行程，考虑到自己干涉莎洛特的行为有些过分，她就发了一封电报和一张卡片，收回了自己的建议。在随后的旅途中，玛丽在火车上阅读了雷哈尼的书，或许是对纪伯伦的强烈忠实，使她戴上有色眼镜评价这本书："它绝对诚实，但却很有限，似乎头脑对所见到的事物感到厌倦——只是接受了某种感觉，碰巧有了某种思想，仅仅是勇气的果实。"[2]

与南方的朋友和亲戚们匆匆相聚后，玛丽返回波士顿，并再次前往纽约。1 月 2 日，哈利勒在马尔伯勒大街听到了她的报告：莎洛特现在正处于"怀疑"中，尽管她确信雷哈尼"真的爱上了她"，雷哈尼的关注令她精力消耗，她在过去的一周里无法工作。哈利勒预测说："这两人将来可能会遇到伟大、辉煌的战斗"，玛丽问他究竟，他答不出，便许诺要在那个假期给她画一幅自画像，哈利勒为自己辩护说，他在泰勒大街的住处悲惨极了，因而，"你看，那对我而言确实不是有趣的工作"，"虽然无趣，

---

①　玛·哈 42，1911 年 12 月 21—22 日和 1912 年 1 月 2 日。

②　玛·哈 40，1911 年 12 月 23 日和 24 日。

但你并不是一无所获"，玛丽宣称，"我想要你完成画"①。

假期结束时，他们又一起修改了彼此的遗嘱，讨论死后如何交换珍贵物品和书，他们总是对此乐此不疲。他们决定，哈利勒应该拥有她的那些中国刺绣丝绸、百科全书和那块日本的富士山雕刻，他还在自己的遗愿中加上了她早年的礼物——两枚中国戒指和"工作室阳台上的所有物品"。②

那天晚上，哈利勒依依不舍地离开波士顿回纽约，随后整整一个月的时间里，玛丽眼前萦绕着和他分离时的模样，"我想记录下哈（利勒）面庞的几种表情，"她后来写道，"1912年1月2日的表情，是他一系列令人难忘的模样中的第十种。分离时，他说，'这很可怕'，尽管我搂着他，仍看出他面色阴沉，脸上满是千言万语——走到门口时，他又转过身——他通常不这样，样子与我们平时分别时同志般的优雅笑容那么不同。他皮肤的颜色从象牙白变成了棕色和橄榄色：脸庞看起来大而强壮，写满忧伤，似乎蕴涵着某些伟大的东西，就如同光与影——他好像正与我一起听一首奇怪的庄严音乐，正和我一起看向那听不见的事物，那是那么可怕——痛苦、欢乐和幻想。"③

整个一月份，玛丽过着双重生活。哈利勒工作着，尽职尽责地发给她便条，莎洛特与艾敏越来越亲密，时而发些杂乱无章的信件，玛丽对学校事务心生厌倦，纽约的三个人占据了她的内心生活，她关心自己怎样才能进入他们的世界："对于进入他们的世界，我有我的老秘诀，那就是更多的爱，更加信任，更少地意识到我自己。"似乎是要弥补自己的缺席，她的行为有时像一个着迷的中学女生，很多年来，她出于简单和实用的目的来选择衣服：她最喜爱的衣服是野营服，哈利勒见她时，她总是穿着野营服。而现在，她"买了两件装饰品……那能引起情人的爱：黑色的大薄绸面纱……淡蓝色丝织品"。④

她一直理智地认为，自己不可能与纪伯伦结婚，但现在她的理智消失了，莎洛特在写给她的信中，描述着她与雷哈尼之间的亲密，这使她备受折磨，"我爱哈，然而年龄和世俗使我惧怕与他结婚，尽管他渴望婚姻……我比任何时候都渴望哈利勒……大卫只在他的孩子死去时哭泣，而

---

① 玛·哈40，1912年1月1日；42，1912年1月2日。
② 玛·哈42，1912年1月2日。
③ 玛·哈40，1912年1月21日，24—25日。
④ 玛·哈40，1912年1月5日和13日。

我的哭泣却并不只在这几个月，这些日子里，我一直在进行着思想斗争，要将婚姻从脑海中抹去，昨晚才刚哭了一场"。①

1月26日，哈利勒送给她《折断的翅膀》的复本，他翻译了书中章节的标题和写给她的献辞，他所表达的敬意超出她的期待："作为回报——我愿说出无法用言语表达的话：'致那双眼望向太阳的人；他带来火；他赋予绝对以声音；我的名字欢欣地罩上他的永恒——致谢。'"②

然而，其他信息却表明：他在纽约的生活并不平静。他的礼貌和含蓄阻止了"轻率之举"，这令正踯躅于爱情中的莎洛特和艾敏嫌恶。哈利勒很少见他们，他写道："事实上，我不常见到他们，我感到与其他人在一起更有趣——我喜欢那些人……今天我与莎洛特共进午餐，雷哈尼和巴尼也在那儿，他们三个都看起来很奇怪，他们使我感到，他们对生活感到厌倦，却又无能为力。莎洛特和雷哈尼要在今天下午过来看我，我希望这次他们带来不同的精神……你看，玛丽，见到你后，或阅读了你那些伟大的信后，我环顾四周，发现每件事、每个人都那样缓慢——那样无助的缓慢……读着上面的话，我发现，在做某些评价时，我很不谨慎！但我不需要为此担忧，玛丽，我与你谈话，就像与自己的灵魂交谈。"③

她将他的抱怨看作新的自由和成熟，"我认识他以来，他第一次不谨慎地批评其他人——他不害怕这样做，这令我高兴"。她了解事情的复杂性，因为莎洛特远比他坦率："哈利勒公开地表现出失望，他正以高贵的方式，揭示出人类嫉妒和苛刻的本性……〔雷哈尼〕和哈利勒讨论了我——我知道——当我见到你时，我会告诉你几点有趣的内容，哈利勒感到，我正扮演一个角色，或者我不是'自己真实的自我'——雷哈尼非常诚实和坦率——但什么是东方的坦率？他们的含蓄，有时是虚伪的表现，一个在潜意识里虚假的人，不信任任何人，我只希望他们不要破坏彼此的友谊，因为他们的友谊会给双方带来巨大的价值——会服务于世界。"④

不久，正如哈利勒所预料的那样，这对伴侣之间产生了"不可避免的误解"，莎洛特赶走了艾敏，她的绝望一发而不可收，毁灭性地公开宣

---

① 玛·哈40，1912年1月17日和31日，
② 玛·哈42，1912年1月28日。
③ 哈·纪致玛·哈，1912年1月26日和31日。
④ 莎·泰致玛·哈，1912年1月21日。

称，要放弃创作剧本，返回她在丹佛的家。她恳求玛丽，希望玛丽继续支持她：

> 对于雷哈尼，我觉得很愧疚，尽管我说了那么多，他仍然继续生活在会与我结婚的期待中，但我不应该（结婚），即使他有钱或有名。我们都太敏感，不能成为伴侣……他不能激起除了精神层面的任何情感，我死去了——像一个女人那样完结，我无法告诉你我境况的凄凉。我走前，如果你愿意，我会给你《匹兹堡》的复本和其他［手稿］——同时还有我愿意送给你的复本——这会使你不致在金钱上有所损失，你曾在我旅居时慷慨地给予了我那么多。我不知道为什么我会失败，但我已经失败了——至少是暂时的……找个好理由，别上你周五的课了，我们在这儿的平台上燃香，在那烟中升起——宛如我们仍在那个曾停留过的世界。①

哈利勒出于嫉妒和尖刻而产生的孤独、莎洛特的消沉，都使玛丽迫不及待地要离开学校事务，但职责迫使她留下。"感谢上帝给我周五"，她写道："今晚，我不必看华兹华斯、罗斯金、乔叟、索福克勒斯或莎士比亚……今天——这个下午——我一直将自己捆在那丑陋的、冰冷的地板上——当我回转头，我看到的仍是丑陋……四处是丑陋的痛苦'像一副重担，压在我疲倦的眼睛上'……感谢上帝，让我认识哈利勒……我很感恩，你不是一个商人、教授、牛仔、种植者或批评家——但你是——生命——空间——美——温暖。"②

冬天的假期终于让玛丽放松下来，她迅速赶到纽约。事情并不像她怀疑的那样严重，哈利勒仍逃不了感冒的困扰，莎洛特和雷哈尼还在僵持着。看到他们三个，令她思绪万千。一天晚上，她和莎洛特聊雷哈尼一直到四点，她不安地睡了两小时，然后伴随着"一声长长的啜泣"醒来，在梦中，一个声音对她说："哈利勒说，（我们）已经走得太远了，他必须要全部，或者什么都不要。"③ 整整一年来，婚外恋情的想法尾随着她，

---

① 莎·泰致玛·哈，1912 年 2 月 2 日。
② 玛·哈致哈·纪，1912 年 2 月 8 日。
③ 玛·哈40，1912 年 2 月 23 日的事件，记录在 2 月 19 日。

现在，尽管她个人不喜欢这样，但她知道，她和哈利勒必须讨论这个问题。

缺少睡眠和梦中的启示，使她筋疲力尽，她昏头昏脑地度过了第二天。艾敏过来和她们一起吃早餐，接着米歇尔到了。在过去的一年，米歇尔放弃了自己的舞台梦想，返回了教学工作，她在伊利学校生活得很好。午餐时，她带玛丽去见拉马尔·哈迪，莎洛特和哈利勒都认为米歇尔会嫁给他，玛丽也观察了这位青年律师，她同样认为他是合适人选。然后，与哈利勒针锋相对的时刻来到了。

> 米歇尔走后，我下午去了工作室，在那里停留了将近三个小时，有足够的时间谈话，我告诉他我的梦，问他，我们的不结合，是否会很难，很丑恶，我很累。他给我咖啡和面包卷——我们吃了。我睡了一会儿——很静，有点淡淡的温柔——哈有所触动。我告诉他，如果一个男人让一个女人做他的情妇，我觉得他很懦弱，他没有尝试过……他坚决拒绝了我，过了好几分钟，他恢复了常态。
>
> "现在我知道你爱我"，他说。
>
> "你以前不知道吗？"
>
> "知道，但不同。"
>
> 我也被感动了，感到他比过去任何时候离我更近了。[①]

但问题仍然没有得到解决，那晚，她拒绝参加艺术赞助者亚历山大和马乔里·莫顿举办的一个晚间聚会，哈利勒和米歇尔受到了邀请。第二天，在返回波士顿前，玛丽经过工作室，便让哈利勒做抉择。她说，"我已将你和我放在你的手中！"

"我希望我先这样说"，他言道。

"你一直这样讲，钥匙已经在我的手里，现在我把它交给你。"

哈利勒"激动不安"，"不，对我来说太难了。为什么过去我们从未谈起过这些呢？"

"我们现在也不会谈论这些问题"，玛丽说，"如果我不问的话。"

他们争论谁最先在他们的友谊中主动，"他似乎认为他在日常生活中

---

① 玛·哈40，1912年2月23日的事件，记录在2月20日。

很主动——他说，去领导一个统治型的女人，他觉得很累。"① 第一次，他没有望着她从火车站离去。

返回学校后，这"挑起的话题"折磨着玛丽的神经，她没有在日记中记录自己的不安，但在更私密的日记中，玛丽却无意中记下了一件事，这件事表明，她的生活已经远离了自己的家庭。一天，她的姐姐露易斯"来吃午餐，并询问我在纽约见到了谁，我是否见过亚当〔她们的小弟弟〕。我意识到，她是那么难以理解我的世界，我已经远离这里"。此后不久，这一启示得到了莎洛特的支持，她终于写道："这浪漫令人窒息……我甚至正放弃与雷哈尼伪装的友谊。"一直试图忠实于他们两人的纪伯伦，也失去了她的支持，她催促玛丽重新考虑他们之间的关系。"当你和我说这两个男人对我们太年轻，作为女人，我们并没有轻看他们，或者自以为是——我们只是越来越意识到我们成长的阶梯（就让我们希望，他们也通过这阶梯成长），毕竟不是目标本身……你放弃了与一名伊斯兰教徒的精神联系，你就会重新得到释放，获得伟大的快乐。对双方而言，这是理智和正确的选择。"②

几天后的 3 月 8 日，玛丽建议哈利勒彻底休息一下，"我要对你这位亲爱的老人讲我离开纽约后的想法吗？——如果你见到我的痛苦多于快乐，我不想让你见我——那么见与不见会是件很容易的事——这不仅是口头上说说——是简单的真诚"。读到这封信的哈利勒无疑感到伤心，不仅是他与玛丽之间的友谊，他作为一名艺术家的生存也正陷入困境。他立即措辞谨慎地回复了她，来保卫自己的未来。

> 玛丽，最亲爱的玛丽，你怎能，以安拉的名义，问我见你的痛苦是否多于快乐？天地间的何物让你有这种想法？
>
> 什么是痛苦，什么是快乐？你能将他们分开吗？驱使你我的力量是快乐和痛苦的结合——真正美丽的给予，是蕴涵着美好的痛苦或包含着痛苦的快乐。
>
> 玛丽，你给予我如此多蕴涵着痛苦的快乐，你也给予我如此多的痛苦——这就是为什么我爱你。

---

① 玛·哈 40，1912 年 2 月 23 日的事件，记录在 2 月 25 日。
② 玛·哈 40，1912 年 2 月 26 日；莎·泰致玛·哈，1912 年 3 月 1 日和 2 日。

在这个月剩下的日子里，哈利勒避免提及他们共同的朋友，他列出自己新结识的朋友，来分散她的注意力。艺术家阿德勒·沃特森、亚历山大·莫顿夫人、雕塑家罗纳德·希尔顿·佩里，"贝内特夫人，一位写诗的社团女士"和一位做外交工作的西班牙伯爵，他们都到了他的工作室，"上周我见的人比我一年里见的还要多"。①

此后，哈利勒只向玛丽描述那些与自己工作有关的人，他意识到，将她介绍给自己的私交，会犯致命的错误。

4月3日，他来到波士顿，决心修复过去几个月被破坏的关系，第一个夜晚，他们在一起重温过去的爱好。哈利勒看起来状态不佳，"他的身体从未有过如此的低潮"，玛丽记述道，"精神也不活跃，缺少创造力。"她照顾他，"和我一起到浴室，洗眼睛，冲洗鼻子，用硼酸漱口——他立刻好起来——尽管抽了一支烟以后，他几乎又失去了平静……自从我离开纽约后，对于那些画和与我们没有私人交往的新朋友，有太多的话要问——但这时，哈利勒将灯光调弱，搂住我……"②

两天后，他们步行到公共花园，面对池塘坐在长凳上，那天下午"甜蜜而又温馨"，玛丽写道，"我们谈话时，一个乞丐来了，得到了10美分——伴随着悦耳的'哦哦'声，一个英俊的犹太小男孩儿，身穿苏格兰方格短裙，在我们周围追逐着鸽子。"身处这样一种情境中，哈利勒完全没有料想到她的话题。"我们一直坐到6点以后——主要谈论哈利勒在性问题上的观念和习惯。"在过去两年时间里，她已经储存了大量关于他性生活的印象，其中有米歇尔的评价——"哈利勒就像其他男人，他必须一直与某个人恋爱"，她还诉说，哈利勒在巴黎时，缺少对女性的体贴，"在那儿，他常让她和拉彻尔洗盘子，而他却吸着烟，或独自提着手提箱乘车外出"。莎洛特也曾提醒她，说哈利勒"容易兴奋"，并尖刻地将他和雷哈尼并称为不可信赖的"伊斯兰教徒"。而他自己关于爱的自由观念，也成为玛丽指说的"罪状"："他在纽约时说，性交只是摘一朵花——我只能对自己说，在性态度上，有些奥秘超出了我的理解。"③

①　玛·哈致哈·纪，1912年3月8日；哈·纪致玛·哈，1912年3月10日和24日。
②　玛·哈42，1912年4月3日，1912年4月4日的事件，记录在3月19日。
③　玛·哈40，1912年4月5日在3月30—31日记录；42，1912年4月5日；1912年3月23日，5月20日和17日；42，1912年4月5日。

　　玛丽坦承，自己无法将这些关于他风流韵事的谣言，和他"统一、稳定、一丝不苟和含蓄"的性格调和起来。他感到困惑，"因此我不时引用他说过的一些话，告诉他那些话对于我的重要意义。哈利勒对此惊诧万分——根本不明白他所说的话对一个讲英语的人来说，意味着什么。忽视了特定的英语内涵，能对他的话解释些个中原因——还有一个原因是，他对事物描述的方式不准确——另外是他极端的简明扼要"。他出色地为自己辩护，他解释说"他在生活中只与极少的女性有联系"，并承诺"要告诉她多少个"。玛丽拒绝了解细节，然而，当她在日记中记录他们的谈话时，却简要地暗示了他的第一次性经验，"那时他还不到 15 岁，一个年龄是他两倍的女人启蒙了他——自此，以他的性情，人们可能认为他会继续而不是退缩"。他还描述了自己"身体上的保守——当他接触到人，他常会感到畏惧，他不可能总是与许多女人有亲密关系"。①

　　哈利勒逐渐使玛丽明白，诸如"我从未对其他人说过这些——或者我从没想到会把这些事情告诉任何人"，这些他经常挂在嘴边的话，只是流于口头而已。"哈瓦伊克似乎是唯一一位知道他的性生活和性观念的朋友，雷哈尼、艾尔－库里夫人、莎洛特、米歇尔这些人都认为，他是一个有很多'风流事'的人。他欺骗了他们，这仅仅是因为，与被误解相比，他更害怕谈论私事。"最后，她满意了，"我相信，他在有那些性事时，会留意健康和带来孩子的麻烦，这完全是让人们忧虑的风流事——他了解这一点——然而，他从来没有从言语或行为上请求我和他性交——尽管我能感觉到（他想）——因为我们之间的自由和伟大的爱，使他能克制欲望——他的欲望是多么伟大。"②

　　对于玛丽而言，他们的谈话"已经改变了这个世界"。那晚，当他来到马尔伯勒大街，"第一次，我知道了他在我身体上的触摸和亲吻，是那么的平和与甜蜜，他爱抚了我：那是无限扩展的感觉和心灵的自由，现在我甚至不扣住我的衣服说，'你不应该……'当我在共和大道漫步时，内心对放弃婚姻的想法进行着思想斗争，这使广场周围的空气那样沉重……但如今，我发现这很容易：它不是我一直渴望的婚姻——但却很接近"。③

---

①　玛·哈 42，1912 年 4 月 5 日；40，1912 年 4 月 14 日—15 日和 3 月 27 日。

②　玛·哈 40，1912 年 3 月 27、28、24—25 日。

③　玛·哈 40，1912 年 3 月 31 日—4 月 2 日。

　　第二天晚上，他们在听完周六的交响乐后回到学校，紧随的一幕令玛丽顿生烦扰，而纪伯伦却为此气愤多年。

　　　　我们回家后，有人想从外面打开门，我以为是警察，便没有留意，但接着门又响了，我过去看……原来是亚当和娜蒂！去年我避免见到露易斯，是因为很多关于纪伯伦的评论向我涌来——我觉得太尴尬了——假使他们是天使，我会带他们进来——我虚张声势地对娜蒂耳语了几句，让她带亚当离开。但第二天早上……我发现她和亚当在这儿吃早餐——昨晚纪伯伦一直在这儿——我们相爱——不能结婚……
　　　　亚当说："我很高兴你过来告诉我这些，因为你开门时，我看见了他。"
　　　　娜蒂说："我很高兴你告诉我，是因为我很高兴你能在生命中拥有这些——如果你没有这些——我会认为你没有成为你自己！"①

　　听到这些话的玛丽放松下来，她和哈利勒在科普利广场见面，风儿又将他们带到了图书馆，他们坐在图书馆的隔间里一个最远的角落耳语。玛丽告诉他，自己已经向弟弟和弟媳坦白了他们之间的关系，哈利勒"很赞许"，但他担心她能否使他们理解，与她的爱相比，他的爱毫不逊色。他们接着又探讨了性交的问题，谈到了避孕工具的不可靠和可能导致的后果。哈利勒毫无顾忌地说会给他婚姻——"等我一征服我的工作和我那个小世界"——她再次解释那是不可能的。当玛丽说，她已经研究了与他们相似的爱情，像"俄狄浦斯娶了他的母亲、穆罕默德与那年长的赫蒂彻、布朗宁和伊丽莎白·贝雷特"，他"大笑起来"。②
　　然而，10年后，哈利勒突然说出：亚当的拜访和她的犹豫，打消了他对他们身体上的结合所带来的希望。

　　　　因此，我……等待着，不停地希望啊希望……接着梦破碎了。一天晚上，当我们在马尔伯勒大街共度夜晚时，门铃响了——那是你的

_____

① 玛·哈40，1912年4月6日的事件，记录在4月3—5日。
② 玛·哈40，1912年4月7日的事件，记录在4月8日；42，1912年4月7日。

弟弟和弟媳。你犹豫着是否让他们进来——但决定那样做。当他们发现我在那儿，而你感到不舒服，我有一种奇特的感觉。两天后，当我们见面时，你仍然很伤心——你说了你弟弟对我的态度——他可能把我当作了你们所蔑称的意大利人，那使我的希望彻底破灭了——我刚见到了你最甜美的自我——而现在似乎什么都没有发生过，但对我而言，已经发生了些什么。作为男人的我不得不为了自我保护而改变，在我明白这一点以前，我无法工作，我无法正常地见朋友——我无法理智，无法跨越你不断加诸于我的境遇。后来，我对自己说："在任何个人的、亲密的日常层面上，与这个女人不可能有任何关系了，我们的关系必须限定在精神和灵魂层面。"①

回到纽约后，哈利勒写给玛丽的信表明了他态度的改变，他只给玛丽写一些客观事务，他告诉她，在泰坦尼克号悲剧发生的那天早上，自己和倡导世界统一的巴哈依运动领导人阿布德尔·巴哈会面，他还给他画了像。莎洛特抱怨他忽视了自己，但即使春天她和雷哈尼暂时复合时，哈利勒仍然拒绝讨论他们。

莎洛特对梦想的执着，产生了具有建设意义的回报。她在三月见到了贝特雷斯·摩西·辛克尔博士，辛克尔是公共健康领域的第一位女博士，曾在旧金山做医生。早在 1904 年，辛克尔博士就发表了一些关于精神分析的论文，此时她又对精神健康产生兴趣，于是就在康乃尔医学院成立了美国第一家心理治疗诊所。此时的辛克尔博士 38 岁，孀居，刚从东方和欧洲的三年旅行中归来，她的研究使自己走向卡尔·荣格，并在 1911 年 9 月参加了历史性的魏玛代表大会。

"她从科学上了解你和我讨论的所有事情"，三月，莎洛特曾写信告诉玛丽。的确，对莎洛特而言，心理治疗法并不陌生，早在 1909 年，她就设想了她和玛丽经营一种治疗方式的可能性，"谁知道呢，玛丽，但你和我在今后的岁月里（可能不会那么晚）可能会有一处地方，通过我们，世界将会来这里，听到、看到和了解他们。你难道没有看到吗？那是一间绿色或黄色、比例很好的房间，里面只能看到一样东西——就像日本人的房间那样——在这个房间里，每次会有一个病人在这里放松，在进来之前

---

① 玛·哈 60，1922 年 3 月 22 日。

倒空他们自己——我们称之为什么？——自我认知，或非自我认知。然后，一位像卡博特一样的心理学专家，按照病例的种类，将病人喊进来：沐浴、运动、整骨治疗、吸氧、音乐——这一切都和谐统一，专门治疗某一位独特的病人"。①

莎洛特的低沉消失了，她的才智使她重新赢得了自信，便又投入戏剧和新闻的写作中。但哈利勒却坚定地不赞许她和她最近的狂热，他喜欢辛克尔医生，却千方百计地避免参加莎洛特这项危险的活动。

五月底，学校放假时，哈利勒来到波士顿，在泰勒街逗留了两周。"我是那么憎恨他在泰勒街的房间和四处游荡。"玛丽写道，但哈利勒拒绝留在学校，"他说，如果他在这儿，难免会有人知道，也有人会曲解他"。他的担忧通过莎洛特的一个梦得到了证实。莎洛特在5月23日向玛丽描述了这个梦境，"你对哈利勒和我是那么失望，以至于你几乎丧失了理智——那么狂野和怪异。最后，为了使你返回现实，我试图假装自己疯了，当我提到哈利勒的工作，你竟然向我啐了一口——因为你知道些什么，但我不知道"。玛丽还接着说，米歇尔和其他人正谈论他们的友谊，认为这有可能使他们结婚，他们告诫她说："你可能知道，迪安小姐和你的一些同事正猜测着所有事。"②

玛丽和哈利勒在一起共度了两周时间，他们在一起漫步、谈话，当谈论他们的亲密关系时，他的语气中新添了某种坚定，"他谈及自己发生的变化——他怎样走上了自己的路——成为一个男人，而不是一个男孩儿，变得坚强，但却不再茫然。从那些话，我感受到了更多——清晰的他和坚强的品质……由于我们可能发生性交，我向他提供了一种避孕方法，一天，他直接拒绝了，解释了我过去不知道的事——堕胎可能会给'你的整个存在'带来意义重大的改变，如果避孕失败，所有的欢愉和快乐将会被破坏……'我们触摸那么多，交谈那么多——只是为了亲密的关系，这亲密关系很宝贵。生命便是一次连续的性交'。"③

6月10日，玛丽告诉他，当1910年12月他谈及婚姻，她是那么怀疑他对自我的理解，这样的话"使他如被火烤炙"。

---

① 莎·泰致玛·哈，1912年3月17日和1909年1月12日。

② 玛·哈40，1912年5月31日，记录在5月29日；莎·泰致玛·哈，1912年5月23日和30日。

③ 玛·哈40，6月第1周和第2周的事件，记录在1912年6月27—28日。

然后哈告诉了我他的故事——第一次。在他离开巴黎的两个月前，他决心回到美国后向我求婚："那时我很迷茫"，他坦白说，"你知道我看问题很片面，我不能全面地看待一件事，但我知道自己想要什么——那是12月的晚上，你还没有教我该怎样讲……我高兴了两三个小时，但那天晚上，当我回到家，所有的世事突然一股脑儿地涌向我，我什么都不能给你——我只是这陌生土地上的一个诗人——在另一个国家有些名气……没有钱——没有任何东西可以和你一起分享，我有一件大事要做……我有勇气做另一件大事——我突然意识到，我只能做其中的一件。"

"你为什么没有对我说过这些？"

"因为我希望，我应该正确地看待那件事，然而我太不确定，因此不知向何处去。"①

当他们为一些可笑的事争执时，哈利勒抗议道，"你说的这些事伤害了我——你是世界上唯一一个有权力这样对待我的人，是我的软弱吸引了你强壮的臂膀吗？——你的确有强壮的臂膀——只是为了看我一次次的忍耐吗？"他们还谈起莎洛特，谈起她的不安分、她面对工作时的犹豫和她讲不完的理论。玛丽终于使他坦白了回避莎洛特的原因："他说，实际上，那是因为她谈起他时，把他看作一位与很多女性有性关系的人。"② 6月16日，当他离开时，他们之间一触即发的语言战争缓和了。

7月1日，玛丽抵达山峦之间，她特别邀请亚里斯泰德·鲍特里德斯一同前往。雷哈尼已经离开纽约去黎巴嫩，莎洛特为他送行，"他看起来就像年轻的君王，穿着上等的紫色丝绸，他把他的打印机和香熏杯留给我，我为他的旅途做了一个枕头"③。更重要的是，玛丽从格林威治村搬到了东大街77号，这意味着他们这一阶段关系的结束，之后的五年间，除了哈利勒和玛丽，其他人的关系都将越来越疏远。

仲夏，玛丽和哈利勒商定要见面，但这次不是在马尔伯勒大街，"我

---

① 玛·哈40，1912年6月10日的事件，记录在6月22—24日。
② 玛·哈40，6月末标明日期的事件，记录在1912年6月13—14日和5月31日。
③ 莎·泰致玛·哈，1912年6月25日。

不知道6月你在那儿被看到多少次"，她写道，"但我怀疑每次人们都能看到你——因此，我们最好一开始不要让人们看到你的出现。"于是，9月7日，他们在纽约见面，这次，几个月来的压力逐渐消失了，既令她着迷又令她恐惧的性，不再是一个难题。"我与自己辩论，关于性交和被称作情人的可能性——带着不确定的巨大苦恼——最后，我将它留给了我们更大的自我——哎呀！哈利勒来到时，甚至没有任何问题，他直接忽视了性交——他使我感到，他的爱比过去任何时候更强烈，他的行为令我为自己的自我保护而感到羞愧。"①

一次山地背包旅行后，玛丽和同伴们的合影，鲍特里德斯在左边
（北卡罗来纳大学图书馆，教堂山）

另外，哈利勒也正学会应对玛丽对他的生活善意的侵扰。她责备哈利勒吸烟太多，吃得太少，谈到了要将他带到西部，以帮助他恢复健

① 玛·哈致哈·纪，1912年8月16日；玛·哈40，1912年9月7日，记录在8月26—27日。

康。他"全心全意"地拒绝了，或许他害怕她会像去年夏天贬低鲍特里德斯那样对待自己。这位天才男人"丢掉了、忘记了、忽视了最重要的东西"，她抱怨说，"鲍特里德斯灵魂简单，头脑也同样简单！我在大峡谷超过了他——他浪费了金钱，丢失和忘记了自己的物品……他的护腿用品掉下了大峡谷——在营地没有肥皂洗衣服"。[1] 哈利勒本能地逃避在大峡谷或惠特尼山坡的耐力测试，他确切地明白自己能容忍的亲密关系到什么程度。

莎洛特搬离了韦弗利，这使玛丽不得不在哈利勒工作室附近的第八大街西 25 号租了一间房。当他们在她的新居共进晚餐时，一位圈外人吉尔伯特·赫西也在那儿。莎洛特已经写到过这位年轻的哈佛毕业生和记者，她也提到他对她的极大帮助，"我几乎是在最低谷……我得到了一个人的支持，他作为一个男人支持我，就像你作为一个女人和朋友支持我。他与你那么像！如果我真的爱他，我应该嫁给他，虽然我总是会想起你！他才25 岁"。哈利勒希望他们能结婚，而玛丽的评价更深刻，"赫西和弗洛伊德 - 荣格的精神分析已经改造了莎洛特，赫西对她的爱彻底而又神圣：已经指引她……使她得以跨越最艰难的精神崩溃时期……他们一直在一起，实际上整个夏天都在毗邻的两个公寓里……他们一直在寻找理由躲避众人……她正恢复健康，已被治愈——不再总渴望为宇宙规划，或者证明女人比男人伟大"。[2]

接着，莎洛特在纽约与荣格会面，她在《时代》杂志写了一篇关于荣格的长篇文章，此后，她淡出了纪伯伦和玛丽的生活。10 月 16 日，她和吉尔伯特·赫西安静地完婚，次日远赴欧洲。终于，哈利勒不再恐惧这位竞争者和媒人，过去一年里，几乎升级至排斥程度的嫉妒心理消失了。

"然后，你停止了……伤害我。你再也不蛮横了——总是很温和，"他后来告诉玛丽，"莎洛特结婚了，离开了——我们所有的相聚得到了祝福"[3]。

---

[1]　玛·哈43，1912 年 9 月 7 日；40，1912 年 11 月 9 日，回顾夏、秋季的内容，记录在 6 月 30 日；玛·哈致哈·纪，1912 年 6 月 25 日。

[2]　莎·泰致玛·哈，1912 年 7 月，未标日期；玛·哈40，11 月 9 日的回顾内容，记录在 1912 年 7 月 9—11 日。

[3]　玛·哈60，1922 年 3 月 12 日。

纪伯伦在工作室中工作（玛德林·范德普尔）

第十四章　传奇的诞生

莎洛特结婚了，哈利勒为此松了口气，这未免天真，因为在这对新婚夫妇离开纽约后的很长时间，他和玛丽之间的误解和猜疑仍然没有消除。他们现在正争论的，是关于他经济上的无法独立。哈利勒不注意自己的健康，他解释说，那是因为"很多事压在我心头，重重的"。

"什么让你如此沉重？"玛丽问。

"身处两个世界。如果我在叙利亚，我的诗歌会使我的绘画受到瞩目，如果我是一名英语诗人，我的诗歌也会使我的绘画在英语界得到关注。但我在两个世界之间——等待很沉重。我想要独立——有足够的独立来完成我的工作——帮助我的妹妹，取悦一位朋友。"①

她理解了：

> 当我听到这些话，看到他的眼泪，我是多么感激……我只能说，总是会有伤害，直到结束——我希望每次我们见面时，他能表达他受到的伤害，因为那样会让他放松。仔细考虑后，我意识到，依赖不需要伤害：就像经由上帝而得来的饮食和啜饮，它是香甜的，经过彼此的手，它会是美好的——我们能感到更富有，而不是因此更贫穷。很久以后，再回头看，在这种主客关系里，人们会看到甜蜜，知道它的实质是好的。为什么现在不去看它那永恒的真实呢？我相信哈也会从中看到更多：因为当我们回溯到1912年，我几乎感觉不到那时的境况难以忍受——似乎意识到他正因为工作的缘故选择依赖，那比独立更为可贵，他已经不再渴求独立。②

---

① 玛·哈40，1912年9月7日的事件，记录在8月6日。
② 玛·哈40，1912年9月7日的事件，记录在8月6—9日。

他们已经用了八年时间，来接受这种相互依赖的关系，在剩余 12 年的亲密关系中，玛丽不仅使纪伯伦打消了受她庇护的负疚感，而且还从思想和语言上武装他，来打通这两个分离的世界。在四年内，哈利勒将会发表英语作品，十年内，他会创作出大部分英语作品。

玛丽继续担任哈利勒的代理人，将他的作品介绍给美国人，但她却从未能胜任这个角色。她太过喜欢说教，性格也不通融，无法满足艺术家和崇拜者们的需要。事实上，莎洛特靠着直觉将哈利勒介绍给了纽约社交界，但她完全清楚，玛丽对他的发展有着必不可少的作用，"哈利勒……作品的概念和设想都表现出伟大作家的潜质，但在活力上远未实现应有的成熟。我多么渴望你能用双眼滋养他，正如雷哈尼谈及他的疯人时所说：'东方拥有力量的光芒，但缺少持续的力量，他构思时宏伟壮观——但创作时却疲倦乏力。'这就是为什么我只相信哈利勒那些有你伴随的作品。你使作品存活——你的存在使它们延续！"[1]

还有一个人知道哈利勒对两个世界的忠实，1912 年冬天，法国小说家皮埃尔·罗蒂由于上映自己的戏剧《天国的女儿》来到纽约。哈利勒向玛丽描述了他与罗蒂的再次相遇。罗蒂的名望和古怪行为开始消退，更重要的是，罗蒂感觉到了这位年轻人的转变，他赞扬了这种转变：

> 皮埃尔·罗蒂在这儿，我和他在周四度过了迷人的一小时。我们谈到了东方，"他所爱的东方"，他说，他见到我的《折断的翅膀》和其他作品，谈话结束时，他说："你正变得更粗暴，更少东方性——这太糟了，太糟了！"
>
> 我告诉他，我与其他赤子一样，也热爱自己的祖国母亲，但他没有看到这些：他太精细、太敏感，在他那艺术灵魂中，具有全部美丽的东方疾病……"噢不，不！我，我坐在一名艺术家面前？不，不，绝不是，——绝不是：那会杀死我。"
>
> 罗蒂 62 岁了——但他还在涂脂抹粉，描眉画眼——是的，涂脂粉——他看起来似乎要年轻得多。
>
> 我想再见到他，看到这样一位走在朦胧梦境中的梦幻者，我感觉

① 莎·泰致玛·哈，1912 年 5 月 21 日。

很好，我如此真切地感到，自己和一位东方化的西方人在一起。①

罗蒂曾告诉他，自己多次想拜访美国，现在终于如愿，随后，哈利勒写道："皮埃尔·罗蒂回去了，他生活在东方的某座神殿中……他对我讲的最后的话是'那么，纪伯伦，让我以叙利亚的名义告诉你，你必须通过回到东方，来拯救你的灵魂，美国没有你的位置！'"②

如果哈利勒想要到法国或黎巴嫩旅行，玛丽会资助他，但只有工作而不是旅行，才能令哈利勒满意。1912年秋天，看到他拔了六颗牙，玛丽便计划让他到佛蒙特休养，但被哈利勒拒绝了。一年后，确信哈利勒是"肺痨感染者"，玛丽认真地为他和玛丽安娜计划了一次百慕大群岛的冬季短假，但尽管她负责全程规划、酒店预定和保险，却再次遭到了哈利勒的拒绝。"请不要生我的气"，哈利勒写道，"当冬天来到，一个人想思考和工作——无论他感觉如何。除此以外，我如果到不同的地方，总是会变得很笨拙，我总觉得似乎抛开了我的现实。甚至是在夏天，我也爱与我的书和画身在一处，或许那是我身体懒惰的一种表现。"③

"的确，最亲爱的哈·纪"，玛丽宽慰他说，"我全心全意地理解，你渴望独处，你需要独处……当两人确实生活在一起，就不会有令人激动的相会和分离，相会和分离……有时，需要与一个人分离很长时间——但无论你和我分离的时间有多长，我们会相会——那是新的哈利勒和新的玛丽。"④

他们慢慢得出了一个互访的规则——假期在波士顿相见，玛丽夏季旅行前后到纽约，每年11月的中学女校校长联合会会议，他们也会在纽约相见，他们自此开始享受自己的独立生活。明确了这一关系模式后，玛丽再次投入学校事务。1912年春天，哈斯凯尔-迪安的合作关系解除，她很高兴："我又重新拥有了激情和新的自由……我又再次对学校兴趣盎然。"她首先考虑扩展学校设施，打算买下一栋更大的楼，并计划为年纪小些的孩子开设蒙台索利项目，于是她租了马尔伯勒街区，扩大了目标。她还革新教学方法，将历史、文学和艺术结合起来进行教学，为此，她还

---

① 哈·纪致玛·哈，1912年9月29日。
② 哈·纪致玛·哈，1912年10月22日。
③ 玛·哈43，1912年12月1日；哈·纪致玛·哈，1913年12月7日。
④ 玛·哈致哈·纪，1913年11月27日。

发起了每周到博物馆的活动，"我想，过去没有学校这样做过——使用一个真正的图书馆。孩子们能用所有东西——水彩、泥土、刺绣，来再现她们看到的事物。你可以想象，她们会多么喜爱！"①

新的挑战使玛丽开始确信，她对教育革新的贡献与纪伯伦的创作事业同等重要。在 1912 年 11 月 10 日的一封信里，她写道，他们虽然承担的角色不同，但却是平等的："当我们自己成为未完成的表达工具，这些孩子们——孩子们的出生——不是和我们一起成为更大存在的源泉吗？——那么我们就在完成那表达的过程中，成为一个纽带。那些既不创造作品、也没有孩子的人，既不是纽带，也没有完整的（人生），我认为……伟大的作品必须能开创各种不同的新人，而新人类可能会创造伟大的作品。"②

这样，他们虽然分隔两地，却对彼此的工作非常认同。玛丽曾在一所公立学校面对约 1000 个孩子演讲，她在演讲后写道："学校里一个 14 岁的男孩儿使我联想到了你——我们立即成了朋友，我们互相看着……"纪伯伦告诉她，"玛丽，你似乎从未'缺席'，你总是离我很近，我们之间有心灵感应，很多年前我就知道了，如果我们两人之间不息息相通，又怎能互相理解？当我们在一起，我们只是在谈话——但当我们分开，我们理解……已经交谈过的事物"。③

11 月 9 日是他们在莎洛特结婚后的第一次会面，玛丽到纽约参加女校校长年会，她在工作室停留了一个上午，注意到"建筑和运动的噪音"，还有工作室的诸多不便——狭窄的住处、缺少中心取暖设备、管道装置不足（"没有热水，洗浴一次 25 美分"）。"我过去没有在工作室停留过一个上午，今天我捕捉到了……哈生活和工作的更多氛围——更生动地展示了他 24 小时的日常感受。他从不把边毯拿起来……这使边毯下的那块地方在几个月后看起来很脏——但其余的环境让人感到那么高贵、阳刚和明净，到处有劳动的痕迹，立即传递给我家和单身的感觉——无装饰、安静、思想深刻、彻底的生命和孤独。"④

年近 30 岁的纪伯伦正失去轻松愉快的好面容——在世纪之交的波士顿，它曾产生了那么强的吸引力。"哈衰老得很快，他现在的脸庞显示出

---

① 玛·哈 40，1912 年 5 月 2—3 日；玛·哈致哈·纪，1912 年 9 月 22 日。

② 玛·哈致哈·纪，1912 年 11 月 10 日。

③ 玛·哈致哈·纪，1912 年 3 月 15 日；哈·纪致玛·哈，1913 年 12 月 19 日。

④ 玛·哈 40，1912 年 11 月 9 日的事件，记录在 10 月 3 日；43，1912 年 11 月 9 日。

那么多的紧张和压力——匮乏、孤独、负担和极度专注于工作。"他们每次见面时，会一丝不苟地回顾各自生活中发生的事件。玛丽先讲她在学校遇到的问题，或者是家人的事情，哈利勒会接着告诉她自己在纽约的新相识。他们都明白这些新朋友的重要性，他曾说："纽约是一个奇怪的地方，一个人展露才华需要独特的技巧，一开始是社交，最终是专业，我想以专业开始，但我无法改变纽约独特的方式，除了工作，我没有力量与这方式做斗争，因此，我在一定程度上接受它，我正以纽约方式为人所知。"①

自从 1912 年春米歇尔将他带入莫顿夫妇的聚会后，哈利勒一直在学习社交。与亚历山大和马乔里·莫顿的友谊是一个重要开端，那年的晚些时候，莎洛特观察到，"昨晚我和莫顿夫人共进晚餐，那里燃着哈利勒的香，我因而知道他一定到过那里，莫顿夫人有钱，有情趣，应该能成为他的好朋友"。②

莫顿夫妇是当代美国艺术的早期资助者，他们最喜爱的画家有亚瑟·B. 戴维斯、阿尔伯特·品克海姆·莱德尔和彻尔德·哈萨姆。1913 年早期，在军械展览前夕，亚历山大·莫顿安排戴维斯前往纪伯伦的工作室。戴维斯是美国画家和雕塑家联合会的创立者和主席，也是这次军械展览的主要组织者，同时也是那个时代纽约潮流的制造者。纪伯伦早在波士顿时期，已通过鲁伊尔知道了戴维斯的作品，他喜不自禁地向玛丽报告了戴维斯的这次来访：

> 戴维斯先生凝视着那些绘画作品，不停地重复着"妙极了——妙极了"，然后对莫顿先生说，"这个人令我惊奇，他也会令全世界惊奇。"他接着告诉我，一个月前没有看到我的作品，他为此感到遗憾，他请求我给明天开放的一个大展览会送六幅作品（周一）。
>
> "然而"，他说，"我会留意为你的作品举办单独的展览会，我会对麦克白斯先生谈这件事。"
>
> 在纽约拥有最多戴维斯作品的莫顿先生，也说他要见麦克白斯。
>
> 戴维斯先生离开时说："我想再看到这些东西，我希望你会来见

---

① 玛·哈 40，1912 年 11 月 9 日的事件，记录在 10 月 3 日，玛·哈 44，1914 年 1 月 10 日。
② 莎·泰致玛·哈，1912 年 4 月 13 日。

我——我确定我们会成为伟大的朋友——不要为展览的事焦虑——那很次要——关键是要不断工作。不要像我这样——我50岁了，没有很多作品——因为四处游逛，我已经失去了太多时间！"第二天，莫顿先生在电话里对我说："我从未听过戴维斯先生像评价你的作品那样谈到其他人的作品——你应该为此感到幸福。"①

1913年间，纪伯伦还和莎洛特社交圈中的几个人交了朋友，他见了几次荣格，并给他画了几幅铅笔肖像，他与贝特雷斯·辛克尔博士交往密切，他向玛丽描述"她的活力、力量和吸引力……我知道她正研究我，我能觉察到，但我在离开前没有告诉她，我一直为此感到抱歉，但或许她也感觉到了，她非常崇拜荣格，我也如此"。②

哈利勒的社交圈在不断扩大，如果说莫顿夫妇使他获得艺术界的接受，与辛克尔博士的友谊，引导他探索荣格的心理学，那么，他所结识的第三位朋友则使他接触到更多的文学人物。酒店主西蒙·福特的妻子朱丽亚·艾尔斯沃斯·福特是一位前拉斐尔艺术的崇拜者，她邀请哈利勒参加周五晚上的文学聚会。在那里，他与几位美国诗人和作家结成了持续的友谊，其中有一位麦克鲁尔杂志的前任主编、业余诗人威特·拜纳，他将在纪伯伦的职业发展中起到极为重要的作用。

但哈利勒仍然时常向玛丽起誓说，没有人像她那样了解他，就他的出身而言，这毫无疑问是事实。奥利佛区和他在那里的贫困生活，与他为这些都市崇拜者们制造的形象相差甚远，他在这些新朋友中的神秘形象，并非建立在真实生活的基础上，现实生活中的他靠着一位位对他感兴趣的庇护者一直向前，而在这些新朋友看来，一位黎凡特的世界公民突然空降在纽约，他讲一口流利的法语和英语，与那秘而不宣的过去完全无关。

此外，难以避免地出现了关于他的收入来源的猜测，他乐于告诉玛丽人们的猜测。福特夫人的言论在日益增多的传言中很有代表性："我愿意帮助那年轻人"，她怀疑道，"他有钱吗？他从哪儿得到这些钱？我很害

---

① 哈·纪致玛·哈，2月16日，1913年。
② 玛·哈44，1913年12月21日。

怕他，我甚至不敢问他画的价钱。"①

做哈利勒隐秘的支持者，对玛丽有着巨大的吸引力，他1913年2月写给她的一封信，使玛丽更加坚定地付出。"我有机会得到一处精美的大工作室，就在这栋楼上（西十大街51号），它比我现在的工作室大三倍，南北向都朝阳——很令人高兴，很利于工作，租金是45美金！最近几天，我一直在做思想斗争，我不知道要做什么！我还要花些钱来让这地方看起来干净美好——大约要50美金。如果他们愿意租给我，我可能会拥有它吗？"他的忧虑令玛丽痛苦，她仔细考虑了下一步的计划："我可能会拥有它吗？可能？这话使我心如刀割，我必须阻止这忧虑，哈如果不能最终得到自由，他便永远不会成就自己。"②

于是，玛丽提议了一次"安排"，预付给哈利勒1000美金，他们可以称作哈斯凯尔—纪伯伦合作，由于这最新的礼物，玛丽提议，废除之前她借给他的所有款项，作为回报，她要收到他的十幅画作（六月时，他坚持将总数加到了14幅），这些画的选择，要"根据内在品质，能代表创作的发展"，玛丽还决定转让给哈利勒一些债券，使他"完成工作，直到能够独立为止"③。

知道自己能搬进这更大的住处，哈利勒松了口气，心存感激的他回复道："我能搬进一间更大的工作室，确实是件好事，且不说身体上的舒适，它会对我的工作助益多多（他会继续用'工作'或'合作'来指他俩共同分担的投资）。人性惧怕一位生活在'黑暗小洞'中的饥饿艺术家的作品，*值得尊敬的人们，不身处令人尊敬的地方*（这地方无关乎大小），便不能真正居为自己！从艺术的观点看，因要获取尊重而成为牺牲品，是件好事。——但不知为何，玛丽，我不会成为任何事或人的牺牲品：我不艺术。"四月底，他写道："今天早上，我收到美国电信公司发来的一张偿付红利的空白订单……生平第一次，我发现自己持有了股票，这似乎是件很陌生的事。"④

---

① 玛·哈44，1914年6月20日。

② 哈·纪致玛·哈［1913年2月14日］；玛·哈40，写着"四月底"发生的事件，记录在1913年2月6日。

③ 玛·哈43，1913年4月6日；40，写着"四月底"发生的事件，记录在1913年2月12日。

④ 哈·纪致玛·哈，1913年2月18日；同上书；哈·纪致玛·哈［1913年4月30日］。

那年春天，玛丽的日记里零星地记录了他们生活和经济上的细节，哈利勒一年的花销是 1500 美金—2000 美金，其中包含了每月转给玛丽安娜的少量资金。他给叙利亚报纸写文章所赚的收入极其微薄，《折断的翅膀》首发以来的版税达到了 75 美金。就玛丽的资本价值而言，慷慨施舍总是令她捉襟见肘，那年她估算了自己和兄弟汤姆在华盛顿州的果园的收入，她所拥有的收入是 2000 美元—3000 美元，迪安小姐离开后，学校的年收入微乎其微，父亲产业的微薄遗产虽说补充了她的收入，但无论如何与她的慷慨不对等。一年前，在莎洛特的建议下，她开始将另一名移民少年雅可布·吉勒送往赫尔蒙山，这位移民少年生活在纽约，是俄国犹太人，身体有残疾。1913 年，虽然她不再付给莎洛特和米歇尔费用，却还要偿付在赫尔蒙山的两笔学费，并继续赞助阿里斯泰德·普特莱德，还赠给纪伯伦可观的股票投资。

玛丽怎样应付这些开销呢？只有她的献身精神能解释这一点：她小心谨慎地处理开支，克制自己。她在衣服上克制自己（"我春天的帽子花费了我半瓶 19 美分的酒的价钱，没买衣服"），还节省食物。对她忠心耿耿的厨子凯蒂，习惯于从后湾的豪华厨房中讨要剩下的食物，玛丽曾以富有喜剧色彩的语调，向哈利勒提及这件事：

> 晚饭后，我想知道对面街上那位富有的老妇人是否知道……今天的午餐，我吃了她的芦笋，还有她的炸鸡、蘑菇、米饭和冰激凌？周五，吃了她的草莓冰激凌？周二是她的煎菠萝？……我对这些东西很熟悉——因为我认识收集的这些东西，能认出这些东西的所有大牌儿！我唯一的观点是，让凯蒂礼貌地还回去。厨师通常会为朋友下厨——但我知道不会是为了女士！①

多年后，当玛丽对待纪伯伦的慈善行为被公开，她被描述成一名富有的庇护者，这一描述贬低了她自我牺牲的高尚精神。1913 年春，她和哈利勒一起认真地计算了她"借贷"给他的钱，他们发现，"按照我们能回想起的，他当时已经得到了 7440 美金"。这少于她给予所有被庇护者全部

---

① 玛·哈致哈·纪，1913 年复活节和 1912 年 5 月 5 日。

金额的四分之一："当我告诉哈，在最近七年里，我花费了接近 40000 美金，他看起来很赞赏，那样子就好像我同意某个人的思想，认为那思想棒极了。"①

尽管玛丽没有在缩略的日记中记下更隐秘的事项（1913 年 10 月能看到她的最后记录），但记录纪伯伦日益扩大的社交活动，是她那年最热衷的事情。四月，《艺术》首期在纽约发行，它标志着阿拉伯社团文艺类杂志出版的开始，杂志的编辑是纳西布·阿里达和纳西姆，但却反映了纪伯伦的趣味与风格。他的设计、插图、散文诗和文章，令杂志别具一格，而他第一年在期刊上发表的很多诗作，成为《疯人》写作的核心。纪伯伦开始创作一系列关于前伊斯兰和伊斯兰诗人与哲学家的文章，并发表一些想象性的绘画作品。经由他的作品，阿－麦阿里、伊本·阿·法里德、伊本·哈尔丹、阿－加扎里、伊本－阿－穆卡法和伊本－西拿被介绍给了大多数阿拉伯基督徒读者。

同时，纪伯伦继续艺术圣殿系列的创作。1912 年 9 月，他画了剧作家艾里斯·布莱德里，1913 年 5 月 26 日，他画了萨拉·本哈特："终于捕捉到了神圣的萨拉！昨天我给她画了像，尽管那幅画不能显示出她的真实年龄，但仍然获得巨大成功。如果我画其他伟人时用同样的方法，我可能要放弃艺术，变为一个外交家！她想让我坐得远一些，让我看不清她脸上的细部，但我仍然看到了。她叫我去掉脸上的一些皱纹，甚至请我改变她大嘴的轮廓！……我理解她——便依照她的要求来画，或许这就是她有点儿喜欢我的原因！"②

表明了哈利勒同情革命的另一个人物是朱塞佩·加里鲍第，哈利勒见到他，并在福特夫人的家中给这位军人冒险家画了像，他此前曾幻想由加里鲍第率领一个叙利亚移民政权，来推翻土耳其的统治。"我见到了加里鲍第将军，他是伟大的加里鲍第的孙子，他在世界各地战斗，与人民一起反抗任何形式的奴役。他已经参加了六次不同的战争——最后一次是和希腊人一起反抗土耳其。"③

---

① 玛·哈 43，1913 年 6 月 26 日；40，写着"四月底"发生的事，记录在 1913 年 3 月 20—21 日。

② 哈·纪致玛·哈，1913 年 5 月 27 日。

③ 同上。

萨拉·本哈特，1913 年（茱莉照相）

那年春天，哈利勒活动频繁，他催促玛丽去参观军械展，军械展的正式名字叫现代艺术国际展览会，这次展览会已经在纽约和芝加哥引起轰动，现在巡展到了波士顿，但也已被缩减得只剩下精选的欧洲艺术。玛丽认为这次展览代表了新精神，她同展览的组织者交了朋友，并立即写信告诉哈利勒：

> 我该怎样说，我该怎样说！——它是那么令我喜悦和兴奋……我没有从专业人士或外行那里听到好评价……我一直等到自己有空闲的

那天，而且登记费从 50 美分减到了 25 美分——我那天去，仅仅是因为我想只有一个人参观。我站在科普利大厅的门口……感谢上苍，我在开放时间到了那儿，可以一直停留到关门的时间。因此，我从 1 点参观到 6 点半，观赏莱登、布莱库西和高更的作品，无论怎样，现在大众的意识和兴趣已经很容易去阐释这些人的作品。我还结识了帕奇先生，现在只有他与作品一起留在波士顿，他和我一起来家里吃晚餐，周三还要让我看普兰德加斯特的作品。如果一切顺利……作为回报，我会介绍你认识帕奇先生，戴维斯这周可能会来波士顿，他如果来，我会见到他。[①]

玛丽对这次展览的组织者、画评家沃特·帕奇的热情，在某种程度上，公然违抗了波士顿艺术界对现代欧洲艺术家的冷漠态度。显然，弗朗西斯·凯斯对纪伯伦作品的拒斥，使她早已蓄积着愤怒：

> 现代艺术展让我对这里的艺术教师感到如此愤怒！……但哈利勒，当我今天下午在那里看到了那些人的作品，我觉得如果可以，我愿意天天去看这展览。一只手便能发动一次潮流，它会及时升起在凯斯们的头顶，让波士顿节省几年的时间，去看这作品对人产生的价值。
>
> 立体主义者正走来，噢！噢！
> 立体主义者正走来，噢！噢！
> 当所有的艺术教师看到
> 所有的艺术学生，他们正教授着
> 要思考什么——
> 噢！噢！
> 波士顿正嗡嗡地响，噢！噢！[②]

"我很高兴你喜欢现代艺术国际展览会"，哈利勒回复道，"它是一次反叛，一次抗议，一次独立宣言……那些图画，从单幅来看并不伟大：事

---

① 玛·哈致哈·纪，1913 年 5 月 11 日。
② 同上。

实上，没有几幅是美丽的，但在整体上，展览会的精神既伟大又美丽。立体主义、印象主义、后印象主义和未来主义将会死去，世界将会遗忘它们，因为世界总是会忘记小的细节，但这次运动的精神却永不会死去，因为它表现了一种真实——那真实就是人们对自由的渴望。"①

6月的第三周，当他们在纽约会面时，哈利勒向她解释了自己对这些新艺术家的偏好：

> 玛蒂斯知道，在伟大的绘画洪流中，他无法免于平庸——他太理智，以至于放弃了希望——因此他用装饰的方式来表达自我，这棒极了。有一件大事要做……这些立体主义者也不能在绘画潮流中令自己满足……他们已经运用聪明和敏锐，来进行新的表达，无须用绘画的等级来评价画作好、贫乏或平庸，《下楼梯的裸女》既不贫乏，也不平庸或美好：它与众不同。

在最喜欢的作品中，他认为戴维斯"在一座美丽的花园里，满是奇怪、美丽、细腻、精致和强烈的形式"。莱登"拥有头脑和伟大——他把握得很宽广，很广泛——但不彻底——缺少地上的矿石"。他认为高更"是所有艺术家中最有趣的……（除了莱登）"。而他最喜欢"他'金色的嵌板'和'玫瑰色的沙滩上'"。②

这次谈话后，玛丽给沃特·帕奇打电话，接受了他的邀请——他邀请她次日共进午餐。她见到了美国画家和雕塑家联合会的全部成员，并"以电影拍摄的速度"游览了戴维斯的工作室，"太有趣了……这些人都全神贯注地做着事情，专注于他们工作的每个细节。我觉得他们不会喜欢哈的作品——对他们而言，它会看起来太'简单'、'未发展'、'太单薄'！"③

两天后，他将帕奇带到了纪伯伦的工作室，两人都未给对方留下特别深刻的印象。"我第一次看到哈今天的行为：过于自信、傲慢、刻板，在回答问题时，几乎是一种目空一切的直率——例如，帕奇问他，哈是否要

① 哈·纪致玛·哈，1913 年 5 月 16 日。
② 玛·哈 43，1913 年 6 月 25 日。
③ 玛·哈 43，1913 年 6 月 23 日。

在《顶点》这幅画中减少一些颜色，或者在《坐着的男孩儿》中增加一些色彩，哈说会增加《顶点》中的色彩。"帕奇离开后，玛丽严厉责备了哈利勒"凌驾一切的态度"，他拒绝接受她的批评。"如果这是孩子气和傲慢，他能代表：那就是他。有过一两次，他也像回答帕奇那样回答我……他似乎不能坚持某个确切的观点——总是兴奋和不安。"玛丽过去从未见过他这样表现，他们争论起来，直到她明白他极度的紧张，"紧张是另一个原因——哈一直都那么紧张……在我们的谈话过程中，我可以隐约分辨出来。"[1] 她最终谅解了他。

一周后，玛丽来到了塞拉山脉，她总是能在那里找到平和。"东部是新手，尽管甜蜜而又新鲜——中西部却孕育着丰富的内容——我的精神倦息于那个孵卵器——而西部却超越尘世。"每年夏天，哈利勒从玛丽那里收到的信，都是一次关于地理、社会学和美学的课程，这使他在酷热的纽约，得以感受到那原生态的山峦和沙漠的世界。

> 亲爱的人……从南部的科罗拉多——伸展的大地就像一颗星星，坚硬而又精细。生命并不由此而生——只是轻轻地镌刻着——在那稀疏的仙人掌和坚韧的草中——这里四散着尸骨——野兽的骨头也散落在草原干燥、紧绷的肌肤上——死亡没有躲藏。相比而言，贫穷却可爱的房舍是那些泥砖房——房子立于同样暗褐色的泥土和砖上——方形、平屋顶、东方的——就像地平线上一座座平顶的山，到处能见到棕色皮肤的人——散发着他们种族的光晕，如同老旧的镀金物。
>
> 至于人和所有由人而生的一切，已经经由圣达菲铁路的传输，即将产生，这一切呼之欲出，说，"不要再继续了！"没有任何教堂如此关心自己的利益，剥夺他们的一切……报纸业似乎比东部更为垄断——更容易隐藏血钱。
>
> 在每一个社会阶层，我们每迈出一步，我们的集体都让我们为我们的灵魂付出代价；我们的身体存活，也需要同样昂贵的代价。我们的思想——我们的意志——我们的欲望——它们是些不屈从的力量：因此它们无法存活……我们的希望在那些农夫、学校，或许还有女

----

[1] 玛·哈43，1913 年 6 月 25 日。

人——还有那些暴君，他们能制造革命。①

玛丽在山上独自露营了一个月，"和阿拉伯语在一起，我告诉你为什么。我想学阿拉伯语……在火车上就开始了，我时刻在学习"。7月6日，她发现了露营地点，"邻近大瀑布和急流——在高山的山谷边……只有渔人的足迹，几乎没人使用过——一大块空地，在山边，布满了美丽的藏身之所，我可以在那里睡觉、阅读和做饭——很隐蔽……我能用四个小时的时间下山寄信——五个小时后返回！"②

她8月29日返回纽约，而纪伯伦已经三次逃离了这座城市。他拜访了佛蒙特州的朋友，看望了波士顿的玛丽安娜，最令他难忘的，是他在亚历山大·蒂森夫妇位于纽约丹宁的日式住宅中所度过的一周。蒂森是一名律师，曾在东京的帝国大学教过几年书，富有异国风情的房屋和花园，使哈利勒第一次尝试了奢侈的美国田园生活，尽管玛丽觉得他看起来变老了，但这"多年来的首次假期"还是令哈利勒振奋，"一个人在生命的某一刻，可以在某一个可爱的地方生活一百年"，他告诉玛丽。③

但未过两天，玛丽便开始责难他与富人的联系，"我烦恼地说……富人借助于他的财富，可以有机会结交所有艺术家；穷人和专业人士则因缺少财富而没有这样的机会……经由金钱，我说，我也碰巧能与他保持联系"。接下来发生的事情，几乎取消了他们在春天的安排，玛丽记述了纪伯伦的反应：对于她突然爆发的坏脾气，他也爆发了：

> 你只要告诉我，你给我钱的真实想法，我应该知道自己的位置，简单告诉我，以免我犯错。那是礼物吗？如果是，我要知道自己需要做什么。是借贷吗？如果这样，我会调整自己。那促成了我们之间的联系吗？告诉我，我就知道该怎样做。无论你意图如何，无论你态度如何，我会试着满足它，我也很高兴去做。但我不能忍受不确定，这一直是我生命中最艰难的一件事，你曾用同样的热诚说过相反的话，我确实不知道你的意思，几个月变化一次，我因此备受困扰。④

---

① 玛·哈致哈·纪，1913 年 7 月 13 日和 1912 年 6 月 20 日。
② 玛·哈致哈·纪，1913 年 6 月 18 日和 7 月 6 日。
③ 玛·哈 44，1913 年 8 月 29 日。
④ 玛·哈 44，1913 年 8 月 31 日。

玛丽在一次晚餐后向他道歉，这件事暂时得到了平息。"如果我谈到的关于钱的事令你烦恼——就离开我，你已经给了我足够的机会，如果我的粗心如此伤害了你，那我就不值得你依赖……如果你告诉我，我不应该抱怨，我懂得公平，我希望公平，我也懂得仁慈——当它向我显示。"哈利勒"看着，微笑着，拍拍我的胳膊"。确信他愿意原谅和忘记，她结束话题道，"我相信他不会再纠缠于过去的忧伤或伤害了"。①

然而，正如那天晚上，当看到亚当和那蒂·哈斯凯尔为他们的关系感到惊奇，纪伯伦暗暗感到愤恨一样，他也对龚法龙饭店里发生的事情铭记了很久。九年后，他承认，他们关于钱的争论一度折磨着他。

> 另一次，我们在纽约时，一天晚上，当我们从龚法龙饭店步行回家时，你说，是因为你一直给我钱这个事实，才维系了我们之间的关系。那天晚上，我下定决心，要收集所有的钱，归还你给我的钱，我第二天就开始实施——事情向好的方向发展——你回到了波士顿，同时我收到了你的信。那是最令人愉快的一封信，那么亲近……我再次感到，"你怎么能接受发自灵魂的如此的善意，却要像正计划的那样去偿还呢"？②

如果玛丽知道他内心的真实想法，可能就会避免随后两天所发生的事，然而，丝毫不了解他的隐忧的玛丽，第二天就心无挂碍地去找戴维斯画像。料想不到的是，戴维斯要求她在自己的工作室里做裸体模特，玛丽惊讶万分，但却并没有被吓跑，"我不是那种等着要熟识以后才能做事情的人，而且他的要求看起来很客观，不带个人因素……我们交谈——结束了——我们安排第二天下午三点带哈利勒过来，我走了"。③

午餐时，当哈利勒听说她做了戴维斯的裸体模特，他因为嫉妒而恼怒，"我的行为变得不再简单"，玛丽悔恨地回忆道，"我觉得他大吃一惊……戴维斯可能会怎么想、怎么说，这让他焦虑极了"。

---

① 玛·哈44，1913 年 8 月 31 日。
② 玛·哈60，1922 年 3 月 12 日。
③ 玛·哈44，1913 年 9 月 2 日。

"你过分客观了，"哈利勒指责她，"在某些方面，你对这个世界太无知了，在某些方面，我比你更了解这个世界。"

午餐后，他们步行到阿诺德·康斯特堡，为新工作室看窗帘材料，然而，仍然心烦意乱的哈利勒坚持说服玛丽，要给戴维斯写一封措辞老练的信，他同意帮助她斟酌写法：

> 你应该说，因为这世界原本的样子，并非如我们希望的那样，因而，你感到有必要重新考虑今天早上令人愉快的工作，或许有必要解释一下自己的行为。你把他看作一位未来的艺术家——就像所有真正的艺术家一样——他们的作品是献给世界的陌生而又美丽的礼物——这给你一种奇怪而又美丽的自由，得以摆脱狭窄的世界，使你在那一个小时里成为未来的女人。当然，关于这次事件的解释，在未来的某天，可能会看起来很可笑——但由于那一天还未到来——在此之前，这行为还是需要解释，我觉得这样说就足够了。

玛丽承认自己很后悔，"我觉得得到了拯救——好像突然间，我又穿上了衣服"。

他们整个下午都用来看窗帘材料，并为工作室选出一些样品，终于，他能坐下来起草那封信，这时，她跑回一个叫福克纳的店，自己吃力地拖着一卷笨重的灰色布匹回到工作室。

> 那是一大捆布——每卷15码、50英寸，我害怕他会责备我……但我做得不令人觉察，一个男孩儿为我开的门，因此我以为他没有注意到我，但他还是看到了我——不是抗议，而是感谢，"为什么，玛丽，你在流汗吗？——为什么？为什么？我不知道这么大——你还好吗？"他很高兴地接受那美丽的布，然后他给戴维斯写了信，并在前往龚法龙的路上邮寄了这封信。[1]

发出这封信之前，他们做起事来有些心事重重，但发了信后，哈利勒放松下来，晚上他们一起丈量和剪裁这捆灰色绒布。

---

[1]　玛·哈44，1913年9月2日。

第二天，在他们赴戴维斯的会面以前，玛丽安排了一次与沃特·帕奇的单独会面，她想看戴维斯是否已经与帕奇讨论了她做模特的事。当看到"他没听到关于我的任何话……他依然像过去一样热心、可爱和热诚"，她松了口气。看来那封信没有冒犯戴维斯，她为此感到满意，接着与纪伯伦见面。

> 从午餐到戴维斯的工作室——我戴着匈牙利的腰带和领带——午餐前五分钟我在第六大街买下这些东西。
>
> 戴维斯以第一流的陈设欢迎我们，他收起了那个光芒四射的西式印度礼拜毯，因为那边毯的颜色太深，他带我们浏览了他从年轻时代至今的画作——花了两个小时——两个男人都不太讲话——哈几乎什么都没说，戴没有谈及理论——他曾谈了那么多理论……我很享受那时光——戴维斯作品的装饰特点，足以令我感受到巨大的愉悦……哈很平静，我并没有感到他不认同这些作品，最后，他说，"你不会忘记吧，戴维斯先生，你承诺我要让我给你画一幅肖像，只需要一个小时的时间——我会很乐意到你的地方，或你到我的地方——"
>
> 戴维斯说，"你现在必须要原谅我，我很累，不能考虑这件事，我不能考虑这件事！"……他的话直率而又明确。

玛丽的书信里没有作出评价，但显然，戴维斯不准备与这个让玛丽突然变得端庄的男人合作。

他们离开工作室，步行到沃纳梅克的店里，购买黑色天鹅绒的沙发罩。戴维斯的冷淡令纪伯伦恼恨："这个男人很奇怪——分裂人格——他的一些东西很病态——很奇特……他很不安——他不属于这儿，我希望我能使你明白我对他作品的判断。"生了一阵气后，他发誓说，他这些挫折的岁月，终有一天会得到报偿。"我们等天鹅绒时，哈说，'那个人为什么要以那种方式拒绝我？他那样做没有理由——某一天，我会为美国做些事，我将要猛烈地冲击美国，现在我还不能，因为我没有臂膀：我拥有它，但现在它们还被束缚着，某天，它们会得到自由，然后我就会做到。'"①

---

① 玛·哈44，1913年9月3日。

玛丽在纽约的五天，暴露了他们双方刻薄的一面，在描述他们在感情上的每一项细微差别时，玛丽在日记中加上了 71 张活页，金钱和竞争对手并不是他们争论的唯一理由，由崇高到琐碎可笑的话题，都会引起他们的争吵。例如，当玛丽坚称"如果他死了，我想和他的身体一起到黎巴嫩山——经由他的授权"，这引起了若干年前他们的争吵，当时，纪伯伦反对她死后要将遗体捐献给医学研究、心脏留给他的想法，这次，他指责道："我还要很久才会死去——可能至少 20 年——你让我觉得自己明天就要死了！为什么你要关心这些身后事呢？——为什么？"

玛丽哭了起来，她又谈起自己值得他公开承认自己，"我是多么希望人们知道他爱我，因为那对我来讲，是最大的荣耀，我想要那种名声——他爱我，他想让人们知道，我相信他——我使他的起步变得可能——我从经济上支持了他——他并不想隐藏我们之间的友谊，但他也不想让我们的友谊被人们看作是情人或风流韵事，在某种方式上，他使我最起码不会流更多的眼泪——我意识到自己提起这样一个话题，是多么的愚蠢"。①

他们在一起的最后一个夜晚，认真地计算了为新工作室购买装饰品所花的钱，并很满意已经完成了这项工作，此时的哈利勒也承认自己累了。"这次我来了后，一直有很多事让你感到劳累"，玛丽说。她的日记甚至更尖锐地总结了这不和谐的五天，"婚姻！我们是朋友，真是个奇迹！"②

---

① 玛·哈 44，1913 年 8 月 30 日。
② 玛·哈 44，1913 年 9 月 3 日。

哈利勒 35 岁时，他工作室的邻居乔治·哈亭给他拍摄的一幅肖像，玛丽曾写道：
"哈亭给他拍的照片很好，很有趣——有如此多的视角，这是迄今他送给我的最丰富
的一幅，有一些肖像很美——有几幅令人增添了他伟大
王权的印象。"（作者）

第十五章　征服纽约

他的不满和她的猜忌使他们之间关系紧张，也似乎使他们的友谊进入了最危险的时期，然而此时，一件事给他们关系的转变带来了契机：哈利勒决定用英语写作，这使玛丽从一个脆弱的情人和赞助者的身份，转变成一名合作者。

在他们发生了一次小摩擦后的三周，纪伯伦送给玛丽几行英语写的文字，这成为他们关系转变的转折点："从'疯人日记'——昨晚我发现了一种新的乐趣，我刚开始尝试，天使和魔鬼便急匆匆地飞向我的房舍，他们在我的门前相遇，因我最新发现的乐趣而争吵，一个人喊着'这是罪恶'，另一个喊着'这是美德'，玛丽，你现在不用把这翻译成英语了！"①

早在纪伯伦刚从巴黎返回时，玛丽就知道他在创作《疯人》。1911 年6 月，她记述道："哈·纪正在用英语写《疯人》。"一年后，她在日记中加入了几行斯蒂芬·克莱恩的《黑骑士》："在沙漠中，我看到一个人，赤裸着身体，很野蛮，蹲在地上——手里正拿着心，吃着它，'味道好吗？'我对他说。'很苦，但我喜欢——因为它的苦——也因为它是我的心。'——克莱恩。"② 这首诗 1895 年由科普兰和戴伊出版社首次出版，在阅读这首诗 16 年后，哈利勒很有可能还时时想起它。

这些诗行表明了《疯人》最初的文学源泉，从个人经历来讲，纪伯伦对疯狂地迷恋源自在黎巴嫩所目睹的对待疯人的中世纪式的态度。直到20 世纪，这些人还被称为"梅吉南"，书面意思是"被神灵占据的人"，教会要对他们负责，神甫负责驱赶这些异类体内的魔鬼。1912 年，考古

---

① 玛·哈文件 69，"1913 年 9 月 21 日的信"。
② 玛·哈 43，未标明日期，1912 年 6 月。

学家弗雷德里克·琼斯·布里斯曾描述贝舍里附近的一处修道院，这座修道院位于卡迪沙山谷，是收容疯人的典型处所。

> 这里是一片传奇的土地，圣·安东尼从埃及来拜访黎巴嫩隐士时，曾沉睡在这里，因而，所有信仰的"被附灵者"都被带到这里的女修道院和山洞，包括穆斯林和德鲁兹人，圣·安东尼可能会驱赶出恶灵……有时，治愈病人只需经过拱门和十字架……仍然还有其他人在教堂里，一位神甫会在那里驱赶恶灵……如果这灵魂不离开此人，他就会被带到山洞里，脖子上被套上铁项圈，如果再暴力一些，他的四肢会被带上镣铐，同时会有很多疯人被锁在洞里，主管神甫偶尔会来到洞里，给病人喝屋檐上落下的圣水，但给他们吃的饭很少，如果一位病人不戴项圈，那就表明治愈了。①

纪伯伦曾访问过一座修道院的疯人屋，这次经历带给他强烈的感受，这些社会的被驱逐者的天赋智慧，令他印象深刻：

> 在叙利亚，疯狂很频繁地发生，几百年来一直有很多冥想的人群——这导致了不同的情况：有时是极度的紧张；有时是疯狂；有时只是明显的无所事事；有时是高超的智慧。
>
> 我告诉过你，不是吗？有一个人称呼我的名字……那是在叙利亚的一座修道院里，他们在那儿设有一个小疯人院，国内的很多疯人、甚至从很远的地方被带到那里，他们的待遇很糟——但也有一些得到了治疗。一天，我在修道院时，一位和我交谈的僧侣说，他们有一位从山里来的疯人。我说："立刻把我带过去见他，我很感兴趣。"我们走近他时，听到了锁链声——他的腿上戴着锁链——然后他出现了。他径直向我们走来——我从未见过那样的一张脸。
>
> 当时，在世界的那个部分，正进行着关于《雅歌》的一次大争论。教会坚称，那是基督的神秘象征，教会是被爱的。而另外一些人则认为，雅歌只是纯粹的诗歌。当那疯人走近我们时，他大声喊道："哈利勒·纪伯伦！去告诉（争论中教会一方的重要人物的名

---

① 布里斯：《现代叙利亚和巴勒斯坦的宗教》，第121—122页。

字）——就像你和我一样，所罗门爱一个真实的女人——我自己也
非常了解书拉密。"

然后，他走开了，再也没有回去。你能设想这整件事是多么令我
惊异，我现在还能看到那张奇妙的脸庞。

在另一次事件中，他对疯狂表现出认同：

一次，我和同伴正骑着车，碰巧遇到了一个疯人，他在周围的几
个国家很有名，他疯狂，但却无害。那是一年中人们最忙碌的时候，
是收获的季节。但他站在一块石头上——比我们正经过的公路高出
20 或 30 英尺……

我大声喊，"你在那儿干什么？"

"我正观察众生，"他说。

"就这样（观察）吗？"我的同伴问。

"年轻人，这还不够吗？"他说，"你有更好的做法吗？我非常
忙，我说过了。"

然后他不再说话……我彻底被震撼了。①

当纪伯伦发给玛丽那些英语诗行时，他早已冒险进入了她等待了很久
的疆域，虽然玛丽崇拜他的阿拉伯语作品，但她并不熟悉他的创作天分，
她也无法帮助他。有时，他们尝试着一起翻译这些诗，但结果总是不尽如
人意。有一段时间，玛丽想，如果自己学会了阿拉伯语，来翻译他的作
品，问题可能会得到解决，但到了 1913 年，她意识到，这是一个不可能
实现的梦想。她还设想过要在山里独自学习阿拉伯语，某天到君士坦丁堡
或叙利亚旅行，但这些意愿同样不切实际。

作为一名教育工作者，玛丽了解成千上万的美国移民将英语作为外语
学习的困难，但她提倡第二代移民孩子保留自己的母语。"我刚发出一批
邮件，"她曾写信告诉纪伯伦，"我写信告诉普特莱德夫妇，为什么美国
所有的希腊移民要在家里和他们的孩子讲希腊语……"尽管如此，她仍
然出于自己的原因，来培养哈利勒的英语写作能力，因为似乎接受她的语

---

① 玛·哈 45，1915 年 6 月 11 日。

言，成为唯一的解决办法，于是她竭尽全力地为他阅读。

纪伯伦劳心费力地学习英语，逐渐有了提高与进步。与 1904 年他们初相识时相比，他在言谈和写作方面的缺陷明显减少，但在发音、语言流利和口语词汇方面，他仍需要玛丽的建议。"他阅读诗人和哲学家笔下的尼采，我从不喜欢其他任何一个人给我朗读：哈只向我一个人用英语朗读——非常自然，一个以英语为母语的人，可能会有很多错误的重音……'如果我放弃创作六个月，去学习英语，我想我一定能掌握这些习惯表达'……但我又怎能放弃六个月！"①

玛丽准备了一些特殊的训练计划，它主要分为两个方面。首先，她帮助他用英语写信，纪伯伦请求艺术家和演员做他的肖像模特时，那些信件通常由她指导。纪伯伦信件中大多数的拼写和语法错误慢慢消失了，但玛丽仍然在自己的日记中记述，他写给她的那些短信仍然措辞生硬，"他是个沉默的人，就像很多男性那样，不愿写得很多——与他的言谈相比，他在信中的表达很少。他经常和我谈及一般的艺术主题，但不写什么"。②玛丽有目的地保留纪伯伦的信件，向他展示信中的错误。但她对纪伯伦的英语表达所做出的最重要的贡献，是和他一起探索文学。由于纪伯伦是一个贪婪的阅读者，将他引向自己喜爱的作品，并不是件难事。

1912 年，纪伯伦已经改变了对梅特林克的看法，尽管他仍然将这位青年时代的偶像看作"第一流的"作家，但他也承认："然而，第一流中也分级别……你知道我对梅特林克的界定吗？——麦片和牛奶……他是一位伟大的散文家，但不是一位富有创造性的艺术家——他的剧作中什么都没有——通过重复各种短语，实现人们所谓的韵律，他致力于形式上达到的'无限'效果。两百年后，他会被认为是 19 世纪末期的一流艺术家——不是作为一位思想者，而是一位感知者和普及者——一个学生。"③

易卜生和尼采取代了梅特林克，成为纪伯伦最喜爱的两名作家，虽然他对待尼采的态度有所保留："尼采或许是 19 世纪最孤独的人——当然也是最伟大的，因为他不仅像易卜生一样创造，同时还破坏，超人观念并不是他作品中的新颖之处，他的新意在于对超人揭示的程度，基督便是超

---

① 玛·哈致哈·纪，1912 年 2 月 6 日；玛·哈 43，1912 年 6 月 12 日和 15 日。
② 玛·哈 40，1912 年 2 月 8 日。
③ 玛·哈 43，1912 年 9 月 7 日。

人。"① 尽管尼采的权力意志论吸引了他，但尼采将耶稣描绘成一个软弱的人，而纪伯伦对耶稣的阐释却截然相反。玛丽记述了他们的一次谈话，这次谈话表明了哈利勒与这位哲学家之间亲密关系的不断发展，纪伯伦对尼采的风格着迷，却不迷恋他思想的各个方面：

> 他从 12 或 13 岁起开始喜爱尼采，"他的形式总是慰藉着我，但我认为，他的思想很可怕，全都错了，我是一个美的崇拜者，对我来讲，美是最可爱的事物——那是和谐、音乐和抒情的品质，我在 23 或 24 岁以前写的文字，是流动的，并且充满了音乐性，我那时还未学会捕捉到生命的更伟大韵律，因而，我觉得破坏的哲学都是错误的……当我在巴黎时，我欣赏他那精妙的形式和风格，还有他精神中的各样东西——但我并未领会他的全部，但我逐渐意识到，当我们接受了一个人的形式，我们也接受了他的思想，无论我们是否明白这一点，因为这二者是不可分离的"……［他］同意尼采返回同一经验的循环的观念——但感到"相似的"循环的返回，几乎是一个不可能的词语，这返回总是会表现出不同的形式，"春天返回了，但没有两个春天是一样的"。②

还有另外一些力量，推动着纪伯伦远离他早年对真理和美的沉迷。玛丽问他：

> 是否他真的相信，他早年的生命确实是一种浪费——"是的，那是年复一年的浪费"，他说——他吞咽着那些先辈们的感伤情调……我问哈，他和谁一起，开始了"那奇怪的渴望"……瓦格纳、尼采、易卜生、斯特林伯格、陀斯妥耶夫斯基、安德烈耶夫、托尔斯泰（"尽管我个人不太接受他的作品"）——梅特林克、勒南、安纳托尔·弗朗斯、罗丹和卡里尔，当然还有最伟大的卡蓬特（"尽管我不再读他的书"）、沃尔特·惠特曼（"尽管我不喜欢惠特曼作品的很

---

① 玛·哈 43，1912 年 9 月 7 日。

② 玛·哈 43，1912 年 6 月 10 日和 12 月 27 日。

多方面"）和威廉·詹姆斯。①

　　纪伯伦全心热爱现代作家，而玛丽的发现补充了他的爱好，很快变为他的新发现。"蒙特梭利代表了一个新纪元。"他说道。玛丽送给他西蒙兹翻译的米开朗基罗的十四行诗，他感激地回信给她，"在麦克尔·米开朗基罗的这些十四行诗中，有一些其他作品不能触动我的东西，如果是其他人创作了这些诗作，我可能不会如此被触动。这是一个例子，表明一个人和他的作品很难分开"。有时，玛丽熬夜到黎明，只是为了帮他选择一本特别富有启发性的书，为他抄写那些诗行。1913 年 4 月，她曾抄写了六页玄学派诗人托马斯·特拉赫恩的诗作，在某种方式上，哈利勒日益增长的文学知识，显示了玛丽的热诚，也表现了她某种形式的创新。"个人而言，我没有冲动去表达创新——但我有评价表达的冲动——是的！我渴望这种快乐——对于上帝和你——我想要你的手和他的手放在我的心上，那样你就可能会听到绝妙的言语，似乎我为你奉上了我口袋中的礼物……"②

　　当纪伯伦请玛丽"翻译"他那首《一种新的乐趣》时，他的训练期已经接近尾声，这两人仍要继续他们的文学对话，但他们的交谈不再是教育性的，也不再有目的地直接导向对他的启发。同时，玛丽向他提供的阅读建议会更多地涉及同时代文学，例如罗宾德拉纳特·泰戈尔。1913 年 11 月，她建议纪伯伦阅读威廉·英格利西·沃灵的作品，这位卓越的作家是她的老朋友，是她心目中思想者的完美形象。威廉是一位社会革新者，研究革命前俄国的历史学家，也是"促进有色人种国家联合会"的创立者，他的"精神就像北极星，比白日和手术刀还要诚实"。哈利勒热爱他的著作《社会主义的更大方面》，尤其是"尼采和新伦理"这一章，他写信告诉玛丽："我也阅读了大量社会主义方面的书，对我而言，社会主义是现代时期最有趣的人类运动，这不是说我同意它的所有细节，它强悍有力，我相信，在社会主义成为一种政府形式前，它还会经过很多变化。"③

---

① 　玛·哈 43，1913 年 4 月 6 日。

② 　同上书，哈·纪致玛·哈，1912 年 2 月 8 日；玛·哈致哈·纪，1913 年 4 月 19 日。

③ 　玛·哈致哈·纪，1913 年 12 月 7 日；哈·纪致玛·哈（1913 年 11 月 4 日）。

如果没有玛丽在逻辑和理性方面富有热诚的滋养，没有她对他教育的贯彻执行，纪伯伦还会成为一名艺术家吗？他自己也对此表示怀疑：

关于在金钱关系上我们的"小自我"所遭受的痛苦，我们比任何时候都谈得更坦白和全面——对我而言，那是我想要的那种爱的障碍，对他而言，他不确定在我未来的岁月里，我是否还会有足够的积蓄，他认为我正失去我自己。他说，他的阿拉伯语作品并不比绘画作品少，那是给我的礼物——"你曾意识到这一点吗？"

"没有。"

"你给了我文学生命，因为我相信，如果我不能做这项工作，我无法活下去。"哈说。

"但如果你死了，你就不会遇到灾难，如果你不在我的生命里，我却还活着——那个生命要微小得多，那会是灾难。"

我们都那样看待我们的合作，从商业效果看，我们的合作很可笑，因为我们不断地变化——但从更大的方面看，那是一种智慧……我认为，我们几乎不再有对钱的痛心……因为它只是为了使我们成为内心的伴侣，当我们一起朝着"大自我"成长，我们发现我们变得越来越完整。①

如果说他们之间的身体关系与社会关系已经失败，那么他们之间理想的伴侣关系，却刚刚开始。玛丽的日记反映了这种变化，纪伯伦成为她日记中所记录的唯一内容，10月，她突然不再写更私密的日记，停止记录日常生活中的个人事件，或许是由于她对这些细节感到倦怠，也或许是由于疾病：那个秋天，令人苦恼的神经炎侵袭了她，她备感劳累。结尾的几行文字满是忧思和伤感："回到学校——人人可爱——下午躺下，没有精力。"②

1914 年 1 月，当亚历山大·莫顿将威廉·麦克白带到纪伯伦的工作室，纪伯伦希望在纽约开作品展的愿望变得更具体了。但尽管这位艺术交易商"说对这些作品很感兴趣"，纪伯伦还是向玛丽发去了令人失望的结

① 玛·哈44，1913 年 12 月 21 日。
② 玛·哈40，1913 年 10 月 27 日。

果，这引发了他长期以来的衰弱症状："麦克白先生不会展览我的画……他无法向公众展览这么多的裸体人物……不，亲爱的玛丽，我没有生病，我只是疲倦极了……但这不会持续很久，我想，这个冬天结束时，你的哈利勒会开始更平静和自由的生活。我会试着过自己的生活，不再过那种'东方来的有趣年轻人'的生活。"①

具有讽刺意味的是，正是由于他这种外国人的特性使纽约人着迷，并使他接近那些更为成功的演员和作家。作为福特夫妇的客人，纪伯伦参加了珀西·麦克凯伊的戏剧《一千年前》的开幕式。包厢里坐着麦克凯伊和戏剧家、舞蹈家鲁思·圣·丹尼斯，之后，纪伯伦将丹尼斯加入了自己的艺术圣殿系列。"昨天下午，鲁思·圣·丹尼斯为我跳舞——几乎全裸"，他在给玛丽的信中写道："我喜欢她，她对舞蹈了解很多，当她在她那精美的大工作室里运动和旋转时，我给她画了几幅画……除了是一位绝妙的舞者，圣·丹尼斯小姐还有很多面，她懂得如何去倾听，如何去接受，人们不喜欢她，那是因为她无法容忍他们的愚蠢，他们称她怪物，因为她以自己的方式生活。"②

他在朱丽亚·艾尔斯沃·福特周五晚间聚会里遇到的那些人，开始慢慢把他当作一位艺术家，珀西·麦克凯伊用他画的肖像做《圣·露易斯》特别版的封面插画。在这些人中，纪伯伦最喜欢的是法官托马斯·林奇·雷蒙德，他是一位收藏家和有艺术头脑的学者，很快被选为新泽西州纽瓦克市的市长。1914年，在为雷蒙德画像时，他很感兴趣地听他讲述快速增长的城市所带来的众多问题。那年春天，雷蒙德开始邀请他到纽瓦克的家中做客，并建议他，由于不容易找到纽约的画廊，他可以在纽瓦克的图书馆—博物馆举办一次展览，这个消息得到了玛丽的鼓励："我喜欢这个主意，你应该在纽瓦克举办展览——我喜欢它，就像耶稣诞生在伯利恒。"那年春天，纪伯伦在福特夫人的家里遇到了很多老朋友和旧相识，还遇到了叶芝，他"那朦胧的眼中仍然显示出忧伤、忧伤的神情"。③ 他很高兴叶芝仍然记得他们三年前在波士顿的谈话，这次他们聊起了泰戈尔。

---

① 哈·纪致玛·哈［1月19日］和1914年1月21日。
② 哈·纪致玛·哈，1914年1月21日和2月8日。
③ 玛·哈致哈·纪，1914年5月；哈·纪致玛·哈［1914年3月8日］。

鲁思·圣·丹尼斯，1914 年（茱莉照相）

二月末，纪伯伦见到了一张更加熟悉的面庞。约瑟芬·皮勃迪·马克斯已是两个孩子的母亲，她仍然活跃于诗坛，这次因文学事件旅行到纽约。1914 年 2 月 24 日，在阿斯特酒店举办的珀西·麦克凯伊的作品《鸟的假面具》的开幕式上，他们见到了对方。这朵小花儿的日记表明，在那年冬天短暂的一周里，由于参加一次文学事件，她和哈利勒最后一次相聚，他们也因此有机会看到彼此的成长。这么多年后，纪伯伦重新短暂地进入她的生活，似乎有些讽刺意味，但他们能见到对方，必定也感到很高兴。

> 2 月 24 日晚间的化装舞会上，我遇到了哈和其他人，2 月 25 日，与纪·哈·纪一起喝茶，让他看孩子们的照片。2 月 27 日，带拉福莱特到他的工作室。（弗拉·拉福莱特是参议员罗伯特·拉福莱特的女儿，乔治·米德尔顿的妻子，戏剧家协会的主席，也是约瑟芬的密友）。之后，在福特夫人家与威特·拜纳和哈共进晚餐，2 月 28 日，与艾·阿·罗（艾德温·阿灵顿·罗宾逊）和纪·哈·纪共进晚宴。①

---

① 约·皮日记，1914 年 2 月 24—28 日。

据玛丽略带偏见的记载，与约瑟芬的相见，丝毫没有触动哈利勒。尽管他并未告诉玛丽自己见了约瑟芬多少次，但他后来却写道，她不成熟，"似乎仍然属于剑桥，不属于这个世界"。那年的晚些时候，玛丽必定迫使他讲得更详细些，他于是言道，自己对与约瑟芬的谈话感到不满意：她几乎总是在谈论自己和她的孩子们。她仍然穿着年轻时代爱穿的爱德华式紧身上衣和长裙，没有变得更现代些。"这就像她这个人的存在，总穿着同样的衣服"，纪伯伦抱怨说，"没有新时日——没有改变……想一下吧！三年里……我曾每周去看她两次！她当时在创作自己最好的作品，尽管我那时才 18 岁，坦率地讲，我相信自己影响了她的作品。"

"你爱过她吗？"玛丽问。

"是的。"

"她爱过你吗？"

"是的，我想她最初爱我。你看，她是个女人，我是个年轻人。"

"难怪你会爱她，她那么可爱，学识渊博，赋有天分。"

接着，显然对约瑟芬有偏见的玛丽，故意添油加醋地写道："她比他年长 12 岁。"① 事实上，约瑟芬只比哈利勒大八岁半，可以理解玛丽不愿意承认这样一个事实：一位比她更可爱、更富有想象力的人首先激励了哈利勒。玛丽对约瑟芬的评价将会继续破坏她日记的客观性。

1914 年 6 月，纪伯伦在绘画方面的进展使他不再回忆波士顿。他甚至不太关注自己对阿拉伯世界的贡献，虽然继续为《艺术》杂志撰稿，但当杂志在 6 月停止发行时，他似乎漠不关心。纪伯伦对新近出版的书《泪与笑》也并无太多兴奋，这本书收录了纳西布·阿里达发表的他年轻时代的作品。八月，他献给玛丽这本书的首个复本，并为她翻译了标题和献词："我将这本书题献给玛·伊·哈，她是我生命殿堂中的第一缕微风，献给这高贵的灵魂，她热爱与风和暴风雨一起同行。纪伯伦。"然而，纪伯伦对这本书的评价，暴露了自己对早年灵感的背叛："爱、死和美——爱、死和美——满纸充斥了这些。你知道我现在不喜欢这本书。"②

真正令纪伯伦兴奋的，是亚历山大·莫顿终于带蒙特罗斯来到他的工

---

① 哈·纪致玛·哈，1914 年 3 月 8 日；玛·哈 44，1914 年 9 月 6 日。
② 教堂山的题赠复制本。

作室。这位敏锐的画商承诺纪伯伦，要在第五大道的画廊为他举办一次画展。6 月间，当二人在玛丽西去的路上见面时，纪伯伦告诉她，他伪装成经济独立的把戏，终于要结束了：

"这是件奇怪的事"，哈说，"莫顿先生带来了蒙特罗斯先生，他事先告诉他了一个奇怪的想法——自从我知道后，我了解了人们对我的一般看法。'那家伙认为，如果他向你展示他的绘画，那是他在帮你的忙，他一点不关心是否能卖出这些画。他很独立。'"

"莫顿先生离去后，看着蒙特罗斯先生四处看着我的画，感觉很有趣。'当然'，他说，'我理解，你画这些画，只是为了表达你的诗性想象力，但当它们脱离了你的想象，我希望你不反对卖掉它们'。"

"当然不"，我说，"我觉得，他所说的 25% 的价格非常高，但这很寻常，长期给他 25%，比给其他人低价更划算，因为他有位顾客能给出最好的价钱——他询问了我画作的价格。"

"如果是这幅画，你会要什么价钱？"［蒙特罗斯问］。

"我说，'1500 美金'"［这是哈利勒和玛丽估算的每幅画的均价的两倍］——

"很好，好"，他说，"我们能很容易地卖出更高一点儿的价钱……"他年长，很精明，但却很能干。他称《让我走》是我最重要的作品，我由此而了解了他的想法。他的思想整体上固然很商业化，但他经营的是画……他后来对莫顿先生说，——莫顿告诉了我——"几位女士曾来我这儿，谈到纪伯伦的画儿，我对自己说，'此人的作品一定很糟糕。'"但当莫顿先生找到他时，他有了不同的看法。①

哈利勒和玛丽开始一起筹划 12 月的画展，"你实现了我的想法！"玛丽告诉他。"想想你拯救了我那么多年，使我提高。""想想你一直在拯救我！"哈利勒说："你一直是我展览的发起者，我的代理人，我的编辑。"她大笑着反驳："我一直以为，我是你的厨师和洗衣女。"② 一起审阅《疯人》，一起检查画框，邀请、选择作品等事宜，使他们免予往年的琐碎和

① 玛·哈 44，1914 年 6 月 20 日。

② 同上。

闲话。

　　他们和莎洛特、米歇尔仍然保持着联系。1914 年，赫什夫妇（莎洛特和其丈夫）已经在英格兰、德国和法国度过了一年半的时间。他们与叶芝共度时光，在巴黎，他们发现了里奥、格特鲁德·斯泰因和玛斯登·哈特利。莎洛特仍然私下给玛丽发些关于弗洛伊德思想的信，她仍然沉迷于这些理论。她直率地将"她们在一起的六年时间"，解释为"升华了的爱情事件"。这样一种解释，对于多年慷慨解囊的玛丽，必定是一种伤害。"如果这样一个女人，写信告诉她的女性朋友自己的每一个细节——你必定会有最简单直接的证据，表明她真实的兴趣所在，"莎洛特写道。她还宣布自己怀孕了，"我成了一道风景……头发是棕色，有四英寸长，还夹杂着很多灰色——其余的是氧化的金色"。①

　　与玛丽对待莎洛特这新近理论的态度不同，哈利勒的想法更审慎和克制。

　　　　我告诉他，莎洛特曾做了一个关于我的梦，她由此将她和我之间的友谊解释为一种升华了的爱情事件——她很有信心地认为，这一事件表明了她曾倾心于我——然而，她由于升华而愤怒的身体却向别处找寻。如果她喜欢，如果这样的友谊被称为爱情事件，我不反对这一名词，但为什么会如此？而我那愤怒和饥饿的身体，在这些年又在做着什么？现在在做什么？没有升华，便不会得到养料，然而，随之而来的并不是破坏。②

　　至于米歇尔，她与拉马尔·哈迪的浪漫事件，伴随着他的职业变化而发展。1914 年，拉马尔被任命为新近当选的纽约市长约翰·米切尔的特别顾问，米歇尔也因此成为米切尔的朋友。4 月，哈利勒拜访她两次，但玛丽从哈利勒处获悉，他们的这位老朋友，已经不出所料地发生了改变。"最近和米歇尔一起共度的一个夜晚……［他］觉得是在浪费时间，"她记述道，"'她不停地谈及米切尔，告诉我怎样赚钱——去画这位大人

---

①　莎·泰致玛·哈，1914 年 4 月 7 日。

②　玛·哈44，1914 年 4 月 26 日。

物——然后他的朋友们也会很想让我画。'"①

但在此期间，米歇尔仍向玛丽表达了自己对哈利勒成长的印象。"他的改变多么大——他的面庞不再是那种无法形容的表情，那表情幻想着、渴望着、希冀着一个光芒四射的未来，那只能属于年轻人！他现在是个男人，生命的触摸已经使他变成了一位有点愤事，或带点痛苦的男人，当时的那个男孩儿对我有巨大的吸引力，玛丽，但现在的这个男人却隐约让我感到有些恐惧。多么愚蠢，不是吗？……我本应经常去看他，但我却很犹豫。"② 如果是两年前，这种直率会使玛丽重新考虑自己对哈利勒的理解，但如今，别人的意见已不如他们的目标重要。

两人都疏离于社会，自得其乐。那年夏天，玛丽在西部的山峦间走得更远，她居住在"一堆大岩石的裂缝处，就像五个手指和一个手掌"。纪伯伦分享了她在约塞米蒂国家公园的全部经验：她抵达了一个处所，那里剥除了一切文明的践踏，（"只要天气暖和，我白天也不穿衣服"）。"似乎一切都是自然的，你就像我的手和眼——我就像这里一样真实，就像这些树、石头、天空、水声和我们在他脚下相遇的三座赤裸的山，我们是一切，这一切显而易见，除了几只松鸦、一只老鼠、一只田鼠、一只坚硬的小松鼠——和许多昆虫。"③

纪伯伦身在纽约，因为"这里没人，我想尽可能地独处"，或者在波士顿，"好人们踩踏之地，我和他们没有共同点。我喜欢与妹妹在一起——但我们不能在一起停留一个小时"，哈利勒忙着准备画展。他还总是牵挂着玛丽，那年夏天，他描述了自己的一个"奇怪而又美丽的梦"，在梦里，他站在绿色的山上，俯瞰大海：

> 你转向我，说："我们必须要把她扔回去，哈利勒，我们必须把她扔回海里。"我知道，你是指我们刚挖出的那尊美丽的阿佛洛狄特大理石雕像——我说，"但我们怎能这样做呢？她是那么可爱，那玫瑰的色彩仍然晕染在她的唇间，她的眼中有如此多的犹豫。"你说道："然而，你没有看见吗？哈利勒，她在海中或许会更幸福、更舒

---

① 玛·哈 44，1914 年 6 月 20 日。

② 玛·哈 44，原始信件插入了 1914 年 3 月 10 日的日记。

③ 玛·哈致哈·纪，1914 年 7 月 13 日。

适？”我忧伤地说：“是的。”

　　然后，我们将那尊大女神雕像抬过来，似乎她是件很轻的物品——我们将她抬到一个高高的白石头上，然后将她扔进海中。我们都很高兴，这时，一群白色的鸟儿在我们眼前飞过，它们靠近我们时，着了火，变成飞翔的火焰。你说：“看到了吗？我是对的。”我说：“是啊，你总是对的。”①

这个梦境似乎暗示着他们对身体关系的拒绝，这令她满意。即使是在韦纳奇，当她忙于哥哥农场上琐碎的工作，二人仍然心心相印，“我做的事，是做饭，洗一年里需要洗的东西，修理马车座……料理和采集果实”。她在 8 月时写道：

　　就这样不断地增长……这种孤独——在生命中不断增长……你那美丽的关于阿佛洛狄特的梦境，使你我的灵魂合而为一。它产生自你的灵魂，但那一直在我们的心间。我们已经发现了一个海洋，哈利勒，我的爱人，你有足够的美和伟大，去持有她……我们没有否定生活：我们正找寻它——我们正在发现它……

　　在日落和黑夜来临之间，我走上了山……那灌溉渠使大哥伦比亚河和荒芜的山地丘陵之间的山谷在中途增长……在我们的脚下，是刚结了果实的果园、苜蓿园和小小的房舍，宽广的河流和像月亮石一样发白的道路——在我们的头顶，是土堆上的山艾灌木和经久的尘土——那是你和我最喜爱的。②

8 月 31 日，玛丽返回纽约，他们花费了一周的时间，一起处理《疯人》和画展的事。在雷蒙德法官的家，纪伯伦曾用英语阅读过《疯人》片断，作品尤其打动了罗斯·奥奈尔。罗斯的前一任丈夫是《小淘气》的文学编辑哈里·里昂·威尔森，这位纪伯伦的新崇拜者是一家通俗杂志的插图画家、作家和丘比特娃娃的设计者，此时的她正值职业的巅峰期。在进口的瓷器、国产电影和食用巧克力上，到处是娃娃的图像，这娃娃正

---

① 哈·纪致玛·哈，1914 年 7 月 22—23 和 8 月 7 日。
② 玛·哈致哈·纪，1914 年 8 月 1 日、2 日和 16 日。

横扫整个国家，而娃娃的创始者更是光芒四射，得以纵情于奢华与神秘。她与姐姐凯里斯塔欢迎哈利勒到她们位于格林威治村和康迭涅格的洋溢着自由精神的沙龙。

尽管玛丽在日记中记录了哈利勒与罗斯·奥奈尔的友谊，但这些文字并未体现出他这些新朋友丰富多彩的个性，因为是在记述他越来越受欢迎时，她顺便提及了这些新朋友。日记的主要论题，涉及他们合作《疯人》的情况，玛丽被新近完成的篇什前所未有地打动：

> "但你知道"，哈说，"我总是从不同的视角，对我的《疯人》做着同样的事。他正破坏着面纱和面具，向悖谬的事大笑，揭露荒唐、错谬、愚蠢和懦弱——总是说我在这儿，我在那儿，我无处不在，我是现在，我是生活。"
>
> 他朗读的《疯人》有着光彩夺目的新东西：他的"我像你，噢，夜晚，"他的七个自我就他的苦难所展开的对话——他关于稻草人那篇——为灵魂和自我寻求一个沐浴之地。

有时，纪伯伦会留些特殊的问题，来和她一起解决，他曾就一篇后来题为《更大的海洋》的寓言，来征询她的意见："我想在疯人中加上另一种类型的愚蠢，另一种类型的灵魂在寻求沐浴之地，"哈说，"已经有了六种，我想要七种——圣徒、现实主义者、哲学家、学者——另一种，我想我会加上圣徒。"然后他……选择了现实主义者。我们决定，他应该来听海螺的声音，并称海螺为海洋，我们很快解决了这个问题。[①]

他们逐渐形成了一系列工作方法，"当我们一起写作时，由他口述，我来写，因为我的拼写更快、更有把握，"玛丽记述道，"我们如果对一种表达不满意，会一直尝试到满意为止，他比我更经常地能找到满意的表达形式，在我听到前，他已经完成了写作，不怎么需要改变了。"纪伯伦在英语上的进步令她鼓舞。

> 哈的英语很突出——如果我从他的原文翻译，不会有这样完美的语言表达——他的表达只会在结构上偶尔出错。他在不到一个小时的

时间里，写完了三页《夜与疯人》……不久他就会掌握英语，不需要任何人帮他检查写作……他的英语散文是一种散文诗——其中有"声音中的声音"……他像其他外国人那样，在意英语的表象。①

他们决定，等到画展结束后，便要着手为《疯人》找到一位出版商。在随后三个半月的时间里，纪伯伦完成了三幅大的画作和四幅油画作品，并把马乔里·莫顿的肖像画加入了自己的肖像系列。12月15日，画展即将开始，他有点慌乱，深恐感冒会令自己不适。然而，身在波士顿的玛丽用书信、药丸和甜蜜来鼓励他，"四年前，"她在12月8日提醒他，"你当时在梦想着，用古老的语言来'征服纽约'，那么现在！——纽约——你实现得更多，已经！"②

莱德尔，铅笔画，1915 年
(都市艺术博物馆，玛丽·哈·米尼斯夫人的礼物，1932 年)

---

① 玛·哈 44，1914 年 9 月 2 日，8 月 31 日。
② 玛·哈致哈·纪，1914 年 12 月 8 日。

　　画展的前一天晚上，纪伯伦在写邀请函时，也给玛丽写了一封信。他告诉玛丽，他在计划着新的工作，"我已经完成那些画作，伴随着它们，也实现了我自己。但它们不再是我灵魂的一部分，它们属于我的过去，它们只是我的一种方式，我的整个存在正朝向一个全新的开始，这次画展是一个章节的结束"。①

①　哈·纪致玛·哈，1914 年 12 月 13 日。

第十六章　学会用英语思考

1914 年 12 月 14 日，周一，哈利勒的画展在第五大道的蒙特罗斯画廊开幕，玛丽在五天后来到了纽约。第一周的销量鼓舞人心，44 幅画作中，五幅油画一共卖了 6400 美元：《星云》卖给了莫顿夫妇，售价 1200 美金；《鬼魂》以 700 美元卖给了塞西利亚（那年的早些时候，哈利勒遇到的一位著名的肖像画家）；《沉默》以 1000 美元的价格卖给了朱丽亚·艾尔斯沃什·福特；《元素》以 1000 美元的价格卖给了吉卜森夫人；《伟大的孤独》卖给了罗斯·奥奈尔，售价 2500 美元。

玛丽已经很久没见过哈利勒的社交场面了，当他送她经过画廊时，她迫不及待地观察着他的行为，"自从他离开波士顿、步入成年以后，我只见过他和帕奇、戴维斯和蒙特罗斯在一起时的样子……我感到，他和人们在一起时，每个毛孔都很敏感——似乎是一触即发的刀锋……现在我理解了他的说法，他说当他与人们接触一个小时，他需要三个小时的时间，回到自己'平静的生活'"。

玛丽首先回顾了她熟悉的肖像系列（罗丹、德彪西、罗彻福特、罗斯坦德、阿卜杜·巴哈、格雷戈里女士、勒·加里纳、保罗·巴特莱特、珀西·麦克凯伊、雷蒙德法官、路斯·圣·丹尼斯和萨拉·本哈特），接着，她为纪伯伦最新完成的素描作品而惊叹。"我惊呆了！这些新作品就像一支伟大的和弦一样，进入我的耳中——十天创作了 14 幅！我感到双膝发软，很高兴手里有伞可以支撑一下，我久久不能平静。"那天的晚些时候，玛丽仍然否认哈利勒的素描胜于油画，但她同时也承认，"似乎你在运用这种媒介时，可以走得更远！"哈利勒打断她的话，"我一直在画素描"！"在你真正开始画油画后，我从没觉得你的素描更有趣，"她坚持道，"但我确实认为，在最近的这些素描中，你已经做了某种新的尝试。"

接着，他们共进午餐——"三十美分的碎羊骨和咖啡"——然后，她独自回去看画，并不可避免地遇到了纪伯伦新世界里的新朋友。

　　蒙特罗斯先生很快就来到了画廊，他一边谈着话，一边不时去关照一位客人。约3点半，我听到一位女士说，"哈斯凯尔小姐从波士顿过来了吗？"

　　我转过身，看到了她的眼睛，没有说话。蒙特罗斯先生立即出来了，说："这是莫顿夫人，我可以介绍她吗？"我很高兴认识她，她三十出头——直接、真实而又敏感……我们谈到了那些画和她的肖像，我告诉她，为什么我会如此喜爱她。

　　"那是我潜在的自我，"她说。

　　"难道那不是我们真实的自我吗？"我说，"我们的过去已经离去——我们的现在正在离去——那潜在的便是我们真实的自我。"

　　这时，莫顿先生和蒙特罗斯先生也来了，我对他们说，我视哈利勒为一位非常伟大的天才，这个世界在很长的一段时间内，才能见到一次这样的天才。莫顿夫人说，她也这样认为，我很高兴她这样说。

当晚在工作室，哈利勒和玛丽试图去界定他们"追寻伟大现实的激情"，他们相信要超越单纯的"恋爱"，这时，她向哈利勒揭示了自己不为人知的一面。

　　晚上，他询问我对女同性恋的态度。今年秋天，我遇到了一个女人，她和我恋爱，我想要由此看到整个的生命——尽可能清晰地告诉她我的意思，我发现了人们之间的纽带……他不像很多人那样不喜欢女同性恋——但他说，他从未考虑过这件事，也不能理解……因此我告诉他，我认为，女同性恋的根源，是由于女性生活中性别的扩展——这贯穿了她的一生——从穿衣到生孩子——一个女性决定成为一名女同性恋，最可能的原因，是由于在性成熟时，她没有遇到合适的男性，但却遇到了趣味相投的女性。我问他是否愿意知道我自己的经验，他说是，于是我就告诉了他。

　　对我而言，那是一段非常美好和富有启发性的经验——但我从未觉得那会成为我最终的选择——她的性的爱抚，从未令我感觉到安宁——尽管她由此得到了安宁——我却只是感到兴奋——然而，当我和哈（利勒）在一起时，即使没有任何爱抚，我仍然能感受到彻底的平和。

有一个理由使哈利勒怀疑，女同性恋是六千年男性意识所塑造的文明的产物。性是自由的虚构，这样一种理解，或许可以避免男人和女人毫无结果地在一起——难道女同性恋现象不会逐渐消失殆尽吗？除非是极少的零星例子？"我越来越感到，性是基础，"他说，"是其中一件决定性的事情。"①

在他们决心走向柏拉图式的爱的过程中，无法实现的欲望这一尖锐问题，为两人带来了痛苦。日记中穿插的这些内容，无形中破坏了她关于更伟大的爱的界定，揭示了她对衰老的恐惧，并担心他在意他人的眼光。有时，玛丽的孤独毫无征兆地产生，正像那年春天的一个场景："周一，我们正讨论《疯人》中的薄暮，一个手风琴的声音开始响起，我注意到了空中一样美丽的东西，突然感到一阵忧伤。哈注意到我的脸，他说，'为什么你的脸这样悲伤？'……为了躲避回答，我问，是否所有的脸在休息时都不会忧伤，哈平静地说，'是'，几分钟后，我告诉了他真正的原因。"②

展览期间的第一周，他们放弃了保守。他之前说她太瘦，玛丽为此决心证明自己"全身很丰满——我们让房间暖和起来，我为他脱下衣服。'我很惊讶'，哈说，'你不瘦……你不需要再胖……你身材确实很好'……我站在那里，哈用胳膊搂住我的脖子，吻我的胸，我整晚、一直到三天后，还能感觉到那抚摸。"她穿上衣服，"因为我们不想要随之而来的性"。那晚，玛丽思考了自己的行为："之前我从未意识到，哈从没有见到过我的身体，我一直在他的房间里换衣服，我见过他的身体。我很高兴，他现在看到了我的身体，真是奇怪，我曾裸体站在戴维斯面前，哈利勒却没见过我的身体。"③

一周后，他们在波士顿见面，为了让纪伯伦离开奥利佛这个令他分心的地方，她为他在纽伯里大街的一栋房子里找到了一个房间，那周，为了

---

① 玛·哈45，1914年12月19日。
② 玛·哈44，1914年6月20日。
③ 玛·哈45，1914年12月20日。

能找到一个展出作品的画廊，他们穿梭于后湾大街。她表现得极为专注——"冰冷、不配合、很忧伤"——并试图回避他的问题。最后，她告诉他：

> 缺少自由，不断在我体内提出抗议——在纽约的每一个夜晚，每一次性的萌动，都使我那么能感受到更多所想念的东西；我曾那样思考着，"让我们自由"，这想法最终驻扎在我的脑海里。
>
> 他说："你称之为稳定——但那不是稳定……那是扭曲……那是违反自然……我们称之为稳定，是因为这种称呼更能取悦于人。"
>
> "听起来很奇怪，"他继续，"对你说谁是最诚实的人，你不诚实，但你还没有足够简单地面对这个问题，我们想要性交——"
>
> "我们不能有性交，因为危险太大了。"
>
> "是的，我们一直用很多词语描述这种危险。"

那晚很清楚地显示，公众的责难怎样威胁到了哈利勒："一件偶然事件可能会结束我们之间的很多事情，我告诉你实情，我愿意离开这个国家，永不再回来。"尽管他接着试图安慰她，与那"大事和联合"相比，他们的"困难"是件"小事"，但年逾四十的玛丽有更多的忧虑，"当他说话时，他看着我，我看起来黯淡而又衰老"。[①]

我们很难了解，那些波士顿人会怎样看待两人之间的亲密关系。当那些邻居们看到这位身形瘦小的叙利亚人在晚上 8 点走进哈斯凯尔学校的大厅，在凌晨 3 点离开，他们会说些什么？在紧邻学校的马尔伯勒大街 312号，仍住着托马斯·萨金特和里拉·卡博特·佩里，在戴伊庇护哈利勒的那个时期，他曾拜访过他们。可以确信的是，曾对这男孩儿表现出浓厚兴趣的里拉·佩里，必定在保持和加深他们之间的友谊。那周，他和玛丽曾故意回避在公众场合见到佩里夫妇的尴尬，正如玛丽所描述的：

> 我们去了波士顿艺术家联合会，有很多人……我看到了年长的佩里小姐在前面，我告诉哈……"佩里小姐在这儿，"他说，"我不想和她讲话。"因此，我没有和佩里照面——但我看到……急忙告诉她

---

① 玛·哈 45，1914 年 12 月 28 日和 29 日。

母亲，哈在那儿——我感到，那双眼睛热切地看着他。毫无疑问，他们都惊呆了——因为哈看起来苍白而又憔悴——还有着某种探寻的谜一般的专注。他对这次画展很热情……喜欢这些房间，还喜欢这种公众的欢迎……我想知道，这位曾一直住在波士顿的男孩儿，是否被获许进入这个联合会。①

纪伯伦孩子气的早熟使他没被波士顿接纳，春天，经过谨慎的询问，玛丽得知，波士顿联合会对引介他不感兴趣。当时，波士顿艺术俱乐部已经同意在五月展出他的作品，但在展览即将开始的不久，画展不可思议地被取消了。波士顿已经不再青睐这位年轻的叙利亚人，或许很多人私底下也希望，哈斯凯尔小姐会减少她一直以来对他的支持。

不仅是波士顿人不再青睐纪伯伦，玛丽还看到其他人对纪伯伦隐讳的批评。早些时候，她请求蒙特罗斯将纪伯伦的一幅画匿名赠给都市博物馆，她现在得知，博物馆拒绝了她的赠予。圣诞节后的两天，她收到了已是赫什夫人的莎洛特的一封信。这对夫妇刚从欧洲返回，参加了蒙特罗斯画展的开幕式，与哈利勒匆匆见了一面。玛丽得知，这位新任母亲（莎洛特）认同哈利勒，但当她要哈利勒讲些关于莎洛特的细节时，他拒绝了："我只见到他们一会儿——有那么多人，我没法说。"但可以料想的是，莎洛特以她一贯的直率，写信告诉玛丽，自己已经远离了东方：

> 东方主义是宇宙中沉睡的疾病——那是柔软的、散发着甜蜜气息的夜晚。没人能否认它的美丽——就像无人能否认死亡的美丽。这就是我们那天在哈利勒的画中发现的，如果它们再强烈一些，那必定会很危险：它们就像叶芝的诗歌和德彪西的音乐，但缺少二者所具备的清晰：因此，从它们自己的方式——东方的方式——而言，它们可能会更完美……为了寻求西方的精神，他来到西方——但当他工作时，他是东方人，如果我为他写一篇艺术评论——那会使他出名。②

当玛丽对哈利勒读这封信时，她大笑起来："还是在谈着宇宙。"然

---

① 玛·哈45，1914年12月28日。
② 玛·哈45，1914年12月19日；莎·泰致玛·哈，1914年12月25日。

而，莎洛特要写一篇精彩评论的许诺似乎有点残酷，因为几位评论家的评论相当没有口德。此前，哈利勒已经提醒过玛丽，他的画可能会出现这种反响。"这是我作品的评价：我是一名出色的制图员，但我却根本不会画画儿；我是早期意大利人——和现代法国人：我晦涩难懂，像孩子般模仿；我是罗丹、戴维斯和米勒的学生。"①

三家报纸的评论以负面居多："吃力的阴郁想象、不幸福的人性和文学暗示。"《时代》的一位匿名评论者写道。《论坛报》认为，他受到罗丹的影响，"软弱的亚瑟·戴维斯一类"。《邮报晚报》的评论者承认，这些画"笼罩着雾霭般的象征主义"，这产生了"某种刺激感——有点像在关了灯的房间内，却又试图阅读"。②

《邮报晚报》的约瑟夫·埃德加·张伯伦更和善些，他之前与《波士顿晚报》有联系，为"科普兰和戴伊"出版社写过两部著作，他从纪伯伦的早年时就开始关注他。他写了一篇褒扬的评论，并送给纪伯伦一张私人便条，祝贺纪伯伦不断地进步："你的画很令我感兴趣，也令我悦然，一直以来，看到你发展如此顺利，我感到非常快乐，你正如此宁静地'抵达'伟大。"查尔斯·H. 卡芬在《美国人》上的文章更鼓舞人心，文章称展览"极不寻常，趣味盎然"，他尤其关心那些"幻景"，"一个最初创造的世界，展现着自己"，他写道，"一个主要由群山、植物和天空组成的世界……它很突出，展现出一位受现代趋向影响的艺术家，回到了原始和最初，如果他具备高超的想象力，他就能通达深意。"③

《太阳晚报》发现，纪伯伦多彩的人格，足以使他在女性专版上开辟一篇专访。那位报道者最关注他关心女性、爱和婚姻的观点。"女性的影响"，他观察道：

> 会在创造男性后的几个世纪后被发现，我把这当作一个理论来宣讲，因为这是一个心理事实，它在历史中的展现非常完美、可以被感知……浪漫！世界充斥着浪漫。以我所见，不要指望婚姻建立在感伤的爱的基础上……一个成功婚姻的基础是同志关系，而不是浪漫……

---

① 玛·哈45，1914年12月27日和20日。哈·纪可能指画家肯尼斯·米勒。

② 见参考书目。

③ 张伯伦致哈·纪，1914年12月24日，教堂山，见参考书目。

它是一种实现和完成的吸引，总是伴随着两个伟大的自然人，除了婚姻外别无选择，永恒的再造是唯一的结果。①

引起评论者兴趣的，并不是纪伯伦的绘画或他阿拉伯作家的身份，而是他关于出生、婚姻和死亡等生活仪式的简单而又直接的对话。

然而，《太阳报》富有洞察力的艺术批评家亨利·麦克布莱德却对这些画作印象不深："一直受到尤金·卡莱尔晚期风格的很大影响……"他注解道，"展出的作品一定会热忱地使所有参观者对他的探寻产生共鸣……"但他对其中的"悲观主义"感到遗憾——"被倾轧的凡人因不可知的原因而抗争，走向一个未知的目的地，一个像他自己盲目而又无助的女性的痛苦时刻"。②

不久以后，麦克布莱德再次拜访蒙特罗斯画廊，在那里，他与正独自站在哈利勒画前的阿尔伯特·品克海姆·莱德尔不期而遇。麦克布莱德很崇拜这位捉摸不定的67岁画家，他曾几次试图拜访他，但都遭到了拒绝，这次，他趁机介绍了自己。莱德尔为自己的拒绝约见道了歉——"这些解释"，麦克布莱德后来回忆道，"就像纪伯伦的绘画，颇为晦涩。"麦克布莱德竭力要和莱德尔交谈，便指指那些画，"你觉得这些画怎么样？他似乎在追逐一些神秘的东西，它们都一样。"

"他竭尽一切地要实现它，"莱德尔说，"那是主要的。"③

莱德尔能出席画展，比任何评论都令纪伯伦难忘。8个月前，他曾告诉玛丽，自己是多么渴望见到莱德尔，"莱德尔是这个国家的大人物，他已经很久没有新画作了，但他已创作的画展现了那么多，此人是一个伟大的存在，人们很难见到他，如果他说你能在下周四见他，他可能会花一周的时间来准备——他是那么敏感——准备他自己，准备他的地方……我确实希望把他加入我的圣殿系列——但我不得不小心地靠近他——非常小心"。④

哈利勒对接近莱德尔一事犹犹豫豫，终于在一月的第一周，他决定以献辞的方式，为他写一首散文诗，感谢这位前辈肯抽时间来看一个年轻人

---

① 汉弥尔顿：《女人的影响》，第8页。
② 麦克布莱德：《纽约太阳报》，1914年12月20日，第2页。
③ 麦克布莱德：《纽约太阳报》，1917年4月1日，第12页。
④ 玛·哈44，1914年4月26日。

的作品，他把散文诗送给玛丽校正，并许诺说："如果你喜欢这首诗，我会单独在日本报纸上出版它，并把它送给他。"①

熬了几个通宵来矫正这两页诗，很快她便返回了意见稿。像往常一样，她温和地开始自己的批评："你写给莱德尔的诗没有缺点，只有三个字母的拼写错误！啊！！！……"

然而，在她的盛赞之后，是七页纸的建议。有时，玛丽完全改变了他最初的措辞，例如，哈利勒在第三诗节写道："然而，你并不孤独，因为你是超现实中的大世界，在那里，未诞生的世界以有节奏的狂喜而舞蹈；包裹你名字的沉默，恰是那伟大的未知的声音。"她改变了整个部分，"我感到'超现实'不能成立，如果对'超现实'存有异议，就会对'有节奏的狂喜'或'你的名字'存有异议，这是今晚我能做的最佳判断"。②

尽管哈利勒拒绝她的大多数修改，但还是接受了其中的几处。他用了她的短语"他的夜晚和白天一样光辉"，而不是原来的"他的夜晚孕育着……"他还采纳了她的"未被记忆的种族未被记录的行为"，而不是原有的"一个被遗忘的种族未被记录的行为。"

这首两页的诗，是纪伯伦发表的第一篇英语作品，在玛丽修改后不到两周，由第五大道的"克斯缪斯和沃什伯恩"公司印刷出版。1月28日，纪伯伦把简单地印着棕色刻字和橙色图案的书送给玛丽。"写给莱德尔的诗令我心满意足"，她回复道，对于他对修改所表现出的客观态度，她也感到满意："我很高兴，你没改变多少，我第二天就不再喜欢自己的大部分意见，但我对自己说，'哈利勒不会被那些其实无益的建议影响的，他会忽视它们——也不会因此而感到烦恼，他对这首诗满意了，这首诗就成功了。'确实如此，我后悔的那些内容，你忽视了。"③

纪伯伦在其他方面也越来越独立。当玛丽问他，是否要在即将到来的冬假看望他时，他委婉地暗示他们推迟到春天见面，尽管五年来，玛丽一直等待着他的成长，希望纪伯伦有一天能对自己说"不"，但明白他在逐渐远离自己，还是令她难以承受。此时，莎洛特写给她的一封公然挑衅的

① 哈·纪致玛·哈，1915 年 1 月 11 日。
② 玛·哈致哈·纪，1915 年 1 月 12 日。
③ 玛·哈致哈·纪，1915 年 2 月 2 日。

信，对她更是一个沉重的打击，她在信中攻击玛丽因为过分关注哈利勒而忽视了老朋友。的确，哈利勒已经成为玛丽最喜爱的受资助者。1914年10月，米歇尔和拉玛尔·哈迪在约翰·米切尔市长的家里结婚，玛丽从此不再资助这位法国女人。而她对普特来德的责任也在逐渐减轻，那年春天，他即将要在哈佛拿到博士学位。现在，她只需要资助雅克·吉勒，即使此时他还未成为一名学者，但玛丽已同意资助他在纽约东区出资建一个书店。

TO
ALBERT PINKHAM RYDER

POET, who has heard thee but the spirits that follow thy solitary path? Prophet, who has known thee but those who are driven by the Great Tempest to thy lonely grove?

And yet thou art not alone, for thine is the Giant-World of super-realities, where souls of unborn worlds dance in rhythmic ecstacies; and the silence that envelops thy name is the very voice of the Great Unknown.

Thine is the Giant-World of primal truth and unveiled visions, whose days stand in awe of mystic nights, whose nights are big with high and lustrous days, whose hills relate the unrecorded deeds of unremembered races, whose seas chant the deep melody of distant Time, whose sky withholds the secrets of un-named gods.

O, poet, who has heard thee but the spirits that follow thy footprints?

O, prophet, who has known thee but those the Tempest carries to thy lonely fields?

O, most aloof son of the New World, who has loved thee but those who know thy burning love?

Nay, thou art not alone, for we, we who walk on the flaming path, we who seek the unattainable and reach for the unreachable, we whose bread is hunger and whose wine is thirst, we know thee and we hear thee and we love thee and we hold thee high.

KAHLIL GIBRAN

January, 1915

致阿尔伯特·品克海姆·莱德尔，1915 年（作者）

当莎洛特得知，玛丽来到纽约却并没有去见她，她觉得受到了伤害。她控诉玛丽对哈利勒毫不动摇的忠诚，来发泄自己的愤怒。玛丽申辩说，（那是因为）"他得到了人类莫大的荣誉，可以有完全的力量去思考、劳动和创造"，莎洛特对此反驳道：

> 你对他和他的作品这么满意，我应该感到高兴。但我不……如果在以往的任一封信中，你说"我不同意你对哈利勒作品的批评，原因是——"，那样我仍会感到你和我在一起谈话……（那是因为）你

崇拜哈利勒的作品，但却仍然信任我。你相信，你一直祈祷和精心培养的"理解"，能使你看到所有事物中的真实，忽视——如果不是否认，万物中的恶……你选择了哈利勒而不是我……我告诉你哈利勒对于我意味着什么——我所认识的他：当他请求你嫁给他时，他有机会成为一个男人——如果他放弃，他就会死去。你的虚荣使你继续你们之间的友谊，因为那可以显示你超越了他带给你的伤害……他的作品表明了这一点。色彩中的东方天分很棒：那是懒散——他的作品里没有一点自我尊敬——应有的流畅和优雅。你看不到这些，他能看到一个坚定地注视着生活的灵魂吗？不，即使他尝试，但他做不到——因为他模糊了双眼——他不想去看。[①]

　　确实，可能是哈利勒和莎洛特极度的个人主义激化了她对玛丽的指责，但莎洛特的一些话不无道理。与莎洛特未能实现的承诺相比，哈利勒不断扩展的职业发展，的确令玛丽满意。玛丽取消了莎洛特坚持要偿还的债务，那债务连本带息 12000 美金，玛丽的这一行动在某种程度上缓和了她的敌意，她们小心翼翼地修复了虽维持了很长时间却已变得脆弱的友谊。

　　1915 年初，玛丽不再对哈利勒抱有幻觉，他坚持独立，她的朋友告诫她不要和他在一起，但玛丽却依然故我。"你自己珍藏的信，"她写道，"再次告诉我，我们真的在一起，这不是我的幻觉……我全身心地渴望见到你——但我非常能理解，我们最好等待……告诉我，你好吗——再告诉我更多莱德尔的事。和他在一起的那个小时棒极了，我读完了你告诉我的全部细节。"她的每一次心满意足，总是因为哈利勒向她描述自己的一位新朋友，让他如何有了新的收获。他曾就莱德尔写道：

　　　　我生命中最富有创造性的时刻，是我那天与莱德尔共度的时间。那天很冷，我发现他在 16 号大街一个最寒酸的房子里，那房子只微微地加热。他过着第欧根尼般的生活，那生活可怜、不干净，我很难去形容它。但这是他唯一想要的生活。他有钱——他所需要的所有钱——但他想不起这些。他已不在这个星球上，他超越了他自己的梦

---

① 莎·泰致玛·哈，1915 年 2 月 28 日。

想。他读那首诗，噢，那是一个多么激动人心的时刻。他的面容改变了，他那苍老的双眼里含着眼泪。然后他说，"这是一首伟大的诗，对我过誉了，我配不上这首诗，不，不，我不配。"

在长长的沉默后，他说，"我不知道你是位诗人，还是位画家……"他许诺我可以为他画一幅像。如果我找不到他，就一次次地来，直到我画出这幅画。我必须要完成这画。他的头美极了——很像罗丹的头——只是有些凌乱。

之后，纪伯伦告诉玛丽，他成功地安排了为"艺术圣殿系列"中的莱德尔画像：

> 我没有和他预约，因为他如果有一次预约，会提前几天处于焦虑状态。我只是自己做了准备——看自己的机会。这天，我夹着画夹，开始为莱德尔画像——在16大街附近的街上，他缓慢地走着——你知道，他的步幅大约两英寸。我等着看他要做什么。他走进一家饭店，点了午餐。他点了谷物、牛肉和卷心菜，慢慢地吃着——
>
> 直到4点15，他吃完了午餐——他的手虚弱极了。我一直等到他经过，那天很冷，他经过时说，"噢，纪伯伦先生。我从窗户里看到你了。你一直在这儿等我吗？"我回答说是的，然后就和他一起走。走了一两步，我们经过了一个沙龙，他说，"你要喝一杯吗？"
>
> 我说不，我很乐意在他的工作室等着他，他走进沙龙，喝了一杯。在回家的路上，他又进了两家……
>
> 我已经为莱德尔画了两幅画，对我来讲，这是我做得最精细的工作。其中一幅还没有完成，我必须再和他走一次。但是，噢，玛丽，他是那么劳累和衰竭——那么的孤独。他告诉我，当我最后一次见到他时，他正在脑海中画画儿，他已经不能再用手画了。①

四月，当玛丽来到纽约，他们之间的对话大多是关于这位年老的画家：

---

① 玛·哈致哈·纪，1915年2月23日；哈·纪致玛·哈，1915年2月9日。

他 60—64 岁，却似乎已经 80—90 岁了……哈说，莱德尔曾是一位很美丽的生灵，而且还有点花花公子的作风，他总喜欢穿白色，是第五大道的一位引人瞩目的人物。他爱上一个女人，但他的朋友们却觉得那女人不配他的爱，他们计划分开他俩。他们让他出国，当他从国外回来时，她却消失了。从此后，莱德尔不再是自己。

"从那以后，他可能就不再洗浴了，"哈说。

他有两个房间，一个在 14 大街，一个在 16 大街——但他在一位 80 岁的英国老妇人的房间里接待了哈——因为他自己的房间太冷。在 16 大街，他睡在三张椅子上，盖着旧衣服——他有足够的钱，但似乎不愿舒适。

"他令我为自己的清洁感到羞耻，"哈利勒承认。"他是那样温和谦恭——'我可以给你拿着吗？'当他看到我的画夹时，他说，尽管他用起手来很吃力……他已经没有意愿……没有和人沟通的技巧。"

当哈利勒完成了画作，他拿起画看起来，"那么认真，"哈利勒回忆说，"那对我是一个伟大启示——这样的看——他似乎正看着画中的生命。"

然后，他说，"绝妙的作品，你画出了内在的我——骨骼和大脑。"

"他已经八年没去过画展了，但却去看了我的画，"哈利勒说，"莫顿夫人将他送到那儿——莫顿夫妇有几幅他的画。"

"你的画有想象力，"莱德尔说，"想象力就是艺术，艺术无关其他……"

"莱德尔给我上了伟大的一课，"哈利勒下结论说，"他充满了惊奇——那惊奇是真实和伟大的人们的标记。"[①]

纪伯伦把这首诗寄给一些朋友，它吸引了一些人的注意，那些人过去只把他当作一位画家和有趣的谈话对象。那年春天，莎洛特的老朋友、西十街教堂的自由派牧师珀西·格兰特在讲道坛上读了这首诗。"这是格兰特博士第二次在他的'教堂'谈到我和我的作品"，哈利勒说。他还报告

---

① 玛·哈 45，1915 年 4 月 11 日；哈·纪致玛·哈，1915 年 3 月 14 日；玛·哈 45，1915 年 4 月 11 日。

说，美国诗社朗诵了他《疯人》中的两首长诗。尽管对这些诗的反应褒贬不一，但有意义的是，这些诗还没有在杂志上发表，美国诗人就已经开始评论他的英语作品了。他在诗社的第一位支持者是道格拉斯·罗宾逊夫人，她是西奥多·罗斯福的妹妹。科琳·罗斯福·罗宾逊首先认为这作品是"恶魔的东西——与我们道德和真实美丽的所有形式相反"。① 然而，她这最初的反应很快被崇拜所代替，她成为纪伯伦另一位有影响的支持者。

　　6月，他们到了波士顿，再次一起住在德沃尔夫小姐位于纽伯里大街9号的房子里，哈利勒在玛丽安娜和玛丽那里轮流过夜，而他与玛丽一起度过的大部分夜晚，是在一起润色他的英语作品。这次相处使她领会到了他们之间关系的微妙变化："他看起来苍白而又精疲力竭……权力没有眷顾他。他工作着，就好像他在年轻时就要死去，一个小时内就要完结。我过去从未如此接近地见过他的创作生活。我不会再接触他，就像一个男人在妻子临产时不再与她性交一样。"3号，玛丽送给他两片铜月桂树叶做礼物，每年，她都要从塞拉山上送给他一支新鲜扑鼻的月桂树枝，现在这个习惯融入了学校的一个荣誉活动中：一个小的铸造而成的树叶，样式来自那年春天他送给她的设计，现在作为学校学术成绩的奖励。这迷人的小物件没有签名，只有她知道设计的来源。就像他很久前画的学校别针一样，一个棕色盾牌写着获得荣誉的学生的名字，勾勒了班级的圆环（一个张开的手拿着一朵玫瑰），学校里到处是玛丽放的这些树叶，隐秘地提醒着哈利勒的存在。当教育的关注给她带来太大的压力时，她便寻求他的建议和援救。凌晨三点的一天，玛丽写信告诉哈利勒，自己的生活发生了分裂：

　　　　这天早上，很早很早，我抵抗着玛·伊·哈上床的兴趣——我的
　　生活和潜水艇类似——白天，我浮出水面，在学校的水里活跃地巡
　　航。晚上，我沉入海底，那魔力使我成为一个潜水艇……我的生活就
　　像飞机的生活：整天停在飞机库房——日落后来到天空……这两种醒
　　着的生活就像觉醒和睡梦一样，离得那么遥远。②

---

① 哈·纪致玛·哈［1915年3月14日］。
② 玛·哈45，1915年6月3日；玛·哈致哈·纪，1915年4月22日。

哈利勒为玛丽设计的铜月桂树叶（艾格尼丝·摩根）

玛丽阅读了纪伯伦最近完成的一首诗《完美的世界》，她完全认同他在诗中的描写。"这首诗的英语棒极了……我感到我们一直在分享着一个确实的观念——因为我一直在学校经历着这些，而他将之放入诗中，描写得如此彻底。"与之前所创作的诗歌不同的，是这首诗的创作过程："我用英语写这首诗，"他说，"这是我第一次用英语写作，而不是从阿拉伯语翻译……但我告诉你，这种英语写作对我非常困难……如果我能学会怎样使用英语，我一定会发现，英语是一种非常奇妙的语言。"① 他向她展示了一个大的笔记簿，他在上面已经开始用英语写另一些诗行，那最终将成为《大地之神》。

纪伯伦邀请玛丽与他一起编辑两篇未完成的作品。我们几乎未碰"《完美的世界》——它的创作太完美。我们一起看序言部分还未完成的段落……我们大概花了三个小时的时间……哈一直很累，但他不停地工作——最终是我让他停下。他称这是在'上课'——尽管确实是我在上课。"那一周，他们还在《疯人》里加了几首诗。他们逐渐从个人事务中转移出来，而他们的夜晚也因此变得成果更多：

> 画完一个面庞，哈利勒直接写那个拥有满山谷针的人的故事[《疯人》中的《施舍和给予》]。我们做完这篇，他又写了一只祈祷会下老鼠的猫的故事，一只狗鄙夷它们的迷信，说会下骨头。[《疯人》中的《狗的智慧》]。然后是两个隐士和一只陶碗的故事[《疯人》中的《两个隐士》]。都来自于他的思想，我只是有时发现一些短语。但那很令人惊异——是他而不是我——他能与另一个

① 玛·哈45，1915年6月3日。

人做任何事情。但对我而言，与任何一个人尝试这样做，都是一种折磨。①

　　纪伯伦返回纽约时，玛丽又跟到纽约，和莎洛特一家共度了两日。虽然没有工作计划的限定，但这些时间还是被责备和控诉破坏了。"过去的问题很快又浮现出来"，她在 6 月 20 日写道，"因为我找到了莎洛特的信，她交给我任务，希望我去看哈的画，而不是她的……我本想把这信读给他，但意识到我没有权利这样做——莎洛特自然又是恼火——她否定哈。在我们的谈话中，我明白在 1910—1911 年，我曾那样伤害了哈：我不停地告诉他，莎洛特比他更与我亲近——尽管我已经说过我会嫁给他。"还有一个引起争论的问题，是哈利勒一直拒绝到西部旅行。"我说很长时间以来，我一直痛苦，因为哈不想和我一起旅行，或和我一起到山里，或做除了'拜访'以外的任何事。现在讲这件事很愚蠢，因为我现在理解，他曾不想与我继续联系，我感到哈被伤害了。"②

　　那年夏天，玛丽改变了平时与哥哥汤姆在华盛顿共度 7 月的计划，而是到南方的小约瑟米特公园旅行。她不时想起他们在一起的不平静的五年时光，她从维奈齐发给哈利勒一段话，其中责备了自己对他个人生活的干涉。"在这些年里，我从没有让你成为你自己，从未让你保留任何一个希望，这些希望的破碎意味着更大的痛苦……我说我想让你从我这里获得自由。但如果你曾是自由的，我打击了你。我就像一个人，和你的自我一起，坐在一间屋的黑暗中，击碎了一切。但这间屋曾是你的自我，那些东西是灵魂最敏感的东西。"③

　　哈利勒认可了她的话，并预测了一个他们关系的新时代：

　　　　现在都好了，亲爱的玛丽，一切都好了……的确，我们度过了巨大痛苦的五年。但那些年是最富有创造力的时间，我们经历它们而成长，尽管我们伤痕累累，然而我们迎来了更强大和简单的灵魂。是

---

① 玛·哈 45，1915 年 6 月 11 日。
② 玛·哈 45，1915 年 6 月 20 日。
③ 玛·哈致哈·纪，1915 年 7 月中。

的，更简单的灵魂，对我而言，那是非常伟大的东西……我感到上帝
是所有力量中最简单的。

你知道，玛丽，人们的关系可以被分为思想、感觉和行为的不同
季节。过去的五年是我们友谊的一个季节，现在我们正处于新季节的
开始，这个季节乌云更少，可能会更富有创造性，更渴望我们变得
简单。

谁能说，"这个季节是好的，那个季节是坏的?"所有季节都是
生命的自然，死亡也是生命的一部分。尽管在过去的五年里，我已经
死了很多次，然而我现在感到，我身上没有死亡的面具，我的心没有
苦涩。我的灵魂深处知道，我的作品刚刚得到自由，孤独的自由。过
去的五年教会我怎样工作，现在我正开始运用工作的力量来表达我的
灵魂。我的身体不是非常强壮，但没有身体的强壮，我仍能继续前
行，做所有我想做的事。我的灵魂深处知道，我拥有你的祝福，对我
而言，那是我生命中最好的组成部分。

"亲爱的哈利勒，我请求生活告诉我一些话，那些话在我的内心——
生活给了我你的话，"玛丽感激地回信说，"我的愿望，亲爱的哈利勒，
是去发现你，并伴随着你的精神，与你合一。正因如此，我在山间和任何
地方都是孤独的，这就是为什么我静静地坐着'什么都不做'……对于
我来讲，与你的分开，便是与生活分开，与你的同一，便是与生活的
同一。"①

然而，她再也没有想象过她与他坐在"我们的峡谷"，"一棵大松树
和大冷杉树下，它们生活在森林里"，或与他在河边漫步，一起等待鳟鱼
跳上"长长的急流，再落回去，水鸟在岸边游戏"，或者看那"黑色的小
蜥蜴"闪过。当她看到松鸦、闪光和鹰隼拜访"我们去年夏天看到的同
样的三个鸟盘"，她最后一次感到了他的存在。玛丽在山间度过的夏日提
高了她的自我认知，她在随后一年的校友录中总结了自己的生活："从外
部看，我的生活看起来简单，波澜不惊，但一年又一年，我的内心却发展
成了一个更大和更敏感的戏剧，我们的课程所设置的年龄，开始了女性的
第二次生命，我想要自己从 40 到 70 岁感受到的生活，就像 15 到 40 岁感

---

① 哈·纪致玛·哈，1915 年 8 月 2 日；玛·哈致哈·纪，1915 年 8 月 9 日。

受到的生活一样，充满了渴望。我越来越少地渴望那些可见的（事物），却越来越多地渴望那些不可见的。"① 的确，当他们不自觉地发生着道路的分歧，她却仍然保留了他的力量。

---

① 玛·哈致哈·纪，1915 年 8 月 9 日；玛·哈文件。

第十七章　战争年代

直到 1915 年 6 月，也就是萨拉热窝事件后的 11 个月，玛丽和哈利勒才停止了他们沉浸于自我中的谈话，开始谈论第一次世界大战。"你没有意识到吗？哈利勒，"玛丽说，"我们从没有谈到过战争，然而我们却都生活于其中，我一直在战争中生活。"

"我们确实谈到过战争，"他回答，"我知道，它正改变着我的潜意识。"

两人都同意，战争对世界进化过程有所贡献，它会改变"世界的潜意识"。他们相信，狭隘的民族主义最终会孕育出一种全球意识，那是"集体的民族的人格作为世界人格的成员——不像合为一体的成员，而是像家庭成员——各自不同和独立——然而却有着共同的印迹和纽带"。[1]

但纪伯伦却无法隐藏他的民族主义倾向，早在 1914 年以前，他就已开始信奉战争。1912 年，当巴尔干政权成功地威胁到奥斯曼帝国，他确信，只要经过一次联合袭击，黎巴嫩和叙利亚便可以打破土耳其的控制。"要用艺术的方法对待土耳其政权！"他曾告诉玛丽，"你也可能向标准石油唱着济慈的歌！"在他看来，信奉战争是赢得自己国家自由的一种手段，这使他投身于美国文学社团的同时，也密切关注着阿拉伯局势。对双方的忠诚所带来的冲突，令他忧伤与愧疚。阿拉伯民族主义和他那些信奉和平主义的美国朋友之间的差距，对他而言，是一个"每日不得不跨越的鸿沟"，这撕裂了他。[2]

他为阿卜杜·巴哈画像，并结识了包括莫顿夫妇在内的很多美国人，他们是接受了阿卜杜·巴哈、信奉巴哈伊教的和平主义者。但他质疑美国

---

① 玛·哈 45，1915 年 6 月 20 日。

② 玛·哈 43，1913 年 6 月 22 日；哈·纪致玛·哈，1918 年 6 月 21 日。

日益发展的和平运动："为什么人们谈及和平，当它的体系内有如此多的弊病和不安？难道不是和平的疾病爬进了东方国家，引起了它们的衰落？"1912年10月，他告诉玛丽，他是多么猛烈地反对不结盟主义：

> 我一直因欧洲的这些过分冷静的话语而感到疲倦和恶心，因为他们自己拥有自由与平和，他们便认为整个世界都应该为之满足。玛丽，在幸福人们的乐观主义中，有一种冷酷。富有和幸福的人们反对巴尔干政权，因为他们害怕那可能会"打破了世界和平"——为什么他们不应该打破这虚伪的世界和平？他们已经在单方面的和平中遭受了太多的痛苦，我祈祷上帝，这次战争有可能会带来土耳其帝国的分解，以至于那些贫穷的、被压榨的近东国家能够再次存活……我不是爱国主义者，玛丽：我是一个过分的绝对主义者，绝对主义思想里没有国家——但我的心仍为叙利亚燃烧。命运一直对她太残酷了。……她的众神已死，她的孩子离开她，到远方的国度寻找面包……然而，她却仍然活着——那是最痛苦的事情。①

战争期间，革命者和战斗者般的哈利勒过着一种梦幻生活。由于在政治和经济上无能为力，他开始幻想自己是一位重要的浪漫主义人物，领导他的人民走向胜利。这种情绪开始于1913年6月，他的朋友纳吉布·戴伯和艾敏·雷哈尼代表黎巴嫩移民出席巴黎的第一次阿拉伯议会，显然，他对没能参加这次历史事件感到愤怒：

> 亲爱的玛丽，你的哈利勒几乎就去了巴黎！这听起来太奇怪了！这个月的最后一周，巴黎会举行一次大会，三十位叙利亚人会聚在一起，讨论叙利亚的自治问题……一名叙利亚委员会成员请求戴伯和我作为其中的两名代表参加，这主意很好——但在与这些好人们交谈了这件事以后，我发现他们不同意我的任何观点，我也不同意他们的观点。他们可以负担我的开销，如果我说他们的想法——而不是我的！因为他们的想法和我的想法太不同，我没有办法真诚而勇敢地出任他

---

① 哈·纪致玛·哈，1912年5月16日。

们的代表。①

阿卜杜·巴哈，铅笔画，1912 年（茱莉照相）

两周后，纪伯伦向玛丽解释了"对待土耳其问题的学派"与他的政治主张之间的差异。"他们会求诸于欧洲力量，通过外交来寻求自治。……但如果他们诉诸外交，便只能通过土耳其来实现。土耳其会同意，也会许诺，但不会遵守诺言。"那晚，玛丽注解道："哈想要革命。他觉得，即使革命失败，也会得到自治。"当玛丽看到，纪伯伦的朋友们

---

① 哈·纪致玛·哈，1912 年 10 月 22 日和 1913 年 6 月 10 日。

在巴黎制造历史，但他却在纽约蛰伏，她责怪他没有请她送他到巴黎，"与他自己人民的这次战斗，他感到是在浪费时间，他没能前去巴黎——这使他度过了忧伤、无眠和难以言表的孤独时光——他悲叹这不公正，这就如同一名主要的思想者，却被排除出思想的聚会！"①

　　然而，7月10日，他相信这次会议不会带来益处的想法得到了证实。

　　　我认为巴黎会议是次失败，那些群聚在一起的爱国主义者太英明，太为他人着想……我决心独自坚持自己。除非我咽下自己的大部分思想，我不会同意任何人的任何观点——但现在我没有咽下自己的任何思想。为了与这些人和谐地工作，一个人必须要像他们那样保持耐心——而耐心，玛丽，一直是，现在也是所有东方民族的祸端。总体上说，东方人是宿命论者——他们相信，有一个无法避免的必然，统治着他们的命运和不幸……他们反抗激情，并认为如果抵制了激情，他们就可以战胜自己。确实，他们战胜了自己——但却不是别人！而激情，玛丽，是创造一个国家的唯一事物。②

　　如果说纪伯伦和他的朋友加里波第将军一起设想的这些激进主张只是梦想，但他却能把这种激情转化到写作中，巴黎会议后的五年，他在《艺术》杂志发表了《致伊斯兰的公开信》，杂志上的标题是"一位基督徒诗人致穆斯林"。这首散文诗呼吁奥斯曼统治下的各国不同宗教的联合。通过赞扬那些读古兰经和读圣经的人有着共同的目的，他清晰地表达了自己的个人态度：

　　　我是黎巴嫩人，我为此感到骄傲，
　　　我不是奥斯曼人，我也为此感到骄傲。
　　　我有引以为自豪的美丽故土，
　　　我有一个拥有过去的国家——
　　　但没有政权保护我。无论我离开多少天
　　　我应该保有自己仍是一个东方人——我有东方的行为，

---

① 玛·哈43，1913年6月22日。
② 哈·纪致玛·哈，1913年6月10日。

我有叙利亚的欲望，我有黎巴嫩的感觉——
无论我多么崇拜西方的进步。

《公开信》中隐含着对阿拉伯基督徒和穆斯林的警告，如果他们不联合力量破坏奥斯曼帝国，那些"金发碧眼的"西方人便会征服它，中东便会被新的欧洲主人控制。随后，在 1914 年 3 月，纪伯伦更加猛烈地攻击奥斯曼帝国。这次他选择采用戏剧形式，两位知识分子——一位穆斯林和一位基督徒，在贝鲁特的咖啡屋见面，他们讨论被占领国家的内在疾病，探讨他们之间宗教的联合。他在这部戏剧中呼吁"革命的开始"，并以自己一贯的个性，过分夸大自己的政治影响力："我的《致伊斯兰的公开信》制造了我想要的感觉，"他在三月夸张地说，"在发表那篇短信前，它已经放在我口袋里两年了，但我的一些东方朋友觉得，发表了那两页纸，我也就亲自签下了死亡契约！我不在意！"①

当玛丽在八月见到他时，他设想了中东被西方力量控制后的情形：

> 如果土耳其加入德国，叙利亚将会受到保护，被法国和英国（保护或控制）——英国会控制低地部分，因为她想要运河的两端，法国会控制高地部分——20 到 25 年的这样一个政府，将会成为叙利亚的一个管理学校，叙利亚将由此学会怎样管理自己，获得自由。他倾向于英国，但叙利亚与法国有着更密切的联系，整体上，叙利亚人更能接受法国的保护。

战争充斥了纪伯伦的生活——"我总是在我的脑海里画几行战斗的线条"——玛丽试图认同他的政治派别，尽管战争的残暴折磨着她的良心，"有时，它使我在地板上走来走去……直到天亮，"玛丽在十月写道，"女人、孩子和士兵在遭受越来越多的痛苦，我心里的某些东西总是在哭泣，想要停止一切，我确实试着理解——去领会那战斗的现实。"纪伯伦希望玛丽加强战斗的决心，回复道："听着，玛丽，人是自然的一部分，每一年，自然的各部分都会彼此宣战。……人是其中的一个组成部分，他

---

① 《一名基督徒致穆斯林的一封信》，《艺术》1（1913 年 11 月）：37—39；[革命的开始]，1914 年 3 月 9 日（剪取玛·哈文件 71）；哈·纪致玛·哈[1914 年 3 月 8 日]。

必须战斗，必须为他自己不能完全理解的理由而战，这便是斗争，每一粒种子死在战场上……人为一种思想或梦想而战斗，谁能说思想和梦想不是自然构成的一部分？它们曾聚集在一起，组成了这个星球。"①

一个月后，当纪伯伦正准备着蒙特罗斯的画展，玛丽意识到，纪伯伦对政治的参与，是多么强烈地与他的艺术创作冲突。他经常从工作室到楼下接电话，她不知道他是否能妥善安排这种双重生活。"自从战争后，叙利亚人一直跟着他——每天或几乎是每天见他，'我现在已经适应了——将我的意识很快转换到另一件事，'他说，'但起初很难，我的模特到来时，他们刚好站在门口，有时他们先来，等在门外，一直等到模特离去，因为我绝不让任何事干扰到我的模特。'"

还有一次，当纪伯伦再次提起自己想要到叙利亚、煽动一次起义的秘密愿望，玛丽只能竭力隐藏自己对他实际影响力的怀疑。"如果你发动他们，你能设想某人能做那工作吗？"她问。"有几个人能做，"他答，"而且可能找到更多。"她观察到："他不想被杀死，因为尽管他现在为叙利亚而死，可能会有些反响，但效果很小，比他活着引起的反响小。"玛丽最终引导着纪伯伦承认："叙利亚不是我生活的目的……或许我会发现，自己在那儿就像在其他任何地方，是一个陌生人，我很高兴明白这一点。"②

他们在画展的那个周末又见了面，玛丽微妙地提起了这个话题，她想知道，"现在土耳其正处于战争中，有任何领导人在叙利亚出现吗？""没有"，他回答。"那么，你到那儿做任何事，岂不都是一次浪费吗？如果可能加快她的独立——这独立最终终会来临——值得你一试——值得成为你的工作？"③他不会去叙利亚——他们终于都明白了这一点。然而，他想通过向叙利亚捐少量钱的方式来进行弥补，他承诺要贡献最近出版的书《泪与笑》的收益。

1915年，纪伯伦与黎巴嫩和中东其他地区的联系很少，一方面，这是由于法国人成功地封锁了叙利亚；另一方面，是由于土耳其的军事占领带来了严苛的审查制度，这使很多移民害怕受到清算，此外，饥荒和疾病

---

① 玛·哈44，1914年8月30日；玛·哈致哈·纪，1914年10月2日；哈·纪致玛·哈，1914年10月14日。

② 玛·哈45，1914年11月14日。

③ 玛·哈45，1914年12月20日。

的幽灵也使政局不稳。1915 年初，关于土耳其暴虐横行的流言，流传到了纽约的黎巴嫩社区，恐怖统治使宗教领袖遭到流放，那些受到怀疑的反土耳其人士面临着牢狱之苦，有六人被定为叛国罪，并在缺席审判的情况下被判死刑，这其中包括第一次阿拉伯国际议会的组织者阿尤布·塔比特博士。塔比特博士是纪伯伦大学时代以来最好的朋友之一，他是一名医生，也是纪伯伦在贝鲁特曾迷恋过的桑塔娜·塔比特的哥哥。塔比特逃到纽约后，每天与纪伯伦见面，作为一名流亡者，他集合了所有支持法国的移民，纪伯伦也见证了他们的很多密谋和商议。①

1916 年 5 月，纪伯伦积极为处于困境中的祖国募集资金。"亲爱的玛丽，我的人民，黎巴嫩山的人民，正因为土耳其政府筹划的一次饥荒而日渐消亡，已死了八万人，每天有成千上万的人死去，发生在亚美尼亚的事，在叙利亚同样发生了，信仰基督教的黎巴嫩，遭受的痛苦最多。"这一请求得到了玛丽的一张 400 美元的支票，但这数额太过巨大，纪伯伦回信道："我想让这里的叙利亚人感觉到，在其他人能帮助他们之前，他们必须联合起来自助。"6 月 29 日，纪伯伦通知玛丽，他已经以她的名义，捐给叙利亚—黎巴嫩救助委员会 150 美元，"这是迄今为止美国捐献者中的最大金额"。②

同一天，纪伯伦还发给玛丽一张正式信函和收据，纪伯伦当时是救助委员会的书记，雷哈尼任副主席。终于成为祖国人民的官方代言人，纪伯伦为此感到自豪。那年的早些时候，他接受了一件礼物，几名阿拉伯裔美国作家和编辑（纳西布·阿里德、阿卜杜尔·玛西·哈达德、纳吉布·戴伯、伊莱亚斯·萨巴、瓦迪·巴浩特）送给他一枚红宝石戒指，他骄傲地戴在自己的无名指上。

更有意义的是，已经停刊两年半的《艺术》杂志在那年春天复刊，他组织了一个作家社团，当杂志在 6 月重新发行时，几位作者署名"笔会"来表明他们属于这一社团。纪伯伦告诉玛丽，自己想要开创一个论坛，年轻作家可以在那里交流想法，探讨现代阿拉伯文学趋势。"有几名年轻叙利亚人：阿里德、哈达德、巴浩特，喜爱晚上过来，大约每周一

---

① 《1916 年 3 月的叙利亚》（伦敦：考斯顿，1916），第 22 页。埃及期刊《摩卡塔木》曾重印一些文章。

② 哈·纪致玛·哈，1912 年 5 月 26 日和 29 日，6 月 29 日。

次——我非常喜欢和他们在一起——所有诗人、作家、艺术家，他们如此地渴望——他们想要形成一个小社团，然后他们成功了——每两周，他们在一个房间或其他房间聚会一次。如果他们不能找到合适的房间，我告诉他们欢迎到我这里来。"[1]

玛丽焦急地想要看到哈利勒新近发生的变化，于是7月份在纽约待了三天，然后才旅行到南方，拜访表亲"卢丽姨妈"米尼斯。当时的纪伯伦正对最近传到纽约的报道深感迷茫和失望，玛丽试图帮他理清头绪。5月，有14名基督徒和穆斯林在贝鲁特被绞死，尽管有一些细节不清并夸大其词，但清楚的是，叙利亚民族主义者的情况很危险。纪伯伦将土耳其的暴政和最近英国人对爱尔兰自治的报复联系在一起，他的叙述显示出极端的焦虑：

> 你记得那次在巴黎的会议吗，我没去那次？……他们拟定了一份声明，签了名并递交给了法国政府，但当时的法国与土耳其过从甚密，那声明便没有能发表……一份声明的复印件被送到了贝鲁特的法国大使馆。战争爆发了……土耳其政府将那些在声明上签字的人杀掉——我认识其中的五十来个人，因为这些人的死亡，塔伯特博士……感到很可怕。[2]

在1916年的夏秋之际，战争爆发的新闻给纪伯伦的精神带来了很大压力和危机感。每次见到纪伯伦，玛丽便客观地记下他零散的谈话，但她显然不理解其中很多内容，纪伯伦似乎正被冷酷的外交官、可疑的农民和残忍的敌方特务追踪着：

> 当然，土耳其间谍正观察着这里发生的一切，但塔伯特博士还是来了，给了我很多珍贵的想法，并写了几封信。
>
> 我不能躲开叙利亚，我决不应该，因为我是叙利亚人——然而，这工作几乎难以令我承受，雷哈尼——和其他所有人——他们彼此之间能很好地互相理解——他们相处得很好——但我不理解他们，他们

---

① 玛·哈46，1916年4月23日。
② 玛·哈46，1916年7月21日。

也不理解我——他们说，"噢，你只需要参加，坐在那里，一切就会好了。"——的确，他们在照顾一只产金蛋的鸟——当其他人不能拿到钱时，我能拿到。由于土耳其人一直致力于分裂自己统治的各地区——叙利亚人不互相信任，他们害怕如果把钱给了委员会，钱到不了叙利亚遭难的人们那儿……我不得不向所有人解释，使他们确信……我能使他们流下眼泪——他们就按我请求的来做……间谍们观察着委员会在纽约的每一次行动，如果美国的哪位叙利亚人令土耳其不满，他的亲戚就会被杀害。这就是美国的叙利亚人为什么总是无比小心和谨慎。[1]

在迷茫中，死亡成为纪伯伦作品的重要主题，在十月发行的《艺术》杂志上，他发表了一首散文诗《我的同胞死了》。这首诗的开始是一首挽歌，题献给在最近的恐怖事件中牺牲的人们，接着，纪伯伦倾诉自己的无助，控诉中东的弊病，结尾处，他呼吁流亡的同胞，来支持救助工作。

> 我的国家的小山，正浸没于
> 泪水和鲜血之中，
> ……
> 一名流亡之子
> 应该为饥饿的人们做些什么？
> 一名身不在祖国的诗人的哀歌，
> 对他们有什么价值？
> ……
> 这是我的灾难，这是我
> 无声的灾难，
> 它给我的灵魂和夜的幻影
> 带来了羞辱。
> ……
> 是的，但我的同胞的死亡
> 是沉默的控诉……

---

[1]　玛·哈46，1916年10月5日。

如果我的同胞袭击了暴君和压迫者，并且

死于反抗，

我会说，"为自由而死，比活在软弱的屈服中更加高贵……"

……

但我的同胞并没有死于反抗；

……

死亡是他们唯一的拯救者，

饿死是他们唯一的战利品

……

……记住，我的兄弟，

那落入

向你伸开的干枯的手的

硬币，

是维系你那丰富的心灵和上帝仁爱之心的

唯一金色链条……①

  这首诗发表前的一个月，哈利勒离开纽约和救助委员会压力重重的生活，回到了玛丽安娜身边。前一年，他们在科海塞特发现了一处小村落，那是离波士顿南部 25 英里的一个海边小村庄，他们和一些拜访的亲戚一起，在那里度过了第一次假期。1916 年，当纪伯伦逃离城市时，他回到了这处位于耶路撒冷路的房子。在那里，他给威特·拜纳写了一封信，他在信中开始谈到自己的焦虑："我卧病在床，大约两周前，我带着没有翅膀的身体和疲倦的灵魂，来到了科海塞特——现在，我妹妹和一位好医生在照顾我。这个房子位于茂密的森林和深深的海洋之间，但我那虚弱的身体一直未能让我坐在绿色的林荫中，我那苍白的自我也未能让我沉浸于蓝色的水中。我害怕，威特，我可能会有一段时间无法歌唱。"

  几天后，纪伯伦进一步向拜纳解释了自己似乎是身心失调的疾病："感谢你的信，它让我觉得好多了，这是神经崩溃、过度工作和我的国家的悲剧，它给我的左半边身子、脸、胳膊和腿带来冰冷、麻木和疼痛。它

---

  ① 《我的人民死去了》，《哈利勒·纪伯伦珍藏》，第 339—345 页，最初的名字是《当我的人民》，《艺术》2，1916 年 10 月，第 385—390 页。

会过去的，威特，我会再好起来的。在这儿，我坐在太阳下，将我的左半边身体对着温暖的太阳，以起到治疗效果，我的左半边脸比右边显得颜色更深、深得多，这产生了很奇特的效果——有点像15世纪的小丑！"[1]

10月15日，当玛丽在波士顿见到哈利勒时，她惊呆了，"他33岁的面庞就像40多岁，甚至他的手也看起来比实际年龄更苍老些——这次他没有变胖……他看起来精疲力竭，他的右半边身体，由于童年时的伤害，变得很敏感脆弱，之前几乎要瘫痪了——他正进行太阳疗法。在纽约，他曾进行电疗——但太阳疗法更见效"。

为了让纪伯伦从救助委员会的事务中解脱出来，玛丽那天晚上引入了其他几个话题。他们谈及他对天文学不断增长的兴趣，天文学使他们都相信星系以外存在生命。"就像鱼会相信水之上便没有生命，"他探询地说，"因为它们不知道这样一种生命：那生命会是同样自然的，这就像我们相信除了人类存在以外，便没有生命元素一样。"杂志上的一篇关于艾米·洛威尔的文章，引发了玛丽关于精神病理学与现代文学的一次简短讨论，"然后，我们读了《蛋白石》和她的其他几篇小诗，我向他展现，精神分析怎样从这些作品中发现性和自淫，哈利勒并不深以为然，'我觉得精神分析很棒，但为什么把一切都称作性呢？一切可能是性——但我不能感受到这一点。'"之后，玛丽请他为她画出"自己的想象，那是一个张开翅膀的灵魂，一个紧抓住小翅膀的灵魂阻挡着他。"于是，纪伯伦在她的日记本中画满了四页长着翅膀的人物，一直画到自己感到厌烦。"现在，我要画艾米·洛威尔，"他宣布。他为自己所勾勒的这位诗人的轮廓感到满意，"当然，我没让她穿衣服——"如果有人告诉她，"这位叙利亚人一直在画你"，她会怎么说呢？

那天度过的时间漫长而杂乱，最后，玛丽忧虑地凝望着他离去的背影："他带走了荣格的《无意识心理学》去阅读，他吃了一块菠萝和两小片姜片——抽了四五支烟——在12点到1点间离去——我不知道他现在住在哪儿。我看着他沿街走去，像以往那样——从窗户看——他像平时那样走着——但没有像惯常地那样点着烟，他走路时有点很奇怪的摇摆——向前跳——很轻快。"[2]

---

[1]　哈·纪致拜纳，1916年9月22日和1916年未标明日期的一天，哈佛学院图书馆。

[2]　玛·哈46，1916年10月5日。

玛丽安娜、哈利勒和马伦·乔治在科海塞特（作者）

　　纪伯伦借《无意识心理学》的主要原因是，这本书已由心理学家贝特雷斯·辛克尔翻译，辛克尔像玛丽一样，对纪伯伦及其作品感兴趣。纪伯伦第一次见到辛克尔时，便把他介绍给了年轻作家詹姆士·奥本海姆。1916年初，奥本海姆成为第十大街工作室的常客，他对《疯人》中的一些篇章印象深刻。尽管哈利勒和奥本海姆的背景截然不同，但他们还是在很多方面找到了共同的纽带。奥本海姆1882年出生于明尼苏达州的圣·保罗，他六岁丧父，早年岁月并不轻松，像纪伯伦一样，他所受的教育参差不齐——高中毕业，在哥伦比亚大学做了两年特别生。奥本海姆在纽约的安置屋中锻炼成长，然后进入主流知识分子界，他曾在哈德森协会安置处担任助理，并在希伯来女子机械学校做老师。为了谋生，他转行做记者，并开始给杂志写小说。1914 年，奥本海姆出版了八本诗歌和散文集，作品中包含着强烈的社会理想主义。当哈利勒遇到他时，他正与辛克尔博士合作，准备出版一本包含美国新文学观念的杂志。

努拉·纪伯伦，铅笔，题词"纪念在森林和大海之间——耶路撒冷路的科海塞特——度过的一周，1917 年 8 月，纪伯伦。"（作者）

对于奥本海姆来说，纪伯伦非正统的文学表达方式，尤其是他的表达依靠激情而不是理性——强烈地吸引了他，纪伯伦会把一些简单的词拼错，但却拥有狂热、原始和直觉。在辛克尔博士的鼓励下，由一位富有的庇护者兰肯资助，奥本海姆创立了《七艺》杂志，他选择瓦尔多·弗兰克和凡·威克·布鲁克斯做联合主编，纪伯伦和罗伯特·弗罗斯特、露易斯·昂特迈耶、罗伯特·埃特蒙德·琼斯、艾德娜·肯顿和大卫·曼内斯一起，组成了顾问委员会。纪伯伦是委员会中的唯一一名移民，他在某种程度上代表了中东的反物质主义精神。

1916 年 7 月，哈利勒第一次向玛丽提及了《七艺》，他送给她一份杂志简章的复印件，这篇简章对年轻的美国作家发起了精神挑战：

> 这是我们的信仰，也是很多人的信仰，我们正生活在复兴阶段的初始时日，这个时期对于美国来讲，意味着民族自我意识的到来，这是伟大的开端……我们不是要继续传统，我们不是要建构起某种风格的流派，我们对作家所要求的，仅仅是与现代杂志标准不同的自我表达。我们倾向于这类作品：它的表达经由作者自身的快乐和需要。除了奥本海姆，他不认识其他作家，"他喜欢我做的事——我喜欢他的想法……他想要出版我所有的英语作品……一些叙利亚人很愤怒，因为我把我的名字给了他"。[①]

在《七艺》发行以前，哈利勒已经知道，他与这些潜在的和平主义者的联合，会惹恼他的阿拉伯亲戚，然而，他继续主动支持奥本海姆，甚至请求把简章的副本送到国外。"我的每位朋友都很为《七艺》着迷，很多年来，他们一直觉得需要这样的一本杂志。"8 月，他和奥本海姆商量杂志的封面设计，他建议采用与《艺术》杂志同样的"手和火焰"主题，但没有被采纳。他很高兴地接受了奥本海姆的意见，并写信给他，"你非常正确，第一次设计的手不够强壮，火焰看起来不像火焰……能在《七艺》中起些作用，我感到高兴极了，我很感兴趣，想看到它一切顺利"。[②]

《七艺》第一期发行于 1916 年 11 月，在玛丽看来，以这样一种令人印象深刻的方式来收录哈利勒的作品，是他迄今为止最有价值的成就。"《七艺》来了——我很看好《夜与疯人》——每期都要给些稿件，如果可以，请这样做，哈·纪——在众多荣耀的、少数者的声音中，你发出了更伟大的声音。"[③] 她提到的那些在纪伯伦之下的声音，将会在下一个时代影响美国文坛。与洛威尔和弗罗斯特一起，奥本海姆聚拢了一批光芒闪烁的作家。尤金·奥奈尔、D. H. 劳伦斯、舍伍德·安德森、西奥多·德莱赛、约翰·多斯·帕索斯和 H. L. 门肯都为这项新事业做出了贡献。不

---

① 霍夫曼等：《小杂志》，第 87 页；玛·哈 46，1916 年 7 月 23 日。
② 哈·纪致奥本海姆，1916 年 7 月 12 日和 1916 年未标明日期的一天，纽约公共图书馆。
③ 玛·哈致哈·纪，1916 年 11 月 2 日。

久以后，哈利勒就要开始享受自己的成功——用英语出版著作，而正如他自己所预料的，这一成功与《七艺》的发表活动有直接关联。① 《更大的海洋》出现在 12 月发行的《七艺》，另外两篇更短的作品《天文学家》和《给予与索取》发表于 1917 年 1 月。

纪伯伦不再消沉，工作似乎治愈了他对革命的痴迷，并对精神复原起到了病理学上的辅助治疗效果。11 月，当玛丽见到他时写道："……他看起来很好。"确实，由于纪伯伦态度放松，这次拜访令双方感到愉快，她之前见到了哈代夫妻与赫什夫妇，告诉他"米歇尔姣好的贝特雷丝……和莎洛特娇小精致的男孩儿，以及莎洛特和吉尔伯特在过去一年怎样赚了3000 美金"。就连莎洛特的新闻也令他高兴，"那天的晚餐，我们的交谈从未有过的舒服和温暖，我不记得我们说了什么——只记得哈爱极了那俄罗斯音乐"。②

玛丽了解到，纪伯伦不再执着于中东的阴影，现在正忙于准备次年年初在克内德勒公司的一次画展。她帮他选择了 40 幅淡水彩画，"克内德勒是世界上最大的画商，"他观察道，"克内德勒要展出我的画，每个人都感到惊奇，他们想知道'为什么他们愿意？'"③ 画廊雇员阿尔伯特·斯特纳促成了这件事，她之前拜访过哈利勒的工作室，喜欢他的作品。

这些画作在风格和目标上远离了早年的彩粉画和油画，这些作品形式更为简单自由，色彩更富活力，更接近罗丹的水彩画，而不再是早年象征主义的风格。大部分画作创作于过去两年的夏季休假期间，"在科海塞特，我创作了 75 幅……有时我在树林里从 5 点开始创作，在晚餐前创作3 幅或 4 幅——我没有提前预想过作品的效果……我在工作时，几乎不知道自己在做什么，我去睡觉……第二天早上，有时我会不记得我画了什么——当我看到它们时，我感到惊讶。"这些画作围绕着三个主题——人首马身的怪物、母亲和孩子、舞者。"我想让这次画展展出人的形式与其他形式的关系，其他形式包括了树、石头和生命的其他形式——那些特殊的、坚硬的东西，"他解释道。④

---

① 哈·纪致玛·哈，1916 年 11 月 5 日。
② 玛·哈 47，1916 年 11 月 11 日。
③ 玛·哈 47，1917 年 2 月 3 日。
④ 玛·哈 46，1915 年 9 月 19 日；47，1916 年 11 月 12 日。

人首马身系列淡水彩画（茱莉照相）

这些新的突破使纪伯伦忙碌起来，也使他没能在圣诞假期见到玛丽，这是六年来的第一次。在参加救助工作的第一个月，纪伯伦不再给她发英语诗，但他新年前夕的书信表明，他重新开始文学与艺术创作：

> 亲爱的玛丽，我正吃力地处理画框和一些画作，但我觉得，我会在 29 号以前准备就绪。我正处于工作状态，我的心满是活动的形式……我同时发给你一首几天前写的诗 [〈主〉，《疯人》]，你不会检查一遍，玛丽，并且校正它的英语吗？我感到，这首诗是我想做的一些事的开端。
>
> 我也发给你我的另一样小东西——一篇寓言—— [〈三只蚂蚁〉，《疯人》]，如果有时间的话，你可以阅读并修正英语。我确信，如果不是你，我不能用英语写一个词，但在我学会用这种奇妙的语言赋予我的思想以形式之前，我必须大量学习。我发给你关于主的诗，是我所有感觉和思想的钥匙，如果需要，我可以改变它现在的形式，因

为我想让它更加简单清楚，这篇小寓言……也属于我度过的那个岁月。然而，这些短暂的灵光一闪远远不够，在让人们感受到以前，就应该有大的思想，应该用大的形式来表达。我的英语仍然很有限，但我会学习。①

画展开始于 1917 年 1 月 29 日的周一，哈利勒邀请玛丽的便条表明，他的情绪从未有过的高昂。"《七艺》和这次画展使我的日常生活充实，像我想象的那样步伐加快……一切都棒极了——甚至是当我不工作的时候，当我身体劳累的时候。生活丰富而又甜蜜——即便痛苦，却也不乏丰富。"便条末尾的请求显示出他日益增长的独立性："你在周五或周六不能打电话给我吗？我现在有了自己的电话，我不需要在楼梯间跑上跑下地接电话了！我的号码是……9549。"②

玛丽独自参观了第五大道的画展，这次的不期而至与她 1914 年参观蒙特罗斯画展截然不同，她很高兴地偷听到了一些认识哈利勒的叙利亚参观者的谈话。随后，她"告诉他关于显然是认识他的那群人的情况……他确定其中一位是埃拉－库里夫人……他们谈到，他是'我们这儿最伟大的人物'，他'内心有神圣性'，并且他和雷哈尼'势均力敌'，但表现方式不同"。作品得到了一些购买的承诺，评论也持肯定积极的态度，这使他变得性情柔和："这次展览对我意味着很多，对我自己的生活……在《七艺》发表文章……也在我的生活中富有意义，它已经给予我一些东西，我发现，我在这里得到介绍，就像 15 年前在我的祖国一样，当然，在那里，一切都很容易……我在这里做了多得多的工作，等待了更长的时间，但我也不知道，这里的成功为何而至，我只是发现，我出了名。"③

那年的早些时候，纪伯伦通过拜纳结识了约翰·梅斯菲尔德和劳伦斯·赫斯曼，并为他们画像，玛丽还获悉，他还与弗雷德里克·麦克莫尼斯共进晚餐，费雷德里克是当年波士顿公共图书馆中"酒神女祭司"的雕塑者，21 年前，哈利勒正是在那里接触到了美国艺术。

次日，在纪伯伦的工作室，玛丽无意中听到一些电话谈话，这让她对

①　哈·纪致玛·哈，1917 年 1 月 3 日和 12 日。
②　哈·纪致玛·哈，1917 年 1 月 31 日。
③　玛·哈 47，1917 年 2 月 3 日。

他的纽约生活有了更多了解。"福特夫人打了电话……奥本海姆也打来电话——他们谈起圣·露易斯《镜报》的威廉·玛丽安·里迪,他们都很喜欢里迪,里迪想在圣·露易斯展出哈的画,他一直建议将艾夫人的文章和哈的一些画一起出版……我们认定圣·露易斯不适合他……两件事会自然而然地到来。"显然,纪伯伦的精神导师仍然影响着他的决定,玛丽坚持说,应该优先在波士顿举行画展,纪伯伦温和地同意了,决定和克内德勒商议这一可能性。[①]

"艾夫人"——爱丽丝·拉斐尔·艾克斯坦——已经为《七艺》写了一篇关于纪伯伦的文章,奥本海姆慷慨地支持他的作品,这鼓舞着纪伯伦,正如他告诉玛丽的,"'他的作品总是在发展,他不断来和我一次次谈论事物,你看,'哈说,面带微笑,'你管理我,我也管理其他人'"。纽约评论界一直对这次画展有好评,但只有这位歌德研究专家和辛克尔博士的密友艾克斯坦夫人,将纪伯伦的创作意图和讯息提升到灵魂层面。

> 它位于东方和西方之间,是象征主义和表现主义的分界线,是雕塑和油画的临界点,哈利勒·纪伯伦先生的作品……在我们现代油画的概念中,代表了一股引人瞩目的力量。……我们看到,一位女性的身体从尘世的灵那巨大的形式中升起,她携着男人和女人……厄达、阿米达、克瑞斯、玛丽,他的选择形成了某种氛围。有某种普世的意味……他作品中的人首马身和马,有一种完全与他们的本性相分离的魅力,这使它们不再完全是动物……在这些人首马身的动物中,我们感受到了人的气息,而在作品中人的画像中,我们感受到了动物的味道,这样一种变化本身是一种奇迹……[②]

三月,波士顿"多尔和理查德"画廊的老板杜德利·理查德同意展出纪伯伦的淡水彩画。然而,画展开始前,莱德尔于3月28日去世,这增加了纪伯伦在媒体面前的曝光率。自从1915年结识这位艺术家以来,纪伯伦一直与他保持联系,当莱德尔病重时,纪伯伦到圣·文森特医院探

---

① 玛·哈47,1917年2月4日的事件,记录在2月3日下。
② 玛·哈47,1917年2月4日的事件,记录在2月3日下。拉斐尔:《哈利勒·纪伯伦的艺术》,第531—534页。

望了他，并向玛丽形容了他的样子：

> 莱德尔从医院给哈打电话，哈几乎每天去看他……"他在医院里看起来那么美，（面颊）上没有肉，骨骼外凸——双手是那么美——他讲话很慢，却很清晰。他记忆很弱，以至于他不断重复地告诉你同一件事。"
>
> 莱德尔爱哈（利勒）写给他的诗，很多次谈到这首诗——"你想"，这位艺术家说，"他来自黎巴嫩山，而我却在这儿——我们彼此找到对方，并没有人介绍我们认识。"
>
> "而事实是"，哈说，"我走向了他。"

在与莱德尔的联系中，哈利勒感到舒服，同时也加强了他对自我的认同。在某种程度上，莱德尔与社会的疏离，映照了哈利勒自己的感受，他之前曾经常分析自己对孤独的人的尊敬。"我认识他——能看到他真实的生活，能在我的现实生活中遇到他——是我生命中最伟大的事件之一。"后来，他向玛丽吐露心声：

> 前几个月，我不再去看他……你知道，大约在 20 年前，他还在这个世界上……但我似乎知道他为什么离开——我理解莱德尔的生命过程，这是一种与他所遇到的世界的斗争——为了回答"世界是无意义的"，使意识和心灵远离它们自己的目标……他只能放弃……离开那个绅士和淑女的世界，他在纽约寻求一种底层生活，那种生活对他没有要求。那是一种更新——努力工作以外的休息。因为他的意识停止斗争，他的身体也离去了……除他以外，没有人有这样一种关于尘世的认识。①

在亨利·麦克布莱德的回忆文章中，他提及自己与莱德尔在蒙特罗斯画展时相遇，并在结尾处记述了哈利勒写给他的献词："下面是我所见到的、献给阿尔伯特·品克海姆·莱德尔的第一首诗，这首诗的作者是哈利勒·纪伯伦，他是叙利亚画家和作家。我们不得不一路走到叙利亚，为莱

---

① 玛·哈46，1915 年 8 月 27 日；47，1917 年 5 月 9 日。

德尔唱首赞歌，这实在糟糕，但尽管我对纪伯伦先生结尾处运用的如此多的……不敢苟同，我还是挺喜欢这首诗的开头：'你的世界是那原初真实的巨大世界'，这就是那首诗。"国家出版物选取了这首诗，玛丽也曾记载，托勒多的《刀片》、一家芝加哥报纸和三家其他报纸引用了其中的诗行。《当今观点》不仅在一篇摘要中引用这首诗，还复制了那幅莱德尔的肖像，说明文字这样写道："为这幅突出的肖像作品，我们感谢哈利勒·纪伯伦先生，叙利亚诗人、神秘主义者和艺术家。"①

4月16日，哈利勒在波士顿的画展开始，哈利勒没有前去参加，等待着玛丽关于画展的报告。"多尔和理查德已经将淡水彩画挂在了他们的小房间里，那房间位于画廊内前厅和后室之间……光线很好——空间太小，只够依次挂好。"在那些相识的人中，玛丽的姐姐露易斯是最有鉴赏力的一位，她说："对我而言，绝妙的是，以大地作品的方式来展现人，人被表现为大地的一个作品，或大地的很多作品——人是根、人是石头、人是藤和花儿、人是动物。"

另一位感兴趣的评论者是查尔斯·皮勃迪，他从戴伊1904年的画展中买过一幅彩色粉笔画，他和妻子珍妮特是玛丽的好朋友，几年前，他曾为玛丽拍照，他们的女儿现正在玛丽的学校上学。"皮勃迪先生不喜欢形式，但他认为色彩很辉煌——辉煌——完美。这使他想起了'精美的老庞贝城。'"②

爱丽丝·艾克斯坦的文章对波士顿评论界的影响很大，然而，还是有位狡黠和有历史头脑的评论者，回忆起了哈利勒在世纪之交的生活场景，在一篇题为《叙利亚的联想》的文章中，他写道：

> 这位叙利亚艺术家，令人愉快地回忆起了他协助弗·霍兰德·戴伊的哈考特大街工作室的时代，他曾在1903年来到波士顿。后来他一直在纽约工作，但或许当时没有哪位象征主义者，像他那样发展了某种模糊的、神秘主义的表现方式，这种表现方式属于波士顿那个先进时代的美好理想，那时，人们戴着白玫瑰参加圣徒查尔斯的生日，富有的女士擦洗教堂的台阶。这年轻的阿拉伯人发现自己与波士顿氛

---

① 麦克布莱德，《纽约周日报》1917年4月1日，第2、5、12页。
② 玛·哈致哈·纪，1917年4月18日和22—23日。

围意气相投，他反叛那单调乏味的文字世界，进入那精雅世界。

那个时期只在当地名噪一时。戴伊先生离去，周围后继无人，往昔戴着白玫瑰的人们，如今建造不朽的大教堂，在东波士顿和南恩顿的示范屋中自娱自乐［可能是暗指拉尔夫·亚当斯·克莱姆］。然而，纪伯伦先生却在纽约文学界实现自己早年的探询，就像过去，他转动着自己的铅笔尖，扫出线条，然后用单调枯燥的水彩，填充那浓密的轮廓。这些画淡淡地闪烁着红色和蓝色的光，几乎没有去凸显暗示结构，但一切都在流动和融合，充满着韵律和神秘感。市侩会嗤笑这些作品，但相反，一名种族心理学的学生，却会感觉到这些作品表达了与伊斯兰艺术或精致的波斯细密画相同的精神状态……纪伯伦的艺术蕴涵在升华的以太中。

这篇评论的直率令玛丽恼火，她称它"无聊"。[1] 哈利勒在波士顿的艺术起步阶段逐渐被人们淡忘，一位来自中东、亲近法国的纽约人的形象，正取代他曾居住于安置屋、曾受助于那位已经过时的戴伊这些事实，这个官方形象既没有经历过挣扎，也没有遭受过生存的苦难。

他过去的另一位重要人物也观看了这次画展。约瑟芬·皮勃迪·马克斯在 4 月 24 日参观了画展，玛丽在日记中提到了她的出席，却并没有记下她的反应，但即使是有微词，似乎也并不令人感到惊奇。玛丽报告说，他的很多波士顿崇拜者更偏爱他早年的风格：尤其是一位未署名的他的早年朋友，很遗憾他远离了所谓的"纯粹和独一无二的理想"。

然而，美国进入了第一次世界大战的漫长等待，现在已经使纪伯伦无意顾及这些波士顿意见。他在 4 月 20 日写道："亲爱的玛丽，现在我在市中心为叙利亚工作，自从美国与联盟政府结盟，这个国家的叙利亚和黎巴嫩人已经决定，加入准备进入叙利亚的法国军队，在城市里一些叙利亚人的帮助下，我已经组织了一个'叙利亚山和黎巴嫩志愿者委员会'。我不得不这样做，玛丽，法国政府会看到和关注到这次运动的道德层面。"[2]

直到战争结束，纪伯伦仍然集中精力从事解放同盟的事务，他积极鼓

---

① F. W. 科伯恩：《叙利亚的联想》，《波士顿周日先锋报》，1917 年 4 月 22 日，第 5 页，玛·哈致哈·纪，1917 年 4 月，422—423 页。

② 玛·哈47，1917 年 5 月 9 日；哈·纪致玛·哈，1917 年 4 月 20 日。

励叙利亚和黎巴嫩青年拿起武器抗击土耳其，伍德罗·威尔逊的话"没有人会被迫生活在一个没有希望的主权下"是同盟的口号。[①] 同盟在巴黎、伦敦和埃及还有类似的附属机构，他们共同疾呼中东的自治和改革。几位主要叙利亚报纸的编辑——《西方之镜》的伊利亚·马迪和戴伯、《旅行者》的哈达德、《艺术》的阿里德——都是行政委员会成员。哈达德博士任主席、雷哈尼任副主席，刚到纽约的米哈依尔·努埃曼是阿拉伯通讯书记，纪伯伦当选为英语通讯书记。

　　哈利勒重新投身于自己人民的事业，这与他在《七艺》的角色严重冲突，到1917年夏天，《七艺》成为一个充满激情的论坛，奥本海姆、约翰·里德和兰道夫·伯恩在此猛烈抨击战争。7月，正处于内心危机中的纪伯伦见到玛丽，试图为自己的矛盾立场辩护：

> 你知道我喜欢奥本海姆——尽管我们对这场战争的态度截然相反……我反对战争——但正因如此，我利用这次战争。它是我的武器，我是为了公正——因此我利用这伟大的不公正……奥本海姆知道我的感觉，他来找我——你知道他总是会来找我讨论事情——我已经告诉了他我的观点。我不想伤害杂志，他们也想保留我的名字。我不能，以某种方式，伤害他们——因此我想，或许最好让事情自己慢慢过去。我的叙利亚朋友不喜欢它——杂志印出最近的几期编委名单后，他们不理解我为什么仍在编委会。

　　那年夏天，还有无数美国人像纪伯伦那样进退维谷。莎洛特是一位坚定的和平主义者，越来越走向爱国主义的玛丽与这位老朋友之间的裂痕不断扩大。玛丽在救助委员会的努力起初是个人性的，如今变成了学校事务。4月22日，她写道："从十月至今，我校已经捐赠了1000多美元——针对叙利亚、法国、比利时的不同需要——到今年年末，我觉得我们应该能达到1500美元，1914—1915年，我们捐赠了215美元；1915—1916年，420美元……明年，我相信我们能扩展这项工作。"然而对于这一切，莎洛特毫无共鸣："我害怕，你就像罗斯阿姨，为红十字、服务徽

---

　　① 1918年4月5日写给西奥多·罗斯福的信，271，《罗斯福文集》，哈佛。信头上写着，"解放叙利亚山黎巴嫩同盟"。

章、节俭而感到荣耀——这些是战争带给狂热者的看不见的武器。"①

艾米·洛威尔和詹姆斯·奥本海姆在 1917 年夏天的几封通信，也体现了这两种不同意见之间的交流，在艾米看来，一份"精彩杂志"发狂的表现之一，便是它坚持"怒骂战争"。② 面对各方面的严厉批评，纪伯伦最终与自己的支持者兰肯夫人和洛威尔小姐达成一致，压制自己对和平主义的热情。但尽管诗人奥本海姆抵押 200 美元来支援杂志的经济困境，并削减杂志中反政府的恶言，还试图集合其他力量来支持《七艺》，但这些努力都为时已晚。1917 年 10 月，他不得不宣布停止这一事业，这份杂志推出的大部分文学骨干，转到了另一份杂志《日晷》。尽管如此，《七艺》的短暂经历仍然成为纪伯伦事业上升期的一个跳板。

纪伯伦从《七艺》中解脱出来，看起来是件幸事，但同时也带来了不安。他再次幻想自己到前线去："如果我入伍，"他争辩道，"其他人也会入伍……他们或许会觉得，我的意识是我最有用的部分……我不能为这场正进行的战争做任何常规工作——我自己的工作……如果战争结束了，我仍然在这儿，你知道那对我的生命意味着什么——我只想试着做些事情。"③

12 月，他去了波士顿，玛丽安娜终于在泰勒大街 76 号找到了一个公寓，这个公寓位于一座干净温暖的建筑里，毗邻马龙派教堂。当玛丽在圣诞节后的那天见到纪伯伦，不禁悲叹他的样貌——"他的面庞即使在休息时，也不含笑意，其中潜藏着某种深深的不安——叙利亚是原因——更确切地说，是黎巴嫩。"随后的两晚，他们的话题集中在战争的复杂性上，"不断感到叙利亚不确定的命运——反省了自己内心的所有变化——关于创作的作品……"过去一年已经消失了的不安感，又重新出现了：

> 我知道自己有用处，因为我的脑袋又有了新价钱……一天，我收到一封信——匿名的——和写给塔伯特博士的一封英语信相近。"土耳其还没有灭亡——她的胳膊能伸很长——如果你不停止正做

① 玛·哈47，1917 年 7 月 27 日；玛·哈致哈·纪，1917 年 4 月 22 日，莎·泰致玛·哈，1918 年 6 月 2 日。

② 罗威尔致奥本海姆，1917 年 7 月 30 日，哈佛学院图书馆。

③ 玛·哈47，1917 年 11 月 10 日。

的事——"（我忘记了结尾处的威胁，[玛丽插入的话]但感觉是你
不久就不能活着做这些事——还附着一把惯见的滴血的匕首）。当
然……我知道如果土耳其间谍真的计划在纽约杀了我，他们不会说
出来的——但同时，我也利用这封信，我直接给司法部打了电话。

司法部无能为力。玛丽极为镇定地读了他的故事，甚至连他最近的一
篇言论，也没有让她难过。"他让我看他胳膊上的伤疤，那是在巴黎时受
的枪伤——一个土耳其人想要他的命……他过去从未告诉过我——那一枪
开得太近——失败了。然而，威胁和阴谋并没有影响他，他所思考和担忧
的，不是个人的事情。"①

"不，我总是不很确信，"当玛丽问他对战斗结果的看法时，纪伯伦
回答，"有时，我觉得叙利亚会死去，有时我看到潜水艇和飞艇在攻击美
国海岸。"她慢慢引导他离开自己沉迷的战争，"哈似乎只有三分之一活
在意识中，三分之二活在潜意识里，这次战争废除了一切生命的权利，但
战争却捕获了他，我感到，当我们在一起时，某种狂暴的不安就会平静下
来……"②

由于那段时间的严寒，纪伯伦一直没有回到冰窖般的纽约工作室，
他在波士顿停留至1月12日，其间，他们每次会面，玛丽总是会哄着
他写作和绘画。最后几天，他们又开始合作，完成了一首致罗丹的挽歌
（罗丹刚在11月去世），他们还一起合作了四篇寓言故事（〈石榴〉、
〈野心〉、〈眼睛〉和〈其他的海洋〉）。离开波士顿时，哈利勒又重新
恢复了镇静，想要回到自己的工作中。此行的最后一次会面后，玛丽写
道："哈热爱每样可爱的事物，爱一切和所有人——爱所有活着的生命，
一边精神的贫乏，从未遮蔽他看到另一边的丰富……离开自己的工作环
境三周，生活在玛丽安娜布置的舒适环境中，他现在看起来好多了。"

在与玛丽共度的那些夜晚，纪伯伦创作了很多画作……他告诉她，"我
来到这里画画儿，而不是交谈，我留下这些画，因为我不想带走它们"。③
她通过平静的抚慰，将他带回那个有着布莱克、特纳和杂志的现实。

① 玛·哈47，1917年12月26日。
② 玛·哈47，1917年12月28日。
③ 玛·哈42，1918年1月12日。

《行列》中的插图（作者）

纪伯伦在乡间（作者）

第十八章　先知

　　1918 年 1 月底，越来越多的纽约文学聚会需要纪伯伦出席，那个月，应雷蒙德市长的邀请，他在纽瓦克做了关于叙利亚的演说，他已在美国诗社朗诵作品，又得到允诺，要用整晚时间进行朗诵。他还接受了到科琳·罗斯福·罗宾逊家的晚宴邀请，"唯有音乐和诗"，他在接受函中写道，"能使我们想起更平静的昨日和更善良的明天"。①

　　当渴望被认可的愿望得到满足，纪伯伦的迷茫感也在消失。他将自己内心的变化归因于外界："和人们谈论诗歌，向他们朗诵，带给我真实的巨大愉悦感。" 2 月 5 日，他向玛丽写道："在过去的三年里，人们似乎发生了很大改变，他们渴望美、真实和其他事物——这些事物存在于美和真理的深层，人们对我那么和善，那么甜蜜，有时令我觉得害羞。"②

　　当战争的匮乏影响到人们的室内生活，玛丽为他的工作室感到担忧："愿你能得到足够的煤取暖！当我醒来，我想起你正经历那寒冷的日子和这样寒冷的夜晚——想知道工作室的感觉怎样——显然，如果政府允许我们 20 美元一吨，一定会有大量的煤！"然而，牟取暴利和通货膨胀并没有令他消沉，"这些日子确实很艰难……但我们正在学习这么多关于生活和自我的知识——我们正学习怎样处理衣、食和燃料。当日子好转，我们所学到的，对我们将会有很大价值。个人而言——我处理得很好……玛丽，生活总是对我这么和善与慷慨……我总觉得不开心，是因为……其他人——不计其数的人——正被野蛮地对待着。我非常能意识到这种感觉，这种不幸福与自命不凡不无关系"。他不再设想要轰炸北美海岸，"我相信会有好结果，尽管现在一切都比过去看起来更黑暗……这些年来，人们

---

① 哈·纪致罗宾逊，1918 年 1 月 26 日，哈佛学院图书馆。
② 哈·纪致玛·哈，1918 年 2 月 5 日。

一直以地方性的方式思考——考虑自己、家人、城市、国家和大陆。现在，人们正开始从整个星球的视角来思考——不仅仅是伟人——而是很多人，人们的言谈已变得更全球化——（它表现在）电报、电话和电影中"。[1]

三月，当玛丽前往纽约观赏莱德尔的作品纪念展时，她感受到，哈利勒的名声正扩展到纽约以外。"我的作品有四个大的受众"，他告诉玛丽："我已经在罗宾逊夫人家的晚宴上朗诵过两次！在亚丝帕·贝恩斯的招待会上……我不能去芝加哥［诗社朗诵］……我不想只因两小时的朗诵而旅行。你知道（汉尼尔）·龙，他在匹兹堡的卡耐基机构教授诗歌，确有此人——一位诗人——他想让我到他那儿演讲。"他让玛丽看自己最近给威特·拜纳和皮埃尔·德·拉努克斯画的肖像画。德·拉努克斯是法国驻华盛顿使馆高级委员会的代表，同时也是一位对民族主义运动感兴趣的作家。他刚刚出版了一部关于塞尔比亚的著作，并对美国新浪潮的诗人做了重要研究。但对玛丽而言，最好的新闻却是纪伯伦告诉她，"我已经向一家出版社递交了书稿"。[2] 这本书是《疯人》，在纪伯伦的职业生涯中，这是他第一次寻找一个英语出版商。

一天早上，一直等到一些拜访者离开工作室，玛丽才得以见到纪伯伦。在这些拜访者中，有一位作家玛丽·都德·加兰德，她是波士顿人，在新罕布什尔州的格林威治村有一所房屋，同时在玛萨诸塞州的秃鹰海湾也闲置了一处产业。她寡居十年，将六个孩子抚养成人。她让自己的几个孩子、朋友和许多艺术家朋友住在自己家里，罗斯·奥奈尔的小圈子尤其热衷于接受她的款待，如今，哈利勒也决定接受她的邀请，到她后湾农场的家里居住，可以在农舍中不受干扰地工作。

那天早上，纪伯伦向玛丽读了一首正酝酿着的诗，她称为"致男人和女人的段落"，她在日记中记录了一个片段，并赞扬它美好真实：

> 互相爱着彼此——
> 让你们的爱就像海洋
> 你们自己是海的两岸——

---

① 玛·哈致哈·纪，1918 年 2 月 10 日；哈·纪致玛·哈，1918 年 2 月 26 日。

② 玛·哈 47，1918 年 3 月 22 日。

> 填满彼此的杯——但不要从
>
> 同一个杯中啜饮——彼此递赠面包——
>
> 但不要分享同一块面包——
>
> 你们要合一，也要独处——

　　这没有答案和标题的诗段，将会成为《先知》中的名篇《论婚姻》的段落，诗句触动了玛丽，她向纪伯伦坦承自己的困惑：她不断出现对学校事务的倦怠感。这次，轮到纪伯伦宽慰玛丽：

> 　　我告诉他，有时感到很困扰，因为我的全部心思并不在工作上，他立即说道："不，我的全部心思也不在工作上——没有人把全部心思都放在工作上——你的全部心思不在任何事情上——在任何一件事上。我们的心思在每件事上……我们的工作只需要一样东西——那就是爱。那是学生们想要的——是我们所有人都想要的……这很容易做到——然而我们不去做——当我说'爱'，我的意思不是指情感——我的意思只是用一个人的全部自我来达成自由、欢迎和愿望，不是用一种哲学和许多理念——那会使人们说'多么有趣的时刻！'——而只是用我们的自我——我们所拥有的最宝贵却没有给予的东西。这是人们唯一想要的……我们并不总是满怀着爱，玛丽——我的意思是指我们人类。"[1]

　　那天他们所到之处，纪伯伦一直兴高采烈。他把不断变化的纽约的天空看作成长的标志——"我们看着这些建筑在发展……一次次看到这些拔地而起的建筑，每次似乎都是新的体验，这感觉太棒了。"晚餐时，他的一个模特"欢快地向他致意"，他说，他乐意友善地对待那些模特和其他所有人——"待他们好一些，让他们感到，噢，工作的感觉真好"！[2]

　　这种心满意足的状态也影响了纪伯伦此时的创作，他继续创作一首阿拉伯语抒情诗，这首诗开始创作于去年夏天的科海塞特。这部作品的名字叫《行列》，他描述作品中有两种对比的声音——"在一个树林……一个

---

① 玛·哈 47，1918 年 3 月 24 日。

② 同上。

更有思想、更有哲理。"他还向玛丽展示了几幅新的画作，并谈到他过去曾一直提及的一部作品的进展："这些年来，我的岛中人发生了很大改变，对一些内容，我还是不太确定！"他微笑着说："现在，所有这些一起走出来，而不是我见到他们说，'噢！你已经出来了，是吗？那好吧，我会给你我的一个想法，来展示过去的那些想法是多么多么的糟糕，'我向他们问候，用可爱的全部自我来见他们。"[①]

早在六年前，玛丽的日记中便第一次引用了纪伯伦"岛中人"的形象：

> 1912年6月12日，今天，哈画出了第一笔线条——或者说是第一个主题——为他的岛中人。因为他最终决定，他那流放的普罗米修斯应该是在一座岛上——而不是在山里。
>
> "我能把一座山放在一座岛上——但我不能把一座岛放在一座山上。一座岛可以给出如此多的可能性——尤其是当它离大陆的城市足够近，能够看到那座城市的时候。"第一部分会用阿拉伯语命名，意思是初升的新月。在七千年快要结束的时候，从靠近城市的一个海岸边，他独自一人在他的船上——我们会知道，他为什么离开众神，将自己放逐于人间，现在他为什么又离开人们，将自己放逐进孤独：因为他必须要等待一个新的种族，能够接受这火种。哈一整天都在写这部作品。（她在边缘处加上那个神的名字："《先知》的阿尔穆斯塔法"，据推测可能是后来加的。）
>
> 这便是那部他自称为"我的书"的作品。他写了些独立的短歌和散文诗……这位流放者的唇间不断流出话语。相似的，《疯人》也在发展……他完成某个作品后，会保存数月，然后再以批评的眼光来重读它……然后，他修改一些，可能会再放到一边——或者是最后修改，或者从不发表，但只从中摘取几行有价值的内容，放在他要发表的作品中，这样，他有很多从未发表过的作品。

三个月后，纪伯伦再次提及了这项工程："谈到岛中人——我书中的穆斯塔法，'这书已经伴随了我五年多——现在我脑海中已完成了它的结

---

① 玛·哈47，1917年9月10日和1918年3月24日。

构。其间，我可能会完成两或三本其他书。'"①

之后的几年，玛丽会零星地提及岛中人和一部叫作"联邦"的新作品。

1913 年 4 月 6 日，又给穆斯塔法加了三章。

1914 年 9 月 4 日，纽约。他通宵设想着他的"联邦"，彻夜无眠，记下了一些笔记，（关于）"人类生命的大方面。出生、教育、婚姻、死亡——还有其他大的细节，尽管不是最大的，像艺术、劳动——这些都涵盖于其中。"

"你有什么形式或人物在其中讲出这些话吗？"

"不，这是一种预言体，那确实是一种伟大的形式，我所说的惩罚非常简单，（他们曾一致认为，谋杀了斯坦福·怀特的哈利·索，应该赔偿价值 200 万的建筑或做其他工作，来补偿怀特离开的损失。）让一个人弥补他所欠下的罪责……如果一个人杀了农夫，让他去做与农夫活着时本应为社会所做的同量的工作，这很简单，但确实是一种解决办法，我还把生活的其他方面削减成简单的现实，就像一个个体的简单和真实，可以被称为疯狂，这样，一个政体中简单的现实，也可以叫作疯狂。"

"那么，你的联邦是一种疯狂的政体。"

"确实如此。"

"你会探讨政体之间的关系吗？或者你只讨论政体内的事情？"

"我一直在考虑这一点，如果不讨论各种政体之间的关系，我似乎觉得这作品没有完成，但我会加以简单地处理，一切都会是简单的。你知道，我相信最真实的书篇幅很短。"

1914 年 11 月 14 日，"我写得比画得更多——用阿拉伯语——一些关于战争——一些关于我的联邦，还有些独立的篇什。"

1915 年 4 月 11 日，"你在你的联邦里探讨婚姻了吗？"

是的，他探讨了，（她回答自己），因为他探讨了普通生活中所有的大问题——联邦会成为他的一部生命之书——就像他的穆斯塔

---

① 玛·哈43，1912 年 6 月 12 日和 9 月 7 日。

法——这是他想要留于身后的生命之作。①

1915 年 4 月以后，玛丽没有在日记中提及"联邦"或"阿尔穆斯塔法"，直到 1916 年 4 月 21 日，他提出一个想法，要将两部作品合并起来：

> "或许我不应该发表关于联邦的内容，但要……将其中的所有内容加入穆斯塔法的话里。这就是我的作品，我不是一个思想家，我是一个形式的创造者，我的语言里没有联邦，我只是用那种语言说出我要说的话……那是我想要说的话——我用那种语言所说的话，最终会对其他人发生影响……有一种绝对的语言，就像有一种绝对的形式——就像绝对的三角形一样，可能会有一种绝对的表达。"（他画了一个小三角形，旁边还画了一个波浪形的三角形。）"人们可能会加上不同的东西——但眼睛感知到的，只是一个三角形。我一直在语言中寻找绝对，我会找到它，除了等待，我无能为力。它会来到，我会找到它，那会超越我常用的形式。"②

那么，如果纪伯伦在期待着一种"绝对的语言"，并用来创作自己的生命之作，什么促使他用英语来写作？一年多以后，当玛丽让他看阿里斯泰德·普特莱德刚出版的诗作《黎明之光》时，他仍然怀疑一位诗人是否能成功地运用第二语言写作。他"对普特莱德的书非常感兴趣，"她写道，"然而……他说，'他受着词语的支配——但毕竟，外国人不能写英语诗……但我会不断尝试。'"玛丽把纪伯伦的风格界定为"一种通用英语——简单的结构，'纯粹的线条式'英语，他选择采用圣经风格"。纪伯伦解释了这种风格对他的吸引力："《圣经》是用英语写的叙利亚文学，它是某种联姻的结晶，古叙利亚语是人们写作的最美的一种语言——尽管现在人们已经不用它了。"③

纪伯伦决定用英语写"阿尔穆斯塔法—联邦"，一个重要原因是他从美国友人那里所得到的关心和支持。《疯人》被一家出版社拒绝，但它又

---

① 玛·哈 43，1913 年 4 月 6 日；1914 年 9 月 4 日；45，1914 年 11 月 14 日。
② 玛·哈 46，1916 年 4 月 21 日。
③ 玛·哈 47，1917 年 7 月 30 日。

被送给了第二家，他写信给拜纳——一直以来，拜纳是纪伯伦忠实的拥护者：

> 我给你发些你喜欢的寓言，但你已经听过这些寓言很多次了，我觉得你大概已经感到非常厌倦了。诗社盛情地招待了我，人人善意可掬。但我们的朋友莫娄先生（威廉·莫娄，曾出版拜纳《绿岩诗集》的弗雷德里克·A. 斯托克斯公司的一名合伙人）不想出版这本小集子，他觉得这部书不会卖得好，我已经把手稿转给了麦克米兰公司。①

1918 年 4 月，纪伯伦在去往加兰德夫人的农场途中告诉玛丽，他的下部作品要完全用英语创作。"一个大的想法正充塞于我的心灵和脑海：在我们见面之前，我想给它那么多的形式，它将会用英语写——而我的任何英语作品又怎么能少得了你的帮助呢？"② 他在贝恩顿农场度过了 24 天的时间，其间他勾勒并完成了他的"大思想"的初稿，他和玛丽称之为《劝诫》，1919 年 6 月，它发展成了最终的形式——《先知》。

纪伯伦在四月假期期间所写的信件表明，他对贝恩顿的家庭和农场生活非常满意，他一部分时间待在罗斯·奥奈尔那里，她穿着朦胧的古希腊长袍，经常和她一起出现的，还有她那个小集团：她的姐姐凯莉斯塔、印度诗人德汗·穆克吉和他的英国妻子。哈利勒自在地漫游在海岸边，或徜徉在池塘边，他望着成群的威尔士小马和羊群，观察松树林里的动物。这里欢迎每一位居住的客人在这里找到一处特殊的地方创作或思考，这个地方或是在幽静处，或是在户外，也或许在四散于地产中的几处房舍里。同时，玛丽·加兰德家里的六个孩子和八个收养的孩子，也令纪伯伦的闲暇时光趣味横生。其中一位 14 岁的女孩儿侯普后来回忆说，他和他们一起做过一个玫瑰叶的蛋糕，和他们交谈，并看他们的艺术作品。③

纪伯伦工作进度很快，但那几周就像是度假，"从树丛和花丛中致意"，他对玛丽安娜写道："我在一个高贵的乡间，住在一个高贵的房子，

---

① 哈·纪致拜纳，1918 年 3 月 15 日，哈佛学院出版社。
② 哈·纪致玛·哈，1918 年 4 月 10 日。
③ 访谈侯普·加兰德·英格森，1973 年 7 月 24 日。

是一名高贵的客人，我能在这里工作、骑马，如果我想开车也行……请送给我两磅芝麻蜜饼和两百支香烟。"他还对玛丽宣称："我愿意永远留在这儿！因为我可以自由地做我想做和喜欢做的事情，我觉得我应该能创作出好的作品。"玛丽回信告诉了他自己很长时间以来的愿望："你的一些画作……和你的一些英文作品，如果能制作成口袋书，可能会更贴近士兵。例如，我觉得你三月份让我看的〈主〉和〈云中的手〉，它们会像主一样，保留在一个人的心间，为了那爱、光明和宇宙，我希望这些战争的囚犯能拥有它们。"[①]

5月6日，带着梦想将会实现的喜悦，他回到波士顿。"哈利勒……看起来不可思议地好——结实、皮肤变成棕色、眼睛明亮，没有紧张和疲惫。他度过了一段美妙时光，"哈利勒说道，"我想要工作，有能力去做它。"他赞扬加兰德夫人，能将自己创造性的思想生活和农场主的实践角色结合起来，尤其是对待孩子的解放态度："我最崇拜的一件事……是她给其他人的自由。例如，对待男孩儿时，她直率地告诉他们，她想向他们学习，而不是教他们。"最后，玛丽让纪伯伦谈一下他在那田园诗般的地方完成了什么，他没有画画儿，但"完成了我向你提到的那部英语巨作的三分之二，它已经在我脑海里孕育了18个月或更长的时间——但我一直有感觉，它在我的体内不断生长，它会有21个部分——我已经写了其中的16部分……这工作量不小"。他描述了序言：

> 有一座城，位于平原和海洋之间，船来到那座城，成群的牛羊正在城后的田野里吃草——它们生活在那里，在田间漫步，在人群中，有一个人——一个诗人、预言家、先知——他爱他们，他们也爱他——但一种孤独和疏远的氛围笼罩着他。他们很高兴能听到他的谈话——他们从他那里发现了一种美和甜蜜——但在他们对他的爱中，他们从没有走得很近——甚至那些被他的温柔吸引的年轻女人，也不敢爱上他。当人们把他算作城里的一部分，喜欢城里有这样一个人，他在田间与孩子们交谈，有一种感觉……这一切都是暂时的。一天，一艘船从蓝色的地平线外开向城里——似乎每个人都知道，尽管没人

① 哈·纪致玛·纪，未标明日期，作者合集；哈·纪致玛·哈，1918年4月14日；玛·哈致哈·纪，1918年4月17日。

告诉他们,这船是为了这隐居的诗人而来。现在他们要失去他了——他们都蜂拥向岸边,他站在那里与他们交谈。

一个人说,"给我们讲讲孩子,"另一个人说,"向我们谈一下友谊"——他谈起了这些事……他所说的,便是我一直在写的内容。一共有 21 或 24 个部分——当他结束时——上了船——船驶向远方的雾霭。①

他给玛丽读了其中的一部分,有关于孩子、朋友、衣服、吃喝、谈话、痛苦、男人和女人、死亡、时间、买卖、教与自知、房子和艺术,"最后",玛丽记述道,"一个人对诗人说,'告诉我们关于神的(问题),'他说,'关于他,我在每件事中都已经谈到。'"②

接着,他们开始对其中的七个部分进行了"非常小的必要的修改","我不是要写诗,"他说:"我是在表达思想——但我希望正确地运用韵律和词语,这样人们就注意不到它们,它们应该深蕴于其中,就像水浸湿了布一样——思想应该是要表达的核心。""最初他没有读关于爱的那篇",玛丽写道,但当纪伯伦开始读:"当爱呼唤着你,跟随它,尽管它的道路艰难而陡峭",她惊呆了,"美得无与伦比。""你注意到这些东西是我们在很多年前经常在一起谈过的吗?"他问:"所有这些都来自于我们的谈话,和你谈论它们,使我更清楚地认识了这些问题,一个人写这些东西,是为了从中找到自己更高的自我,这首诗……让我变得更好。"

那晚,他们开始称那部作品为"劝诫",他借了一本书和一件黑色雨衣来防雨,然后就离开了,而玛丽陷入了沉思,"当他描述那位劝诫的隐居诗人,和他与城中人们的关系——他是在描述城中的人们与他的关系,他准确、熟练、完整地进行了表达——词语清晰明了……望着他的眼睛,听他用诗的方式讲他的内心深处,讲述他孤独时的感觉,这是多么庄严而又难以置信"。③

5 月 11 日,他们又在一起工作,玛丽觉得其中他们一起修改的六个部分已经完成了,但她还对其他作品的语言持有保留意见。"我确实不应

---

① 玛·哈 47,1918 年 5 月 6 日。

② 同上。

③ 同上,《先知》中的诗行引自克诺夫出版社的版本,第 18 页。

该写英语，"他坦承，"但我说英语这么频繁——我的所有朋友都用英语写——一直在写，我生活在英语环境里，但我仍然用阿拉伯语思考……当我用阿拉伯语写作时，噢！英语离我如此遥远，甚至是最小的词，我还是不得不想出来怎样拼写。"为了消除纪伯伦的疑虑，更为了表明自己的目的，玛丽概括了自己评判他语言的一般原则：

> 我要告诉你周一阅读的事情……
> Ⅰ. 当你读你的作品时，我总是用三只耳朵倾听——
> 1. 我自己的灵魂。
> 2. 普通人——其他人——今天可能会读到它或它今天的听众。
> 3. 将来世代的人们。
> Ⅱ. 关于第一只耳朵，我不会讲出来，因为我只能说"我爱它，"或"它很美"……
> Ⅲ. 我只讲出第二和第三种情况下的意见，
> 1. 对于第二种人，你要对他们讲什么？
> 2. 对于第三种人，它会很稳定吗？——随着时代的发展，其中的任何内容会被扬弃吗？

承认自己"大锤式"的批评策略后，在结束教训以前，玛丽还承认有一种更好的批评方式——"接近更大现实的更真实的（方式）"。①

5月的第三周，纪伯伦返回纽约，他的创作势头不减，很快又向马尔伯勒大街31号寄去了五个包裹，其中有诗稿和"劝诫"中的篇目，"我希望你不介意我寄给你这些东西，你那么忙"，纪伯伦道歉说，"请等你不忙时，再告诉我你的想法"。②

确实，玛丽的生活从来没有如此忙碌过，因为她正要关闭自己的学校。在过去几年里，她时时怀疑自己作为一名教育者的身份，一次，她在参加了女校长聚会后写道："除了几名协会里的年轻女性，我几乎和所有人的观点不同……我们在314号做着不同的工作，因为我们不得不面对这个时代，培养出属于这个时代的女孩儿——然而这些通行的学校却并不需

---

① 玛·哈47，1918年5月11日；玛·哈致哈·纪，1918年5月12日。
② 哈·纪致玛·哈，1918年6月5日。

要富有活力的工作，因为他们的主顾对他们有一定的社会期待。"她责备自己不能赢得波士顿社会精英的支持，一天晚上，她让哈利勒看一套设备，她认为这设备能帮她营造学校需要的自由和活跃的生活，纪伯伦有些怀疑地推测学生父母们看到这样"与众不同"的设备，会有什么样的反应，她反驳道：

> 波士顿已经评价了我、拒绝了我，因此我不需要再盼望着波士顿的任何认同……我与温莎小姐（另一位女校长）——在精神和某些天赋上很相近——但他们却不想把孩子送到我的学校，因为我与众不同——他们不想让他们的女孩儿与众不同，他们也确实想要知道他们把孩子送到了什么样的学校；……女孩儿们能在这里学到其他地方学不到的东西……但在 1903 年的后湾大街，我显得很古怪，因为我骑着没有鞍的马，在科海塞特的院子里，我沿着吊杠走——从没有人说我的这些行为会影响我作为一名女孩儿教育者的形象，家长很欣赏我的这些行为，但他们不想让自己的女孩儿这样做，他们不信任我，对他们而言，我不端庄守礼。①

4 月，玛丽遇到一个实现自己教育理念的机会，剑桥学校请她做校长，这所学校创立于 1886 年，创立者亚瑟和斯泰拉·吉尔曼是女子教育的先锋人物，他们还为大学教育创立了剑桥社团，这个社团后来演变为拉德克里夫学院。哈利勒认为这是一次好的变动，当她向哈利勒描述，学校对她的态度"像一次请求，'来爱我们吧，我们想得到爱'"，他表示同意，"当然，这是我们都需要的东西"。②

因此，玛丽决定离开，这所旧学校环绕着狭窄的砖房，后面是令人生厌的大街，还有繁忙的街道。而剑桥学校则位于康柯德大街 36 号，周围是维多利亚式的大厦，还有开花的树木和宽阔的林荫路。她的新职责是让剑桥学校获得更高的声誉，这项工作让她觉得富有挑战性，而学校的明亮和宽阔也让她"精神焕发"。玛丽从马尔伯勒大街写给纪伯伦的最后一封信，总结了 1903 年以来的日子："这是我在这所旧建筑中的最后一晚……

---

① 玛·哈46，1915 年 11 月 13 日和 12 月 30 日。
② 玛·哈47，1918 年 5 月 11 日。

这些年来，我的心里充满了感激……为那些最好的、最远的和最深沉的变化，我……为了我们的友谊，而不仅仅是其他事情，而感谢上帝……当我想起这 15 年——这同一个时期，我在这所房子和这个学校——我们相遇，我们的第一个冬天——它就像一个短暂的瞬间。"[1]

"因为你从（马尔伯勒大街）314 号写来的最后一封信和从剑桥写来的第一封信，我已经祝福了你千百次，"他回复道，"它告诉我在过去的 15 年间，有这么多奇妙、甜蜜的事情……314 号确实就像一条溪流，我从中饮着生活之水，我会永远记起那个大房间，那是我和我的生活中一切有价值之物的诞生地，然而玛丽，无论你是否在 314 号，重要的是房子的精神，而不是房子本身。"[2]

玛丽在剑桥学校的毕业典礼，1919 年（托马斯·J. 杜尔海姆夫人）

---

[1]　玛·哈致哈·纪，1918 年 6 月 20 日。
[2]　哈·纪致玛·哈，1918 年 7 月 11 日。

正像玛丽在剑桥开始了新生活一样，纪伯伦也同样有了新的开始。大约是在 5 月中旬到 6 月底之间的某个时间，他经人介绍认识了年轻的出版商阿尔弗雷德·A. 克诺夫，尽管克诺夫比纪伯伦还年轻三岁，但他正声誉渐增，吸引了很多有才华的、与众不同的作家。刚由克诺夫出版了《自我之书》的詹姆斯·奥本海姆，在格林威治村安排了一次午宴。一起出席的还有拜纳和德·拉努克斯，后者也很看好《疯人》（麦克米兰拒绝了这本书），许诺要把这本书译成法语。在这次聚会前，纪伯伦已经向玛丽报告说："出版商阿尔弗雷德·克诺夫希望推出我的'寓言'，这是一家很好的出版社，比其他出版社更愿意把书带给公众。"玛丽赞同他说："克诺夫似乎是刚有点名声，但他推出了很多其他国家的有趣的书，我也很想知道他是否可靠并有吸引力。"不出一个月，在玛丽转到剑桥学院的同一天，他终于能够得意地宣布：

> 克诺夫先生和我几乎把我的小书《疯人——他的寓言和诗》全部浏览了一遍，昨天我们签了合同……10 月中旬这本书就能出来。我与克诺夫先生见面越多，我就越喜欢他，他很年轻，对美有独特的眼光，尽管他不是一名慈善家，但他却很诚实——他知无不言。为了克诺夫先生和我下一本书《劝诫》的缘故，我当然希望这本书能获得商业上的成功，我想我们能使这本书获得成功，这本书会配三幅画，书的首页和其他两页，它们会使这本书更有趣。①

与此同时，另一个迹象表明，纪伯伦对自己的英语写作能力越来越有信心，他最近写了一首英文诗《失败，我的失败》，这首诗收录在一本小册子里，这部小册子宣扬东欧破碎国家的自我决心，玛丽·加兰德的朋友、匹兹堡金融家富兰克林·尼古拉资助了这本书的出版，而纪伯伦经由海尼尔·隆的介绍，也认识了加兰德。玛丽看到这首诗时，它已经发表了，"我送给你两个复印本，希望你会喜欢，"纪伯伦写道，"如果你在英语表达上发现任何错误，请让我知道，知道错误什么时候都不算晚。"然而后来，当他决定把这首诗收入《疯人》，玛丽自愿要修改它时，纪伯伦

---

① 哈·纪致玛·哈［1918 年 5 月 29 日］；玛·哈致哈·纪，1918 年 6 月 4 日；哈·纪致玛·哈，1918 年 6 月 21 日。

却拒绝了她的好意，"现在已经印出来了，不能改了。它不是非常重要，或许我不应该把它涵盖在这本书里"。①

　　整个 7 月，当玛丽暗示要见面时，他不时以疲劳和过度工作为借口谢绝。他暗示自己想隐居于朋友们的乡间——在黑麦的福特家、长岛的贝恩家、康涅迭戈的莫顿家，对于此，玛丽的反应相当和顺，对于他的一些琐碎行为，她不再感觉到受轻视，她似乎在按照他指定的生活框架而生活。"主赐福你，让黑麦和长岛为你变得可爱、新鲜、甜蜜和自由——总是向你展示出更多、告诉你更多、爱你更多……我一整天总是对自己说，'这世界上还有什么比正到来的这些劝诫更甘美呢。'"②

《失败，我的失败》和所印书册的封面（作者）

　　尽管他们在一起的时间越来越少，他却仍然靠她照顾玛丽安娜。妹妹玛丽安娜终于搬到了泰勒大街 76 号的一个三室公寓里，纪伯伦和玛丽开

---

① 哈·纪致玛·哈，1918 年 5 月 21 日；玛·哈48，1918 年 8 月 31 日。
② 玛·哈致哈·纪，1918 年 6 月 20 日和 6 月 4 日。

始鼓励她离开提汉小姐的家族生意。玛丽曾总结这生意的乏味，她记述道，每次看到提汉小姐，她都看起来那么"刻薄、坏脾气和令人失望……"然而，现在已经 33 岁的玛丽安娜，已经很难与这种她唯一知道的生活方式分开。哈利勒最后威胁她，如果不照办就不再去看她，玛丽也坚持说，为别人缝缝补补的活"不高贵"，于是玛丽安娜只能被迫离开这份工作。玛丽仍然引导着这个年轻女人，监管她重要的购物活动，定期向哈利勒汇报她的健康。"玛丽安娜·纪伯伦有了件冬天的外套！"那年夏天她写道，"新的、蓝色的、很大、很美。是我们见过的最温暖、最好的一件！我们的梦想实现了——她会有一件牛津灰色套装，别向她提——一位优秀的女整骨医生正给她正骨，她弯着的脊骨让她失去原有的活力。"①

哈利勒正准备离开纽约，像往年一样到科海塞特度假，但玛丽为了炫耀自己刚学会的车技，要开车送他到那里。"现在我能开车了，哈·纪……很容易——我更喜欢开车，而不是坐车。我为学校买了一辆车——我必须要把女孩儿们带出波士顿。"但他找借口婉拒了，对于此，她仍然很高兴地接受了，"我很高兴你不在波士顿或剑桥停，因为我自己就像一个孤独的沙漠……但无论怎样，我会在你返回纽约时见你。"②

然而，那年夏天他们根本没有见面。纪伯伦完成了自己的阿拉伯语长诗《行列》，这部作品计划秋天出版，出版人是停刊的《艺术》杂志的前任主编纳西布·阿里达。由于"叙利亚社团和克诺夫先生似乎很急迫地要见到我"，他急匆匆地离开了科海塞特，并通知她说，在接着的那个周末，他有时间在纽约见她。纪伯伦的书信越来越显示出从未有过的独立品质，很多年来，一直是玛丽宣布他们见面的时间和地点，现在他开始承担主导者的角色，而玛丽欣然从之。纪伯伦还加上说，他的假期"有点儿成果，我给原来的阿拉伯语诗加上了七个新的诗行，但每一个诗行都需要一幅新画，你看，玛丽，不仅外面一些事情推着我，我自己想做的一些事也给我压力"。③

8 月 31 日，玛丽终于在纪伯伦的工作室见到了他，她随后的日记或许无意中揭示了他们角色的转换。她一直所期待的平等、生气勃勃的谈

①　玛·哈45，1915 年 6 月 20 日；41，1912 年 4 月 3 日；玛·哈致哈·纪，1918 年 6 月 20 日。

②　玛·哈致哈·纪，1918 年 6 月 24 日和 8 月 9 日。

③　哈·纪致玛·哈，1918 年 8 月 26 日。

话，变成了他一人的独白，在过去八年里令谈话快活的私密闲话、给予和获得的关系也消失了，玛丽似乎只是幸福地记录纪伯伦的观点和行为，越来越犹豫地谈到自己。关于《行列》，她写道：

> 《行列》是一个人的两个自我所看到的生活的不同方面（他称它们为文明的和森林的）——文明的自我……和天然的简单的自我，就像近东的牧羊少年——或者说他像一个接受生命、与生命和弦的人，他不分析、不怀疑、不争论也不界定。当两个人相遇，他们的世界也相遇了——正好在城市和森林相交的边缘地带……两人都依照自己的经验，说着某种话题……有三种关于爱的行列：第一种是夏天的欲望，文明人憎恨它，而林中人只称它为肌体内的某种疾病，终将会过去；第二种是巨大的、压倒一切的激情，文明人认为那是疯狂，但林中人却说，"如果在爱中忘掉一切——这便是疯狂，那么森林中无人清醒"；还有一种理解（噢！我不能想起这一种——尽管它可能是持久的，可能是上帝之子那样的人所拥有的）。当文明人表达一种高贵的大理念，林中人立即让这个理念变得无限、简单、总是流动不居，林中人说，在森林中没有死亡。森林少年要采用生机勃勃的、抒情的诗节——总是在变化。但文明人却总是采用相同的节律——自始至终他的诗行总是以同样的韵尾结束——一个"wra"。

哈利勒和玛丽原本期待，在即将到来的秋天，他能同时出版一部英语作品和一部阿拉伯语作品。然而，由于纸张的短缺，耽误了《行列》的付印，《行列》是纪伯伦第一次严肃地尝试用传统韵律和诗节写阿拉伯语诗，因而他希望向世界呈现一本制作精良的书，于是决定等阿里达找到好的出版资源。关于他的美国出版商，哈利勒写信告诉玛丽："克诺夫那么甜蜜可靠，与他合作时，他很善于开诚布公，他25岁——娶了一个好妻子，他们有一个可爱的小孩，我在两天前和他们一起吃了饭。"

现在，纪伯伦接受了自己和那些美国和平主义朋友们的裂痕，他正找到自己的一种新角色——那是一种同情、理解的态度，这种态度甚至吸引了陌生人。当写《失败，我的失败》这首诗时，他解释说，他要给那些认为自己是失败者的人们更多勇气。"你知道吗？人们对这首诗的反响超出了其他作品。"纪伯伦继续写道：

　　人们是如此孤独，有那么多人在我的肩头哭泣，告诉我他们的生活经历，几乎所有人都在说，"我是一个失败者，我很孤独。"这与他们是否结婚、是否成功、是否在家中得到爱无关。事实上，他们已经明白了真相，我们每个人永远都是孤独的——独自和想象的生活在一起。但他们在这模糊的真相面前退缩，不去费力思考和感受这想象的生活，只希望自己能改变它，使它的出现不被感知到，……他们迷茫而又疑惑。

　　一天晚上，他们晚餐后沿着第五大道散步，这时，他们看到一只白猫躺在一栋房子的门口，"死了"！一位刚用手杖碰了它的人说。"我认为它或许是太美了，所以不能活下来"，哈利勒评价说。他们又由此开始谈论"人们死时的样子看起来那么神圣"，哈利勒回忆起了自己母亲临终的日子："她死去……带着最可怕的痛苦，但她的面庞从未显出痛苦的痕迹……她在玛萨诸塞医院待了一段时间——当时的主管医生常常尽可能快地处理病人，因为还有其他病人等着他，但他来到她身边，坐下和她交谈，母亲的谈话总是那么令人高兴——她口齿伶俐。"①

　　玛丽必定回忆起了关于卡米拉疾病的另一个版本。四年前，玛丽安娜告诉她，卡米拉的口齿并非"伶俐"，由于在生病隔离期间无法用阿拉伯语和人交谈，她变得迟钝。记忆力很强的玛丽当然明白这明显的差异，但她并没有费力去诘问他。纪伯伦的浮夸就像一层保护的外壳，她已不再想要戳穿它，她接受了他的一切——他的过失、虚构的谎言和遁词。

　　1918 年 10 月 22 日，纪伯伦送给玛丽《疯人》的复印本，手写的题词非常简单："致玛·伊·哈，这也是我欠你的。哈·纪。"两周后，他突然写信告知她一件事，其中的用词显示出从未有过的兴奋：

　　　　星期四——十一月的第七天，一千九百一十八年。
　　　　玛丽，从黑暗的迷雾中，一个新世界诞生了。这确实是一个神圣的日子——自从耶稣诞生以来最神圣的日子。
　　　　空气中充溢着哗哗的流水声，还有那巨大的翅膀的拍击声，风中

---

① 玛·哈48，1918 年 8 月 31 日。

传来主的声音。哈利勒。

新闻中错误的停战协议，点燃了哈利勒的热情，这比实际的停战早了四天。11 月 17 日，在真正的停战协议签订后的六天，哈利勒仍然沉浸在无比欣喜中。"很久前，玛丽，我对自己说，'主被一千层光遮盖着，'现在的我说，'世界穿越了这一千层光的其中一层，离主更近了。'一切都变得不同，每个人都变了样。大街上、商店里、汽车和火车里所有的面庞都变了。"[1] 为了这和平，他们等待了四年，而同一个月《疯人》的出版，使这和平变得更加甜蜜。

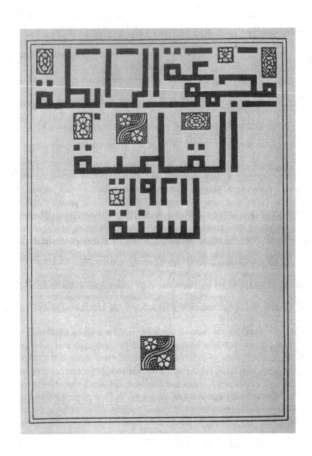

纪伯伦为笔会出版物设计的封面

---

[1]　教堂山复本，哈·纪致玛·哈，1918 年 11 月 7 日和 17 日。

第十九章　笔会

"你能把《疯人》的宣传单送给我一些吗？"当玛丽收到《疯人》复印本时，她问，"我很愿意拥有这些——我能很轻松地送出 100 本。"①

在帮助纪伯伦扩大公众影响的过程中，玛丽从未盘问过宣传单上的内容，上面写着："奥古斯丁·罗丹说起哈利勒·纪伯伦，'他是 20 世纪的威廉·布莱克。'"的确，早在 1904 年，波士顿评论界就已将纪伯伦与布莱克的作品联系起来，但在巴黎期间，他从未报告过罗丹的这些话。罗丹的这些话很有可能是纪伯伦本人的发明，并不是事实，只是为了促销的需要。然而，以坦诚著称的玛丽，却全心全意地赞同这虚假的言辞。

克诺夫出版社的这些言论，是哈利勒在故意迷惑他的读者，但这并不是他第一次做这样的事。两年前，当他为《艺术》杂志写小传时，开头这样写道，"纪伯伦出生在 1883 年黎巴嫩的贝舍里（更确切地说，是印度的孟买）。"接着，这篇文章继续给自己增加光环：他在巴黎不连贯的学习，变成"获得一所著名美术学校的学位"，而 1910 年沙龙接收了他的一幅画，被夸大为他有资格加入了"美术和文学国际联合会"。②

玛丽显然在私底下怀疑过他的粉饰，"为什么玛丽安娜那么难理解你《致伊斯兰的信》？"她曾问他，当纪伯伦告诉她这是由于诗作晦涩的风格，这答案令人难以置信，玛丽怀疑他妹妹是文盲，但她仍保持沉默。他们经常谈论他的缄默和美国人的好奇给他带来的压力，1912 年，纪伯伦第一次界定了"想象性的真实和死板的真实"，"阿拉伯人区分这两种真实"，他告诉她，"他们不喜欢粗鲁的问题和琐碎的事，如果你问一个人晚餐时吃了什么，他可能会告诉你众神饮用的美酒和天堂中的鸟——你可

---

① 玛·哈致哈·纪，1918 年 10 月 27 日。
② 《艺术》2，1916 年 9 月。

能会发现他其实吃了西红柿、蘑菇和豆子。但他没有撒谎：他只是拒绝回答——他不喜欢你的问题。"纪伯伦避免对可能揭示自己出身的问题给出答案：

> 我遇到过很多好奇心——我恨这样。我的一切都一目了然——在我的作品中——在我的脸上，在我的心里。但人们不想努力去发现……我内心有很多东西不想让任何人知道，那是我的事情——不是其他任何人的……某一个灵魂和其他灵魂之间存在着一个鸿沟……人们并不打算打通它。我感到和那些有点疏远的人更近——他们自己也有些离群。好奇心是人类意识中最可憎恨的品质，它的甜蜜外壳是同情，好奇心无处不在，它总是称自己为同情。①

这样，当评论界评论《疯人》时，作为一个神秘的英雄和已造就的天才形象，纪伯伦已经被介绍给了美国公众——他是中东的泰戈尔。关于他的少年时代和过早与波士顿颓废派联系的事实，都被抹去了。"这本书向英语读者介绍一位阿拉伯最伟大的诗人的作品……"纽约《呼喊报》的评论者写道："用很多评论者的观点看，他是一位比泰戈尔伟大得多的诗人。"

霍华德·威拉德·库克也是福特周五晚宴群体中的一员，他后来在一部诗歌选集中收录了哈利勒的作品，而他在《太阳报》发表的评论文章，给哈利勒又新增了几分神秘："从叙利亚的黎巴嫩山上，应该走出一位新的赞美诗作者和寓言作家，他给我们西方世界带来了一曲妙音，我们几乎不能在我们自己诗人的创作中找到。"《邮报晚报》把《疯人》和另一位年轻作家翻译的中国诗放在一起，马克斯韦尔·波登海姆写道：

> 哈利勒·纪伯伦的这卷诗集，里面有作者创作的三幅富有象征意义的画，装饰精美，体现出一种完全不同的才能和美。纪伯伦所运用的寓言富有力量，技巧纯熟。……似乎像是泰戈尔、拉封丹、尼采和西格蒙德·弗洛伊德博士的混合——这样一种混合在《疯人》中获

---

① 玛·哈44，1914年6月20日；43，1912年9月7日；44，1914年9月4日；46，1915年9月19日。

得了令人惊异的成功。出版商告诉我们，纪伯伦在阿拉伯语读者中的受欢迎程度，就像泰戈尔在印度，这似乎不太可能，因为泰戈尔为读者提供的，是令人愉快心仪的甜食……纪伯伦提供给他们的，却是强烈而又通常很苦涩的幻象和真实，是一剂补药，但却很少有人乐于享用。像诗歌作品《梦游者》可能直接来源于荣格的"力比多的变形和象征"。①

《邮报》对《疯人》表现出很大的热情，它甚至在一个月后安排约瑟夫·戈洛布对纪伯伦进行访谈，约瑟夫再次比较了纪伯伦和泰戈尔的受欢迎、异国出身和对寓言的使用，"然而相似之处结束了"，戈洛布写道，"出现了不同"：

> 泰戈尔……是弗雷德里克·雷顿油画布上的一个宗教神秘人物，纪伯伦则属于百老汇、科普利广场、海滩或剧院大街——一位衣着合体的西方世界的世界主义者。
>
> 他长着黑色的眉毛和胡子，好看的额头上是略卷的头发；清澈的棕色眼睛，多思但在表达时却并不抽象难懂；剪裁合体的衣服，时髦却并不引人瞩目——他似乎有一种变色龙般的闲适和适应能力。在他西十大街的工作室中，纪伯伦俨然是一位格林威治村的外籍人士，但如果我在经济学家的大会上见到他，在维也纳的咖啡馆里见到他，或者在他的故国叙利亚见到他，我一定会觉得他在每一种场合中的形象都很得宜。
>
> 这些例子并不表明他缺少个性，恰恰相反，这是一种不同寻常的感觉和同情，它跨越了差异，使他能够深刻理解每一种环境，在这种环境中，他既没有感觉到、也没有看到陌生人……不管他身在何方，纪伯伦先生感到自己是一名叙利亚人。于他而言，这不存在矛盾，他努力要带来一个世界，在那里，很多伙伴相互理解和同情，"但在那个伟大的过程中，每个人不会去除自己的民族个性，而是都有所贡献。"他对我说。

---

① 见参考书目。

20 世纪 20 年代戴伊在三楼的隐居生活，他在这里收到了艾米·洛威尔和
济慈的其他爱好者的来信（诺伍德）

　　然后，约瑟夫又详细列举了阿拉伯人的历史贡献，他相信，只要下定决心，"我们的人民可以给予很多"。戈洛布结尾处推测道，纪伯伦对"英语读者的"影响，"还要拭目以待，但如果以第一篇作品引起的印象来判断，他的影响已经到来……他正成为整个新世界的公民，哈利勒·纪伯伦，作为个人，他就这样出现了吗？或者它只是阿拉伯的天才，发出了阿拉伯人的声音？"[①]更多的批评杂志质疑纪伯伦的诗作是否会有持久的魅力，但甚至是他们微弱的批评，也在强调着纪伯伦的传奇。《日晷》观察道："毫不奇怪，罗丹寄予这位阿拉伯诗人这么多希望，因为在纪伯伦用英语向我们呈现出的这些寓言和诗歌中，他似乎是要好奇地表达罗丹用大理石和泥土要表达的东西，英语绝不是这类作品的合适媒介，它太单薄、实在不能支撑东方文学繁复的意蕴，而东方文学就像剑柄外面装饰的珠宝那样厚重和令人炫目。"《国家》的评论也持怀疑态度："现代东方崇拜的门徒，可能会欢迎这位典型的阿拉伯哲人——哈利勒·纪伯伦的作

---

①　戈洛布：《一位在纽约的阿拉伯诗人》，纽约《邮报晚报》1919 年 3 月 29 日，第 1、10 页。

品……然而，我们认为，大多数西方人会讨厌作品的异域观点，会因不理解而将作品放在一边，因为东方是东方，西方仍然是西方，泰戈尔不能成功地沟通二者，我们认为纪伯伦也不能做到。"只有《诗刊》杂志富有洞察力的主编哈利亚特·门罗，对该书促销时的大肆宣传表示了怀疑："如果就像宣传册上所报道的，奥古斯丁·罗丹确实称这位叙利亚诗人为'二十世纪的威廉·布莱克'，联想起我与这位伟大的法国人的个人交往，我不禁微笑，他对所有艺术家都很和蔼安详，此处，罗丹令人生疑的言论，必定指的是一位艺术家——线条画家，而不是诗人。"①

《疯人》引发了更多有趣的个人反应。1918 年的弗雷德·霍兰德·戴伊不仅摒弃了自己的照相艺术，而且也远离了文学界，但他仍然了解一些出版动态。由于对战争的恐惧，也由于母亲身体状况的恶化，他总是感到身体不适，这使他不再有活跃的社会生活。《疯人》出版后的五个月，戴伊开始卧床，在家族诺伍德房产的三楼度过自己 14 年的余生，靠着家里的一名仆人，他与外界保持着联系，此外，偶尔也会有些忠实的朋友来拜访他，他也有所选择地和少数几个朋友通信。12 月，戴伊将《疯人》的一个复本送给过去的合作者赫伯特·科普兰，结束了他们出版事业的平稳岁月后，科普兰的文学活动逐渐衰退。他们的合作关系结束后，科普兰编辑了布鲁克·T. 华盛顿的《美国黑人的未来》，之后的岁月，他的处境每况愈下，曾做过出版公司的小角色，现在是波士顿城市医院的职员，他写给戴伊的一封感谢信，贴切地评价了纪伯伦的发展：

> 我很高兴拿到哈利勒的书，谢谢你。对于这本书，我和你的意见不同，我认为确实很智慧，很令人吃惊。我几乎不能说"20 世纪的威廉·布莱克"，因为它完全不具备简单的特点，但诚实地讲，它确实非常好，它的好是一种不正常的方式，几乎不能体现伟大，但确实是非常好和"精明"。当然，我不愿意说他精明，因为我已经很多年没见过他。如今他在哪儿？在世界的这个部分吗？你曾收到过他的来信吗？这引起了我很大的兴趣——和热情。

圣诞期间，戴伊收到了另一封信。这封信只以首写字母 S. A. L 签名，

---

① 见参考书目。

这表明只有早年的一些朋友还记得这位性情古怪的出版商。"哈利勒·纪伯伦似乎一直在发展，你见过他吗？他还记得你为他做过的一切吗？或者他也像其他人那样，已经把你遗忘了？"对于这位问询者，戴伊以送给他一本《疯人》复本作答，对方回信道："我非常喜欢这些诗，但或许不太喜欢那些寓言。"① 戴伊怎样看待这本书，一直是个谜，但无论他赞同与否，当他得知，自己世纪末的学徒在由他引介的那个世界里获得了成功，至少他会感到满意。

同样是在圣诞节，玛丽收到了生活在华盛顿的莎洛特的一封批评信。长期以来，她们的通信已经失去了彼此的亲密和热情——莎洛特在六个月前曾写来一封信，信里的她对即将到来的一次地震表现出歇斯底里的恐惧，她对战争和社会采取了一次"牺牲行为"——她烧掉了自己250磅的手稿。现在，这封12年来的最后一封信到了，首先，她告诉玛丽，自己作为一名业余精神分析者，有越来越多的实践活动，她接着写道：

> 当我看到你的来信，告诉我《疯人》出版的消息，我是那么高兴，但当我发现，你只是在表达对哈利勒成功的喜悦，并没有写给我只言片语，我是那么失望……战争已经改变了我对小说和戏剧的感觉……还能看些（寓言）——因此，哈利勒的形式可以，但如果不是内容包含有危险的东方主题，我认为创作近乎完美——但全是些自体享乐——我认为它就像（拉尔夫·亚当斯·）克莱姆的哥特风格，那是我们拥有的唯一一种基督教的形式——在生活和表述中——尖塔、警觉、渴望，却不是那垂下的头、无生气的手和嘲讽。这一切曾在一个时期掌控了我，就像它们现在正掌控着你，但现在的我很害怕这些。②

自此，玛丽或哈利勒与莎洛特之间不再有任何亲密友好的关系，作为玛丽最亲密的朋友和哈利勒在纽约初期最重要的社会关系，莎洛特退出了他们的生活。他们之间的嫌隙已达五年之久，或许是莎洛特不可动

① 科普兰致弗·戴，1918 年 12 月 29 日；S. A. L 致弗·戴，1918 年 12 月 16 日和 27 日。
② 莎·泰致玛·哈，1918 年 12 月 23 日。

摇的和平主义导致了双方的不信任。而玛丽的日记也揭示了他们之间的另一个裂痕：1919 年，哈利勒不再将艾敏·雷哈尼算作自己阿拉伯朋友圈中的一员，1918 年底，当雷哈尼与一名美国艺术家结婚时，哈利勒不无嫉妒地把这消息告诉了玛丽，玛丽又转给了莎洛特。纪伯伦从未提过雷哈尼的新职业——为美国艺术杂志撰写批评文章，不出两年，他便与雷哈尼彻底断了联系。我们不清楚到底是职业嫉妒，还是雷哈尼与莎洛特之间的恋爱关系，导致了二人之间的裂痕，但明显的是，在逐一切断旧联系的同时，哈利勒也抛弃了自己过去的身份或"面具"。用疯人的话来讲，"我从熟睡中醒来，发现我所有的面具被偷了……我喊着，'有福了，偷走我面具的人有福了。'"① 在余生的最后十年，纪伯伦选择了一种温和的身份，他那些日益增长的门徒也愿意为这种身份喝彩，书写这一身份。

1919 年早期，当纪伯伦到波士顿看望玛丽安娜时，玛丽第一次观察到了他在公众面前所表现出的和蔼姿态。1 月 10 日，他到学校阅读《疯人》和未出版的《劝诫》片段：

> 我们进去前，四个学生正在大厅——我让她们和他握手，"你们好！"他说，兴高采烈，他的朗诵很有魅力——他就像在自己的工作室里朗读一样……女孩儿们很高兴，也随之被感动了。当他在听众面前时，他开始得非常直接——但在亲近的人面前，这些都消失了——没有机会和他交谈——在办公室等他……"那是我见过的最甜美的听众"，他说。②

评论者对他第一部英语作品的反响各异。哈佛哲学系的阿尔弗雷德·赫恩勒喜欢这部作品，但反对他描画向上的精神，很多新意象主义的支持者赞赏诗歌的结构，"哈利勒·纪伯伦所写的诗歌和寓言，拥有个人的音乐，一种天真的魅力和特点，以象征、对比、重复和类比为基础，结构有种对称感"，玛古力特·威尔克森在一本当代诗选集中写道，"这几乎完全是一种象征主义诗歌，他的诗是寓言，没有设计押韵，也

---

① 《疯人》，第 7—8 页。
② 玛·哈 48，1919 年 1 月 11 日。

没有韵律或意象，尽管他的韵律清晰宜人。在《疯人》中，我们能找到当代诗中最好的寓言，每一首寓言都可以根据读者的不同想象来进行阐释"。①

一系列可能的解读或许是纪伯伦成功的秘密。他还得到了社会革新者的赞扬，其中罗斯·帕斯特·斯投克斯尤其对他表现出了兴趣，罗斯是一位不墨守成规的活动家，她热衷于推动精神进步，同时也投身于革命。尽管二人观念不同：她相信暴力革命，但他却主张实践真诚、理性的爱，但他们仍然建立了友好关系，纪伯伦开始理解和倾向于社会主义的立场，"为了在生活状态下寻求更大的公平——更好地分配机遇"。他的一篇未出版的寓言《资本主义》描绘了"一个人首铁蹄的怪物，他不间断地吃着土，喝着海水"。一年后，当他阅读这个寓言时，"有一种死一般的寂静——除了一个人在喝彩，你认为那是谁？罗斯·帕斯特·斯投克斯——我说我正等着喝彩——当他们大叫时……我已经把题目改成了《饕餮》"。②

1919 年，玛丽偶尔看到他遇到纽约朋友时的情景，她珍藏了这短暂的一瞥：

> 我们在第六大道第九街的一个法国小饭馆儿看到了奥本海姆——多么可爱的面孔！当他们问候时，哈的面容看起来那么生动和充满感情，我知道他必定在与一位真正的朋友谈话，奥（本海姆）的脸上没有权力，只有无尽的温柔、感性、接纳、爱意和真诚……当他看着哈利勒时，像是投下了一束阳光。
>
> 当我们步行去吃晚餐时，一辆坐满人的大车突然调头对着我们，停在了人行道上。一个手握方向盘、身着海军制服的人对哈喊道，"你好，亲爱的！你好，亲爱的！"他们都大笑，哈也大笑起来，并走上去和他们握手，"那是博格·（莱）"，他之后对我说，"一名优秀的挪威作曲家，坐在前排座位上的女人是罗斯·奥奈尔。"
>
> 这是群很好的人，他们问候的方式妙极了——那种感觉和氛围，

---

① 玛格丽特·威尔金森：《新声音》，纽约：麦克米兰，1929，第27、95页。

② 玛·哈49，1919年4月14日；51，1920年4月20日。

就像莎士比亚戏剧中的那群年轻朋友。①

可能是由于泰塔尼亚（《仲夏夜之梦》女主人公）一样的罗斯·奥奈尔吸引了哈利勒，他告诉玛丽，"我比以前任何时候都对人们感兴趣，我更喜欢他们了"。她就此评论说："在过去的 18 个月里，我清楚地看到了变化，生活对他的伤害变少，给予他的更多了。他按照本意生活，获得了更大的自由。"在罗斯·奥奈尔的华盛顿广场工作室度过的夜晚，取名"灿佐思"，颇具戏剧乌托邦的意味，创新性和诗人的规则是它的密码。"哈利勒·纪伯伦在那里讲叙利亚传奇"，奥奈尔在自己未出版的自传中回忆道，"这位叙利亚的诗人画家把我带到他的同乡那里，去看小边毯、灯、有装饰的大铜托盘和放着这些东西的雕刻小凳子。"奥奈尔的信揭示了每一位表演者象征性的角色，"回到灿佐思，在那里，你不能通过夜莺给那女人捎信……"她给伯吉和玛塔·莱写信说，"我们会在纽约外制造一个灿佐思！那有一种高贵的智识的刺痛，一位'甜蜜的音乐家'，一两个宫廷小丑，一缕来自东方的微光，一头小象、一座建筑里焖烧的火，叙利亚来宣告它，用诗歌来确认它！就让那里除了灿佐思，不存在任何地方！"②

对哈利勒而言，逃进灿佐思的世界——是一种解脱。在这里，他得以疏离于个人事务，但却仍能感受到伙伴的温暖。由于他送给罗斯的妹妹凯莉斯塔一尊印度智慧神迦尼萨的石像，人们给她起绰号"小象"。纪伯伦这一时期向玛丽形容的那些著名人物帕德雷克·克拉姆、邓塞尼勋爵、利奥诺拉和埃德加·斯派尔都是在奥奈尔家里结识的。在灿佐思，他需要完成的最重要的任务是写一首诗："亲爱的王子，这是哈利勒写给公主（玛塔·莱）的诗，我觉得前三个诗节很可爱，它们写着'温柔的一切'、'甜蜜的一切'和'金色的一切'，光芒熠熠的哈利勒和我一样喜爱我所爱的人，我为此感到陶醉。"③

像很多成功的插图画家一样，罗斯·奥奈尔尝试用美术来使她的商标受欢迎，而她称自己的严肃画作为"甜蜜的怪物"。尽管纪伯伦从未提到

---

① 玛·哈49，1919 年 6 月 9 日；50，1919 年 11 月 9 日。

② 《罗斯·奥奈尔的故事：一本自传》，第 204、198 页（未出版的手稿，国际罗斯·奥奈尔俱乐部，布兰森）；《奥奈尔致赖斯》，未标明日期，合集，简·坎特维尔，布兰森。

③ 《奥奈尔编织谎言》，未标明日期，合集，简·坎特维尔。

自己对她作品的意见，但奥奈尔的传记作者却将她那些巨大的、思考的人物归因于纪伯伦的影响。"当哈利勒·纪伯伦看她那些原始人和类人猿的画作时，她不止一次地向他谈到自己的创作动机……她的画作，不是在主题上，而是在处理的特定方面，很像他的作品。在某种程度上，这种相似让纪伯伦觉得似乎传授给她了什么东西。当他听她解释自己的创作动机时，他有某种安静的满足感：他那喜悦的深色面庞和闪光的双眼鼓励了她的信心。"①

1919 年 11 月，玛丽从另一个维度观察到了他日益扩展的世界。威廉·诺曼·格斯里牧师是《戏剧》杂志的前任主编，他在自己的教堂展出了纪伯伦的一组淡水彩画。"我在他的教堂里谈话和朗诵，"哈利勒说，"我喜欢他和他的作品。"纽约的很多自由派牧师是诗社的成员，听过纪伯伦的朗诵，成为他的朋友，并最终成为他最忠实的读者。有时，他也颇觉尴尬——"我现在要到教堂，向一大群人朗诵，愿上帝宽恕我，这么频繁地谈话和朗诵！"但毫无疑问的是，在这些开明人士的聚会中受到关注，令纪伯伦茁壮成长。②

1919 年 3 月，《行列》由米拉特·阿－戈哈伯出版，12 月，克诺夫推出了一个漂亮的画集《二十幅画》（哈利勒为这部作品设计了出版商标），前言是艾丽丝·拉斐尔·艾克斯坦在《日晷》上的评论文章。然而，关于《劝诫》的工作仍然没有进展，尽管纪伯伦在四月还有信心很快出版这本书，"我要继续创作《先知》（劝诫），好好地思考它，要在夏天有个雏形，明年冬天就能出版了"。③他这段话里第一次出现了新标题《先知》，关于这一决定，他并没有向玛丽解释原因。不知是否他脑海里还存留着 17 年前约瑟芬的预言，但玛丽似乎本能地偏爱"劝诫"这个名字，她继续经常使用这个名字。

纪伯伦 7 月来到波士顿时，仍对按时出版《先知》存有希望："《先知》能在 10 月出来。"但两个因素耽搁了写作进展。一是他有很多必要的阿拉伯语作品出版事务，他在埃及的出版者艾米莉·齐雅黛向他约稿，要编选一本他战争期间创作的散文诗集，这意味着他要对这些作品逐一修

---

①　麦克坎森：《巨人与玩偶》，第 137 页。

②　玛·哈 50，1919 年 11 月 8 日；哈·纪致玛·哈，1919 年 5 月 4 日。

③　玛·哈 49，1919 年 4 月 14 日。

改。纪伯伦还同意给当地一份杂志《年轻女性》供稿，他写了一篇文章，劝告第一代阿拉伯移民的孩子，在成为美国公民的过程中，要骄傲地保持自己的传统，"我相信你们能对爱默生、惠特曼和詹姆斯说，'在我的血脉里，流淌着诗人和古老哲人的血液，我渴望走向你，但我不会两手空空地来'"。

此外，纪伯伦越来越受欢迎，这也分散了他的精力：

> 从早上起床——一直到晚上睡觉——……我的生活只剩下工作。而大部分工作不是我渴望做的……事实是，我没有料到它来得这么快……我以为十年后会来到的，现在却已来临。一切来得都很突然——《疯人》还有阿拉伯世界——过去，我会收到六封信——现在是 36 封——我全都回信……在我能适应这新的生活节奏前，我需要时间，六个多月吧。①

八月间，他和玛丽至少每周一次在剑桥见面。他没有继续《先知》的工作，而是开始写一组英语寓言，也就是后来的《先行者》。他们一起完成了《将死之人和秃鹰》、《弱小民族和战争》、《上帝的小丑》、《价值》和《全知与半知》。在一次会面时，纪伯伦总结了自己主要的工作进展，并谈到要把它暂时放一放：

> 我发现我在 16 岁的某一天就开始了构思，那是《先知》的萌芽……它是 16 岁时的作品，但当时只隐约地有些风格的迹象……全然不是古典主义的风格——你知道我一向反抗古典主义。一群人在小酒馆里，他们谈论各种各样的话题，其中一个人有独特不同的思想，他给出他自己关于食物和各种事务的想法，然后他们离开了……我和他留下来，我给他画像，我们一起走到外面的田野里，遇到一群农民，他进行了一个小的演讲。你看，那时的思想就是现在《先知》中的内容，而我的岛中人穆斯塔法——他也是同一个思想发展的结果。

---

① 玛·哈49，1919 年 7 月 30 日；《致年轻的美国叙利亚人》，《叙利亚世界》1，1926 年 7月：4—5（最初发表在《波士顿年轻女性》）；玛·哈49，1919 年 7 月 30 日。

当纪伯伦秋天返回纽约时，仍然无法继续写《先知》，三个月的时间里，他没有向玛丽谈及这部作品。11月，当玛丽见到哈利勒时，她观察到"他的自我仿佛暂时被遮盖了……他似乎将自己困难重重的思考打包放进了写字台的抽屉"。纪伯伦已经决定，要在来年先完成另一本涵盖了诗和寓言的书，并要完成另一个系列的绘画作品，"在完成这些以后，我会出版《先知》，你知道，《先知》对我的生命意味着很多，在全部 37 年的时间里，我一直在创作着它——我已经有了一本阿拉伯语原作，是碎片化的形式。它包含了我甜蜜的内心生活……我已经开始（写作），它总是在我的内心世界，但我不能仓促地写，不能早一些完成它"。①

———————

① 玛·哈49, 1919 年 8 月 4 日；50, 1919 年 11 月 8 日。

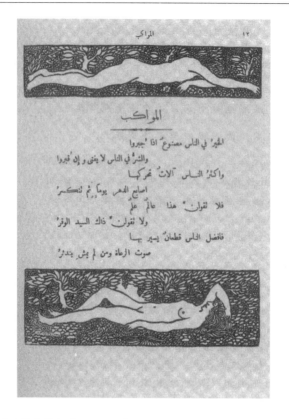

表现忧伤的长笛分散于《行列》的阿拉伯语版本（作者）

　　在波士顿过圣诞期间，《先知》的写作同样没有丝毫进展。他为玛丽的新学校完成了一幅绘画，对于前来观看他的那些师生观众们，纪伯伦似乎乐在其中。但尽管他畅所欲言，却避免谈及自己的英语作品，只向玛丽朗读了自己的一首关于云雀和蛇的寓言（《先行者》中的《诗人和学者》），纪伯伦就此解释道："世界上的人有两个大类型——生命的寻求者和真理的寻求者—— 一类人愿意更多地生活，一类人愿意更多地理解——诗人（你知道，我的意思并不仅仅是指那些写诗的人）和学者。"他返回纽约后，（对于《先知》），仍然一言未发。他最后写信告诉玛丽，四月中旬他能在纽约见她，"这是迄今为止我遇到的最可怕的冬天——在很多方面很可怕"，他承认，"我有点像一条无助的鱼，它陷在满是淤泥的湖里，禁不住对自己说，'水上方的空气不是淤泥，我要相信上帝所造之物。'"①

1920年春的一天，玛丽来看望哈利勒，哈利勒的言谈表明，他的行事更加独立，减少了对玛丽的依赖。"我告诉你一个大好消息！"他一见面就言道：

> 你了解现在的居住情况已经变成什么样子……纽约的两万五千个家庭正住在大街上——在帐篷里或露天——我几乎要离开居住的大楼。一个集团计划买下这座大楼，那样我们的租金要涨3倍——因此我们自己——住在这里的12名艺术家——买下它。现在我们安全了，雅克布西斯住在我楼下，我会在我们的房间之间修一个卫生间，我们分摊费用——我们会做些事情，让整个地方变得更适合居住。

克诺夫出版社正准备出版《先行者》和书中的五幅插图，他总是在向玛丽报告，自己越来越受欢迎。"我收到了庞德办公室的演讲邀请，明年冬天我会做一次旅行演讲。我已经做了五次朗诵……其中三次有报酬——但其中一个我没有要钱——那是我在公立图书馆的朗诵——因为我希望图书馆能购买更多的阿拉伯语书。"《日晷》杂志在四月刊登了两幅画《山和云》、《研究》。而《国家》收到了对《二十幅画》的一篇见解深刻的评论，该评论写道："纪伯伦所传达的信息，不属于神秘的先验主义，是一种对于形式的富有感情的优雅展现，他的作品很有价值，很自信。"②

纪伯伦刚刚给挪威作家约翰·伯厄画了肖像，玛丽也听说了他作画的过程。后来，霍华德·威拉德·库克描述了这个过程，他的描述令纪伯伦高兴，"伯厄说，这是他自己确实喜欢的第一件事"。伯厄创作了具有精神启示主题的小说，它们正在美国流行，而库克将纪伯伦和伯厄所作的比较，也令哈利勒获得了极大满足：

> 上周四的一天，我坐在纪伯伦的工作室，这恰好是伯厄第一次访问美国，当我看到他沉浸在这位写作了《巨大的饥饿者》的作者的

---

① 玛·哈50，1919年12月30日；哈·纪致玛·哈，1920年4月10日。

② 玛·哈50，1920年4月17日；《国家》110，1920年4月10日。

精神世界……我明白,纪伯伦的天才是两面的——诗人和艺术家不可分离……伯厄显然很紧张,他谈话时,不停地开合着双手。他的谈话大多是关于神话传说,他自己的圣徒传说,这表明他与汉斯·安德森密切的内在联系……他坐了一个多小时,画完后,伯厄站在画前,双手放在身后,踮着脚尖看。接着,他转向纪伯伦,"你是一个雕塑家,你的作品应该用大理石完成!你的画很像米开朗基罗和罗丹的作品"。①

　　人们关注哈利勒,这令他愈发强大,而具有讽刺意味的是,这却在不断削弱玛丽的地位,她浏览了《先行者》已完成的插图,并倾听了他已经命名的结尾篇《最后的守望》,这些作品不再需要玛丽的校正:

　　　　现在他读完了——他是多么地爱人们……绝对地爱他们——没有人听到他的爱、看到它,或者感受到它、理解它——他所拥有的爱,既不是一个人的爱,也不是许多人的爱,而是一种孤独的爱。只是我不能明白的是:当他斥责着人类,谴责着他们,他们却开始爱他了……

　　　　当我记述着哈《最后的守望》……我哭了——我说,"别介意我的哭泣",哈回答,"玛丽,别以为我介意你的哭泣,或许在这世界上,没人比我哭得更多。在这里,只有我一个人的时候,我哭过很多次。你看,因为我独自在这儿,我能任由自己流眼泪……"

　　　　几乎不需要改动一个字,哈的英语是我所知最出色的,因为它富有创新性,而且出奇地简单。现在,他几乎不会拼错任何字——虽然他仍然辅助性地使用字典——他也几乎不会用错习语。"我感到放心!……现在,我的全部存在要进入《先知》,在我完成它以前,它构成我全部的生活,我所做的一切已经过去了,这一切仅仅是培训我的学校,但在《先知》中,我蕴藏了我的思想——我希望能生活在这些理念中。我写它们,并非出于利益,仅仅是写出它们还不够,我能接受那样的生活。"

---

① 库克:介绍,戈德:《约翰·伯厄》。

他们在 4 月 20 日和 21 日的会面，成为哈利勒一系列的独白。玛丽认真地做了记录："你知道，我正写作《劝诫》中的《罪与罚》，纪伯伦说，"主题与我很接近，我几乎不能把自己从犯罪中分离出来。当我读到伪造罪，我感到我就是一名伪造者——当读到谋杀者，我也感到自己犯了谋杀罪。如果我们中的一个人做了一件事，我们全体就都做了——那些由人类集体做的，也正是我们每个人所做的。"①

颇有意味的是，哈利勒在界定自己"世界意识"的观念时，并没有特意告诉玛丽，他正试图将这一理论运用在自己的叙利亚同乡身上。就在玛丽拜访他的同一周，他也正在组织和联合阿拉伯移民，"最佳联合"和"波士顿青年女性"的成果一直不突出，而《艺术》杂志虽然得到了他和雷哈尼的支持，还有米哈依尔·努埃曼等编者的参与，但经过 1913—1918 年间断断续续地刊发文章，最终还是停刊了。于是，纪伯伦想要尝试建立一个正式组织，来代言阿拉伯移民所宣称的先锋艺术。具有讽刺意味的是，他在美国文学界达到成功的顶峰，同时也使他获得阿拉伯世界没有预料到的成功，这在很大程度上归功于刚从法国服兵役归来的努埃曼的批评能力和组织工作。

1914 年，努埃曼第一次出现在玛丽的日记中，当时，纪伯伦将他描述为一位不知名的批评家，"要么把他的作品捧上天，要么就把他的作品贬入地狱"，尽管她没有提及这篇评论的标题，但据推测，一定是发表在《艺术》杂志上的《希望的黎明在失望的夜晚之后》。这篇评论的作者努埃曼刚刚移民到美国，当时是华盛顿州立大学法学专业的学生，他在这篇评论中分析了纪伯伦对阿拉伯文学的影响。努埃曼的文学背景比纪伯伦更学术化，他曾在拿撒勒希腊东正教的俄罗斯师范学院学习，还在俄罗斯神学院学习四年。在这篇 20 页的分析文章中，努埃曼小心地避免了两种极端倾向——"像某些人那样，将纪伯伦抬高到莎士比亚的级别"，或者"将他扔入但丁地狱的第一个圈层，抹去他的声名"。实际上，作为批评家，努埃曼首次不把《折断的翅膀》的作者看作轰动一时的人物，他指出纪伯伦在移民报刊中的地位，把他当作这些流亡的同乡中第一位发出真实声音的人，并认为他是第一位成功地运用阿拉伯本土的名字、习惯和背景进行创作的阿拉伯小说家。然而，努埃曼也认识到，纪伯伦所使用的本

---

① 玛·哈 50，1920 年 4 月 17 日；51，1920 年 4 月 18 日和 20 日。

民族人物只是一种假象,《折断的翅膀》的女主人公不是"精神或心灵上的叙利亚人",去除了表面上的盛开的茉莉花和柠檬的香气,萨勒玛·克拉玛可以很容易成为"法国人、英国人、俄国人、意大利人或澳大利亚人",但努埃曼欢迎哈利勒的尝试,"尽管不完整,是一种变形",但却是阿拉伯文学黎明的开端。[①]

1916年,(米沙·)努埃曼在纽约经商,他在《艺术》杂志的办公室见到了纪伯伦。在随后的岁月里,他最初对纪伯伦的客观态度发生了变化,在某种程度上,是由于他的评价,这位他最初只是加以淡淡赞扬的人,成了阿拉伯移民作家公认的领袖。1920年4月20日晚,努埃曼记录了一次聚会,这次聚会由周报《旅行者》的主编阿卜杜·玛西·哈达德和他的兄弟举办。

新的讨论是关于纽约的叙利亚作家该怎样提升阿拉伯文学,使它摆脱滞后和模仿的困境,为了建构阿拉伯国家的积极力量,将新的生命融入阿拉伯文学的血脉中。有人提议,要创立一个组织,将作家们联合在一起,集合他们的力量来服务于阿拉伯语言和文学。这提议得到了全体在座的诗人和作家的热烈赞同……时间不允许进一步讨论细节和细则,纪伯伦于是就邀请大家4月28日晚到他的工作室。

那天晚上,八个人来到西十大街51号,努埃曼继续写道:

在进行彻底的讨论后,一致通过了以下几点:

1. 组织的名字阿拉伯语为 Ar-RabitatulQalamyiat(意思是笔会),英文是 Arrabitah。

2. 将会产生三名管理者:一名主席,被称为"首领";一名秘书,可称为"顾问",和一名财政部长。

3. 成员可分为三种类型:活动者,应被称为"作者";"支持者",应被称为"同仁"和记者。

4. 笔会将发表自己成员和其他阿拉伯作家有价值的作品,同时也鼓励世界文学杰作的翻译。

---

① 玛·哈45,1914年11月15日;《艺术》1,1913年7月:50—70。

5. 通过为最好的诗歌和散文提供奖励，笔会要培养新的有才能的作家。

作者米哈依尔·努埃曼负责最终法则的起草，出席的八人一致选举纪·哈·纪伯伦为主席，米哈依尔·努埃曼为顾问，威廉·凯兹弗里斯为财政部长。[①]

多年以后，对移民出版物有诸多贡献的凯兹弗里斯，回忆了纪伯伦对这一事业的影响：

笔会不是一个社团，不是通常所接受的字面意义上的文学俱乐部，它是一个小型的圆桌聚会，聚会者有着相近的灵魂和意识，共同目的是要革新滞后的阿拉伯文学，并为了这一目的，互相帮助和鼓励。阿拉伯文学已跌入滞后的深谷，伴随着帝国的没落，它的文化停滞不前，被严苛和过时的法则与规章所桎梏。作家和诗人奉清教主义为神圣，墨守传统，文学种类狭窄，有许多拙劣的造韵者，却缺少诗人。他们为了形式而牺牲实质，无人敢于偏离旧道。

在这精神的困境中，笔会在纪伯伦的领导下，扔下一颗炸弹，如是说，"如果一个思想的意义和美需要打破规则，那就打破它……如果没有已知的词语来表达你的思想，那就借入或发明一个……如果句法妨碍了需要和有用的表达，那就远离句法。"

纪伯伦绝不是一个清教徒，尽管他极端关注自己语言的打磨，他从不用正统的阿拉伯语来写作，他打破了规则，然而，这样一种美丽和丰富的阿拉伯语，成为他那长着翅膀的词语的正确工具。[②]

随后的几年里，每位成员都在所发表作品的名字后注上"笔会作家"的字样，哈利勒设计了社团的徽章—— 一个圆形标志中镌刻着一本打开的书，上面印着穆罕默德的一句话："在主的宝座下珍藏着多么奇妙的珍宝，只有诗人的舌头能打开它。"

笔会成立一个月后，纪伯伦来到了波士顿。他向玛丽承认，《先知》

① 努埃曼：《哈利勒·纪伯伦》，第154—155 页。
② 凯兹弗里斯：《哈利勒·纪伯伦的生活和他的〈行列〉》。

的创作仍然停滞不前。在玛丽看来，拖延的主要原因，是由于他重新修缮工作室的工作，还有一些"积攒在一起的小事情"。纪伯伦告诉她，自己感到有责任推动本民族文化，但他并未提到笔会社团。"黎巴嫩山将会发生一件事，那会震惊这个世界——从黎巴嫩的那些牧羊人、简朴的人们和王子们那里。正由我组织一系列的工作，我正为两个女人把黎巴嫩的一些民谣翻译成英语。"返回纽约后，他为工作室的工作毫无起色而自责："是的，今年夏天我的确要到波士顿去，但要在我收拾好工作室以后……妹妹和我今年夏天不能在科海塞特找到房间，因为那位女士要把房间给她已婚的女儿住，但无所谓，我会到波士顿，我们能充分利用这段时间，我在城市里总是能比在乡间做更多的工作，今年夏天，我必须要做更多的工作……"①

终于，纪伯伦在 8 月 20 日出现在学校，在那个月随后的四次会面中，他和玛丽一起审阅了《先知》，但他主要在描述自己最近的活动。他告诉她，自己最近为埃及的《新月》写了一首散文长诗——"我政治上的再见——它意味着，你们的叙利亚不是我的叙利亚，我的叙利亚也不是你们的叙利亚。对我来讲，在黎巴嫩照顾羊群的牧羊人，比那些在政府中密谋的人们更为重要。我爱很久以前的那个真实的叙利亚，也爱从今以后那个真实的叙利亚。"纪伯伦向她展示了另一幅画"窗玻璃上的呼吸"，《日暮》杂志已经发表了这幅画。他们还一起阅读刚从埃及抵达的他的诗集《暴风雨》，"努埃曼已经就那本书写了一篇很美的东西，我想没有任何人能像他那样做这件事，他正在写一本关于我的书"。②

纪伯伦还向玛丽介绍了另一本书："我已经有 500 个篇幅很短的格言——对《疯人》来说太短了——大多数是用阿拉伯语写的——但我能将其中的 300 或 350 个翻译成英语，这样它们能变成一个非常好的小集子。"玛丽开始随意地记下这些格言，她称这些格言为"七天的道路"。有时，玛丽也会推敲它们："他给我读了很多短格言——非常好。其中一个，'一次，我在圣殿门口看到一条狗在咬一具狮子的死尸，我由此失去了对这死者的恐惧，也失去了对这生者的尊敬'"，他说，"那是痛苦，我六年前创作了它——那时我很痛苦，但现在我内心的痛苦已经消失了。"

---

① 玛·哈 51，1920 年 5 月 20 日和 22 日；哈·纪致玛·哈，1920 年 7 月 19 日。
② 玛·哈 52，1920 年 8 月 21 日。

她又听了《劝诫》中的《善与恶》和《罪与罚》，并就几处明显的不一致提出问题："在《善与恶》中，哈用了词语'你那巨大的自我'，然而在《罪与罚》中，他却已经用了'神性自我'，我谈到，英语中'巨大'的用法和哈所使用的意思不同，还有'神'的用法……当我的意思是神时，我应该用的词——我应该用神——却不是'生命'或'法则'或'爱'，尽管这些都意味着同样的东西，如果在我的意识中，这个词是神，我就应该写'神'。"①

笔会成员，首行从左至右：阿卜杜·麦西·哈达德、威廉·凯兹弗里斯、艾敏·雷哈尼、瓦迪·巴浩特、努德拉·哈达德。第二行从左至右：纳西布·阿里达、拉希德·阿尤卜、米哈依尔·努埃曼、伊利亚·麦迪和哈利勒·纪伯伦（作者）

三天后，纪伯伦抵达学校，兴奋地说：

> 对于这些格言，我有一个绝好的主意。你知道，其中一些内容关乎痛苦，而这些痛苦现在离我很遥远——它们现在已经根本不是我自己，但如果我因为成长而扔掉过去的一切，那会让我扔掉很多东西。当我写这些内容时，所有这些都是真实的，那么，我想到了一种可以涵盖它们的形式——有一个场景可以使用它们：一个关于觉悟的故事——我在一次去往圣城的旅行中。早晨，我邂逅了一位陌生人……

① 玛·哈 52，1920 年 8 月 20 日和 25 日。

我们很自然地开始谈话。他很忧伤痛苦，我们谈了一整天，他说着最痛苦的事情。第二天，他的痛苦减少了一些——我们离圣城近了一点。第三天，他谈话中的痛苦又减轻了一点——他就这样改变着——到了第四天、第五天和第六天——到了第七天，他谈着星球的事⋯⋯我们到达了圣城。当我们靠近圣堂，我不能看到他——在夜晚，我看到他死去了，在圣殿的墙边。

　　玛丽继续编辑这些倾泻而出的格言："我合上手，当我张开它，里面是柔软的雾。我又合上手，再张开——看哪，那是一只蠕虫。""我渴望永恒，因为在那里，我会见到我那没有画出的画，读到我那没有写出的诗。"这些写作训练打破了纪伯伦对《先知》长达一年的沉默。9月7日，玛丽能够总结作品的开头，"因此，今天他带来了《先知》的开头，尽管具体内容仍然不成体系——阿尔穆斯塔法如何等那紫色帆的船12年，当他看见船来到，他又怎样对自己说，他与这座城市那么亲近，这座城流溢着他的痛苦——他对离去感到那么忧伤。"当玛丽温和地反对重复使用代词"他"来指先知时，纪伯伦回答道："我想我只愿意在这本书中使用阿尔穆斯塔法一次——在一开始——剩余的通篇都要说'他'，阿尔穆斯塔法的阿拉伯语意思是非常特殊的事物——也是被挑选的和被爱的——其实是在二者之间——英语里没有名字有这样的意义。"然后，他讨论是否要在名字后面加上"被选和被爱的"。[①]

　　此外，玛丽还质疑爱尔美差所使用的"你的记忆的土地"的意思——纪伯伦同样坚持自己的选择，"这里所写的一切，都来自于我头脑中的很多事物，每件事物都是作为整体的人们生命的象征——'记忆的土地'是我们所有的历史性的过去——生活承载着我们，从我们那伟大的过去，走向我们更伟大的未来"。但对于她建议删去描述船的"紫色的帆"，纪伯伦表示同意："或许我能发现另一种不同于'紫色的帆'的表述⋯⋯然而在古时候，有某种神圣的差遣时，确实是用紫色的帆船——这个事实一直牢牢地在我的记忆中，所以我使用它。"在分析了这篇引言后，他又回到了自己格言集的话题："我不知道什么时候出版《先知》或《七天的道路》，"他思索道，"我不能在《先知》出版以后，去出版任何

---

① 　玛·哈 52，1920 年 9 月 3 日；53，1920 年 9 月 7 日。

比《先知》内容少得多的作品。这意味着，如果这些格言随后出版，其中会有很多内容不得不被忽略……我不会匆忙地完成这两本书，花多少时间都无所谓。"①

9 月 14 日，玛丽总结了这次见面的成功：

> 他过去从未在波士顿如此系统地写作一本英文书——他也从没有看望玛丽安娜这长时间，因此我们比平时做得更多，这是由于要在秋天完成《先知》，给我们一定的压力。他通常会保留稿件，直到完成或几乎完成时，才会让我看。但这次他带给我的《先知》序言，是他的初稿或第二稿。我们在一起看文本——从新内容开始，或从早一点的内容开始，如果我在过程中有些疑问，我们就会时时停下来，直到一起解决问题。哈把我看作他的英语读者的化身，他等待时，就会给我阅读最终的草稿，英语读者很难妄想对它有丝毫的改变……如果他能活很多年——一天，他说，"你会活得比我长——我知道这一点"——……尽管他创作的时间很短，收获却很大，他现在书写英语的速度，比 12 或 18 个月以前快了两倍……如今他只是偶尔才会对英语拼写表现出犹豫。

由于合作进行顺利，纪伯伦在波士顿比平时停留得更久。然而，他担心会远离他的阿拉伯同事，这种焦虑使他第一次将"笔会"的情况告诉了玛丽：

> 事实上，我们在纽约成立了一个阿拉伯学会——也在波士顿——可能还会在阿拉伯世界设立支部——贝鲁特、大马士革或开罗。我们每年都会用阿拉伯语出版最好的作品，这些作品以欧洲其他语言的形式已经出版过……他们选举我为主席，努埃曼是书记——我们也需要钱——我不得不从某些纽约的叙利亚人那里要些钱，他们会比其他人更乐于提供资金。他们已开始筹划这个周六的第一次秋季聚会——但我昨天给努埃曼写信，告诉他我愿意在这里住得时间长一些，我希望

---

① 玛·哈 52，1920 年 9 月 7 日和 14 日。

他把会议推后一周。①

　　9 月 17 日，当纪伯伦离开时，他向玛丽保证，为了完成《先知》，他要在一个月内返回波士顿。但他没有实现诺言，《先行者》出版于 10 月，当玛丽 11 月见到他时，纪伯伦没有向她显示《先知》的任何新进展。12 月，玛丽再次拜访了他的工作室，但"笔会"新年发行的一期《旅行者》占用了纪伯伦太多的精力，他们甚至没有提及那年夏天的工作。"最近，我已经迷失在自我的迷雾中，"纪伯伦写信给她，"每当我感到迷失的时候，我就转而写作阿拉伯语诗歌，回到自己的民族，是找到另一个黎明的好方法。"②

《波士顿年轻女性》的标题（作者）

_____

① 玛·哈 53，1920 年 9 月 14 日和 17 日。
② 哈·纪致玛·哈，1920 年 12 月 12 日。

"旅行者"，《旅行者》的封面，1921 年（作者）

第二十章　不再分离

纪伯伦越来越发现，他已经成为"故国"和"寄养的国度"这两个世界的诗人和代言人，但他也总是发现，这是一个困难重重的角色。1920年12月，当玛丽来到纽约与他会面时，他提及自己最近与拉宾德拉纳特·泰戈尔的会面："我……给泰戈尔解释究竟……你知道［他］谈到美国，说这是一片攫取金钱的土地，缺少想象——他的言谈多么像东方人谈起西方。我试着说——我想我成功了——那种精神可能会通过机器体现出来……它体现在一切事物中。"

纪伯伦向玛丽描述了自己最近的阿拉伯语写作，最重要的作品是戏剧《伊拉姆，高柱之城》，那是一部关于一个女预言者和女先知的作品，她们生活在伊拉姆这座"光明之城"。纪伯伦还告诉她自己的作品在中东的接受，"政治的告别"正受到史无前例的特别关注，但纪伯伦的敌人也清楚地认识到了他的独立立场：

> 你知道，我告诉过你，我为《年轻女性》写过文章《你有你的黎巴嫩，我有我的黎巴嫩》，叙利亚检察署将它从叙利亚杂志和报纸中删去，把它从纽约、开罗和南美洲到叙利亚的报纸中剪去……但他们没有把标题和作者名删掉，因此所有人都知道那儿有篇文章——他们正决定删掉它——如果政府部门任由其留在那儿，它会起更大的作用。

在一封致爱米莉·齐雅黛的信中，对于这首相对温和的诗所引起的骚动，纪伯伦表达了歉意：

> 我不知道叙利亚的检查制度已经变得如此糟糕……它使我啼笑皆

非——我觉得那些把这篇文章从《年轻女性》删去的人，正在夸奖我，我不值得他们的夸奖。他们侮辱了自己，他们不配这种侮辱……我这二十年来，确实没做什么可以留名青史的事，我这藤蔓只产生了酸涩的葡萄，我的网仍然覆盖着水。请求我的朋友们，给我更多的时间。[①]

如果说，在这封信中，纪伯伦否认自己的成就，似乎只是一种东方式的谦逊，但在写给玛丽的另一封信中，他也表达了相似的感觉：

我想要有些时间，不去写不去画，只是对人们谈话，我好为人师……我想要唤醒他们的意识，让他们了解我所了解的。因为一直以来，我是那么孤独，我想与那些孤独的人谈话——有那么多孤独的人……我前进得很慢，我应该在十年前到达现在的境界。我体内有一些斑纹在阻止着我前进——这是某种遗传。我父亲一方脾气大、不安分并且自负，我也继承了这些特点，很久以来，这阻滞了我：关注名誉，在意人们的观点和想法。但它们不会再阻碍我了，因为现在我已经了解自己的这些（缺点），因而我不会再受它们的影响。[②]

在波士顿过圣诞期间，纪伯伦仍然继续关注中东的新国家所面临的问题，他为《年轻女性》写了一篇文章，是关于"近东的两种意识：创新的意识，简单、直接，每一个人、工人和所有人，都有这种意识；另一种意识——复杂、通常是政治、经济或社会的——那是暂时的事物，不是创新的"。在他看来，苏俄和美国是"新意识"最伟大的代表，他将之界定为追求"善与现实"。他渴望影响正涌现的国家的理念和目标："一个年轻的国家能产生一种自我的新形式……似乎要由我引导这一新意识——不要保持沉默……我不想谈及政治事务：它们不能引起我的兴趣，但这一新的意识、新的渴望、新的观念——是我所关心的。"

这些信仰的具体表现，是他 1921 年 4 月发表的文章《新时代》。尽

---

① 玛·哈 54，1920 年 12 月 18 日；哈·纪致齐雅黛，发表于《年轻女性》42，1934 年 3月：517。

② 玛·哈 54，1920 年 12 月 18 日。

管他的阿拉伯语写作耽搁了《先知》的创作，但还是已经完成了四分之三，纪伯伦也终于可以告诉玛丽，伴随他一生的、追寻自我身份的痛苦和矛盾，现在让位于一种整体性的目标：

> 我过去常常认为，我是另一个碎片——不同于其他一切生命——我所写的一切作品，都是要直接或间接地表达孤独。但那其实是错误的。没有任何一种东西是孤独和与众不同的。现在我明白，我是整体中的一部分——一个坛子的一个碎片，不是来自于另一个坛子的碎片。现在我已经找到了适合自己的地方，在某种方式上，我是那坛子——坛子是我。当我觉得自己总是与众不同和孤独，我是自我中心的……现在当记起我过去总把自己当作疏离于社会的个体，我感到很羞愧，你知道，如果一个人在一个房间里，他可以探究房间的一角——或者让自己填满这个房间。填满这个房间更加困难，但却更为真实……当一个人确实接受了整个房间，或接受了整个生活，包括生活的苦难、与其他人的关系——那么，一个人就会发现自己在整体中的位置，一个人就能感受到整个生活。①

这些话体现了纪伯伦创作格言的才能，他和玛丽在前一个夏天一起修改的格言在《日晷》出版，这令他的知名度继续扩大，但当他转回《先知》的工作时，依然阻滞很多，部分原因是一种神秘疾病的反复发作，他形容为心脏的困扰。当玛丽在2月第一周见到纪伯伦时，她从未见过他如此的劳累和精疲力竭。他每天继续花费三四个小时为阿拉伯报纸和杂志记下有价值的材料，但他抱怨自己的"个人生活似乎已经完全停滞……我睡觉时甚至已经不再做梦了……我不想做任何事，我很累，筋疲力尽——我需要六个月的休息"。②

当纪伯伦向她展示"笔会"发行的第一期年度刊物时，他描述了封面设计的意图："伟大的旅行者，神。我在［阿拉伯字母组成的方形］下面新造了字母，我喜欢它，但还没有得到我想要的足够的移动效果……"她记录了他的另外两幅插图：

---

① 玛·哈54，1920年12月30日。
② 玛·哈55，1921年2月5日。

那是两张面庞，其中一个在山里……一幅水彩画，蓝色的，艾尔－库里女士几年前买下它；另一幅……一个年轻人，他的背转向一个蹲着的人物，这人物被一丛有刺的藤蔓挡住了去路，他正看着旁边生长的百合花，"这阐释了努埃曼的一首诗（虽然是荆棘，但却是现实），确实，我相信这是 20 世纪的一首伟大的诗，我很抱歉，不能给你那首诗的原稿——但我觉得我应该对努埃曼有所承诺，你知道，他实际上对我奉献了他的人生，他说他正考虑在作品中创作我"。

当时，纪伯伦一直很犹豫，不知是否要为了一次计划了很久的演讲，立即完成《先知》的创作，因为当时庞德问纪伯伦是否能准备好一次演讲，这是他在纽约的第一次公众演讲，但他一直在等着听玛丽的建议。玛丽帮他做了决定，告诉他"要不假思索地去做"，他回答说："我很高兴听到你这样说……我能'预订'《先知》中的《告别》篇……但我的内心不想让我结束《先知》，或者是完成那次演讲。"①

4 月，玛丽再次来到纽约，她关心哈利勒的健康，记下了他要完成《先知》的压力。克诺夫出版社希望能在秋季出版这本书，哈利勒说："我还想在明年春天读一下——然后可以在随后的秋季出版它——克诺夫说，'纪伯伦先生，你做得不够，人们常会问起你，你应该接受，那会提高这本书的销量。'呀，上帝！……他们总是这样，办公室里的那位年轻女子说，'纪伯伦先生，如果你能展览你的图片和绘画，那一定会让书卖得更好。'他们说这些，是出于好意。"②

离开纽约后，玛丽有三个月时间没有收到哈利勒的来信，这段时间的沉默并未让她烦恼，但却使他的活动在玛丽的日记中变得模糊不清。例如，她没有描述纪伯伦和另外三名笔会成员一起逃到纽约郊外的事情，幸运的是，努埃曼回忆了这件事。那年 6 月，纪伯伦发现了一处放松的地方，那是在卡兹基尔山的一个小村落。"我和纪伯伦、阿里达、哈达德决定在乡间过一个短假……我们住在一幢两层的农场大房舍里，它位于一座最迷人的小山的山顶，在隔绝中……我们度过了 10 天，就像度过了 10 分

---

① 玛·哈 55，1921 年 2 月 5 日。

② 玛·哈 56，1924 年 4 月。

钟一样。"

　　一天，他们徒步旅行到一个瀑布，四人随后拥有了一次难忘经历。受到森林壮观景象的感染，再加上喝了亚力克酒，他们便唱起祖国的民歌，并即兴为阿拉伯诗歌谱曲。他们回头看时，发现纪伯伦和努埃曼落在后面，正在用英语交谈。"我们走了一段路程，时间与我们沉默的思想一起跳动，"努埃曼回忆道，"突然，纪伯伦停下来，用手杖敲打着路面，大声喊'米沙！'我也停下来，看着我的同伴，他的面色改变，这让我感到不安，我们在瀑布旁度过的热情时光，从他的眼中完全消失了，取而代之的，是带着痛苦忧伤的阴云。'米沙！'他再次喊道，'我有一种错误的警觉'，说着这话，他低下头，陷入了沉默。"努埃曼把这个情景看作"他与纪伯伦 15 年友谊生涯中最动人、最富有戏剧化的时刻"。[1]

　　不久以后，努埃曼给纪伯伦写了一封信，对他所表现出的忧虑做出了回应，他在信中的高度赞扬，必定令哈利勒宽心。"亲爱的兄弟纪伯伦：噢，在心灵上，你是基督的羔羊，在意识上，你是朱庇特。因为我在（出行）前不能见到你，我的心灵是那么忧伤。那晚，当兄弟们为我送行时，我的大脑一片空白，因为这锁链的关键纽带不在那儿……希望我会见到你平安健康，像往常一样创造珍宝，并在人群中播撒它们。"[2]

　　从 7 月到 9 月，哈利勒与玛丽安娜在一起，并到剑桥拜访了玛丽 13 次。"我已来到波士顿，完成那本书，还要完成《先知》"，他解释说，"那本书"，或者"那本可畏的书"，是齐雅黛和另一位出版商优素福·布斯塔尼预约的另一部阿拉伯语作品选集。哈利勒已经接受了约请，而出版的具体事宜繁杂而又令人烦恼。"我再也不要在特定日期前完成一件事了！"他恼恨地说。[3] 但既然已经答应了约稿，纪伯伦就只能在 7 月花费了半个月的时间，来打磨最近的文章，并完成了一篇阿拉伯语故事《雾中的船》，这篇故事讲述了一个男人对一名看不见的伴侣的爱。

---

① 努埃曼：《哈利勒·纪伯伦》，第 168—169、171 页。
② 努埃曼致哈·纪，1921 年 7 月 21 日，作者收集。
③ 玛·哈 57，1921 年 7 月 12 日。

努埃曼和纪伯伦在卡宏其（作者）

他们每次见面时，哈利勒都会给玛丽画些画，他经常会表达对自己早年油画的不满，并要准备新的画作：

你知道，我已经很久没有作画了……除非我不用写作，否则我不能再画画儿……我年轻时，常常可以同时做这两件事——我也愿意随时画画，但现在我不行了……我一直在学习把形式和色彩放在一起……我知道，我的作品里有某种极端的错误……我不是想说，那错误是色彩……我画了这些新作品后，会破坏与它们不同的其他所有作品。①

8月8日，玛丽记了满满的两个笔记簿，全都是关于邬斯宾斯基的《第三种思想的原则》以及威尔斯的《史纲》中基督、佛和穆罕默德的本质，在这些谈话后，哈利勒再次转向了《先知》。"'人们的需要改变了：但不是他的爱，也不是他的欲望，他的爱应该满足他的需求。'这是《告别》中的句子，你喜欢它吗？我还没有写出来，记下它，"他告诉玛丽。"我会把它放在我的口袋里"，玛丽抄录下这句话，另外一条格言也吸引了她，"不要教你所知道的——孩子总是会为他自己找到一条道路。"②

在纪伯伦随后的一次拜访中，玛丽提出了一个困扰自己很久的问题，48岁的她恐惧年老的幽灵，害怕自己未来会变得迟钝。但哈利勒有自己的想法，他坚持说：

> 当人们恐惧年老，他们的想法非常狭隘，如果年老的人似乎比你更少活动，那并没有什么错的……我有时想象我自己，我的身体，在死后躺在大地上，回归为地球的元素：极大地放松，一切都变化了，开放着进入更简单的事物——进入那些事物，一切又从中建构起来——伟大的返回——这样一种深深的平静，通向事物的实质……这是身体的秋天——它会进入冬天……这冬天必然会进入另一个春天……玛丽，如果你能记住我所说的小事，你要记住……把年老放在宇宙（轮回）中的感觉，并不仅限于一种思想……它蔓延、思考和重新组织生命……［它］可能很丰富，然而可能会失去意识表达的方式。它或许不可能有任何表现，就像疯狂的人们不能表现出来一样。

---

① 玛·哈57，1921年7月22日。

② 玛·哈56，1921年8月8日。

玛丽还怀疑自己作为管理者的能力，纪伯伦也打消了她的疑虑："所教授的是存在，不是思想，不是我们创造的组织……柏拉图建立组织——然而他活着，活在人们中间，人们其实不知道他的思想。"[1]

而作为一名心心相通的批评者，玛丽对纪伯伦的发展起到了关键性的推动作用。8月的最后三周，纪伯伦隐居在泰勒大街的租住屋里，当他结束隐居生活，终于返回学校时，玛丽兴高采烈地欢呼：

> 今天，我来得迟了点儿，发现他在办公室等我，哈利勒在各方面都看起来可爱极了。天气很热，他显然也很热，皮肤柔软透明——眼睛熠熠闪光——洋溢着微笑——仿佛所有人中最新鲜、最温柔和最明亮的光芒。

> 他已经写了《先知》的《告别》，读给我听。他同样的讯息——关于大自我和生命、爱和大自我的同———通过语言和人物再次表达出来，使语言和人物达到了难以想象的高度。

> "如果总体结构正确，我能改变其中的任何细节，"哈读完后说，"如果（总体结构）不正确，我会整体全写一遍……"然而，这确实是那个要表达的正确的灵魂，这也映照了先知的灵魂，这先知绝对是哈利勒——尽管哈利勒说过几次，"这不是我，只是先知"。

> 读完后，我们立即浏览了整个细节——大约有16页——只有这里、那里的一个词需要调换——或者要删掉一个连词……时态很完美……只有一处普通的英语结构，他的感觉还不太到位。这是我们一次性完成的最长的写作（修改）。

他们又共度了两个下午，一起润色《告别》，玛丽记下了"尤其认真、准确和清晰的"手稿，纪伯伦复制了一份。[2]

由于纪伯伦关心这本书的"数量和比例"，他们在三天后又浏览了全稿。"我可能说过这里或那里很糟糕，"他承认说，"但我觉得这个开端应该保留……开始、中间和结尾都有相应的比重，如果我们错误地评判了其中任何一项，就会失去一定的和谐。"他认真地评估了每一部分，还承认

---

① 玛·哈58，1921年8月12日。

② 玛·哈58，1921年8月30日和9月6日。

自己要感谢尼采，并指出查拉图斯特拉和阿尔穆斯塔法之间的区别：

> 很多作品经常有开头太短的错误，以查拉图斯特拉为例——或许我有些亵渎神圣，因为《查拉图斯特拉如是说》是那么美丽的诗，我爱它，也爱这本书——但查拉图斯特拉从山上下来，他在路上对一位年老的隐士讲了两三分钟的话——这就是全部——然后，他发现城里的人们在等着看走绳索表演，对着这种心情的一群人，他开始讲话——就像一位神或超人。他们当然不能听懂他的真实意思，他这样做时，采用了一种变形的方式，尼采的作品里总是有一种变形——作为一名艺术家，他缺少平衡。他有着分析的头脑——分析的头脑总是讲得太多。

那年夏天，纪伯伦临行前拜访学校时，玛丽用 17 页篇幅记下了他那天的话。"他的谈话比以往任何时候更精彩地表达了现实——但我缺少过去的活跃和投入——尽管我尽可能迅速地记录下来。"她记下了《先知》中两个重要的名字："爱尔美差的名字，根源于古波斯的光神——她的名字是米特拉神——这是一种非常早的宗教，我们对此知之甚少。作品中的阿法利斯城这个名字来源于俄耳甫斯，显然有两个俄耳甫斯——一个是音乐家，另一个确实是一位伟大的先知，我们已经失去了关于他的确切记载，但他一定在某个时候深刻地讲述过人们的生活。"

在随后的三年里，玛丽还会继续写日记，但这篇日记却标志着玛丽和哈利勒面对面合作的结束。当然，二人都不知道她生活的变化将会改变他们的友谊，然而，在他们的最后阶段，纪伯伦似乎总结了生命的晦涩："没有神秘；没有谎言；没有真理；在某种感觉上，我们能够那样说：一棵树就是一个真理。"[①]

玛丽原本计划 11 月到纽约参加中学女校校长会议，但却未能成行。她的表姐露易斯·吉尔玛·米尼斯（她经常称她为"卢丽姨妈"）在 11 月 16 日去世，玛丽到萨凡纳参加葬礼，接着返回南部和刚丧妻的雅可布·弗劳伦斯·米尼斯共度圣诞假期。

---

① 玛·哈58，1921 年 9 月 9 日。

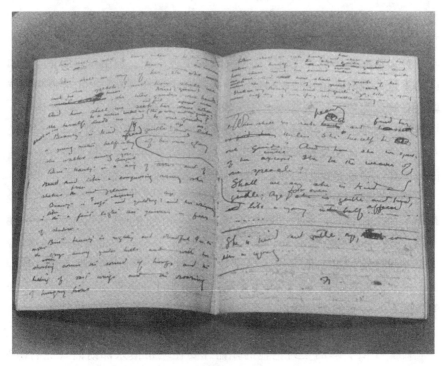

《先知》手稿（作者）

1922 年 1 月 5 日，玛丽在剑桥见到了哈利勒，哈利勒刚与玛丽安娜在一起生活了十多天。他看起来很不安，他谈到旅行，但似乎深陷于自己每日的责任，"在英国、法国和意大利，我应该能做很多事情……"他告诉玛丽，"或许在去了这些国家以后，我能到东方去——确信不会更早去！""当他谈起东方"，她写道，"在他的脸上有一种真实的烦恼，真实的痛苦——但我不知道他在想什么。"

玛丽不再热心地参与他的具体生活，因为她正面临着自己的一个关键决定。69 岁的弗劳伦斯·米尼斯害怕孤独和死亡，请求玛丽做他的伴侣和女主人，与他一起生活。弗劳伦斯是"西南铁路和萨凡纳棉花交换（公司）"的前任主席，他拥有一片很大的土地，享受着奢侈的生活。玛丽觉得这或许能帮助她摆脱一直以来疲倦的生活方式，她告诉哈利勒，她正考虑和米尼斯一起生活，但她不能确定是否要离开学校。纪伯伦的第一反应是"等等看，你会知道的……或许你不用为了他牺牲学校，或者为了学校牺牲他，你或许能协调它们，都能留下来……别觉得你必须仓促地做决定——那决定会来的"。①

　　10 个月前，甚至是在两个月前，他们就开始讨论他最近的一次水彩画展览，这次展览设在灯塔大街的女子城市俱乐部。但由于玛丽正考虑自己的事情，她只在引用他的话时，间接提到了这次展览："我带来另外一幅画，我认为应该放在展览上……我把它给了斯培尔夫人（里奥诺拉·斯培尔，钢琴家和诗人，是国际金融家埃德加·斯培尔的妻子）。"然而，对于其他过去能使她感兴趣的细节——他们朋友的反应、这些画作、销售的可能性、当地报纸上的评论——她没有谈及。

　　画展的前一天，玛丽和詹妮特·皮勃迪将画悬挂起来，下午，纪伯伦在俱乐部见到玛丽，他们一起看展览。"那些房间非常令人失望，"玛丽写道，"展览的房间，首先，满是家具和装饰品——不适合在里面展画。如果哈知道这情况，他一定不愿意把画送过来，但他对此很达观，很和蔼，没有因此而生气——我们出去散步——走过一个草坪，回到公园大街等我的车——我们第一次走这么长时间。"不幸的是，她没有记录下任何批评者的反应。

　　1 月 11 日，玛丽去讨论他的作品，要在城市俱乐部朗诵《先行者》的片段，这次，她没有像往常那样，用几个小时的时间来告诉他自己要讲的内容，他们却集中谈论她"内心争论的主题"。玛丽想让哈利勒见见米尼斯，"是的"，他说，"我也愿意见你叔叔——但如果你喜欢他，我是否喜欢他并不重要。"纪伯伦平静地回答了她的问题——是否可以与一个不完全"理解"她的人一起生活，"你永远不会找到一个趣味相投的人生活在一起——在一百万人中，也不会有一个人能让你什么都讲。但那究竟有什么关系呢？你和那个人的关系仍然可以很甜蜜，通常所谓的理解，其实也奴役着我们，被理解又意味着什么呢？伟大之处在于不断的领悟。"

　　在玛丽要做决定的重大时刻，哈利勒似乎不再设防，在毫无预料的情况下，他坦白地告诉了玛丽，为什么当莎洛特 1914 年去参加蒙特罗斯画展时，他与她中断了交往：

　　　　莎说，"哈利勒，我能为你写些东西，它能让你在 24 小时之内红遍美国"——我并没有甜蜜地回答她，回应她的话，我只按照我的真

---

① 玛·哈58，1922 年 1 月 5 日。

实想法回答她，我说，"莎——出名只有一个办法——那就是做配得上这名声的工作，如果一个人做了这些工作，名声也就不重要了"……你知道，玛丽，作品对我而言，是神圣的事物……然而，莎不喜欢我的话，因为她没有准备好为真正的作品不断付出努力，她不愿坦承自己不愿意付出辛苦。她用面纱蒙住双眼——在舞台上，她毫无疑问这样做，但我不愿意把面罩当作现实，她因此感到了某种敌意。①

那个月，他们又见了三次面，他们几乎全在考虑玛丽犹豫不决的事，在描述米尼斯时，玛丽没有隐瞒他的缺点，并吐露心声说，她希望他能改变一些让她烦恼的行为。圣诞节时，因为米尼斯比较一些礼物的价格，她不得不去批评他，这一直令他恼怒。哈利勒试图温和地告诉她，要克制改造（米尼斯）的热情，他总结了年长人的好品质，这使哈利勒无形中战胜了这位未曾谋面的竞争者：

> 如果我与一个那样的人生活在一起——这是我不会做的一件事。我绝不会批评，但我可能会通过自己的行为表现出来，我相信那可以教育他，但我相信批评不会教育他。这样一个男人——他如此直接地面对自己的年老，他真实地给你写信，他那么真挚地爱自己的妻子，他那么好地担负了父母交给他的工作，他偷偷给仆人加工资，因为他认为他们的工资太低——必定是一个本性善良的人。谈及价格只是一件肤浅的小事，与他正谈话的人们，可能与他一样，只是没有显露出而已。

哈利勒很清楚地知道，自己已经不像过去那样，对她的生活有所贡献，于是他鼓励她离开学校。玛丽声称自己仍然有足够的精力和远见，来创造一个完美的学习环境，但近几年来，她也不断认识到自己的缺陷。哈利勒一直试图说服她，在那些复杂、无意义的行政责任上获得成功，是一件多么不重要的事。他还为此谈到了自己对机构的态度："我是东方类型的个体主义者，就像你知道的，我相信，每一个现存的机构是……由众人追随的一个人制造的，我发现那些巨大的组织有缺陷，那只是一个头脑和

① 玛·哈58，1922 年 1 月 9 日。

太多的尾巴，太多的琐碎细节，太多的手和脚，其中的很多尾巴可以成为头，他们应该作为个体发展，生命的工作是产生很多个体。"①

但仅仅在 18 个月以前，当一些母亲和老师反对纪伯伦画作中的裸体人物，他还在敦促玛丽服从这些压力，因为那"可能提供了一些不受欢迎的冲动和想法——女孩儿们不能从画作中感受到'精神的'特质"。尽管那些批评并不能影响到纪伯伦，但他还是请求玛丽取下任何受到批评的画作。这样一种严苛的评判方法，令玛丽对管理学校大为失望，这些关于"画作对女孩儿们的影响"的质疑，"似乎可以窥见人们对我的想法——极其复杂，被惧怕所困扰，烦恼……"当时的她对纪伯伦写道："但我确实不知道该怎样彻底面对它——或者什么时候不去理会它——什么时候考虑它。"有一段时间，玛丽希望能将自己的思想介绍给那些来自相对保守或富裕家庭的孩子，"然而，我们的公立学校没有自由"。②

毫无疑问，纪伯伦帮助她放弃了自己一生的工作，"关于你要与你叔叔生活在一起，我没有什么意见，"1922 年 1 月 14 日，他对玛丽说，"我只能说，'不要着急'，但我知道学校的工作不会阻碍你，它已经不适合你现阶段的状态。"哈利勒再次告诉她，怎样用表扬而不是批评的方法来影响米尼斯：

> 我已经试过用同样的方法来对待我的叙利亚朋友，现在在纽约确实有一个富有创新性的创作群体……但当这些人最初来到纽约时，他们分散各处。我决心让他们至少每两周有一次聚会——远离社团——在一起谈话和阅读……一开始，他们互相批评彼此的作品——就像美国人的做法一样——就像我们所有人的做法一样——指出缺点……
>
> 那么——我就故意这样做：当一个人读一首诗时，我挑出其中最好的地方——可能仅仅是一行——我谈论那一行……那个人就会立即觉得，那一行是他写得最好的内容……和这些人在一起一年半后，情况就变成这样：一个人会说"我已经写了一首诗——但只有一行或两行不错"，他变成了自己的批评家。③

---

① 玛·哈 59，1922 年 1 月 12 日。

② 玛·哈致哈·纪，1920 年 10 月 10 日。

③ 玛·哈 59，1922 年 1 月 14 日。

那个月是哈利勒最后一次前往学校，玛丽目送着他走出校园，她知道，他们在一起的日子将会结束，她感到了他有深深的倦怠。"哈七点钟离开——他误了车——但并没有跑着赶上它，现在他不快跑了——因为他决定要配合自己的工作，让自己的心脏保持完好。"二月，她写信告诉哈利勒，她要到纽约参加一个委员会的会议，问他是否能在一个晚上看望他，"可贵的哈利勒，当我这次见到你，让我们看你的很多画，穿着你的旧衣服——这样我们就不用介意灰尘——从洗衣机里拿一个薄单子或毛巾，来让我盖上"。① 然而，在哈利勒的坚持下，他们这次共见了三次面，玛丽的记录显示，她原有的计划并没有实行，在这三个晚上，他们进行了三次回顾性的谈话。3月12日，玛丽写道：

> 我们的第三个夜晚是从5：30到凌晨3：45——哈利勒说，"这是我们所有夜晚中最棒的一晚——我因此而感谢上帝，我们弄清了很多事情"……我会加上他在周五和周三晚上说的话，我们每次谈了那么多内容，我几乎没有机会记下它们，而我的记忆力这么差。
>
> 哈从他的立场，告诉了我关于我们关系的整个故事——因为某些原因，我忘记了什么原因，促使我认为他关心我的原因，是他在这儿不能找到亲近的人，尽管他有一群朋友……而他对我的那种亲近的、个人的爱，在他心里已经被我杀死了，他之所以还有耐心和我在一起，那是因为他觉得——就像他几年前告诉我的——"我一直到死都是你的朋友，玛丽"——他发现，见我只是一种任务，他来见我，只是因为我的缘故。
>
> "好吧！"哈说——"我随后会告诉你一些事"，他不时地告诉我很多事。

哈利勒整体上回顾了他们的友谊，告诉她：从1908年以后，他怎样学会了接受玛丽的支持（资助），"我只从你那里接受这些（金钱），你对待金钱的态度那么好——你当时说了你的金钱观，我一直记着……你说钱不是个人的，它不属于我们任何人，它只是经由我们的手，那是一种责任而不是占有。我们与它正确的关系，是把它用在正义的事上。"他回忆起他的自我发现时期，那是在巴黎和返回波士顿的时期，"很多人以为，我在巴黎有政治目的……因为我写政治文章……实际上，我关心的唯一一件事，是哈利勒·纪伯伦未知的（自我）"。接着，哈利勒开始叙述他们那些经受了疾风暴雨的日子——关于婚姻的犹豫不决、莎洛特的影响、真实发生的和想象的伤害。哈利勒总结说：

> 然而，我的内心只有一点改变，所有最深层的东西从没有变过。那最深层的东西、那种相认、那种知晓和那种亲近感开始于我第一次见到你的时候，现在仍然没有改变——只是比那时深沉和温柔一千倍……我应该爱你到永远，我知道，在我们肉身相遇以前很久，我就已经爱上了你……没有什么能让我们分开……如果我能爱另一个女人，我有很多机会。在波士顿，我认识她们，她们迷人、聪明、有教养。在巴黎，我遇到过许多最好的女人——一些是美国人，一些是法国人和意大利人，还有一些叙利亚人……在纽约，我总是能遇到这样的女人……我认识一些女人，她们比你更优秀，有一些更有趣……但我厌倦她们……
>
> 我坦白地告诉你这些，是想让你永远记住，你是我在这个世界上最亲爱的人，那种内在的联系，那种在一起的感觉，属于我们的精神存在，即使你与其他七个男人结婚七次，它也不会改变。
>
> 性只是暂时的——永远（是这样）。如果我们之间是一种所谓的性关系，现在我们必定已经分开了，因为我们必定会随着年龄的增长而淡化它。婚姻也会使我们分开……如果我们结了婚，对于我所需要的孤独，你必定不能忍受 10 天，它也会是破坏性的……
>
> 当你告诉我……你还是个孩子时，没有人爱你，我对此无法想象。因为你确实是一个不寻常的、可爱的人，我听到人们称你可爱……而那些人并不知道我认识你……
>
> 我还想对你讲另一件事，当你谈及自己时，似乎你是一个平凡的人。但你应该知道，你有一张非常突出的面庞——其中包蕴着你全部的美……难道你不知道，我在我的画中一次次地用你的面庞（做模特）？

漫长的夏季使他们能够谈论其他话题，哈利勒甚至提到了戴伊——这个人物显然已很多年没有出现在日记里：

> 戴伊先生是最甜蜜的人之一，但我没有见到他，大约是性情的原因，他后来没有再有所发展……但他拍了很多美丽的照片，在实践上，他是所谓的艺术摄影的奠基者，当他在"科普兰和戴伊"出版社时，他出版了很多精美的书，他热爱精雅的事物和美，他的《济慈选集》是美国最精美的作品之一，在诺顿（史）中，他位于显著的位置。我再去波士顿时，必须要去看他。

他们的谈话对玛丽的未来产生了决定性的影响，以至于她没有像往常那样分析他的健康，直到这个条目的结尾，她才写道："他太累了——经常有病痛——尤其是心脏。总是待在床上，一直到中午时分，对伯尔曼的新书《腺体调节性格》感兴趣，我给他找到了一本，他很高兴。"[1]

一个月后，恶劣的健康状况使哈利勒不得不从纽约来到剑桥，当他走进学校时，玛丽注意到"他走得很慢——当我们在门口相遇，他看起来黑瘦，面容阴云密布。他不太健康——心脏总是有麻烦——神经似乎要崩溃"。纪伯伦已经决定离开纽约，和玛丽安娜一起在乡间找一处小地方。他同意去看玛丽推荐的一名专家，但当她询问他时，他打断了她，"玛丽，你不能在我不在这儿时做这件事吗？我宁愿和你说话。"

哈利勒计划在波士顿停留几个月，于是就催促玛丽夏天陪伴米尼斯到欧洲。他已经推迟了《先知》的出版，"克诺夫说，明年秋天出版《先知》太迟了，但它在春天以前出不来，我觉得到了明年秋天，我会说——下一年二月再给克诺夫，还没有准备好，我不急——我喜欢秋天，那是最好的出版时机"。[2]

很多年来，玛丽一直在干涉哈利勒的个人生活习惯，但他们都觉得，她过去的乳液养生法、土耳其沐浴和灌鼻疗法已不再奏效，她现在送给他一些甲状腺药，哈利勒说，这使他的睡眠比两个月前要好，在一段时间里，那些药剂似乎很有效。4月25日，玛丽记录了他的一次身体检查的情况，"威廉·史密斯大夫没有发现任何器官有什么问题——没有扩

---

[1]　玛·哈60，1922年3月12日。

[2]　玛·哈59，1922年4月14日。

大，没有心脏薄膜的问题——称那是心脏紧张，请哈到玛萨诸塞总医院做进一步检查……'哈利勒给我一篇小论文，其中论及艺术气质……他说，他工作中长期不规律的饮食和睡眠，正让他付出代价，但哈利勒没有告诉我，我为什么这么紧张，我不知道我自己为什么会这样。'"[1]

哈利勒觉得自己需要停下一年的工作，"只为了学习怎样生活"，然而，《先知》手稿已进入付印阶段，最终的打磨和权衡主要依靠他。4月21日，他很不情愿地告诉玛丽："我们很快就要做一件令人生畏的事情——检查一遍《先知》，给已经打印的文稿分段，我想让段落尽可能短些——一些段落甚至只有一行。眼球和精神所渴望的，是简单得多、直接得多的东西。"一年半以前，玛丽就记述道："哈利勒还没有决定，是否要在这本书里用任何引号，然而可能会用缩排的方式——全部文稿可能会用大写。"[2] 他很推崇"科普兰和戴伊"版本的《黑骑士》全部用大写字母排版的方式，现在他决定要拒绝引号（自然会删除，因为阿拉伯语不用引号），并决定不再将全部字母大写。

5月5日，纪伯伦将打印稿带到剑桥，那天早上，他刚在玛萨诸塞总医院"做了一个呼吸检查，我不得不吸进去一些东西，当一个小指针移动的时候，机器会在某处有一个明显的记录"。在他们调整段落前，他和玛丽都把《劝诫》读了一遍，"让我们按照思想分一下类"，他说，"那样，每一部分无论是一行或几行，本身都要有一个完整的思想，能独自成意……我想更自然地划分——不根据规则——只是文章本身自然地停顿——这属于一种自由的韵文，不显得古怪……让我们不要去模仿圣经，除非我们能记住它。"[3]

那个月，他们见了六次面，伴随着给稿件分段，他们还有说不完的话，话题主要是关于她的困境和他的健康。史密斯博士又给哈利勒做了第二次检查，但没有发现异样，他只能承认自己的不舒适不是由于器官的病变。"他和其他任何医生似乎都没有注意到我心里的痛苦，"哈利勒埋怨道，"那是一种沉闷的痛苦，但我最大的痛苦不是身体上的，在我体内有种巨大的东西……我一直知道，却不能去除它。它是一个沉默的大自我，

---

[1] 玛·哈60，1922年4月25日。

[2] 同上书，玛·哈59，1922年4月21日；1920年9月17日。

[3] 玛·哈61，1922年5月5日。

坐在那儿观看着我体内的一个小自我做各种事情，但那个大自我不愿意说那些事，我做的一切对我似乎都是错的。"关于这最后一次焦虑的侵袭，她写道："哈来回走动，有时说几句话——他的面容改变——是介于不同棕色之间的深色——他过去从没有如此直接和公然地谈到他漫长等待的痛苦，'我所能说和确实说的一切，与我愿意说和不能说的'真实'不相符，只有这本《先知》，偶尔会有一点儿相符，它就像那'真实'的影子。'"①

　　尽管《先知》有所进展，但整个 5 月，哈利勒的不安仍然持续着，"我对《先知》做了如此多的工作"，他在 19 号时说，"以至于我已经听不到它了"。同一天，哈利勒发现了一种休闲的方式——做一个小雕像。"他正用木头雕刻两个小头像——用他找到的一把白色小刀——一个长胡子的男人，还有一张脸——像我的脸……他在植物园找到了木头。"②

一件纪伯伦的小木雕作品（作者）

---

① 玛·哈 61，1922 年 5 月 9 日。
② 玛·哈 61，1922 年 5 月 19 日。

5 月 30 日，玛丽终于可以写道，"我们完成了《劝诫》的行间距"。他已经开始考虑自己的下一部书，在那天离开前，他描述了新书的主题，并引用了自己已经构思的几行："'是的，我已构思了一点儿，关于和雾的对话，它和《劝诫》不同，你知道。'它是个人化的，是他的经验和感觉——更多的抒情性，更少的智慧——他［先知］对自己的姐妹雾说：'我们不应该再分离，直到你成为花园中的晨露，我成为一个女人胸前的婴儿'——关于雾，他说，'我的所有微笑在她的脸上，她的所有眼泪在我的眼中'。"［《先知的花园》］终于，他宣称《先知》已经完成，并总结了主题："《先知》整体上只在说着一件事：'你比你所知道的要伟大得多——一切都好。'"①

整个春天，玛丽纠缠于是否离开剑桥的痛苦，令二人紧张，他一次次告诉她不要着急，要跟随自己的感觉。如果哈利勒表达了自己一丝一毫的压力，有一丝一毫需要她的暗示，或许她就会放弃南迁的计划。一次，玛丽让他看米尼斯的一封信，米尼斯因她的耽搁而感到受了伤害。"当我说，'有时我很粗暴'，哈直视着我，停顿了一秒钟说，'是的'，并大笑起来。"②

6 月 16 日是他们此次见面的最后一天，哈利勒再次谈到了他对旅行中东所持的矛盾态度：

> 处于伤痛中的东方需要一切，最需要的是人……但我知道，如果我真的去了，我在身体上不能忍受……我的工作确实不属于东方。各种运动——政治、文学，甚至艺术——都不能令我关心。我想要制造一些东西……这些东西会被那些从未听到我名字的人们看到，我不得不独自在这里，稍有他念，就会破坏我的这些作品。我独处时最有价值，远离所有人，便也接近了所有人。

哈利勒离开时，"仍然看起来很糟糕，他坐上离去的车，似乎有 40 岁了，他第一次给人的感觉（这样年老），我们相见时，我的心里始终有

---

① 玛·哈 62，1922 年 5 月 30 日。
② 玛·哈 60，1922 年 4 月 25 日。

一种无言的痛苦和忧伤"。①

　　玛丽的此次旅行，是1908年她在巴黎见到哈利勒以后的第一次欧洲之行。她不再像过去那样克己，一向节省的玛丽，这次要尝试上等的待遇，哈利勒似乎很释然，告诉她，她能考虑过奢侈的生活，对他来说意味着很多。她记下他的衣服尺寸，好给他买大衣、西服和领带，"对所有衣服，你或许都能记下棕色，因为那是适合我的颜色，"哈利勒指导她说，"适合你的也会适合我。"她外出不到两个月返回，为轻松和奢侈的生活而兴奋不已，载满了带给他的礼物。而他和玛丽安娜则在波士顿南部西图亚特的一所大房子里度过了夏天，9月中旬，哈利勒来到学校，"他的表情似乎表明，由于连续的创作，他的大脑很兴奋"，他还带来了26幅水彩画。他不再过度关心自己的健康，"是的，沙滩上的人们必定知道我想要孤独，"他说，"因为几乎没有成年人过来，那座山上有97名孩子……我为他们必定做了60或70个风筝……一天，他们来到我这儿说，'我们已经让你在整个夏天独处了，你现在可以过来，做孩子游行队伍的法官吗？'我就做了法官——这些孩子们游行——他们给我喝彩！"②

　　在玛丽看来，他最近的绘画作品"远远超出了他之前的作品，就像他之前的作品远远超越了少年时代的作品。这些画作可以与目前世界上最好的作品比肩，与它们享有同样的殊荣！"其中的一些画作，是纪伯伦特意为《先知》而作，另外的一些画作，他想留下来配那些还没有写的诗。"'这本书的结尾，我会创作一幅铅笔画。'他让我看那幅画，一只手的手掌里有一颗张开的眼睛，周围是一圈翅膀——这些球状翅膀的赤道，环绕着一些天神一样的灵魂，'这是天堂的树，就像羔羊和果实一样，是那个人的食物［耶稣，人之子］；快乐与忧伤［流浪者］，这儿有一个弓箭手，父母是他手中的弓'"［先知］。

　　现在轮到玛丽（赠送礼物了），她送给哈利勒一些大衣和领带，从巴黎带来的皮革书皮、装香烟的箱子、皮质的盒子和"我们的珠宝——蛋白石项链和吊坠。'为什么玛丽——太漂亮了……但你必须要戴上它，为了我戴上它。'"作为回报，哈利勒向玛丽许诺，要给她《先知》中插图画作的原稿，"做你希望的事情"。

---

　　① 玛·哈62，1922年6月16日。
　　② 玛·哈61，1922年5月12日；62，1922年9月11日。

在他们交换礼物时，玛丽不带感情地公布了他们都正等着听的消息：
"我告诉他我的决定，我要和我的叔叔生活在一起，他很高兴，因为这样
做让我开心。"哈利勒还立即安慰她说，他不觉得这是背叛，"当我说，
弗劳伦斯一直不停地问，我是否爱他胜于世上的其他人——最爱的——哈
说，'每一种爱都是世上最好的爱，是最亲近的。爱不像一个苹果派，我
们能把它们切成大大小小的块儿，它们都是一样的……当然，你能说他是
你这世上最亲爱的人……'然后他大笑起来——如此的平静。"①

10月7日，他们最后一次挑选了《先知》的插图，"我们沿着墙固定
了一条绳子，以让每一行的画根据颜色来分类——那些紫色的画放在长的
一排——三幅蓝绿色的画只放在一个大烛台上……我们把不同的画分配给
不同的劝诫……大概挑选了15幅……在所有画中，哈利勒最喜欢'痛
苦'——'一个女人两手向前伸去，似乎在两个男人的胸前，被钉死在
十字架上。'"但他也承认，"弓箭手"那幅画会是最受欢迎的作品（"客
观的人喜欢客观的事物"），认为关于死亡的作品是最成功的，批评他那
带翅膀的手"太大、太明确、太有限"。②

由于玛丽已经决定在圣诞假期期间离开学校，这便成为哈利勒拜访剑
桥的最后一次机会。11月，她仍然忠实地参加了女校校长的年会，并趁
此机会在纽约见了哈利勒两次。如果玛丽对他独立料理自己生活的能力仍
存怀疑，那么他现在的言辞和表现都使她确信，哈利勒能十分沉着地应对
一切。像以往一样，在西图亚特的自由和孤独仍令他获益很多："那三个
月是我生命中最好的时光……一切（创作）来得那么容易，一直延续到
现在，我起床喝咖啡，然后直接去工作，一直持续四或五个小时——我创
作出想要的作品，我常犯的错误是……我总是让自己每时每刻保持繁
忙——直到我的活动成为一种病。"③

他继续制作一些小雕塑：

> 他在桌子上雕刻——他所制作的所有作品也都放在那里。一个环
> 形的柱廊，希腊式，用木头雕刻；另外还有一个方形的、像窗帘一样

---

① 玛·哈62，1922年9月11日。
② 玛·哈63，1922年10月7日。
③ 玛·哈64，1922年11月12日。

的背景，由有纹理的木头制成，设计成树干和云彩，放在一起。头躺在一个滑石墓上，还有一个背景来凸显它——一个升高的古典柱式的顶部——他用两个在罗斯克里夫发现的石头，做了两个最漂亮的布景。

他们来到都市博物馆"观看收集的中国物品系列——尤其是看到了一个房间，里面有黑色的头、青铜的手和看起来如此简单超绝的菩萨"。虽然玛丽没有承认，但她被一种强烈和深沉的倦怠所笼罩，这在她的日记中有所反映，对于二人相聚的情景，她不再像过去那样描述和观察很多事情。她返回剑桥后，需要动手收拾行李，分配二十多年的收藏品，她的许多珍贵物品——马尔伯勒大街熟悉的装饰品和书——都送给了哈利勒。圣诞前的一周，当哈利勒向她表达谢意时，他承认，"现在，伴随着你给我的这封信，我不再像被你爱的客人，却像一个孩子，身在我母亲的房舍里"。①

他在信里还希望玛丽再来纽约见他一次，她当然不会离开，于是在新生活开始前，她又与他共度了三天时间。1922 年的新年前夜，是"一个满满、满满的时间——从下午一点到凌晨一点——是精彩的 12 个小时，似乎只过去了 5 个小时"。那天下午，他们朝圣般地前往自然史博物馆，这是他们最喜欢的地方。她富有激情地记下了他们看到的矿物和化石，她似乎要详细记录下他们在一起分享的惊奇和点点滴滴。他们一起在工作室度过了那个夜晚，安静地阅读《先知》——"看看是否有些地方听起来像说教。"（这种关心很有可能是由于《先行者》的一篇评论："像这些寓言和散文诗……只有可能在讲道坛上的布道中受欢迎。"）"《先知》没有说教，我们只偶尔改动一下间距。"②

哈利勒再次请求玛丽拿走工作室中她想要的任何东西，两天后，是她离开前的最后一次见面，她前所未有地感受到了那即将来临的告别。"我长久地注视着他那极美的面庞——和他的嘴——那张嘴显示着耐心和所有的感觉——在他眼睛流转间，感觉忽变——片刻间不同——我觉得人类和星球生命的全部潮汐，都流淌进他的脑海，显示在他的面庞。"他们盼望

---

① 玛·哈 64，1922 年 11 月 9 日和 12 日。

② 玛·哈 65，1922 年 12 月 31 日；评论摘自《诗刊》18，1921 年 4 月：40—41。

着合作他的下一部作品，那部作品"是他谈到的最简单的事物———一滴露珠，来自一颗星星的闪光。他在《先知》中谈到了人类的生活，但他下一部书的主题会变得更具有普遍性"。

那天晚上，哈利勒坦白地说："我害怕我的英语，很多年来我一直想知道，但我没有对你说。玛丽，我的英语是现代英语，还是过去的英语？因为对我而言，英语仍然是外语，我还是只用阿拉伯语思考。我仅仅从莎士比亚、《圣经》和你那里了解了英语。"于是，她再次给他自信，并"告诉他一个简单的事实，"玛丽回答，"就像他的阿拉伯语一样，他的英语也是创新的，它不属于任何一个时期，它是他自己的英语。"①

她离开了。他们都同意保持通信，哈利勒还许诺她，在萨凡纳时去看望她。那年冬天，他们仍然保持着密切联系，3 月 19 日，他送给她《先知》的活版校样本。"我已经浏览了它们，并做了几处校正，但我还是觉得，它们需要你那热诚的眼睛，来看标点符号和其他细微之处……卷首的插图——阿尔穆斯塔法的脸——也已经完成了。我有种感觉，玛丽，在我的作品中，它会成为你最喜欢的脸庞。"不到一个月，他就收到并回复了玛丽修改后的书稿："标点符号，加上的间距、一些地方改变了表达方式、把几处'但是'变为'并且'，去掉几个'而且'，这一切（改变）都很正确。我唯一思虑的问题是，关于重新安排爱、婚姻、孩子、给予和衣服中的段落。我试着用新的方式来读它们，它们听起来似乎有点奇怪……我们见面时，我非常想和你谈一下。"②

5 月底，他们在纽约相聚了三天，6 月又见了两次面。第一个夜晚，他们一起共进晚餐，一起乘坐巴士，然后返回工作室。玛丽总是在谈论着她的新生活，哈利勒也有新消息。他的肖像画现在给他提供了一个好的收入来源，一对夫妇希望以他的水彩画"生命之树"为蓝本，委托他做一个染色玻璃窗。哈利勒还让她看他最近正编选的阿拉伯语作品选集《最好的事物和杰作》，其中的一些作品还"未被允许"，由于《年轻女性》的出版商和布斯塔尼之间有太多的分歧，纪伯伦已经失去了编纂这本书的兴趣，生出了嫌恶之意。从某种意义上说，现在除了《先知》以外，他不关心其他任何阿拉伯语或英语创作，他称《先知》为"我职业生涯中

---

① 玛·哈 65，1923 年 1 月 2 日。
② 哈·纪致玛·哈，1923 年 3 月 19 日和 4 月 17 日。

的第一本书——我第一本真正的书，我丰硕的果实"。①

最令纪伯伦兴奋的事情，是他有机会近距离指导这本书中 12 幅画作的拍照和镌刻。他告诉玛丽："刻印师确实对这些画作很感兴趣，我到那儿去看他们时，他们聚拢在我周围……他们说从没见过这样的画作，他们很喜欢雕刻这些画……他们不相信我在没有模特的情况下创作了这些画——其中的大多数画，我每幅用了 25 或 30 分钟的时间（来完成）。他们让我谈谈这些画……对于一本花费不超过 2.25 美元的书来说，我不能要求更好的条件了。"克诺夫的好品质仍令他满意，令他安心，"大的出版商们不出版他们的书"，一次，他说，"克诺夫确实出版，就像莫舍在缅因州一样。"②

玛丽一边计划着那年的晚些时候，要与米尼斯到埃及旅行，一边倾听着哈利勒关于他下一本书的计划——"《先知》的第二部会是发生在先知和他的门徒之间——第三部将描写先知和神之间"——她对纪伯伦的独立非常满意。5 月 30 日，玛丽有机会观察到他不在自己身边时的表现：

> 我在樱桃园（剧院）看到了哈——他和埃德加·斯培尔和两位女士一起，坐在乐团的第五排，他没有看见我——我坐在邻近他的第一个包厢里——这是我第一次看到他与一群人在一起——也是第一次将他对一出好戏剧的反应尽收眼底。在两幕戏之间，其中一位女士问他了一个问题，他立即便开始谈论起来……他们都在听着他谈论的话题……这群人都很安静，然而却是房子里最繁忙和有生机的一群人……一次，出现了一个非常动人的时刻，在最后一幕，哈向前倾着身子，垂下的头放在两手之间——这是我所见到的最自然流露的姿态，那是一种对忧伤和绝望的理解，他自己丝毫没有意识到。幕间休息期间，他还画了一两次素描……我注视着他，有着难以言表的幸福。③

---

① 玛·哈 66，1923 年 6 月 16 日。
② 玛·哈 66，1923 年 6 月 23 日和 16 日。
③ 玛·哈 66，1923 年 5 月 30 日。

　　《先知》已经付印，当玛丽那天晚上在剧院观察着哈利勒时，她默默承认：哈利勒已经不再需要她了。

阿尔弗雷德·A. 克诺夫拍摄的 16 毫米电影《出版商的长期伙伴了解他》中纪伯伦
的定格照，1929 年。露易斯·德罗什蒙特联合会制作，麦格劳 - 希尔散发
（阿尔弗雷德·A. 克诺夫公司）

第二十一章　世界公民

"几天前的一个夜晚，我做了一个奇怪的梦"，1923 年 5 月，哈利勒告诉玛丽：

> 我梦到自己在下落，自从 12 岁那年有了这可怕的经历后，我经常会有这样的梦境。这次我是从悬崖上落下，半空中被一棵树挡住了。我在树上闪闪发光，我在那里大约站了两秒钟，然后我伸开双臂开始飞翔——以你可以想象到的轻松和平静。突然，我的下面出现人山人海，所有人都抬头看着我——于是我就为他们表演——炫耀——高飞向天——然后又滑下来——一次又一次——我这样做时，觉得享受极了。[①]

这个梦显然意义重大，在纪伯伦余生的八年里，他渴望受到个人关注的愿望得到了满足。他在美国和国外的知名度迅速上升，在阿拉伯世界，他的作品被重印成无数版本，不仅仅是黎巴嫩裔美国读者将他看作移民的代言人，而且移民于南美、非洲和澳大利亚的阿拉伯人同样将他当作自己的代言人。

随着读者群的扩大，纪伯伦和阿拉伯知识分子的对话逐渐增多，在与他通信的作家中，最重要的一位是梅·齐雅黛，以"梅小姐"的名字著称于阿拉伯先锋派作家中。

就像纪伯伦崇敬的很多知识女性一样，梅也毫无例外地吸引着他。梅比哈利勒小八岁，她活跃于中东世界，倡导女性参政运动。她出生于巴勒斯坦的拿撒勒，接受了罗马天主教会的古典教育，1908 年，梅与家人移

---

① 玛·哈 66，1923 年 5 月 27 日。

居开罗。梅的父亲是黎巴嫩人，在开罗创办了一份日报，她自幼便浸染于家庭的文学氛围，能流利地讲法语、英语和阿拉伯语。1911 年，她以爱西斯·科皮亚为笔名，出版了青年时代的诗集《梦中花》，也正是在同一年，她的第一篇阿拉伯语散文在父亲的报纸上发表，这篇散文表现了她关心中东妇女解放运动的思想。

1912 年，《折断的翅膀》出版，它引起了梅对纪伯伦的注意，她就此写了一篇评论。尽管梅认为萨勒玛·克拉玛这一人物过于自由主义，但仍然认同他的观点：要将女性从盛行于中东的严苛的制度束缚中解放出来。一年后，应一位黎巴嫩出版商的请求，纪伯伦创作了一首诗《来自巴尔贝克的诗人》，来纪念著名的黎巴嫩作家哈利勒·穆特兰。1913 年 4 月，在开罗的埃及大学举办了纪念穆特兰的集会，在这次集会上，梅朗读了纪伯伦的这首诗，这次朗诵立即引起轰动，她自此也成为纪伯伦作品的积极拥护者。

由于战争的爆发，他们之间的通信中断了，直到 1919 年，梅为《年轻女性》写了一篇关于《行列》的深入的长篇评论，一年后，哈利勒觉得他们之间的关系逐渐密切，便向她索要了一张照片，1921 年 7 月，哈利勒觉得他们之间的关系重要到了可以向玛丽提及。由于一次关于心灵感应的体验，他向玛丽描述了梅：

> 有一位年轻的叙利亚女性，黎巴嫩人，在埃及生活，非常有天分——我从来没见过她……她非常崇拜我的作品——这次她送给我一本她自己的书——一本卓越的书 [《沙漠探寻者》]。在写给她的回信中——我告诉她自己在前一天晚上梦到了她，在梦里，她正遭受着巨大的痛苦或忧伤。我告诉她这个梦，只是想说一些话来写成一封信。然而，她接到我的那封信以后，给我写信说，在我梦中的那个时刻，她和家人正在经历着从未遭遇过的最糟糕的麻烦。她父亲发生事故的时间……正好是我梦到她的时刻。[1]

在某种程度上，伴随着玛丽的离去，哈利勒用梅那能够产生共鸣的眼睛，替代了玛丽息息相通的耳朵。无论是在精神上还是思想上，这位黎巴

---

[1]　玛·哈 57，1921 年 7 月 12 日。

嫩女性都足以能够靠近和理解他，而梅身处遥远之地，能给予他所需要的自由。或许他们之间有着某种纽带，哈利勒向她描述了这种关系。在他的信件中，我们发现了这些描述，这可能是一封信的初稿：

> 自从我给你写信，你一直留驻在我的脑海里，我长久地想着你、问候你，想要从你那隐藏之处得到答案，推演出你的秘密。很奇怪，有很多次，我感到你那高贵的自我存在于这个房间，正和我交谈和讨论，表达你对我作品的意见，它与我的生活的关系。
>
> 你对我正讲的话感到迷惑，我也为此感到迷惑，为什么我需要，并且必须要给你写信……你曾经说过，"在两个意识之间，不是有一个记录者吗？在两种理念之间，不是有一个交换者吗？理性没有认识到它，但它却不能被来自同一片土地的人们否认"。
>
> 在这样的话里，有一个我已经了解了很久的基本事实，最近我开始意识到，存在着一个奇怪的纽带，它有不同的动机和特点，受到另一种纽带的影响，它比血液和种族的纽带更为强大……能够存在于过去、现在和未来没有在一起的两个人之间。①

除了个人交往，纪伯伦继续参与祖国的政治活动。1918 年 10 月，一支法国海军部队登陆贝鲁特，随之签订了一系列的条约和协定，法国政权由此遍布叙利亚，但按照国家同盟所规定的条款，黎巴嫩正逐渐获得自治权。纪伯伦在放弃了积极参与政治的幻想后，向阿拉伯读者发表的信息变得更少有确定性，在基调上也更哲学化。"但无论这些国家是否达成一致，叙利亚自己一定要决定叙利亚的未来"，1919 年 2 月的和平会议期间，纪伯伦告诉玛丽，"无论巴黎发生什么，我和许多叙利亚人一起，都会为我的国家而战斗。或许战斗的最好形式是绘画和写诗"。②

整个 20 年代早期，纪伯伦坚持这一主张。1920 年，《你有你的黎巴嫩，我有我的黎巴嫩》在《年轻女性》上发表，在随后四年间，他还发表了一系列有相关思想的作品——通过语言、写作和人们的创造活动，使阿拉伯文化重获新生。而他作品中最突出的主题是，新生国家只需要采纳

① 信的草稿，哈·纪致齐雅黛，1919 年 7 月 25 日，作者收集。
② 哈·纪致玛·哈，1919 年 2 月 27 日。

西方社会建设性的方面，1923年，他向玛丽解释了自己写作这些文章的动机：

> 近东有一种疾病——一种模仿西方，尤其是美国的廉价事物的疾病，不模仿你们的铁路、精良的卫生设施和你们的教育体系，却去模仿你们的穿着和枪。他们从心底里接受，如果世界上最伟大的哲学家和世界上最小的枪放在一起竞争，那么哲学家没有机会。因此，叙利亚、亚美尼亚、美索不达米亚和波斯想联结成一个大联邦，让自己的军队和海军像西方力量那样强大。他们想要安全，我想告诉他们，这样一种安全是破坏性的，因为那不是他们真实的生活、创造的生活和自然的贡献。

> 近东（在历史上）一直被征服……因而他们转向了一种更为沉思的生活，他们发展了一种关于神、自我和生命的意识，西方没有发展出这些。我宁愿他们仍然被征服，仍然处于屈从的地位，但却能发展那种意识，而不是为了获得自由而减少那种意识。①

然而，并非所有阿拉伯知识分子都推崇纪伯伦的言论，自从《折断的翅膀》出版以后，有影响力的黎巴嫩文学杂志《东方》一直在抨击他的书。1912年，杂志评论他"言论肮脏，意见低下"，给他贴上了"教堂秩序敌对者"的标签。直到1923年，杂志的语气仍然没有缓和："谁能设想这个诗人？"耶稣会士批评家露易斯·切克胡写道："他是诗人还是白痴？他似乎很孩子气，空洞得就像他那更大的海洋……他的心里滋生无宗教的细菌。"这样的反驳之词给笔会成员提供了绝好的反击机会，不久，移民作家和阿拉伯保守主义者开始对抗，《东方》捍卫切克胡的批评，称纪伯伦的思想是"色欲的、廉价的"，他影响恶劣，"要停止阅读他（的作品）"！②

当然，在这样的争议声中，纪伯伦越发壮大。但对他的诗歌形式和语言的评价，确实阻碍、并最终终止了他的阿拉伯语创作。他最后一首真正

---

① 玛·哈65，1922年12月31日。
② 《东方》15（1912）：315—316；切克胡：《创新的纪伯伦·哈利勒·纪伯伦和塔利亚福》，第487—493页；弗亚德·阿－布斯塔尼和爱德华·萨博：《东方新闻和旅行者》，第910—919页。

的创新性诗歌是《行列》，这首对他如此重要的诗作，不仅因为它"腐朽的形象"而受到抨击，而且还因为它语言和音律的欠缺而遭到质疑。于是，纪伯伦面临着一个选择：继续为阿拉伯文学界的接受而努力奋斗，或者只让自己局限于英语创作。他理所当然地选择了后者，伴随着这一决定，他解决了生活中的最后一个重大难题。

在艺术创作上，纪伯伦也做出了相似的决定，他不再为展览创作绘画，而是运用才能，为自己的书籍创作铅笔画和淡水彩画。同时，他也意识到：人们面对日益复杂的社会，需要精神的安慰，于是他缩小了自己文学创作的范围，写一些富有灵性色彩、各自独立的段落，来满足这些读者的需要。通过结合这些力量，纪伯伦为自己的书籍创造了一种成功的包装形式，他向玛丽形容道："你知道，我觉得一本理想的书应该很小，我热衷于一致……我想让你坐下来便能阅读它——在你晚上睡觉前——或者是把它放在你的口袋里，在下午散步时拿出来。"①

这是纪伯伦成功的一个诀窍——1923年，他毫不怀疑自己这些英语小书会获得成功。很多年以后，当被问及薄书册的销量持续增长的话题时，阿尔弗雷德·克诺夫仍能记起（纪伯伦）对销售潜力的信心。"《先知》位列其中，作者似乎在它出版前，已经充分意识到了它的吸引力……1923年后，当我看到纪伯伦时，每当我愉快地报告《先知》优异的销量时，他总是有同样的回答——他会耸耸肩说：'我是怎么告诉你的？'"②

哈利勒对作品发行所产生的信心，部分原因必定来自玛丽的预测，乔治亚州的克拉克斯维尔是米尼斯位于乡间的家，玛丽在那里收到了《先知》的复本，1923年10月2日，她写信告诉纪伯伦：

> 《先知》今天到了，它确实超出了我的预想，这似乎是由于那浓缩的形式却为我的渴望和想象打开了新的大门……
>
> 这本书会成为英语文学的瑰宝，在我们黑暗和软弱时，当我们打开它，会在我们的内心再次找到自我、天堂和大地。
>
> 世代的人们将不会对它厌倦——反之，一代代人将会从书中发现

---

① 玛·哈53，1920年9月7日。

② 克诺夫：《一位出版商的肖像》，1：48。

他们想要的东西——随着人们越来越成熟，他们会越来越爱这本书。

这是最可爱的书——在我所知道的任何语言中，无论怎样——我相信是在所有语言中。这是因为你是最伟大的情人——在作者中——但你知道，哈利勒，最终会发生同样的事，一棵树无论是在火焰中被燃烧，或者在树林中沉静地落入尘埃……你正燃起一场大火！随着时间的推移，在你的身体化为尘土很久以后，越来越多的人会爱你，他们会在你的作品里找到你，因为你就在那作品里，就像上帝的存在一样显明。[①]

在玛丽远离哈利勒的第一年，她试图继续他们惯常的会面，《先知》出版后的一个月内和 1924 年，他们在纽约会面，但这些短暂的相见，总是受到她的旅行伴侣的极大干扰。她在 11 月 26 日写道："我们没有在一起吃饭，因为我和我的叔叔在一起……"但她却预测：《先知》会成为美国所有时代销量最好的书。在一个月内，第一版的 1300 本全部售出，当哈利勒让她看发表在《芝加哥邮报》上的一篇肯定性的评论时，他告诉了她《先知》所得到的普遍肯定：

关于《先知》的信件纷至沓来，许多信来自于我从未听说过的人们……书出现后的 20 天，一些叙利亚出版商想购买一些，但没有剩下一本……我在诗人俱乐部朗读了片段……它还在一个教室里被朗读——圣·马克斯教堂——首先是由巴特勒·达文波特朗读，他读了整本书……他的精神是那么好……朗读使人们对这本书产生了一些想法……你知道，我一直希望它能在教堂里朗读。[②]

尽管战后的先锋派已经对纪伯伦的作品感到厌倦，但《先知》却在普通读者中反响巨大，这也是某种意义上的成功。《先知》在文学界所受到的关注，比《疯人》和《先行者》要少得多。它是纪伯伦唯一的一部《时代》没有评论的英文作品，《诗刊》的评论典型地体现了批评界对这部作品缺乏兴趣：

---

① 玛·哈致哈·纪，1923 年 10 月 2 日。
② 玛·哈 67，1923 年 11 月 26 日。

在另外两部同样文类的作品后，哈利勒·纪伯伦又写了第三部作品《先知》，这本书会深深吸引一些读者，但却不能吸引其他很多读者。它有一点叙利亚哲学的味道，这是一种异于我们的文化形式，然而，我们的民族和这一代人中，有很多不安和不满足的灵魂，会因为好奇而找到一种放松……

关于美的对话以下面几行结尾：

美是永恒，在镜中凝视着自己，

但你是永恒，你是那镜子。

这似乎重新陷入一种彻底的神秘主义，整首诗隐晦曲折，那绝不是对我们的世界的令人满意的解释。另外，这本书缺少活力……我们会觉得这本书是我们的某种点缀，就像一幅逐渐褪色的佛像，只能挂在我们的墙上，却永远不能成为我们房子的一部分……

毫无疑问，这本书会在很多读者中唤起反响，因为它并不缺少美，但这本书的实质在于其精神的意义，它不能满足西方灵魂强烈的饥渴。

然而，这本书却抚慰了成千上万不知名的美国人，该书出版后的一个月，纪伯伦告诉玛丽，克诺夫计划印制一个摘抄读者来信的小册子，尽管这一宣传计划并未实现，但通过口头推荐，这本书在第二年的销量达到了双倍。1924 年 6 月，当纪伯伦见到玛丽时，他向她描述了自己日益增长的读者群，玛丽后来这样记述道：

"我收到了一封美丽的信"，他让我看一名密歇根女人的来信——信里只是说，他因为《先知》而得到祝福——并"以数以千计的儿童的名义"感谢他。

"我当然已经回了信"，哈说，"我觉得我几乎能从信中看见那个女人的脸，她不是知识分子，但却感触很深——她是一个真正宗教的、甜蜜的存在。"①

---

① 马乔里·艾伦·赛佛特：《诗歌》23（1924 年 1 月）：216—218；玛·哈 68，1924 年 6 月 5 日。

哈利勒与玛丽于1923年11月见面，1924年5月和6月，他们又在一起共度八天，这是他们有完整记录的最后会面。在乔治亚的生活已经改变了玛丽的习惯与活动，但她仍然精力充足，已成为萨凡纳府邸和一处乡村地产的女主人，她仍然像过去一样保有延续一生的嗜好——为年轻人提供指导，但她不再帮助有前途的学生和创作者，而是转而介入了她的几个侄女和侄子的生活，尤其是她的仆人们的生活。除了纪伯伦以外，时间和不幸已使她失去了几名最有前途的受庇护者。米歇尔·哈迪在纽约过着幸福的婚姻生活，虽然和她仍保持着友谊，但仅限于纯粹的社会交往。阿里斯泰德·福特莱德已被任命为耶鲁大学的古典文学助理教授，但当他的职业生涯刚刚开始，便在1923年8月发生了溺亡事故。那年11月，哈利勒问她是否收到莎洛特的任何书信，玛丽简洁地回答"没有"。①

对哈利勒和玛丽而言，另一个人的死亡标志着一个时代的结束。1922年12月4日，遭受了身体和精神上的折磨、在病魔中熬过两年的约瑟芬·皮勃迪·马克斯去世。玛丽曾提及他对她的怀念，那是在6月他们之间的一次谈话。"我们谈及约瑟芬——她的青春时代、她后来的作品和自我——和她的死。于是他告诉我早年岁月的一个故事——在一次沙龙上发生的事情……一天，一位美丽的女人——戴伊先生的朋友——来了又走了。当哈利勒谈起她的美——约瑟芬立即就变得兴奋起来，'你认为她比你想象中的我更美吗？'"她痛苦与过早的死亡发生在一个新旧交替的时代，在这个时代，新一代诗人正取代早期的20世纪浪漫主义诗人。当纪伯伦回忆起1914年见到她的情景时，这个事实必定一直盘桓于他的脑海中："很多年以后，在纽约的一次诗人聚会中，当人们不再特别关注她，她在离开前对他说——'我看到你获得了成功'。"

在哈利勒丧失亲人的青年时代，这朵"小花儿"曾是他精神的守护者，她还是他第一首诗的缪斯，但玛丽的记录显示，他只简短地提及她，并未显露出感伤和惋惜。他的言谈是否更为愁闷，而玛丽不愿听或记录下来——这只能靠我们的猜想了，但玛丽接着写道："他一直在找一些约瑟芬写给他的信——因为马克斯先生想用这些材料写一部她的传记。'我找

---

① 玛·哈67，1923年11月26日。

不到那些信，但我确信它们还在，我会到波士顿找。'"①　一年后，《约瑟芬·普林斯顿·皮勃迪的日记和书信》出版，书中三次提到纪伯伦的名字，然而，她写给纪伯伦的信却没有收录其中，这使她曾帮助过他的故事不为外界所知。

玛丽对哈利勒所做的最后描述，不再像过去那样清晰和敏锐。她提到他在工作时最喜欢穿的衣服，那是一件宽松的长袍，有些像阿拉伯外罩，她还试着记下工作室的变化，里面悬挂着一幅拜占庭风格的挂毯，是一幅耶稣受难图，这是他刚从孀居的莫顿夫人处购入的。还有一个屏风，这是当时正和家人住在波士顿的努拉雕刻的。玛丽引用了纪伯伦对自己外部生活的描述——"我是世界上最合群的人，也是最不合群的一个。"她试着认识他更多的朋友——哈钦森夫妇（海茨帕·哈钦森是理查德·勒·加利纳的女儿）和面容姣好的年轻模特玛丽塔·劳森（出现在他最近的画作里）。关于努埃曼刚写的关于他的一篇文章，玛丽评价道："我们决定不去用它……哈利勒观察说，'每一位诗人都会有独特之处——他自己的主义，他的个人元素……努埃曼的文章里没有表明这些——而这是所有诗人的主要元素。'"②

玛丽还记录了他所设想的《先知》续篇的发展：

> 我要告诉你关于《先知》第二本书的计划——还有第三本——第二本是先知在花园里，第三本是先知之死——你知道他已经去了他的岛上——在那里，他去了他母亲的房舍——他在母亲的花园里待了很长时间，他有九个门徒，他们不时来到花园，与他交谈。他向他们谈到的，是小事物和大事物的联系——是人们与宇宙中其他事物的内在联系。他谈到露珠和海洋，太阳和萤火虫，天空、道路和空间，季节、白天和黑夜，光明与黑暗……它的结尾不像《先知》中的告别，而是一种平和……在第三本书中，他从岛上返回——与来看他的各种人群谈话……先知被投入监狱，当他再次获得自由时，他走进一个市场，人们向他掷石子。③

---

① 玛·哈68，1924年6月1日。
② 玛·哈67，1924年5月21日；68，1924年6月18日。
③ 玛·哈67，1923年11月26日；68，1924年6月18日。

玛丽还试图延续自己保持了 16 年的习惯，记录下哈利勒正阅读的书。（"《金枝》是本令人高兴的书，"他说，"自从拿到这本书，它没离开过我的床。"）还有一本他刚买的书，她没有记下书名，是关于耶稣的一些不足信的传说。然而，玛丽缩减了的日记内容和突然改变的叙事风格，表明当她知道他们的关系发生改变后，已产生了忧伤和苦闷之情。

哈利勒给她读了几篇即将完成的著作中的格言，她对此进行了富有感情色彩的描述，这些描述的字里行间浸染着某种忧伤，似乎在做最后的告别。而纪伯伦已经决定去掉"七天的道路"这个故事，要将它们各自独立出版：

> 我们在一起度过了一个奇妙的夜晚，现在，在我离去前，我们只剩下一个夜晚了——这甜蜜的时刻似乎刚刚结束，很难记起我们的谈话……他……给我简短介绍了这本书——很可爱——那伟大的海的沙岸，说起那几粒沙，一捧泡沫……他坐在桌子旁——我坐在沙发上，面朝火炉。在他左方的镜子中，是一位与他相伴 17 年、穿绿色紧身上衣的女士——映照着紫色的玫瑰灯光——就像远方升起的一轮月亮。他的右边，金色的挂毯和物件（几件雕刻、巴黎时代着色的头）熠熠闪光，淡水彩画上的恋人像鸽子般，双臂向山谷中伸展——一切就像大地在昏暗的天空中闪着光——哈（利勒）沐浴在光中，那样的一种阅读，来自内心的苍穹。

这段文字很有可能是玛丽持续了 14 年半的日记的最后一篇，但她在 6 月 8 日又写了一些内容，直到 6 月 18 日，日记才真正结束。日记的最后一段是哈利勒给她的几点建议，他宽慰她说，如果她决定嫁给弗劳伦斯·米尼斯，年老不会损坏他们的关系，而这个问题也许会影响到她以后的生活。"在所有正常思考的女性中，性生活不会在 50 岁停止，要长于男性，"他说，"我在一本 12 世纪的阿拉伯书籍中读到，许多年老女性在性交时会感到更幸福——因为她们不再害怕怀孕。"[1]

如今孤身一人的纪伯伦，觉得可以自由安排自己的生活了，但他和玛丽谁都没有料到，在她离开后，纪伯伦在经济上陷入危机。1911 年，玛

---

[1]　玛·哈 68，1924 年 6 月 5 日和 18 日。

丽赠送给哈利勒5000美金，从此以后，哈利勒一直定期向她咨询一些经济上的事务。起初，哈利勒让玛丽做自己的股票经纪人，后来，和波士顿的黎巴嫩朋友一起，他逐渐开始将多余的钱用于投资。哈利勒的大多数老朋友已经成为小商人，早在1912年，他便开始贷款给当地的面包师阿道夫·那哈斯和社区烟草商迪米特里·阿－库里，如果需要，纪伯伦能以较高利息收回这些钱。玛丽支持，甚至参与了这个计划，事实上，正是在她的建议下，这些钱的利息以一种固定收入的方式，支付给了玛丽安娜。

第一次世界大战以后，随着纪伯伦出版作品版税的提高，玛丽建议他投资地产业，因为在通货膨胀时期，这是唯一一种安全的投资方式。1924年5月21日，纪伯伦告诉玛丽，他和一位合作者法里斯·马鲁夫买下了玛萨诸塞大街位于马尔伯勒的一座建筑，他们同意投资这条大街409—411号的两座同样的赤褐色砂石建筑。如果玛丽身在波士顿，一定会提醒他投入太大。这是一个投机的时代，他和合伙人花费了24000美元，买下了城市里最繁忙一角的七层地产，然而，由于这"方舟"难以驾驭，纪伯伦承担了无尽的抵押和个人债务。

几乎是从一开始，"马尔伯勒会议厅"这一冒险事业就注定了厄运。建筑里大多数房间空置，在它们能产生利益前，需要修缮翻新。为了大楼的管道装置、电力和电梯，这对合伙人尽可能地借入现金，这一年的仲夏，纪伯伦还是把窘迫的信息透露给了玛丽，他被迫停留在波士顿，甚至央求要见她，"我有很多事要告诉你，有很多问题要问你。你是世界上唯一一位能给'我'提建议的人"。9月初，纪伯伦告诉她整件事的细节：

> 我们把那栋楼租赁给……约瑟芬·昆比小姐和哈利亚特·福勒小姐10年。这两位女士管理着芬微女子事务俱乐部，那些俱乐部中的女人最终要使用我们大楼里的150个房间，大约一个月前，这块肥肉毫无预料地降临在我们面前。
>
> 我送给你一份租约的复本，修缮的细节在第一页，会花费我们1万到1万2千美金。……我的合伙人马鲁夫先生反对这样一个高价，我也觉得花费太多，因此我们正试图在6%的基础上尽可能地提高租金。

10月，面对未偿付的保险账单、税单和抵押单据，纪伯伦再次寻求玛丽的帮助，此时的他已失去了对于这个项目的最初的热情：

> 　　对于这些租约人的租金，我们感到没有保障，昆比小姐和福勒小姐什么都不能给我们。由于不能确保租金，我们无法从她们那里得到修缮的钱款……但我们已经签了合同来修缮大楼，工人们正在施工……
>
> 　　现在我意识到了我们的错误，这是小人物要做大事情的错误，是贪婪和愚蠢的错误，我犯了这些错误，觉得很难过……
>
> 　　你知道任何一个银行机构，愿意借给我们 1 万到 1.5 美元，来支持这栋大楼的修缮吗？或者你认识什么人，他们足够信任我们，来让我们把大楼抵押出去吗？
>
> 　　请告诉我该做什么，玛丽，我明白，我已经牵涉进了一件我的智力不能及的事情，我犯了一个错误，一个严重的错误，试图进入一个与我的世界如此不同的领域，但这次错误似乎还没有完全击垮我。①

　　玛丽建议纪伯伦停止进一步参与这件事，她没有再帮他找到第四个抵押人，而是立即送给他一张个人支票，上面的数额可以抵消他的大部分需求。她次月要到波士顿进行例行的健康检查，于是就让他草拟一个未偿付账单的目录来让她审阅。玛丽的援助使纪伯伦陷入尴尬的境地，他明白，米尼斯敌视他和玛丽之间的友谊，而她很自然地不愿意向自己的伴侣承认庇护哈利勒的全部内容。生平第一次，玛丽在写给他的信中提醒他，要隐藏所有她支持他的证据，当提及送给他的首次付款时，要用双方都认可的缩写形式"C. J."。②

　　同样，纪伯伦也向外界隐瞒了自己的过失。当他取消自己很久前允诺的一次活动——在阿尔巴尼的黎巴嫩孤儿院致辞，他的借口是生病。他无法享受《先知》的成功，只参加了一次由底特律的黎巴嫩人和美国人举办的宴会，因为这是他无法逃脱的责任，早在他陷入困境（用他自己的话说，就像"一个靠扒车飞跑的小男孩儿"③）之前，他就已经承诺了，

---

① 哈·纪致玛·哈，1924 年 8 月 28 日、9 月 4 日和 10 月 3 日。
② 在玛·哈致哈·纪 1924 年 10 月 19 日的一封信中，第一次出现了"C. J."的写法。
③ 哈·纪致玛·哈，1924 年 10 月 16 日。

这或许是在他处理这座大楼事件时，不得不做的唯一一项职业活动。

10 月，当纪伯伦从底特律返回时，玛丽正在波士顿审视整件事情。截止到 12 月 1 日，他拥有的大笔账单是 6045 美金，她迅速处理了自己的资产，最终想出了弥补债务的办法。11 月 16 日，他们在纽约见了面，但她却并没有记录这次会面，这或许是他们在最困难境况下的会面。但在写给玛丽的信中，哈利勒感谢她不断为其支付支票，感到耻辱的他，还焦虑地拟出了一个愿望，承诺自己一旦死亡，她便能得到一些偿付。哈利勒仍然对那些要使用大楼的女人心存幻想，希望能节省些资产，但他的预期大错特错，好高骛远的昆比和福勒小姐一再拖延时间，合作伙伴们不断扩大工程，而银行在 1925 年 2 月开始取消抵押品的赎回权。当玛丽听到这些消息，她的反应一如既往地平静和深情：

> 我亲爱的哈利勒，我只是很难过，为了损失——为了一切忧伤、困难、羞辱和失望的境地。我的心在为你疼痛——金钱的麻烦不能像其他深沉的困境一样，带来某种奇异的品质和力量……
>
> 但这一切——是一个错误……虽有金钱的损失，毕竟却拥有灵魂的完整……我不需要原谅什么，当你在困境中，我只会更坚定地与你站在一起。

两周后，纪伯伦清晰地回复了她：

> 毕竟在账务偿付后，我还拿回了 3000 美金，我会把这笔钱以我妹妹的名字存在银行里，其他的钱，我会还像这次不走运的事件发生以前，在这儿或波士顿进行投资或借贷。妹妹每个月还能从库里那儿收到 100 多美金，她也会把一大部分存在银行……我正试图返回自己的世界，好让自己能做些工作，我已经原谅了让我付出这么大代价的所有人，愿上帝助佑他们所有人。

哈利勒写给玛丽安娜的信更为简洁，他过去总是会送给她一些便条，马伦、阿萨夫·乔治或努拉·纪伯伦会读给她听。那些信所显示出的，是纪伯伦的安抚——"我的经济情况很好……我点沙成金……拿些钱去看电影。"但 1925 年 1 月，他不得不让她压抑自己的小爱好，"附上的是

600 美元的汇票"，他在复活节写道，"这笔钱是为了你的日常所需，我不会过去度假了，有很多原因，我正淹没在工作的海洋中，不想改变思想的方向，我应该继续已经开始的工作。其他一切都很糟"。①

那年的晚些时候，哈利勒写信告诉玛丽，他保守了自己受损失的秘密，不让那些美国友人们知道。"我即使八月去波士顿，在富兰克林公园度过一些时日，也好过待在这儿，拜访我那些保守的朋友们，我的大多数朋友都极其友爱和体贴，但他们不知道我所经历的事，我也不想让他们知道，他们最好考虑我的工作，而不是考虑我或我的难题。"②

哈利勒的策略奏效了，出生于罗马尼亚的纽约作家康拉德·波克维西描绘了这一时期的纪伯伦，那是一个想得到世界了解的哈利勒。在一篇论及叙利亚街区的文章中，他写道：

> 我与这位诗人和艺术家共度了几个小时，当他给我阅读他的诗，他那富有乐感的声音，使英语听起来就像响亮悦耳的意大利语。哈利勒的打扮看起来很完美，更像一位有教养的法国人，而不是叙利亚人。然而，在他的家里，那位于第十大街的大工作室，当他与我谈论起东方，他会与客人在咖啡室一起啜饮着浓咖啡（这是他特意为客人准备的，让客人有宾至如归之感），本能地屈起双膝坐下，此时，当进入他的房间面对着他，西方的一切都被遗忘了，一切的匆忙感也立即消失了，白日似乎变长了；时间似乎过得很慢；甚至楼下街道上的嘈嘈声，那穿过厚厚百叶窗的嘈杂声，似乎都变得很遥远。

威特·拜纳已经与纪伯伦相识十年，他还把自己的戏剧《循环》题献给纪伯伦，但当他在庆祝克诺夫出版社 10 周年的文章中提到纪伯伦时，仍然感到疑惑。1925 年 4 月，纪伯伦用谜一样的含蓄态度，回复了拜纳所询问的信息，这回复令他显得难以捉摸：

> 我很难……去告诉你，我在阿拉伯世界的地位。东方人喜欢说，

---

① 玛·哈致哈·纪，1925 年 3 月 19 日；哈·纪致玛·哈，1925 年 3 月 30 日；哈·纪致玛·哈，未标明日期，作者收集。
② 哈·纪致玛·哈，1925 年 7 月 8 日。

我已经创立了一个文学的新流派，如果真的如此，我确实并没有特意
要做这些。作家和批评家喜欢重复两个词：第一个是"纪伯伦式
的"，意思是一个新的、不同的人；另一个是"纪伯伦主义"，意思
是所有事物中的自由……在东方，围绕着我一直有很多斗争——总是
在老人和年轻人之间，我想我仍然活着，因为年轻人没有被征服。

拜纳出版的书页上记录着哈利勒的自我描述，尽管拜纳认识他，但仍
然对他的个性讳莫若深，关于"纪伯伦的举止"，他提及一件轶事——
"我一直知道，在我们一起吃晚餐的房子里，那些女仆聚集在一个屏风
后，忘记为我们的晚餐服务，'我们又怎能想起做任何事情，'她们的代
言人称，'当纪伯伦先生说话时'！"拜纳接着又给这越滚越大的传奇添油
加醋，结尾说："愿他继续为美国的大多数人做贡献，直到年轻人被
征服！"①

哈利勒几乎停止了自己的"艺术圣殿"工程，但他仍乐于给朋友们
画肖像，并喜欢为他们的书籍画插图。他许诺要给拜纳最近出版的诗集画
插图，1922 年，他还为一部美国诗选集《伴侣》做装饰，这部诗集里收
录了勒·加利纳和雷哈尼的作品。此外，他还为一名年轻作家麦德林·梅
森·曼海姆的散文集配了插图，三年后，曼海姆将会出版他翻译的《先
知》法语版本。

1925 年，纪伯伦与阿拉伯同乡和美国朋友交往的裂痕似乎扩大了，
这或许是因为生意的失败使他行动更为隐秘。当玛丽在春天拜访他时，她
红粉知己的角色显然已经消失了，从那年的年初，她的日记开始缩减关于
纪伯伦的记录，简短的几笔记录揭示出，新生活使她无法观察他的发展：
"1925 年 5 月 20 日，与纪伯伦共进晚餐，共度夜晚，弗（劳伦斯）在回
家时很烦恼。"这样一种私密的口吻，预示了他们的长期关系已到了最后
的秘密阶段。那年夏天的晚些时候，当玛丽在德国的卡尔斯百德享受着沐
浴，她便开始在日记中用"C. J."来指代他，"1925 年 7 月 11 日，在弗
睡觉时，写信给 C. J."。

9 月初，哈利勒在玛丽回来时短暂地见了她一面，并收到了两件礼

---

① 波克维西：《在纽约周游世界》，第 40 页；哈·纪致拜纳，1925 年 4 月 14 日，哈佛学院
图书馆；拜纳：《哈利勒·纪伯伦式》，第 43—46 页。

物——圣母像和基督像,他们在宾夕法尼亚车站和汤普森水疗浴场见了两次,但没有记录下谈话的内容,玛丽在日记中写下的寥寥数语,用了缩写的德语,大部分字迹难辨,在欧洲时,她已决定嫁给米尼斯,似乎公开记录另一个男人的生活有违礼范,有不忠之嫌。她购物、阅读和关心未来的丈夫,生活平静,但在随后的六年里,她仍然暗暗记录哈利勒的生活和作品。

1925年6月,阿拉伯学者和作家苏莱曼·布斯塔尼在纽约去世,他以翻译希腊经典闻名。哈利勒一年前在波士顿曾款待过他,他去世后,哈利勒又为他画了一系列素描,《政治》把其中一幅用在了一期纪念布斯塔尼的专号上,哈利勒等几位笔会作家给他写了献词。此时的笔会已不再是一种机构,它几乎完全变成一种社交活动,哈利勒现在最为关注的是英语写作和他的美国朋友。

纪伯伦现在每年到亨德森屋旅行,那是科琳·罗斯福·罗宾逊位于纽约赫基默的夏天的家,纪伯伦尤其喜爱这旅行,"我觉得罗斯福家族的特点是简单和健康的家庭生活",他写信告诉玛丽,"他们很有门户之见,但奇怪的是,他们能彼此奉献,他们知识丰富,对很多事情感兴趣。"此外,他还很喜欢弗雷德里克和玛格丽特·李·克罗夫茨这对夫妇的热情待客,克罗夫茨是教科书的出版商,他购买了阿尔弗雷德·克诺夫公司的一个分部,纪伯伦为热情洋溢的克罗夫茨夫人画了肖像。克罗夫茨在康涅迭戈的斯坦福德有一座夏屋,纪伯伦在那里体会到温暖,似乎重新回到了童年时代。

"我最近在乡间拜访朋友",1924年,在他们最后一次见面时,纪伯伦告诉玛丽,"我大约早上六点钟起床,向窗外望去,树木发了嫩芽,鸟儿在歌唱,青草湿润——大地熠熠闪光。突然,我就是那树、花、鸟和草,我幻化为它们的一员,我消失了。"①

---

① 哈·纪致玛·哈,1924年9月4日;玛·哈67,1924年5月23日。

第二十二章　最后的岁月

纪伯伦的地产事业使他中断了一年的创作生活，此后，为了集中精力写作和绘画，他不得不简化这些事务。之前，他已为阿拉伯期刊翻译了自己的很多作品，现在又多了一个任务，要为安东尼·巴舍尔翻译自己的著作，安东尼是一位年轻的叙利亚东正教神甫、学者和译者，时任北美大修道院的院长。

纪伯伦所期待的《先知》三部曲中的第二部还只处于酝酿阶段，于是，他搜集了自己的一些短篇格言——其中很多格言已经用阿拉伯语或英语出版——为自己的美国追随者们编成了一本现成的书《沙与沫》。在汇编这本书的过程中，纪伯伦遇到了一个女人，在他之后的创作岁月中，她会减轻他抄写、打印和筹办活动的负担，在他去世后，这个女人甚至承担了更为主导的角色。

1923年秋，45岁的亨利亚塔·鲍顿·尼·布莱肯里奇第一次在圣·马克斯教堂听到了巴特勒·大卫波特朗诵的《先知》，像许多纪伯伦最热心的信徒一样，她也是个理想主义者，并公开宣称自己是位和平主义者。她毕业于家乡阿尔巴尼镇的一所师范学校，先是在一些私立学校教英语，然后迁居到了曼哈顿，并在那里开始了自己的职业作家生活。

鲍顿经历了一次不幸福的婚姻，这次婚姻以丈夫对她的遗弃而告终，她一边抚养孩子，一边为纽约《时代》的诗歌专页长期供稿，以期在这不稳定的诗坛找到一席之地。鲍顿的特殊才能在于具有变色龙般的适应力：根据需要，她可以写一首莎士比亚的十四行诗，写点儿打油诗，或者写些现代诗。她写作时用几个笔名，其中有本·布里汉姆和芭芭拉·扬，除了护照和法律交易以外，她用后者做自己的名字。

像纪伯伦的那位密歇根的匿名读者一样，鲍顿第一次听到《先知》时，便被深深打动了，她开始把自己最喜欢的劝诫内容涵盖进自己的诗歌朗诵中，以此来贴补微薄的收入。1925 年 3 月，她得知哈利勒不是一位隐居在中东的神秘隐士，而是在格林威治村生活和工作的作家，便给他写了一封赞扬的信，请求一次正式会面，纪伯伦同意了。

在和纪伯伦交往的所有女性中，芭芭拉·扬最没有吸引力，她身材瘦高，既没有约瑟芬的美貌和莎洛特的魅力，也没有玛丽的智力。她不像他结交的人那么富足，也不像他的模特那么美丽，但她值得信赖，极其忠诚并很容易受到影响。他们都相信再生说，这也构成了他们之间的纽带。芭芭拉确信自己曾生活在非洲，并曾写过一首这样的诗——"我曾是一个棕色皮肤的女孩儿"。她还和纪伯伦持有共同的观点，蔑视学术和历史的视野——后来当她决定为他写传记时，这一品质带来了灾难性的后果。纪伯伦意识到了他们精神的相通，更为重要的，他发现芭芭拉是一位虔诚的献身者，有能力并渴望帮助他。

20 年后，芭芭拉回忆说起自己是在 1925 年秋天为他记录《盲诗人》时，才开始担任他的秘书，[①] 这一回忆却是错误的，事实上，这首诗当时已经发表在《新东方》。可以比较准确地推测，那年秋天的某个时候，纪伯伦开始编写那些格言，她秘书的角色是从这个时候开始的。在随后的三年里，芭芭拉不仅出版了一部韵体作《天堂的钥匙》，而且还在东十大街12 号开了一家诗屋书店，她还促成了纪伯伦的两次公众诗歌朗诵：一次是在布雷武特旅馆；另一次是在第五大道书店联合会的聚会上。

印度编辑西乌德·侯赛因请求纪伯伦担任纽约"新东方社团"的官员，并为其季刊供稿，这一邀请无疑代表着一种荣耀。"新东方"的邀请，无形中认同了纪伯伦的世界公民身份，杂志在观点上很国际化，所选择的人都是世界公民，那是"一种新的联合：对于东方和西方，都想把各自的灵感和热望服务于共同的、不可分离的人性"，在这样的环境里，纪伯伦找到了自己的位置。侯赛因评价自己对他的任命，"在当今的西方，没有一位东方人比哈利勒·纪伯伦更真诚、可信和富有才华，并起着重要的作用"。

纪伯伦进入了社团的主管董事会，和他一起进入董事会的美国人，有卓越的东方学家亚瑟·厄珀姆·波普，还有他的老朋友朱莉娅·艾尔斯沃斯和威特·拜纳。大多数作家在出身和精神上都具有国际性，为首的是圣

---

① 扬：《此人来自黎巴嫩》，第 85 页。

雄甘地，纪伯伦相信他是"在世的最伟大的人之一，甘地教人们不抵抗，他说：'不接受英国人的任何东西——既不为官，也不要头衔，不与他们有商业交往，如果他们杀你或虐待你，也不要抵抗。'"[①]　其他作家还有安妮·贝桑特、阿南达·库玛拉斯瓦米、约翰·杜威、野口容、勃特朗德·鲁塞尔和霍·乔·威尔斯，他们中的几位，包括乔治·鲁塞尔、克劳德·布莱戈登、查尔斯·弗莱切和约翰·海恩斯·霍姆斯、艾尔玛·里德和萨洛吉尼·奈杜，通过社团结识了纪伯伦并与他交往，他们都曾撰写过纪伯伦这一段世界公民的日子。

纪伯伦、朱莉娅·艾尔斯沃斯·福特和西乌德·侯赛因（作者）

---

①　侯赛因：《社论》，《新东方》2，1924 年 5—6 月：96；侯赛因：《我们的自我之间》，《新东方》2，1924 年 7—9 月：vii；玛·哈57，1921 年 7 月 22 日。

　　1926 年，纪伯伦进入了职业上的稳定期，这种状态将一直持续到他去世。由于芭芭拉承担了秘书任务，写作和出版事务更为便利，纪伯伦的公众形象也逐渐转变为国际人物，他开始创作一些新的作品，其中大多数作品开始于 1926 年的波士顿，他在圣诞假期后常住在那儿一段时间。

　　他在波士顿完成了几篇《先知园》中的内容，又创作了两部英语戏剧，和他的大多数英语作品一样，《拉撒路和他的爱人》在很久以前就开始酝酿，他最初想用阿拉伯语创作，玛丽曾在 11 年前就简短地提及过：

> 　　1914 年 4 月 26 日，他的下一部书包括四首长诗，虽然还未发表，但令人满意：《魔鬼》《西特·巴尔基斯》《诗人》《拉撒路和他的爱人》……对我来说，拉撒路是新作品——我不知道哈什么时候写了它。我觉得那两部和《西特·巴尔基斯》可能是最近的想法，那位《圣经》中的拉撒路，在他死去的三天，他抵达了自己灵魂的世界，在那儿，他遇到了一个女人，他爱她，他和她生活在一起，但尘世之神的力量将他驱赶回尘世和尘世的生活。

　　"在近东"，纪伯伦告诉玛丽，"过去的人们相信，每一位诗人都有他的神灵……尽管他也会有一个相爱的女人——但这个神灵是他真正的伴侣：在人的范围内，他真正的自我是孤独的。"[①] 1926 年，他没有运用散文诗的形式，而是选择了更为直接的戏剧形式，来表达拉撒路的探询。在第二部独幕剧《盲人》中，他首次尝试创作了完全脱离东方意象的作品。

　　5 月 7 日，玛丽和弗劳伦斯举办了婚礼，接着，这对夫妇来到纽约，哈利勒在 13 日给她读《拉撒路》，三天前，他们还在他的工作室见面，但她的婚姻必定令他们无暇他顾，他们的行踪小心翼翼地藏匿于她的笔记里："弗到市中心查看我们的护照……他留在华尔街吃午餐——我回来和米歇尔一起吃午餐，然后见了纪·格林奇，很受触动——几乎流下了眼泪——让我看《沙与沫》，选择了 300 个格言中的一些——'我有一千多个格言：主要是阿拉伯语'——还有盲诗人的图片，为《先知园》画的一点露珠。"5 月 13 日，弗劳伦斯必定同意他的新娘公开拜访工作室："弗去吃午餐，我去见纪伯伦，弗现在对这事没有芥蒂，纪给我读他的

---

　　①　玛·哈 44，1914 年 4 月 26 日；46，1915 年 11 月 14 日。

《拉撒路》……告诉我关于《先知园》中的《盲人》……和《雪》，他在阅读拉撒路时非常激动，拉撒路在这三天的灵魂释放，映照了他自己的梦想。"[1]

米尼斯夫妇离开纽约去欧洲，哈利勒到波士顿完成《沙与沫》的一些细节，由于有在"科普兰和戴伊"公司画插图的经验，纪伯伦乐于监督书籍设计的每一个细节，他提醒编者："我愿意这本书……与手稿相同的方式来印刷，关于每页格言的数量和应该涵盖的页数。"[2] 同时，他还为克诺夫设计了一个特别版本的《先知》，这本书的销量继续攀升，购买者尤其喜欢把它作为礼物。接着，纪伯伦转向创作他最有抱负的英语作品，这次他没有像往常一样进行思想斗争，便放弃了《先知园》的创作，他拿到 2000 美金的预付金，开始用一年的时间安心创作，内容是关于耶稣的生活。

撰写耶稣的生平，是纪伯伦近 20 年来的愿望。玛丽 1908 年以来的日记不断地用专页记述他的梦和冥想——关于作为"人之子"的耶稣。早在巴黎求学时期，他就写信告诉玛丽，"现在我最大的愿望是能画出耶稣的生平，没有人曾做过这件事，我的生命能在耶稣的人格中找到最好的休憩之地"。他阅读"手头能找到的一切关于耶稣的材料，我已经漫游了他的国度，那是从叙利亚到巴勒斯坦低地，他的奇迹影响了我的一生"。欧内斯特·勒南的思想和《耶稣的一生》尤其影响了纪伯伦对耶稣的看法，那就是"最伟大的艺术家，同样也是最伟大的诗人……称他为神，是轻视了他，因为作为神，他那绝妙的言谈可能微不足道，但作为人，那些言谈是最完美的诗"。

纪伯伦从未称耶稣为基督，耶稣是一个人，在平常的环境里出现，是他的梦境的典型特征。这些梦境并不是一些幻象，它们非常具体，如果沉浸于其中，能感到纪伯伦回到故国的渴望。尤其是那些丰富的细节，都来自黎巴嫩，1911 年间，他每年会有 2—4 个梦境，他告诉玛丽，这些梦境通常出现在三种不同的场景中——"一个是靠近贝舍里的斜坡，那里有很多巨石和柱廊"；"一个场景靠近一个大喷泉，那里有一条河静静地在石缝间流淌"；或者是"靠近贝舍里的一个小花园，那里开满鲜花——里

---

① 玛·哈 69，1926 年 5 月 10 日和 13 日。

② 哈·纪致史密斯先生，1926 年 5 月 22 日。

面有一面墙和一扇门，我在大学时代常常研究它们"。

在一个梦境中，纪伯伦与耶稣在贝舍里城外一片腓尼基人的墓地相遇了。"胡桃树和垂柳环绕着道路，我能看到斑驳的光影投射在他的面庞。"他坐在墓地前方的一个雕刻的大石头上，谈着话，他们能听到一位圣芳济会的老修士砍树的声音，这位修士是哈利勒祖父的朋友，他砍树的声音"巨大，回响于整个山谷……就像一口大钟——树似乎是铁"。有时，纪伯伦能回忆起耶稣的话，那些话总是那么简单和平常。"我坐在池塘边的一个圆木上，他过来，也坐下……他的皮肤就像那些深色玫瑰的花瓣——那么洁净、柔软和生动——带着奇怪的橄榄绿的颜色。灰尘落在上面，就像你见过的——是一种蝴蝶翅膀上的金色，然后他半躺在地上，撑着拐杖……我对他说：'你的拐杖是无花果木吗？''不，'他说，'是沙赫比。'沙赫比是一种硬木头，在黎巴嫩山很普遍。"①

很多年来，纪伯伦告诉玛丽关于耶稣的故事，这些故事自耶稣的时代流传于黎巴嫩的民间，他说："这些故事足够写成一部大书，那会是一本很精彩的书，它们应该得到收集和整理。"玛丽日记中所记述的他的最后一个梦境是在 1923 年 5 月 27 日：

> 那是在黎巴嫩，就像我总是见到他的情景一样——在贝舍里附近的一座修道院，那个地方那么美，如果我能选择埋葬之地，我愿意葬在那里。一条小溪流过，小溪的两旁是垂柳，男孩儿们经常到其中的一个地方玩儿……我在小溪边搜集水芹……他从西边过来，背后映照着光，这使他的轮廓闪闪发亮……我两手拿着水芹献给他，说，"主，你不要些水芹吗？"他接过一束水芹，放在嘴里……他满脸微笑……津津有味地吃着水芹，似乎那清新的水芹很美味。他说，"没有什么比绿色更美味——这是最绿的水芹"——然后，他走到小溪边，跪下来，垂下头喝水……他直起身时，水在他的胡须间熠熠闪光。②

---

① 哈·纪致玛·哈，1909 年 4 月 29 日；玛·哈 41，1910 年 12 月 7 日和 1911 年 4 月 19 日；44，1914 年 1 月 10 日；41，1911 年 4 月 19 日。沙赫比意思是"我的人民"；哈·纪可能说过"我的人民的树"，来指"雪松"，玛·哈或许是听错了，或遗漏了一些短语。

② 玛·哈 54，1920 年 12 月 30 日；66，1923 年 5 月 27 日。

根据芭芭拉的回忆，纪伯伦在 1926 年 11 月 12 日开始写耶稣 70 篇独白中的第一篇，对于他的开始写作，芭芭拉的描述极富戏剧化。"他站起来，很安静庄严，他的脸就像受折磨的天使的脸，映照着忧伤与欢快，他那善变的面庞闪着夺目的光芒，他喊道：'我今晚可以开始写那本书了！'"她忽视了、或者根本不知道纪伯伦和玛丽多年以来的笔记，她将《人子耶稣》的写作转变为一种富有神秘色彩的情景——那源自他的忧伤和灵光一闪，芭芭拉在 18 个月后记录道："作品完成时……诗人和记录下这一切的人似乎曾经历了一次强大而又可怕的斗争。"①

此外，芭芭拉没有记述的是——哈利勒在波士顿停留的时间越来越长，他在那里完成了《人子耶稣》的大部分初稿，1927 年，他已成为波士顿叙利亚社区的一位受尊敬的名人，这并不是由于他的阿拉伯语写作，而仅仅是由于他在美国获得的成功，这是每一位移民都渴望和追求的成功。每次当他来到这里，玛丽安娜的公寓总是香烟缭绕，无数拜访者来表达他们的敬意。毗邻泰勒大街 76 号的是"雪松圣母教堂"，尽管哈利勒从未前来敬拜，但他和教堂牧师斯蒂芬·阿·杜艾希却是密友，这位牧师能自由出入隔壁的房屋——不是经过大街上的入口，而是登上房顶，然后走下楼梯直接到二楼的工作室。

密切关注纪伯伦归来的另一个机构是丹尼森屋，20 世纪 20 年代，它已发展为波士顿为叙利亚孩子和日益增多的华人服务的最重要的社会机构，1919 年，由于哈利勒的名望，玛丽安娜当选为四名社区代表之一，在主任委员会任职，哈利勒每次到波士顿，几乎都要拜访位于玛丽安娜公寓斜对面的这座大楼，1926 年春天，玛丽·哈斯凯尔的朋友路易萨·麦克拉迪（过去曾在劳工联合会，现在是一位脑力劳动者）曾专门举行晚宴来向他表达敬意。

然而，纪伯伦却仍然对社会工作者这一角色持矛盾态度，他认为他们侵犯了他人的生活，1922 年，纪伯伦向玛丽抱怨说，

> 你知道，我不热衷于那种事情——安置，我不热爱传道——我认为对待叙利亚人的方式很愚蠢，将叙利亚人美国化，会导致叙利亚人对美国肤浅事务的廉价模仿……他们说……整个丹尼森屋已经改变

① 扬：《此人来自黎巴嫩》，第 100、103 页。

了——要比过去好得多——非常友善和活泼。这些人过去只是想要进入叙利亚人的房子，那时他们坐下来问问题，叙利亚人都很害羞，他们对此不能理解。

一天下午，纪伯伦在那儿遇到了阿拉伯学者菲利普·希提的哥哥约瑟夫·希提，他问道，"他取得了什么样的成就呢？这些女人都带着问题而来，我走时却没有回答任何问题……我曾在那儿度过一小时、两小时或三个小时，我乐在其中，然后我回到家，我对自己说，'为什么我要到那个地方去？那对人们有什么价值呢？'"①但尽管有如此言论，纪伯伦却继续拜访安置屋的人们，回答他们的问题，或许他私底下很欢迎他们的关注。

1927年，在创作耶稣的生平时，纪伯伦和玛丽·哈斯凯尔的关系日益疏远。1926年8月，玛丽从欧洲返回后，曾想在纽约见到哈利勒，但却得知他身在波士顿。从那以后的八个月里，玛丽的日记里没有关于"C. J."的只言片语，1927年4月16日，她在日记中提到，丈夫对她的控制有所缓解，两天后，她便以一封信打破了长期的沉默："哈利勒——？一直有这么多的问题，你的关于耶稣的书怎么样了？你的冬天过得怎样？你都发生了什么事？请给我写一封信，下两周你会在波士顿还是纽约？"随后的几页，她向哈利勒描述了自己的平静生活，并向他讲述了一个动人的场景。"一天，一位阿拉巴马女人来这里吃晚餐，我们不熟，她看着我的肖像，突然说，'它让我想起了另一位画家——我不知道你是否知道他的作品——他的名字是纪伯伦。'我把她带到楼上我的房间里，让她看墙上的27幅画……无论在哪里，在这里或其他地方，你的作品都会得到认可和热爱。"②

不知哈利勒是否回信，但玛丽没有留存这封信，这期间，她只保留了哈利勒的少量便条，而这些便条变得越来越不带感情色彩。除非他们曾通过电话，相互联系，他才会在1927年12月的第二周，给她寄去了《人子耶稣》的手稿。在某种意义上，玛丽必定把这当作一种特别的问候，因为她在自己53岁生日后的那天收到了手稿，她偷偷离开自己南方女主人的文雅职责，立即开始编辑这部作品，在1928年冬春之交，纪伯伦不断

①　玛·哈61，1922年5月19日；62，1922年5月26日。

②　玛·哈致哈·纪，1927年4月14日。

寄给她修正和添加的书稿，她尽其所能地进行编辑。从她的日记判断，这工作有时并不容易，她经常在家人睡去时工作。"1928年3月8日，《人之子》的剩余部分到了；3月30日，凌晨3点到7点，《人之子》；4月4日，我在晚上完成了《人之子》——以便于在离开前寄回。"

4月25日，玛丽将剩余的书页寄回，四天后，米尼斯夫妇来到纽约，准备到另一个大陆旅行，在购物、剧院和家庭聚会的闲暇，她溜到西十大街51号，"与C.J.一起工作，关于《人之子》，看书中几幅美丽的插图……"按照玛丽的记录，他们最后一次相见的时间是5月2日——"归还纪伯伦〔写出了他的名字，然后又故意涂去了〕'美丽的必需品'。"①

尽管玛丽没有说什么，但她必定因哈利勒的外表变化而感到惊讶，雄心勃勃的工作计划使纪伯伦付出了代价，早在前一年的12月，他便产生了对死亡的不祥预感，产生了要隐退于世界的不可遏制的愿望，这些情绪反映在他的一系列诗作中：

> 遗憾啊
> 我们困倦得太快；
> 遗憾啊
> 我们睡去
> 在我们的歌声
> 飞扬到高空以前，
> 在我们的手
> 触摸到那深处以前。
>
> 感谢主，
> 我们没有财产，
> 我们不是占有者。
> 我们没有伴侣，没有子嗣，没有亲属。
> 我们是行走在大地上的影子，
> 只有那些眼中藏着阴影的人们，能看到我们：
> 因而，我们为世人的笑声而悲叹。

① 玛·哈69，1928年3月8日—4月4日，4月30日—5月2日。

> 我们是精神的存在，
>
> 你们说，"多么奇怪。"
>
> 但我们说，"你们——作为身体的存在——是那么奇怪。"再见。

解脱身体痛苦的一个办法是酒精。1928 年，由于疼痛的困扰，纪伯伦饮酒过量。在写给玛丽安娜的信中，他几乎总是在向她要亚力克酒。在禁酒的高峰期，阿萨夫·乔治不得不在南恩顿的家里偷偷为他找酒，他经常用玩笑的方式来表达请求。"纽约是个荒原"，哈利勒向妹妹写道，"晚餐前不能喝到一滴亚力克酒，晚餐后也没有马龙的歌声……如果你有一点儿，分给我些。"①

阿萨夫·乔治除了给哈利勒提供解脱病痛的方式，还被委以更多的责任。首先，他和纪伯伦联手买了两栋楼，纪伯伦写上了玛丽安娜的名字。与四年前他在房地产投资中所犯的错误相比，纪伯伦这次的投资很小，而且不会牵涉到管理事务。这两栋房产位于百老汇的 180—182 号，离泰勒大街不远，其中的协议涉及拥有权，它使得玛丽安娜如果被迫离开他们的租住屋，总是会有地方可去。他还委托乔治在贝舍里附近找到一个正出售的修道院，这个修道院的主人是一位托钵僧。"我很高兴，因为你谈起玛·萨基斯，"他写信给乔治，"我们必须要得到那块神圣的土地，我请求你尽可能地办成这件事。"②

玛丽在纽约见到纪伯伦时，他体重有些上升，过去匀称的体形也变得有些浮肿。在波士顿度过的那年夏天，疼痛的症状开始使哈利勒衰弱，他腿脚浮肿，一直很小的食欲几乎降到了零，玛丽安娜换掉亚力克空酒瓶的频率令人担忧，整个 7 月和 8 月，哈利勒都住在泰勒大街 76 号，他倍感遗憾地拒绝了科琳·罗斯福·罗宾逊每年一次的邀请，也没有到亨德森屋度假。罗宾逊夫人送给他宽慰的信，他表示感谢，并且言道，"我一点不介意不能到俄国去参加托尔斯泰的纪念会，但我只想在你的屋檐下停留。生命有它自己的韵律；今年，我没有奏出生命的任何韵律，我想明年我会奏响这韵律的！他们告诉我，我的小书《耶稣》将在 10 月 12 日出版，

---

① 未出版的诗，玛·哈文件夹 68 和 69（所标的第一首诗的日期是 1927 年 12 月 15 日；第二首诗未标明日期，题目是"苏菲主义者"）；哈·纪致玛·纪，未标明日期，作者收集。

② 哈·纪致阿萨夫·乔治，未标明日期，作者收集。

当然，我会在拿到第一本书的时候送给你。"①

直到 11 月，玛丽才知道哈利勒一直在生病，当时他正患夏季风湿症，但丈夫弗劳伦斯也身体不适，这占据了她的时间，直到书出版后，她才得以与哈利勒联系。当时的他已经返回纽约，因收到这本书而心生欢喜，11 月 7 日，他写信告诉玛丽，一本复制本已经寄给了她：

> 我希望你见到它时，会喜欢它，尽管这本书有很多小错误。我的出版商似乎对它极为满意，我这儿的朋友们，还有遍布全国的朋友们，都对这本书多有善辞……我的夏季并不愉快，大多数时间处于病痛中，但那又怎样呢？我用阿拉伯语写了很多诗歌……我在病痛中做得更多，我告诉黎巴嫩山的人们，我不希望回去管理他们，他们想让我这样做，你知道，玛丽，我很想家，我的心渴望着那些山峦和谷地，但我最好留在这里工作，在这间陌生、古老的房间里，我能比在任何地方都做得好。②

如果不了解哈利勒的境况，看不到支持这些话的文件证据，人们可能会把其中暗示黎巴嫩人让他回去治理国家的话当成他的幻想，但这完全有可能。纪伯伦战争年代的密友阿尤卜·塔比特请求他加入新组建的黎巴嫩共和国，1928 年，塔比特在黎巴嫩的改革运动中非常活跃，并担任内务和健康部的部长。

当然，纪伯伦也没有夸大这部最新作品所得到的"善辞"，与《沙与沫》接受了很多负面评价不同（《论坛先驱报》称它"枯燥单薄"），这部书受到了普遍的赞誉。《时代》曾忽视了《先知》，但却在圣诞书籍评论部分的头条位置，介绍了两本关于耶稣生活的书：沃特·鲁塞尔·鲍威的《主》和《人子耶稣》，P. W. 威尔森写道："纪伯伦作为一名同胞，走近了拿撒勒人，我们在此处收获的不是历史，而是戏剧，一系列独白，诗的结构和美感，这些都来自耶稣的同时代人……这样一种处理方式，或许有些不寻常，但也可能是独一无二的。"而纽约社区教堂的前任神甫约翰·海恩斯·修姆斯给予作品最为真诚的赞誉：

---

① 哈·纪致罗宾逊，1928 年 9 月 11 日，哈佛学院图书馆。
② 哈·纪致玛·哈，1928 年 11 月 7 日。

读过纪伯伦先生前面作品《先知》的读者（该作已经在这个国家多次再版，翻译成二十多种语言）会理解这本书要表达的内容，这是同一位诗人，思想上有同样的简朴和纯洁，在语段上有同样的丰富和美，有同样的智慧、祥和与高远的洞见……［他］尝试了一种独特而又大胆的实验，他讲述了耶稣的故事……一段轶事接着一段轶事……有点像布朗宁《环与书》中的风格……似乎是在随后的一个时间，一位同时代的人坐下来写下了另一本不同的福音书。

纪伯伦是位诗人，但这本书并不像想象得那样不谨慎，很难理解他的诗节的神秘主义，其中有一种简单，使你消除顾虑，也有一种庄严，不时地令你无法抗拒……诗人大胆地对《新约》和黎巴嫩南方牧羊人的比喻进行直接比较，我曾听过纪伯伦先生读这个比喻，无论是当时还是现在，我都认为它当之无愧于《圣经》经文的标准。①

那年的 12 月，建筑师和批评家克劳德·布莱戈登在《论坛先驱报》发表了一篇特写文章，更广泛地宣传了纪伯伦神话。他们两人在亨利亚特·萨瓦－戈因的一个时尚茶会上相识，亨利亚特后来嫁给了纪伯伦的律师威廉·萨克逊。在诗人的授意下，布莱戈登无意中给纪伯伦的出身加上了浪漫主义色彩。"他在东方是所谓的'生来好运'，因为他在爱、美和富足的氛围中长大成人，他周围的人富足而有教养，而且他母亲的家庭，追溯起来，拥有乡间最动听的家世。"他继续加强评论界一直试图界定的"纪伯伦主义"的特征：

这个词意味着纪伯伦的英语读者可以毫无困难地预言：神秘主义的想象、有韵律的美、用一种简单和新鲜的途径进入所谓的生命的"难题"……他主要的兴趣是生命，致力于发现一些可行的方式，来感受、思考和生活，那会走向圆熟——使那些奴役我们的力量，最终被我们驾驭……于他而言，"没有什么比人更高大"。

他为自己对纪伯伦的偏爱而道歉，并继续写道：

---

① 见参考书目。

　　他精悍、强壮、皮肤黝黑……他热爱社交，也喜欢孤独，他专注于具体的细枝末节，也热衷于抽象的伟大宏思；尽管在某种意义上他很严苛，但却绝没有禁欲思想……①

　　有趣的是，这篇文章煞费苦心地附上了纪伯伦的六幅画，其中一篇叫《伟大的再现》，来庆祝圣诞节。

笔会宴会，1929 年 1 月 5 日，纪伯伦在右方旗帜边的肖像下

　　1929 年 1 月 5 日，纪伯伦受到了来自阿拉伯裔美国社区的礼赞。为了表彰他 25 年来对阿拉伯文学所做出的贡献，笔会在纽约的麦卡尔平酒店发起了一个感谢晚宴。有 18 位代表致辞，其中菲利普·希提用英语做了总结发言——他的同胞将纪伯伦及其作品视为骄傲：

　　在某种方式上，纪伯伦给阿拉伯现代文学所带来的实际影响，要以两个标准来衡量，其一是阅读他的书的人们的数量；其二是近年来

①　布莱戈登：《一位来自黎巴嫩的现代先知》，第 16—18 页。

产生的大批"纪伯伦式"、"类似于纪伯伦"和"模仿纪伯伦"的人们，他们像雨后春笋般地涌现出来，遍布阿拉伯世界，在当今的贝鲁特、开罗、巴格达、圣保罗或布宜诺斯艾利斯，你拿起任何一份阿拉伯语报纸，几乎都能发现某人在有意识地模仿纪伯伦。当然，这种神秘的、比喻的、想象的风格……并不是阿拉伯文学中的新现象……但我们今晚的主人公，通过他对这一艺术无可比拟的掌握，通过他纯粹和丰富的想象，通过他高尚和崇高的理想主义，通过他无与伦比的措辞和撰写——无论是阿拉伯语还是英语——他的思想成为一种新流派，他成为这一思想的奠基者，当其他人运用着空洞的词汇，习惯于矫饰和因袭，纪伯伦却创造了思想的珍宝，那思想永恒、自然而又崇高。

威廉·凯兹弗里斯是宴会主持人，他代表全国的文学机构向哈利勒献礼并致辞，还趁此机会发行了《谷穗集》，这部选集收录了纪伯伦的早期作品，一位旁观者描述说："纪伯伦充满感情地谈到，他为自己的民族感到自豪。"[①]

次日是纪伯伦46岁的生日，又有人向他表达敬意，这次是在墨西哥画家乔斯·克莱蒙特·奥罗斯科的工作室里，由于出席这些正式晚宴，纪伯伦感到精疲力竭，显露出情感崩溃的迹象。记者和考古学家艾尔玛·里德是奥罗斯科在纽约的赞助人，她也是一个叫做"神谕团体"的主要发起者，这个团体里的艺术家和作家探索东方的神秘主义宗教，写作关于"宇宙学"的现代诗歌。她在多年后忆起了那个夜晚，她在介绍那个国际化的小群体时，也记录下了纪伯伦宝贵的短暂瞬间。艾尔玛突出两位艺术家的共同点，并记录下他们之间小心翼翼维护的友谊。他们都支持自己祖国的农民，他们都居住在曼哈顿，奥罗斯科的工作室叫修行所，纪伯伦的工作室是隐居室，这两个工作室都是思想者、革命者和社会名流聚会的场所，他们还都用两个并不令人舒服的标签来表明他们各自的才华——"墨西哥的戈雅"和"20世纪的布莱克"。而两位艺术家都拥有一位美国女人的献身和友谊——奥罗斯科的美国女人是艾尔玛·里德，纪伯伦的美

---

① 菲利浦·K.希提：《纪伯伦在现代阿拉伯文学中的地位和影响》，《叙利亚世界》3（1929年2月）：31—33；未标符号的文章可能是由莫卡泽尔撰写，同上书，第52页。

国女人是玛丽·哈斯凯尔。

"从他们相识的一开始，"里德夫人写道：在两位艺术家之间存在对立，但他们很好地控制了这种对立状态。奥罗斯科对纪伯伦画作的内容保持着谨慎、又有些不祥的沉默，哈利勒会偶尔纵情于他所谓的"墨西哥的暴力艺术"。他问我，我怎能忍受生活在修行所这样一个地方，墙上挂满了恐怖的场景和悲剧性的死亡。他们的艺术观截然相反，然而，他们却仍然享受频繁聚会中的伙伴关系。他们相互的尊敬充分体现在纪伯伦的生日聚会上，这是修行所在新年的第一次国际社交活动。

那晚参加聚会的"神谕团体"的成员有萨洛吉尼·奈杜、萨乌德·侯赛因、爱丽丝·斯普拉格夫人、诗人埃斯特尔·杜克路、批评家乔斯·胡安·塔布拉达、以伊丽莎白·克里藤登·珀西为首的"纽约技艺诗社"，"出席的还有……法官理查德·坎贝尔，他友好地为来访纽约的爱尔兰知识分子做东，资助了爱尔兰国家剧院。奥罗斯科兴高采烈，习惯地坐在由诗人凡·诺班、克劳德·布莱戈登和德米特里奥斯·卡里马科斯组成的四人席上"。

贝尔·贝克尔夫人以朗诵纪伯伦的诗歌著称，她朗诵了《先知》片段、未出版的《拉撒路》和《人子耶稣》节选。纪伯伦亲自朗诵了早期英语作品《疯人》和《先行者》中的篇目，他还朗读了奥罗斯科一贯欣赏的寓言故事，艾尔玛·里德接着记述道：

> 宾客们欣赏哈利勒令人愉快的幻想，不断要求他读更多的寓言和格言，于是他继续朗读，声音却泄露了内心深处的感情，他不能控制自己，他突然告诉大家要失陪一下，然后就冲进餐厅，坐下来哭泣，他因忧伤而颤抖，边啜泣边向我解释说，当他朗读那些寓言时，他意识到在他成年后出版的这些书中，再也没有作品能与他青年时代的这些发自天性的小作品相媲美。
>
> "真是悲剧啊！"他说，"我已经失去了原创性的写作能力，我知道这事实，我面对它，我不再能像过去那样写作了。"我试图安抚他，告诉他在任何一位真正的艺术家的生活中，创新阶段是不可复制的，并宽慰他说，我们都觉得，《先知》和《拉撒路》就像那些寓言一样伟大，只是以不同的方式。但他继续啜泣，这时，奥罗斯科走进来看"这可怜的人出了什么事"，片刻以后，他用更积极的观点，成

功地劝解了哈利勒。

"伙计，"他说，同时按西班牙和拉美男人之间的习惯，给了纪伯伦一个热情的拥抱，"别因为你最近的作品与早年作品不同而懊悔，我觉得它们很好——事实上，棒极了——你有所改变。如果你没有改变，才是一个灾难，谁知道呢——你的新作品可能比旧作品更好，要给它们时间，它们的价值不能只靠你一个人来评判，再说，这表明你还年轻，还能成长，你应该为此感到高兴——你不是僵化的学究，即使是在好的地方停滞不前，也意味着艺术生命的完结！"他们谈了一会儿，哈利勒恢复了镇定，然后他们一起走回客厅，满脸笑容。①

这些参加聚会的人并不知道，不久以前，纪伯伦从医生那里得知了自己病情的严重性。纪伯伦很早就离开了泰勒大街的贫民区，但他试图逃脱的疾病却毫不留情地跟随着他。1 月底，X 射线显示他肺部增大，而且情况不容乐观。在他准备进行全面检查的那天，纪伯伦家族的所有人集体来到了他位于泰勒大街的工作室，玛丽安娜失去了理智，她对医院的印象混杂着死亡和亲人逝去，玛伦和阿萨夫·乔治都不太愿意他去医院，因为那可能意味着令人恐惧的手术或更糟的情况。因此，纪伯伦决定不再去医院进行进一步诊断，不再寻求医疗上的帮助。肝硬化使他的身体状况每况愈下，但他仍然试图工作，3 月，他从波士顿写信给努埃曼，继续把自己伪装成一个期待复原的病人——"我的病痛比肌骨的疼痛更深，它不是疾病，我常想知道，它是否不是一种健康状态。"②

在公众场合，纪伯伦不愿意承认自己身体虚弱的状态，4 月，他在《叙利亚世界》宣布，自己要在秋季出版《先知园》。一个月后，他从波士顿写信给玛丽，告诉她说，自己很疲劳，注意力不能集中，并对此无能为力。此后他很快放弃写作《先知园》，却转向了另一部作品。就像他很多的最终成果一样，这部作品构思于他的年轻时代，创作理念在不断变化。1911 年 2 月从巴黎返回后，他曾就一首诗问过莎洛特的意见："大地

---

① 里德：《奥罗斯科》，第 67、102—105 页。

② 塞缪尔·A. 罗宾逊博士致威廉·J. 布朗博士，1929 年 1 月 24 日，X 射线检查报告结果；回忆录，玛丽·卡瓦吉，扎基亚·纪伯伦，努·纪；哈·纪致努埃曼，1929 年 3 月 26 日（哈利勒·纪伯伦，第 260 页）。

之神疯狂了，破坏了一切生命，只剩下一个男人和一个女人。大地形容枯槁——空无一物而又干枯，河床黯淡——地表全是灰烬——暗淡。那男人和女人用眼泪来浇灌它，使它变得肥沃，使人类又出现在地球上。"玛丽回信道："莎认为这太可怖了。"①

几年后，一个大地之神变成了三个：1915 年，序幕将他们描绘为"一个人在不同时间的不同自我有三种情绪"，多年后，纪伯伦写信给自己在克诺夫出版社的编辑伊丽莎白·塞林格："我诗中的三位大地之神，象征了人的三种基本欲望，对权力的欲望，统治一个更大的世界的欲望和爱——对此时此地的更大的欲望。"1923 年，在完成《先知》后，他曾给玛丽阅读当时的版本——三个神看着两个人类相恋的戏剧，一个神相信人类是"第四种神圣"。"这或许是我所写过的最好的英语"，他说，"我要把其中所有的古体"你"改成现代体——就像《先知》和其他英语著作——我会删去一些词汇——简化说事情的方式——一旦完成，那一定是好作品。"②

1929 年秋天，一心要独处的纪伯伦在波士顿住了约十个月，然后他觉得自己能够返回纽约，能够出现在那个他近来忽视的世界。工作室散乱地堆放着杂志、书籍、绘画和油画，对于这些东西，他一直许诺玛丽，某天它们会成为贝舍里的一个小图书馆。工作室需要收拾整理，他写信告诉玛丽情况，并告诉她，自己不再想参与中东的政治事务：

> 我在东方的责任已经完结……我从心底想要对他人有所助益，是因为我受益更多，我很乐于所做的一切。下次我会估测，估测我的愿望和能力之间的距离……我已经重新粉刷了工作室，现在工作室干净而明亮，也有了些秩序。我的阿拉伯语作品、英语作品和绘画、油画作品都分开了，我布置了它们，以便能毫不费力地很快找出它们。我正继续那部作品：有点慢，但心里却很确定。③

他继续强迫自己工作，12 月，《雪》出现在《先驱论坛》的杂志部

---

① 玛·哈41，1911 年 2 月 24 日。

② 玛·哈45，1915 年 6 月 3 日；哈·纪致塞林格［1930 年 11 月 25 日］；《大地之神》，第14 页；玛·哈66，1923 年 6 月 16 日。

③ 哈·纪致玛·哈，1929 年 11 月 8 日。

分，他准备把这首诗放入《先知园》，诗歌的编辑是他的朋友麦德林·梅森·曼海姆，这是他最后发表的篇什之一。

哈利勒竭尽全力使自己最亲近的朋友们相信，他的状况在好转，因而他们也向外界隐瞒了他病情的发展和对酒精的依赖，只有酒能消除疼痛，但却使病情更加恶化。公众不知道纪伯伦饮酒的事实，直到1934年努埃曼在所撰写的纪伯伦传记中提及。纪伯伦的朋友艾德拉·珀内尔曾在她的墨西哥诗歌杂志《棕榈树》上，刊登过纪伯伦专栏，她后来描述了发生在1930年早期的一个令人难过的场景，那是智利诗人加布利埃拉·米斯特拉尔告诉她的:

> 有一个人特别想见到哈利勒·纪伯伦，我安排了他们的见面，并充当翻译……加布利埃拉在哈利勒面前非常谦逊，她整晚称呼他"艺术大师"，询问他关于永恒的真理的一些问题，她觉得他能有更好的理解……她的提问出于一种渴望和孩子般的信任，1948年以前我从未提及过……在那晚他们谈话的过程中，她的先知请求离开一会儿，然后走到一个东方式屏风后，拿出一个瓶子大口地喝着什么，不走运的是，从镜子里看去，那并不像是药瓶![1]

1930年3月，纪伯伦最后一次复制了自己的遗愿，并将遗愿发往玛丽安娜、玛丽和家乡贝舍里，他把为数不多的债券授权给了埃德加·斯培尔。7月，他来到波士顿，与玛丽安娜住在一起，他的《大地之神》也到了玛丽的手里。

在玛丽匆匆记下的关于《人子耶稣》的日记中，没有明显地提到哈利勒，她小心地回避了他们的几封信件，整个1929年，米尼斯夫妇一直生活在家中，1930年，他们再次开始旅行，于6月来到了纽约。过去来到这座城市，玛丽总是会隐秘地提及纪伯伦，但这次她只在6月18日的日记中写道:"短途旅行去看米歇尔"，第二天很"平静"，下午，丈夫休息，她"去V大街，乘巴士到135号大街，然后返回"。三周后，在乔治亚州洛克伍德乡间的家安顿下来后，玛丽开始在日记每一页的顶部编码，

---

① 珀内尔:《模仿损害诗人》，努埃曼传记英文版评论，洛杉矶《新闻日报》1950年11月4日，第9页。

"L.1"写在 7 月 12 日旁，"L—1—2"写在 7 月 13 日旁，之后这些编码变得更为复杂——"8 月 2 日，8L－62－P3，PH.4"，如果不是看到多年后她在 8 月备忘中加上的便条，这些符号很容易被忽视："顶部的铅笔大写字母和数字，是记录与哈·纪伯伦工作的编码。"①

这些材料很容易使人联想到她和哈利勒曾一起乘坐第五大道的巴士，过去他们常常在一起坐这种敞篷巴士，由于丈夫反对她到工作室去，她很有可能和哈利勒在这种双层巴士上传递了手稿，而这一切发生在他去世前的 10 个月。

当她忠实地编辑着手稿时，他试图在波士顿保持正常生活，就像之前的那个夏天一样，他拒绝了所有邀请，还有他最喜爱的女主人罗宾逊夫人的便条，尽管他不断告诉她自己很好，但罗宾逊夫人仍对他的健康感到忧虑："我常常会想起你，我让我儿子打电话，了解你现在怎么样了……整个罗斯福家族都希望你能来……我很担忧你，亲爱的哈利勒，对于要协助你，我感到那么无助。真正关心和爱你的朋友。"②

1930 年夏天，哈利勒来到波士顿，希望能再次和玛丽安娜到海边度假，表兄扎基亚·纪伯伦·戴伯在波士顿附近的水边有一处房子，在他的帮助下，纪伯伦和妹妹在斯昆特姆的海洋大街 122 号住了两个月，他在那里逗留到冬季，尽管他写信告诉克诺夫，自己正努力工作，但他却拒绝了这位出版商的建议，不愿意回去出席一些活动："我不可能因为要为捷克斯洛伐克的出版商提供《先知》原版的画作而回去。"③

离开斯昆特姆是件难事，而离开自己的妹妹更加困难，纪伯伦委托扎基亚为她找一个公寓，这座公寓需要在城市里靠近公共交通的地方，她在那里能过上健康的好生活。到 1930 年，南恩顿的很多少数族裔群体已经分散到了波士顿的绿带，玛丽安娜却仍为此感到犹豫不决，但哈利勒坚持要她离开拥挤的街区。后来，他们在富兰克林公园附近的街道找到了一处舒适的公寓，他又一直在波士顿住到 10 月中旬，确信玛丽安娜安顿下来，并承诺她会在圣诞节返回。

11 月 2 日，玛丽的日记中最后一次出现编码，提到她夏季的工作，

① 玛·哈70，1930 年 6 月 18 日和 7 月 12—8 月 2 日。

② 罗宾逊致哈·纪，1930 年 7 月 28 日，作者合集。

③ 哈·纪致斯蒂姆森先生，1930 年 9 月 18 日。

随着编辑的完成，《大地之神》开始付印。月底，纪伯伦与克诺夫签了另一份合同，他现在明白自己已经没有时间写《先知园》了，过去两年来一直肿胀的身体，现在突然变得消瘦下来，他对《疯人》中遗留的一些寓言进行处理，而他的最后一部作品会是《流浪者》——"一个人只穿着一件斗篷，拿着一根拐杖，面庞上笼罩着痛苦。"圣诞节到了，但哈利勒却不想让玛丽安娜看他，他恳求留在纽约工作。到 1 月时，他无法离开工作室，但他仍然告诉老朋友们，自己正经历着暂时的挫折。但在离开斯昆特姆前夕，他却向梅·齐雅黛承认了自己等待死亡的痛苦：

> 我目前的健康状况比夏初更糟……这奇怪的心脏过去每分钟跳动 100 多下，但现在开始慢下来，在毁坏了我的健康以后，开始恢复正常……梅，我是一座小火山，它的出口已经关闭，如果今天我能够写些伟大和美丽的东西，我的病一定会完全治愈。如果我能大喊出来，我会恢复健康……

> 看在上帝的份上，请不要告诉我，"你已经歌唱了很多，你所歌唱的都很美好"。不要向我提过去的功绩，因为记着它们令我痛苦，它们的平凡使我的血变为燃烧的火焰，它们的干枯使我的心里产生饥渴，它们的软弱使我每天忐忑不安。我为什么要写这些文章和故事？我生来是要写一本书——仅仅是一本小书——我生来便是要遭受苦难，说出一个有生命的、长翅膀的词，我不会保持沉默，直到生命从我的唇间发出那个词。我没有能够做到，因为我喋喋不休……然而，我的词仍然在我的心里，为了消除我的言语带给我的罪恶，我必须发出这有生命的、长翅膀的词。

> 火把必须要传递下去。纪伯伦。[①]

3 月中旬，《大地之神》出版了，他送给玛丽一本复本，然后写道，"我从来没有像现在这样恢复得这么好，《流浪者》……的出版商希望明年 10 月能出版，出版了《大地之神》后，我想很快就会出版它。我想知道，你那敏锐的双眼是否乐意看一下手稿，并在你把它送回以前，用你那

---

① 《流浪者》，第 3 页；哈·纪致齐雅黛，1930（哈利勒·纪伯伦：《自画像》，第 91—92 页）。

洞晓的双手（修改）它?"3月31日时，她便收到了手稿，"4月4日星期六，从上周二开始阅读《流浪者》，进展很慢"。两天后，玛丽发给他最后一条信息："一直对《流浪者》感到高兴——会尽快还给你。"①

4月5日周日是那年的复活节，在病痛给纪伯伦带来最后一击的前一天，他必定收到了玛丽的便条，我们可以忽视关于他最后时日的其他报道，来读一下芭芭拉·扬写给玛格丽特·李·克罗弗兹的信，这封信似乎是对复活节后发生的事件最直接的记述，

> 很多周了……他大部分时间不能下床，几乎没有穿上正装去街上。我与他一起度过复活节的晚上，他感到好了许多，他声音有力，起床活动了一下，但仍然瘦得可怜，那可爱的脸很憔悴，我习惯于每天早上用电话叫醒他，周一我打电话时，他声音很好，他说他有些叙利亚朋友晚上要过来，周二，他的声音有些疲倦，但说有些信件需要写，然后他会早些睡，我告诉他，周三我要出城办些事，他是否确信自己很好，他大笑着说，"我一切都会好的"。

> 周四，我给他打电话，他的声音吓坏了我，我立即过去找那位管理员的妻子［安娜·约翰森，她每天给哈利勒带早餐］，她那天早上已经派人去请雅各布森夫人——里昂那贝尔·雅各布森是一位画家，她丈夫一直是他的邻居［她曾展览过给他画的肖像画］，他们带来了一位医生，并愿意周五早上把他带到圣·文森特医院……他谈着话，开着玩笑，还是那个完美的他，睡得很少——只在早上救护车来之前睡了一会儿，但救护车来到时，一切都变了，他下楼前对我说——看到了我可怕的焦虑——"别担忧，一切都很好。"这是他清醒时最后的话，他在那天晚上的11点停止了呼吸，我给玛丽安娜打电话，但她直到晚上9点才赶到那里。②

1895年到波士顿后，玛丽安娜再也没有旅行过，这次她感到很无助，阿萨夫·乔治和扎基亚·纪伯伦安排了详细事宜，并陪她来到纽约。她到

---

① 哈·纪致玛·哈，1931年3月16日；玛·哈70，1931年4月4日；玛·哈致哈·纪［1931年4月6日］。

② 芭·扬致克罗夫茨，1931年4月23日，作者合集；杰·比致弗·戴［1932年1月11日］。

达时,潮水般的外国人向她致意,她唯一认识的人是哈利勒,但他却不再能讲话。

消息传播出去,另外两名美国朋友威廉·布朗·梅洛尼和阿黛尔·沃森、还有米哈依尔·努埃曼都开始给纪伯伦守夜,芭芭拉负责协调他们之间的事务。她告诉努埃曼,当一个修女问他是否是天主教徒,他生硬地回答"不"。然而当圣·约瑟夫马龙派教堂神甫赶到时,纪伯伦已经失去了意识,1931年4月10日晚上10:55,诗人死去。

神话变得从未有过的鲜活,但他死去时,几乎没有人记得这个人,更没有多少人记得那个男孩儿,如果不是一位萧条岁月里在"灯塔山"的一个房间勉强度日的老小姐,这男孩儿可能会被彻底遗忘。杰西·布莱蒙特·比尔此时已虚弱贫穷,但她却仍记得这个小男孩儿,她写信给那个发现了这男孩儿天赋的人,在之后所有的书信、纪念仪式和献词中,她的这封信最为出名:

亲爱的戴伊先生:

布朗小姐[诗人艾丽丝·布朗]给我传信,说哈利勒去世了,那可爱的小男孩儿思考了很多!他对自己同胞的感情很伟大,我想你在他去世前一年见过他?他当时在波士顿,正在泰勒大街看望他妹妹,或者是在泰勒大街的周围。灯塔大街的集会书店很喜欢卖他的书,我希望某个时候会读他那本《基督的生命》。

杰西·伏莱蒙特·比尔

1932年1月11日

《跪在云间的裸体人物》，水彩画（美术博物馆，波士顿，

玛丽·哈斯凯尔·米尼斯夫人的礼物）

第二十三章　归家

"我总是想到他的死——想到他死后的我。周日晚，在我坐上火车离开前，我躺在他的身边……看着他侧过去的脸庞……再次想到了它不再会转向我的那一天。"早在 17 年前，玛丽·哈斯凯尔就已写下这些文字，因而当得知纪伯伦的死讯时，她反应平静，似乎在感情上已经准备了很多年。对他的离去毫无所知的她，当时正招待一次南方州艺术联盟的聚会，4 月 12 日周日上午 11∶30，她收到了玛丽安娜的电报，两个小时后，玛丽坐上了北上的列车。

与此同时，玛丽安娜同意在纽约守灵两天，周六和周日，遗体停放在莱克星顿大街的通用殡仪馆，"在那里，成百上千的人们川流不息地走过"。① 次日，玛丽安娜将遗体运往波士顿，笔会成员、芭芭拉·扬和其他几位美国朋友随同前往。

几家都市报纸发布了富有浪漫色彩的讣告，《太阳报》社论认为，纪伯伦"是阿拉伯世界最主要的诗人和艺术家"。一周内，全国各地的教育、宗教和其他相关的社会期刊都在悼念他。"哈利勒·纪伯伦死了"，俄亥俄州的《监狱新闻》发长文报道。② 他关于爱的信息曾抚慰了数以千计的人，这些人开始以个人方式或公开向他表达敬意。

在家族的小圈子里，家人们担心天主教堂不允许给他办理宗教葬礼，因为关于纪伯伦临终前拒绝天主教仪式的谣言已经传到了波士顿。在他的遗体抵达南站后的几小时，斯蒂芬·艾尔·杜艾希阁下向烦乱的玛丽安娜保证，她哥哥会得到合适的葬仪。

---

① 玛·哈 44，1914 年 1 月 11 日；《纪伯伦的最后日子》，《叙利亚世界 5》（1931 年 4 月）：21。

② 《一位预言者离去了》，《纽约太阳报》，1931 年 4 月 15 日，第 37 页；《俄亥俄监狱新闻》，1931 年 4 月 18 日，第 1 页。

玛丽在周一晚上到达波士顿，并直接赶往玛丽安娜处。"发现她正等着我，她戴着她母亲的……黑边围巾。我们乘出租车到了西牛顿大街44号——叙利亚女士俱乐部，哈利勒的遗体陈列在那里。"在玛丽看来，他的遗容"严肃、坚定、和善、遥远、专注"。在那晚到来的"无数叙利亚人"中，有很多她已经听说过多年的亲戚——努拉和罗斯·纪伯伦、马伦和亚萨夫·乔治。她还第一次见到了他的阿拉伯和纽约朋友——纳西布·阿里达、纳吉布·戴伯、米哈依尔·努埃曼、芭芭拉·扬、阿德拉·沃特森和作家格特鲁德·斯泰因。然后，他们"说服［玛丽安娜］下来吃一点晚餐——我们称它是为了哈的最后一次晚餐——为他掰碎面包，喝了几口咖啡"。[1]

聚焦在南站的朋友和亲戚。
前排从左至右：玛丽安娜·纪伯伦，扎基亚·纪伯伦·戴伯，马伦·乔治，
罗斯·纪伯伦，艾米丽亚·帕伦特，后排：芭芭拉·扬，阿萨夫·乔治，
麦克·艾伯兰，努拉·纪伯伦，斯蒂芬·艾尔－杜艾黑

---

① 玛·哈70，1931年4月13日。

第二天，数以百计的南恩顿人护送灵柩来到雪松圣母教堂，"当护送的行列经过时，很多人屈膝……当覆盖着一面旗的骨灰盒经过，许多波士顿交通警官站立致敬。成千上万的朋友们不可能在小教堂里找到位置，他们安静地守候在人行道上"。[①]

玛丽提到了古叙利亚赞美诗，还提到了本尼迪克特山墓地山坡上的情景，玛丽安娜哭喊着"哈比比"（宝贝，亲爱的），纪伯伦的朋友们走上前讲话。玛丽很平静，也没有哭泣，她有些不耐烦地记下了格特鲁德·斯泰因的话，在她看来，斯泰因"歇斯底里"。葬礼结束时，她随玛丽安娜到她家里，告诉她，复杂的法律事务需要她立即出现在纽约。

两天后，玛丽护送纪伯伦的妹妹和表妹扎基亚来到纽约，她开始着手履行纪伯伦的遗愿，这份遗愿写于 1930 年 3 月，在 7 月时交给了玛丽安娜。就分配给玛丽安娜和玛丽的遗产而言，这与早年的遗愿几乎没有什么不同：

> 在我死亡之时，我希望埃德加·斯培尔先生一直为我惠存的金钱或证券，应给予我的妹妹玛丽·哈·纪伯伦，她现居住于玛萨诸塞州波士顿的泰勒大街 76 号。
>
> 另有西十大街 51 号工作室联合会的 40 份股票，放在纽约联合广场 31 号曼哈顿信托公司银行的安全存款箱内。这些股票也归我的妹妹……我死后，在我工作室内发现的一切绘画、书籍、艺术品等等都归玛丽·哈斯凯尔·米尼斯夫人所有，她现居住于萨凡纳加斯顿西大街 24 号。但在她认为合适的情况下，我愿意她将全部或部分物品送给我的家乡。

另外两段文字将这份直言不讳的遗赠变成了合法的噩梦：

> 以上在我工作室的两个银行存折，是纽约第六大街 422 号西边银行的存款，我希望我的妹妹能把这些钱带回黎巴嫩共和国我的故乡贝舍里，将之用于慈善。
>
> 按照我的理解，在我死后，我的作品的版权能在我继承人的请求

[①]　扬：《纪伯伦在波士顿的葬礼》，《叙利亚世界》5（1931 年 4 月）：23—25。

下，额外延长 28 年，这些版权的版税归我的家乡所有。①

纪伯伦对贝舍里的慷慨赠予，令纪伯伦的亲友难以置信。消息飞速传开，这三个女人在纽约很快被几个利益方围困，他们发誓说，纪伯伦曾私下确认他遗赠的名单中有他们。然而，只有玛丽理解纪伯伦的遗愿，因为她听纪伯伦讲过自己帮助家乡的梦想。1923 年 5 月 29 日，纪伯伦曾告诉她：

> 如果我花费 5 万美元，就能在黎巴嫩买到三四百英亩的土地……我要做一个示范农业站。叙利亚需要它，因为在叙利亚，人们正离开国家到世界各地……许多农场被遗弃……叙利亚需要一个人，他有 500 万或 1000 万，专门为她的成长和发展而工作，使她能意识到自我。我能从这里的叙利亚人那儿得到任何数量的钱，但我不想这样做。因为他们会说，"诗人纪伯伦已经变成了农夫"——但如果钱是我自己的，我就能支持这个计划——确实靠我的兴趣来资助这个项目。
>
> 黎巴嫩有一个山谷——在山脉的北端——形态就像一个大浅盘——四周环山——一条落差很大的河流从远方奔腾而来……纪伯伦家拥有那个山谷——它位于一些农场中，人们已经在那儿生活了几个世纪……但现在一切都改变了，纪伯伦家族的所有人都搬走了……地也卖了……又荒芜了，什么都没有种。②

4 月 17 日，玛丽、玛丽安娜和扎基亚一起拜访了埃德加·斯培尔的办公室，办公室助理亨利·洛奇复制了一份 1930 年的遗书，并确认他和一位朋友是见证人。后来赶到的芭芭拉和她们一起又来到了工作室，但没有发现其他文件。周六在银行的搜寻也终无所获，在纪伯伦的律师威廉·萨克逊的助理沃特尔的陪同下，他们只在他的存款箱里发现了西十大街工作室的股票。

然而，玛丽在工作室的搜寻一直很成功，她在成百上千的材料中翻出

---

① 作者收集。
② 玛·哈 66，1923 年 5 月 29 日。

了笔记簿，他们一起工作过的手稿和她发给纪伯伦的几袋信件。此时的玛丽安娜却心烦意乱，因为她对整理材料、手稿和书信感到有压力，面对塞满了打印材料的工作室，她感到无助，并因此备受打击，她害怕承认自己不识字的事实。备感困惑的玛丽安娜含糊地告诉玛丽，要送哥哥的遗体到黎巴嫩，玛丽于是便同意陪她和扎基亚到波士顿。

周一一早，她们回到了纽约，玛丽请努埃曼在中央大车站附近的汤普森温泉浴场见面，她知道，努埃曼正计划写一本阿拉伯语的纪伯伦传记，她首先关心的是，他应该从她的视角来理解纪伯伦的成长，努埃曼自从笔会早期便与纪伯伦相熟，但他却完全忽视了纪伯伦的波士顿岁月。玛丽用四个小时的时间，向他解释了自己赞助纪伯伦的全部故事，从汤普森温泉浴场出来，他们又一起去了工作室，继续他们的谈话。"米沙问了很多关于纪伯伦的很棒的问题"，那晚，当她回萨凡纳时告诉玛丽安娜，"我很高兴由他为阿拉伯世界写哈利勒的生活，当我们交谈时，我明白了为什么哈利勒信任由他、而不是其他朋友来写传记。"[1]

努埃曼离开后，玛丽原想联系芭芭拉，请她帮助照管工作室，但没能联系上。"我担心他作品、素描和油画的安全，"她对玛丽安娜说，"我出去买了两个有锁的大行李箱，然后我让看门人锁上窗户，并把壁橱门的锁挂上……我一直独自工作到下午6点，然后努埃曼回来了，我们一起工作到晚上9：55……现在在壁橱里，所有作品集……所有小珍藏品……我们发现的所有手稿都锁了起来；在我买的那两个大箱子里，我放进了周六发现的笔记本和全部信件，包括我的、他的和其他人的信件，我把它们锁起来，标上我的名字。"

确信这些问题解决了，也给相关的生意人付了款，玛丽才安心地离开。然而，当回到远在700英里外的萨凡纳，她很难再照管遗产。她不仅需要编辑《流浪者》，而且还要与萨克逊保持联系，协调他和玛丽安娜之间的关系。于是，玛丽便寻求芭芭拉的帮助，她把钥匙交给芭芭拉，详细告诉她如何处置工作室，她还委托芭芭拉代表自己处理克诺夫出版《流浪者》的事宜。此外，芭芭拉还负责答复所有的慰问和吊唁。

芭芭拉还成为几次纪念活动的业余顾问。4月29日，查尔斯·弗雷切在纽约的鲁里什博物馆举办了一次美国人的吊唁活动，弗雷切与纪伯伦

---

[1]　玛·哈致玛·纪，1931年4月21日，作者合集。

相识于 1902 年 11 月，当时的他初次拜访约瑟芬，1921 年前后，弗雷切离开了波士顿，后来一直在纽约的《美国人》担任编辑，他以演说和写作关于人类友爱的作品而闻名。纪伯伦的离世"从我们的观点和视角看"，他在献词中说，"仅仅是宇宙永恒精神的回归，因此，我们不哀悼，因为我们可以引用他在《沙与沫》中的话：愿人间的葬礼是天使婚礼的盛宴。"克劳德·布莱戈登和萨乌德·侯赛因致悼词，努埃曼读了他的《神秘的契约》，芭芭拉读了她的《告别词》。[1]

纪伯伦的死提升了他在同胞中的知名度，阿拉伯世界对他极尽奉承之辞。"埃及、叙利亚、黎巴嫩、伊拉克和其他阿拉伯国家的新闻界悼念他，认为他是前所未有的叙利亚移民作家，晚近时期屈指可数的优秀文学人物。"《叙利亚世界》吹嘘道。[2] 5 月 24 日，叙利亚社团内部举办了两次大的纪念集会。布鲁克林的纪念活动包括了来自几个阿拉伯国家的官方致辞；在波士顿南恩顿的市政大楼，一千名叙利亚和黎巴嫩人聚集在一起，来纪念他们的祖国之子，两次纪念活动都显得过度夸张。

在随后的六个月，芭芭拉成为一种狂热崇拜的领袖，这种狂热崇拜将纪伯伦提升为近乎永恒的存在，消除了他作为普通人的形象。玛丽从一开始就建议她要客观，尤其要客观地对待那些保存下来的描述纪伯伦生活的资料，然而，当芭芭拉和玛丽一起，第一次看到工作室的那些信件时，便意识到它们揭示了纪伯伦太平凡的一面，她建议烧掉全部通信，这个建议令玛丽忧虑，于是她把一些信件带到了萨凡纳。

然而，在短短几周内，玛丽却给芭芭拉委以重任，请求她将工作室里的信件放回原处。"它们不应该发表"，玛丽写道，"但现在它们肯定不能被破坏。"一周后，芭芭拉勉强同意不碰这些信件："我只是害怕可能会发生在你或我身上的事……你知道，什么样的侮辱，已经以'文学'之名，加诸以对过去诗人们的爱最神圣的怀念之上，我有一种感觉，我们必须为这过去的狂喜和悲剧安上双翼，使它远离众人之眼，甚至包括我们自己。"[3]

5 月底，玛丽越来越依赖身在纽约的芭芭拉，她决定，芭芭拉可以住

---

① 《美国人向纪伯伦的精神表示敬意》，《叙利亚世界》5（1931 年 4 月）：第 28—29 页。

② 《阿拉伯世界哀悼纪伯伦》，《叙利亚世界》5（1931 年 5 月）：第 50 页。

③ 玛·哈致芭·扬，1931 年 5 月 2 日；芭·扬致玛·哈，1931 年 5 月 9 日。

在工作室，为所有赞扬纪伯伦的材料编目，但两个女人都为玛丽安娜担忧，因为她不能下决心去黎巴嫩。出于感激，玛丽安娜在葬礼后为玛丽做了一顶帽子，并再次咨询玛丽的判断："玛丽，请在这个难题上给我建议，我收到了从黎巴嫩山的贝舍里发来的电报，请求哈利勒的遗体葬于黎巴嫩山的雪松林中，我不知道该怎样做，我希望哈利勒的灵魂会帮你告诉我。"①

20 多年来，玛丽了解纪伯伦是多么热诚地希望自己被安葬在黎巴嫩。1911 年 6 月，哈利勒向玛丽描述了一个洞穴式的小教堂，"因为在那里，我抵达了自我，我所知晓的得以显现。我去那儿最频繁，最爱那里……如果我想葬在叙利亚，那对我会是个很自私和奢侈的想法吗？会浪费大量的金钱吗？"而玛丽称之为"给叙利亚的礼物"。他还告诉玛丽和莎洛特"我想在自己的房舍里要一个神殿"，他还设想那是一间灰色石头的方形房间，"简单，有一个埃及风格的窄门，只有从上面照射下的光"。与门相对的一侧，要有一个印度的古老佛像，还有一个高悬在那里的耶稣受难像。在右面墙上，他计划画上自己的普罗米修斯，左面墙上是查拉图斯特拉，地板上要铺着一块穆斯林礼拜用的边毯，边毯上要放着一个银色的燃香碗，他总结说，"我死时，我的朋友们会把我葬在地板的石头下面。"尽管莎洛特为这想法取笑他，称其为"他的自我主义的小殿堂"，但玛丽的脑海中必定仍存留着这些谈话，因为她回答玛丽安娜说，"是的，我认为贝舍里小镇是……正确的……想法……似乎对我而言，如我所知，也对你而言，这是件最美好的事，因为他的身体休憩于黎巴嫩，让他们祭拜他，那儿还应该有……从工作室运去的一些图片和珍贵的收藏品，诗人的一些纪念品——在某处合适（和防火）的房子。"②

6 月 1 日，玛丽安娜不得不再次来到纽约，她和萨克逊被委托为纪伯伦遗产的管理人，律师提交给她 2000 美元，一半用于贝舍里的慈善，一半用于开销。有了经济保障，玛丽安娜的心情好了些，"我正为了和遗体一起回去而做准备，这对我是个困难的任务，"她在 6 月 4 日写信告诉玛

① 玛·纪致玛·哈，1931 年 4 月 29 日，玛·纪的全部书信都是由阿萨福·乔治或扎基亚·纪伯伦写给她的。

② 玛·哈41，1911 年 6 月 17 日和 4 日；玛·哈致玛·纪，1931 年 5 月 2 日，作者收集。

丽。两周后，她坦承自己对芭芭拉的入侵怀有敌意："芭芭拉提到要和我一起去，但我使她打消了主意，她现在不去了。"①

在某些方面，玛丽安娜比玛丽更成功地避免了芭芭拉的入侵。早在 5 月间，玛丽便把已完成的《流浪者》的手稿给了芭芭拉："对于我的修改，我担心你会觉得惊讶，"她解释说，"但这只是哈利勒活着时我做的事……这是由于要使他的英语表达更地道，他的英语不应该听起来像外国人的英语……已为克诺夫准备好了。"芭芭拉拒绝了大多数修改，将手稿退回给玛丽，让玛丽看它怎样"回到了那被赐福的人的话语"，玛丽最终接受了"她改回原稿……并给她写信"。这一妥协似乎意味着玛丽顺从了芭芭拉对遗产的控制，她依旧信任芭芭拉，让将信将疑的玛丽安娜相信芭芭拉的服务很有价值："这些日子，自从哈利勒走后，如果芭芭拉不在那儿，我有时觉得似乎要窒息，甚至几乎要死去了，她爱纪伯伦的一切，也能够做他想做的事。"②

纪伯伦的最后一次旅行开始于 7 月 23 日的上午，一列长长的车队护送着灵柩和登船的一行人——玛丽安娜和乔治夫妇——在几百名波士顿人和纽约人面前举行了公开演讲，由芭芭拉朗诵了纪伯伦的诗，当灵柩放入法布尔航线的锡那亚号船上时，音乐响起，船在两点钟起航。

在黎巴嫩，为纪伯伦归家的准备刚刚开始，当 8 月 21 日锡那亚号抵达贝鲁特时，一个官方代表团登上船，在一队护卫的致礼下，灵柩被护送上了政府委派的车，在岸上打开了棺材，教育部长在诗人胸前别上了一枚美术胸针，这枚胸针是诗人死后由政府颁发的。从港口到马龙派教堂，行进着长长的队伍，"在行进的队伍中，有内务部长和军需部高级代表、法国海事法庭和占领军队，跟随他们的是领事馆代表、所有宗教的慈善社团、基督徒、穆斯林和犹太人，还有成千上万的学生。"③ 遗体放于圣·乔治大教堂，大主教伊格纳修斯·穆巴拉克行礼赐福，当晚，共和国总统查尔斯·达巴斯主持了政府招待会，在所有致辞者中，或许最令人感动的是爱敏·雷哈尼，他真诚地回忆了自己与纪伯伦的友谊。

---

① 玛·纪致玛·哈，1931 年 6 月 4 日和 18 日。

② 玛·哈致芭·扬，1931 年 5 月 8 日；芭·扬致玛·哈，1931 年 5 月 19 日；玛·哈 70，1931 年 5 月 29 日；玛·哈致玛·纪，1931 年 7 月 1 日，作者收集。

③ 扬：《诗人回到了家》，《叙利亚世界》6（1931 年 9 月），第 14—17 页。

在贝舍里的纪伯伦荣誉仪式（作者）

　　次日，出现了最壮观的公众人潮，城中的人们排成了 50 英里的长线，从贝鲁特开始，沿着海岸，一直到贝舍里的高山上。由于各地的仪式，逐渐膨胀的护送队伍停下了 20 次，伴随着遗体，人流吟唱着军歌和即兴创作的诗歌，哭号的女人拍打着胸脯。在杰巴伊古老的比布鲁斯附近的一座小城，唤起了古代仪式中的女神阿什塔特，表演中，一些年轻人穿着当地服装，挥舞着刀剑，跳舞的女子在灵柩前抛洒着香水和花朵。一位度假的美国人目睹了送葬的整个场景，他对竖立在每座城镇中的常绿拱门和随行的贝都因骑士印象深刻，他记录下整个过程，说整个事件"更像一次凯旋归来，而不是一次葬礼"。① 接着又进行了两天宗教性的停放仪式，遗体被安放在了贝舍里的圣·约翰，与此同时，玛丽安娜和乔治与相关使团商议购买玛·萨基斯小教堂。

　　9 月 20 日，欢迎仪式发表在《纽约时报》上，他那些老朋友必定很欣赏围绕纪伯伦返乡所进行的夸张的戏剧，在写给身在挪威的博格尔和玛塔·莱的一封圣诞节信件中，罗斯·欧奈尔写道："哈利勒今年去世了……我曾说，如果他能放下他那沉重的笔，我们任何人便都能放下。因

---

① 哈特：《致编者的信》，《基督徒世纪》，1931 年 9 月 30 日，第 1212 页。

为没人像他那样，如此忠实于那笔……我发给你一份剪报，上面描述了他返回黎巴嫩的情形，那些年轻人穿着本民族服装，在灵柩前挥舞着刀剑，这个场景难道不是很迷人吗？哈利勒会有多么热爱这场景。"①

回到纽约后，芭芭拉对纪伯伦事件的处理，陷入一片混乱中，她在1931年春夏和玛丽的通信，显示出她与纪伯伦的那些阿拉伯朋友们分道扬镳。玛丽曾建议她征询一位笔会成员的意见，芭芭拉立刻诋毁她所建议的那位帮助者，她后来终于揭示了自己的用意："我要把与阿拉伯有关的一切放在一旁五年——直到我能自己做这些事为止。"② 但无论是语言还是其他方面，她无法准备去编撰一个生命。《国家传记全书》请求她准备一篇短传记，她不得不因为一些简单的传记数据，来寻求玛丽的帮助。玛丽送给她一些信息，主要是关于他的出生日期、到美国的时间、戴伊、在哈斯凯尔学校的展览和哈考特工作室的大火。7月，芭芭拉慷慨地把杂志、剪报和项目上的摘要发给玛丽，9月，马上要接受玛丽月供津贴的芭芭拉，向玛丽宣布，如果她能提供现金，自己立即就可以开始写一部传记。

这并不是芭芭拉（关于纪伯伦）的唯一工程，那个月，她与叙利亚社团保持了足够的联系，由于与撒鲁姆·莫卡泽尔的友谊，她被《叙利亚世界》聘为诗歌编辑，她还同意与安德鲁·格哈里布合作，安德鲁是一名年轻的叙利亚新闻工作者，翻译了纪伯伦的一些早期诗歌，正在以《先知》为基础写一部电影剧本，并在计划一次纪伯伦艺术展。《哈利勒·纪伯伦：此人来自黎巴嫩》是他们完成的第一项工作，这本45页的小书册在11月由莫卡泽尔的出版社出版，作品回忆了作者与纪伯伦的谈话。事实上，这本小册子是一本精心编排的概要，主要包括了玛丽日记的摘录和早年报纸的访谈。

此时，芭芭拉也开始疏远美国朋友，威特·拜纳和玛丽·都德·加兰德是纪伯伦生前的忠实朋友，他们询问纪伯伦为他们画的铅笔素描，而芭芭拉的出价高得过分。一位纽瓦克博物馆的代表对托马斯·雷蒙德市长（他在1928年去世）的肖像感兴趣，芭芭拉要价1000美元。那些与诗人亲近的友人——艾利斯·拉斐尔·艾克斯坦、玛格丽特·李·克罗夫茨、

---

① 奥奈尔致赖斯，1931年圣诞节，简·卡特威尔集。
② 芭·扬致玛·哈，1931年7月3日。

马乔里·莫顿、阿黛尔·沃特森——都被她搞得心灰意冷，拒绝参加随后的展览。"艾利斯·拉斐尔会提供关于画作的任何服务，"芭芭拉写信告诉玛丽，"我确信她适合提供建议……阿黛尔·沃特森什么都不懂……大楼里应该有个人，如果没有——他们会带我们见一个。"玛丽·艾尔－库里在纪伯伦去世后不久曾安排了一个死亡面具，她也被排除出了事务，"我不想要咨询艾尔－库里，某个声音不断提醒我，不要咨询她，我想那是哈利勒的声音"。[1] 不出所料，不久芭芭拉就任命自己为经理和经销商。

9 月，米歇尔·哈迪去世，玛丽又痛失友人，她告诉芭芭拉，米歇尔和纪伯伦曾经是非常亲近的朋友，而这也属于芭芭拉很容易忽略的那类事实。"我知道她是很久以前的一位亲近的朋友，但我只听到过她的姓，哈利勒也只提到她一两次。"甚至已经和纪伯伦合作了 13 年的美国出版商，也没能逃脱芭芭拉的轻蔑。当克诺夫没有回复她将 50 幅画结集成书的主意时，芭芭拉宣布她要另找他人，"我认识在斯克里布那、麦克米兰和布伦塔诺出版社的很好的人。"当玛丽安娜在黎巴嫩时，她没有在波士顿的纪伯伦家族遇到任何压力，她称一名过问事情的亲戚为"另一个固执的、但并不总是理性的声音"。[2]

1932 年 1 月，终于从黎巴嫩传来消息，玛丽安娜已经达成了购买玛·萨基斯的协议，1 月 10 日，在纷繁的悼词和圣歌中，纪伯伦的遗体从马龙派教堂移入了它最终的安息地，展室中的细节也在那个月完成了。玛丽不得不使遗产管理人相信，她愿意承担所有花销，展览才终于在 1 月21 日开始。在项目列出的 32 位保护人名单中，忽略了很多纪伯伦最亲近的亲戚，萨卢姆·莫卡扎尔是名单中出现的唯一一位阿拉伯名字，芭芭拉认为纪伯伦朋友圈中值得涵盖其中的名字，只有威廉·萨克逊和妻子亨利亚特·萨瓦－戈因、露丝·圣·丹尼斯。在书的封面，她引用了纪伯伦的话："如果我在今晚死去，记住我的心灵深处最真切的梦想，那就是在某个时间，我的一系列作品，可能 50 或 75 幅画作，能同时挂在一座大城市的一个画廊里，人们在那里可以看到它们，或许会爱它们。哈利勒·纪伯伦，1930 年。"

这些话的作者确实是纪伯伦，但他并不是在 1930 年，而是 1913 年写

---

① 芭·扬致玛·哈，1931 年 11 月 15 日。
② 芭·扬致玛·哈，1931 年 9 月 28 日，12 月 20 日和 30 日。

下这些话，当时的玛丽和他一起安排经济事宜。纪伯伦的版本是："我内心深处最深切的一个愿望是——在某个时间，某个地方，一系列作品，50或75幅画作，会在一座博物馆里悬挂在一处。"① 通过仔细地重新安排这些话，芭芭拉似乎再次变成了纪伯伦的红粉知己。

死亡面具（作者）

芭芭拉许诺玛丽，这次展览会获得经济上的成功，但到了1932年2月，玛丽开始担忧了。她要负责偿付西十大街51号的两处房租，芭芭拉和女儿玛杰里·黑尼每月的薪俸，著名的"彼得·A. 茉莉和子"出版社要拍摄纪伯伦的全部画作，玛丽也负担了全部昂贵的消费。一向务实的玛丽只好开始靠售卖自己的物品来填补这些花销，但芭芭拉仍然大手大脚地布置一个点燃着蜡烛的工作室，并津津乐道于观赏者的评价："这不是比卖画还好吗？"她问玛丽。

玛丽越来越感到不安，2月9日，她记述道，"给扬写信，我们必须为努埃曼写传记作品打开大门，在工作室处理手稿"。两天后，芭芭拉用尖刻的语言攻击回复了她。她曾刻薄地告诉玛丽，当运送纪伯伦遗体的船航行时，努埃曼忽视了仪式，现在她同样提到，努埃曼将不会劳神去看展览。她指责努埃曼怀有恶意。"当他说，'纪伯伦是一个很世俗的

① 哈·纪致玛·哈，1913年2月18日。

人'时，你应该看一下他的脸，听一下他的声音，他的脸和声音都很阴沉。他的任何态度，诸如'我在叙利亚也很有名'，'我了解他永远不想让我知道的事'，都很傲慢，都贬低了纪伯伦，而纪伯伦与他相比，简直就是天使……亲爱的玛丽，努埃曼憎厌我的原因，是我太懂他的书……在你和玛丽安娜离开后，他立即开始对我甜言蜜语，阿谀奉承，运用他那自信而又世故的东方技巧，似乎一次偶然相见便能给我信心……他不是好人，也不值得信赖，我不会信任他，不会给他哈利勒的任何珍贵的东西。"①

　　玛丽不惜违背丈夫的意愿，在一周内抵达纽约，她很快便将顺了乱局。她立即降低了那些作品不切实际的标价，和姐姐露易斯·哈斯凯尔·戴利一起整理其中的一些画作，准备把它们作为礼物捐献给纽约和波士顿的博物馆。玛丽很快意识到，很多哈利勒过去的崇拜者感到沮丧，因而缺少回应，这阻止她收回自己可观的投资，因此，她决定监督着拆除工作室，准备将工作室的物品运到黎巴嫩，她和都市博物馆绘画馆馆长布莱森·柏洛兹会面，柏洛兹选择了五幅有代表性的作品。玛丽还安排波士顿美术博物馆和福格艺术博物馆接收一些画作，她在工作室见了努埃曼，并和萨卢姆·莫卡扎尔一起整理、打包了哈利勒的阿拉伯语笔记本和图书。当玛丽在2月28日离开时，带走了几个箱子，箱子里装着笔记本和纪伯伦—哈斯凯尔之间的通信，在把这些材料返还芭芭拉前，她需要认真地浏览一遍。

　　玛丽重新实施自己的权威，芭芭拉为此感到恼怒，她烦躁地抱怨道，玛丽不该坚持把纪伯伦的作品留在美国，并臆测她的行为带有金钱目的。"我一直试着要诚实地理解，你为什么用金钱目的对待作品，但我不能……你在信中说，你将决定哪些画要被送到贝舍里，但我确信，你希望我们一起决定这件事……我相信我有一种奇特的感觉，哪些作品更适合修道院。"然而，玛丽将雷蒙德市长的肖像送给了纽瓦克博物馆，芭芭拉只好以50美元的低价将威特·拜纳的画像售回，以150美金的价格售回了玛丽·加兰德的画像。

---

① 芭·扬致玛·哈，1932年2月早期；玛·哈70，1932年2月9日；芭·扬致玛·哈，1932年2月11日。

展览期间，芭芭拉和女儿在工作室（茱莉照片）

尽管如此，芭芭拉仍然需要玛丽，3月底，当展览即将结束时，她请求玛丽把她送往黎巴嫩，"你什么都很充裕，你的丈夫很富有……谁能照顾我？我又有什么？没有人，一无所有。这是我不得不要面对的痛苦形势，如果我觉得那样不公平，你只能尽量原谅我了。"玛丽的回复措辞婉转，但却态度坚决："至于东西运送到贝舍里，我会让米尼斯先生提前给我明年的零用钱，我也本想要资助你，亲爱的，但资助也是由于那些画，没有它们，我便不能提供资助。我相信等你到了英格兰，便会恢复体力，恢复精神的平和。"①

这封信还表明，对于是否选择芭芭拉作为纪伯伦事业的殉道者，玛丽的态度也变得坚决起来，"哈利勒关心的是生命"，她对芭芭拉说，"所有的时间仍然在他面前：他靠自己的力量站在时间面前，不依赖仪式，也不依赖其他人的支撑。无论你是否为他服务，那些人都已经准备好了倾听他

① 芭·扬致玛·哈，1932年（3月3日）和28日；玛·哈致芭·扬，1932年3月30日。

的话语……人们能从哈利勒学到的，是他坚定地保持自我的精神。他是他
自己的第一个责任……我不知道他曾为其他任何人牺牲那个责任……他写
作的全部要旨，是要重视一个人的自我，也期待其他人来重视他们
自己。"

此外，芭芭拉要求将工作室中的所有东西运至贝舍里，玛丽也拒绝
了。"但我不会将任何未出版的英语手稿运给贝舍里，也不会把那些准备
发表却并未发表的水彩画运到贝舍里。就像我以前写信告诉你的，我希望
这些作品送到我这儿，要毫无保留；还有《流浪者》所有阶段的手稿，
包括我第一次退给你、没有用来出版的那些手稿……目前，我希望要完全
承担他留下的所有未出版的英语作品的责任；……目前，我不会移交给你
更多的事情去做，也不会移交给任何其他人去做。"①

6月底，玛丽几乎已经完成了她的全部任务，工作室的大多数物品装
满了 30 个箱子，涵盖了 73 幅油画作品、366 幅其他画作和图书馆里的好
几百本书，由"锡那亚号"运送到了贝鲁特。玛丽安娜已从黎巴嫩返回，
在那里，不断有人向她要钱，尽管萨克逊报告说，她从工作室和股票得来
的收入很"微薄"，但她还是能够靠这些收入生活。打破玛丽宁静生活的
只有芭芭拉，自从她在 5 月去伦敦后，没有再留意过玛丽的建议。

至于玛丽要把英语手稿送到萨凡纳的请求，芭芭拉送过去了一大箱
子，但玛丽收到箱子后，注意到《流浪者》和未出版的《先知园》的手
稿不见了。玛丽告诉芭芭拉，她要通过法律手段追回这些手稿，芭芭拉回
复她了一个复杂的故事。她插入的主要情节，是这些手稿从未放在工作
室，在纪伯伦去世前，它们一直属于她。"他经常说，'拿走这，为我保
存它，那样我就会知道，它是安全的。'"她继续道：

> 至于信中你带回萨凡纳和你自己的信件，我相信我还有一封，我
> 会看情况毁掉它，我已经这样做了。我浏览了大量的英语信件，按信
> 件内容，将几百封归还给了马乔里·莫顿——迄今为止，她的信件占
> 大部分，有一大包给了海斯泼·勒加利纳；有一些利奥诺拉·斯培尔
> 的信件，她要求我销毁，我照做了，还有其他几个人的信，他们写信
> 告诉我，也让我销毁。关于你修改过的《流浪者》手稿，你也曾要

---

① 玛·哈致芭·扬，1932 年 3 月 30 日。

求我销毁，起初我没有那样做，但当书出来时，似乎只能这样做了……我没有保留哈利勒工作室中的任何作品，但我会保留着他用他那被赐福的手交给我的所有作品，我知道必须要这样……

玛丽安娜已经给我写过信，我得悉她与努埃曼有过一次长谈，努埃曼在她旅行的前一天回到了叙利亚，不知为何他会在那儿，但我不畏惧……只要我能倾听那在寂静的深夜中来临于我的声音，哈利勒的作品便不会遭殃。①

芭芭拉的这些话令人惊讶，玛丽和玛丽安娜不再信任她，"你有权力冷淡"，玛丽8月给她写信，"因此你能看到目前我的所有情况：我将一切交托给你；我请求一小部分，那一小部分却很重要；但我只收到了那部分中无用的碎片。现在我知道，重要的部分不会给我了。这一认识已使我消除了拥有它的所有愿望。"

7月，玛丽安娜试图抵制芭芭拉的干涉，恳求玛丽阻止她到黎巴嫩去，"我担忧得要死，她想要生活在贝舍里，因为她以为自己能在那里挣钱。我到那里是个大错误"。三周后，玛丽安娜再次重复自己的疑虑："请写信告诉芭芭拉，不要打开物品……芭芭拉以为，我在贝舍里有一个家或地方，但我没有……玛·萨基斯也还没有准备好……如果芭芭拉想去贝舍里，让她自己试试看，我一直希望自己从未到过那儿。"

因此，玛丽给贝舍里镇的长官写了一封信，在交给小镇遗物时的正式信函中，她的话语表明了自己持续一生的慷慨："这所有礼物来到贝舍里，完全是以纪伯伦自己的名义，以他的妹妹玛丽安娜的名义——我只是一个传达爱的工具。"玛丽委婉地禁止芭芭拉打开箱子："然而，目前芭芭拉夫人或者贝舍里的权威不能打开这些箱子，玛丽安娜·纪伯伦小姐请求我，不要打开这些箱子，将它们放在玛·萨基斯，一直保留在那里，直到她自己再次到贝舍里，或她授权给你。"② 得悉自己被禁止打开箱子的消息后，芭芭拉放弃了原有的计划，返回了美国。与此同时，她与玛丽和玛丽安娜之间的通信几乎停止了。

---

① 芭·扬致玛·哈，1932年7月20日。

② 玛·哈致芭·扬，1932年8月7日；玛·纪致玛·哈，1932年7月2日和21日；玛·哈致贝舍里城，1932年7月28日。

　　玛丽仍对处理纪伯伦的遗产有着浓厚兴趣,但她也写信告诉玛丽安娜,现在自己的独立性减少了,"我很少、很少能写信,因为米尼斯先生现在身体很不健康……我也不能对他谈哈利勒的事情,或者是我在这件事中的作用——我只在冬天告诉过他,我不得不到纽约照看些事情,他不情愿地同意了……只是当我返回时,他说他永远不再让我离开他了,除非事关生死,我想我再也不能离开了"。①

　　至于玛丽安娜,过去一年的一系列复杂事件,已经使她变得麻木,她被那些阿拉伯语和英语书信围困,有的请求信息,有的需要慈善捐助,有的是个人的缅怀,她无法处理任何事情,于是她逐渐退出公众的视野,不再回复这些信件。1933年10月,一些话传到她这里,一年多来,贝舍里小镇的人们等着她授权打开箱子,如今他们以"防止老鼠咬"为借口,四个人"组成了委员会",打开箱子,开始委派其他住户来看内容。② 一些拜访者回来,带回消息说,他们无视坟墓,毁坏艺术作品,玛丽安娜哭了,但她无能为力。

　　与此同时,芭芭拉对她的使命锲而不舍。1933年,她出版了诗集《我去漫步》,这部诗集的插图来自她所拥有的纪伯伦的画作,同年,她还完成了《先知园》的编辑,并为格哈里布翻译的《散文诗》写了前言,该书出版于1934年。

　　玛丽对发生的这些事一无所知,她在1933年3月写信给玛丽安娜说:"似乎不是两年前的时候了,我收到了你的电报,前往波士顿……有时我想要像一条河,溜出视线,在深深的地底下奔流——远离那在地面流淌的水流。"对于芭芭拉,她仍然没有怨恨,对于芭芭拉编辑《先知》续集,她的态度不仅仅是宽恕。"我有一本《先知园》",她在1934年6月告诉玛丽安娜,"我高兴极了,芭芭拉能把这本书出版,我觉得她在其中做了充满爱心的美好工作,如果你听说了她的消息,如果可以,请告诉我"。

　　对于那些从工作室挽救的作品,玛丽仍然征求玛丽安娜的意见,"我从未从贝舍里收到任何话,回复我送过去的东西,或者是回复我写给小城官员的信……因此,我不能了解贝舍里,不敢让贝舍里管理这些剩余的东西"。她告诉玛丽安娜,最初让芭芭拉管理这些日记,但现在她担心这些

①　玛·哈致玛·纪,1932年7月17日。
②　贝舍里的约瑟夫·纪·拉姆致玛·纪,1933年10月17日,作者合集。

日记会和芭芭拉一起"误入歧途"——阿里达和莫卡扎尔——应该得到授权处理它们。"如果你有任何建议，亲爱的，请写信给我"，她恳求说。① 由于对所有文字工作小心翼翼，玛丽安娜保持沉默。

玛丽仍然私底下关注纪伯伦相关事宜的进展，1935 年 3 月，芭芭拉在 31 号大街的百老汇开了一次纪伯伦画展，广告是"50 件纪伯伦艺术样品……包括木雕和手稿样品"，玛丽在《纽约时报》读到了这个消息，感到好奇的她委托自己的一位老朋友前去参观画展，报告展览的细节，这女人带回几个小册子，上面描述为"芭芭拉·扬选集"，并提到"不时会从150 件作品选出其他样品，展现于公众面前"。一封芭芭拉的信件也转给了玛丽，上面称自己为"这位伟大诗人和画家的遗嘱执行人"，并声称那些选集"属于我自己私人所有"。除了要到南方各州巡回展览外，芭芭拉还安排了一系列演讲、诗歌朗诵、艺术展览和摄影作品。"你完全了解这位芭芭拉小姐吗？"玛丽的朋友单纯地问她。②

1936 年 7 月，玛丽专心向自己的几个侄子侄女散发个人物品，她分发了珠宝和家族的书籍，并就自己的日记再次请求玛丽安娜："我认为，最好为叙利亚作家保留哈利勒的信件——尤其是自从芭芭拉知道我拥有它们，从未写信询问索要，也没有问及它们。她为哈利勒照料身后事以来，我给她一些必要的薪水，但自从这薪水逐渐停止以后，我便没有收到她的来信……或许你宁愿我将哈利勒的信件发给你，你自己……无论如何，我会按照你的意愿行事。只是要确信，无论谁要写哈利勒的真实生活，都会得到这些……你决定时就给我写信。"③

1936 年 9 月 3 日，雅各布·弗劳伦斯·米尼斯在乔治亚州克拉克斯威尔的夏季庄园去世，半月内，玛丽便返回了萨凡纳，初步解决了米尼斯家里的一些细节问题，然后搬到了自己的一个简朴的公寓居住，随后的八个月里，她一丝不苟地处理了两座大房子，并享受着自由的乐趣。接下来的 6 月，她旅行到纽约，直接去了大酒店，她没在那儿发现画廊，便开始寻访过去常去的地方。在 23 号大街，她与阿拉伯学者乔治·海拉拉共进午餐，在那一年的早些时候，乔治送给她由自己翻译的《行列》英译本，

---

① 玛·哈致玛·纪，1933 年 3 月 30 日和 1934 年 6 月 21 日，作者收集。

② 《他的愿望实现了》，《艺术文摘》9（1935 年 6 月 1 日）：19；伊瑟尔·哈德森致玛·哈，1935 年 7 月 18 日；芭·扬致哈特森，1935 年 8 月 1 日；哈特森致玛·哈，1935 年 8 月 6 日。

③ 玛·哈致玛·纪，1936 年 7 月 16 日，作者收集。

在介绍纪伯伦的小传中，他勾勒了纪伯伦的生活，包括他简朴的出身，此外，他还向玛丽提供了纪伯伦画展现在的地址。接着，玛丽步行到麦迪逊大街 572 号，偷偷向里张望。"晚上，我从窗户看到了她和她的纪伯伦展"，她愁闷地记述道，"主要是照片，但还有一些优质的真品。"①

玛丽和玛丽安娜的联系更令人高兴些，在波士顿，她记录了两点信息——"玛丽安娜不再信任芭芭拉——其他叙利亚人看来也如此——努埃曼令他们讨厌"。努埃曼在波士顿叙利亚人中的失宠，主要是由于他在 1934 年出版的阿拉伯语传记中对纪伯伦的描述。当传记复本抵达纽约，引起了阿拉伯人的强烈反应。努埃曼叙述说，当他在纪伯伦去世后一年返回东方，他发现"他的朋友已经成为一位神话人物"，他暗示自己与"纪伯伦长期和亲密的关系"使他能"了解纪伯伦生活中隐秘的方面，这些方面都是纪伯伦避免外人知道的秘密"，他辩称"那些直言不讳的书页"是要证明"纪伯伦生活中最好和最高贵的方面是他的顽强，他不断与自我做斗争，净化自己的灵魂，从而远离所有不纯洁的事物"。②

努埃曼热衷于隐私，但显然，这些秘密是 1931 年玛丽用几个小时的时间向努埃曼概述纪伯伦的生活时，与努埃曼分享的结果，在玛丽概述的基础上，努埃曼创造了纪伯伦的形象，他被"神的一极"和"人的一极"所撕裂，前者有着精神的目标，后者表现为身体的弱小，然而，他的结论和年代的梳理常存有缺陷：减弱了戴伊的早期影响；将第一次波士顿画展描述为失败；可能是受到玛丽谈话的影响，约瑟芬的作用被忽略了。玛丽的庇护和介绍认识米歇尔的时间搞错了四年。关于莎洛特和雷哈尼的恋爱关系、威特·拜纳的作用、玛丽·都德·加兰德和罗斯·奥奈尔等人的消息全部都被漏掉了。最令亲戚朋友们恼怒的，是努埃曼揭示了纪伯伦在酒和女人方面的可怕弱点。（尽管纪伯伦和很多女人之间建立了友谊，但由于纪伯伦个性上的保留态度，并不能确定他与这些女人关系的亲密程度。他去世后，玛丽曾写道："关于个人书信和情书，我们的感觉……都像他自己的感觉，他的私生活绝不能因毫无保留而被亵渎，因为这是他所憎厌的。"③）努埃曼将纪伯伦的工作室想象成幽会的场所，用臆想的对话来描

---

① 玛·哈 71，1937 年 7 月 23 日。

② 玛·哈 71，1937 年 6 月 29 日；努艾曼：《哈利勒·纪伯伦》，vii-ix。

③ 玛·哈致芭·扬，1931 年 5 月 2 日。

述纪伯伦的饮酒过度。雷哈尼是第一位联合几位阿拉伯作家来捍卫纪伯伦的人，他在贝鲁特的一家报纸发表了一封言辞激烈的信，在信中控诉努埃曼，为了支持自己的"人—神"主题，努埃曼发明了全部场景，并牺牲了历史的视野。加入这场论战的还有那些忠实的笔会成员，他们暗示说，这位传记作者只是受到了个人利益和嫉妒心的驱使。

整个 20 世纪 30 年代，西方世界并不了解这些争议，纪伯伦仍然越来越受欢迎，尽管他早年的大多数朋友都已去世或者被遗忘。戴伊去世于1933 年，奥本海姆去世于 1932 年，30 年代末期时，玛丽·加兰德、罗斯·奥奈尔和威特·拜纳已经逐渐淡出公众的视野。还有几位学者记得纪伯伦："哈利勒·纪伯伦和泰戈尔所表达的亚洲的神秘主义信仰，都比克里希那莫提所表达的神秘主义好得多……"乔治·卢塞尔在 1938 年回忆道。"自从泰戈尔的《吉檀迦利》以后，我认为东方没有哪部作品像《先知》那样发出如此美丽的声音。"同年，克劳德·布莱戈登在自传《不止一生》中描述了纪伯伦，然而，没有主要的文学运动、批评家和选集认为纪伯伦值得讨论。

但在出版界，纪伯伦书的持续销量开始引起注意，《出版者周刊》是第一份注意到纪伯伦作品对公众吸引力的杂志，1938 年，对这一现象感到奇怪的杂志有一次论争，讨论了为什么在经济大萧条的中期，《先知》的销量达到最高。1936 年卖出了 12000 本，1937 年的销量多于 13000 本，截至 1937 年 12 月 31 日的总销量是 129233 本。

尽管阿拉伯世界了解纪伯伦和玛丽的关系，但直至 20 世纪 30 年代末期，几乎没有美国人了解她的作用。其中一个例外是詹妮特·皮勃迪，1937 年，她送给玛丽一幅纪伯伦的早期画作《亚当与夏娃的幻想》，"我觉得你应该拥有这幅画，因为你爱过他"。① 玛丽珍藏这些偶尔被认可的回忆，继续过着充实活跃的生活，那年秋天，当玛丽返回萨凡纳，送给了玛丽安娜一纸箱文件，其中包括了她拥有的全部英文手稿和未出版的材料，她还保留着纪伯伦的艺术作品、日记和书信，偶尔去波士顿时，对于如何处置这些物品，她继续反复征求玛丽安娜的意见。

1939 年 5 月，一名哥伦比亚大学的研究生通过露易斯·哈斯凯尔·戴利知道了玛丽，这名研究生叫涅瓦·玛丽·赖特，她已经在新罕布什尔

---

① 玛·哈 71，1937 年 8 月 16 日。

大学完成了一篇关于纪伯伦的硕士论文，在随后的三年，她与玛丽通信，这些通信主要是为了分析努埃曼所写传记的复杂情况。她对几个描述纪伯伦生活的通行版本进行了梳理，甚至还访谈了玛丽安娜，当时的玛丽安娜已经能驾轻就熟地向外人隐藏自己的家庭出身，她还恳求玛丽确认或删去一些有冲突的报道。由于这位年轻女性曾在一次由路易萨·麦克莱迪邀请的丹尼森屋的晚宴中见过纪伯伦，她便对玛丽的回答深信不疑，不久以后，玛丽秘密资助她翻译努埃曼撰写的传记，她终于得以了解了关于这本传记的纷争和原因。此外，芭芭拉·扬定期向涅瓦·赖特提供信息，使她得以了解与纪伯伦有关的人物。1937 年，芭芭拉·扬的另一部诗集《战争中没有美丽》已经出版，作品用纪伯伦的一些画作为插图。她并没有放弃自己所"构建的"生活，终于在 1939 年旅行到黎巴嫩。玛丽间接得知，这部出版的诗集令芭芭拉烦扰，所有画作和阿拉伯手稿没有编目，也被忽视了，不断增长的版税被滥用和误用。第二次世界大战的爆发阻碍了芭芭拉要编辑材料的计划，1939 年秋天，她不情愿地回到美国，玛丽还听说，在 1939 年的纽约世界市场上，芭芭拉管理黎巴嫩展示席中的纪伯伦区。

1945 年，芭芭拉版的"生活"出现了，书的题目是《此人来自黎巴嫩》，这本书的风格内容和第一本书册有所不同，她再次用了玛丽 1931 年送给她的书信和日记中的摘录文字，并再次暗示自己听过那些谈话。"他曾说"，芭芭拉写道，"我愿意看到一座没有街灯的现代城市，曼哈顿低地会像埃及金字塔一样美丽和令人敬畏。"但她却没有加上文字说明，注明这是纪伯伦 1921 年 12 月 8 日写给玛丽的文字。

在解释那些有助于纪伯伦人格形成的"世纪末"作家时，芭芭拉记述道，"纪伯伦文学同时表达了各种不同的艺术和诗歌观念"。她引用了纪伯伦写给玛丽的信中长长的一段文字，但没有注明时间是 1913 年，没有注明这段文字当时是为了捍卫埃及和希腊艺术。她还引用道："阿拉伯语文学可能是最伟大的文学，也或者是闪米特人的文学——因为也涵盖了希伯来文学——希腊语的和英语的。"但芭芭拉省略了这段话的出处——1923 年 5 月，纪伯伦对玛丽讲了这段话。

在省略名字和日期这一点上，芭芭拉比努埃曼更加明目张胆，她只在按年代罗列索引时提及了玛丽的名字，努埃曼则间接暗示纪伯伦与笔会的关系是"难以表述的，他远离了信仰"。① 芭芭拉还描述说，纪伯伦在1922—1929 年之间画了约瑟芬，在标明阿拉伯语作品的日期时，芭芭拉的记述也发生了严重错误。

总的来说，芭芭拉去除了纪伯伦的所有人的属性，无论是在个人生活还是家族历史上，她都没有触及丑闻，在这一点上，玛丽安娜十分感激，这些年来，对于陌生人要得知家族出身的意图，她一直视为背叛。此外，芭芭拉还将书题献给玛丽安娜，因此，她是第一个原谅和忘记芭芭拉过错的人。"亲爱的玛丽安娜，"芭芭拉回复玛丽安娜的感谢，"自从我们相见或开始通信以来，已经过了这么长的时间，有这么多的事情发生在我们和我们的世界，我也很高兴，你喜欢这本关于我们所爱的哈利勒的书。"②

第二次世界大战和年老使玛丽放慢了生活的脚步，尽管她仍然服务于当地的一个配给董事会，并在一个幼儿园做志愿者，但她对哈利勒事务的关心日益减淡，她对芭芭拉的不满持续了八年多，1946 年，芭芭拉在克内德勒画廊安排了一次画展，她必定知道这件事，但即使如此，她仍然没有任何举动。第二次世界大战后不久，出现了一阵对纪伯伦早期阿拉伯语作品的翻译热潮，1948 年，首次出版了克诺夫"授权版本"的《谷中仙女》和《叛逆的灵魂》，1950 年，美国出现了《泪与笑》译本，罗伯特·希利尔为这个译本写了一篇高雅的序言，玛丽必定能回忆起这位年轻的哈佛诗人，哈利勒曾在他的《七艺》时代提起过他。1949 年，玛丽去了波士顿，最后一次见到玛丽安娜。

1950 年，当努埃曼所写的传记的英语版本出现在美国，玛丽为一家当地报纸写了一篇鉴赏性评论，这篇评论显示出，对于自己与哈利勒的关系得到公开承认，她感到满意："对我们西方经验而言，两位朋友［努埃曼和纪伯伦］之间的谈话是很珍稀的资料……他们诚实地寻找生活的整体、普世的生活，他们相信能够找到这种生活，在这样一种追寻中，东方和西方确实相遇了：一位二战中的士兵告诉我，他把袋装版的《先知》送给了自己的 22 名伙伴。"编者的记述承认了"米尼斯夫人，这本书的评论者，即这本书中提到的玛丽·哈斯凯尔小姐，她是泰尔法艺术和科学

---

① 扬：《此人来自黎巴嫩》，第 135、168—69 页，哈·纪致玛·哈［1921 年 12 月 8 日］，哈·纪致玛·哈，1913 年 1 月 26 日和哈·哈 66，1923 年 5 月。

② 芭·扬致玛·纪，1945 年 5 月 14 日，作者收集。

学院纪伯伦作品集的捐赠者"。①

　　玛丽曾告诉哈利勒,还是个孩子时,她在泰尔法学院第一次发现了
"(美的)形式",她将全部绘画作品捐给了泰尔法学院,还有玛丽安娜拥
有的手稿,现在她只需要做最后一个决定。1953 年圣诞节,她向玛丽安
娜描述了自己"必须要给予生活"的"最伟大事物"的"最后一次处
置":

　　　　我所拥有的所有这些记录、信件和论文,它们曾经占据了我在萨
　　凡纳的生活……我没有时间再全部浏览一遍了。但由于……我的大多
　　数朋友已经去世了,只剩下我一人——我得以有些空闲时间。两年
　　前,我开始打开箱子,取出所有这些文章和书籍——大多数是阿拉伯
　　语——是哈利勒给我的。我决定将全部材料赠给北卡罗来纳大学图书
　　馆——这是世界上最好的图书馆之一……其中还涵盖了莎洛特·泰勒
　　的信件——我从她那里拿到了很多信件——尽管现在我甚至不知道她
　　是否还活着……

　　　　如你所知,玛丽安娜,哈利勒一向对自己的个人生活讳莫若深,
　　尽管他喜爱谈论理想和其他的一切。我写下了他说过的很多事情,用
　　他自己的话——因为我专注地听他的话,所以在一段时间内,我仍清
　　楚地记着那些话——当他一离去,我就开始做我的记录了——在一个
　　标明了日期的日记簿中。我记满了 15 个大笔记簿和 22 个小笔记
　　簿……这些日记不同于其他那些对纪伯伦的描述,我知道,那些想要
　　写纪伯伦的人,会从中找到很多他们未知或从未理解过的资料,这些
　　谈话会为理解他的写作提供大量补充,并为理解其作品提供一个全面
　　的新视角。这么多年以来,我一直在阅读这些日记,我意识到它们都
　　是真实的——的确很真实,它们能很快出版……在当今世界上存在着
　　一些可怕的事物,但也存在着精雅、善良和友爱——超出了我们过去
　　的想法。无论以什么样的外在形式,对于增加人们的善和世界更多的
　　良知,哈利勒都可能会有所助益。

　　她承认,自己现在也和芭芭拉和平相处,"我去年写信给《纽约时

①　萨凡纳《早晨新闻》,1950 年 11 月 19 日,第 50 页。

报》，询问她是否还健在，他们给了我一个地址，我给她写了信，她回信了——是一封亲近的短信——我现在还要再给她回一封信。"①

不走运的是，玛丽并不知道莎洛特在 1953 年时仍然健在，1922 年后，她和家人一直生活在欧洲，直到 1926 年吉尔伯特·赫什去世，她此后定居于巴黎，将儿子抚养成人，写了一些书和文章，发表作品时通常会用约翰·布朗温的笔名。她经历了经济大萧条和巴黎的被占领时期，仍然终生厌恶虚伪和平庸，1954 年，莎洛特在巴黎去世。

芭芭拉、玛丽和玛丽安娜都在高龄时去世于养老院，1961 年，82 岁的芭芭拉去世，1964 年 10 月 9 日，在经历了五年的衰老和关节炎后，89 岁的玛丽去世。② 玛丽安娜一直深居简出，直到 1968 年，她因患疾病进了养老院，她在那里一直生活到 1972 年 3 月 28 日去世，享年 88 岁。

正如玛丽所预料的，纪伯伦将继续满足周围人们的需要，即使他那些亲近的人不再能为他服务。1957 年，《先知》销量达到 100 万（装帧和排版仍然和第一版一样），这使它"位列本世纪流传最广的作品之列"。③ 八年后，《先知》销量达到 200 万。在《先知》销量达到每一次里程碑时，一些记者试图来解释作者为什么会受欢迎，但反复出现的文章，要么被努埃曼书中的错误信息所误导，要么对芭芭拉的敬意感到反感，它们只不过是改头换面、重新书写的神话。对许多人而言，纪伯伦的诗行成为某种意义上的地下《圣经》，成千上万的人在婚姻的神坛和死亡的灵柩前求助于他；危机四伏时，他的话老幼皆知，政商皆晓；一些摇滚乐团也时而模仿抄袭，批评声和谩骂声随之而生，但如果纪伯伦知晓，他必定会语带双关地嘲笑——"利润来自先知"（"利润"英文 profits 和先知的英文 prophets 发音一样——译者注），而哈佛的《讽文》出现了拙劣的模仿——"哈利勒·纪布里什"。

20 世纪 70 年代早期，当《先知》销量达到 400 万本时，西方人开始访问贝舍里，当他们听说"哈利勒·纪伯伦被埋在一个礼品店下"④ 时，他们不禁叹息。山里的人们无视纪伯伦遗体陈放的修道院，为了这金羊毛，这些反复无常的人们挥霍无度，争论不休，甚至相互开枪。

---

① 玛·哈致玛·纪，1953 年圣诞节，作者合集。
② 玛丽比纪伯伦年长 10 岁，应该出生于 1873 年，1964 年应该是 91 岁。——译者注
③ 唐纳德·亚当斯：《谈书》，《纽约时报书评》，1957 年 9 月 29 日，第 2 页。
④ 舍拉·特纳：《一位黎凡特领袖的传说》，《周六评论》，1971 年 3 月 13 日，第 54 页。

　　贝舍里人允诺的纪念碑从未建成，他们用纪伯伦作品的版税，将计划中的博物馆变成了一座小公寓，阿拉伯和美国批评界也从未将纪伯伦纳入文学主流，但纪伯伦的作品仍然抚慰着人们的心灵，它仍然活在人们心中。纪伯伦这位几乎被遗忘的作家，能从 2000 年前的诗行中找到慰藉:

> 如果身为叙利亚人，会创造什么样的奇迹?
> 虽只是些陌生人，但我们都拥有
> 同一片故土，那就是这世界:所有人
> 导致了一处混乱。①

---

　　①　瓦尔特·海德莱姆编:《梅利艾格 50 首诗》，（伦敦:麦克米兰，1890），诗 xlix，第 99 页。

Selected Bibliography (参考书目)

A careful search of the major depositories of Arabic periodicals in the United States and Lebanon failed to reveal the early twentieth-century publications *al-Mohajer, Mir'āt al-Gharb,* and *as-Sayeh.* For the primary sources of Gibran's first articles we have therefore depended upon clippings found in the Haskell collection at Chapel Hill and in the authors' collection. We have cited only articles that we have seen. From 1910 on Gibran's prose poems and essays were often reprinted in Middle Eastern magazines. Because most of this material was later included in the anthologies *Tears and Laughter, The Tempests,* and *Best Things and Masterpieces,* we have not always indicated the titles of the articles. In citing books by Gibran we have given the date of the first authorized publication, followed by the authorized translation. Not included are the countless foreign translations and unauthorized versions. We have included only the most important reviews of Gibran's books and exhibitions. Anthologies and books with illustrations by Gibran have generally not been listed. Manuscript collections are noted in the introduction.

BOOKS BY KAHLIL GIBRAN

1905   *Nubdhah fī Fan al-Mūsīqá* [Music]. New York: al-Mohajer.
1906   *'Arā'is al-Murūj.* New York: Al-Mohajer. *Nymphs of the Valley,* Trans. H. M. Nahmad. New York: Knopf, 1948.
1908   *Al-Arwāh al-Mutamarridah.* New York: al-Mohajer. *Spirits Rebellious,* trans. H. M. Nahmad. New York: Knopf, 1948.
1912   *Al-Ajnihah al-Mutakassirah.* New York: Mir'āt al-Gharb. *The Broken Wings.* In *A Second Treasury of Kahlil Gibran.*
1914   *Kitāb Dam'ah wa Ibtisāmah.* New York: Atlantic. *A Tear and A Smile.* Trans. H. M. Nahmad. New York: Knopf, 1950. Also known as *Tears and Laughter.* Review: Robert Hillyer, N.Y. *Times Book Review,* Apr. 3, 1949, p. 7.
1918   *The Madman: His Parables and Poems.* New York: Knopf. *Al-Majnūn,* trans. Antonius Bashīr. Cairo: al-Hilal, 1924. Reviews: D.K., N.Y. *Call Magazine,* Nov. 24, p. 6; *The Dial* 65 (Nov. 30): 510; Howard Willard Cook, N. Y. *Sun,* Dec. 15, p. 4; *The Nation* 107 (Dec. 28): 812; Boston *Evening Transcript,* Jan. 25, 1919, p. 9; N.Y. *Evening Post,* Feb. 1, 1919, p. 6; Joseph Gollomb, N.Y. *Evening Post,* Mar. 29, 1919, book sec., pp. 1, 10; [Harriet Monroe], *Poetry* 14 (Aug. 1919): 278–79.
1919   *Al-Mawākib.* New York: Mir'āt al-Gharb al'Yawmiyah. *The Procession.* In George Kheirallah. *The Life of Gibran Kahlil Gibran and His Procession.* New York: Arab-American Press, 1947. Introduction by William Catzeflis.
      Twenty Drawings. New York: Knopf; reprinted 1974. Review: Glen Mullin, *The Nation* 110 (Apr. 10, 1920): 485–86.
1920   *Al-'Awāṣif* [The Tempests]. Cairo: al-Hilāl. English translations are in *A Treasury of Kahlil Gibran* and *A Second Treasury of Kahlil Gibran.*
      The Forerunner: His Parables and Poems. New York: Knopf. *As-Sābi,* trans. Antonius Bashīr. Cairo: Yūsuf Bustāni, 1925. Reviews: Boston *Evening Transcript,* Nov. 3, p. 6; *Poetry* 18 (Apr. 1921): 40–41; *The Dial* 70 (May 1921): 594.
1923   *Al-Badā'i' wa al-Tarā'if* [Best Things and Masterpieces]. Cairo: Yūsuf Bustāni. English translations are in *A Treasury of Kahlil Gibran* and *A Second Treasury of Kahlil Gibran.*
      The Prophet. New York: Knopf. *Al-Nabī,* trans. Antonius Bashīr. Cairo: Yūsuf Bustāni, 1926. Review: Marjorie Allen Seiffert, *Poetry* 23 (Jan. 1924): 216–18.
1926   *Sand and Foam.* New York: Knopf. *Ramal wa Zabāt,* trans. Antonius Bashīr. Cairo: [probably Yūsuf Bustāni], 1927. Reviews: N.Y. *Herald Tribune Books,* May 22, 1927, p. 12; *The Dial* 83 (Sept. 1927): 265.
1927   *Kalimāt Jubrān,* ed. Antonius Bashīr. Cairo: Yūsuf Bustāni. *Spiritual Sayings of Kahlil Gibran,* trans. Anthony R. Ferris. New York: Citadel, 1962.
1928   *Jesus, The Son of Man.* New York: Knopf. *Yasū' Ibn al-Insān,* trans. Antonius Bashīr. Cairo: Elias's Modern Press, 1932. Reviews: Paul Eldridge, N.Y. *Evening Post,* Nov. 24, p. 8; N.Y. *Herald Tribune Books,* Dec. 2, p. 6; M.S.M., Boston *Evening Transcript,* Dec. 22, 1928, sec. 6, p. 1; P. W. Wilson, N.Y. *Times Book Review,* Dec. 23, pp. 1, 18.
1929   *Al-Sanābil* [The Spikes of Grain]. New York: as-Sā'ih.

1931   *The Earth Gods.* New York: Knopf. *Alihāt al-Arrd*, trans. Antonius Bashīr. Cairo: Elias's Modern
        Press, 1932. Review: N.Y. *Herald Tribune Books*, May 3, p. 23.
1932   *The Wanderer: His Parables and His Sayings.* New York: Knopf.
1933   *The Garden of The Prophet.* New York: Knopf.
1934   *Prose Poems.* New York: Knopf. Selections from *al-Funoon* and *as-Sayeh*, trans. Andrew Ghareeb.
1951   *A Treasury of Kahlil Gibran*, ed. Martin L. Wolf, trans. Anthony R. Ferris. New York: Citadel.
1959   *Kahlil Gibran: A Self-Portrait.* New York: Citadel. Letters, trans. Anthony R. Ferris.
        Al-Majmū'ah al-Kāmilah li Mu'allafat Jubrān Khalīl Jubrān [Complete Works], ed. Mikhail Naimy.
        Beirut: Dâr Beirut.
1962   *A Second Treasury of Kahlil Gibran*, trans. Anthony R. Ferris. New York: Citadel.
1965   *Mirrors of the Soul*, trans. Joseph Sheban. New York: Wisdom Library. Essays from various Arabic
        sources.
1973   *Lazarus and His Beloved*, ed. Kahlil and Jean Gibran. Greenwich, Conn: New York Graphic Society.

ARTICLES AND POEMS BY KAHLIL GIBRAN

1905–09   *al-Mohajer*, New York. "Hayāt al-Hubb," Apr. 1, 1905; "Yawm Mawlidī," Feb. 13, 1909.
1910   "Martha La Banaise." *Les Mille Nouvelle Nouvelles* (Paris) 10 (Nov. 1910): 141–50.
1911–12   *Mir'āt al-Gharb*, New York. "Nahnu wa Antum," Jan. 6, 1911; "Yasū' al-Maslūb," Apr. 14,
           1911; "al-'Ubūdīyah," Sept. 13, 1911; "Abnā' al-Alihah wa Ahfād al-Qurūd," Apr. 5, 1912.
1911–34   *al-Hilal*, Cairo. Widener Library, Harvard. Gibran's early articles were reprints from *Mir'āt
           al-Gharb.* From 1920 to 1924 he wrote an annual article. Vols. 19 (Feb. 1, 1911): 302–04; 20
           (Nov. 1, 1911): 118–20; 24 (Apr. 1, 1916): 554–56 (from *as-Sayeh*); 28 (May 1, 1920): 745–52;
           29 (Oct. 1, 1920, Mar. 1 and Apr. 1, 1921): 19–23, 599–600, 936–40; 30 (Mar. 1, 1922): 520
           (from *as-Sayeh*); 31 (Feb. 1, 1923): 463–69; 32 (Nov. 1, 1923, and Apr. 1, 1924): 20–23,
           690–91; 33 (Oct. 1, 1924): 21–24; 34 (Oct. 1, 1925): 35–37; 40 (Dec. 1, 1931): 238; 41 (May
           1, 1933); 42 (Mar. 1934): 513–17.
1913–18   *al-Funoon*, New York. New York Public Library. Vol. 1 (Apr.–Dec. 1913): Apr. pp. 1–4; June,
           pp. 17–21; Aug., pp. 1–3; Sept. pp. 57–58; Nov., pp. 1–3 and 37–39; Dec., p. 70. Vol. 2 (June
           1916–May 1917): June 1916, pp. 61–63 and 70–71; July, pp. 97–99 and 152–54; Aug., pp.
           211–12 and 258–59; Sept., pp. 289–91; Oct., pp. 385–90; Nov., pp. 481–86; Dec., pp.
           589–90; Jan. 1917, p. 673; Feb., pp. 781–82; Mar., pp. 885–87 and 931–32; May, pp.
           1201–03. Vol. 3 (Aug. 1917–Feb. 1918): Aug. 1917, pp. 1–6; Sept. pp. 81–95 and 143–44;
           Oct., pp. 163–64, 171–72, and 191–93; Nov., pp. 275–76; Jan. 1918, p. 465.
1914   "Bad' Thawrah." *as-Sayeh*, Mar. 9, 1914.
1915   "To Albert Pinkham Ryder." New York, privately printed by Cosmos & Washburn. Review:
           McBride, N.Y. *Sun*, Apr. 1, 1917, sec. 5, p. 12.
1916–17   *The Seven Arts*, New York. "Night and the Madman," 1 (Nov. 1916): 32–33; "The Greater
           Sea," 1 (Dec. 1916): 133–34; "The Astronomer" and "On Giving and Taking," 1 (Jan. 1917):
           236–37; "The Seven Selves," 1 (Feb. 1917): 345; "Poems from the Arabic," 1 (May 1917):
           64–67.
1918   "Defeat, my Defeat." In "Serbia. 'O Grave Where Is Thy Victory?'" Privately printed.
1919   Article in *Fatat-Boston*, Oct.–Nov. Printed by Wadi Shakir, 40 Tyler Street.
1920   "War and the Small Nations." *The Borzoi*. New York: Knopf.
1921   "Seven Sayings." *The Dial* 69 (Jan. 1921).
1925–26   *The New Orient*, New York. New York Public Library. "The Blind Poet," 2 (July–Sept. 1925);
           "Lullaby," 3 (July 1926): 68.
1926–31   *The Syrian World*, New York. New York Public Library. In these years Gibran submitted
           monthly articles. They are all reprints of his published English work except for "To Young
           Americans of Syrian Origin," 1 (July 1926): 4–5 (from *Fatat-Boston*), and his translation of
           Syrian folksongs, "O Mother Mine," 1 (Mar. 1927): 13, "I Wandered among the Mountains,"
           1 (May 1927): 11–12, and "Three Maiden Lovers," 2 (Aug. 1927): 13.
1928   "The Great Recurrence." N.Y. *Herald Tribune Magazine*, Dec. 23, 1928, p. 19.
1929   "Snow." N.Y. *Herald Tribune Magazine*, Dec. 22, 1929, p. 3.

EXHIBITION CATALOGUES AND REVIEWS OF KAHLIL GIBRAN'S ART

1903   Wellesley College. Tau Zeta Epsilon Society. May. Review: *The Iris*, 1903 pp. 4–5.
1904   Boston. Harcourt Building. *Drawings, Studies and Designs by Gibran Kahlil Gibran with a
        Small Collection . . . by the Late Langrel Harris.* Apr. 30–May 10. 4 pp. Review: Boston
        Evening Transcript, May 3, 1904, p. 10.
1909   Wellesley College. Tau Zeta Epsilon Society. May. Review: *Wellesley College News*, May 26,
        p. 4.
1910   Paris. Société Nationale des Beaux-Arts. *Catalogue illustré.* No. 548, *L'automne.*
        Paris. Grand Palais. *Catalogue des ouvrages de peinture. . . .* Apr. 15–June 30. No. 125.

1914 New York. Montross Gallery. *Exhibition of Pictures by Kahlil Gibran....* Dec. 14–30. 4 pp. Reviews: *N.Y. Herald Tribune*, Dec. 20, p. 3; [Henry McBride], *N.Y. Sun*, Dec. 20, p. 2; Charles H. Caffin, *N.Y. American*, Dec. 21, p. 9; *N.Y. Evening Post*, Dec. 26, p. 12; *N.Y. Times*, Dec. 27, sec. 5, p. 11; Jean Hamilton, "Woman's Influence Is To Be Found ... behind All the Creations of Man ..," *N.Y. Evening Sun*, Dec. 28, p. 8.

1917 New York. M. Knoedler & Co. *Exhibition of Forty Wash-Drawings by Kahlil Gibran....* Jan. 29-Feb. 10. 4 pp. Reviews: *N.Y. Tribune*, Feb. 4, sec. 3, p. 3; Charles H. Caffin, *N.Y. American*, Feb. 5, p. 8; *N.Y. Times*, Feb. 25, sec. 5, p. 12; Alice Raphael [Eckstein], "The Art of Kahlil Gibran," *The Seven Arts* 1 (March 1917): 531–34 (reprinted in *Twenty Drawings*). Boston. Doll and Richards. *Exhibition of Thirty Wash Drawings by Kahlil Gibran....* Apr. 16–28. 4 pp. Reviews: *Boston Evening Transcript*, Apr. 17, p. 13; *Christian Science Monitor*, Apr. 20, p. 11; F. W. Coburn, *Boston Sunday Herald*, Apr. 22, p. 5.

1922 Boston. Women's City Club. *Exhibition of Wash Drawings by Kahlil Gibran.* Jan. 10–31. 4 pp. Review: *Boston Sunday Herald*, Jan. 15, p. 7.

1930 New York. 51 West Tenth Street Studio. *The Gibran Gallery. Exhibition of Pencil- and Wash-Drawings by Kahlil Gibran.* Jan. 21-March. 4 pp.

1946 New York. M. Knoedler & Co. Review: Wolf, Ben. "Knoedler Presents." *Arts Digest* 21 (Dec. 1, 1946): 15.

NON-ARABIC BIOGRAPHY AND CRITICISM

Adams, J. Donald. "Speaking of Books." *New York Times Book Review*, Sept. 29, 1957, p. 2.

Bercovici, Konrad. *Around the World in New York.* New York: Century, 1924. Reprints "The Syrian Quarter," *The Century Magazine* 86 (July 1924): 354.

"Bisharri Youth Violent over Gibran Committee." *Lebanese American Journal* 20 (Apr. 29, 1971): 1–2.

Bragdon, Claude. *Merely Players.* New York: Knopf. 1929.

——, "A Modern Prophet from Lebanon." *New York Herald Tribune*, Dec. 23, 1928, pp. 16–18.

——, *More Lives Than One.* New York: Knopf, 1937.

Bushrui, Suheil B. *An Introduction to Kahlil Gibran.* Beirut: Gibran International Festival, 1970. Good bibliography, especially for posthumous criticism in Arabic.

Bushrui, Suheil Badi and al-Kuzbani, Salma Haffar. *Blue Flame: The Love Letters of Kahlil Gibran to May Ziadah.* Essex, England: Longman House, 1983.

Bushrui, Suheil. *Kahlil Gibran of Lebanon.* Gerrards Cross, England: Colin Smythe, 1987.

Bynner, Witter. "Kahlil the Gibranite." *The Borzoi.* New York: Knopf, 1925.

Chapin, Louis. "Another Side of Gibran." *Christian Science Monitor*, Feb. 7, 1973, p. 17. Drawings at Telfair Academy of Arts and Sciences.

Clattenburg, Ellen Fritz. *The Photographic Works of F. Holland Day.* Wellesley, Mass: Wellesley College Museum, 1975.

Cooley, John K. "A Man with a Flair in His Soul." *Christian Science Monitor*, June 4, 1970, p. 19.

Daoudi, M.S. *The Meaning of Kahlil Gibran.* Secaucus, N. J.: Citadel Press, 1982.

Ditelberg, Joshua Lee. "Kahlil Gibran's Early Intellectual Life, 1883–1908," unpublished M. A. thesis, University of Pennsylvania, 1987.

"Fifteen Years of Mounting Sales." *Publishers Weekly* 133 (Apr. 2, 1938): 1451–52.

Gad, Carl. *Johan Bojer, The Man and His Works.* New York: Moffat, Yard, 1920. Introduction titled "Johan Bojer and Kahlil Gibran" by Howard Willard Cook.

Ghougassian, Joseph P. *Wings of Thought: Kahlil Gibran, the People's Philosopher.* New York: Philosophical Library, 1973.

Gibran, Kahlil. *Dramas of Life: Lazarus and His Beloved and The Blind*, ed. Jean and Kahlil Gibran. Philadelphia: Westminster, 1981.

"Gibran's Legacy of Love is Twisted by His People into Hatred and War." *Boston Globe*, Dec. 14, 1972, p. 48.

Hanna, Suhail. "Gibran and Whitman: Their Literary Dialogue." *Literature East and West* 7 (Dec. 1968): 174–98.

Hawi, Khalil S. *Kahlil Gibran: His Background, Character and Works.* Beirut: American University of Beirut, 1963.

Hilu, Virginia, ed. *Beloved Prophet: The Love Letters of Kahlil Gibran and Mary Haskell and Her Private Journal.* New York: Knopf, 1972.

Jussim, Estelle. *Slave To Beauty: The Eccentric and Controversial Career of F. Holland Day.* Boston: David R. Godine, 1981.

Kanfer, Stefan. "But Is It Not Strange That Even Elephants Will Yield—and That The Prophet is Still Popular?" *New York Times Magazine*, June 25, 1972, pp. 8–9ff.

Knopf, Alfred A. *Portrait of a Publisher, 1915–1965: Reminiscences and Reflections.* 2 vols. New York: The Typophiles, 1965.

—, *Some Random Recollections: An Informal Talk Made at The Grolier Club*. New York: The Typophiles, 1949.

Kratschkovsky, Ign. "Die Literatur der arabischen Emigranten in Amerika (1895–1915)." In *Le Monde Oriental*, vol. 21, pp. 193–213. Uppsala: Lundequistska, 1927.

Lecerf, Jean. "Djabran Khalil Djabran et les origines de la prose poétique moderne." *Orient* 3 (July 1957): 7–14.

"The Lounger." *The Critic*, no. 841 (Apr. 2, 1898), p. 232.

Metz, Homer. "In Perspective: Memories of Gibran." *Providence Journal*, March 14, 1973.

Naimy, Mikhail. *Kahlil Gibran: A Biography*. New York: Philosophical Library, 1950.

Naimy, Nadeem N. *Mikhail Naimy: An Introduction*. Beirut: American University of Beirut, 1967.

—, *The Lebanese Prophets of New York*. Beirut: American University of Beirut, 1985.

Obituaries, Tributes, and Accounts of Burial in Besharri. *Boston Evening Transcript*, Apr. 14, 1931; Boston *Post*, Apr. 15, 1931; *Publishers Weekly* 119 (Apr. 25, 1931): 2111; *The Syrian World* 5 (Apr., May 1931): 7–48, 50–51; *New York Times*, Sept. 30, 1931; A. C. Harte, letter to the editor, *Christian Century* 48 (Sept. 30, 1931): 1212.

Otto, Annie Salem. *The Parables of Kahlil Gibran*. New York: Citadel. 1963.

Pilpel, Harriet, and Zavin, Theodora. *Rights and Writers*. New York: Dutton, 1960. "The curious will of Mr. Gibran" is treated on pp. 153–55.

"Poor Gibran." *Lebanese American Journal* 20 (Apr. 29, 1971): 4.

"Profits from The Prophet." *Time*, May 15, 1972, p. 50.

Sherfan, Andrew Dib. *Kahlil Gibran: The Nature of Love*. Secaucus, N. J.: Citadel, 1972.

Reed, Alma. *Orozco*. New York: Oxford University Press, 1956.

Ross, Martha Jean. "The Writings of Kahlil Gibran." Unpublished M. A. thesis, University of Texas, 1948.

Russell, George W. [A. E.]. *The Living Torch*. New York: Macmillan, 1938.

Saal, Rollene W. "Speaking of Books: The Prophet." *New York Times Book Review*, May 16, 1965, p. 2.

"Tributes to Gibran ... at the Hotel McAlpin in New York ... on the Occasion of the Twenty-fifth Anniversary of the Publication of His First Literary Work." *The Syrian World* 3 (Feb. 19, 1929): 29–33.

Turner, Sheila. "Tales of a Levantine Guru." *Saturday Review*, Mar. 13, 1971, pp. 54–56f.

Wright, Neva Marie. "Gibran Kahlil Gibran. Poet, Painter and Philosopher." Unpublished thesis, University of New Hampshire, 1938.

[Young, Barbara], "The Son of Man." *Pictorial Review* 36 (Dec. 1934): 15.

Young, Barbara. "The Great Survival." *The Poetry Review* 23 (London, 1932): 343–47.

—, *A Study of Kahlil Gibran: This Man from Lebanon*. New York: Privately printed by the Syrian American Press, 1931.

—, *This Man from Lebanon: A Study of Kahlil Gibran*. New York: Knopf, 1945.

ARABIC BIOGRAPHY AND CRITICISM

'Abbūd, Mārūn. *Judud wa Qudamā'; Dirāsāt, Naqd wa Munāqashāt*. Beirut: Dār al-Thaqāfah, 1954.

—, *Mujaddidūn wa Mujtarrūn*. Beirut: Dār al-Thaqāfah, 1961.

—, *Ruwwād al-Nahdah al-Hadīthah*. Beirut: Dār al-Thaqāfah, 1966.

al-'Aqqād, 'Abbās Mahmūd. *al-Fusūl*. Beirut: Dār al-Kitāb al-'Arabi, 1967.

al-Bustānī, Fu'ād. "'Alá Dhikr Jubrān." *al-Mashriq* 37 (1939): 241–68.

—, and Sa'b, Edward. "Bayn al-Mashriq wa al-Sā'ih." *al-Mashriq* 21 (1923): 910–19.

Cheikho, Louis. "Badā'i' Jubrān Kahlil Jubrān wa Tarā'ifuh." *al-Mashriq* 21 (1923): 487–93.

—, "Difā' al-Sā'ih 'an Jubrān Khalil Jubrān." *al-Mashriq* 21 (1923): 876–77.

Dāghir, Yūsuf. *Masādir al-Dirāsah al-Adabīyah*. Beirut: Manshūrāt Ahl al-Qalam, 1956.

al-Ghurayyib, Khalil. "Dhikrayāt Jubrān, al-Rīhānī, Rustum, Mukarzil, al-Ghurayyib." *Awrāq Lubnānīyah*, Jan. 1958, pp. 6–10.

—, "Ma'rakat al-Ta'n al-Sāmit bayn Jubrān wa As'ad Rustum." *Awrāq Lubnānīyah*, Feb. 1958, pp. 56–63.

—, "Min Mudhakkarāt al-Rassām Khalil al-Ghurayyib 'an Zamīlih Jubrān Khalil Jubrān." *Al-Baidar*, Jan. 31, 1960, pp. 14–15.

Ghurayyib, Rose. *Jubrān fī Athārih al-Kitābīyah*. Beirut: Dār al-Makshūf, 1969.

Goryeb, Ameen [Ghurayyib, Amīn]. "Jubrān Khalil Jubrān." *al-Hāris* 8 (1931): 689–704.

—, "Mahrajān Jubrān fī Lubnān." *al-Hāris* 9 (1931): 139–147.

Hawaiik, Joseph [al-Huwayyik, Yousef]. *Dhikrayātī ma' Jubrān, Bārīs 1909–1910*. Ed. Edvic Shaybūb. Beirut: Dār al-Ahad, n.d.

'Intābī, Fu'ād. "Jubrān wa Atharuh fī al-Adab al-'Arabī." *al-'Irfān* 17 (1929): 337–41.

Jabr, Jamīl. *Jubrān, Siratuh, Adabuh, Falsafatuh wa Rasmuh*. Beirut: Dār al-Rīhānī, 1958.

—, *Mayy wa Jubrān*. Beirut: Dār al-Jamāl, 1950.

Ja'ja', Aghnātiyūs. "Bisharrī Madīnat al-Muqaddamīn." *al-Mashriq* 30 (1932): 464–69, 538–44, 685–91, 779–87.
"Kalimah 'an Udabā' al-Funūn." *al-Funoon*, Sept. 1916.
Karam, Antūn Ghattās. *Muhādarāt fī Jubrān Khalīl Jubrān*. Cairo: Ma'had al-Dirāsāt al-'Arabīyah, 1964.
Karāmah, Nabīl. *Jubrān Khalīl Jubrān wa Athāruh fī al-Adab al-'Arabī*. Beirut: Dār al-Rābitah al-Thaqāfiyah, 1964.
Khurī, Alfred. *al-Kalimah al-'Arabiyah fī al-Mahjar*. Beirut: Dār al-Rīhānī, n.d.
Khūrī, Ra'īf. "Jubrān Khalīl Jubrān." *al-Tariq* 3 (1944): 4–5.
Madey, Elia D. "Jubrān Tahta Mabādi 'al-Nu'ayma'." *as-Sameer* 18 (Jan. 15, 1935): 17–23. Review of Naimy's biography.
Majmū'at al-Rābitah al-Qalamīyah li Sanat 1921. Beirut: Dār Sādir, 1964.
Mas'ūd, Habīb, ed. *Jubrān Hayyan wa Mayyitan*. São Paulo, 1932.
Naimy, Mikhail [Nu'aymah, Mikhāil]. "Fajr al-Amal ba'd Lail al-Ya's." *al-Funoon* 1 (1913): 50–70.
———, *al-Ghirbāl*. Cairo: al-Matba'ah al-'Asrīyah, 1923.
———, *Jubrān Khalīl Jubrān, Hayātuh, Mawtuh, Adabuh, Fannuh*. Beirut: Dār Sādir, 1960.
———, *al-Majmū'ah al-Kāmilah*. Beirut: Dār al-'Ilm, 1970.
———, *Sab'ūn*. Beirut: Dār al-'Ilm, 1970.
al-Nā'ūrī, 'Isā. "Bayn Jubrān wa Nu'aymah." *al-Adīb* 15 (1956): 12–15.
Rabbāt, Antūn. "al-Muhājir al-Sūrī." *al-Mashriq* 13 (1910): 926–29.
Reviews of *The Broken Wings*. *al-Hilāl* 20 (1912): 383; *al-Mashriq* 15 (1912): 315–36.
Reviews of *The Madman*. *Majallat al-Majma' al-'Ilmī* al-'Arabi 4 (1924): 468–69; *al-Mashriq* 22 (1924): 555.
Review of *The Procession*. *al-Mashriq* 22 (1924): 75.
Review of *The Prophet*. *al-Mashriq* 24 (1926): 633.
Sabagh, Elias [Sabbāgh, Ilyās]. *Wahi al-Ku'ūs*. Boston: al-Matba'ah al-Suriyyah, 1932. Lists members of The Golden Links Society.
Sā'igh, Tūfīq. *Adwā Jadīdah 'alá Jubrān*. Beirut: al-Dār al-Sharqīyah, 1966.
Sarrāj, Nādirah Jamīl. *Dirāsāt fī Shī'r al-Mahjar, Shu'arā' al-Rābitah al-Qalamīyah*. Cairo: Dār al-Ma'ārif, 1964.
Sukīk, 'Adnān Yūsuf. *al-Naz'ah al-Insānīyah 'inda Jubrān*. Cairo: al-Hay'ah al-Misrīyah al-'Ammah, 1970.
al-Talīsī, Khalīfah Muhammad. *Al-Shābbī wa Jubrān*. Tripoli: Maktabat al-Farjānī, 1957.
Yakun, Walīy al-Dīn. "al-Ajnihah al-Mutakassirah." *al-Muqtataf* 40 (1912): 297–298.
Zakkā, Tansī. *Bayn Nu'aymah wa Jubrān*. Beirut: Maktabat al-Ma'ārif, 1971.
al-Zayn, Ahmad al-'Arif. "Lailah fī al-Arz, hawla Hflat Jubrān." *al-'Irfān* 22 (1931): 410–16.
Ziadeh, May [Ziyādeh, Mayy]. "Jubrān Khalīl Jubrān li Munāsabat Sudūr Kitābih Yasū Ibn al-Insān." *al-Muqtataf* 74 (1929): 9–13.
———, "Jubrān Khalīl Jubrān Yasif Nafsah Biyadih fī Rasā'ilih." *al-Hadīth* 5 (1931): 363–66.
———, "al-Mawākib." *al-Hilāl* 27 (1919): 874–81.

GENERAL BACKGROUND

Abdulrazak, Fawzi. "Adab al-Mahjar: Bibliyugrhrafiyah." *Mundus Arabicus*. 1 (Cambridge, 1981): 89–230.
Annals of an Era. Percy MacKaye and the MacKaye Family 1826–1932. Washington, D.C.: Pioneer Press under the Auspices of Dartmouth College, 1932. Valuable index.
Ansara, James Michael. "The Immigration and Settlement of the Syrians." Unpublished thesis, Harvard University, 1931.
Arnett, Mary Flounders, "Marie Ziyada." *Council for Middle Eastern Affairs* 7 (Aug.–Sept. 1957): 288–94.
Bliss, Frederick Jones. *The Religions of Modern Syria and Palestine*. New York: Scribner's, 1912.
The British Lebanese Association. *Lebanon: The Artist's View: 200 Years of Lebanese Painting*. London, Concourse Gallery, Barbican Centre. April 18–June 2, 1989.
Brockelmann, C. *Geschichte der arabischen Litteratur*. 3rd supp. vol., pp. 457–71. Leiden: E. J. Brill. 1942.
Brown, Milton W. *The Story of the Armory Show*. New York: Joseph H. Hirshorn Foundation, 1963.
Cole, William I. *Immigrant Races in Massachusetts: The Syrians*. Boston: Massachusetts Department of Education, n.d. (ca. 1919).
Cook, Howard Willard. *Our Poets Today*. New York: Moffat, Yard, 1923.
Cram, Ralph Adams. *My Life in Architecture*. Boston: Little, Brown, 1936.
Daly, Louise Haskell. *Alexander Cheves Haskell: The Portrait of a Man*. Norwood, Mass.: Privately printed at the Plimpton Press, 1934.

Dole, Nathan Haskell. *Omar Khayyám*. Boston: L. C. Page & Company, 1898.
Doty, Robert M. *Photo-Secession: Photography as a Fine Art*. New York: George Eastman House, 1960.
Eldredge, Charles C. *American Imagination and Symbolist Painting*. New York: Grey Art Gallery and Study Center, 1979.
Fairbanks, Henry G. *Laureate of the Lost*. Albany: Magi Books, 1972. Treats Guiney and Day.
Gibb, H. A. R. "Studies in Contemporary Arabic Literature I-IV." *Bulletin of The School of Oriental Studies* 4 (1926–28): 745–60; 5 (1929): 311–21, 445–67; 7 (1933–35): 1–22. Vols. 4 and 5 published by the London Institution, vol. 7 by the University of London.
Guiney, Louise Imogen. *Letters*. Ed. Grace Guiney. 2 vols. New York: Harper, 1926.
Hinkle, Beatrice M. *The Recreating of the Individual*. New York: Dodd, Mead, 1923.
Hitti, Philip K. *Lebanon in History: From the Earliest Times to the Present*. London: Macmillan, 1957.
Al-Hoda 1898–1968. The Story of Lebanon and Its Emigrants Taken from the Newspaper al-Hoda. New York: al-Hoda Press, 1968.
Hoffman, Frederick J.; Allen, Charles; and Ulrich, Carolyn F. *The Little Magazine: A History and a Bibliography*. Princeton: Princeton University Press, 1946.
Hooglund, Eric J. *Crossing The Waters: Arabic-Speaking Immigrants to the United States Before 1940*. Washington D.C.: Smithsonian Institution Press, 1987.
Jacobs, Samuel A. *Companions: An Anthology*. New York: Samuel A. Jacobs, 1922.
Jayyusi, Salma Khadra, ed. *Modern Arabic Poetry: An Anthology*. New York: Columbia University Press, 1987.
Jayyusi, Salma Khadra. *Trends And Movements In Modern Arabic Poetry*, V. I. Leiden: E. J. Brill, 1977.
Kraft, James, ed. *The Works of Witter Bynner: Selected Letters*. N.Y.: Farrar Straus Giroux, 1981.
Kraft, James, ed. *The Works of Witter Bynner: Selected Poems*. N.Y.: Farrar Straus Giroux, 1977.
Kraus, Joe W. *Messrs. Copeland & Day 69 Cornhill, Boston 1893–1899*. Philadelphia: George S. MacManus Co., 1979.
Kraus, Joe Walker. "A History of Copeland & Day (1893–1899); with a Bibliographical Checklist of Their Publications." Unpublished M. A. thesis, University of Illinois, 1941.
Longrigg, Stephen Hemsley. *Syria and Lebanon under French Mandate*. New York: Oxford University Press, 1958.
McCanse, Ralph Alan. *Titans and Kewpies: The Life and Art of Rose O'Neill*. New York: Vantage, 1968.
McNulty, Francine H. "Mahjar Literature: An Annotated Bibliography of Literary Criticism and Bibliography in Western Languages." *Mundus Arabicus*. 1 (1981): 65–88.
The Mahogany Tree. 26 issues: Jan. 2, 1892–July 9, 1892.
Manheim, Madeline Mason. *Hill Fragments*. New York: Brentano's, 1925.
Mason, Daniel Gregory. *Music in My Time and Other Reminiscences*. New York: Macmillan, 1938.
Miller, Lucius Hopkins. *Our Syrian Population: A Study of the Syrian Communities*, n.d. Reprint, San Francisco: R & E Research Associates, 1968.
Naef, Weston. *The Painterly Photograph, 1890–1914*. New York: Metropolitan Museum of Art, 1973.
Orfalea, Gregory and Elmusa, Sharif, ed. *Grape Leaves: A Century of Arab American Poetry*. Salt Lake City: University of Utah Press, 1988.
Pachter, Marc, ed. *Abroad in America: Visitors to the New Nation, 1776–1914*. Washington D.C.: National Portrait Gallery, Smithsonian Institution with Addison-Wesley Publishing Company, 1976.
Papyrus. Ed. Michael Monahan. Issues of Jan., July 1904; Aug. 1905; May, June, July 1906; Feb. 1908; March 1911.
Parrish, Stephen Maxfield. "Currents of the Nineties in Boston and London: Fred Holland Day, Louise Imogen Guiney, and Their Circle." Unpublished Ph.D. dissertation, Harvard University, 1954.
Peabody, Josephine Preston. *The Collected Plays*. Boston: Houghton Mifflin, 1927.
——, *Collected Poems*. Ed. Katharine Lee Bates. Boston: Houghton Mifflin, 1927.
——, *Diary and Letters*. Ed. Christina Hopkinson Baker. Boston: Houghton Mifflin, 1924.
Residents and Associates of the South End House. *The City Wilderness: A Settlement Study*. Ed. Robert A. Woods. Boston: Houghton Mifflin, 1898.
Riley, Isaac. *Syrian Home-Life*. New York: Dodd, Mead, 1874. Taken from materials furnished by Henry Harris Jessup.
Rollins, Hyder Edward, and Parrish, Stephen Maxfield, *Keats and the Bostonians*. Cambridge: Harvard University Press, 1951.
Saroyan, Aram. *Kahlil Gibran: Paintings & Drawings 1905–1930*. New York: Vrej Bahoomian Gallery. May 25–June 25, 1989.
Stevens, E. S. *Cedars, Saints and Sinners in Syria*. London: Hurst & Blackett, 1927. Description of Mar Sarkis as it was in the 1920s.
"Syrians in the United States." *Literary Digest* 61 (May 3, 1919): 43.

Index（索引）

后　记

　　第一版《哈利勒·纪伯伦：他的生活和世界》出版后的两个月，我们接到了一个电话："你知道我的姨妈与你的表亲发生过一段关系吗?"一个女人问。她的问题使我们投入搜寻，并最终发现了 23 岁的纪伯伦和 26 岁的格特鲁德·巴里之间的一段亲密关系。当传记作者开始写一名文化英雄的传记时，他们已经预料到，他们会从各种不同的来源得到资料。我们传记的主人公曾公开宣称转世说，"另一个女人会孕育我"。[①] 这也是 20 世纪最为人所知的转世说，我们也正听到一些人装模作样地宣称是纪伯伦的亲戚或情人，然而，他们大多礼貌而又恭敬，只是在试着赢得关注，我们常常通过一次简短的谈话或一张便条，便能得出事情的真相。

　　而这个打电话的女人却与他们不同。她立即解释说，她和丈夫已经在波士顿大学教书多年，以此来证明她的学术身份。最重要的是，她所提及的这位诗人的波士顿经历和环境令人吃惊，却很准确。她同意前来送给我们详细的材料，这些不同寻常的通信资料确认了格特鲁德·巴里的存在——她是一位钢琴家、女权主义者和恋人，她的这位外甥女坦率地承认她"行为有点像今天的解放女性"。[②] 我们购买了 16 封纪伯伦的书信和一个盒子，里面全是些属于 20 世纪早期的、有纪念价值的物品。正当我们把这些材料按年代归类时，我们又碰巧遇到了格特鲁德·巴里的侄子和遗产继承人，他向我们提供了几十封书信，每一封都准确无误地签着纪伯伦的名字，这些多年来被忽视的书信强烈地冲击了我们，这些书信不仅证明纪伯伦和这位与自己年龄志趣相仿的女人发生了身体关系，而且还指向了一个文学的维度。萨利姆·萨基斯这位阿拉伯流亡者——人们一直忽视他

[①] 《先知》，第 96 页。

[②] 埃莉诺·巴里·特罗布里奇（罗威尔夫人）致作者，1975 年 1 月 11 日。

曾是纪伯伦早年写作生涯的一位同事——参与并直接促成了纪伯伦和巴里的结合。

　　格特鲁德·巴里细心地保留了证据——"她保存他的全部书信很多年"①——这神奇地照亮了纪伯伦生命中的一段晦暗不明的岁月。他们的结合开始于1906年，恰好在约瑟芬·皮勃迪从纪伯伦的生活中离开、玛丽·哈斯凯尔来到他生活中以前。格特鲁德·巴里毕业于新英格兰音乐学院，她的学位是"钢琴独奏，并需要研究音乐理论、和谐和历史"。②她的全部节目单被细心地保存在一个红皮笔记簿里，这表明她了解古典和现代作曲家，华盛顿女子学校的一个目录表明，她在美国西北部至少任教一年。③一个对她演出的评论，表明巴里在早年对音乐职业有着严肃的抱负，并有远大的前程：

　　　　她的演奏能引起极佳的情感共鸣，我们只希望这次机遇能为她的罕见才能提供更广阔的空间，使她成为作曲家们的现代阐释者……④

　　巴里只短期地从事了舞台表演，根据家族史的记载，1905年，她主要的谋生手段是从事私人钢琴授课，这一职业也会延续至她一生的岁月。我们不能确定，格特鲁德·巴里在哪里、怎样遇到了编辑和译者萨基斯，但这位黎巴嫩编辑曾从《西方之镜》的纽约办公室给她写过信，在现存的这些书信中，他最早的信件写于1904年6月，信里以调情的口吻谈到他最近一次拜访波士顿。⑤当时的萨基斯已婚，与妻子和家人住在纽约。由于这封信中没有提到纪伯伦，我们可以推断，格特鲁德认识萨基斯的时间早于与纪伯伦相识的时间。然而在1908年，也就是纪伯伦和巴里浪漫情事后的两年，一封从埃及开罗《西方之镜》的办公室发出的长信，非

---

　　①　埃莉诺·巴里·特罗布里奇（罗威尔夫人）致作者，1975年1月11日。
　　②　文凭，新英格兰音乐学院，玛萨诸塞州波士顿，给格特鲁德·巴里，她一直偏爱用"Barry"来拼写巴里，直到1910年，她采用了家族的用法"Barrie"。纪伯伦盖着邮戳的信封上反映了这一改变。
　　③　目录，安妮·怀特学院，华盛顿塔科马，1902—1903年，在官员和教师名字下面，写着"格特鲁德·巴里，音乐助理"。
　　④　报纸评论剪报，未签名和标明日期，格特鲁德·巴里的钢琴独奏会，在新泽西州的泽西城。
　　⑤　萨·萨致格·巴，1904年6月24日。

常明显地表明萨基斯已经介绍了这位钢琴家和诗人相识："我想让你认识一个典型的叙利亚人，于是就向你介绍了纪伯伦，我不后悔这样做，你呢？"①

她肯定不后悔，因为在纪伯伦的所有信件中，他写给巴里的信是最不谨慎，也是最富有感情的。存留下来的他写给巴里最早的文字，是他在弗雷德·霍兰德·戴伊的夏季住地缅因州的五岛发出的明信片，这张卡后来标明的日期是 1906 年 10 月 3 日，这表明他们的友谊至少开始于约瑟芬·皮勃迪结婚后的四个月。在随后的两年时间里，纪伯伦的语气明显带有性欲色彩，"关于激情"，他在 1907 年 7 月 5 日写给格特鲁德，"我现在什么都不能说，我只知道它在我的灵魂内，我的身体是它的奴隶"。② 她是"你，你，你"和"可怕的格特鲁德"……"邪恶者"……"调皮鬼"，她成为纪伯伦的"甜心"和"魔鬼般的格特鲁德"。

格特鲁德·巴里住在脱蒙特大街 552 号的工作室，这工作室位于一栋五层排房的二楼，对纪伯伦有着魔幻般的吸引力。他们在"被赐福的房间"和"你那小神庙"③里相见，从纪伯伦住处到这里只需要步行五分钟，它位于一个繁忙的大道上，对面是国家剧院和展览大厅的大风景画幕。仔细阅读纪伯伦和萨基斯的书信，就会发现它们有些内在的相通，它们都必定包括了格特鲁德所选择的与戴安娜女神有关的象征物，一盏魔幻的月亮灯似乎一直是其中重要的物品，很多年后，萨基斯还怀恋地忆起它的闪光："好像我就在你的屋里，坐在沙发上，在那人为的月光下。"④ 当身在纽约的纪伯伦给她写信时，也能联想起过去："告诉我你在微笑，甚至就像过去那样大笑，很久以前你和月亮是那样好的朋友。"⑤

在二人情甚浓时，纪伯伦称呼她"不忠实的戴安娜的膜拜者"⑥。他再次召唤着月亮女神："我吻你的眼，你的手和你的喉，就像戴安娜那个晚上吻着我们一样。"⑦ 他从巴黎写信建议道，"当你凝视戴安娜的时候，

① 萨·萨致格·巴，1908 年 2 月 20 日。
② 哈·纪致格·巴，1907 年 7 月 5 日。
③ 哈·纪致格·巴，从几封信中摘录，1907—1919 年。
④ 萨·萨致格·巴，1908 年 2 月 20 日。
⑤ 哈·纪致格·巴，未标明日期［从第十大街 51 号西，约 1914 年］。
⑥ 哈·纪致格·巴，未标明日期［P1，1909 年前］。
⑦ 哈·纪致格·巴，未标明日期［J1，约 1907 年］。

想起我一点儿。"① 她拥有一个戴安娜的雕像或绘画作品吗？无人能证实这位女猎人的确切样子，但文本显示，在巴里的协助下，纪伯伦在情感和行动上参与了这个活动。我们很容易想象，在那月色浓浓中，纪伯伦走到她的住处，等待着她的信号。"请让我周日来吧，"他乞求道，"不要说不——我大约 8 点过来，如果我发现窗户里有灯光，我就会上去，如果没有灯光，我就知道你出去了。"② 格特鲁德形体娇小，面容精致，照片显示她有些古怪无常的迹象。她的血统是爱尔兰新教徒，而她生活在波士顿天主教爱尔兰人中，这与纪伯伦来自一个穆斯林中东背景下的阿拉伯基督教家庭相类似。她的父亲亨利·巴里曾在都柏林的女王学院受教育，有时也为城市的罗马天主教报纸《领航员》写稿。他们彼此的吸引很自然地包含有精神的内涵：

> 噢，格特鲁德，我现在的生命就像疯狂的哈姆雷特。你能理解我吗？我希望我能和你谈这些事情，你会让我明晚（周六）过去，说这些事吗？我们曾谈起这些超验的事物，并在其中找到了宽慰。事情现在变得非常不同，我的心正奋争着更大的空间。你能理解我吗？③

在纪伯伦离开波士顿到巴黎后，他们最初的热情冷却了，但却依然保持着友谊。哈利勒不仅从欧洲寄给格特鲁德真诚和信任的信件，而且还在返回后，特地去稳固他们之间的友谊。信件和拜访一直持续到他搬到纽约，而格特鲁德找到了新的住处。当纪伯伦的英语作品出版时，他还把《疯人》复本送给她和她的朋友们，他甚至还用一种更成熟、宛如叔叔般的口吻来建议她：

> 亲爱的格特鲁德，你问我，我是否知道什么才值得追求。我的回答是工作——任何工作都是值得追求的，格特鲁德，工作是通向知识、理解和爱的唯一道路：它是打开梦想之门的唯一钥匙。如果一个人不想成为匮乏的人，那么他通过工作可以超越：如果一个人渴望接

---

① 哈·纪致格·巴，1909 年 4 月 18 日。
② 哈·纪致格·巴，"星期五"［H1，1909 年前］。
③ 哈·纪致格·巴，"周五晚"［1909 年前］。

近人们，他也能通过工作实现它。工作就像魔术。[1]

1922 年 10 月的秋季，41 岁的格特鲁德嫁给了一位小提琴家。她的丈夫海克多·巴奇内罗来自意大利，同时也是一位飞行员，纪伯伦和萨基斯都向她表达了祝贺，纪伯伦对她婚礼的祝词，似乎是写给她的最后一封信，在这封信中，诚挚代替了早年的熟识：

> 你的信是如此洋溢着快乐和甜蜜的欢笑，你必定感到真正的幸福。当然，你的朋友们也因你的幸福而感到幸福，你是这世界上为数不多的、真正配得上好生活的人……给你们最好的希望和祝福，我是你永远的朋友哈利勒。[2]

萨利姆·萨基斯在世时，格特鲁德一直与埃及保持着联系，到第二次世界大战，她还与萨基斯的儿子安瓦尔·萨基斯保持往来。早在 1908 年，萨基斯就曾在他的杂志上发表过格特鲁德的信件，[3] 他写给她的一封信（纪伯伦无疑也知道）为阿拉伯文学复兴提供了一个罕见而又全新的视野：

> 晚上，我见了几位知识界朋友，我要告诉你他们是谁吗？你可以问纪伯伦，他可能听说过其中的一些人。我们通常会在晚上见面，地点是一个图书馆或我的办公室。他们是我们的思想家和无政府主义者舍美尔博士、我们的历史学家乔治·赛丹、伊斯兰改革家拉奇德·理扎、我们的智者舍赫·尤希弗·阿·哈赞、荷马和《伊利亚特》的翻译者苏莱曼·布斯塔尼和其他人。我们几乎都是好的编辑和作家，我们讨论不同的主题，讲好的故事。
>
> 你可能听说过，纪伯伦在过去的几年里一直在为《移民》写文章，标题是《泪与笑》，我读过每一篇作品，并把一些作品发表在我的杂志上。[4]

---

① 哈·纪致格·巴，"周六"［在波士顿泰特洛街写给她，约 1919 年］。
② 哈·纪致格·巴，1923 年 2 月 5 日。
③ 萨利姆·萨基斯：《萨基斯杂志》4，1908 年 5 月 1 日：1—5。
④ 萨·萨致格·巴，1908 年 2 月 20 日。

毫无疑问，对萨基斯而言，格特鲁德代表了"现代"美国女人，在他向她描述自己同事的同一封信中，他称她"未来的女性"。而对于纪伯伦而言，他与格特鲁德的关系代表了他的一个重要阶段，他在这个时期体会了成熟和激情，萨基斯、巴里和纪伯伦之间的联系，必定对纪伯伦产生了巨大影响，它使纪伯伦感知到了美国，以及美国人怎样在日常生活中表达爱和自由。

绝大多数评论者在记述纪伯伦的早年波士顿生活时，总是会得出有些夸大其词的结论：纪伯伦青春期的成长，沉湎于一种自我中心主义。但当我们展开他与巴里的事件，我们开始认真地重新阅读纪伯伦对于早年的回忆，并重新评估它们的确切内容。在 20 世纪 70 年代末、80 年代初，我们获得两份资料，这些资料开始质疑过去将纪伯伦夸张为华而不实的"近东人"的阐释。波士顿马龙派教堂牧师约瑟夫·拉胡德阁下发现了第一份资料，他教区的一位教徒长期保留着一个笔记本，那是为早期的社会工作者所津津乐道的一个素描本，拉胡德阁下与我们一起分享了这个素描本，我们已经想象并写到了这个本子里的形象。当我们看着这些素描——一幅画卓越地表现了引起争议的酒神女祭司，有一幅他自己看守羊群的自画像，还有一些他所爱的雪松的场景——我们得到了启示，我们从未想到，这些精心保存的画页能够来到我们这个纪伯伦资料的"大家庭"。[1]我们感激拉胡德阁下的睿智，他识别出了这些纪伯伦早年的画作，这些作品极好地体现了纪伯伦的天资卓越。

接着，一位波士顿书商使我们意识到了第二个发现。这是一本由那桑·哈斯凯尔·多尔写的《欧玛尔·海亚姆》复本，这本书由"路·库·佩吉公司"在 1898 年出版，该书的多色硬皮封面上画着一位安详地坐着的波斯诗人和天文学家，这个封面保存完整，清晰地印着"哈·纪伯伦"的签名。当我们读到，他要求在 1898 年返回黎巴嫩前出版自己的几幅素描，我们不禁为纪伯伦的大胆感到尴尬，然而，当我们看到：在这个原始版本上，作者那桑·哈斯凯尔·多尔亲笔题词给"查尔斯·D. 伯雷奇'真正的欧玛尔·海亚姆教育者'"，[2]我们开始相信纪伯伦的话：他

---

[1]　纪伯伦早期（1898 年前）素描簿，作者收集。

[2]　多尔：《欧麦尔·海亚姆》，亲笔签名和题词，封里，作者收集。

在非常小的年纪，便开始在插图艺术上获得成功。

那桑·哈斯凯尔·多尔是当时在中东和俄国历史写作方面最高产和流行的美国作家，他创作的关于欧玛尔·海亚姆的异域故事采用了纪伯伦的绘画，这一定使这位 15 岁的男孩儿心满意足。更为重要的是，多尔对所谓的"东方学派"做出了贡献，他关于托尔斯泰、土耳其帝国和波斯诗歌的出版作品，在 20 世纪早期的目录中占了几页。纪伯伦很有可能通过与像他这样享有盛名的学者的接触，增强了自己的创作信心。在理解纪伯伦作为一位不断发展的艺术家的人格特征时，更为关键的一点是，他总是不断地表现出对自己双重文化和语言背景的焦虑。在 19 世纪和 20 世纪之交，纪伯伦的"东方"风格和气质，曾令波士顿的精英美学家们着迷，崇尚和追寻富有诱惑力的"欧玛尔·海亚姆文化"是一种风尚。然而，后来的纪伯伦不适应这种婆罗门式的家长作风，因为这使他害怕自己会因此停滞不前。无疑，当纪伯伦长大成人，纪伯伦开始对自己一成不变的"叙利亚天才"的标签怀有敌意，他不再满意于做阿拉伯风尚的点缀品，也不愿再用行为去迎合"黎凡特"或"东方"英才的普遍概念，对于贬低自己和自己的文化，纪伯伦感到厌倦，他决定离开波士顿，到一个更为都市化、更少有先入为主偏见的地方去，使他不再像早年一样认同"一成不变的东方"的普遍认识。事实上，近代的先验主义者，也就是那些喜爱他的外表和出身，并给他拍照的"灯塔山"的东方主义者，其实是他成功逃离的小群体。

讲述纪伯伦的故事，还会遇到一个现象：纪伯伦的很多资助者和朋友在他们的时代很有名，但却并不被第一次世界大战后的自然主义者和现实主义者重视。1974 年我们的传记出版不久，知识界开始重新重视弗雷德·霍兰德·戴伊，戴伊作为出版商和摄影师的地位，第一次通过威尔兹利学院的一次个人展览得到肯定。① 在这次成功的展览之后，《科普兰和戴伊》一书梳理和描述了"科普兰和戴伊"出版社在康希尔大街 69 号的运作过程，纪伯伦也曾在那里工作过。② 1981 年，一部传记叙述了戴伊卓尔不群的天分，这再次印证了我们对戴伊整个生活的研究，并插入了纪伯伦的角色——他是戴伊的被庇护者，同时也是这位摄影师最富有穿透力的

① 克莱腾伯格：《弗·霍兰德·戴伊的摄影作品》。
② 克劳斯：《科普兰和戴伊先生》，第 12—13 页。

系列肖像作品的模特。①

随着不断揭示纪伯伦与 20 世纪早期文学、艺术发展趋势之间的相近关系，纪伯伦的贬低者们越来越难以维持他们的批评，他们对纪伯伦的双语和跨文化背景毫无同情之心，将他解释为"一位黎巴嫩梵学家"②，"一种典型的穆斯林……他将（伊斯兰哲学）放入感伤的打油诗"③，或者是一名"次等哲学家"④。确实，人们对"晦涩的东方"有着挥之不去的质疑，而且只喜欢刚出版一年以内的新诗歌，这都使记者有机会抨击纪伯伦。但当我们继续翻开纪伯伦思想发展的篇章，便会减弱那些试图要败坏纪伯伦作品的通常做法。

另外一次复兴加深了我们对纪伯伦的理解，这次复兴的主人公是威特·拜纳，1981 年，拜纳的作品选集出版，其中还包括他的传记和批评资料，这部书的卷首插画，是 1919 年纪伯伦给他画的侧面像，在拜纳从纽约搬到（新墨西哥州）的桑塔·菲以后很久，他仍然对这幅肖像画情有独钟。⑤ 拜纳曾在出版他的《书信选》时提到纪伯伦，我们从中看到了一个更为复杂的人物，与他被描述为天才的岁月十分不同。

"我很了解它们"，拜纳评价纪伯伦的脾气，"它们通常并不意味着他喝醉了，而是他在画画儿或者做爱。"⑥ 他讲述自己对纪伯伦更多的印象，继续回忆道："印象最深的，是他英语实验性写作的力量和美"，他接着讲述了自己最津津乐道的轶事，也就是在晚宴聚会中，那些女仆停止服务，站在一个屏风后听纪伯伦讲话，她们解释原因说，那是因为"他讲起话来就像耶稣"，"确实如此"，拜纳证实道。拜纳与包括亨利·詹姆斯、沃里斯·斯蒂文斯和 D. H. 劳伦斯在内的主要现代作家过从甚密，这使我们对他赞扬纪伯伦的谈话格外留意，"确实很奇怪，在很多方面，他

① 朱西姆：《美的奴隶》，第 114—117 页。

② 乔纳森·亚德利：《永恒的哈利勒·纪伯伦》，《华盛顿邮报》1984 年 10 月 8 日，D1 和 D9 页。

③ 哈维·考克斯：《理解伊斯兰：不再有圣战》，《大西洋月刊》247（1981 年 1 月）：74 页和《大西洋》，答复编者信：247（1981 年 4 月）：第 8 页。

④ 罗伯特·坎贝尔：《最新的科普兰广场更好，但……》，《波士顿周日全球》1989 年 6 月 11 日，1 和 B7 页。

⑤ 柯莱富特编：《威特·拜纳作品，诗选》，纪伯伦的拜纳肖像，1919 年，卷首插画。

⑥ 柯莱富特编：《威特·拜纳作品，书信选》，第 92 页，脚注 4。

的谈话实质上就像基督"，① 拜纳对纪伯伦的尊敬，确认了纪伯伦在纽约文学界的地位。

拜纳喜爱的艺术家罗斯·塞西尔·奥奈尔，曾经受教于纪伯伦，她在1914 年所画的一幅肖像画中，捕捉到了哈利勒不为人所知的一面，在短暂的瞬间，她用混融的水彩颜料，成功地展示了他必定很擅长的过分行为，这幅画笼罩着一种性欲色彩，使人联想起拜纳的评价，与现存的纪伯伦其他几幅肖像相比，这幅画确实暴露了他纵欲的形象。20 世纪 80 年代末期，这幅画献给了史密斯协会的美国艺术博物馆，这个博物馆后来还归并了"巴尼工作室"，而纪伯伦曾受到慈善家和画家艾丽丝·派克·巴尼的邀请，在这里做过演讲，② 因而他的肖像放在这里，可谓恰当合宜。此外，几次纪念性的活动也表明纪伯伦得到了官方认可。很久以来，我们和阿拉伯裔美国社群的成员们一直想号召波士顿移民，发起一次纪伯伦的纪念活动。在计划和与市政府官员运筹几年后，我们终于能在 1977 年为纪伯伦立碑，这个纪念碑位于波士顿公立图书馆主分馆对面的科普利广场，中心位置安放了一个青铜匾来描述这位艺术家，这是美国第一个在公众场合写给纪伯伦的献词，上面标明了他的出生地和移民的城市，并引用了他写给玛丽·哈斯凯尔书信中的一句话："我从心底想要对他人有所助益，是因为我受益更多。"③ 这是一次打破宗教界限的事件，众多（伊斯兰教的）伊玛目、（犹太教的）拉比、（基督教的）神甫主持了活动，代表各种族和宗教的数百名美国人见证了这次事件。菲利普·J. 麦克尼弗时任波士顿公立图书馆主任，他的话极好地总结了这次盛事：

> 你们必定会为你们的成就感到骄傲，你们将哈利勒·纪伯伦这杰出的名字变为波士顿景色的一部分，"哈利勒·纪伯伦公园"这个名字，会令人想起这位诗人的智慧和人文思想，唤醒其他人去追寻他的远见。④

---

① 拜纳致洛伦·乔治，学生，贝勒大学，1941 年 2 月 13 日，格斯·格集，第 166—167 页。

② 事件日历，美国艺术国家博物馆，1987 年 8 月，《哈利勒·纪伯伦肖像》的复本和描述，罗斯·塞西尔·奥奈尔的《最近的采集》。

③ 哈·纪致玛·哈，1929 年 11 月 8 日。

④ 麦克尼夫致作者，1977 年 9 月 29 日。

七年后，也就是在 1984 年 9 月 24 日，第 98 届国会共同决定，要"在哥伦比亚州的联邦土地上，设立一个纪念物，来纪念这位黎巴嫩裔美国诗人和艺术家"。[①] 接着，在全国各地人们的一致努力下，1989 年，在英国大使馆附近建成了一个冥想园，几棵黎巴嫩雪松挺立其中，于是，献给诗人的一个国家公园成为现实。

1983 年是纪伯伦诞辰 100 周年，该年度举办的两次学术聚会，使纪伯伦走向阿拉伯裔美国文化的最前沿，菲利普·K. 希提研讨会的论题主要是关于近东裔美国研究，它进行了为期三天、与众不同的讨论和交流。会议由明尼苏达大学移民史研究中心主任鲁道夫·J. 维考利组织，它吸引了来自世界各地的社会科学家、历史学家和阿拉伯学者，会议提交的 11 篇论文由史密斯协会出版社编辑出版为《跨越大洋》，其中包括我们的论文《哈利勒·纪伯伦象征主义的寻求：作为艺术家的阿拉伯人在美国》，这篇文章界定了他的绘画和诗歌艺术中的象征主义根源，检验了世界范围内的象征主义趋势，并高度评价了他的观念。[②]

三个月后的 1983 年 9 月，国会图书馆中东分馆的主管乔治·阿提耶博士邀请我们参加另一次学术研讨会。这次研讨会的主题为"阿拉伯裔美国文学：纪伯伦的洞见"，为那些对移民文学和艺术感兴趣的学者和艺术家提供了一次学术研讨机会，同时还展示了阿拉伯裔美国艺术和文学，我们倾听了诗人塞缪尔·海佐朗诵的纪伯伦诗歌，作家万斯·布杰利的评论，史密斯国家肖像画廊的历史学家马克·帕奇特对纪伯伦艺术的评价。[③]

1976 年，国家肖像画廊的两百周年展览展出了《旅行到美国：新国家的拜访者》，纪伯伦的一幅自画像也应邀参加展览，这是一幅创作于 1911 年的油画自画像，纪伯伦自己位于突出的位置，背景是手拿一个水晶球的玛丽·哈斯凯尔，这次画展追溯了 1776—1914 年间旅行者眼中的印象，这幅画恰巧创作于这一时期的末期。[④]

纪伯伦的自画像被收入这次画展后，其他展览接踵而至，三年后，

① 上下两院共同决议 580，第 98 次国会，第二次会议，9 月（立法日，9 月 24 日），1984 年。

② 霍格兰编：《跨越水域》，第 161—172 页。

③ 项目，阿拉伯裔美国文学会议，《纪伯伦的洞见》，国会图书馆，1983 年 9 月 23 日。

④ 埃尔德里奇：《美国意象主义和象征主义绘画》，第 24—25 页。

"美国想象和象征主义绘画"在纽约大学格瑞艺术画廊和研究中心展出，接着又在堪萨斯大学的海伦·福尔斯曼·斯宾塞艺术博物馆展出，展览不仅突出了纪伯伦的大幅油画《女人们的时代》，而且凸显了众多名人的影响，这再次确认了他是20世纪之交波士顿思想和美学群体的一部分。斯宾塞画廊的主任查尔斯·S.埃尔德里奇追溯了象征主义者的重要意义，巧合的是，这些人物都与纪伯伦有关联：艾尔伯特·品克海姆·莱德尔、亚瑟·B.戴维斯、莫里斯·梅特林克和约瑟芬·皮勃迪，同时还有一些与纪伯伦有关的重要物品，其中包括波士顿公立图书馆的壁画：萨金特的"叙利亚的阿什塔特"和皮维·德·夏凡纳的"灵感的缪斯欢迎精神之光"，① 在被忽视多年后，美国象征主义者重新在他们国家的艺术长廊中恢复了地位，而纪伯伦也作为美国艺术主流的一部分，得到正式承认。

1989年，纪伯伦的几幅绘画和油画作品在伦敦和巴黎展出。一次是展示百年黎巴嫩艺术的展览"黎巴嫩：艺术家的视野"，我们很高兴地提供了纪伯伦的五幅作品。这次展览由黎巴嫩裔英国协会发起，画展的时间开始于1989年4月18日，正好是黎巴嫩最野蛮的岁月，贝鲁特仍然在遭受着围困和苦难，这次展览见证了黎巴嫩、英国和法国人民的共同努力，象征了"一个拒绝死亡的国家"②。

同时，主要刊登于报纸和收藏于萨凡纳"泰尔法艺术与科学学院"的52幅纪伯伦作品，被运送到纽约巴胡米安美术馆展出，主办方将纪伯伦列入当代第三世界作者中，认为这些作家在他们所客居的文化有限的范围里生活、创作和出版作品，但他们"一方面行走在内心使命的狭小缝隙中，另一方面要填补社会裂痕"。③ 这一观点强调了纪伯伦在两个世界的经验，同时也指出了越来越多的第三世界艺术家所面临的两难困境，他们所进行的西方化的尝试，甚至即使是个人化的表达，也很容易引起道德失范和异化。

由于那些感兴趣的旁观者所保留的早期书信和日记，我们得以将年轻时代的纪伯伦与比利时的莫里斯·梅特林克和法国人皮维·德·夏凡纳联系起来，那么，他们对成熟以后的纪伯伦产生过影响吗？是否有证据表

①　帕奇特编：《旅居美国：新国家的访问者1776—1941》，第334页。
②　英国黎巴嫩联合会：《黎巴嫩：艺术家的视角》，第11、122—124页。
③　萨洛阳：《哈利勒·纪伯伦：油画和绘画，1905—1930》，巴格胡米安画廊目录，第4页。

明，成熟后的纪伯伦仍与他生命早年的象征主义者有关联？传记出版后的几项发现表明，这些人物确实一直保持在纪伯伦西方艺术家的名录中。在一张明信片上，复制着他最喜爱的三幅壁画，并写着他给黎巴嫩作家梅·齐雅黛的留言：

> 1924 年 1 月……在我生命的早晨，我曾说过，德·夏凡纳是继德拉克洛瓦和卡里尔以后最伟大的画家，如今，当我抵达生命的下午，我仍然一如既往地说，德·夏凡纳是 19 世纪最伟大的画家，因为在所有的画家中，他有最简单的心灵，最简单的思想，最简单的表达形式……在我还很年轻时，我就曾拜访公立图书馆，崇敬地站在这些画作面前。①

当分析者们谈到纪伯伦所受的艺术影响时，他们通常会忽视纪伯伦自己的话。20 世纪 80 年代中期，宾夕法尼亚大学的一名学生注意到了梅特林克这一被忽视的影响。早在 1981 年，威斯敏斯特出版社就出版了《盲人》，这部作品与《拉撒路和他的爱人》一样，是创作于纪伯伦生命后期的一部独幕剧，他在世时没有出版过。② 与梅特林克的戏剧《入侵者》和《盲人》一样，这部作品充满了象征主义和精神感应的神秘主义、"前定的爱"的主题和死亡母题。这位年轻学者发现了三部戏剧中重复出现的意象，确信在梅特林克和纪伯伦之间存在"持续的影响"或"渊源关系"：

> 从深度和广度上来说，两位作家作品的思想和主题有惊人的相似。纪伯伦早期作品中的大多数主题，在《谦卑的财富》和《智慧与命运》[哈利勒在早年曾阅读过这两部梅特林克的著作] 中有大量的表现。包括强调耶稣的人性，爱的概念是一种神秘、有机的、相联系的力量，苦难是通向智慧的手段，人的神圣性，日常生活中的悲剧元素和强调伦理的美德与"谦卑"的价值，批评宗教权威、拟人化

---

① 哈·纪致齐雅黛，1924 年 1 月 17 日，见布什雷和阿－库兹班编《蓝色的火焰：哈利勒·纪伯伦致梅·齐雅黛情书集》，第 76 页。

② 简·纪伯伦、哈·纪伯伦编：《生命的戏剧：〈拉撒路和他的爱人〉和〈盲人〉》，第 36—48 页。

的上帝的概念，前定的和复活的爱的概念，精神寻求美与真实的观念。[1]

这一论述再次印证了我们最初将纪伯伦和 19 世纪晚期的新柏拉图作家联系在一起的观点。

接着，纪伯伦写给一位叙利亚天主教的年轻神甫安东尼·巴舍尔的一系列书信得到发现和披露，这些书信写于 20 世纪 20 年代，他们记录了一位诗人和一位神职人员之间富有吸引力的交流，当时的巴舍尔身在墨西哥，正为《年轻女性》杂志将纪伯伦最新的英语作品译成阿拉伯语。其中有一封写于 1925 年 11 月 10 的信，这封信是在他谈到皮维·德·夏凡纳后的一年内，纪伯伦推荐了四本他认为当代阿拉伯人应该阅读的书。他的信以赞扬开始："你翻译《先知》，让我觉得心有亏欠，我会一直心存感激地铭记。"纪伯伦接着对前言和献词的翻译细节提了建议，在结尾处，他为这位朋友写出了四本应该翻译的书，"有四本书很有价值，我认为它们是西方人在我们的时代所写的最好的作品"。接着，他的书写从阿拉伯语变为英语，他列出了英语标题和作者，并用阿拉伯语注上作者最初创作的语言。名列书单之首的是梅特林克的《谦卑的财富》，其后是 P. D. 邬斯宾斯基的《第三感官》、弗雷泽（詹姆斯·乔治·弗雷泽）的《旧约中的民俗》和哈维洛克·艾利斯的《生命之舞》。[2] 这是一位象征主义者、一位神秘主义者、一位古典学者和一位心理学学生所做出的选择，其中似乎有着突出的一致性，这可以昭示纪伯伦最后十年的文学偏好。

一位艺术家，尤其是这位艺术家是位富有魅力的人物，那么，他的死亡便会对他所身处的那个小圈子和那些崇拜的公众产生一种魅惑力。纪伯伦在纽约的死亡、他在波士顿马龙派天主教堂的葬礼、随后葬于贝舍里，引起了很多流言和非议。很多年里，对于纪伯伦死时是否经历了天主教仪式，传言纷纷扬扬，这也验证了罗马天主教会与地方马龙教教会之间的裂痕。20 世纪 80 年代中期，一位研究黎巴嫩雪松圣母教会史的作家，无意

---

① 迪特尔伯格：《哈利勒·纪伯伦的早期思想生活，1883—1908》，第 154—155 页。

② 哈·纪致巴舍尔，1925 年 11 月 10 日，后来大都市的安东尼·巴舍尔，现在的北美安提阿东正教大主教管区。

中发现了大法官档案中的五封信，这些信确认了这一争议。1931年4月底，据"可靠来源"，可能是教堂会众中一位心存嫉妒的成员，给波士顿的红衣大主教威廉·奥康奈尔写了一封信，指控纪伯伦脱离信仰，投入了新教的怀抱。随着这次对话的进行，产生了一系列的控诉与反诉，直到艾尔－杜艾希神父出面维护自己好友的人品、信仰和作品。在一些人眼中，纪伯伦是位渎神的作家，而这位马龙派神甫为他主持葬礼，这便产生了宗教内部的纷争。从红衣主教的秘书写给艾尔－杜艾希神甫的简单回复中，我们可以看出：这位马龙派神甫事后进行了解释，而这位高级教士对这些解释非常不满："尊贵的主教说，他愿意接受你对这件事的进一步解释。"① 这是最后一封信，事件也由此终止。还有一个有趣的注脚，杜艾希神甫在表明纪伯伦"强烈的信仰"时，向大主教提供了一份修女的证词，证明纪伯伦在1931年4月10日进入圣·文森特医院时，已经拒绝了一位（新教）神甫的服务，同一天在没有圣礼的情况下去世，芭芭拉·扬也描述过同样的情形。

　　我们著作的第一版出版时，与纪伯伦一起工作过的大多数同事已经去世。然而，神秘人物格特鲁德·斯泰因却仍然是个谜，玛丽·哈斯凯尔说她是一位参加波士顿葬礼的作家，米哈依尔·努埃曼在传记中也提到过她。令我们激动的是，在我们出版著作的两年后，她写信联系了我们。根据努埃曼的记述，纪伯伦曾被这个女人吸引，试图在生命的最后日子里引诱她。格特鲁德·斯泰因便条的开始写道："我读了你们关于哈利勒的传记……对我而言，这是所有写过哈利勒·纪伯伦的传记中最好、最诚实的作品……我是纪伯伦的最后一段恋情，他确曾请求我嫁给他。"② 她随后出示的几份写于45年前的手稿，证实了她的话。有两张写给她的卡片，信封上邮戳的日期是1930年7月10日和8月20日，它们绝对是纪伯伦的信，一封发自波士顿，一封发自玛萨诸塞的斯库安特姆，他去世前与妹妹玛丽安娜在那儿停留了六个月的时间。信件上签着"真诚地，哈利勒·纪伯伦"，这些简短的便条语气客观，很精神化，缺少纪伯伦爱情书信中常有的活力。③ 如果信中流露出什么信息的话，它们显示出一种顺

---

① 大使 F. A. 伯克，总理致艾尔－杜艾希，1931年6月5日，波士顿大主教管区档案。

② 格·斯·格致作者，1975年9月3日。

③ 哈·纪致格·斯，1930年7月10日和1930年8月26日，格·斯·格集。

从，而不是一种过度的力比多的激情。与卡片和折纸放在一起的，大多数是纪伯伦死亡的讣告，斯泰因还转给我们七封手写的长信，米哈依尔·努埃曼从黎巴嫩的巴斯金坦寄给她这些信件。这些信件的内容至少能够证实，在纪伯伦生命的最后一年，他和格特鲁德·斯泰因之间有着亲密的友谊，纪伯伦去世后，格特鲁德·斯泰因与努埃曼之间的交往又持续了一年多。

我们和格特鲁德·斯泰因见面交谈，她是一位热情的、精力充沛的女人，年过七旬的她对最后时日的诗人有着深刻的理解，"他那小小的身体里包蕴着伟大的精神"，她回忆道，"他的个性并不总是及得上他内心的美和伟大，这一点并不重要。"[①] 通过《先知》希伯来语的译者伊萨克·霍洛维茨的介绍，格特鲁德认识了纪伯伦，她对写作感兴趣，但当时还不像玛丽·哈斯凯尔所说的那样，她已经是一名作家。斯泰因和纪伯伦相识时，她在办公室工作，于她而言，回忆纪伯伦最后一年的病况，是件困难的事，尽管她在他生命的最后一周未曾见过他，但她仍能忆起纪伯伦在1931年3月和4月身体上的不适和痛苦。

努埃曼写给格特鲁德·斯泰因的信件，假定了她和纪伯伦之间的亲密关系，并表现出他对纪伯伦个人自由观的担忧。在现存的写给斯泰因的最后一封信中，努埃曼写道，他旅行六个小时到贝舍里，去探视纪伯伦的墓地。这封信写于1932年7月7日，这是一个特殊的日子，那天，59件纪伯伦的书籍和其他物品运到了这个小城。在这份史料中，努埃曼继续抱怨道，人们好奇纪伯伦是否真的是位先知，这令他困扰。他用五页纸详细描述自己如何从雪松林步行到纪伯伦的安息地，他在纪伯伦墓前献花，上面留着他和格特鲁德的名字。这位未来的纪伯伦传记作者再次提到自己不断增长的好奇心，这好奇心主要是关于诗人自由主义的信仰，尤其是"他的酗酒和喜爱女人"，他担心黎巴嫩人想缔造一个关于纪伯伦的传奇，这个纪伯伦沐浴在一片圣洁的氛围中，"他把自己隐藏得真好啊"，努埃曼下结论说。[②] 据格特鲁德说，在这封信以后，努埃曼又给她写过一封信，在这封信中，努埃曼将她无意中说的话当成求婚，努埃曼的误解令她恼

① 格·斯·格致作者，1977年11月7日。
② 努埃曼致格·斯，1932年7月7日，格·斯·格集。

怒，她撕碎了这封信，再也没有和他通过信。① 格特鲁德·斯泰因和米哈依尔·努埃曼之间发生的一系列事件，对于理解努埃曼对待纪伯伦格林威治村时期的态度至关重要，对于那些描述纪伯伦的传记作家来说，这两人之间的交集，也颇具讽刺意味，显示了这些传记作家写作中的矛盾心理。

纪伯伦既倡导超验精神，同时又意志薄弱，努埃曼对这一点深为不满，我们也同样发现，我们不容易挽回纪伯伦在正统学术中的地位，因为他是位大众文化拒绝放弃的人物。他的作品鼓舞和打动了在变革的20世纪60年代出生的一代人，在整个七八十年代，他的格言体和悲天悯人的观点吸引了媒体世界，因为媒体世界喜爱言简意赅和俏皮的风格。《全家福》中的葛洛丽亚和麦克的结合，是由于他关于爱的篇章；摇滚乐团米斯特先生孤注一掷地将他的《折断的翅膀》发行成金唱片；公共电台的"麦克尼尔·莱勒新闻时间"在报道英吉拉·甘地遇刺的消息时，也播报了她背诵《论孩子》的场景。《先知》保持销售佳绩，一直出售给图书馆、学校和监狱，纽约监狱图书项目的管理员确认说："我们每年要浏览50或60本。"②

当普通公众熙熙攘攘地不断接受纪伯伦的作品时，我们也就很容易理解美国学术界对纪伯伦作品多有抵触的原因。然而在20世纪七八十年代，阿拉伯批评界开始细致地考量纪伯伦对阿拉伯语的影响，诗人和批评家萨尔玛·哈德拉·贾尤西曾编著了一些选集和文章，将现代阿拉伯语诗歌介绍给英语界。她认为，哈利勒·纪伯伦"对20世纪上半叶的阿拉伯诗歌和文学有着最重要的影响"。③ 他引入散文诗、革命性地使用语言和自由解放的态度改变了阿拉伯文学的发展进程，在解释为什么"他对阿拉伯诗歌的贡献巨大，超越了同时代很多直接写诗和论诗的诗人和批评家"④时，贾尤西还描绘了纪伯伦对当今文学图景的影响之深："对自然的热切、沉思的力量、自由的激情、浪漫的爱，都涌现在纪伯伦精美的写作中。"⑤ 更为重要的是，她认为，纪伯伦为了表达自己的学说，重新发明

---

① 格·斯·格致作者，1977年11月7日。

② 弗兰克·J·普莱尔：《图书馆给囚犯一把生存的钥匙》，《纽约时报》1978年2月6日，B3。

③ 贾尤西编：《现代阿拉伯语诗：选集》，第72页。

④ 贾尤西编：《现代阿拉伯诗歌中的潮流与运动》第一卷，第91页。

⑤ 同上书，第95页。

了属于自己的语言,"他在他行动的每一个领域革新了文学艺术……他的泛神论哲学有积极意义,或许能解决他作为东方人在西方写作中的基本冲突"。① 具有讽刺意味的是,她认为纪伯伦有瑕疵的阿拉伯语转换了根深蒂固的诗学传统:"他相信口语的重要性,这个领域的实验支持了他的这一观点。……尽管纪伯伦的作品中不时会有错误,但他能极好地掌握语言,在现代阿拉伯语言中,他的词汇最富有创新性,属于最精挑细选的词汇之列。"②"如果没有他的贡献",她下结论说,"现代阿拉伯诗歌的故事将会非常不同。"③

　　贾尤西在一份攻击纪伯伦的美国报纸上发表了维护他的文章,她总结了纪伯伦国际声誉的主要原因:"无足轻重的写作能够成为销量最高的作品,但只能是短期的,但六十年来,诗人哈利勒·纪伯伦一直在美国广受欢迎,这证明了他作品中所表现出的道德内涵和艺术品质,在这个普遍追求物质成功的世界,它可能会深深吸引那些渴望一种精神宗教的人们,这宗教赋予他们的生活以意义。"④ 因此,无论外界反应如何——那些带有偏见的报道者挑战他的荣誉、日益扩大的世界读者提高着他的声名,或者越来越多的阿拉伯学者来分析他的影响,这都无损于他的声誉。重要的是,纪伯伦的话语继续给我们抚慰和启示,这便是他的本意。

---

① 贾尤西编:《现代阿拉伯诗歌中的潮流与运动》第一卷,第96页。
② 同上书,第100—101页。
③ 贾尤西编:《现代阿拉伯诗歌:选集》,第72页。
④ 贾尤西:《给编者的信》,《波士顿世界》,1989年7月3日,第14页。